le Guide du routard

Directeur de collection et auteur
Philippe GLOAGUEN

Cofondateurs
Philippe GLOAGUEN et Michel DUVAL

Rédacteur en chef
Pierre JOSSE

Rédacteur en chef adjoint
Benoît LUCCHINI

Directrice de la coordination
Florence CHARMETANT

Directeur de routard.com
Yves COUPRIE

Rédaction
Olivier PAGE, Véronique de CHARDON,
Amanda KERAVEL, Isabelle AL SUBAIHI,
Anne-Caroline DUMAS, Carole BORDES,
Bénédicte BAZAILLE, André PONCELET,
Marie BURIN des ROZIERS, Thierry BROUARD,
Géraldine LEMAUF-BEAUVOIS, Anne POINSOT,
Mathilde de BOISGROLLIER, Gavin's CLEMENTE-RUÏZ,
Fabrice de LESTANG et Alain PALLIER

ÉTATS-UNIS, CÔTE EST

Hachette

Avis aux hôteliers et aux restaurateurs

Les enquêteurs du *Routard* travaillent dans le plus strict anonymat, afin de préserver leur indépendance et l'objectivité des guides. Aucune réduction, aucun avantage quelconque, aucune rétribution n'est jamais demandé en contrepartie. La loi autorise les hôteliers et restaurateurs à porter plainte.

Hors-d'œuvre

Le *GDR*, ce n'est pas comme le bon vin, il vieillit mal. On ne veut pas pousser à la consommation, mais évitez de partir avec une édition ancienne. D'une année sur l'autre, les modifications atteignent et dépassent souvent les 40 %.

Spécial copinage

Le Bistrot d'André : 232, rue Saint-Charles, 75015 Paris. ☎ 01-45-57-89-14. M. : Balard. À l'angle de la rue Leblanc. Fermé le dimanche. L'un des seuls bistrots de l'époque Citroën encore debout, dans ce quartier en pleine évolution. Ici, les recettes d'autrefois sont remises à l'honneur. Une cuisine familiale, telle qu'on l'aime. Des prix d'avant-guerre pour un magret de canard poêlé sauce au miel, rognon de veau aux champignons, poisson du jour... Menu à 10,52 € (69 F) servi le midi en semaine uniquement. Menu-enfants à 6,86 € (45 F). À la carte, compter autour de 21,34 € (140 F). Kir offert à tous les amis du *Guide du routard*.

> Pour que votre pub voyage autant que nos lecteurs,
> contactez nos régies publicitaires :
> fbrunel@hachette-livre.fr
> veronique@routard.com

NOUVEAU ! www.routard.com

Tout pour préparer votre voyage en ligne, de A comme argent à Z comme Zanzibar : des fiches pratiques sur 120 destinations (y compris les régions françaises), nos tuyaux perso pour voyager, des cartes et des photos sur chaque pays, des infos météo et santé, la possibilité de réserver en ligne son visa, son vol sec, son séjour, son hébergement ou sa voiture. En prime, *routard mag*, véritable magazine en ligne, propose interviews de voyageurs, reportages, carnets de route, événements culturels, programmes télé, produits nomades, fêtes et infos du monde. Et bien sûr : des concours, des chats, des petites annonces, une boutique de produits voyages...

Le contenu des annonces publicitaires insérées dans ce guide n'engage en rien la responsabilité de l'éditeur.

© HACHETTE LIVRE (Hachette Tourisme), 2002
Tous droits de traduction, de reproduction
et d'adaptation réservés pour tous pays.

© **Cartographie** Hachette Tourisme.

TABLE DES MATIÈRES

> Attention, New York, ainsi que la Floride et la Louisiane font l'objet de deux autres guides.

COMMENT ALLER AUX ÉTATS-UNIS ?

- LES LIGNES RÉGULIÈRES ... 13
- LES ORGANISMES DE VOYAGES 16

GÉNÉRALITÉS

- CARTE D'IDENTITÉ 39
- AVANT LE DÉPART 39
- ARGENT, BANQUES, CHANGE 44
- ACHATS 46
- BOISSONS 48
- BUDGET 49
- CIGARETTES 52
- CLIMAT 52
- CUISINE 54
- DÉCALAGE HORAIRE 58
- DROITS DE L'HOMME 58
- ÉLECTRICITÉ 61
- FÊTES, JOURS FÉRIÉS 61
- HÉBERGEMENT 62
- HISTOIRE 68
- LES INDIENS 84
- INFOS EN FRANÇAIS SUR TV5 87
- INTERNET 87
- KENNEDY, TON UNIVERS IMPITOYABLE 87
- LANGUE 89
- LIVRES DE ROUTE 93
- MÉDIAS 95
- MESURES 96
- ORIENTATION 96
- PARCS ET MONUMENTS NATIONAUX 96
- PERSONNAGES 97
- POSTE 109
- POURBOIRES ET TAXES 109
- SANTÉ 111
- SAVOIR-VIVRE ET COUTUMES 113
- SITES INTERNET 115
- SPORTS ET LOISIRS 116
- TÉLÉPHONE 117
- TRANSPORTS 120
- TRAVAILLER AUX ÉTATS-UNIS 137

LE NORD-EST

- BOSTON 140
  - Cambridge
- SALEM 188
  - Marblehead • Lowell • La presqu'île de Cape Ann • Gloucester • Rockport
- CAPE COD 193
  - Sandwich • Falmouth • Hyannis • Chatham • Cape Cod National Seashore • Provincetown
- MARTHA'S VINEYARD 208

TABLE DES MATIÈRES

- Vineyard Heaven • Oaks Bluffs • Edgartown • Menemsha
- NANTUCKET 214
  - Nantucket Town • Siasconset • Wauwinet • Surfside Beach • Dionis Beach • Cisco Beach et Madaket Beach
- NEWPORT 219
- MYSTIC SEAPORT MUSEUM . 224
- LES CHUTES DU NIAGARA (NIAGARA FALLS) 226
  - Du côté américain • Du côté canadien
- CHICAGO 238
  - Indiana Dunes National Lakeshore • Six Flags Great America à Gurnée

LE CENTRE-EST

- PHILADELPHIE 285
  - Germantown • Barnes Foundation à Merion
- PENNSYLVANIA DUTCH COUNTRY . 316
- LANCASTER 321
- LE COMTÉ DE LANCASTER .. 325
  - Le village d'Intercourse • The Amish Village • Strasburg • National Toy Train Museum • Mill Bridge Village • Hans Herr House • Landis Valley Museum • Ephrata • Lititz • Amos Herr Family Homestead • Columbia • Marietta • Harley Davidson Final Assembly Plant • Gettysburg
- WASHINGTON 336
  - Mount Vernon • Fredericksburg • Williamsburg
- ANNAPOLIS 383
- BALTIMORE 391
  - Fire Museum of Maryland à Lutherville
- NASHVILLE 411
  - Opry Mills • Nashville Toy Museum • Belle Meade Plantation • The Hermitage • Checkwood Museum of Art and Botanical Gardens • Jack Daniel's Distillery à Lynchburg
- MEMPHIS 428
  - Tunica • La maison et la tombe de William Faulkner à Oxford • Tupelo
- ATLANTA 453
  - Stone Mountain Park • Six Flags over Georgia
- SAVANNAH 474
- TYBEE ISLAND 478

- INDEX GÉNÉRAL 497
- OÙ TROUVER LES CARTES ET LES PLANS? 499

LES GUIDES DU ROUTARD 2002-2003

(dates de parution sur **www.routard.com**)

France

- Alpes
- Alsace, Vosges
- Aquitaine
- **Ardèche, Drôme**
- Auvergne, Limousin
- Banlieues de Paris
- Bourgogne, Franche-Comté
- Bretagne Nord
- Bretagne Sud
- Châteaux de la Loire
- Corse
- Côte d'Azur
- Hôtels et restos de France
- Junior à Paris et ses environs
- **Junior en France (avril 2002)**
- Languedoc-Roussillon
- Lyon et ses environs
- Midi-Pyrénées
- Nord, Pas-de-Calais
- Normandie
- Paris
- Paris à vélo
- Paris balades
- Paris casse-croûte
- **Paris la nuit (nouveauté)**
- Pays basque (France, Espagne)
- Pays de la Loire
- Poitou-Charentes
- Provence
- Restos et bistrots de Paris
- Le Routard des amoureux à Paris
- Tables et chambres à la campagne
- Week-ends autour de Paris

Amériques

- **Argentine (nouveauté)**
- Brésil
- Californie et Seattle
- Canada Ouest et Ontario
- **Chili et Île de Pâques (nouveauté)**
- Cuba
- Équateur
- États-Unis, côte Est
- Floride, Louisiane
- Guadeloupe, Saint-Martin, Saint-Barth
- Martinique, Dominique, Sainte-Lucie
- Mexique, Belize, Guatemala
- New York
- Parcs nationaux de l'Ouest américain et Las Vegas
- Pérou, Bolivie
- Québec et Provinces maritimes
- Rép. dominicaine (Saint-Domingue)

Asie

- Birmanie
- **Chine**
- Inde du Nord
- Inde du Sud
- Indonésie
- Israël
- Istanbul
- Jordanie, Syrie, Yémen
- Laos, Cambodge
- Malaisie, Singapour
- Népal, Tibet
- Sri Lanka (Ceylan)
- Thaïlande
- Turquie
- Vietnam

Europe

- Allemagne
- Amsterdam
- Andalousie
- **Andorre, Catalogne**
- Angleterre, pays de Galles
- Athènes et les îles grecques
- Autriche
- Baléares
- Belgique
- **Croatie (mai 2002)**
- Écosse
- Espagne du Centre
- **Espagne du Nord-Ouest (Galice, Asturies, Cantabrie - avril 2002)**
- Finlande, Islande
- Grèce continentale
- Hongrie, Roumanie, Bulgarie
- Irlande
- Italie du Nord
- Italie du Sud, Rome
- Londres
- Norvège, Suède, Danemark
- Pologne, République tchèque, Slovaquie
- Portugal
- Prague
- Sicile
- Suisse
- Toscane, Ombrie
- Venise

Afrique

- Afrique noire
- Égypte
- Île Maurice, Rodrigues
- Kenya, Tanzanie et Zanzibar
- Madagascar
- Maroc
- Marrakech et ses environs
- Réunion
- Sénégal, Gambie
- Tunisie

et bien sûr...

- **Chiner autour de Paris (mai 2002)**
- Le Guide de l'expatrié
- **Le Guide du citoyen (mai 2002)**
- Humanitaire
- Internet

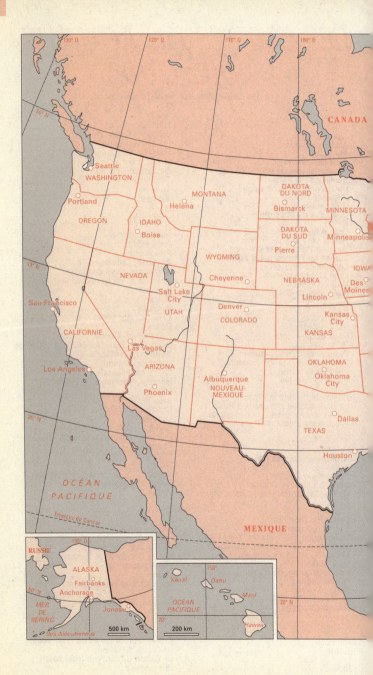

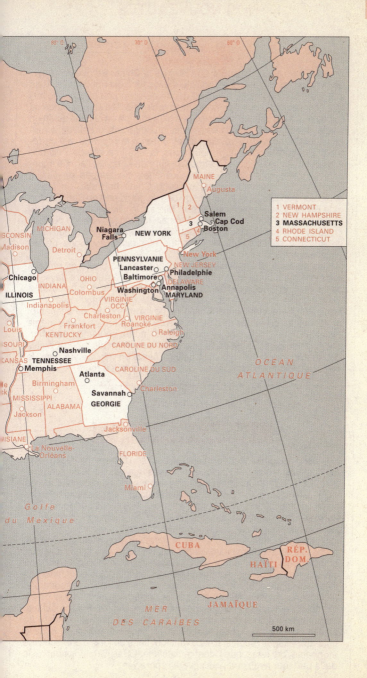

NOS NOUVEAUTÉS

CHINE (paru)

Depuis Tintin et *Le Lotus Bleu*, on rêve de la Chine. Eh oui, de superbes images exotiques, une capacité d'évocation exceptionnelle. Mais attention, cette Chine-là a tout de même quelque peu évolué : ouverture économique, développement incroyable, montée en puissance du tourisme... Tout cela fait que le pays a plus changé en dix ans qu'en un siècle ! Aujourd'hui, avec la baisse des prix du transport et l'ouverture quasi totale du pays, y voyager librement et à la *routarde*, est carrément à la portée de tous. À nous donc, la Cité interdite de Pékin, le magique parc impérial de Chengde, la Grande Muraille, l'armée impériale en terre cuite de Xi'an, les paysages d'estampes de Guilin, Shanghai, la trépidante vitrine de cette Chine nouvelle, en pleine explosion capitaliste, et aussi Hong Kong, le grand port du Sud, Canton et la Rivière des Perles, sans oublier Macao, la ville des casinos et du jeu. Avec notre coup de cœur : le Yunnan, la grande province du Sud-Ouest... « Au sud des Nuages », une région montagneuse et sauvage, habitée par de nombreuses minorités ethniques, au mode de vie encore préservé.
Certes, toute la Chine ne tiendra pas dans un seul *Guide du routard*, mais un seul routard peut tenir à la Chine plus qu'à nul autre pays. En avant vers cet empire du Milieu, désormais accessible de tous bords et qui n'est pas, loin s'en faut, totalement entré dans la modernité.
La Chine se révélera encore capable de livrer nombre de scènes et atmosphères du temps des Seigneurs de guerre (ou peut-être même avant !). Cependant, elles se mériteront, il faudra seulement les chercher un peu plus. En tout cas, elles n'échapperont pas à ceux, celles qui sauront sortir des *Hutongs* battus ! Allez, un peu de yin dans la valoche, beaucoup de yang dans le sac à dos, et en route !

ANDORRE, CATALOGNE (paru)

Si la belle Andorre est surtout réputée pour son commerce détaxé et la multitude de ses boutiques, cela ne représente que 10 % de son territoire. Et le reste ? De beaux vestiges romans, des montagnes et des vallées, avec un climat idéal, doux en été et aux neiges abondantes en hiver. Un vrai paradis de la balade et du ski. Avant tout, l'Andorre, c'est l'ivresse des sommets. Un dépaysement qui mérite bien quelques jours, déjà en pays catalan, et pourtant différent.
La Catalogne, bourrée de charme, renferme un époustouflant éventail de trésors artistiques, alliant les délicieuses églises romanes aux plus grands noms de l'art moderne : Dalí, Picasso, Miró et Tápies, pour ne citer qu'eux. Et on les retrouve, bien sûr, dans la plus branchée des villes espagnoles, Barcelone, bouillonnante de sensations, d'odeurs et d'émotions. Aussi célèbre pour sa vie nocturne que pour ses palais extraordinaires cachés derrière les façades décrépies des immeubles, marqués par l'architecture incroyable de Gaudí, cette merveilleuse cité se parcourt à pied pour qui veut découvrir son charme propre. Et de la côte aux villages reculés, c'est avant tout cette culture, d'une richesse étonnante, qui a façonné l'identité catalane. Et les Catalans sont ravis de la partager avec ceux qui savent l'apprécier.

NOUVEAUTÉ

CROATIE (mai 2002)

Les longues années de purgatoire d'après-guerre font désormais partie du passé. Les touristes commencent à revenir nombreux pour redécouvrir ce petit pays malheureusement méconnu. La Croatie possède le privilège d'offrir un patrimoine architectural d'une richesse époustouflante. Bien sûr, il y a ceux qui le savaient déjà, ceux qui venaient « avant » et reviennent aujourd'hui pour le savourer à nouveau. Et puis ceux qui y viennent pour la première fois et qui découvrent un pays à la situation unique, à cheval entre Orient et Occident, fascinante transition entre Europe du Nord et Méditerranée, carrefour de cultures et d'influences assez exceptionnel ! Illyriens, Celtes, Grecs, Romains, Croates (bien sûr !), Vénitiens, Italiens, Ottomans, Hongrois, Autrichiens, tous y laissèrent leur marque.

Et puis, on découvre une merveilleuse côte, protégée, tenez-vous bien, par près de... 2000 îles et îlots. On a déniché les plages les plus secrètes, ainsi que les chambres chez l'habitant les plus accueillantes ! Côte qui échappa d'ailleurs par miracle au béton et égrène de petits ports oubliés par les bétonneurs. Sans oublier la perle de l'Adriatique, *Dubrovnik*, classée par l'UNESCO au patrimoine mondial de l'Humanité. À l'intérieur, Zagreb ravira aussi par son éclectisme architectural, la richesse de ses musées et de sa vie culturelle. Quant aux amoureux de la nature, ils seront comblés : parcs naturels intacts regorgeant d'une faune surprenante : plus de 400 ours dans les forêts montagneuses, chamois, mouflons, chats sauvages, loups et lynx à profusion, jusqu'aux mangoustes africaines qui se dorent la pilule sur les côtes de l'île de Mljet (et on ne vous parle pas des oiseaux !). Ah, les lacs de Plitvice et leurs 92 chutes !

NOS NOUVEAUTÉS

PARIS LA NUIT (paru)

Après les années moroses, les nuits parisiennes se sont remis du rose aux joues, du rouge aux lèvres et ont oublié leurs bleus à l'âme. Tant mieux ! Dressons le bilan avant de rouler carrosse : DJs tournants, soirées mousse, bars tendance-tendance pour jeunesse hip-hop, mais aussi soirées-chansons pleines d'amitié où l'on réveille Fréhel, Bruant et Vian. Après les *afters,* en avant les *befores* pour danser au rythme des nouvelles D'Jettes à la mode. Branchados des bô-quartiers, pipoles-raï, jet-set et néo-mondains, qui n'hésitent pas à pousser la porte des vieux bistroquets d'avant-guerre pour redécouvrir les convivialités de comptoir des cafés-concerts d'autrefois. Voici un bouquet de bonnes adresses pour dîner tard, pour boire un verre dans un café dé à coudre, dépenser son énergie en trémoussant ses calories en rab, s'offrir un blanc-limé sur le premier zinc, ouvert sur la ligne du petit matin... Mooon Dieu que tu es chiiic ce sooiiir ! Nuits frivoles pour matins glauques, voici notre répertoire pour colorer le gris bitume... voire plus si affinités.

ARDÈCHE, DRÔME (paru)

Pas étonnant que les premiers hommes de la création aient choisi l'Ardèche comme refuge. Ils avaient bon goût ! Une nature comme à l'aube des temps, intacte et grandiose. Des gorges évidemment, à découvrir à pied, à cheval ou mieux, en canoë-kayak.
Grottes à pénétrer, avens à découvrir, musées aux richesses méconnues, une architecture qui fait le grand écart entre les frimas du Massif central et les cigales de la Provence. Enfin, pour mettre tout le monde d'accord, une bonne et franche soupe aux châtaignes.
Entre Alpes et Provence, la Drôme a probablement du mal à choisir. La Drôme, c'est avant tout des paysages sans tapage, harmonieux, sereins, des montagnes à taille humaine... À la lumière souvent trop dure et trop crue de la Provence, elle oppose une belle lumière adoucie, des cieux d'un bleu plus tendre. Voici des monts voluptueux, piémonts aux accents italiens comme en Tricastin et en Drôme provençale. Tout ce qui, au sud, se révèle parfois trop léché, se découvre ici encore intact ! Quant aux villes, elles sont raisonnables, délicieusement accueillantes.
Pour finir, l'Histoire, ici, avec un grand « H » : refuge pour les opprimés de tous temps, des protestants pourchassés aux juifs persécutés.

Nous tenons à remercier tout particulièrement François Chauvin, Gérard Bouchu, Grégory Dalex, Michelle Georget, Carole Fouque, Patrick de Panthou, Jean Omnes, Jean-Sébastien Petitdemange et Alexandra Sémon pour leur collaboration régulière.

Et pour cette chouette collection, plein d'amis nous ont aidés :

Caroline Achard
Didier Angelo
Barbara Batard
José-Marie Bel
Thierry Bessou
Cécile Bigeon
Philippe Bordet
Nathalie Boyer
Florence Cavé
Raymond Chabaud
Bénédicte Charmetant
Geneviève Clastres
Maud Combier
Sandrine Couprie
Franck David
Agnès Debiage
Fiona Debrabander
Charlotte Degroote
Vianney Delourme
Tovi et Ahmet Diler
Claire Diot
Sophie Duval
Flora Etter
Hervé Eveillard
Didier Farsy
Flamine Favret
Pierre Fayet
Alain Fisch
Cédric Fisher
Cécile Gauneau
David Giason
Muriel Giraud
Adrien Gloaguen
Olivier Gomez et Sylvain Mazet
Angélique Gosselet
Isabelle Grégoire
Jean-Marc Guermont
Xavier Haudiquet
Claude Hervé-Bazin
Monique Heuguédé
Catherine Hidé
Bernard Houliat
Christian Inchauste
Catherine Jarrige
Lucien Jedwab
François Jouffa
Emmanuel Juste
Florent Lamontagne
Jacques Lanzmann
Vincent Launstorfer
Grégoire Lechat
Benoît Legault
Raymond et Carine Lehideux
Alexis Le Manissier
Jean-Claude et Florence Lemoine
Mickaela Lerch
Valérie Loth
Anne-Marie Minvielle
Thomas Mirante
Anne-Marie Montandon
Xavier de Moulins
Jacques Muller
Yves Negro
Alain Nierga et Cécile Fischer
Michel Ogrinz et Emmanuel Goulin
Franck Olivier
Martine Partrat
Jean-Valéry Patin
Odile Paugam et Didier Jehanno
Côme Perpère
Michel Puysségur
Jean-Luc Rigolet
Ludovic Sabot
Emmanuel Scheffer
Jean-Luc et Antigone Schilling
Guillaume Soubrié
Régis Tettamanzi
Christophe Trognon
Christèle Valin-Colin
Isabelle Verfaillie
Charlotte Viart
Isabelle Vivarès
Solange Vivier

Direction : Cécile Boyer-Runge
Contrôle de gestion : Joséphine Veyres
Direction éditoriale : Catherine Marquet
Édition : Catherine Julhe, Peggy Dion, Matthieu Devaux, Stéphane Renard, Sophie Berger, Nathalie Foucard et Carine Girac
Préparation-lecture : Solange Vivier
Cartographie : Cyrille Suss
Fabrication : Gérard Piassale et Laurence Ledru
Direction des ventes : Francis Lang
Direction commerciale : Michel Goujon, Dominique Nouvel, Dana Lichiardopol et Lydie Firmin
Informatique éditoriale : Lionel Barth
Relations presse : Danielle Magne, Martine Levens et Maureen Browne
Régie publicitaire : Florence Brunel et Monique Marceau
Service publicitaire : Frédérique Larvor et Marguerite Musso

COMMENT ALLER AUX ÉTATS-UNIS ?

LES LIGNES RÉGULIÈRES

▲ AIR FRANCE
– *Paris :* 119, av. des Champs-Élysées, 75008. Renseignements et réservations : ☎ 0820-820-820 (de 6 h 30 à 22 h). • www.airfrance.fr • Minitel : 36-15, code AF (tarifs, vols en cours, vaccinations, visas). M. : George-V. Et dans toutes les agences de voyages.
– *Chicago :* John Hancock Center, 875 North Michigan Avenue, Suite 3214. ☎ (312) 440-7922.
– *Washington :* 1120 Connecticut Avenue, Suite 1050 (10th Floor). ☎ (202) 974-5460.
– *Boston :* 581 Boylston Street, suite 600. ☎ 1-877-392-2336.
– *Atlanta :* 999 Peachtree Street, suite 2820, 28th floor. ☎ (404) 532-2828 ou 1-800-353-3239.

Grâce à ses alliances avec Continental et Delta Airlines, Air France assure, au départ de Paris et de 13 villes de province, des vols à destination de 101 villes aux États-Unis, dont Boston, Chicago, Washington, Philadelphie et Atlanta.

Air France propose une gamme de tarifs très attractifs sous la marque Tempo accessibles à tous : *Tempo 1* (le plus souple) ; *Tempo 2, Tempo 3* et *Tempo 4* (le moins cher). La compagnie propose également le tarif *Tempo Jeunes* (pour les moins de 25 ans). Ces tarifs sont accessibles jusqu'au jour de départ en aller simple ou aller retour, avec date de retour libre. Il est possible de modifier la réservation ou d'annuler jusqu'au jour de départ sans frais. Pour les moins de 25 ans, la carte de fidélité « Fréquence Jeune » est nominative, gratuite et valable sur l'ensemble des lignes nationales et internationales d'Air France. Cette carte permet d'accumuler des *Miles* et de bénéficier ainsi de billets gratuits. La carte Fréquence Jeune apporte également de nombreux avantages ou réductions chez les partenaires d'Air France : FNAC, Disneyland Paris, etc.

Tous les mercredi dès 0 h 00, sur Minitel : 36-15, code AF (0,20 €, soit 1,29 F/mn) ou sur Internet (www.airfrance.fr), Air France propose les tarifs « Coup de cœur », une sélection de destinations en France métropolitaine et en Europe à des tarifs très bas pour les 7 jours à venir. Pour les enchères sur Internet, Air France propose pour les clients disposant d'une adresse en France métropolitaine, tous les 15 jours, le jeudi de 12 h à 22 h plus de 100 billets mis aux enchères. Il s'agit de billets aller-retour, sur le réseau Métropole, moyen courrier et long courrier, au départ de France métropolitaine. Air France propose au gagnant un second billet sur un même vol au même tarif.

▲ LUFTHANSA
Lignes aériennes allemandes, BP 72, 92105 Boulogne Cedex. Informations et réservations : ☎ 0820-020-030. Minitel : 36-15, code LH (0,34 €/mn). • www.lufthansa.fr • Agence Star Alliance, 106, bd Haussmann, 75008 Paris. M. : Saint-Augustin.

Parmi les 324 destinations dans 89 pays qui composent le réseau mondial Lufthansa, 14 sont aux États-Unis : Atlanta, Boston, Chicago, Dallas, Denver, Détroit, Houston, Los Angeles, Miami, New York, Philadelphie, Phoenix, San Francisco et Washington. Départ de Paris, Lyon, Nice, Marseille, Toulouse, Bordeaux, Strasbourg et Mulhouse (via Francfort, Munich ou Dusseldorf).

LES COMPAGNIES AMÉRICAINES

▲ AMERICAN AIRLINES
Réservations de 7 h à 20 h au ☎ 0801-872-872. • www.aa.com •
Deux vols quotidiens directs entre Paris-Charles-de-Gaulle et New York, un vol quotidien direct entre Paris-Charles-de-Gaulle et Boston, et un vol quotidien direct entre Paris-Charles-de-Gaulle et Miami.

▲ DELTA AIRLINES
– *Paris* : 119, av. des Champs-Élysées, 75008. ☎ 0800-354-080.
• www.delta.com • Minitel : 36-15, code DELTA AIRLINES. M. : Charles-de-Gaulle-Étoile. Ouvert de 10 h à 19 h du lundi au samedi.
La compagnie est également joignable par téléphone tous les jours de 8 h à 23 h du lundi au vendredi, jusqu'à 17 h les samedi, dimanche et jours fériés. La compagnie propose des vols directs et quotidiens depuis Paris à destination de Boston, New York, Atlanta, Cincinnati, Chicago, Washington et Philadelphie, Boston et Miami, ainsi que des connections vers la plupart des villes dans le Nord des États-Unis. Delta dessert également New York avec des vols directs quotidiens depuis Paris (jusqu'à 4 vols par jour) et Nice (fréquence réduite en hiver).

▲ KLM-NORTHWEST AIRLINES
– *Paris* : BP 495-08, 75366 Cedex 08. Renseignements et réservations : ☎ 0810-556-556. Fax : 01-44-56-18-98. • www.klm.fr • Minitel : 36-15, code KLM (0,37 €/mn). Permanence téléphonique assurée tous les jours de 7 h à 22 h.
Plus de 250 destinations américaines dont New York, Boston et Miami sont desservies quotidiennement, via Amsterdam ou Detroit, au départ de Paris, Lyon, Nice et Toulouse.
Renseignez-vous sur le *Pass Visit USA* pour des vols intérieurs (de 3 à 10) aux États-Unis et au Canada à des prix très compétitifs, mais aussi sur le *World Navigator*, le billet Tour du Monde de *KLM* et *Northwest Airlines*.

▲ UNITED AIRLINES
– *Paris :* agence des membres de Star Alliance, 106, bd Haussman, 75008. N° Azur : ☎ 0801-727-272. M. : Saint-Augustin. Ouvert du lundi au vendredi de 9 h à 18 h et le samedi de 10 h à 18 h. Réservations par téléphone tous les jours de 8 h à 21 h.
Au départ de Paris, la compagnie dessert tous les jours la côte est avec Washington et Chicago sans escale, mais aussi la côte ouest (San Francisco). Au départ de Washington et Chicago, possibilité de rejoindre la Virginie, le Maryland et le Delaware. Toute l'année, la compagnie propose des tarifs valables sur plus de 225 destinations aux États-Unis (Hawaï inclus), *stopovers* possibles.
Lors de votre réservation, la compagnie peut vous attribuer vos sièges à l'avance et vous inscrire au programme de fidélisation *United Airlines*, *Mileage Plus*. Vos miles aériens seront crédités sur votre compte et vous permettront d'obtenir des billets gratuits. Pour les 12-25 ans, un numéro spécial est mis à leur disposition, leur permettant de bénéficier de tarifs préférentiels jusqu'à moins 25 % : ☎ 0820-001-225.
United propose des départs de province via le TGV jusqu'à Roissy-Charles-de-Gaulle avec un billet combiné train + avion.

▲ US AIRWAYS
– *Paris :* 109, rue du Faubourg-Saint-Honoré, 75008. N° Azur : ☎ 0801-632-222. M. : Saint-Philippe-du-Roule. Ouvert du lundi au vendredi de 10 h à 18 h.

faire du ciel le plus bel endroit de la terre

AIR FRANCE

Tarifs Tempo. Envolez-vous à prix légers.
www.airfrance.com

Membre de SKYTEAM

Un vol quotidien sur Philadelphie, un sur Pittsburgh et un sur Charlotte (via les 2 villes précédentes). Même système de cumul des miles : par exemple, à partir de 40 000 miles, un voyage transatlantique aller-retour offert. Et si la distance parcourue est inférieure à 500 miles, vous serez crédités de 500 miles quoi qu'il arrive.

LES ORGANISMES DE VOYAGES

– Encore une fois, un billet « charter » ne signifie pas toujours que vous allez voler sur une compagnie charter. Bien souvent, sur des destinations extra-européennes, vous prendrez le vol régulier d'une grande compagnie. En vous adressant à des organismes spécialisés, vous aurez simplement payé moins cher que les ignorants pour le même service.
– Ne pas croire que les vols à tarif réduit sont tous au même prix pour une même destination à une même époque : loin de là. On a déjà vu, dans un même avion partagé par deux organismes, des passagers qui avaient payé 40 % plus cher que les autres... Authentique! Donc, contactez tous les organismes et jugez vous-même.
– Les organismes cités sont classés par ordre alphabétique, pour éviter les jalousies et les grincements de dents.

▲ ANYWAY.COM
☎ 0803-008-008 (0,15 €/mn). Fax : 01-49-96-96-99. • www.anyway.com • Minitel : 36-15, code ANYWAY (0,34 €/mn). Du lundi au vendredi de 9 h à 19 h.
Que vous soyez Marseillais, Lillois ou Parisien, l'agence de voyages Anyway.com s'adresse à tous les routards et sélectionne d'excellents prix auprès de 420 compagnies aériennes et l'ensemble des vols charters pour vous garantir des prix toujours plus compétitifs. Pour réserver, Anyway offre le choix : Internet, téléphone ou Minitel. Disponibilité des vols en temps réel sur 1 000 destinations dans le monde. Cliquez, vous décollez! Anyway.com, c'est aussi la réservation de week-ends et de séjours, la location de voitures (jusqu'à 40 % de réduction) et des réductions de 20 à 50 % sur des hôtels de 2 à 5 étoiles. Voyageant « chic » ou « bon marché », tous les routards profiteront des plus Anyway.com : simplicité, service, conseil...

▲ BACK ROADS
– *Paris :* 14, pl. Denfert-Rochereau, 75014. ☎ 01-43-22-65-65. Fax : 01-43-20-04-88. M. ou RER B : Denfert-Rochereau. Ouvert du lundi au vendredi de 10 h à 19 h et le samedi de 10 h à 18 h.
Depuis 1975, Jacques Klein et son équipe sillonnent chaque année les routes américaines, ce qui fait d'eux de grands connaisseurs des États-Unis, de New-York à l'Alaska en passant par le Far West. Pour cette raison (mais aussi parce qu'ils proposent des tarifs très compétitifs), ils ne vendent leurs produits qu'en direct. Ils vous feront partager leurs expériences et vous conseilleront sur les circuits les plus adaptés à vos centres d'intérêt. Spécialistes des autotours, qu'ils programment eux-mêmes, ils ont également le grand avantage de disposer de contingents de chambres dans les parcs nationaux ou à proximité immédiate. Dans leur brochure *Aventure,* ils offrent un grand choix d'activités, allant du séjour en ranch aux expéditions en VTT, en passant par le jeeping, le trekking ou le rafting.
De plus, Back Roads représente deux centrales de réservation américaines lui permettant d'offrir des tarifs les plus compétitifs :
– *Amerotel :* un seul coup de téléphone pour réserver dans plus de 3 000 hôtels sur tout le territoire, des Hilton aux YMCA.
– *Car Discount :* un courtier en location de voitures, motos (Harley notamment), camping-cars, proposant les grands loueurs à des prix *discount* sur toute l'Amérique du Nord.

COMMENT ALLER AUX ÉTATS-UNIS ?

▲ BOURSE DES VOLS / BOURSE DES VOYAGES
Le 36-17, code BDV est un serveur Minitel sur le marché des voyages qui présente plus de 2 millions de tarifs aériens et des centaines de voyages organisés pouvant être réservés en ligne. En matière de vols secs, les tarifs et promotions de 40 voyagistes et 80 compagnies aériennes sont analysés et mis à jour en permanence. Quant aux voyages organisés, qu'il s'agisse de séjours, circuits, croisières, week-ends ou locations de vacances, BDV propose une sélection rigoureuse de produits « phare » et d'offres dégriffées d'une cinquantaine de tour-opérateurs majeurs.
Sur le site internet • www.bdv.fr •, retrouvez les « bons plans » de la Bourse des Vols, les dernières minutes de la Bourse des Voyages. Pour les promos vols secs, composez le ☎ 0836-698-969 (0,34 €/mn).

▲ CLUB AVENTURE
– *Paris* : 18, rue Séguier, 75006. N° Indigo : ☎ 0825-306-032. Fax : 01-44-32-09-59. • www.clubaventure.fr • M. : Saint-Michel ou Odéon.
– *Marseille* : Le Nereïs, av. André-Roussin, Saumaty-Séon, 13016. N° Indigo : ☎ 0825-306-032. Fax : 04-96-15-10-59.
Club Aventure, depuis 20 ans, est le spécialiste du voyage actif et innovant et privilégie le trek comme le moyen idéal de parcourir le monde. Le catalogue offre 200 itinéraires dans 90 pays différents en 4x4, en pirogue ou à dos de chameau. Ces voyages sont conçus pour une dizaine de participants, encadrés par des accompagnateurs professionnels et des grands voyageurs.
L'esprit est résolument axé sur le plaisir de la découverte des plus beaux sites du monde souvent difficilement accessibles. Une intendance et une logistique pointues permettent des bivouacs inoubliables en plein désert, en montagne. Mais refuges andins, funduks yéménites, carbets de passage abriteront vos nuits. Le soin apporté aux repas préparés par des cuisiniers locaux accroît la convivialité.
La formule reste malgré tout confortable dans le sens où le portage est confié à des chameaux, des mulets, des yacks et des lamas. Les circuits en 4x4 ne ressemblent en rien à des rallyes mais laissent aux participants le temps de flâner, contempler et faire des découvertes à pied. Le choix des hôtels en ville privilégie le charme et le confort.

▲ CLUB MED DÉCOUVERTE
Pour se renseigner, recevoir la brochure et réserver au n° Azur : ☎ 0810-802-810 (prix appel local). • www.clubmed.com • Minitel : 36-15, code CLUB MED (0,20 €/mn). Agences Club Med Voyages, Havas Voyages, Forum Voyages et agences agréées. Département des circuits et escapades organisés par le Club Méditerranée. Présence dans le monde. Le savoir-faire du Club, c'est :
– Le départ garanti sur beaucoup de destinations, sauf pour les circuits où un minimum de participants est exigé.
– La pension complète pour la plupart des circuits : les plaisirs d'une table variée entre spécialités locales et cuisine internationale.
– Les boissons comprises aux repas (une boisson locale avec thé ou café), et pendant les trajets, bouteilles d'eau dans les véhicules.
– Un guide accompagnateur choisi pour sa connaissance et son amour du pays.
– Si vous voyagez seul(e), possibilité de partager une chambre double (excepté pour les autotours et les événements). Ainsi, le supplément chambre individuelle ne vous sera pas imposé.

▲ COMPAGNIE DES ÉTATS-UNIS & DU CANADA
– *Paris* : 82, bd Raspail (angle rue de Vaugirard), 75006. ☎ 01-53-63-29-29. Fax : 01-42-22-20-15. M. : Rennes ou Saint-Placide.

Vous n'aimez pas dépenser ?

Voyagez.

ANYWAY.com
Comparez. Voyagez.

Plus de 1000 destinations en
France et dans le monde
à des tarifs compétitifs sur
les billets d'avion,
hôtels, séjours et locations
de voitures.

0 825 008 008*
3615 ANYWAY** - www.anyway.com

Caïd. S.A. RCS Paris B391482452. 128, quai de Jemmapes 75010 Paris. Lic 075960011. *0,99F TTC/min *2,23F TTC/min.

– *Paris :* 3, av. de l'Opéra, 75001. ☎ 01-55-35-33-55. Fax : 01-55-35-33-59. • etats.unis@compagniesdumonde.com • www.compagniedumonde.com • M. : Palais-Royal. Ouvert de 9 h à 20 h du lundi au vendredi, et le samedi de 9 h à 19 h.

Après 20 ans d'expérience, Jean-Alexis Pougatch, passionné par l'Amérique du Nord, a ouvert à Paris le centre des voyages et de l'information sur les États-Unis et le Canada.

D'un côté, la compagnie propose 1 500 vols négociés sur les États-Unis et le Canada, avec toutes les compagnies régulières.

De l'autre, deux brochures, l'une sur les États-Unis, l'autre sur le Canada offrent toutes les formules de voyages à imaginer : des circuits thématiques (en Harley Davidson, en train panoramique, en avion privé, en camping, en trekking, etc...), des circuits en groupes et de nombreux circuits individuels en voiture. De nombreux clients viennent aussi les voir pour des circuits ou séjours à la carte.

▲ COMPTOIR DES ÉTATS-UNIS ET DU CANADA – DELTAVACATIONS

– *Paris :* 344, rue Saint-Jacques, 75005. ☎ 01-53-10-21-70. Fax : 01-53-10-21-71. • www.comptoir.fr • amerique@comptoir.fr • M. : Port-Royal. Ouvert du lundi au vendredi de 10 h à 18 h, le samedi de 11 h à 18 h.

– *Paris :* 34, bd Sébastopol, 75004. ☎ 01-42-77-50-50. Fax : 01-42-77-50-60. • deltavacations@maisonameriques.com • M. : Châtelet-les-Halles. Ouvert du lundi au samedi de 9 h 30 à 18 h 30.

Spécialiste de l'Amérique du Nord, Comptoir des États-Unis et du Canada propose mille et une façons de composer votre voyage. Son équipe est composée de gens de terrain, particulièrement aptes à vous conseiller pour établir votre itinéraire. Dans sa brochure, Comptoir des États-Unis et du Canada présente toutes les formules de voyages individuels. Tarifs aériens sur vols réguliers à prix préférentiels, de nombreux autotours, locations de voiture, de motos Harley Davidson et de motor homes, ainsi qu'un grand choix d'hébergements à la carte (hôtels, YMCA, Kamping Kabins KOA, locations de villas en Floride).

Comptoir des États-Unis et du Canada s'intègre à l'ensemble des comptoirs organisés autour de thématiques : Afrique, Déserts, Maroc, États-Unis, Canada, Amérique latine, Islande.

▲ DIRECTOURS

– *Paris :* 90, av. des Champs-Élysées, 75008. ☎ 01-45-62-62-62. Fax : 01-40-74-07-01.

– *Lyon :* ☎ 04-72-40-90-40.

Pour le reste de la province, n° Azur : ☎ 0801-637-543. • www.directours. com • Minitel : 36-15, code DIRECTOURS (0,34 €/mn).

Spécialiste du voyage individuel à la carte, Directours est un tour-opérateur qui présente la particularité de s'adresser directement au public, en vendant ses voyages exclusivement par téléphone, sans passer par les agences et autres intermédiaires. La démarche est simple : soit on appelle pour demander l'envoi d'une brochure, soit on consulte le site web. On téléphone ensuite au spécialiste de Directours pour avoir conseils et détails.

Directours propose une grande variété de destinations : tous les États-Unis à la carte (avec des brochures spéciales New York, Las Vegas, Hawaii), Thaïlande, Bali et l'Indonésie, Maurice, Réunion, Seychelles, Dubaï, Oman, l'Inde, l'Afrique du sud, les Antilles françaises, la Grèce et ses îles, Malte, Chypre, la Tunisie, le Maroc et l'Australie. Également des week-ends en Europe : Vienne, Prague, Budapest et Berlin. Directours vend ses vols secs et ses locations de voiture sur le web.

www.compagniesdumonde.com

L'ART DE CHOISIR
SON VOYAGE AUX ETATS-UNIS

VOLS • SEJOURS HOTELS
CIRCUITS ACCOMPAGNES • CIRCUITS INDIVIDUELS

NEW YORK	BOSTON	WASHINGTON	CHICAGO
252€*	287€*	308€*	320€*

*Vols à partir de, au 1er Janvier 2002. Taxes non incluses (env. 90€)

EXEMPLES D'HOTELS CATEGORIE **, *** et **** PAR NUIT

• NEW YORK	Habitat **sup	60€	Hudson****	83€
• BOSTON	Midtown***	65€	Boston Park Plaza****	105€
• WASHINGTON	Dats Inn**	51€	Hilton****	76€
• CHICAGO	Hol. Inn City Center***	64€	Allegro****	91€

Prix par personne en chambre double, à partir de, taxes incluses.

EXEMPLES DE CIRCUITS ACCOMPAGNES AU DEPART DE PARIS

• L'Héritage de l'Est (1)	9 jours	1332€
• L'Est Authentique – USA et Canda (2)	15 jours	2 807€

Prix par personne en chambre double, à partir de. Hôtels 2 étoiles (1) et hôtels 3 étoiles (2).
Vols A/R inclus. (1)(2)Demi-pension incluse. Guide francophone. Taxes aériennes en sus (env. 90€).

EXEMPLES DE CIRCUITS INDIVIDUELS EN VOITURE

• Images de Nouvelle Angleterre	8 jours	341€
• L'Est à perte de vue	12 jours	465€

Prix par personne en chambre quadruple, à partir de. Hôtels 2/3 étoiles. Location de voiture
Cat. Full size avec kilométrage illimité et assurance LDW/CDW incluse. Road-book complet inclus.

C^{IE} DES ETATS-UNIS

3, Avenue de l'Opéra
75001 Paris
Métro Palais-Royal/Louvre
Tél : 01 55 35 33 55
Fax : 01 55 35 33 59

82, bd Raspail (angle Vaugirard)
75006 Paris
Métro : Rennes-St Placide
Tél : 01 53 63 29 29
Fax : 01 42 22 20 15

e-mail : etats.unis@compagniesdumonde.com

JE VOUS REMERCIE DE M'ENVOYER CONTRE 3,2€. EN TIMBRES, DEUX BROCHURES MAXIMUM AU CHOIX:

BROCHURE C^{IE} DES ETATS-UNIS & DU CANADA ☐

BROCHURE C^{IE} AMERIQUE LATINE ☐   BROCHURE C^{IE} DES INDES & DE L'EXTREME ORIENT ☐

...M .... PRENOM ....
RESSE ....
DE POSTAL |_|_|_|_|_| VILLE .... E-MAIL ....

▲ EXPERIMENT
– *Paris :* 89, rue de Turbigo, 75003. ☎ 01-44-54-58-00. Fax : 01-44-54-58-01. M. : Temple ou République. Ouvert du lundi au vendredi de 9 h à 18 h sans interruption.

Partager en toute amitié la vie quotidienne d'une famille pendant une à quatre semaines, aux dates que vous souhaitez, c'est ce que vous propose l'association Experiment. Cette formule de séjour chez l'habitant à la carte existe dans une trentaine de pays à travers le monde (Amériques, Europe, Asie, Afrique ou Océanie).

Aux États-Unis, Experiment offre également la possibilité de suivre des cours intensifs d'anglais sur 10 campus pendant 1 à 9 mois. Les cours d'anglais avec hébergement chez l'habitant existent également en Irlande, en Grande-Bretagne, à Malte, au Canada, en Australie et en Nouvelle Zélande. Experiment propose aussi des cours d'espagnol, d'allemand, d'italien et de japonais dans les pays où la langue est parlée. Ces différentes formules s'adressent aux adultes et adolescents.

Sont également proposés : des jobs aux États-Unis, et en Grande Bretagne ; des stages en entreprise aux USA, Angleterre, Irlande, Espagne et Allemagne ; des programmes de bénévolat aux USA, Équateur et Togo, Canada et Australie ; du volontariat en Europe. Service *Départs à l'étranger* : 01-44-54-58-00.

Pour les 18-26 ans, Experiment organise des séjours « au pair » aux États-Unis (billet aller-retour offert, rémunération de 139 US $ par semaine, formulaire IAP-66, etc.). Service *Au Pair* : ☎ 01-44-54-58-09. Également en Espagne, en Angleterre, en Italie, et en Irlande.

▲ FORUM VOYAGES
Pour vous renseigner, réserver ou recevoir la brochure, téléphonez au : ☎ 0803-833-803 (0,15 €/min). Liste des agences Forum Voyages Paris et province sur • www.forum-voyages.fr •

Commencez à rêver et contactez un de leurs points de vente où vous trouverez l'offre complète et abondante de leurs partenaires, mais surtout des collaborateurs qui sont des spécialistes et qui sauront vous conseiller pour organiser votre voyage en tenant compte de tous vos désirs et contraintes éventuelles.

Et n'oubliez pas, Forum Voyages est aussi spécialiste du billet d'avion à des prix très compétitifs, que ce soit pour vos vacances ou vos déplacements professionnels. Consultez leur brochure riche de 1 500 destinations avant toute décision !

▲ FUAJ
– *Paris :* centre national, 27, rue Pajol, 75018. ☎ 01-44-89-87-27. Fax : 01-44-89-87-49 ou 10. • www.fuaj.org • M. : La-Chapelle, Marx-Dormoy ou Gare-du-Nord.

Renseignements dans toutes les auberges de jeunesse et les points d'information et de réservation en France.

La FUAJ (Fédération Unie des Auberges de Jeunesse) accueille ses adhérents dans 200 auberges de jeunesse en France. Seule association française membre de l'IYHF (International Youth Hostel Federation), elle est le maillon d'un réseau de 6 000 auberges de jeunesse dans le monde. La FUAJ organise, pour ses adhérents, des activités sportives, culturelles et éducatives, ainsi que des expéditions à travers le monde. Les adhérents de la FUAJ peuvent obtenir des brochures « Go as you please », « Activités été » et « hiver », le « Guide Français » pour les hébergements. Les guides internationaux regroupent la liste de toutes les auberges de jeunesse dans le monde. Ils sont disponibles à la vente ou en consultation sur place.

▲ GO VOYAGES
– *Paris :* 22, rue d'Astorg, 75008. Réservations : ☎ 0825-825-747. • www.govoyages.com • M. : Saint-Augustin. Et dans toutes les agences de voyages. Spécialiste du vol sec, Go Voyages propose un des choix les plus larges sur 1 000 destinations dans le monde au meilleur prix. Go Voyages propose aussi, en complément, des locations de voiture à des tarifs très compétitifs. Où que vous alliez, n'hésitez pas à les contacter, ils vous feront des offres tarifaires des plus intéressantes.

▲ JETSET
Dans les agences de voyage et au : ☎ 01-53-67-13-00. Fax : 01-53-67-13-29. • jetset@jetset-voyages.fr • www.jetset-voyages.fr •
L'un des meilleurs spécialistes des États-Unis. Un choix très important de circuits au volant sur toutes les régions de l'Est (Nouvelle Angleterre, Pennsylvanie) et la côte Est. Propose à prix négociés des vols sur la plupart des compagnies desservant les principales villes de la côte est. À New-York, plusieurs forfaits (3 et 6 nuits) avec transferts, repas, visites, shows sont également présentés. La gamme des excursions à la carte est très vaste : visites de Manhattan et Harlem de jour, de nuit, mais aussi du Bronx et de Brooklyn ; survols en hélicoptère, mini-croisières. Ces visites se réservent depuis la France ou sur place. Enfin, Jetset prolonge les séjours à New-York par des incursions dans la campagne new-yorkaise : vallée de l'Hudson (auberges de charme, excursions d'une journée), Long Island (à la carte). Numéro vert assistance aux USA en haute saison.

▲ JET TOURS
Jumbo, les voyages à la carte de Jet tours s'adresse à tous ceux qui ont envie de se concocter un voyage personnalisé, en couple, entre amis, ou en famille, mais surtout pas en groupe. Tout est proposé à la carte : il suffit de « faire son marché » et d'ajouter aux vols internationaux les prestations de votre choix : locations de voiture, hôtels de 2 à 4 étoiles, des petits établissements de charme, des itinéraires tout fait ou à composer soi-même, des escapades aventure ou des sorties en ville. Tout est préparé avant votre départ et, sur place, vous aurez tout le loisir d'apprécier le pays sans contrainte et en toute liberté. Jumbo organise votre voyage où l'insolite ne rime pas avec danger et où l'imprévu ne se conjugue pas avec galère.
Avec Jumbo, composez le voyage de votre choix en Andalousie, Madère, Maroc, Tunisie, Grèce, Canada, États-Unis, Mexique, Martinique, Guadeloupe, Océan Indien, Afrique australe, Thaïlande, Indonésie et en Inde.
La brochure Jumbo est disponible dans toutes les agences de voyages. Les agences Jet tours et Forum voyages sont particulièrement habituées à vous construire un voyage à la carte Jumbo. Vous pouvez aussi joindre Jumbo au ☎ 05-61-23-35-12. • www.jettours.com • Minitel : 36-15, code JUMBO (0,20 €/mn).

▲ LOOK VOYAGES
Les brochures sont disponibles dans toutes les agences de voyages. Informations et réservations : • www.look-voyages.fr • et Minitel : 36-15, code LOOK VOYAGES (0,34 €/mn).
Ce tour-opérateur généraliste propose une grande variété de produits et de destinations pour tous les budgets : des séjours en clubs Lookéa, des séjours classiques en hôtels, des mini-séjours, des safaris, des circuits découvertes, des croisières, des autotours et sa nouvelle formule Look Accueil qui permet de sillonner une région ou un pays en toute indépendance en complétant votre billet d'avion par une location de voiture et 1 à 3 nuits d'hôtel.
Look Voyages est aussi un spécialiste du vol sec aux meilleurs prix avec 1 000 destinations dans le monde sur vols affrétés et réguliers.

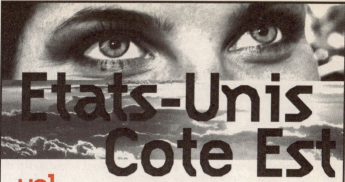

Etats-Unis Côte Est

vol
New York 364 €*
aller retour
* une nuit d'hôtel minimum obligatoire
taxes aériennes 65 € comprises

circuit organisé
New York New York 1 194 €
7 jours / 5 nuits hôtel ★★
en chambre double et en demi pension
avion et taxes aériennes 81 € compris

à la carte
**Washington
Hôtel Holiday Inn*** 140 €**
une nuit en chambre double

Boston City Pass 36 €
6 attractions

PRIX TTC PAR PERSONNE
DEPART DE PARIS
A CERTAINES DATES
TAXES ET REDEVANCES COMPRISES
PAYABLES EN FRANCE,
SUSCEPTIBLES DE MODIFICATIONS
SANS PREAVIS.

www.nouvelles-frontieres.fr

c'est l'affaire d'un coup de fil
▶ N° Indigo 0 825 000 825
0,15 € TTC/MN

NOUVELLES FRONTIERES

Voyager ça fait avancer

▲ NOUVEAU MONDE

– *Paris :* 8, rue Mabillon, 75006. ☎ 01-53-73-78-80. Fax : 01-53-73-78-81. Ligne directe pour les voyages moto : ☎ 01-53-73-78-90. • www.nouveau monde-voyages.com • M. : Mabillon.
– *Bordeaux :* 57, cours Pasteur, 33000. ☎ 05-56-92-98-98. Fermé le samedi.
– *Marseille :* 8, rue Haxo, 13001. ☎ 04-91-54-31-30. Fermé le samedi.
– *Nantes :* 20 bis, rue Fouré, 44000. ☎ 02-40-89-63-64. Fermé le samedi.
Toujours passionnée par l'Amérique latine, en particulier par la Bolivie, l'équipe de Nouveau Monde s'intéresse également à l'Amérique du Nord, essentiellement au Canada, aux Caraïbes, mais aussi au Pacifique et à l'Asie. Proposant vols à tarifs réduits, hôtels et circuits sur toutes ces destinations, il était inévitable que Nouveau Monde devienne une référence pour les globe-trotters qui trouvent dans sa brochure Voyages autour du Monde, plus de 30 circuits aériens autour de la planète.
Sa vocation de découvreur s'affirme encore lorsqu'il s'agit de concocter des virées d'enfer pour motards aux 4 coins du monde, des États-Unis à la Nouvelle-Zélande, en passant par Madagascar.

▲ NOUVELLES FRONTIÈRES

– *Paris :* 87, bd de Grenelle, 75015. M. : La Motte-Picquet-Grenelle.
Renseignements et réservations dans toute la France : ☎ 0825-000-825 (0,15 €/mn). • www.nouvelles-frontieres.fr • Minitel : 36-15, code NF (à partir de 0,10 €/mn).
Plus de 30 ans d'existence, 2 500 000 clients par an, 250 destinations, une chaîne d'hôtels-clubs et de résidences Paladien, deux compagnies aériennes, Corsair et Aérolyon, des filiales spécialisées pour les croisières en voilier, la plongée sous-marine, la location de voiture... Pas étonnant que Nouvelles Frontières soit devenu une référence incontournable, notamment en matière de tarifs. Le fait de réduire au maximum les intermédiaires permet d'offrir des prix « super-serrés ». Un choix illimité de formules vous est proposé : des vols sur les compagnies aériennes de Nouvelles Frontières au départ de Paris et de province, en classe Horizon ou Grand Large, et sur toutes les compagnies aériennes régulières, avec une gamme de tarifs selon confort et budget. Sont également proposés toutes sortes de circuits, aventure ou organisés ; des séjours en hôtels, en hôtels-club et en résidence, notamment dans les Paladiens, les hôtels de Nouvelles Frontières avec « vue sur le monde » ; des week-ends, des formules à la carte (vol, nuits d'hôtels, excursions, location de voiture...).
Avant le départ, des permanences d'information sont organisées par des spécialistes qui présentent le pays et répondent aux questions. Les 13 brochures Nouvelles Frontières sont disponibles gratuitement dans les 200 agences du réseau, par Minitel, par téléphone et sur Internet.

▲ OTU VOYAGES

OTU Voyages est l'agence de voyages spécialisée étudiants. Elle propose le billet d'avion STUDENT AIR pour les jeunes et les étudiants, l'ensemble des titres de transports : train, bus, bateau, location de voiture, billets d'avions réguliers... mais aussi des hôtels en France et dans le monde, des séjours hiver et été, des week-ends en Europe, des assurances de voyage, etc.
OTU Voyages propose l'ensemble de ces prestations à des tarifs étudiants tout en assurant souplesse d'utilisation et sécurité de prestations.
OTU Voyages est également responsable de la distribution et du développement de la carte d'étudiant internationale (carte ISIC).
Consultez le site • www.otu.fr • pour obtenir adresse, plan d'accès, téléphone et e-mail de l'agence la plus proche de chez vous (37 agences OTU Voyages en France).
Infoline : ☎ 0820-817-817 (0,12 €/mn). Paris : ☎ 01-40-29-12-12. Fax : 01-40-29-12-25.

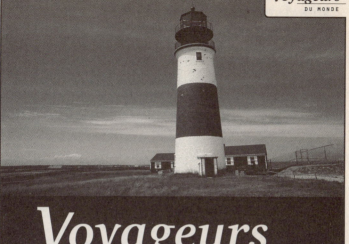

Voyageurs

AUX ÉTATS-UNIS ET AU CANADA

vdm.com

sur notre site internet :
→ Réservez vos vols
→ Choisissez votre voyage à la carte
→ Consultez nos promotions
→ Commandez nos brochures

▶ **des billets d'avion** directement sur www.vdm.com ou notre ligne spéciale : N° Indigo : 0 825 300 290

▶ **des voyages en individuel**
▶ **des voyages "sur mesure"**
▶ **des circuits accompagnés**

••• → Les conseillers spécialisés Voyageurs du Monde ont une connaissance intime du pays qu'ils vous recommandent. Vous construirez avec eux un voyage "à votre mesure"...

© Kindra Clineff

VOYAGEURS/PARIS	VOYAGEURS/MARSEILLE	VOYAGEURS/RENNES
Tél : 01 42 86 17 00	Tél : 04 96 17 89 17	Tél : 02 99 79 16 16
VOYAGEURS/LYON	VOYAGEURS/TOULOUSE	
Tél : 04 72 56 94 56	Tél : 05 34 31 72 72	

TA TERRES D'AVENTURE   INFOS/RESA **01 53 73 77 73**

Partenaire sur nos destinations "AVENTURES"
Toutes les brochures et tous les voyages sont sur www.terdav.com

COMMENT ALLER AUX ÉTATS-UNIS ?

▲ PLEIN VENT VOYAGES
Réservations et brochures dans les agences du Sud-Est de la France.
Premier tour-opérateur du Sud-Est, Plein Vent assure toutes ses prestations au départ de Lyon, Marseille, Nice et Genève. Ses destinations phares : l'Espagne, l'Égypte, Malte, la Sicile, et le Maghreb, tout particulièrement la Tunisie avec 3 circuits, mais également l'Europe centrale, l'Europe du Nord avec l'Irlande, l'Écosse et la Norvège. Plein vent propose aussi le Canada, le Mexique, la Thaïlande, les USA et l'Afrique du sud en circuit accompagné. Croisières fluviales sur le Danube et la Russie. Circuits accompagnés en Chine, et en Jordanie. Plein Vent garantit ses départs, et propose un système de « garantie annulation » performant.

▲ R.A. MARKETING
– *Paris :* 68, rue de Lourmel, 75015. ☎ 01-45-77-10-74. Fax : 01-45-77-78-51. M. : Charles-Michels.
Représente en France plusieurs sociétés américaines :
– *Scenic Airlines et Grand Canyon Airlines :* survols, excursions aériennes – avec ou sans hébergement – du Grand Canyon, de Monument Valley, Lake Powell et Bryce Canyon.

▲ RÉPUBLIC TOURS
– *Paris :* 1 bis, av. de la République, 75541 Cedex 11. ☎ 01-53-36-55-55. Fax : 01-48-07-09-79. M. : République.
– *Lyon :* 4, rue du Général-Plessier, 69002. ☎ 04-78-42-33-33. Fax : 04-78-42-24-43.
• infos@republictours.com • www.republictours.com • Minitel : 36-15, code REPUBLIC (0,34 €/mn).
Et dans les agences de voyages.
Républic Tours, c'est une large gamme de produits et de destinations tous publics et la liberté de choisir sa formule de vacances :
– Séjours « détente » en hôtel classique ou club.
– Circuits en autocar, voiture personnelle ou de location.
– Croisières en Égypte, Irlande, Hollande ou aux Antilles.
– Insolite : randonnées en 4x4, vélo, roulotte, randonnées pédestres, location de péniches...
– Week-ends : plus de 50 idées d'escapades pour se dépayser, s'évader au soleil ou découvrir une ville.
Républic Tours, c'est aussi :
– Le Bassin méditerranéen : Égypte, Espagne, Chypre, Grèce, Crète, Malte, Maroc, Portugal, Sicile, Tunisie Libye.
– Les longs-courriers sur les Antilles françaises, le Canada, les États-Unis, l'île Maurice, la Réunion, les Seychelles et la Polynésie.
– L'Afrique avec le Sénégal.
– L'Europe avec l'Autriche, la Grande-Bretagne, la Hollande, les Iles anglo-normandes (Guernesey, Aurigny, Herm, Jersey, Sercq), l'Irlande du Sud et du Nord, l'Allemagne, la Belgique, l'Italie, la République tchèque, la Hongrie, le Danemark et la Suède.

▲ LA ROUTE DES VOYAGES
– *Lyon :* 59, rue Franklin, 69002. ☎ 04-78-42-53-58. Fax : 04-72-56-02-86.
– *Toulouse :* 9, rue Saint-Antoine du T, 31000. ☎ 05-62-27-00-68. Fax : 05-62-27-00-86. • www.route-voyages.com •
Spécialiste des voyages à la carte sur tout le continent américain, de l'Alaska à la Terre de Feu. Gérée par une équipe ayant une grande connaissance du terrain, elle propose des voyages personnalisés pour toutes ces destinations en travaillant en direct avec des prestataires locaux. Que ce soit vers les États-Unis, le Canada, le Mexique, le Costa Rica, le Pérou, le Chili

On n'ira jamais assez loin... Pour sauver un enfant...

Au Mali, au Kazakhstan ou encore au Vietnam... des enfants "victimes du lieu de naissance" ne peuvent être soignés, opérés, scolarisés.
Pour les aider, pour les sauver, La Chaîne de l'Espoir, fondée par le Professeur Alain Deloche, poursuit deux missions complémentaires :
- opérer et sauver des enfants malades par un geste chirurgical unique et ponctuel
- parrainer des enfants en leur donnant la possibilité d'aller à l'école, d'apprendre à lire et à écrire et d'avoir ainsi toutes les chances d'une vie meilleure.

Pour cela, chaque maillon de cette chaîne de solidarité offre ses compétences, sa générosité et son énergie :
- dans chaque pays, des médecins bénévoles examinent les enfants et constituent leurs dossiers
- pour les faire venir en France, plusieurs compagnies aériennes offrent des billets gratuits ou à prix réduits
- pendant leur séjour, des familles bénévoles accueillent les enfants dans la chaleur de leur foyer
- des chirurgiens de grande renommée opèrent bénévolement les enfants et surveillent leur convalescence
- enfin, des parrains et des marraines s'engagent à permettre la scolarisation de ces enfants parce qu'un enfant qui ne sait pas lire, ni écrire, reste un enfant "handicapé".

Vous aussi, devenez un maillon de La Chaîne de l'Espoir
Votre soutien permettra de sauver ces enfants en aidant La Chaîne de l'Espoir à prendre en charge leurs frais d'hospitalisation et de médicaments, ou si vous souhaitez plutôt parrainer un enfant, leurs frais de scolarisation.

Merci de leur donner leur chance
Depuis sa création en 1988, plus de 5000 enfants originaires d'Asie, d'Afrique ou d'Europe de l'Est ont pu être sauvés soit en France, soit dans leur pays d'origine lorsque cela a été rendu possible par nos équipes médico-chirurgicales en mission sur le terrain. Parallèlement 3000 enfants en Thaïlande et au Vietnam poursuivent actuellement leur scolarité grâce aux parrains et marraines de La Chaîne de l'Espoir.

Pour envoyer vos dons ou recevoir une brochure d'information, contactez :

La Chaîne de l'Espoir
1, rue Cabanis - 75014 Paris
CCP n° 3703700 B LA SOURCE
Tél. 01 45 65 04 64
Internet : www.chaine-espoir.asso.fr

La Chaîne de l'Espoir est une association de bienfaisance assimilée fiscalement à une association reconnue d'Utilité Publique.

ou l'Argentine, elle privilégie les itinéraires et les prestations hors des sentiers battus.

▲ UCPA
Informations et réservations : ☎ 0803-820-830. • www.ucpa.com • Minitel : 36-15, code UCPA.
Bureaux de vente à *Paris, Bordeaux, Lille, Lyon, Marseille, Nancy, Strasbourg, Toulouse* et *Bruxelles.*
Voilà plus de 35 ans que 6 millions de personnes de 7 à 39 ans font confiance à l'UCPA pour réussir leurs vacances sportives. Et ceci, grâce à une association dynamique, toujours à l'écoute des attentes de ses clients, une approche souple et conviviale de plus de 60 activités sportives, des séjours en France et à l'étranger en formule tout compris (moniteurs professionnels, pension complète, matériel, animations, assurance et transport pour les séjours à l'étranger) et à des prix toujours très serrés. Vous pouvez choisir parmi les 5 nouvelles formules de vacances : « Ucep » (encadrement permanent ou à mi-temps), « Automne » (en toute liberté), « Variation » (pour varier les activités selon les envies), « Découverte » (pour donner une dimension plus culturelle et touristique à vos vacances), « Séjour » (pour apprécier la détente sans contraintes). Plus de 100 centres en France et 30 à l'international (4 aux Antilles, Crète, Cuba, Égypte, Espagne, Maroc, Tunisie, Turquie, Thaïlande...) auxquels s'ajoutent près de 300 programmes en Sport Aventure pour voyager à pied, à cheval, à VTT, en catamaran... dans 50 pays d'Europe, d'Asie, du Proche-Orient, d'Afrique, d'Amérique latine et d'Amérique du Nord.

▲ USA CONSEIL
Devis et brochures sur demande, réception sur rendez-vous, renseignements au : ☎ 01-45-46-51-75. Fax : 01-45-47-55-53. • www.usaconseil.fr.st
• usatour@club-internet.fr •
Un bureau de conseil en tourisme spécialisé sur les voyages en Amérique du Nord. USA Conseil s'adresse particulièrement aux familles ainsi qu'à toutes les personnes désireuses de visiter et de découvrir les États-Unis et le Canada, en maintenant un très bon rapport qualité/prix. L'équipe d'USA Conseil vous adresse un devis gratuit et détaillé pour votre projet de voyage et propose une gamme complète de vols, voitures, motos, motor homes, hôtels, motels, circuits individuels et accompagnés, excursions, ainsi que toutes prestations en rapport avec votre budget.

▲ USIT CONNECTIONS
Informations et réservations par téléphone : ☎ 0825-082-525. • www.usit connections.fr • usitconnect@usitconnect.ie •
– *Paris :* 14, rue Vivienne, 75002. Fax : 01-44-55-32-61. M. : Bourse.
– *Paris :* 31 bis, rue Linné, 75005. Fax : 01-44-08-71-25. M. : Jussieu.
– *Paris :* 85, bd Saint-Michel, 75005. Fax : 01-43-25-29-85. M. : Luxembourg.
– *Paris :* 6, rue de Vaugirard, 75006. Fax : 01-42-34-56-91. M. : Odéon.
– *Aix-en-Provence :* 7, cours Sextius, 13100. Fax : 04-42-93-48-49.
– *Bordeaux :* 284, rue Sainte-Catherine, 33000. Fax : 05-56-33-89-91.
– *Lyon :* 33, rue Victor-Hugo, 69002. Fax : 04-72-77-81-99.
– *Montpellier :* 1, rue de l'Université, 34000. Fax : 04-67-60-33-56.
– *Nice :* 15, rue de France, 06000. Fax : 04-93-87-10-91.
– *Toulouse :* 5, rue des Lois, 31000. Fax : 05-61-11-52-43.
Usit Connections est membre du réseau mondial Usit World aujourd'hui présent dans 27 pays avec plus de 250 agences. Usit Connections propose une gamme complète de produits pour tous : des tarifs aériens à prix réduits, des locations de voiture en France et à l'étranger, tous types d'hébergement, des formules découverte très bon marché à New York, Bangkok, Barcelone,

LOCATION DE VOITURES AUX USA
une solution nouvelle, économique et flexible

Auto Escape achète aux loueurs de gros volumes de location et répercute les remises obtenues à ses clients. Ce service ne vous coûte rien puisque cette agence est commissionnée par les loueurs. Elle vous aide à vous orienter parmi les assurances et produits optionnels proposés.
13 ans d'expérience lui permettent d'appréhender au mieux vos besoins.

- **Tarifs très compétitifs**, grâce à une surveillance permanente du marché
- **Service et flexibilité** (numéro d'appel gratuit, aucun frais de dossier ou d'annulation même à la dernière minute)
- **Kilométrage illimité**
- **Service à la clientèle**

5% de réduction sup. aux lecteurs du GDR

AUTO ESCAPE
Location de véhicules dans le monde entier

appel gratuit depuis la France : **0 800 920 940**
tél : +33 (0)4 90 09 28 28
fax : +33 (0)4 90 09 51 87
www.autoescape.com

- Réservez avant de partir, car disponibilité limitée. Autre avantage : vous souscrirez ainsi à un produit spécialement étudié pour les clients européens. Vous ferez aussi de grosses économies (tarifs négociés toujours inférieurs à ceux trouvés localement).
- Pour éviter tout désagrément et bénéficier d'un service assistance en cas de problème, privilégiez les grandes compagnies.
- Renseignez-vous sur les assurances souscrites et les surcharges locales.
- Ne partez pas sans un bon prépayé (dans le jargon "voucher"), décrivant précisément le contenu de votre location.
- Pour retirer votre véhicule, il vous faudra : carte de crédit internationale (au nom du conducteur), permis de conduire national et voucher prépayé.

Usit CONNECTIONS
Simplement différent!

Une gamme complète de voyages accessibles à tous

Vols - Promotions - Billets étudiants (valable 1 an - prix exclusifs) • Location de voitures AVIS • Hébergement : auberge de jeunesse → hôtel 5* • Pass intérieurs train/bus/avion • Assurances • Tours du monde • Circuits aventure • Des formules qui font découvrir le monde autrement • Voyages pour groupes

The travellin' generation
by usit

Un monde ouvert à tous
Un monde ouvert au monde
A 95% ils sont jeunes, étudiants ou membres d'une foreign community

www.usitconnections.fr

▶ téléventes 0825 0825 25

THE TRAVELLIN' GENERATION

COMMENT ALLER AUX ÉTATS-UNIS ?

Prague... des *passes* (avion, bus ou train), des circuits actifs, des voyages d'aventures, des week-ends originaux et de nombreux services aux voyageurs comme l'assurance voyage ou la carte internationale d'étudiant ISIC. Les jeunes et les étudiants ne sont pas oubliés. Ils pourront profiter du billet d'avion *Skytrekker* offrant une plus grande souplesse (validité de 6 mois à 1 an, modifiable, remboursable ; c'est le billet idéal pour les études, stages ou jobs à l'étranger !).
Avec ses relais partout dans le monde, les étudiants pourront trouver une assistance locale pour modifier leurs billets ou profiter des avantages proposés (visites locales, transports et hébergements économiques).

▲ VACANCES AIR TRANSAT
Filiale du plus grand groupe de tourisme au Canada, Vacances Air Transat possède sa propre compagnie aérienne (Air Transat), et propose de découvrir le Canada, avec 35 vols par semaine l'été (au départ de Paris, Bâle-Mulhouse, Lyon, Marseille, Nice, Toulouse, Bordeaux, Nantes, Bruxelles). En hiver, départs de Paris uniquement.
N° 1 sur le Canada, Vacances Air Transat propose aussi une palette de programmes (vols, voitures, camping-cars, circuits accompagnés, autotours, séjours, excursions) en Amérique du Nord, Amérique du Sud et dans les Caraïbes : Canada, USA, Cuba, République Dominicaine, Mexique, Brésil, Pérou, Costa Rica, Équateur, Bolivie, Argentine.
Les catalogues Vacances Air Transat sont disponibles dans toutes les agences de voyages. Également au ☎ 0825-325-825 ou sur Internet au ● www.vacancesairtransat.fr ●

▲ VACANCES FABULEUSES
– *Paris :* 22 bis, rue Georges-Bizet, 75116. ☎ 01-53-67-60-00. Fax : 01-47-23-68-31. M. : Alma-Marceau ou Étoile.
– *Nice :* 2, rue de Rivoli, 06000. ☎ 04-93-16-18-10. Fax : 04-93-87-87-88.
Et dans toutes les agences de voyages.
Vacances Fabuleuses, c'est « L'Amérique à la carte ». Ce spécialiste de l'Amérique du Nord (États-Unis, Canada, Mexique et Caraïbes) vous propose de découvrir l'Amérique de l'intérieur, avec un choix de formules infini : location de voitures, de motos, de motor homes ; une grande sélection d'hôtels (plus de 5 000), des mini-séjours à New York, Boston, Chicago, Washington, Miami, Orlando, Los Angeles et San Francisco ; des locations de villas ; de nombreuses excursions (tours de ville, survols) ; des formules sportives ou insolites (séjour dans un ranch, raft, 4x4) ; des circuits individuels de 6 à 22 jours ainsi que leur formule exclusive pour découvrir les fabuleux Parcs Nationaux de l'Ouest : « l'auto-self ». Plus de 20 circuits accompagnés, départs garantis, ainsi que des séjours dans les îles (Hawaï, Bahamas, Jamaïque).
Le transport est assuré à des prix charter, sur compagnies régulières, avec Air France, Delta Airlines, United Airlines, Continental Airlines, US-Airways, Northwest Airlines, British Airways. Le tout proposé par une équipe de vrais spécialistes.

▲ VOYAGEURS AUX ÉTATS-UNIS
– *Paris :* La Cité des Voyageurs, 55, rue Sainte-Anne, 75002. ☎ 01-42-86-17-30. Fax : 01-42-86-17-89. M. : Opéra ou Pyramides. Bureaux ouverts du lundi au samedi de 9 h 30 à 19 h.
– *Lyon :* 5, quai Jules-Courmont, 69002. ☎ 04-72-56-94-56. Fax : 04-72-56-94-55.
– *Toulouse :* 26, rue des Marchands, 31000. ☎ 05-34-31-72-72. Fax : 05-34-31-72-73. M. : Esquirol.
– *Marseille :* 25, rue Fort-Notre-Dame (angle cours d'Estienne-d'Orves), 13001. ☎ 04-96-17-89-17. Fax : 04-96-17-89-18.

LES ORGANISMES DE VOYAGES

– *Rennes* : 2, rue Jules-Simon, BP 10206, 35102. ☎ 02-99-79-16-16. Fax : 02-99-79-10-00.
– *Fougères* : 19, rue Chateaubriand, 35300. ☎ 02-99-94-21-91. Fax : 02-99-94-53-66.
– *Saint-Malo* : 17, av. Jean-Jaurès, BP 206, 35409. ☎ 02-99-40-27-27. Fax : 02-99-40-83-61.
• www.vdm.com • (panorama complet des activités et services proposés par Voyageurs).
Toutes les destinations de Voyageurs du Monde se retrouvent en un lieu unique, sur trois étages, réparties par zones géographiques.
Tout voyage sérieux nécessite l'intervention d'un spécialiste. D'où l'idée de ces équipes, spécialisées chacune sur une destination, qui vous accueillent à la Cité des Voyageurs Paris, premier espace de France (1 800 m^2) entièrement consacré aux voyages et aux voyageurs, ainsi que dans les agences régionales. Leurs spécialistes vous proposent : vols simples, voyages à la carte en individuel et circuits accompagnés « civilisations » et « découvertes » sur les destinations du monde entier à des prix très compétitifs puisque vendus directement sans intermédiaire.
La Cité des Voyageurs, c'est aussi :
– Une librairie de plus de 15 000 ouvrages et cartes pour vous aider à préparer au mieux votre voyage ainsi qu'une sélection des plus judicieux et indispensables accessoires de voyages : moustiquaires, sacs de couchage, couvertures en laine polaire, etc. ☎ 01-42-86-17-38.
– Des expositions-vente d'artisanat traditionnel en provenance de différents pays. ☎ 01-42-86-16-25.
– Un programme de dîners-conférences : les jeudis sont une invitation au voyage et font honneur à une destination. ☎ 01-42-86-16-00.
– Un restaurant des cuisines du monde. ☎ 01-42-86-17-17.

▲ VOYAGES WASTEELS (JEUNES SANS FRONTIÈRE)
68 agences en France, 160 en Europe. Pour obtenir l'adresse et le numéro de téléphone de l'agence la plus proche de chez vous : Audiotel : ☎ 0836-682-206. Centre d'appels Infos et ventes par téléphone : ☎ 0825-887-070.
• www.wasteels.fr • Minitel : 36-15, code WASTEELS (0,34 €/mn).
Tarifs réduits spécial jeunes et étudiants. En avion : les tarifs jeunes Air France mettent à la portée des jeunes de moins de 25 ans toute la France, l'Europe et le monde aux meilleurs tarifs. Sur plus de 450 destinations, STUDENT AIR propose aux étudiants de moins de 30 ans de voyager dans le monde entier sur les lignes régulières des compagnies aériennes à des prix très compétitifs et à des conditions d'utilisation extra-souples. En train : pour tous les jeunes de moins de 26 ans en France jusqu'à 50 % de réduction, sans oublier les super tarifs sur Londres en Eurostar et sur Bruxelles et Amsterdam en Thalys. En bus : des prix canons. Divers : séjours de ski, séjours en Europe (hébergement, visite, surf...), séjours linguistiques et location de voiture à tout petits prix.

▲ WEST FOREVER
– *Entzheim* : 11, rue du Cercle, 67960. ☎ 03-88-68-89-00. Fax : 03-88-68-68-55. • www.westforever.com • courrier@westforever.com •
West Forever est le spécialiste français du voyage en Harley-Davidson. Il propose des séjours et des circuits aux États-Unis (Floride, Grand Ouest, etc.), au Canada (Vancouver), au Mexique (Baja California), mais aussi en Australie et en France. Agence de voyages officielle Harley-Davidson, West Forever propose une large gamme de tarifs pour un savoir-faire dédié tout entier à la moto. Si vous désirez voyager par vous-même, West Forever pourra vous louer la Harley dont vous avez besoin. Fidèles à leur slogan « ne laissez pas dormir vos vieux rêves », la lecture seule de leur catalogue vous donnera envie de vous évader en Harley-Davidson.

EN BELGIQUE

▲ GLOBE-TROTTERS
– *Bruxelles* : rue Victor-Hugo 179, 1030. ☎ 02-732-90-70. Fax : 02-736-44-34. ● globe@pophost.eunet.be ●
Une large gamme de produits et de destinations pour tous, principalement au départ de Bruxelles. Spécialisé dans les voyages à la carte, Globe Trotters propose ses services aux États-Unis, dans le sud-est asiatique, au Japon, au Portugal, au Canada et surtout en Australie. Membre UPAV, TIDS, FIYTO, Globe-Trotters est le représentant de Kilroy Travels pour la Belgique et le Luxembourg. Émission de cartes ISIC, YHA, Hostels of Europe, VIP Backpackers et Nomads Backpackers.

▲ JOKER
– *Bruxelles :* bd Lemonnier, 37, 1000. ☎ 02-502-19-37. Fax : 02-502-29-23. ● brussel@joker.be ●
– *Bruxelles* : av. Verdi, 23, 1083. ☎ 02-426-00-03. Fax : 02-426-03-60. ● ganshoren@joker.be ●
Adresses également à Anvers, Bruges, Gand, Louvain, Schoten et Wilrijk, Malines et Hasselt.
Joker est le spécialiste des voyages d'aventure et des billets d'avion à des prix très concurrentiels. Vols aller-retour au départ de Bruxelles, Paris, Francfort et Amsterdam. Voyages en petits groupes avec accompagnateur compétent. Circuits souples à la recherche de contacts humains authentiques, utilisant l'infrastructure locale et explorant le vrai pays. Voyages organisés avec groupes internationaux (organismes américains, australiens et anglais).
Joker établit également un circuit de Café's pour voyageurs dans le monde entier : ViaVia Joker, Naamsesteenweg 227 à Louvain, Wolstraat 86 à Anvers, ainsi qu'à Yogyakarta, Dakar, Barcelone, Copan (Honduras) et Arusha (Tanzanie).

▲ NOUVELLES FRONTIÈRES
– *Bruxelles :* (siège) bd Lemonnier, 2, 1000. ☎ 02-547-44-44. Fax : 02-547-44-99.
Également d'autres agences à Bruxelles, à Charleroi, Gand, Liège, Mons, Namur, Wavre, Waterloo et au Luxembourg.
● mailbe@nouvellesfrontieres.be ● www.nouvellesfrontieres.com ●
30 ans d'existence, 250 destinations, une chaîne d'hôtels-club et de résidences Paladien, des filiales spécialisées pour les croisières en voilier, la plongée sous-marine, la location de voitures... Pas étonnant que Nouvelles Frontières soit devenu une référence incontournable, notamment en matière de prix. Le fait de réduire au maximum les intermédiaires permet d'offrir des prix « super-serrés ». Un choix illimité de formules vous est proposé.

▲ ODYSSÉE SNOW AND SEA
– *Bruxelles :* av. Brugmann, 250, 1180. ☎ 02-340-08-02. Fax : 02-343-70-24. ● odyssee@unicall.be ● www.odyssee-snowandsea.be ● Ouvert de 9 h à 18 h du lundi au vendredi.
Spécialiste des voyages jeunes, Odyssée vous propose des séjours aux sports d'hiver dans les plus belles stations, au cœur de domaines skiables les plus vastes, mais aussi des trekkings, des week-ends sport-aventure ou des formules spéciales pour les fans de sports nautiques.
Des pistes enneigées des Alpes françaises aux forêts tropicales d'Amérique du Sud, l'équipe passionnée d'Odyssée saura vous séduire en vous proposant le voyage de vos rêves à un prix compétitif.

LES ORGANISMES DE VOYAGES

▲ PAMPA EXPLOR
– *Bruxelles* : av. Brugmann, 250, 1180. ☎ 02-340-09-09. Fax : 02-346-27-66. • pampa@arcadis.be • Ouvert de 9 h à 19 h en semaine et de 9 h à 17 h le samedi. Également sur rendez-vous, dans leurs locaux, ou à votre domicile.

Spécialiste des vrais voyages « à la carte », Pampa Explor propose plus de 70 % de la « planète bleue », selon les goûts, attentes, centres d'intérêt et budgets de chacun. Du Costa Rica à l'Indonésie, de l'Afrique australe à l'Afrique du Nord, de l'Amérique du Sud aux plus belles croisières, Pampa Explor tourne le dos au tourisme de masse pour privilégier des découvertes authentiques et originales, pleines d'air pur et de chaleur humaine. Pour ceux qui apprécient la jungle et les pataugas ou ceux qui préfèrent les cocktails en bord de piscine et les fastes des voyages de luxe. En individuel ou en petits groupes, mais toujours « sur mesure ».

Possibilité de régler par carte de paiement. Sur demande, envoi gratuit de documents de voyages.

▲ SERVICES VOYAGES ULB
– *Bruxelles* : Campus ULB, av. Paul-Héger, 22, CP166, 1000. ☎ 02-648-96-58.
– *Bruxelles* : rue Abbé de l'Épée, 1, Woluwe, 1200. ☎ 02-742-28-80.
– *Bruxelles* : hôpital universitaire Erasme, route de Lennik, 808, 1070. ☎ 02-555-38-49.
– *Bruxelles* : chaussée d'Alsemberg, 815, 1180. ☎ 02-332-29-60.
– *Ciney* : rue du Centre, 46, 5590. ☎ 083-216-711.
– *Marche* : av. de la Toison-d'Or, 4, 6900. ☎ 084-31-40-33.
– *Wepion* : chaussée de Dinant, 1137, 5100. ☎ 081-46-14-37.

Ouvert de 9 h à 17 h sans interruption du lundi au vendredi. Services Voyages ULB, c'est le voyage à l'université. L'accueil est donc très sympa. Billets d'avion sur vols charters et sur compagnies régulières à des prix hyper compétitifs.

▲ TAXISTOP
Pour toutes les adresses Airstop, un seul numéro de téléphone : ☎ 070-233-188. • air@airstop.be • www.airstop.be • Ouvert de 10 h à 17 h 30 du lundi au vendredi.
– *Airstop Anvers* : Sint Jacobsmarkt, 84, Anvers 2000. Fax : 03-226-39-48.
– *Taxistop Bruxelles* : rue Fossé-aux-Loups, 28, 1000, Bruxelles. ☎ 070-222-292. Fax : 02-223-22-32.
– *Airstop Bruxelles* : rue Fossé-aux-Loups, 28, Bruxelles 1000. Fax : 02-223-22-32.
– *Airstop Bruges* : Dweersstraat, 2, Bruges 8000. Fax : 050-33-25-09.
– *Airstop Courtrai* : Wijngaardstraat 16, Courtrai 8500. Fax : 056-20-40-93.
– *Taxistop Gand* : Maria Hendrikaplein 65B, Gand 9000. ☎ 070-222-292. Fax : 09-224-31-44.
– *Airstop Gand* : Maria Hendrikaplein 65, Gand 9000. Fax : 09-224-31-44.
– *Airstop Louvain* : Maria Theresiastraat, 125, Louvain 3000. Fax : 016-23-26-71.
– *Taxistop* et *Airstop Wavre* : rue de la Limite 49, 1300. ☎ 070-222-292 et 070-233-188 (Airstop). Fax : 010-24-26-47.

▲ USIT CONNECTIONS
Telesales : ☎ 02-550-01-00. Fax : 02-514-15-15. • www.connections.be •
– *Anvers* : Melkmarkt, 23, 2000. ☎ 03-225-31-61. Fax : 03-226-24-66.
– *Bruxelles* : rue du Midi, 19-21, 1000. ☎ 02-550-01-00. Fax : 02-512-94-47.
– *Bruxelles* : av. A.-Buyl, 78,1050. ☎ 02-647-06-05. Fax : 02-647-05-64.

- *Gand* : Nederkouter, 120, 9000. ☎ 09-223-90-20. Fax : 09-233-29-13.
- *Liège* : 7, rue Sœurs de Hasque, 4000. ☎ 04-223-03-75. Fax : 04-223-08-82.
- *Louvain* : Tiensestraat 89, 3000. ☎ 016-29-01-50. Fax : 016-29-06-50.
- *Louvain la Neuve* : rue des Wallons, 11, 1348. ☎ 010-45-15-57. Fax : 010-45-14-53.
- *Luxembourg* : 70, Grand-Rue, 1660 Luxembourg. ☎ 352-22-99-33. Fax : 352-22-99-13.

Spécialiste du voyage pour les étudiants, les jeunes et les « Independent travellers », Usit Connections est membre du groupe Usit, groupe international formant le réseau des Usit Connections centres. Le voyageur peut ainsi trouver informations et conseils, aide et assistance (revalidation, routing...) dans plus de 80 centres en Europe et auprès de plus de 500 correspondants dans 65 pays.

Usit Connections propose une gamme complète de produits : des tarifs aériens spécialement négociés pour sa clientèle (licence IATA) et, en exclusivité pour le marché belge, les très avantageux et flexibles billets SATA réservés aux jeunes et étudiants ; les « party flights » ; le bus avec plus de 300 destinations en Europe (un tarif exclusif pour les étudiants) : toutes les possibilités d'arrangement terrestre (hébergement, locations de voitures, « self drive tours », circuits accompagnés, vacances sportives, expéditions) principalement en Europe et en Amérique du Nord ; de nombreux services aux voyageurs comme l'assurance voyage « Protections » ou les cartes internationales de réduction (la carte internationale d'étudiant ISIC et la carte jeune Euro-26).

EN SUISSE

C'est toujours assez cher de voyager au départ de la Suisse, mais ça s'améliore. Les charters au départ de Genève, Bâle ou Zurich sont de plus en plus fréquents ! Pour obtenir les meilleurs prix, il vous faudra être persévérant et vous munir d'un téléphone. Les billets au départ de Paris ou Lyon ont toujours la cote au hit-parade des meilleurs prix. Les annonces dans les journaux peuvent vous réserver d'agréables surprises, spécialement dans le *24 Heures* et dans *Voyages Magazine*.

Tous les tours-opérateurs sont représentés dans les bonnes agences : Hotelplan, Jumbo, le TCS et les autres peuvent parfois proposer le meilleur prix, ne pas les oublier !

▲ CLUB AVENTURE
- *Genève* : 51, Prévost-Martin, 11205. ☎ 022-320-50-80. Fax : 022-320-59-10.

▲ NOUVELLES FRONTIÈRES
- *Genève* : 10, rue Chantepoulet, 1201. ☎ 022-906-80-80. Fax : 022-906-80-90.
- *Lausanne* : 19, bd de Grancy, 1006. ☎ 021-616-88-91. Fax : 021-616-88-01.

(Voir texte en France.)

▲ SSR VOYAGES
- *Bienne* : 23, Quai du Bas, 2502. ☎ 032-328-11-11. Fax : 032-328-11-10.
- *Fribourg* : 35, rue de Lausanne, 1700. ☎ 026-322-61-62. Fax : 026-322-64-68.
- *Genève* : 3, rue Vignier, 1205. ☎ 022-329-97-34. Fax : 022-329-50-62.
- *Lausanne* : 20, bd de Grancy, 1006. ☎ 021-617-56-27. Fax : 021-616-50-77.
- *Lausanne* : à l'université, bâtiment BF SH2, 1015. ☎ 021-691-60-53. Fax : 021-691-60-59.

LES ORGANISMES DE VOYAGES

– *Montreux* : 25, av. des Alpes, 1820. ☎ 021-961-23-00. Fax : 021-961-23-06.
– *Nyon* : 17, rue de la Gare, 1260. ☎ 022-361-88-22. Fax : 022-361-68-27.
SSR Travel appartient au groupe STA Travel, regroupant 10 agences de voyage dans le monde pour jeunes étudiants et réparties dans le monde entier. Gros avantage si vous deviez rencontrer un problème : 150 bureaux STA et plus de 700 agents du même groupe répartis dans le monde entier sont là pour vous donner un coup de main *(Travel Help)*.
SSR propose des voyages très avantageux : vols secs (Skybreaker), billets Euro Train, hôtels 1 à 3 étoiles, écoles de langues, voitures de location, etc. Délivre les cartes internationales d'étudiant et les cartes Jeunes Go 25.
SSR est membre du fonds de garantie de la branche suisse du voyage ; les montants versés par les clients pour les voyages forfaitaires sont assurés.

▲ VOYAGES APN
– *Carouge* : 3, rue Saint-Victor, 1227. ☎ 022-301-01-50. Fax : 022-301-01-10. ● apn@bluewin.ch ●
Voyages APN propose des destinatons hors des sentiers battus, particulièrement en Europe, avec un contact direct avec les prestataires.

AU QUÉBEC

Revendus dans toutes les agences de voyages, les voyagistes québécois proposent une large gamme de vacances. Depuis le vol sec jusqu'au circuit guidé en autocar, en passant par la réservation d'une ou plusieurs nuits d'hôtel, ou la location de voiture. Sans oublier bien sûr, l'économique formule « achat-rachat », qui permet de faire l'acquisition temporaire d'une auto neuve (Renault et Peugeot en Europe), en ne payant que pour la durée d'utilisation (en général, minimum 17 jours, maximum 6 mois). Ces grossistes revendent également pour la plupart des cartes de train très avantageuses : Eurailpass (acceptée dans 17 pays), Europass (5 pays maximum), Visit Pass Europe Centrale (5 pays), mais aussi Visit Pass France, ou encore Italie, Espagne, Autriche, Suisse, Hollande... À signaler : les réductions accordées pour les réservations effectuées longtemps à l'avance et les promotions nuits gratuites pour la 3e, 4e ou 5e nuit consécutive.

▲ AMERICANADA
Ce voyagiste publie différents catalogues : États-Unis/Canada, Floride, croisières et circuits. Pour les voyageurs individuels, il offre un véritable service sur mesure, avec tous les indispensables : vols secs, sélection d'hôtels et locations de voitures.

▲ INTAIR VACANCES
Membre du groupe Intair Transit comme Exotik Tours, Intair Vacances publie plusieurs catalogues annuels avec choix de prestations à la carte (hôtels, location de voitures, achat-rachat, *passes* de train) : Europe (France, Hollande, Allemagne, Hongrie, Angleterre, Espagne, Portugal, Italie) ; Caraïbes/Floride ; Belgique/Suisse ; Hollande ; Intair USA, Intair Croisières (croisières Carnival) ; Boomerang Tours (Australie, Pacifique sud).

▲ KILOMÈTRE VOYAGES
Filiale de DMC Transat, le tour-opérateur « réceptif » du groupe Transat, Kilomètre Voyages offre essentiellement le Canada (Ouest, Ontario, Québec, Maritimes) et les États-Unis (côte est et côte ouest). Sa brochure principale (printemps-été-automne) présente des circuits accompagnés, de courts forfaits individuels (pour la plupart au Québec), des autotours avec hôtels réservés, des hôtels à la carte, des locations de voitures et des vols secs nolisés (Toronto, Vancouver et Calgary, avec Air Transat bien sûr). L'hiver, le choix se limite aux forfaits de 3 jours/2 nuits dans les régions touristiques du Québec.

▲ STANDARD TOURS

Représentant d'American Airlines au Canada, ce grossiste propose toutes les destinations de la compagnie aux États-Unis, à Hawaii et aux Caraïbes. Spécialité : voyages individuels avec forfaits flexibles de 2 à 30 nuits (vols, locations de voitures et vaste choix d'hôtels à la carte de toutes catégories).

▲ TOURS CHANTECLERC

Tours Chanteclerc publie différents catalogues de voyages : Europe, Amérique, Floride, Asie + Pacifique sud, Soleils d'hiver (Côte d'Azur, Costa del Sol, Tunisie, Portugal) et golf prestige. Il se présente comme l'une des « références sur l'Europe » avec deux brochures : groupes (circuits guidés en français) et individuels. « Mosaïques Europe » s'adresse aux voyageurs indépendants (vacanciers ou gens d'affaires), qui réservent un billet d'avion, un hébergement (dans toute l'Europe), des excursions, une location de voiture, un itinéraire personnalisé ou une croisière fluviale en « pénichette » en France. Spécialiste de Paris, le grossiste offre une vaste sélection d'hôtels et d'appartements dans la Ville Lumière, que l'on peut aisément choisir sur vidéo (à demander à votre agent de voyages).

▲ VACANCES AIR PAX

Filiale québécoise du transporteur Canada 3000, ce grossiste propose toute l'année des vols secs nolisés sur l'Europe (Paris, Bruxelles, Londres), le Canada (Toronto, Vancouver, Calgary, Winnipeg, Edmonton, Halifax), la Floride (Fort Lauderdale, Orlando et St Petersbourg) et la Californie (Los Angeles). Il offre aussi la formule achat-rachat (France, Belgique et Angleterre) et la location de voiture simple (France, Canada, États-Unis). Également : forfaits hivernaux tout compris aux Caraïbes et au Mexique ; condos en Floride ; studios et appartements à Paris ; circuits individuels ou accompagnés au départ de Paris,

▲ VACANCES AIR TRANSAT

Filiale du plus grand groupe de tourisme au Canada, qui détient la compagnie aérienne du même nom, Vacances Air Transat s'affirme comme le premier voyagiste québécois. Ses destinations : États-Unis, Mexique, Caraïbes, Amérique centrale et du sud, Europe. Vers le Vieux Continent, le grossiste offre des vols secs avec Air Transat bien sûr (Paris, province française, grandes villes européennes), une bonne sélection d'hôtels à la carte, des bons d'hôtels en liberté ou réservés à l'avance, des appartements. Également : cartes de trains, locations de voitures (simple ou en achat-rachat) et de camping-cars. Original : les vacances vélo-bateau aux Pays-Bas, et les *B & B* en Grande-Bretagne, Irlande, Irlande du Nord et France.

Vacances Air Transat est revendu dans toutes les agences de la province, et notamment dans les réseaux affiliés : Club Voyages, Voyages en Liberté et Vacances Tourbec.

▲ VACANCES TOURBEC

Vacances Tourbec offre des vols vers l'Europe, l'Asie, l'Afrique ou l'Amérique. Sa spécialité : la formule avion + auto. Vacances Tourbec offre également des forfaits à la carte et des circuits en autocar pour découvrir le Québec. Pour connaître l'adresse de l'agence Tourbec la plus proche (il y en a 26 au Québec), téléphoner au : ☎ 1-800-363-3786.

GÉNÉRALITÉS

« Les États-Unis, le pays qui a trop de géographie mais pas assez d'histoire. »

Un inconnu célèbre

CARTE D'IDENTITÉ

- **Superficie :** 9 363 123 km² (17 fois la France).
- **Population :** 274 millions d'habitants.
- **Capitale :** Washington D.C.
- **Langue officielle :** l'américain (c'est de l'anglais parlé avec l'accent cow-boy).
- **Monnaie :** le dollar (US$).
- **Chef de l'État :** George W. Bush.
- **Nature de l'État :** république fédérale (50 États et le District of Columbia).
- **Régime :** démocratie présidentielle.

AVANT LE DÉPART

Adresses utiles

En France

Informations touristiques de l'ambassade des États-Unis : ☎ 01-42-60-57-15 (serveur vocal accessible 24 h/24). • www.amb-usa.fr/fcs/fcs.htm • On peut aussi obtenir des renseignements détaillés, commander de la documentation gratuite et acheter des cartes routières par le biais du Minitel : 36-15, code USA.

Office du tourisme du Massachusetts (Express Conseil) : ☎ 01-44-77-88-00 (serveur vocal 24 h/24) et 01-44-77-88-07. Fax : 01-42-60-05-45. • expressc@ecltd.com • www.ecltd.com • Pas ouvert au public mais ils peuvent envoyer, sur demande, des brochures à domicile. Bonnes infos (particulièrement sur Internet).

■ **Point d'Information USA :** 24, rue Pierre-Sémard, 75009 Paris. • www.visitusafrance.com • M. : Cadet ou Poissonnière. Ouvert du lundi au vendredi de 13 h à 17 h. Créé par le *Visit USA Committee*, association de professionnels du tourisme. Les renseignements ne sont donnés ni par courrier, ni par téléphone, ni par fax. Informations touristiques uniquement sur place. On y trouve des cartes, de la doc sur les États, les chaînes d'hôtels, les voyagistes, etc. On peut aussi se faire conseiller par un spécialiste des États-Unis.

■ **Consulat américain :** 2, rue Saint-Florentin, 75001 Paris. ☎ 0836-701-488 (1,35 € la connexion, puis 0,34 €/mn). Renseignements sur Internet : • www.amb-usa.fr • ou sur Minitel : 36-17, code VISA-USA. M. : Concorde. Ouvert de 8 h 45 à 11 h du lundi au vendredi (sauf les jours fériés français et américains, ainsi que le dernier jeudi de chaque mois). 2 h d'attente en juillet et août. C'est le seul consulat américain en France qui a un service de visas. Pour un séjour touristique inférieur à 90 jours, le visa n'est pas nécessaire (voir plus loin le paragraphe sur les « Formalités d'entrée »). Pour les autres cas, prévoir 48 h (2 jours ouvrables) pour l'obtention d'un visa et 54,90 € (360 F) de frais pour la constitution du dossier, plus 96,07 € (630 F) pour le visa de tourisme, le prix variant selon la nationalité.

– Il existe un photomaton dans le consulat et un autre à proximité, dans la bouche de métro, à l'angle de la rue de Rivoli et de la rue Saint-Florentin.

■ *American Express :* renseignements au ☎ 01-47-77-77-07.

■ *Réservation de spectacles et autres billets :* Keith Prowse, point d'information grand public chez Paris Vision, 1, rue Auber, 75009 Paris (2e étage). ☎ 01-48-78-04-11. Fax : 01-42-81-39-43. • paris@keithprowse.com • M. : Trinité. Agence internationale de spectacles, Keith Prowse est spécialisée dans les billetteries à vocation « divertissement ». Avant votre départ, vous pouvez réserver vos places pour les spectacles musicaux à l'affiche, et ce dans le monde entier, obtenir les passeports d'entrée pour les parcs à thèmes américains et bénéficier ainsi d'offres exceptionnelles qui ne sont pas disponibles à l'entrée (Disneyland®, Universal Studios Hollywood, Sea World, Busch Gardens, etc.). De plus, en tant qu'agent officiel agréé, Keith Prowse vous propose d'assister aux rencontres sportives des célèbres ligues américaines de basket (NBA), hockey (NHL), football américain (NFL), où que vous soyez aux États-Unis.

En Belgique

■ *Ambassade des États-Unis :* bd du Régent, 27, Bruxelles 1000. ☎ 02-508-21-11.

■ *Pour obtenir le visa en Belgique :* bd du Régent, 25, Bruxelles 1000. ☎ 02-508-21-11. Fax : 02-511-27-25. Le visa n'est pas obligatoire pour les Belges (voir « Formalités d'entrée », plus loin).

■ *Visit USA Marketing & Promotion Bureau :* PO Box 1, B Berchem 3, 2600 Berchem. Fax : 03-230-09-14. Les demandes d'information peuvent être communiquées par courrier, fax au 03-899-13-76, ou par e-mail • info@visitusa.org • Pour l'envoi de documentation ou brochures, une participation aux frais est demandée.

En Suisse

■ *Ambassade des États-Unis :* 95, Jubilaumstrasse, 3005 Berne. ☎ 031-357-70-11. Fax : 031-357-73-44 ou 98 (fax du service des visas). Ouvert du lundi au vendredi de 9 h à 11 h 30. Le visa n'est pas obligatoire pour les Suisses (voir « Formalités d'entrée », plus loin).

Au Québec

■ *Consulat général des États-Unis :* 1155, rue Saint-Alexandre, Montréal. Adresse postale : CP 65, succursale Desjardins, h5B 1G1 Montréal. ☎ (514) 398-96-95. Fax : (514) 398-09-73.

■ *Consulat général des États-Unis :* 2, pl. Terrasse-Dufferin (derrière le Château Frontenac), Québec. Adresse postale : CP 939, G1R-4T9, Québec. ☎ (418) 692-20-96. Fax : (418) 692-46-40. • www.usembassycanada.gov • Pour toutes questions sur les visas, les adresses de consulats américains au Canada et ailleurs... Le visa n'est pas obligatoire pour les Canadiens (voir « Formalités d'entrée », ci-dessous).

Formalités d'entrée

– **Passeport** en cours de validité pendant la durée du séjour envisagée aux États-Unis et au moins six mois au-delà de la date de retour; vous devez aussi présenter un billet de retour ou de continuation.
– Le visa n'est pas nécessaire pour les Français, les Belges, les Suisses et les Canadiens qui se rendent aux États-Unis pour tourisme. Cependant, votre séjour ne doit pas dépasser 90 jours.
Attention : le visa reste indispensable pour les diplomates, étudiants poursuivant un programme d'études, stagiaires, journalistes en mission et autres catégories professionnelles. Les jeunes filles au pair font l'objet d'un visa spécial.
Si vous allez aux États-Unis en passant par le Canada, une taxe de 6 US$ vous sera demandée.
– Pas de vaccination obligatoire.
– Impératif d'avoir son **permis de conduire** national. Le permis international n'est pas une obligation mais une facilité, même si on ne conduit pas. Il est beaucoup plus souvent demandé, comme preuve d'identité, que le passeport (les Américains s'en servent comme carte d'identité).
– *Attention :* en arrivant aux États-Unis, à la police des frontières, ne jamais dire que vous êtes au chômage ou entre deux contrats de travail. Vous seriez refoulé *illico presto* !

Obtention d'un visa

Pour ceux qui n'en sont pas exemptés ou qui veulent bénéficier d'une durée de séjour aux États-Unis de 6 mois au lieu de 3, il faut :
– un passeport en cours de validité.
– Deux photographies récentes.
– Un formulaire de visa (si le conjoint ou un enfant, quel que soit l'âge, sont sur un même passeport, il leur faudra remplir un formulaire séparé, réf. OF 166, et chaque personne devra régler les frais de dossier pour le visa).
– Avec la demande de visa, il faut donner les raisons du voyage.

Carte internationale d'étudiant (carte ISIC)

Elle prouve le statut d'étudiant dans le monde entier et permet de bénéficier de tous les avantages, services, réductions étudiants du monde, soit plus de 25 000 avantages concernant les transports, les hébergements, la culture, les loisirs... C'est la clé de la mobilité étudiante ! La carte ISIC donne aussi accès à des avantages exclusifs sur le voyage (billets d'avion spéciaux, assurances de voyage, carte de téléphone internationale, location de voiture, navette aéroport...).
Pour plus d'informations sur la carte ISIC : ☎ 01-49-96-96-49. • www.carte isic.com •

Pour l'obtenir en France

Se présenter dans l'une des agences des organismes mentionnés ci-dessous avec :
– une preuve du statut d'étudiant (carte d'étudiant, certificat de scolarité...);
– une photo d'identité;
– 10 € (66 F).

Ou par correspondance

Envoyer les pièces suivantes à OTU-ISIC France, 119, rue Saint-Martin, 75004 Paris :
– une preuve du statut d'étudiant (carte d'étudiant, certificat de scolarité...) ;
– une photo d'identité ;
– 11 € (72 F) incluant les frais d'envoi des documents d'information sur la carte.

■ **OTU Voyages :** 119, rue Saint-Martin, 75004 Paris. ☎ 0820-817-817.
■ **Voyages Wasteels :** 113, bd Saint-Michel, 75005 Paris. ☎ 0825-887-070.

■ **USIT :** 6, rue de Vaugirard, 75006 Paris. ☎ 01-42-34-56-90.
■ **CTS :** 20, rue des Carmes, 75005 Paris. ☎ 01-43-25-00-76

En Belgique

La carte coûte environ 8,68 € (350 Fb) et s'obtient sur présentation de la carte d'identité, de la carte d'étudiant et d'une photo auprès de :

■ **CJB L'Autre Voyage :** chaussée d'Ixelles, 216, Bruxelles 1050. ☎ 02-640-97-85.
■ **Connections :** renseignements au ☎ 02-550-01-00.

■ **Université libre de Bruxelles** (service « Voyages ») : av. Paul-Héger, 22, CP 166, Bruxelles 1000. ☎ 02-650-37-72.

En Suisse

Dans toutes les agences STA Travel, sur présentation de la carte d'étudiant, d'une photo et de 15 Fs (10 €).

■ **STA Travel :** 3, rue Vignier, 1205 Genève. ☎ 022-329-97-35.
■ **STA Travel :** 20, bd de Grancy, 1006 Lausanne. ☎ 021-617-56-27.

Pour en savoir plus

Les sites Internet vous fourniront un complément d'informations sur les avantages de la carte ISIC. • www.isic.tm.fr • www.istc.org •

Carte FUAJ internationale des auberges de jeunesse

Cette carte, valable dans 62 pays, permet de bénéficier des 6 000 auberges de jeunesse du réseau *Hostelling International* réparties dans le monde entier. Les périodes d'ouverture varient selon les pays et les AJ. À noter, la carte des AJ est surtout intéressante en Europe, aux États-Unis, au Canada, au Moyen-Orient et en Extrême-Orient (Japon...).
On conseille de l'acheter en France car elle est moins chère qu'à l'étranger.

Pour l'obtenir en France

■ **Fédération unie des auberges de jeunesse (FUAJ) :** 27, rue Pajol, 75018 Paris. ☎ 01-44-89-87-27.
Fax : 01-44-89-87-10. M. : La Chapelle, Marx-Dormoy ; ou M. et RER : Gare-du-Nord.

AVANT LE DÉPART

– Et dans toutes les auberges de jeunesse, points d'information et de réservation FUAJ en France. • www.fuaj.org •

– *Sur place* : présenter une pièce d'identité et 10,67 € (70 F) pour la carte pour les moins de 26 ans et 15,24 € (100 F) pour les plus de 26 ans.
– *Par correspondance* : envoyer une photocopie recto-verso d'une pièce d'identité et un chèque correspondant au montant de l'adhésion (ajouter 1,15 €, soit 8 F de plus pour les frais de transport de la FUAJ).
La FUAJ propose aussi une **carte d'adhésion « Famille »**, valable pour les familles de deux adultes ayant un ou plusieurs enfants âgés de moins de 14 ans (soit 22,87 €, soit 150 F). Fournir une copie du livret de famille.
– La carte donne également droit à des réductions sur les transports, les musées et les attractions touristiques de plus de 60 pays mais ces avantages varient d'un pays à l'autre, ce qui n'empêche pas de la présenter à chaque occasion, cela peut toujours marcher.

En Belgique

Son prix varie selon l'âge : entre 3 et 15 ans, 2,48 € (100 Fb) ; entre 16 et 25 ans, 8,90 € (359 Fb) ; après 25 ans, 13 € (524 Fb).

Renseignements et inscriptions

■ *À Bruxelles* : LAJ, rue de la Sablonnière, 28, 1000. ☎ 02-219-56-76. Fax : 02-219-14-51. • info@laj.be • www.laj.be •

■ *À Anvers* : Vlaamse Jeugdherbergcentrale (VJH), Van Stralenstraat 40, B 2060 Antwerpen. ☎ 03-232-72-18. Fax : 03-231-81-26. • info@vjh.be • www.vjh.be •

– Les résidents flamands qui achètent une carte en Flandre obtiennent 7,44 € (300 Fb) de réduction dans les auberges flamandes et 3,72 € (150 Fb) en Wallonie. Le même principe existe pour les habitants wallons.
– On peut également se la procurer via le réseau des bornes *Servitel* de la CGER.

En Suisse

Le prix de la carte dépend de l'âge : 22 Fs (14,31 €) pour les moins de 18 ans ; 33 Fs (21,46 €) pour les adultes et 44 Fs (28,62 €) pour une famille avec des enfants de moins de 18 ans.

Renseignements et inscriptions

■ *Schweizer Jugendherbergen (SH)*, service des membres des auberges de jeunesse suisses : Schaffhauserstr. 14, Postfach 161, 14, 8042 Zurich. ☎ 1-360-14-14. Fax : 1-360-14-60. • bookingoffice@youthhostel.ch • www.youthhostel.ch •

Au Canada

Elle coûte 35 $Ca (24,76 €) pour une validité jusqu'à fin 2002 et 200 $Ca à vie (141,50 €). Gratuit pour les enfants de moins de 18 ans, qui accompagnent leurs parents. Pour les mineurs voyageant seuls, compter 12 $Ca (8,49 €). Ajouter systématiquement les taxes.

■ **Tourisme Jeunesse** : 4008 Saint-Denis, Montréal CP 1000, H2W 2M2. ☎ (514) 844-02-87. Fax : (514) 844-52-46.

■ **Canadian Hostelling Association :** 205, Catherine Street, bureau 400, Ottawa, Ontario, Canada K2P 1C3. ☎ (613) 237-78-84. Fax : (613) 237-78-68.

ARGENT, BANQUES, CHANGE

Horaires des banques

Dans les grandes villes, elles sont généralement ouvertes du lundi au jeudi de 9 h à 16 h et jusqu'à 17 h ou 18 h le vendredi.

La monnaie américaine

Début 2002, 1 US$ = 1,15 € (7,54 F) environ. Considérant qu'il y a presque parité entre le dollar américain et l'euro, les prix dans le texte sont indiqués en US$ uniquement.
– Les pièces : 1 cent *(penny)*, 5 cents *(nickel)*, 10 cents *(dime*, elle est plus petite que la pièce de 5 cents), 25 cents *(quarter)*, 50 cents *(half-dollar)* et 1 dollar, toute récente et plus rare. Plusieurs types de *quarters* sont en circulation ; à terme, il est prévu d'en fabriquer un par État.
– Les billets : sur chaque billet, le visage d'un président des États-Unis : 1 US$ (Washington), 5 US$ (Lincoln), 10 US$ (Hamilton), 20 US$ (Jackson), 50 US$ (Grant), 100 US$ (Franklin). Il existe aussi un billet de 2 US$ (bicentenaire de l'Indépendance, avec l'effigie de Jefferson), que les collectionneurs s'arrachent, et des billets de 1 000 US$, 10 000 US$, etc. Pratique pour passer son argent en Suisse mais difficile à changer...
Faites attention, ils sont tous de mêmes taille et couleur. Ne les confondez pas ! Pour reconnaître un vrai dollar, humecter légèrement le côté vert du billet et le frotter sur du papier. La couleur verte doit légèrement déteindre. Éviter de le faire dans une banque...
N'hésitez pas à faire l'appoint. Cela vous évitera d'avoir des dizaines de pennies en revenant à moins que vous n'en fassiez collection. Une dernière chose : un dollar se dit souvent *a buck*. L'origine de ce mot remonte au temps des trappeurs lorsqu'ils se faisaient payer des peaux de daims *(bucks)* avec des dollars. Pour 1 000 US$, on dit souvent *a ground*.

Chèques de voyage et change

– Acheter OBLIGATOIREMENT ses dollars **avant de partir** car peu de banques aux États-Unis acceptent de changer l'argent étranger, à l'exception de la *Bank of America*. Même les dollars canadiens sont difficilement acceptés. Quant aux bureaux de change, ils prennent des commissions à des taux prohibitifs.
– Pour les jeunes et les étudiants, avoir presque tout son argent sous forme de chèques de voyage est plus sécurisant, car aux États-Unis, comme partout ailleurs, le vol existe. En cas de perte ou de vol, le remboursement sera d'autant plus facile que vous aurez les chèques de voyage d'une banque américaine (*First National, Chase Manhattan, American Express* et *Bank of America* sont les quatre plus importantes). Sachez que vous n'êtes pas obligé, comme en Europe, d'aller dans une banque pour les échanger contre de l'argent liquide. En effet, la plupart des grands magasins, restaurants, motels et boutiques les acceptent, contre présentation de votre passeport, ce qui est très pratique.

– Que vous choisissiez l'argent papier ou les chèques de voyage (généralement changés à l'achat en France à un cours plus intéressant), demandez
des petites coupures de 20 ou même 10 US$. La plupart des commerçants
refusent les billets de 50 US$ ou 100 US$, car de nombreux faux circulent.

Les cartes de paiement

Ici, on les appelle *plastic money*. Les cartes les plus efficaces aux États-Unis sont l'*Eurocard MasterCard* et la *carte Visa* (carte bleue internationale). Indispensable aux États-Unis pour louer une voiture ou réserver à l'avance un hôtel. Et même si vous avez tout réglé par l'intermédiaire de votre agence, l'empreinte de votre carte sera prise dès votre arrivée dans un hôtel de chaîne. Précaution au cas où vous auriez la mauvaise idée de partir sans payer les prestations supplémentaires (parking, coffre, boissons). L'*American Express* est également acceptée presque partout (contrairement à la *Diners Club* pour laquelle les commerçants doivent payer une commission de 7 % sur chaque achat !).
Les Américains paient tout en carte, même 1 US$! Sachez que payer ses achats par carte de paiement revient généralement moins cher que de changer des chèques de voyage ou retirer du liquide. Cela permet aussi de garder une trace de l'achat et de bénéficier de certaines assurances souscrites à partir du moment où l'on paie avec la carte, sans frais supplémentaires. Autre avantage et inconvénient : on n'est débité qu'une semaine plus tard minimum, au taux du jour (moyennant une commission allant de 2,5 à 6,5 US$). Intéressant si le dollar baisse (ça fait longtemps que ça n'est pas arrivé, mais bon). La carte de paiement permet aussi de retirer du liquide *(cash advance)* en s'adressant aux banques (si l'on a oublié son code) ou directement dans les distributeurs (voir les panneaux *ATM* pour *Automated Teller Machine*, dans les banques, les grandes surfaces, les stations-service, certains restos et halls d'hôtels). N'oubliez pas qu'il y a un seuil maximal de retrait (vous pouvez téléphoner à votre banque pour connaître votre seuil et négocier avant le départ une extension temporaire si nécessaire). Faites attention, c'est comme en France, et même pire ! Une fois le seuil dépassé, vous ne pouvez plus retirer d'argent avec votre carte.
Attention, de plus en plus d'entreprises gérant des distributeurs, localisés par exemple dans les grandes surfaces ou les stations-service, ajoutent leur propre commission, qui oscille entre 1,5 et 2 US$. Les banques n'appliquent généralement pas cette surcharge.
Contrairement à nous, les Américains font une différence entre les cartes de paiement à débit différé et les cartes à débit immédiat, la différence étant, pour les commerçants, le montant de la commission qu'ils doivent reverser. Comme il n'y a pas de petits profits, les premières ne sont pas toujours acceptées par certaines stations-service, et même parfois par des compagnies de location de voitures. Prenez donc vos précautions si vous avez une carte à débit différé, ou vous pourriez vous retrouver obligé, une fois l'essence pompée, de payer en cash.
Enfin, l'idéal est de prévoir si possible deux cartes de crédit, car la puce étant inconnue aux USA (protectionnisme), c'est la bande magnétique qui fonctionnera en permanence. Celle-ci risque de se détériorer, surtout avec les petites machines des commerces ou avec les *ATMs* moins perfectionnées. En cas de carte détériorée, le seul moyen pour avoir de l'argent est d'aller dans une banque avec votre passeport et votre carte. Mais fini les retraits au jour le jour dans les distributeurs.
– La carte *Eurocard MasterCard* permet à son détenteur et aux membres de sa famille qui l'accompagnent de bénéficier de l'aide médicale rapatriement. En cas de problème, contacter immédiatement le ☎ (00-33) 1-45-16-65-65. En cas de perte ou de vol, appeler (24 h/24) le ☎ (00-33) 1-45-67-84-84, en France (PCV accepté), pour faire opposition. • www.mastercardfrance.com •

Sur Minitel, 36-15 ou 36-16, code EM (0,20 €/mn) pour obtenir toutes les adresses de distributeurs par pays et villes dans le monde entier.
– La carte *Visa* permet, si vous réglez votre voyage avec, de bénéficier de l'assistance médicale-rapatriement.
– Pour la carte *American Express*, téléphonez en cas de pépin au : ☎ (00-33) 1-47-77-72-00 (7 jours/7, 24 h/24, PCV accepté).
– Enfin il existe un numéro d'appel pour faire opposition, quelle que soit votre carte de paiement : ☎ 0892-705-705 (0,34 €/min).

Dépannage d'urgence

Bien sûr, c'est très cher, mais en cas de **besoin urgent d'argent liquide** (perte ou vol de billets, chèques de voyage, cartes de paiement), vous pouvez être dépanné en quelques minutes grâce au système *Western Union Money Transfert*. • www.westernunion.com •
Appeler :
– *aux États-Unis* : ☎ 1-800-325-6000 ; ensuite, faites le 2 puis le 1 et la messagerie vocale vous indiquera le Western Union le plus proche de l'endroit d'où vous appelez ;
– *en France :* ☎ 01-43-54-46-12.

ACHATS

Tableau comparatif entre les tailles

HOMMES								
Complets	USA	36	38	40	42	44	46	48
	Métrique	46	48	50	52	54	56	58
Chemises	USA	14	$14^{1/2}$	15	$15^{1/2}$	16	$16^{1/2}$	17
	Métrique	36	37	38	39	41	42	43
Chaussures	USA	$6^{1/2}$	7	8	9	10	$10^{1/2}$	11
	Métrique	39	40	41	42	43	44	45
FEMMES								
Blouses et cardigans	USA	32	34	36	38	40	42	44
	Métrique	40	42	44	46	48	50	52
Tailleurs et robes	USA		10	12	14	16	18	20
	Métrique		38	40	42	44	46	48
Chaussures	USA		$5^{1/2}$	6	7	$7^{1/2}$	$8^{1/2}$	9
	Métrique		36	37	38	39	40	41

Certains achats sont particulièrement intéressants aux États-Unis, même s'il est vrai qu'avec la bonne tenue du dollar ces dernières années, les temps furent autrefois meilleurs pour nos porte-monnaies. Attention toutefois : les prix peuvent varier énormément d'une boutique à l'autre. D'une manière générale, les *malls*, ces énormes centres commerciaux situés à l'extérieur des villes, pratiquent des prix bien plus démocratiques que les lieux touristiques (voir aussi le paragraphe consacré aux *factory outlets* ci-dessous).
Tous vos achats sont soumis à une taxe locale (de 0 à 15 % selon les États). Les prix affichés ne sont donc pas nets.

ACHATS

Voici quelques exemples susceptibles d'être intéressants :
- *Appareils photo* et surtout les accessoires.
- Bouteilles de *vins californiens*.
- *Newman's Own* : l'acteur aux « plus beaux yeux du monde » est aussi un industriel des sauces. On trouve donc dans les supermarchés des sauces *(dressings)* ou du pop-corn avec sa tête sur l'étiquette. Cadeau sympa et pas cher. De plus, vous ferez une bonne action car les bénéfices sont reversés à des œuvres caritatives. Ses petits copains (Redford, Sinatra et Coppola) s'y sont mis aussi.
- *Les lunettes de vue et lentilles de contact* : si vous devez vous faire refaire vos verres correcteurs, acheter une nouvelle monture ou renouveler votre stock de lentilles, allez chez votre opticien vous faire faire un devis. Arrivé aux États-Unis, vous vous rendrez compte que cela vous coûtera presque deux fois moins cher, même en tenant compte du remboursement de la Sécurité sociale. Attention, certains opticiens exigent que vous refassiez un contrôle de vue chez eux, même si vous êtes venu avec une ordonnance française. Dans ce cas, laissez tomber, l'examen coûte parfois plus cher que les lunettes ! Enfin, pensez aux Ray-Ban.
- *Jeans* (*Levis* et autres).
- Les célèbres *salopettes OshKosh B'Gosh* pour vos chers bambins. De 60 à 70 % moins chères qu'en France.
- Tous les articles en cuir, en particulier les chaussures et, bien sûr, les *boots* (Frye, évidemment) ainsi que les chaussures de sport.
- *Téléphones sans fil, calculatrices, répondeurs téléphoniques* : n'oubliez pas de demander un transfo qui fonctionne avec prise française.
- *Cigares* : pas de Cuba, bien sûr, mais on rappelle que la Floride n'est qu'à une centaine de kilomètres de La Havane.
- Presque tous les Français rapportent des *draps* américains, si originaux ; mais ils sont parfois désagréablement surpris par leurs dimensions. Pour les lits d'une place, pas de problèmes : achetez 2 *twins*, l'un *fitted* (drap housse) et l'autre *flat* (drap de dessus). Pour les grands lits de 1,40 m de large, prenez un *full fitted* et un *Queen flat*. En principe, les taies ne conviennent pas du tout aux oreillers français standard, vérifiez la taille.
- *L'artisanat indien* : souvent beau, mais presque toujours très cher. Acheter de préférence aux Indiens eux-mêmes. Les produits des boutiques sont généralement importés (les tapis du Mexique et les porte-monnaie... de Chine !).
- Évitez d'acheter des transistors (car pas de grandes ondes) et faites attention au matériel hi-fi, car la fréquence n'est pas la même en France et un transformateur ne change que la tension ; il y a cependant beaucoup de modèles adaptables (cassettes, lecteurs digitaux...) sans problèmes.
- Évitez également d'acheter des consoles de jeux vidéo, elles ne fonctionnent pas en France (même si le vendeur vous affirme le contraire). Le système électronique est différent. *Idem* pour les cassettes de jeux.
Attention, ne pas acheter de cassettes enregistrées pour magnétoscope ni de TV. Le système américain (NTSC) est incompatible avec le procédé Secam, à moins que vous ne possédiez un magnétoscope tri-standard (PAL-Secam-système américain). Les cassettes vierges fonctionneront sur un magnétoscope français.

Les *factory outlets*

Ce sont des magasins d'usines, signalés par des panneaux publicitaires le long des *highways* (autoroutes), qui écoulent soit le stock des collections précédentes, soit des articles présentant des défauts *(irregular)*. Les *factory outlets* regroupent souvent plusieurs marques, comme Ralph Lauren, Nike, Levi's, Timberland, OshKosh, etc. En prenant soin d'examiner le vêtement sous toutes ses coutures, on arrive à trouver des articles presque parfaits à des prix ultra-compétitifs.

BOISSONS

Alcools

Sachez tout d'abord que le rapport des Américains à l'alcool n'est pas aussi simple que chez nous. La société, conservatrice et puritaine, autorise la vente libre des armes à feu mais réglemente de manière délirante tout ce qui touche aux plaisirs « tabous » (sexe, marijuana, alcool, ou même certains disques rock jugés dangereux !). L'héritage de la prohibition et bien sûr les lobbies religieux n'y sont pas pour rien. Vous pouvez acheter une kalachnikov et des caisses de munitions sans presque aucun permis mais, paradoxalement, on vous demande quasiment toujours votre passeport si vous voulez acheter une simple bière ou une bouteille de pinard au supermarché (ça arrive même encore quand on a 30 ans) ! Il est d'ailleurs conseillé de ne pas sortir sans son passeport car certains bistrots l'exigeront. Ils sont fous ces Américains...

– **Âge minimum :** le *drinking age* est 21 ans. On ne vous servira donc pas d'alcool si vous n'êtes pas majeur ou si vous ne pouvez pas prouver que vous l'êtes. Dans le Massachusetts, on ne rigole pas avec ça ! Depuis que les autorités ont institué des brigades de mineurs tentant de piéger barmen et commerçants en se présentant sans pièce d'identité (ID, prononcez « aïe di ») pour leur faire vendre *illegally* de l'alcool (ou des cigarettes d'ailleurs), impossible de passer outre.

– **Vente et consommation surveillées :** de même, dans la plupart des États, il est strictement interdit de boire de l'alcool dans la rue. Vous serez frappé, à New York, par le nombre de gens cachant leur canette de bière dans des sachets en papier. Fortement déconseillé d'avoir des bouteilles décapsulées en voiture, en cas de contrôle par les flics. N'oubliez pas non plus que la vente d'alcool est en principe interdite dans les réserves indiennes. Les horaires de fermeture des boîtes sont aussi fixés par décret de chaque État : ça peut être très tôt (à 2 h, tout le monde remballe), ou pas du tout.

– **Vins :** on trouve de bons petits vins californiens, c'est un cadeau qui fait toujours plaisir.

– **Cocktails :** savez-vous que le *cocktail* est une invention américaine. Peu de gens connaissent l'origine du mot qui signifie « queue de coq ». Autrefois, on aposait sur les verres des plumes de coq de couleurs différentes afin que les consommateurs puissent retrouver leur breuvage. Pour la petite histoire : en 1779, à Yorktown, dans l'État de Virginie, pendant la guerre d'Indépendance, officiers américains et français de l'armée révolutionnaire se retrouvent tous les jours dans l'estaminet de Betsy Flanagan. Un soir, elle dit qu'elle aura la peau du coq d'un Anglais qu'elle déteste. Chose promise... elle revient quelques heures plus tard avec la queue du coq (traduction littérale : *cocktail*). Pour fêter l'événement, ils font un banquet au cours duquel les plumes dorées de la tête viennent décorer les verres. En France, au XVIIe siècle dans le Bordelais et les Charentes, existait aussi une boisson à base de vin et d'aromates appelée coquetel ! Qui des deux fut le premier ? Ne soyons pas trop chauvin. Quelques grands cocktails : *Manhattan* (vermouth rouge et bourbon), *Screwdriver* (vodka et jus d'orange), *Cocktail Martini* (vermouth et gin), *Bloody Mary* (vodka et jus de tomate ; créé en 1921 par Pete Petiot, barman au Harry's Bar), *Black Velvet* (champagne et bière forte).

– **Le bourbon** (prononcer beur'beun) : il est impossible de passer sous silence ce whisky américain dont le Kentucky fournit une bonne moitié de la production. Cette région s'appelait autrefois le Bourbon County, nom qui fut choisi en l'honneur de la famille royale française. Ainsi, depuis 1790 (en pleine Révolution française!), le célèbre whisky américain porte le nom de bourbon. Pas étonnant non plus que la capitale du bourbon s'appelle Paris (7 820 habitants).

Boissons non alcoolisées

– **Eau glacée :** dans les restaurants, la coutume est de servir d'emblée un verre d'eau glacée à tout consommateur, avant même que vous ne commandiez quoi que ce soit. Et vous vous rendrez vite compte que toutes les boissons sont servies avec glaçons en abondance. Alors, si vous ne supportez pas ça, n'hésitez pas à demander sans glace (*no ice*) à votre serveuse, car aux États-Unis, le client est vraiment roi (du moins dans la restauration). Si vous êtes fauché, entrez dans n'importe quel building, vous trouverez des fontaines où l'eau est très fraîche.

– **Café et thé :** le matin, avec le breakfast, sachez qu'en principe, on peut redemander du café (mais pas du thé) autant de fois qu'on le désire (*free refill*; mais on s'en lasse vite, car il est généralement très dilué). Une combine bête comme chou : achetez du Nescafé. Vous compléterez votre tasse à votre goût. Heureusement, l'expresso fait une entrée fracassante aux États-Unis et on commence à en déguster un peu partout, dans les chaînes de cafés et autres *cafés-bakeries* genre *Starbucks* (à ne pas confondre avec les *coffee-shops* qui tiennent plus du resto). Comme les Américains ne font jamais les choses à moitié, la carte présente en général un choix impressionnant de *cappuccinos, mochas, caffè latte*, etc., servis chauds ou glacés. Les amateurs de thé feront également mieux de transporter avec eux une réserve de sachets à leur goût. Sinon, c'est Lipton bas de gamme garanti! Précisez bien que vous souhaitez un *hot tea*, car vous risqueriez de vous retrouver avec un thé glacé. Le matin, ça passe mal!

– **La root beer :** si vous voulez faire une expérience intéressante, goûtez à la *root beer*, vous verrez qu'il y a moyen de faire pas mal de choses avec un goût de chewing-gum médicamenteux. Oui, c'est une expérience culturelle à ne pas manquer, à condition de ne pas la renouveler souvent. Ce sinistre breuvage, qui n'a rien à voir avec de la bière, est adoré des *kids* américains. Exercez-vous longtemps pour prononcer le mot (bien dire « rout bir »), sinon le visage profondément déconcerté de la serveuse vous fera reporter votre choix sur un banal Coke. Dans le même genre, vous pouvez essayer le *Dr. Pepper*. Une fois, mais pas deux.

– **Habitudes :** les Américains boivent sans arrêt des boissons très sucrées : *Coca-Cola, Seven-Up, Dr Pepper, Gatorade, Fresca, Tab...* et compagnie. D'ailleurs, dans de nombreux fast-foods, *coffee-shops* et autres petits restos, les sodas sont à volonté. Pour vous en assurer, demandez : « May I have a refill, please ? » Essayez le thé glacé (*iced tea*), les jus de légumes (tomates, V8...), les jus de fruits fraîchement pressés (*freshly squeezed*) et même la bière extra-légère.

BUDGET

Difficile de prévoir un budget précis dans ce vaste pays. Pourtant une chose est sûre : l'embellie économique jusqu'en 2000 a motivé une augmentation drastique des prix, venant accroître toujours davantage les inégalités. Malheureusement, tout ce qui touche au voyage est très sensible à cette hausse. En cinq ans, les prix des motels et des hôtels ont ainsi presque doublé dans tout le pays. Et les campings gratuits ont quasiment disparu. Globalement, les États-Unis sont devenus une destination chère. Cela dit, ne désespérez pas, en slalomant entre les pièges de la surconsommation, on peut encore s'en tirer honorablement. Que ce soit pour le logement, la nourriture ou le transport, il existe toujours des solutions économiques. Le tout, c'est de ne pas être trop exigeant sur le confort, parce qu'alors là, les prix s'envolent... Bien sûr la grande inconnue c'est le cours du **dollar**. Et ça, quand on prépare son voyage en mars pour partir en juillet, c'est imprévisible. Globalement, avec un dollar à prix « normal », c'est-à-dire à parité avec l'euro, le coût de la vie au quotidien est assez comparable aux États-Unis et en France. Vous vous en rendrez compte en faisant vos courses. Parmi les bonnes surprises : le hamburger-frites à 5 US$, le trajet en bus à 1 US$, et l'essence qui reste bien moins chère que chez nous malgré une tendance récente à la hausse du prix du gallon en raison de l'augmentation du coût du baril... En maniant la calculette avec doigté, vous pourrez éviter l'Armée du Salut.

Moyen de locomotion

Bien réfléchir. Votre choix dépendra en fait de deux paramètres : combien vous êtes et où vous désirez aller. Schématisons : si vous êtes 4 ou 5 et que vous prévoyez de visiter plusieurs villes et de rayonner autour, la voiture est indispensable et vous fera économiser un temps et un argent fous. Si vous vous contentez de Boston *intra muros*, à l'évidence la voiture est inutile (surtout en regard des frais de parking exorbitants) : avion ou bus pour les grands trajets et transports locaux dans les villes. Tout ça pour dire que le choix de votre mode de transport est extrêmement important et peut peser lourd sur votre budget. Juste un détail : si vous optez pour la location d'un véhicule, évitez de le louer dans un aéroport. Plus cher.

Logement

C'est une lapalissade, mais le budget consacré au logement variera énormément selon l'option choisie. Si vous choisissez de camper dans un camping privé, compter 15 à 25 US$ pour une tente et 10 US$ de plus pour un camping-car. Ceux qui ont un budget limité sans possibilité de camper, pousseront la porte d'une YMCA/YWCA, d'une auberge de jeunesse ou d'un motel. Les YMCA et les auberges de jeunesse proposent souvent des lits en dortoirs (de 10 à 25 US$ par personne). Les motels disposent de chambres pouvant accueillir 4 personnes et curieusement, le prix d'une chambre à 4 n'est pas beaucoup plus élevé que celui d'une double. Pour une nuit dans un hôtel ou un *Bed & Breakfast*, il faudra s'intéresser plutôt aux catégories « prix moyens » et « plus chic ».

Habituellement, les prix varient selon la saison, sauf pour les YMCA et les auberges de jeunesse. Les *B & B* pratiquent souvent aussi des prix fixes toute l'année. Sinon, compter de 20 à 40 % de moins en basse saison. Dans les régions du Sud, il fait tellement chaud en été que les prix chutent considérablement pour attirer le client ! La haute saison s'étire alors de janvier à avril. Ailleurs, elle débute grosso modo à partir de mai pour s'achever en septembre. Mais certains établissements la démarrent en mars et la poussent jusqu'en novembre ! Parfois (c'est le cas de certains motels), il y a juste un supplément le week-end ou lorsque la période est *busy* en raison d'une festivité locale.

Les prix indiqués dans le guide correspondent à une chambre pour 2 personnes en haute saison et hors taxe.
Attention, il faut toujours ajouter les **taxes** aux prix affichés, ce qui vaut aussi bien pour les hôtels que pour les restaurants, les courses, les souvenirs, etc. Ça change l'addition ! Seuls les musées et les parcs de loisirs échappent à peu près à cette règle.
Pour l'hébergement, la taxe varie de 6 à 14 %, selon l'État et la qualité de l'établissement. Sachez encore que le petit déj' est rarement compris. Compter facilement autour de 8 US$ pour un *American breakfast*. Mais nos estomacs d'Européens sont plus habitués au *continental breakfast* qui ne dépasse généralement pas 5 US$, même si dans certains hôtels plus huppés, il peut atteindre 7 US$.

Notre fourchette de prix

- *Très bon marché :* moins de 25 US$ (lit pour une personne).
- *Bon marché :* de 35 à 50 US$ (chambre pour 2).
- *Prix moyens :* de 50 à 80 US$ (chambre pour 2).
- *Plus chic :* plus de 80 US$ (chambre pour 2).

Nourriture

Il est bien difficile de donner le coût précis d'un repas. Tout dépend si vous avez une faim de moineau ou si vous avez arpenté Chicago toute la journée. Sachez qu'il est souvent possible de se caler vite fait, bien fait, sans se ruiner. Pour environ 5 US$, on trouve des sandwichs et des hamburgers partout (c'est pas un scoop !). Pour une poignée de dollars supplémentaires, on peut opter pour des *today's specials* (plats du jour), des salades ou des formules *all you can eat*. Pour ceux qui ont déjà l'eau à la bouche, se reporter à la rubrique « Cuisine ». Il faut savoir que dans de nombreux restaurants, en particulier dans les grandes villes, les mêmes plats coûtent plus cher le soir qu'à midi (3 à 4 US$ de plus), surtout si le cadre est joli. Il est donc conseillé de bien manger à midi, quitte à casser une toute petite graine le soir. De même, à midi, certains restaurants n'affichent pas la même carte : sandwichs, burgers et salades pour le *lunch* à des prix « bon marché », plats cuisinés pour le *dinner* à des prix qui flirtent avec la catégorie « un peu plus chic ».
Là encore, pour obtenir l'addition, ne pas oublier d'ajouter la taxe aux prix indiqués sur la carte (entre 5 et 10 %), ainsi que le pourboire ou *tip* (voir la rubrique « Pourboires et taxes » plus loin).

Notre fourchette de prix

Les prix correspondent aux plats principaux proposés sur les cartes des restos :
- *Bon marché :* moins de 10 US$.
- *Prix moyens :* de 10 à 16 US$.
- *Chic* : de 16 à 22 US$.
- *Très chic :* au-delà de 22 US$. Il s'agit bien de fourchettes moyennes qui peuvent subir quelques distorsions selon la ville. Pour un repas complet, rajouter en fonction de votre appétit et vos petites envies : entrée, dessert... Mais bien souvent, le plat principal suffit.

Loisirs

Petit avertissement pour ceux qui sont ric-rac côté finances, vous n'avez pas beaucoup de sous, vous pensez pouvoir « faire avec » quand vous additionnez les postes budgétaires. Très bien. Mais n'oubliez pas une chose : les sirènes de la consommation ont plus d'un tour dans leur sac pour vous y faire mettre la tête (dans le sac). Comment résister, par un après-midi de canicule, au « Big Splash » qui vous tend les bras (sorte de foire du trône avec uniquement de gigantesques jeux d'eau) ? Comptez facilement 15 US$. À Boston ou à Washington, ne pas visiter les musées relève du crime culturel ! Comptez facilement 7 à 10 US$ selon le musée. Bref, lors de la préparation budgétaire de votre futur merveilleux voyage, ne vous serrez pas trop la ceinture côté plaisir. « S'éclater sans état d'âme », c'est aussi ça l'Amérique. Pour mieux comprendre cet esprit, il faut accepter, ne serait-ce que quelques semaines, d'entrer un peu dans le moule.

CIGARETTES

Attention, les cigarettes sont souvent plus chères dans les machines automatiques. Elles s'achètent dans les grandes surfaces, les stations-service, etc. Le prix des cigarettes varie du simple au double suivant les États et les magasins. Elles sont globalement plus chères qu'en France. Mais la différence est de plus en plus mince et, dans certains États, on est dans la même fourchette de prix.

Peu de routards savent qu'il est interdit, dans une trentaine d'États, de fumer dans les lieux publics (magasins, bus, cinémas, théâtres, musées, hôtels, restos, etc.). Parfois (dans certains aéroports par exemple), vous verrez des *Smoking Lounges*, de minuscules espaces enfumés où s'entassent, serrés comme des sardines, quelques accrocs. Impossible d'y déroger, on ne rigole pas. Interdiction également de fumer sur les vols intérieurs et internationaux. Dans l'État du Massachusetts (certes pas réputé pour sa tolérance), il faut désormais avoir 28 ans pour pouvoir acheter son paquet de clopes ! Affaire à suivre, donc. La morale de l'histoire : profitez-en pour arrêter de fumer...

CLIMAT

Du fait de l'immensité du territoire, les climats sont très variés. Sur la côte est, c'est la Caroline du Nord qui fait office de frontière entre ces deux types de climat. En hiver, des vents glacés soufflent sur le Nord, alors que dans le Sud-Est, on cultive les palmiers et on taille les haies d'hibiscus. En simplifiant, on peut dire que le climat du Sud-Est (de la Caroline du Sud au Mississippi) est presque subtropical, avec des étés chauds et très humides et des hivers relativement doux et secs (en Georgie, par exemple), alors que dans le Nord, les étés sont chauds et les hivers froids (comme à Boston).

– Il est difficile de transformer de tête les degrés Fahrenheit en degrés Celsius. Aux degrés Fahrenheit, soustraire 30, diviser par 2 et ajouter 10 % – ou enlever 32 et diviser par 1,8. Une dernière méthode de conversion (approximative, certes) pour les nuls en calcul mental : retrancher 26 °F, puis diviser par deux et vous aurez des Celsius !

– ***Infos sur la météo :*** ☎ 1-800-WEATHER ou 1-900-WEATHER (ce n'est pas un numéro gratuit, il coûte 95 cents par minute). • www.weather.com • Utile pour bien préparer ses itinéraires en voiture ou à pied.

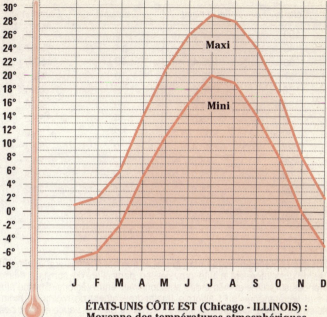

ÉTATS-UNIS CÔTE EST (Chicago - ILLINOIS) :
Moyenne des températures atmosphériques

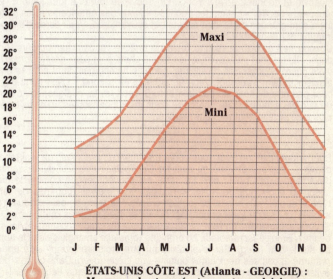

ÉTATS-UNIS CÔTE EST (Atlanta - GEORGIE) :
Moyenne des températures atmosphériques

Tableau d'équivalences

Celsius	Fahrenheit	Celsius	Fahrenheit
100	212	16	60,8
40	104	14	57,2
38	100,4	12	53,6
37	98,6	10	50
36	96,2	8	46,4
34	93,2	6	42,8
32	89,6	4	39,2
30	86	2	35,6
28	82,4	0	32
26	78,8	−2	28,4
24	75,2	−4	24,8
22	71,6	−6	21,2
20	68	−8	17,6
18	64,4		

CUISINE

Dire que l'Américain moyen mange mal et trop est à la fois vrai et simpliste. Dès qu'on s'intéresse à une province en particulier, on constate des différences culinaires et même des antagonismes entre régions. Cuisine plutôt bio et végétarienne en Californie (malheureusement de moins en moins), basée sur les viandes grillées dans les États du Sud, en sauce et avec beaucoup de légumes dans le Tennessee et la Georgie, créole en Louisiane, cosmopolite et débridée à New York... On trouve de tout et à tous les prix. En tout cas, « bouffer » est un des péchés mignons des Américains et les tentations sont grandes de le faire souvent et souvent trop. Vous serez d'ailleurs frappés par le nombre d'obèses.

Chacun sait qu'on trouve une foule de snacks vendant hamburgers, hot-dogs... Ils ne sont pas coûteux (les moins chers sont ceux de *McDonald's*), mais guère nourrissants. D'ailleurs, certains hamburgers sont pensés pour aiguiser la faim : aussitôt, vous en achetez un second... C'est donc payer pour pas grand-chose du pas très bon. Si vous restez quelques jours dans un endroit, achetez votre nourriture dans les supermarchés, c'est tellement plus sain et tellement meilleur marché.

Breakfast

Pour le petit déj', on peut vous servir un *American breakfast*, un vrai repas, convivial, copieux et varié ou bien un *Continental breakfast* qui ressemble davantage à nos petits déj'. La carte est souvent longue comme le bras avec, au choix, jus de fruits, céréales, *hash browns* (pommes de terre râpées et grillées), *pancakes* (petites crêpes épaisses) ou pain perdu qu'on appelle ici *French toast* et non *lost bread*, et, bien sûr, des œufs.

Si vous commandez un œuf, la serveuse vous demandera comment vous le désirez. Brouillé *(scrambled)*, en omelette (*omelette* en anglais dans le texte) ou sur le plat *(fried)*. Sur le plat, il peut être ordinaire *(sunny side up)* ou retourné et cuit des deux côtés comme une crêpe *(over)*. Dans ce cas, pour éviter que le jaune ne soit trop cuit, demandez-le *over easy* (légèrement). Ils peuvent également être mollets *(boiled)* ou durs *(hard boiled)*. On peut aussi y ajouter du jambon, du bacon, des saucisses, beaucoup de ketchup, quelques *buttered toasts*, des *French fries* (frites françaises, s'il vous plaît!).

Ne pas oublier les *muffins*, aux framboises, aux myrtilles ou aux groseilles, onctueux et délicieux, qu'on trouve surtout dans les *coffee-shops*. Beaucoup d'Américains mangent des *donuts* (beignets en forme d'anneau) ou des *bagels* traditionnellement tartinés de *cream cheese*. La chaîne *Dunkin' Donuts* domine le marché et en offre un large éventail : nature, fourrés avec de la crème ou de la confiture, recouverts de chocolat, de sucre ou d'une sauce couleur rose (décidément, ils avalent n'importe quoi ces Ricains). Attention, dans les petits déj' tout compris à prix défiant toute concurrence, la boisson chaude n'est pas inclue. Ouvrir l'œil donc. Le *breakfast in America* reste malgré tout l'un des meilleurs rapports qualité-quantité-prix qu'on connaisse.

Lunch et *dinner*

Dans la plupart des restos (on ne parle pas de *fast-food*, mais bien de vrais restos), le *lunch* est généralement servi de 11 h à 14 h 30. Puis, les portes se ferment pour rouvrir vers 17 h. Dans cette partie des États-Unis, on dîne tôt ; rien de plus normal que de se rendre au restaurant à partir de 18 h 30. D'ailleurs, passé 21 h à 21 h 30 en semaine, vous aurez le plus grand mal à poser vos pieds sous une table. Les chaînes de restauration ferment plus tard.

– Impossible de ne pas évoquer les *today's specials* (ou *specials* tout court ou encore *specials of the day*), ces incontournables plats du jour, servis en fait midi et soir et souvent d'un bon rapport qualité-prix. En général, il y en a deux ou trois et ils sont affichés à l'entrée du restaurant. Si vous optez pour un *special*, vous aurez droit en prime à une soupe (*New England clam chowder* ou minestrone, par exemple) ou à une salade, ce qui cale son homme pour une poignée de dollars. C'est très fréquent le soir, un peu moins à midi.

– Un bon truc assez économique, rapide et plutôt sain : les *salad-bars* dans les *delis* (épiceries qu'on trouve un peu partout aux États-Unis – mais surtout à New York, ne pas confondre avec les *delicatessen*). Un choix de crudités, de salades, plats cuisinés chauds ou froids de toutes sortes, y compris des *sushis*, des plats chinois, des fruits frais, etc., à consommer sur place *(for here)* ou à emporter *(to go)* dans une barquette en plastique. Idéal pour les végétariens qui font le plein de feuilles vertes pour trois fois rien (une petite astuce, prendre la sauce salade dans un petit récipient séparé... qu'ils oublient souvent de peser). Il vous suffit de remplir une barquette et de passer à la caisse : on paye au poids (de 5 à 8 US$ le pound, soit 454 g). Quand le *deli* est bondé, n'hésitez pas à déguster votre barquette dans le parc le plus proche. On vous donne alors des couverts en plastique, une serviette, du sel et du poivre... Attention, dans certaines épiceries, les aliments ne sont pas de toute première fraîcheur... Privilégiez les endroits qui ont du débit.

– Pensez à goûter aux nombreuses sauces *(dressings)* qui accompagnent les salades et changent de notre classique vinaigrette qui porte ici le nom d'*Italian dressing*, alors que la *French dressing*, comme son nom ne l'indique pas, se rapproche plutôt, elle, de la sauce tomate. Essayez la *balsamic* ou la *blue cheese*, parfumée (si l'on peut dire) au bleu ; la *thousand island*, de couleur rosée, a une saveur plutôt exotique, avec mayonnaise, cornichons et œufs durs hâchés ; la *Caesar*, au goût prononcé d'ail et de parmesan, accompagne bien la célèbre *Caesar salad* (romaine, croûtons, parmesan et parfois poulet grillé ou crevettes sautées pour sa version luxe). Sans oublier la *ranch* qui laisse une haleine de cow-boy (à l'ail) et l'*Italian*, pour ne citer que les plus connues.

– Certains restos proposent des *all you can eat* (« tout ce que vous pouvez manger »). Pour une poignée de dollars, vous vous en mettez plein la lampe et encore plus. Une bonne manière de goûter à tout. La fraîcheur est garantie, la qualité un peu moins. Dans les grandes villes, certains restos font ça une fois par semaine, le jour le plus creux. Sympa, pas cher mais vite écœurant.

Brunch

Les samedi et dimanche matin, il est typique de prendre un *brunch*. Après la grasse matinée, il est trop tard pour le petit déj' mais on a trop faim pour attendre l'heure du déjeuner. Ainsi, bon nombre de restaurants servent, à partir de 11 h, le *brunch*, formule à mi-chemin entre le *breakfast* et le *lunch*. On trouve souvent des formules de brunch arrosé au champagne (mieux vaut ne pas y aller trop tôt...). En général, on en a pour sa faim, ne négligez donc pas cette option qui peut vous faire deux repas en un.

Spécialités

– **La viande :** la viande de bœuf est de premier ordre mais assez chère. Quel est pour nous le meilleur morceau aux États-Unis ? Le *prime rib* (à ne pas confondre avec les *spare-ribs* qui correspondent à du travers de porc). Le *prime rib* est la viande la plus tendre dans le bœuf. On oserait dire qu'il n'y a pas d'équivalent chez nous. L'essayer, c'est l'adopter.
Comme les animaux sont de plus petite taille que les nivernais ou les charolais, on peut s'attaquer à un *T-bone*, c'est-à-dire la double entrecôte avec l'os en « T » (pas de vache folle ici, pour l'instant !). Quand on souhaite un steak « bien cuit », on le demande *well-done*. En revanche, *medium* signifie à point, et saignant se dit *rare* (prononcer « raire »). Pour les compliqués, on peut même ajouter quelques nuances : *medium rare* signifie entre à point et saignant et *medium well*, à point tendance cuit. Chose surprenante, on vous sert toujours votre viande cuite comme vous l'avez demandée. Le truc des cuistots d'outre-Atlantique : un petit thermomètre qu'ils piquent dans la viande et qui leur donne la cuisson intérieure. Astucieux, non ?
L'Ouest des cow-boys et des *cattlemen* a donné à l'Amérique et au reste du monde la recette indispensable : le barbecue, accompagné de son cortège de sauces en flacons. Le poulet frit du Kentucky (ou d'ailleurs) est également l'une des bases du menu américain, et la gamme de *seafood*, c'est-à-dire les fruits de mer, une de ses attractions.
– **Le hamburger :** il n'a pas là-bas la détestable image qu'on en a chez nous. Si les chaînes de fast-foods proposent des viandes bas de gamme, les vrais restos de hamburgers servent des viandes fraîches, *juicy*, tendres et moelleuses, prises entre deux tranches de bon pain frais. Non, le hamburger n'est pas forcément mauvais. Au Texas et dans les États du Sud, la viande est l'une des meilleures qu'on connaisse. Essayez au moins une fois, vous risquez bien d'être agréablement surpris.
– Tout ce que vous avez toujours voulu savoir sur le **sandwich...** Soyez méfiant vis-à-vis du mot « sandwich ». Le sandwich que nous connaissons en Europe s'appelle en américain *cold sandwich*. À ne pas confondre avec les *hot sandwiches*, qui sont de véritables repas chauds avec hamburgers, frites et salade, donc bien plus chers.
On trouve toujours du pain qui a la consistance du marshmallow, mais on peut acheter du pain d'orge, complet ou de seigle... Choisir son pain quand on vous propose un sandwich est tout un art. Les *submarines* sont des sandwichs un peu plus élaborés que les autres.
Et le **hot-dog** alors ? Il est né en 1941, lorsque l'Amérique entra en guerre contre l'Allemagne et les *frankfurters* (saucisses de Francfort) commencèrent à être cuites « hot » ; mesure de rétorsion symbolique contre ces « dogs » de nazis !
– **Pop-corn :** si vous achetez du pop-corn, précisez si vous le voulez avec du sucre, sinon ils vous le serviront salé. On peut aussi le demander avec du beurre fondu. Dans les cinémas, les mômes achètent des seaux entiers de pop-corn et grignotent durant toute la séance.
– **Le peanut butter :** ou beurre de cacahuète, le Nutella des petits et des grands Américains. À la maison, à 16 h, ils ont pour habitude de se faire des

sandwichs de pain de mie avec beurre de cacahuète sur une tranche et confiture de raisin ou d'orange sur une autre... Après, on ne s'étonnera pas qu'un gamin sur trois soit obèse...

– **Glaces :** voilà un autre chapitre de la gastronomie américaine qui vaut la peine qu'on s'y arrête. Il y a des milliers de glaciers comme *Dairy Queen*, une chaîne nationale, dont tous les noms sont une variante de ce dernier. Vous allez à la fenêtre de la petite maison avec un grand cornet dessus commander vos délices et payer, puis vous allez manger dans la voiture, la seconde maison des Américains ! L'*ice-cream* y est blanche, molle, crémeuse, parfumée à la vanille. Vous pouvez l'avoir en cornet, ou bien dans un petit bol en carton avec, par-dessus, des fruits frais sucrés de toutes sortes... cela s'appelle un *sundae*... à la fraise, à la noix de coco râpée, avec des ananas, au caramel, ou au *hot fudge :* un chocolat fondu, épais et chaud (plus des noix ou des cacahuètes) ; et puis il y a des *banana splits* et des *malts*. Goûter également aux glaces de chez *Ben & Jerry's*. En plus de faire des glaces succulentes, *Ben & Jerry's* est une entreprise citoyenne et originale. Citoyenne, car elle emploie des personnes en difficulté, achète des produits bio aux petits paysans du Vermont.
Sachez que chez *Baskin Robbins* vous pourrez aussi choisir entre 31 glaces délicieuses...
Et puis, on vous conseille aussi le *frozen yogurt* (yaourt glacé). C'est littéralement la technique utilisée et c'est donc un peu plus léger en matières grasses tout en ayant une texture plus riche qu'un sorbet. *Ben & Jerry's* et consorts s'y sont mis. C'est assez nouveau, depuis les années 1980, et on peut y ajouter des *toppings* (garnitures) comme des *M&M's,* des noix ou des céréales.

– **Desserts :** les plus connus sont les *carrot cakes* (gâteaux aux carottes), les *cheesecakes* (gâteaux au fromage blanc), mais aussi les *chocolate cakes, apple pies, pecan pies* (à la noix de pécan), *pumpkin pies* à l'automne (célèbre tarte au potiron, typique de la période d'Halloween), etc.

Quelques tuyaux pour bien se caler

– En général, les restos les moins chers (qui sont aussi, souvent, les meilleurs...) sont ceux tenus par des familles immigrées. Les origines varient selon les régions, à vous de chercher les groupes prédominants dans les États.
– Dans de nombreux journaux (y compris l'édition du dimanche des quotidiens), paraissant le mercredi, il existe des coupons publicitaires offrant de substantielles réductions, notamment pour les restaurants, supermarchés... Les économies sont réelles. Mais *attention :* pour les restaurants, beaucoup de ces coupons ne sont pas valables le week-end... ni l'été ! Autant le savoir.
– De nombreux restaurants proposent un menu-enfants, même pour le petit déj'.
– La plupart des bars proposent des *happy hours* (généralement de 16 h à 18 h). Pendant ces heures creuses, la nourriture est souvent gratuite (ou férocement discountée), fournie à volonté si l'on a payé le prix d'une boisson : de quoi éviter la cuite à celui ou celle qui voudrait profiter des *happy hours* l'estomac vide... L'idée de l'*happy hour* c'est donc de boire et grignoter *avant* le dîner, ce qui explique que, souvent, un restaurant soit adjacent au bar.
– Si, grâce au décalage horaire, vous avez faim tôt, profitez des tarifs *early bird* (littéralement « oiseau en avance ») : pour étendre leurs heures de service et faire plus de profit, un grand nombre de restaurants ouvrent dès 17 h ou 17 h 30 et proposent, pendant 1 h ou un peu plus, des prix spéciaux pouvant atteindre -30 % sur une gamme de plats.
Lire aussi la rubrique « Savoir-vivre et coutumes » plus loin.

Les chaînes de restauration

Disséminées dans tous les États-Unis, ces chaînes de restaurants vous garantissent une même qualité de Boston à San Francisco, et les mêmes prix. Si le cœur vous en dit... À côté des sempiternels *McDonald's, Burger King, Wendy's* et *Wimpy*, on peut essayer les *Taco Bell* (ou fast-foods mexicains), *Denny's* (très familial), les *houses of Pancakes* et autres *Dunkin Donuts* pour les petits creux.
En plus chic, les *Steak Houses* et *Seafood Houses* sont réputés pour la fraîcheur de leurs produits. Vive la restauration à la chaîne !

DÉCALAGE HORAIRE

Il y a 4 fuseaux horaires aux États-Unis (6 si l'on inclut l'Alaska et Hawaii). Toute la côte est se trouve sur le fuseau *Eastern time* : il est 6 h de moins qu'en France. En revanche, l'Illinois (Chicago) et le Tennessee (Nashville et Memphis) sont dans le fuseau *Central Time*, il est donc 7 h de moins qu'en France. Attention, comme en Grande-Bretagne, quand on vous donne rendez-vous à 8.30 p.m., cela veut dire à 20 h 30. Pensez-y, cela vous évitera de vous lever de très bonne heure !

FUSEAUX HORAIRES

DROITS DE L'HOMME

Comment, après les attentats du 11 septembre 2001, dénoncer la situation des Droits de l'homme aux États-Unis, sans être accusé, au mieux, de tirer sur les ambulances, au pire, de faire partie du réseau Ben Laden ? Et pourtant, depuis l'effondrement des deux tours du World Trade Center, cette situation n'a fait que se dégrader, avec l'adoption de lois antiterroristes susceptibles de porter gravement atteinte aux libertés individuelles. Le Congrès a en effet adopté, le 24 octobre 2001, toute une série de mesures « provisoires » (sans pour autant en fixer le terme), qui visent à accorder des pouvoirs supplémentaires à l'État fédéral, en matière notamment de surveillance électronique, de détention arbitraire d'immigrés « suspectés » de terrorisme

Violation universelle des droits de l'Homme.
Ça vous concerne.

Tous les jours, dans tous les pays, les droits à la vie et à la liberté sont bafoués ; les droits au travail, à l'éducation ou à la santé sont également menacés par les accords de l'Organisation Mondiale du Commerce.

Rejoignez la FIDH. Nous nous battons pour faire appliquer la Déclaration universelle des droits de l'Homme. De tous les droits.
TÉL. 01 43 55 25 18 / www.fidh.org / CCP Paris 7676Z

fidh
**Fédération Internationale
des Ligues des Droits de l'Homme**

(la période de garde à vue passant alors de 2 à 7 jours). Un mois et demi après les attentats, le FBI avait déjà détenu et questionné, dans des conditions douteuses, 850 personnes sur simple supposition. La population arabo-américaine est la première à faire les frais de ces « approximations » et amalgames douteux. On ne compte plus le nombre d'agressions et d'insultes racistes recensées depuis les attentats.

Dans ce climat sécuritaire, souvent délétère, les journalistes ne sont pas mieux lotis. Deux jours à peine après les attentats, le « Combating Terrorism Act » était adopté par le Sénat qui remettait en cause la liberté et la confidentialité des informations diffusées sur le Net. Plus tard, le gouvernement américain demandait aux chaînes télévisées de « contrôler », voire d'interdire, la diffusion d'images provenant de la télévision Qatarienne *Al Jazira*, seule habilitée à tourner en Afghanistan. Mais d'une certaine manière, les médias américains ont plus à craindre de leur propre autocensure que des autorités gouvernementales, et il ne faut pas oublier qu'ils figurent parmi les premières victimes des lettres piégées à l'anthrax.

Avec ces événements, les reproches que l'on pouvait faire à l'Amérique de Bush Junior paraissent presque anachroniques. Cependant, avec 84 exécutions capitales effectivement rendues en 2000, la peine capitale reste plus que jamais une tache indélébile sur le drapeau américain. Et l'étoile qui brille le plus par son ardeur dans ce domaine est sûrement celle du Texas dont l'ex-gouverneur, devenu depuis le président des États-Unis, a à son passif plus de 130 ordres d'exécution de prisonniers.

La « mise à mort » de Gary Graham le 22 juin 2000, a surtout profondément choqué l'opinion publique américaine. Elle a suivi de près la publication, sous l'égide de l'école de droit de l'Université Columbia, d'un rapport explosif sur l'application de la peine de mort. Selon leurs auteurs, qui ont réétudié l'ensemble de tous les cas depuis le rétablissement de la peine de mort, 68 % des cas de peine de mort qui ont fait l'objet d'un procès en appel ont été annulés, du fait d'« erreurs préjudiciables ». Un chiffre effarant qui s'explique en grande partie par les défaillances du système judiciaire américain. Inefficace et absurde, le système judiciaire américain est également inégalitaire (seuls les citoyens riches peuvent se payer un avocat) et profondément raciste. Une mission de la FIDH, qui s'est rendue au Texas et en Illinois en avril 2001, confirme d'ailleurs ces conclusions et affirme en outre que les conditions dans lesquelles les condamnés à mort sont incarcérés durant les très longues périodes qui précèdent leur exécution constituent des « traitements cruels, inhumains et dégradants ». Elle demande à ce que la peine de mort soit déclarée inconstitutionnelle aux États-Unis.

Une gageure, lorsque l'on sait que le Congrès américain a renforcé le champ d'application de la peine capitale et supprimé les crédits qui permettaient à des organismes de fournir aux condamnés sans ressources des avocats. En outre, il est désormais quasiment impossible, aux autorités fédérales, d'obliger un État à revenir sur une peine de mort prononcée par une instance de ce même État (loi d'« efficacité de la peine de mort »). Un espoir cependant : les abolitionnistes gagnent du terrain puisqu'ils ne sont plus « que » 66 % des Américains à se déclarer favorables à la peine de mort, contre 80 % il y a six ans.

Amnesty International dénonce également la persistance scandaleuse des traitements inhumains et dégradants subis par les détenus dans les prisons, et le Centre pour les Droits Constitutionnels (CCR), affilié à la FIDH aux États-Unis, dénonce à ce sujet le « mur bleu du silence », omerta qui règne dans les services de police pour tout ce qui concerne les bavures et autres violences policières.

Autre forme de violation flagrante des Droits de l'homme, les grandes inégalités en matière de droits économiques et sociaux qui règnent entre et à

l'intérieur des différentes régions du pays. Les plus pauvres bénéficient ainsi d'un très mauvais taux de couverture sociale.
Pour plus de renseignements, contacter :

■ **Fédération internationale des Droits de l'homme (FIDH) :** 17, passage de la Main-d'Or, 75011 Paris. ☎ 01-43-55-25-18. Fax : 01-43-55-18-80. ● fidh@fidh.org ● www.fidh.org ● M. : Ledru-Rollin.

■ **Amnesty International** (section française) **:** 76, bd de la Villette, 75940 Paris Cedex 19. ☎ 01-53-38-65-65. Fax : 01-53-38-55-00. ● admin-fr@amnesty.asso.fr ● www.amnesty.asso.fr ● Minitel : 36-15, code AMNESTY. M. : Belleville.

N'oublions pas qu'en France aussi, les organisations de défense des Droits de l'homme continuent de se battre contre les discriminations, le racisme et pour l'intégration des plus démunis.

ÉLECTRICITÉ

Généralement : 110-115 volts et 60 périodes (en France : 50 périodes).
Attention, aux États-Unis, les fiches sont plates. Achetez l'adaptateur en France, difficile à trouver sur place.
De même, quand vous achetez du matériel électrique, prévoyez l'adaptateur européen. Vous risqueriez de ne pas profiter de votre répondeur longtemps !

FÊTES, JOURS FÉRIÉS

Ils varient suivant les États. Mais voici dix jours fériés sur l'ensemble du territoire. *Attention*, presque toutes les boutiques sont fermées ces jours-là.
– *Martin Luther King Jr Birthday :* vers le 3e lundi de janvier, celui le plus près de son anniversaire, le 15 janvier.
– *President's Day :* le 3e lundi de février, pour honorer les présidents américains.
– *Easter (Pâques) :* le lundi est férié.
– *Memorial Day :* le dernier lundi de mai. En souvenir de tous les morts au combat. Correspond au début de la période touristique.
– *Independence Day :* 4 juillet, fête nationale.
– *Labor Day :* 1er lundi de septembre, la fête du travail. Marque la fin de la période touristique.
– *Colombus Day :* 2e lundi d'octobre, en souvenir de la « découverte » de l'Amérique par Christophe Colomb.
– *Thanksgiving Day :* fin novembre. Fête typiquement américaine commémorant le repas donné par les premiers immigrants (les Pères Pélerins) en remerciement à Dieu et aux Indiens de leur avoir permis de survivre à leur premier hiver dans le Nouveau Monde.
– *Christmas Day :* 25 décembre.
– *New Year Day :* 1er janvier.
Impossible de clore une rubrique sur les fêtes sans évoquer celle d'*Halloween*, la nuit du 31 octobre au 1er novembre. Cette tradition druidique importée par les Écossais et les Irlandais, est aujourd'hui célébrée avec une grande ferveur aux États-Unis. Sorcières ébouriffantes, fantômes et morts-vivants envahissent les rues, tandis que les gamins, déguisés eux aussi, font du porte à porte chez les voisins en demandant « Trick or treat ? » (« Une farce ou un bonbon ? »), dans l'espoir de repartir avec plein de bonbecs dans les poches.

HÉBERGEMENT

Le problème de l'hébergement est le plus important que l'on rencontre aux États-Unis, car c'est le plus onéreux. Pour chaque ville, quelques adresses vous seront données, mais voici quelques tuyaux qui ont fait leurs preuves et qui sont valables pour tous les États.

D'abord, l'Américain est très accueillant. Si vous liez connaissance avec lui, soyez certain qu'il vous invitera car il a bien souvent la possibilité matérielle de le faire. Il n'est pas rare que l'on vous prête un appartement pour le week-end... Si vous appartenez à une communauté (raciale, religieuse...), allez trouver vos homologues américains. En effet, un Breton sera fort bien accueilli par les Bretons de tel bled, un Arménien par la confrérie arménienne de tel autre patelin. Si vous êtes jeunes mariés, n'oubliez pas de le mentionner dès que possible. Pour les Américains, les *honeymooners* sont à traiter avec le plus grand soin. C'est une tradition très tenace par là-bas.

Enfin, on trouve des coupons de réduction pour les hôtels et motels dans certains journaux distribués gratuitement. On se procure ces *Traveler Discount Guides* soit au *visitors' center*, soit près des distributeurs de journaux payants, soit dans les hôtels, soit encore dans les *Welcome Centers*, les bureaux des offices de tourisme situés juste après le passage de la frontière d'un État ou sur les autoroutes. Réserver tout de même à l'avance.

Le prix du petit déj' est encore rarement inclus dans le prix de la chambre. Si c'est le cas, sachez que, la plupart du temps, il se résume à une tasse de café insipide et quelques muffins pâteux (quand il en reste). Mais, comme partout, il y a toujours des exceptions à la règle. La plupart des chambres disposent de cafetières ; ce peut être une solution économique.

Ici, tout se négocie, surtout le prix des chambres. Il arrive, en période creuse, que les hôteliers accordent des réductions, surtout si vous arrivez en fin de journée et si vous payez en liquide. **La phrase à savoir :** « Do you give a discount, if I pay cash ? »

IMPORTANT : dans les endroits touristiques, il est conseillé de réserver son hôtel le plus longtemps possible à l'avance. Les moyens les plus utilisés sont simplement le fax et le téléphone (il s'agit d'ailleurs très souvent de numéros gratuits). Et dans ce pays à la pointe des techniques nouvelles, on constate que l'utilisation d'Internet pour réserver n'est pas aussi répandue que ce que l'on pourrait penser. On vous demandera votre numéro de carte de paiement. Attention, si vous ne pouvez pas prendre votre chambre, vous serez certainement débité quand même, à moins bien sûr de prévenir au moins quelques heures à l'avance. Dans les *bed and breakfast*, le délai d'annulation est souvent très long.

Les YMCA (pour les hommes) et les YWCA (pour les femmes)

– Les prix sont très variables et le confort généralement assez « spartiate », mais les installations sportives sont le plus souvent impressionnantes. Il faut être membre de l'association : renseignements à l'UCJG (voir coordonnées ci-dessous). Certaines ont des dortoirs peu onéreux (assez rares toutefois). Les *YMCA/YWCA* sont relativement chères ; elles correspondent en fait à un hôtel de moyenne gamme. Compter de 91 € (600 F) à 122 € (800 F) pour une double avec bains et petit déj' (tarifs au départ de la France). Pour bénéficier de tarifs moins onéreux, il faudra opter pour une place en dortoir, souvent d'une dizaine de personnes (mais ils sont plus rares). À remarquer, les *YMCA* sont généralement mixtes, tandis que les *YWCA* sont toujours réservées aux filles exclusivement. Les « Y » sont en général très centrales. Beaucoup d'étudiants et de jeunes de la localité ou des travailleurs en déplacement y résident ; c'est donc un moyen sûr et rapide de se faire des connaissances sur la ville. Le seul problème des « Y » est qu'elles sont souvent complètes, surtout le week-end. Réservez à partir de la France ou dès l'arrivée ; mais on peut également se pointer vers 11 h, heure du *check-*

HÉBERGEMENT

out. Vous serez donc le premier ou dans les premiers à bénéficier des quelques chambres qui seront libérées. À signaler que, dans beaucoup de villes de « province », s'il ne reste pas de place à la « Y », vous pouvez vous rabattre sur les hôtels du Downtown qui sont parfois moins chers que celle-ci, la propreté en moins, bien sûr.

■ *UCJG (Alliance Nationale des Unions chrétiennes de Jeunes Gens) :* 5, place de Vénétie, 75013 Paris. ☎ 01-45-83-62-63. Fax : 01-45-83-35-52. M. : Porte-de-Choisy. Proposent une sélection de *YMCA* et *YWCA*. Pas de lit en dortoirs, seulement en chambres individuelles ou doubles. Le prix des nuitées est à régler en euros, avant le départ. Compter 11,40 € (75 F) de frais de dossier par personne ; pour les jeunes de moins de 16 ans et pour les groupes, les frais s'élèvent à 2,28 € (15 F).

Sur Internet

– En France, il existe aussi un site Internet consacré aux YMCA, ainsi que deux e-mails : ● www.ucjg-ymca-france.org ● ys.way.france@wanadoo.fr ● (pour les réservations uniquement) ● alliance.nationale@ucjg-ymca-france.org ● (pour les renseignements).

Les auberges de jeunesse

Il existe une trentaine d'*auberges de jeunesse Hostelling International* (ou *Hostelling International American Youth Hostels*) en Californie et dans l'État de Washington. Elles sont signalées par un triangle bleu contenant une hutte et un arbre.
Les prix sont en général abordables. Elles se trouvent dans la plupart des grandes villes ou en pleine campagne, parfois dans de superbes bâtiments historiques rénovés. Aucune limite d'âge. De nombreuses auberges rurales sont fermées entre 10 h et 17 h, celles des grandes villes étant en général toujours ouvertes. Couvertures et oreillers sont fournis. Possibilité d'apporter ses draps ou d'en louer à l'auberge.
Un conseil, procurez-vous dès votre arrivée sur le sol américain le petit guide gratuit, édité par *Hostelling International*, recensant toutes les AJ, les tarifs, coordonnées complètes, etc.
On pourra parfois vous demander de participer aux tâches ménagères (dans certaines AJ, renseignez-vous, il est possible d'« échanger » son séjour contre quelques heures de travail). Souvent, on y obtient des tas de tuyaux (jobs, etc.). La carte internationale des auberges de jeunesse n'est pas obligatoire pour être admis à y dormir, mais vous paierez plus cher (3 US$) si vous ne l'avez pas. Cette carte coûtant environ 15,24 € (100 F) en France, il est plus que conseillé de l'acheter avant votre départ (deux fois plus chère aux États-Unis ; voir la rubrique « Avant le départ » au début du chapitre « Généralités »). En cas d'oubli, on peut se la procurer dans toutes les auberges *Hostelling International* ou sur Internet. En haute saison, il est conseillé de réserver à l'avance. Plusieurs possibilités :
– *de France, par téléphone ou fax*, en contactant directement l'AJ et en communiquant son numéro de carte de paiement ;
– *des États-Unis, par téléphone (numéro gratuit)* : 1-800-909-4776. Pour cela, il est nécessaire d'avoir le fameux petit guide gratuit dont on vous parle plus haut, car il vous faudra taper le code d'accès à deux chiffres de l'AJ où vous voulez réserver ;
– *sur Internet :* ● www.hiayh.org ●
– *par courrier :* en écrivant directement à l'AJ, mais ça prend du temps et franchement c'est moins commode ;
– enfin, depuis la *France, via le système IBN* (voir plus loin).

■ **Hostelling International** est représenté à Paris par la **Fédération unie des auberges de jeunesse (FUAJ)**.
– *Paris :* FUAJ, centre national, 27, rue Pajol, 75018. ☎ 01-44-89-87-27. Fax : 01-44-89-87-10. • www.fuaj.org • M. : Marx-Dormoy, La Chapelle ou M. et RER : Gare-du-Nord.
– *Paris :* AJ D'Artagnan, 80, rue Vitruve, 75020. ☎ 01-40-32-34-56. Fax : 01-40-32-34-55. • paris.le-dartagnan@fuaj.org • M. : Porte-de-Bagnolet.

Sachez aussi que :
La FUAJ (association à but non lucratif, eh oui ça existe encore) propose trois guides répertoriant les adresses des AJ : France, Europe et le reste du monde, payants pour les deux derniers.
– La FUAJ offre à ses adhérents la possibilité de réserver depuis la France, grâce à son système *IBN (International Booking Network)*, 6 nuits maximum et jusqu'à 6 mois à l'avance, dans certaines auberges de jeunesse situées en France et à l'étranger (la FUAJ couvre plus de 60 pays). Gros avantage, les AJ étant souvent complètes, votre lit (en dortoir, pas de réservation en chambre individuelle) est réservé à la date souhaitée. Vous réglez en France, plus des frais de réservation (environ 6,15 €, soit 40 F). L'intérêt, c'est que tout cela se passe avant le départ, en français et en euros ! Vous recevrez en échange un reçu de réservation que vous présenterez à l'AJ une fois sur place. Ce service permet aussi d'annuler et d'être remboursé. Le délai d'annulation varie d'une AJ à l'autre (compter 6,15 €, soit 40 F pour les frais). IBM est désormais accessible en ligne via le site • www.hostelling.com • D'un simple clic, il permet d'obtenir toutes les informations utiles sur les auberges reliées au système, de vérifier les disponibilités jusqu'à 6 mois à l'avance, de réserver et de payer.

L'université

Les *residence halls* dépendent d'un collège ou d'une université. Les étudiants étrangers peuvent y être hébergés hors de la période scolaire, mais ce n'est pas systématique. Contacter directement chaque université.

Les campings

On en trouve partout ou presque, des grands, des petits, des beaux, des laids, particulièrement près des endroits touristiques. La plupart sont abordables et assez bien aménagés. Ils disposent souvent de plus d'espace que les campings français. Vous pouvez acquérir le *Woodall's Camping Guide* sur le site • www.woodalls.com • Les routards sac à dos s'en passeront : c'est lourd... et, de toute façon, votre guide préféré est là pour vous indiquer les principaux campings ! Quelques tour-opérateurs proposent plusieurs itinéraires en camping-tours particulièrement bien conçus. Voir les adresses plus haut, dans « Comment aller aux États-Unis ? ».
À notre avis, le camping est une bonne solution pour voyager aux États-Unis. Généralement situés en pleine nature, les campings n'ont rien de commun avec leurs homologues européens. Cette économie sur l'hébergement vous permettra de vous payer la location d'une voiture, si vous êtes plusieurs. De toutes façons, pour faire du camping, il est pratiquement obligatoire d'en avoir une. En effet, les terrains sont souvent difficiles d'accès par les transports en commun. Certains *trailer parks* n'acceptent pas les tentes, uniquement les campings cars.
Il existe plusieurs types de campings :
– les **campings nationaux et d'États** *(campgrounds) :* ce sont les moins chers et on paye généralement pour l'emplacement (ou par véhicule). Dans certains sites non équipés, il arrive que ce soit gratuit, mais c'est de plus en plus rare. On les trouve partout dans les National Parks, National Monu-

ments, National Recreation Areas, National Forests et State Parks. Généralement, dans les *campgrounds* nationaux, il faut déposer une enveloppe avec le prix de la nuit dans une urne avec, en notant sur l'enveloppe, vos nom et adresse, le numéro minéralogique de la voiture et celui de l'emplacement retenu. Peut-être ne verrez-vous personne contrôler si oui ou non vous avez payé, ceci parce que la constitution américaine est basée sur l'honneur et la confiance, ce qui est plutôt sympathique quand on y pense. Si vous vous dites « autant en profiter », méfiez-vous, vous aurez toutes les chances d'être réveillés par un ranger avant l'aube... L'amende est alors salée. À part le fait d'être bon marché, ils sont le plus souvent situés dans les meilleurs endroits, en général boisés. L'espace entre chaque tente est le plus souvent très grand (on peut faire du bruit sans déranger les autres). Chaque site possède une table et un barbecue. Donc, rien à voir avec les campings concentrationnaires français. Il y a toujours des lavabos, mais pas toujours de douches. Arrivez entre 10 h et 12 h pour réserver votre emplacement dans les parcs nationaux, ou mieux, réservez à l'avance, car en été la demande est très forte. Dans certains parcs, il n'est pas possible d'obtenir une réservation. Dans ce cas, le premier arrivé est le premier servi *(the first arrived, the first served)*. Pensez à faire vos courses dans un supermarché avant d'entrer dans les parcs. Les boutiques sont rares ou alors assez chères et peu fournies. Enfin, n'oubliez pas d'emporter des vêtements chauds. Beaucoup de parcs sont en altitude, et il arrive qu'en septembre il gèle la nuit.
Dans les parcs, en été, les campings étant souvent complets, on vous propose la combine suivante : trouver des gens qui ne se sont installés qu'avec une tente (on en a généralement droit à trois par « site »), prendre son air le plus avenant, innocent et perdu, et demander si, moyennant le partage de la somme, bien sûr, on peut se mettre à côté d'eux. On y gagne sur tous les plans : on fait des rencontres, on n'attend pas et c'est moins cher. Essayez plutôt avec les Européens en vacances qu'avec les Américains, vous aurez plus de chances... De toutes façons, même si c'est écrit « full » (complet), tentez votre chance, car il y a souvent des gens qui n'honorent pas leur inscription du matin.

■ *Réservations Parcs Nationaux :* il est possible (et même fortement conseillé) de réserver pour camper dans les parcs nationaux : n° Vert ☎ 1-800-365-CAMP aux États-Unis, ou ☎ (301) 722-1257 depuis l'étranger. La réservation peut s'effectuer jusqu'à 5 mois à l'avance. On donne son numéro de carte de paiement et sa date d'expiration au téléphone, ou éventuellement on envoie un mandat, mais c'est plus long, plus cher (frais annexes) et plus compliqué. Un numéro de réservation vous est donné, à ne pas perdre puisque ce sera votre sésame une fois arrivé au parc. Le paiement enregistré, s'il reste assez de temps avant votre séjour, on vous envoie un voucher de confirmation. Si certaines des informations qui y figurent sont erronées, rappelez en urgence le n° Vert ☎ 1-800-388-2733.
– On peut aussi réserver par courrier : NPRS – PO Box 1600 – Cumberland MD 21501. N'oubliez pas dans ce cas d'inclure tous les détails nécessaires : votre nom, celui du parc et du camping désirés, dates d'arrivée et de départ, nombre de personnes, type de site demandé (pour tente ou camping car) et paiement (mandat ou numéro de carte de paiement).
– Dernière option : les réservations par Internet : • reservations.nps.gov • Le service ne fonctionne que de 10 h à 22 h, heure de la côte Est.

– Les *terrains de camping privés :* ils vous offrent un certain nombre de commodités, comme la distribution d'eau courante, l'électricité et des installations sanitaires, mais aussi des tables de pique-nique et des grils pour vos barbecues (si vous prévoyez d'emporter un brûleur, adoptez un modèle

récent de la marque Camping-gaz; on trouve assez facilement des recharges 470 et 270 sur place). Il y a aussi des chaînes de terrains de camping telles que *KOA (Campgrounds of America)* qui sont très luxueuses au niveau des services et pas si chères que cela : aménagements pour caravanes et *campers*, machines à laver, self-service, épicerie, douches, aires de jeux pour les enfants, tables de pique-nique et même des piscines ! Ils disposent souvent de petits bungalows en bois, confortables et charmants. La chaîne *KOA* édite une brochure (disponible dans tous ses campings) où figure la liste de ses installations, leur emplacement précis dans les 50 États et une carte routière desdits États. Procure également une carte d'abonnement qui coûte 10 US$ et qui donne 10 % de réduction. • www.koakampgrounds.com •
Si les campings privés bénéficient en règle générale de bonnes installations (ce qui n'est pas toujours le cas des campings gouvernementaux ou *campgrounds*), ils sont par contre souvent moins agréables, car les sites sont plus regroupés, moins ombragés... Les prix sont également plus élevés.

Les terminaux de bus

Il est toujours possible d'y dormir, surtout lorsque vous arrivez en bus en pleine nuit. Guère tranquilles toutefois, car beaucoup de monde, donc beaucoup de bruit... Mais les stations d'autocars sont intéressantes pour dormir quand on est fauché (à condition d'avoir un billet de bus). De plus, bon nombre de routards voyagent en *Greyhound*. La nuit, ces endroits sont gardés et il y a des distributeurs de boissons et de nourriture. On y voit des gens étranges. Bon nombre de fauteuils dans les terminaux possèdent une TV incorporée. Agréable en cas d'insomnie, mais peu pratique en tant qu'oreiller... Il est bon de signaler que les stations de bus sont souvent situées dans des quartiers sinistres. Moralité, il est préférable de dormir dans les stations plutôt que de s'évertuer à trouver un hôtel minable dans les environs. Si l'on espère dormir dans un terminal, il vaut mieux dépenser entre 1 et 6 US$ pour mettre ses bagages à la consigne, car il y en a trop qui se réveillent le matin avec plus grand-chose.
Se méfier des propositions de logement que l'on vous fait dans les endroits très fréquentés par les touristes (terminaux de bus, surtout) : ce sont souvent des moonistes qui recrutent... Dans l'ensemble, faites attention, ça peut être dangereux.

Les aires de repos des autoroutes *(rest areas)*

Attention, c'est dangereux parfois la nuit *because* les rôdeurs, à moins que vous ne dormiez dans une voiture fermée. Le lendemain, vous pourrez bénéficier des toilettes et des lavabos qui équipent les stations-service. Le principe est cependant très réglementé et, dans certains États, c'est même interdit.

Les motels

Ils sont d'autant plus intéressants que l'on peut prendre une chambre à un lit et y loger à plusieurs, à condition de ne pas trop se faire remarquer. Il ne faut pas oublier que les Américains dorment dans des lits plus grands que les nôtres et que la plupart des motels proposent des chambres avec deux *Queen beds* (1,60 m de large) ou un *King bed* (2 m). Souvent situés près d'une route ou d'une *freeway*, ils sont généralement assez anonymes, offrant des chambres propres mais très standardisées. La plupart sont ouverts 24 h/24. Les deux chaînes de motels les plus importantes aux États-Unis sont *Holiday Inn* et *Howard Johnson* (surtout implantées sur la côte

HÉBERGEMENT

Est). Les motels bon marché, souvent plus convenables que les hôtels de même catégorie, ont quand même l'inconvénient d'être éloignés du centre-ville.

Il existe aussi des chaînes de motels économiques : *Econo-Lodge* (surtout sur la côte Est) et *Motel 6* (surtout sur la côte Ouest) sont les meilleurs marchés, avec d'autres comme *Budget Inn, Red Carpet Inn* ou *Motel 8*. La plupart d'entre eux disposent de piscine, TV couleur (des films sont proposés dans les chambres), air climatisé, sanitaires privés... Les communications locales sont le plus souvent gratuites, de même que le parking. Dans le premier *Motel 6* où vous descendrez, demandez l'annuaire des *Motel 6* aux États-Unis. Les *Motel 6* (membre du groupe français Accor) étant d'un bon rapport qualité-prix, ils sont souvent complets. Situés à la périphérie des villes et sur les axes routiers, ils sont facilement repérables et très pratiques d'accès. On recense plus de 800 *Motel 6* dans tous les États-Unis. Mais attention, les tarifs changent d'un *Motel 6* à l'autre, en fonction de la situation géographique surtout. Ici, un *Motel 6* sera bon marché alors que, là, il pourra chatouiller la rubrique « Plus chic ». Depuis peu existent également les *Studio 6*, tout équipés, avec une cuisine, pour les séjours supérieurs à 4 nuits.

■ *Motel 6 :* réservations aux États-Unis, ☎ 1-800-4-MOTEL-6. Fax : 1-423-893-6482. • www.motel6.com •
■ *Econo-Lodge* n'est plus présenté en France. Toutefois, il existe un numéro de réservation gratuit pour les Français : ☎ 0800-12-12-12 ou 38-38-38. • www.econolodge.com •

Les *Bed & Breakfast*

Ils sont assez répandus et permettent de passer un séjour bien agréable dans d'anciennes demeures et dans un cadre familial. Leur capacité d'accueil est évidemment très limitée (de 2 à une petite dizaine de chambres grand maximum), c'est d'ailleurs ce qui fait une partie de leur charme. Les tarifs sont plus élevés, certes. Mais ils comprennent un bon petit déj' très copieux. En y regardant à deux fois, ça peut valoir le coup, comparé à un motel ou un hôtel où il faut rajouter le prix d'un petit déj'.

Bon à savoir

– *Pour se refaire une santé :* le jour où vous êtes très fatigué, offrez-vous une nuit dans un motel avec jacuzzi (bain chaud avec bulles), sauna et machines à laver le linge, à sécher... on s'en souvient encore !
– *Le téléphone :* téléphoner des hôtels coûte plus cher que d'une cabine ou d'un bureau. Dans la plupart des hôtels, à l'enregistrement *(check-in)*, une caution est demandée par la réception pour prévoir les éventuels appels donnés depuis les chambres. Cette caution peut être versée en liquide (10 ou 20 US$). Plus souvent, le réceptionniste prend l'empreinte de votre carte de paiement, par sécurité (au cas où vous partiriez sans payer vos communications). Si vous avez téléphoné de votre chambre, le montant des appels téléphoniques sera ensuite débité sur votre compte. Mais attention au cas suivant : vous avez payé avec un coupon *(voucher)*, vous avez laissé l'empreinte de votre carte de paiement mais vous n'avez pas téléphoné. Pensez alors, au moment de partir, à demander au réceptionniste qu'il déchire devant vous le papier avec l'empreinte. Car certains hôteliers (peu honnêtes ou peu rigoureux) peuvent l'utiliser pour débiter votre compte d'une somme ne correspondant à rien. Ça nous est arrivé une fois !
Les *Motel 6* vendent maintenant des cartes dotées d'un code. Ces cartes téléphoniques *Motel 6* sont vendues aux réceptions des hôtels de la chaîne.
– *Négocier :* n'hésitez jamais à demander un *discount*, surtout si l'hôtel n'est pas complet. Les Américains le réclament souvent et le patron, même s'il

refuse, ne vous cassera pas la tête à coups de pioche. On a encore plus de facilité à négocier après 21 h.
– *Le check-out time :* enfin faites attention au *check-out time, h*eure au-delà de laquelle vous devez payer une nuit supplémentaire si vous n'êtes pas encore parti. C'est généralement 12 h, parfois 11 h. Le check-out des *Bed and Breakfast* est presque toujours plus tôt.

Échange d'appartements

Des organismes vous permettent d'utiliser une formule de vacances originale, très pratiquée outre-Atlantique. Il s'agit pour ceux qui possèdent une maison, un appartement ou un studio d'échanger leur logement avec un adhérent de l'organisme du pays de leur choix, pendant la période des vacances. Cette formule permet de passer des vacances à l'étranger à moindres frais et intéresse plus spécialement les jeunes couples ayant des enfants. En échange d'une adhésion annuelle, on passe une annonce dans leurs catalogues (publication gratuite de la photo de l'appartement) et on peut consulter des propositions dans plus de 50 pays.

■ *Intervac :* 230, bd Voltaire, 75011 Paris. ☎ 01-43-70-21-22. Fax : 01-43-70-73-35. ● info@intervac.fr ● www.intervac.org ● M. : Boulets-Montreuil. Adhésion : 95 € (623 F) par an, comprenant une annonce valable un an sur Internet (avec photo), et sur l'un des 3 catalogues internationaux édités au cours de l'année. Le renouvellement d'une annonce au cours de la saison coûte 30 € (197 F).

■ *Homelink International :* 19, cours des Arts-et-Métiers, 13100 Aix-en-Provence. ☎ 04-42-27-14-14. Fax : 04-42-38-95-66. ● www.homelink.fr ● Adhésion : 130 € (853 F) par an, incluant une annonce à paraître dans l'un de leurs 3 catalogues internationaux édités de décembre à avril, ainsi que sur leur site Internet, accessible avec mot de passe aux adhérents internationaux.

Louer un appartement

Beaucoup d'universitaires partent pour les vacances et sous-louent leur appartement, pour une durée très variable, allant de 3 semaines à 3 mois ou plus. On trouve des annonces dans les universités avec la mention « Sublet ». Ne vous faites pas d'illusions, c'est cher mais, si vous êtes à plusieurs, cette formule peut être intéressante.
Autre formule avantageuse, les *room-mates* : on partage un appartement avec d'autres étudiants, et on obtient ainsi un loyer assez bas. Valable surtout en été. Permet de rencontrer des Américains.

HISTOIRE

Quelques dates

– *De 35000 à 1500 av. J.-C. :* premières migrations de populations d'origine asiatique à travers le détroit de Béring.
– *2640 av. J.-C. :* les astronomes chinois hsi et ho auraient descendu la côte américaine par le détroit de Béring.
– *1000-1002 :* Leif Eriksson, fils du Viking Érik le Rouge explore les côtes de Terre-Neuve et du Labrador, et atteint peut-être le Nord-Est des actuels États-Unis.
– *1492 :* découverte de l'Amérique par Christophe Colomb.
– *1524 :* découverte de la baie de New York par Giovanni da Verrazano.
– *1585 :* fondation d'une colonie anglaise sur l'île de Roanoke.

HISTOIRE

- *1607 :* fondation de Jamestown (Virginie) par le capitaine John Smith.
- *1613 :* découverte des chutes du Niagara par Samuel de Champlain.
- *1619 :* premiers esclaves noirs dans les plantations de Jamestown.
- *1620 :* le *Mayflower* débarque à Cape Cod avec 100 pèlerins qui fondent Plymouth (les Pères Pèlerins).
- *1636 :* création du collège harvard, près de Boston.
- *1647 :* Peter Stuyvesant, premier gouverneur de New York.
- *1650 :* légalisation de l'esclavage.
- *1692 :* chasse aux sorcières à Salem (Massachusetts).
- *1718 :* fondation de la Nouvelle-Orléans par Jean-Baptiste Le Moyne.
- *1776 :* adoption de la déclaration d'Indépendance le 4 juillet.
- *1784 :* New York élu provisoirement capitale des États Unis.
- *1789 :* George Washington désigné premier président des États-Unis.
- *1830 :* fondation de l'Église mormone par Joseph Smith à Fayette (État de New York).
- *1831 :* 2 millions d'esclaves aux États-Unis.
- *1843 :* invention de la machine à écrire.
- *1847 :* invention du jean par Levi Strauss.
- *1849 :* ruée vers l'or en Californie.
- *1857 :* invention de l'ascenseur à vapeur par E. G. Otis.
- *1861-1865 :* guerre de Sécession. En 1865, Abraham Lincoln proclame l'abolition de l'esclavage.
- *1867 :* les États-Unis achètent l'Alaska à la Russie.
- *1871 :* création du Yellowstone National Park.
- *1872 :* invention du chewing-gum par T. Adams.
- *1872 :* 1er brevet pour la télégraphie sans fil déposé par Mahlon Loomis.
- *1876 : Les Aventures de Tom Sawyer* de Mark Twain.
- *1876 :* invention du balai mécanique par M. R. Bissel.
- *1880 :* premier gratte-ciel en acier à Chicago.
- *1886 :* invention du Coca-Cola par J. Pemberton.
- *1886 :* la statue de la Liberté, de Frédéric Bartholdi, offerte aux États-Unis pour symboliser l'amitié franco-américaine à New York (une copie est érigée sur le pont de Grenelle à Paris).
- *1895 :* Sea Lion Park, premier parc d'attraction américain à Coney Island.
- *1903 :* fabrication du fameux Teddy Bear par Morris Michtom, surnom au départ donné à Theodore Roosevelt qui chassait l'ours dans le Mississippi et qui refusa de tuer un ours attaché à un arbre.
- *1906 :* séisme de San Francisco.
- *1911 :* 1er studio de cinéma à hollywood.
- *1913 :* construction à New York du Woolworth Building par Cass Gilbert (le plus élevé à l'époque).
- *1914 :* création de la Paramount.
- *1916 :* 1er magasin d'alimentation libre-service à Memphis, Tennessee.
- *1921 :* 1re Miss America.
- *1923 :* création de la *Warner Bros* par Harry M. Warner.
- *1924 :* Indian Citizenship Act : citoyenneté américaine des Indiens.
- *1925 :* Hoover est le premier président à utiliser la radio pour sa campagne électorale.
- *1927 :* création de l'Oscar du cinéma par Louis Mayer.
- *1928 :* Walt Disney crée le personnage de Mickey Mouse.
- *1929 :* construction du Royal Gorge Bridge, pont le plus haut du monde (321 m), au-dessus de l'Arkansas dans le Colorado.
- *1929 :* krach de Wall Street le 24 octobre.
- *1929 :* ouverture du MoMA à New York.
- *1930 :* 1er supermarché ouvert à Long Island.
- *1931 :* construction de l'Empire State Building à New York.

GÉNÉRALITÉS

- *1932 :* le New Deal instauré par Franklin Roosevelt pour remettre sur pied l'économie américaine.
- *1933 :* invention du Monopoly par Charles B. Darrow.
- *1936 :* l'athlète noir américain Jesse Owens remporte quatre médailles d'or aux JO de Berlin.
- *1937 :* 1er caddie (créé en 1934 par Raymond Josef) testé dans un magasin d'Oklahoma City.
- *1939 : La Chevauchée fantastique* de John Ford.
Autant en emporte le vent de Victor Fleming, Sam Wood et George Cukor.
- *1941 :* attaque japonaise à Pearl Harbor (Hawaii) le 7 décembre.
Déclaration de guerre des États-Unis au Japon le 8 décembre.
Déclaration de guerre de l'Allemagne et de l'Italie aux États-Unis le 11 décembre.
- *1944 :* débarquement allié en Normandie le 6 juin.
- *1945 :* bombes atomiques sur Hiroshima et Nagasaki les 6 et 9 août.
- *1946 :* début de la guerre froide. Winston Churchill parle du « rideau de Fer ».
- *1948 :* 1er fast-food créé par deux frères, Maurice et Richard MacDonald.
- *1949 :* naissance de l'OTAN à New York.
- *1950 :* début du maccarthysme, croisade anti-communiste par le sénateur McCarthy.
- *1951 :* construction du musée Guggenheim à New York par l'architecte Frank Lloyd Wright.
- *1952 :* début de l'Action Painting (ou expressionnisme abstrait) lancé par Rosenberg qui consiste à projeter des couleurs liquides (Pollock, De Kooning, Kline, Rothko).
- *1953 :* exécution des Rosenberg accusés d'espionnage.
- *1955 :* ouverture du parc d'attraction Disneyland en Californie.
- *1960 :* début du Pop Art lancé par Andy Warhol.
- *1962 :* décès de Marilyn Monroe le 5 août.
- *1963 :* « Ich bin ein Berliner », discours historique de Kennedy le 26 juin.
Assassinat de John Kennedy à Dallas le 22 novembre.
- *1964 :* début de la guerre du Vietnam.
- *1966 :* fondation des Black Panthers à Oakland par des amis de Malcom X.
- *1966 :* Black Power, expression lancée par Stockeley Carmichael, prônant le retour des Noirs en Afrique.
- *1968 :* assassinat de Martin Luther King le 4 avril.
Le 4 juin, Bob Kennedy, frère de John, meurt lui aussi assassiné.
- *1969 : Easy Rider* de Dennis hopper.
- *1969 :* premiers pas d'Amstrong sur la lune.
- *1969 :* mythique concert de Woodstock, dans l'État de New York.
- *1973 :* construction du World Trade Center (417 m) à New York.
- *1973 :* élections des premiers maires noirs à Los Angeles, Atlanta et Detroit.
- *1973 :* cessez-le-feu au Vietnam.
- *1973 :* insurrection indienne à Wounded Knee (Dakota).
- *1974 :* la crise du Watergate entraîne la démission de Richard Nixon.
- *1975 :* légalisation partielle de l'avortement.
- *1977 :* 1er vol commercial Paris-New York en Concorde.
- *1980 :* assassinat de John Lennon à New York.
- *1980 :* éruption du mont Saint-Helens (60 morts).
- *1981 :* attentat contre Reagan.
- *1982 :* courant Figuration Libre inspiré des graffitis, de la B.D. et du rock. Keith Haring en est l'un des plus célèbres représentants.
- *1984 :* la statue de la Liberté est inscrite sur la liste du patrimoine mondial de l'Unesco. Les JO de Los Angeles boycottés par les pays de l'Est.

HISTOIRE 71

– *1986* : la navette Challenger explose en direct.
– *1987* : création d'Act Up (mouvement d'action et de soutien en faveur des malades du sida).
– *1988* : gigantesque incendie au parc de Yellowstone. Un cinquième du parc est détruit.
– *1989* : séisme de magnitude 6,9 à San Francisco (55 morts).
– *1991* : 17 janvier-27 février, guerre du Golfe.
– *1992* : émeutes à Los Angeles (59 morts et 2 300 blessés).
Élection de Bill Clinton.
– *1993* : le 19 avril, 80 membres (dont 25 enfants) d'une secte millénariste, les Davidiens, périssent à Waco dans l'incendie de leur ferme assiégée depuis 51 jours par le FBI.
La même année, Toni Morrison est couronnée par le prix Nobel de littérature.
– *1994* : séisme à Los Angeles (51 morts).
– *1994* : signature de l'ALENA, accord de libre échange avec le Mexique et le Canada.
– *1994* : affaire Whitewater, enquête liée aux investissements immobiliers des Clinton.
– *1995* : le Sénat du Mississippi ratifie enfin le 13e Amendement de la constitution des États-Unis, mettant un terme à l'esclavage !
– *1995* : attentat d'Oklahoma City par des extrémistes de droite désorganisés (170 morts).
– *1996* : réélection de Bill Clinton.
– *1998* : début du Monicagate le 21 janvier.
– *1999* : en décembre, décès de Bill Bowerman, co-fondateur de la firme Nike, à l'âge de 88 ans. La légende raconte qu'il aurait créé la chaussure mythique dans sa cuisine avec... un moule à gaufres ! Si c'est pas ça, le rêve américain.
– *2000* : pendant l'été, de violents incendies ravagent 13 États de l'Ouest, du Nouveau-Mexique à la frontière canadienne.
– *2000* : George W. Bush remporte les élections présidentielles de novembre (grâce à la Cour suprême : 5 voix pour, 4 contre !).
– *2001* : le 11 septembre, les États-Unis sont victimes de la plus grave attaque terroriste de l'histoire mondiale. Quatre avions civils détournés et pilotés par des kamikazes s'écrasent sur les Twin Towers de New York, l'immeuble du Pentagone à Washington et le dernier près de Pittsburgh en Pennsylvanie avant d'avoir atteint son objectif. Le choc psychologique est mondial et le bilan très lourd : près de 4 000 morts et autant de blessés.

Le Nouveau Monde

Tout au bout de nos rêves d'enfant se trouve un pays, un pays dont on partage les clichés et les mythes avec le monde entier. Des bidonvilles asiatiques aux intellectuels occidentaux, en passant par les hommes d'affaires japonais et les apparatchiks de l'ex-Union soviétique, nous avons tous bien plus que « Quelque chose du Tennessee » en nous ! Certains s'élèvent contre un impérialisme culturel et/ou politique et en dénoncent les dangers. D'autres vont boire à ces sources qui leur inspirent des œuvres telles que *Paris, Texas* qui sont tellement américaines qu'elles ne peuvent être qu'européennes !
Cette fascination assez extraordinaire que nous éprouvons pour ce pays ne peut être expliquée seulement par sa puissance industrielle ou son dollar... Peut-être avons-nous tous, imprimé dans notre subconscient, ce désir, ce rêve d'un nouveau monde... La preuve, Mickey et les westerns ont fini par appartenir à notre culture. C'est un comble !

Le détroit de Béring

Les colons nommèrent les Indiens « Peaux-Rouges », non en raison de la couleur naturelle de leur peau (qui est d'ailleurs plutôt jaune), mais de la teinture rouge dont ils s'enduisaient en certaines occasions. Certains spécialistes placent les premières migrations en provenance d'Asie dès 50 000 av. J.-C., d'autres, plus nombreux, avancent la date 40 000, 30 000, 22 000 ans av. J.-C. Cette toute première vague d'immigration dura jusqu'au XIe ou X^e millénaire av. J.-C. Ces « pionniers » américains franchirent le détroit de Béring à pied sec car, à cette époque lointaine, les grandes glaces du Nord retenaient d'immenses masses d'eau, asséchant le détroit. Suivant la côte ouest, le long des Rocheuses, ces hordes d'hommes préhistoriques pénétrèrent peu à peu le Nord et le Sud du continent américain. La migration dura 25 000 ans puis, le climat se modifiant, le détroit de Béring fut submergé. La superficie de ce continent et les vastes étendues d'eau qui le séparent du reste du monde font que les Indiens, tant au Nord qu'au Sud, imaginèrent longtemps être seuls au monde.

Si au Mexique et en Amérique du Sud d'autres types de civilisations se sont développés, en Amérique du Nord – peut-être grâce à l'abondance des ressources du pays – les Indiens étaient, à quelques exceptions près, des nomades. Qui dit nomadisme dit évolution lente, car il a été constaté que, pour inventer et évoluer, l'homme doit non seulement être confronté à des obstacles, mais aussi être sédentaire (conservation et développement de l'acquis). En revanche, si, à l'arrivée des premiers colons, les Indiens furent une fois pour toutes catalogués de « sauvages » (il faut dire que les Indiens de la côte est avaient à peine dépassé le stade du néolithique), notre ignorance à leur sujet aujourd'hui, quoique moins profonde, demeure impressionnante.

Contrairement à une certaine imagerie populaire, il n'y a jamais eu de « nation indienne », mais une multitude de tribus réparties sur l'ensemble du territoire nord-américain. Le continent était si vaste qu'on estime qu'avant l'arrivée de l'homme blanc il y avait plus de mille langues indiennes, chacune étant inintelligible aux membres d'un autre groupe linguistique. Isolés les uns des autres, ils n'ont jamais mesuré l'étendue de leur diversité, mais commerçaient cependant activement. Des objets fabriqués dans le Mexique précolombien ont ainsi été mis au jour à travers tous les États-Unis. Depuis l'arrivée des Blancs, plus de 300 langues ont disparu. Aujourd'hui, le tagish ne serait connu que d'une seule personne...

Les modes de vie variaient selon les tribus, certaines sédentaires comme les Pueblos (baptisés ainsi par les Espagnols parce qu'ils habitaient dans des villages), mais la plupart vivaient de chasse, de pêche et de cueillette, se déplaçant au gré du gibier et des saisons. Quant à leur nombre avant l'arrivée de l'homme blanc, certains ethnologues avancent le chiffre de 10 à 12 millions de sujets ! D'autres, plus méfiants ou ayant plus mauvaise conscience, disent qu'ils étaient à peine 1 million.

La découverte

Leif Eriksson (le fils d'Érik le Rouge), un Viking, se lança dans l'exploration du Nouveau Monde. En 1003, avec un équipage de 35 hommes, il partit du Sud du Groenland, récemment colonisé, puis explora toute la côte atlantique du Canada : Terre de Baffin, Labrador, Terre-Neuve. Il passa l'hiver sur une île nommée Vinland, que la plupart des archéologues assimilent aujourd'hui à Terre-Neuve. Mais il en est certains pour affirmer qu'Erik et ses successeurs atteignirent l'actuelle Nouvelle-Angleterre. D'autres expéditions suivirent et il y eut des tentatives de colonisation, puis les Vikings rentrèrent chez eux, semble-t-il victimes des attaques indiennes. Ceci se passait plus de 400 ans avant que Christophe Colomb ne « découvre » l'Amérique ! À notre avis, son attaché de presse était plus efficace que celui des Vikings.

Colomb, lui, cherchait un raccourci pour les Indes. La plupart des hommes cultivés de son époque étant arrivés à la conclusion que la terre était ronde, il y avait donc forcément une autre route vers les trésors de l'Orient que celle de Vasco de Gama, même si paradoxalement elle se trouvait à l'ouest. D'origine génoise, Colomb vivait au Portugal, et c'est donc vers le roi Jean du Portugal qu'il se tourna pour financer son expédition. Le roi Jean n'était pas intéressé, et finalement c'est grâce à un moine espagnol, Perez, confesseur de la reine Isabelle d'Espagne (il est aujourd'hui question de la canoniser pour avoir rendu possible la christianisation des Amériques), que Colomb put approcher la reine et monter son expédition. Son bateau, la *Santa Maria*, partit ainsi que deux autres petites caravelles le 3 août 1492. La *Santa Maria*, lourde, peu maniable et lente, n'était pas le bateau idéal pour ce genre d'expédition... Mais deux mois plus tard, le 12 octobre 1492, Colomb débarquait, aux Bahamas sans doute, muni d'une lettre d'introduction... pour le Grand Khan de Chine! Tout le monde sait que les premiers habitants des États-Unis s'appellent « Indiens » parce que Christophe Colomb ne connaissait pas le *Guide du routard*. De vous à moi, il aurait pu se rendre compte rapidement de son erreur : l'Empire State Building ne ressemble guère à un temple hindou!

Les récits de la découverte de Colomb firent très vite le tour de l'Europe ; la grande vogue vers le Nouveau Monde était lancée. Plus importante que ce nouveau continent était l'idée de trouver un passage vers la Chine (le fameux « passage du Nord-Ouest »), et tous les géographes de l'époque étaient unanimes sur ce point : un tel passage devait exister! Le roi François Ier envoya Jacques Cartier qui, lui, fit trois voyages entre 1534 et 1541. Cartier remonta le Saint-Laurent jusqu'au Mont-Royal où des rapides arrêtèrent son entreprise, lesquels rapides furent d'ailleurs nommés Lachine, puisque la Chine devait être en amont! Puis Fernand de Magellan trouva un passage – le seul possible bien sûr à l'époque : celui du cap Horn – en 1520. Le malheur des Indiens et la colonisation de l'Amérique n'eurent pour origine que la volonté de trouver un autre accès plus facile vers l'Asie!

Les premières tentatives de colonisation

En 1513, Juan Ponce de Leon atteint la Floride, qu'il croit être une île ; le 7 mars 1524, le Florentin Giovanni da Verrazano, envoyé lui aussi par François Ier, débarque au Nouveau Monde – depuis peu baptisé *Amérique* en souvenir de l'explorateur et géographe Amerigo Vespucci – et promptement le rebaptise *Francesca* pour honorer sa patrie d'adoption et son maître. La Nouvelle-France (futur Canada) est née. De 1539 à 1543, Hernando de Soto découvre et explore des cours d'eau comme la Savannah, l'Alabama et le majestueux Mississippi, mais il est finalement vaincu par la jungle ; au même moment, Francisco Vasquez de Coronado part du Mexique, franchit le Rio Grande et parcourt l'Arizona. En même temps, la première tentative de christianisation par les moines de Santa Fe reçoit le salaire du martyre... Ils sont massacrés par les Indiens pueblos, et peu à peu le cœur n'y est plus. L'or, les richesses des civilisations sophistiquées qui pourraient dissiper les hésitations ne sont pas découverts, et les milliers de volontaires nécessaires à une véritable colonisation ne se manifestent pas. Et puis, finalement, pourquoi étendre encore un empire déjà si vaste, se dit la couronne espagnole ?

L'arrivée des Anglais

Le premier Anglais, John Cabot, n'est pas un Anglais d'origine mais un Génois habitant la ville de Bristol. Lui aussi est à la recherche d'un passage vers l'Orient en 1497 et fait de la navigation côtière. Faute de trouver ce fameux passage, il laissera son nom à la postérité avec la pratique du... cabotage! Son fils, Sébastien, pousse ses recherches jusqu'en Floride et au

Brésil. Puis, tout comme l'avaient fait les Vikings avant eux, les Anglais abandonnent de nouveau l'Amérique...

Pas pour longtemps : trois quarts de siècle passent, l'Angleterre est plus prospère, les querelles religieuses s'apaisent, et Élisabeth Ire est sur le trône depuis 1558. L'heure américaine a sonné. Martin Frobisher tente de contourner le Canada par le Nord pour le compte de la compagnie Cathay (toujours la route de la Chine !) et ramène quelques pauvres Indiens à Londres. Sir Humphrey Gilbert propose d'installer une colonie en Amérique qui fournirait, l'heure venue, les vivres aux marins en route pour la Chine. Élisabeth lui accorde une charte, mais la colonie ne se matérialise pas.

Une nouvelle charte est accordée, cette fois à son demi-frère sir Walter Raleigh. Celui-ci serait à l'origine de deux tentatives d'implantation. Il jette l'ancre près de l'île Roanoke et baptise la terre Virginia (Virginie) – le surnom de la reine Élisabeth : la Vierge –, mais après le premier hiver, les colons préfèrent rentrer en Angleterre. La seconde tentative aura lieu un an plus tard, et, le 8 mai 1587, 120 colons débarquent. Un événement marque cette deuxième tentative : la naissance sur le sol du Nouveau Monde – d'après le carnet de bord du bateau avant qu'il ne reprenne la mer – de la première « Américaine », une petite fille nommée Virginia Dare (nom lourd de sous-entendus, *dare* signifiant en anglais « ose » !). Mais c'est encore un échec, tragique cette fois-ci, car, quand le bateau revient en 1590, les colons ont disparu sans laisser de traces.

Malgré cette suite de tentatives infructueuses, le virus du Nouveau Monde s'empare de l'Angleterre, mais il faudra attendre le successeur d'Élisabeth, Jacques Ier, pour un véritable début de colonisation.

Le 26 avril 1607, après 4 mois de traversée, 144 hommes et femmes remontent la rivière James dans 3 navires et choisissent un lieu de mouillage qu'ils baptisent James-Town. C'est un aventurier-marchand de 27 ans, le capitaine John Smith, qui a combattu en Europe et sait maintenir une discipline (essentielle pour ne pas sombrer dans le désespoir), qui dirige les colons. Il s'enfonce dans le pays, fait des relevés topographiques... Le rôle d'un chef est primordial dans ce genre de situation, et l'anecdote suivante illustre bien à quel point. John Smith est capturé par les Indiens et il aura la vie sauve grâce à la fille du roi Powhatan, Pocahontas. Il comprend, ayant vécu avec cette tribu, que les colons ne survivront que par la culture du « blé indien » : le maïs. À son retour parmi les siens, et sur son ordre, les colons (très réticents car ils voulaient bien chasser, chercher de l'or ou faire du troc avec les indigènes, mais pas se transformer en agriculteurs) cultivent le maïs à partir de grains offerts par les Indiens. Le maïs contribuera pour beaucoup à la culture américaine, toutes époques confondues.

La Nouvelle-Angleterre

En 1620, une nouvelle colonie est fondée par les pèlerins – *Pilgrim Fathers* – arrivés sur le *Mayflower*. Ces immigrants protestants transitent par la Hollande, fuyant les persécutions religieuses en Angleterre. Ils aspirent à un christianisme plus pur, sans les concessions dues selon eux aux séquelles du papisme que l'Église anglicane charrie dans son organisation et ses rites. Ce sont au total 102 hommes et femmes avec 31 enfants qui arrivent à Cape Cod (cap de la Morue). Rien n'a préparé ces hommes à l'aventure américaine. Il faudrait pêcher, mais ils ne sont pas pêcheurs, de plus ils sont de piètres chasseurs et se défendent difficilement contre les Indiens qu'ils jugent sauvages et dangereux. Plus grave encore, voulant atteindre la Virginie et sa douceur, les voilà en Nouvelle-Angleterre, une région éloignée, avec un climat rude et une terre ingrate. La moitié d'entre eux meurt le premier hiver. Pourtant, l'année suivante, ils célèbrent le tout premier Thanksgiving – une journée d'action de grâces et de remerciements – symbolisé par la dégustation d'une dinde sauvage. Ces immigrants austères et puritains incarnent encore dans l'Amérique d'aujourd'hui une certaine aristocratie, et nombreux sont ceux qui se réclament – ou voudraient bien se réclamer ! – d'un aïeul venu sur le *Mayflower* ! La ténacité, la volonté farouche et une implication religieuse proche de l'hystérie (voir l'épisode de la chasse aux sorcières à Salem en 1692, pour ne citer que la plus célèbre illustration de leur fanatisme religieux) vont garantir le succès de cette nouvelle colonie qui compte déjà 20 000 âmes en 1660 !

La différence essentielle entre ces deux premières colonies est que celle de la Virginie est une colonie de rapport alors que celle de la Nouvelle-Angleterre est un « havre » spirituel.

Les Français et le Nouveau Monde

C'est grâce à René-Robert Cavelier de La Salle, un explorateur français né à Rouen en 1643, que la France eut elle aussi pendant une courte période une part du « gâteau » nord-américain. Après avoir obtenu une concession en amont de Montréal, au Canada, et appris plusieurs langues indiennes, il partit explorer tour à tour les Grands Lacs, puis descendit le Mississippi jusqu'au golfe du Mexique. Il prit possession de ces nouvelles contrées pour la France et tenta d'y implanter une colonie en 1684. Cavelier de La Salle périt assassiné au Texas en 1687 par l'un de ses compagnons d'infortune. En l'honneur du roi Louis XIV, cette terre prit le nom de Louisiane.

Cette nouvelle colonie s'avéra être une catastrophe financière, et il y sévissait en outre un climat très malsain. La couronne française céda la concession à Antoine Crozat qui ne la trouva pas plus rentable, et qui à son tour vendit ses parts à un Écossais que l'histoire de France a bien connu puisqu'il s'agit de John Law, contrôleur général des Finances en France sous Louis XV, inventeur probable du crédit, du papier-monnaie... et de la banqueroute !

Grâce à l'aide de la Banque Générale en France, il fonda en août 1717 la Compagnie de la Louisiane. Le succès fut fulgurant mais de courte durée. Devant la montée spectaculaire des actions, beaucoup prirent peur et l'inévitable krach s'ensuivit, probablement le premier de l'histoire de la finance. John Law quitta la France secrètement et mourut à Venise quelques années plus tard, le 21 mars 1729. La ville de La Nouvelle-Orléans fut fondée en 1717 par Jean-Baptiste Le Moyne de Bienville, le frère du gouverneur Pierre Le Moyne d'Iberville. Un premier lot de 500 esclaves noirs fut importé en 1718 et la culture du coton commença en 1740. Puis, par un traité secret, une partie de la Louisiane fut cédée aux Espagnols en 1762, et l'autre aux Britanniques ! Les 5 552 colons français de la Louisiane de l'époque ne goûtèrent guère ce tour de passe-passe, mais dans l'ensemble, le règne dit « espagnol » fut calme et prospère. C'est d'ailleurs à ce moment que les exilés d'Acadie, persécutés par les Anglais devenus maîtres du territoire, arrivèrent en Louisiane (lors d'un épisode appelé le « Grand dérangement »). Après une nouvelle distribution des cartes politiques, la Louisiane « espagnole » redevint française en 1800. À peine le temps de dire ouf, et Napoléon – à court d'argent pour combattre l'ennemi héréditaire – revendit la colonie aux États-Unis le 30 avril 1803.

La Louisiane est très fière de ses origines françaises. Et c'est bien cet esprit « vieille Europe » qui différencia le Sud du reste des États-Unis, et qui fut à l'origine de la guerre de Sécession. D'un côté, la Confédération voulait continuer son bout de chemin sans ingérence du Nord dans ses affaires, et de l'autre côté, l'Union rêvait de devenir une grande puissance, ambition qui passait aussi par la mainmise sur les richesses du Sud et une unité d'esprit de l'ensemble du pays.

William Penn et les quakers

La plus sympathique implantation de l'homme blanc en Amérique fut sans conteste celle des quakers. Avec son principe de non-violence, son refus du pouvoir des églises quel qu'il soit, et son doute quant à la nécessité des prêtres en tant qu'intermédiaires entre l'homme et Dieu, le quaker est appelé à une liberté radicale, irrépressible puisqu'elle se fonde sur Dieu lui-même. George Fox, qui fut à l'origine de ces thèses révolutionnaires et subversives, naquit en 1624. « Songez qu'en vous il y a quelque chose de Dieu ; et ce quelque chose existant en chacun le rend digne du plus grand respect, qu'il soit croyant ou pas. » Pour mieux mesurer l'extravagance de cette déclaration de George Fox, il faut se souvenir qu'à cette époque l'Inquisition espagnole battait son plein. *Quakers* signifie « trembleurs » (devant Dieu), et ce surnom leur fut donné par moquerie, leur véritable appellation étant *Society of Friends* (Société des Amis).

Hormis le célèbre paquet de céréales, c'est surtout le nom de William Penn qui vient immédiatement à l'esprit dès qu'on prononce le mot « quaker » (les deux sont d'ailleurs liés car l'emblème de la marque est effectivement un portrait de Penn, la compagnie – à sa fondation, en 1901 – ayant choisi ce créneau de marketing pour souligner la pureté de ses produits ! Cela dit, cette compagnie n'avait rien à voir avec la Société des Amis, et un procès fut intenté contre eux en 1915 par les vrais quakers, sans succès).

William Penn, né en 1645, était un fils de grande famille extrêmement aisée, avec moult propriétés en Irlande comme en Angleterre. À l'âge de 13 ans, il rencontre pour la première fois celui qui allait marquer sa vie, Thomas Loe, quaker et très brillant prédicateur. L'influence quaker indispose sa famille qui le reniera un temps. Quittant rubans, plumes et dentelles, William ne conserve de sa tenue de gentilhomme que l'épée qu'il déposera aussi par la suite, soulignant ainsi publiquement son refus de la violence et son vœu d'égalité entre les hommes. À partir de 1668, ses vrais ennuis vont commencer ; il a alors 24 ans. De prisons (la tour de Londres, entre autres) en persécutions, Penn publiera rien moins que 140 livres et brochures, plus de 2 000 lettres et documents. *Sans croix, point de couronne*, publié en 1669, sera un classique de la littérature anglaise. À la mort de son père, Penn devient lord Shanagarry et se retrouve à la tête d'une fortune considérable. Il met aussitôt sa richesse au service de ses frères. Les quakers avaient déjà tourné leurs regards vers le Nouveau Monde afin de fuir la persécution, mais les puritains de la Nouvelle-Angleterre ressentent la présence des quakers sur leur territoire comme une invasion intolérable. Des lois anti-quakers sont votées. En 1680, après avoir visité le Nouveau Monde, William Penn obtient du roi Charles II (en remboursement des sommes considérables que l'État devait à son père) le droit de fonder une nouvelle colonie sur un vaste territoire qui allait devenir la Pennsylvanie (« forêt de Penn », une terre presque aussi grande que l'Angleterre).

Les Indiens qui occupent cette nouvelle colonie se nomment les Lenni Lenape (ou Delaware), ils parlent l'algonquin et sont des semi-nomades. Penn et les quakers vont établir avec eux des relations d'amour fraternel, et le nom de leur capitale, Philadelphie, fut choisi pour ce qu'il signifie en grec (« ville de la fraternité »). Penn apprendra leur langue ainsi que d'autres dialectes indiens. Dans sa maison de Pennsbury Park, il y avait souvent une foule étrange : les Indiens arrivaient par dizaines, voire parfois par centaines ! Les portes de la maison leur étaient grandes ouvertes. Le fait qu'ils étaient peints et armés n'effrayait personne. Ils réglaient les questions d'intérêts communs avec Onas, c'est-à-dire avec Penn (*onas* veut dire « plume » en algonquin, *penn* signifiant « plume » en anglais). La non-violence étant l'une des pierres d'angle des principes quakers, les Indiens auraient pu massacrer toute la colonie en un clin d'œil. Mais tant que les principes quakers ont dominé, les deux communautés ont vécu en parfaite harmonie.

Les anecdotes sur les rapports entre les quakers et les Indiens sont nombreuses et c'est certainement aussi « l'esprit » des deux communautés qui les a rapprochées. Car si d'un côté les Indiens étaient très primitifs matériellement parlant, leur art de vivre et leur spiritualité étaient très raffinés. Une histoire illustre bien ce point. Un jour, des Indiens féroces firent irruption dans une réunion de la Société des Amis (les quakers se réunissent – sans prêtre, bien sûr – pour se recueillir ensemble devant Dieu). Les Indiens étaient armés et prêts à massacrer tous ceux qui bougeraient. Impressionnés, mais aussi mesurant le recueillement et la non-violence de ces gens, les Indiens s'assirent et assistèrent au service. À la fin de la réunion, le chef tira une plume blanche d'une de ses flèches et l'accrocha au-dessus de la porte afin de faire savoir à tous les Indiens que ce lieu abritait des amis.

La « Boston Tea Party » et l'indépendance

Dès 1763, une crise se dessine entre l'Angleterre et les nouvelles colonies qui sont de plus en plus prospères. Son aboutissement allait être l'indépendance. Le 16 décembre 1773, après une série très impopulaire de taxes et de mesures imposées par la Couronne et une nette montée nationaliste, se produisit ce qu'on appelle la « Boston Tea Party ». Des colons, déguisés en Indiens, montèrent sur trois navires anglais dans le port de Boston, et jetèrent par-dessus bord leur cargaison de thé.
Au-delà de la péripétie, l'événement fera date. En effet, le recours aux armes se fera en 1775 et, le 4 juillet 1776, la déclaration d'Indépendance rédigée par Thomas Jefferson est votée par les 13 colonies. Le fondement de la Déclaration est la philosophie des droits naturels qui explique que Dieu a créé un ordre, dit naturel, et que, grâce à la raison dont il est doué, tout homme peut en découvrir les principes. De plus, tous les hommes sont libres et égaux devant ses lois. En 1778, les Français signent deux traités d'alliance avec les « rebelles » ; en 1779, l'Espagne entre en guerre contre l'Angleterre. Mais il faudra attendre le 3 septembre 1783 pour la signature d'un traité de paix entre l'Angleterre et les États-Unis, qui sera conclu à Paris. Les États-Unis par la suite s'étendent et les Indiens sont rejetés de plus en plus vers les terres désertiques de l'Ouest, tandis que la France vend la Louisiane et qu'un nouveau conflit se dessine : la guerre civile.

L'esclavagisme et la guerre de Sécession

Durant plus de trois siècles, le Noir américain fut tour à tour esclave, métayer, domestique, chansonnier, et amuseur public. Il a donné à cette jeune nation beaucoup plus qu'il n'a jamais reçu, lui qui fut un immigrant forcé.
L'idée même de l'esclavagisme remonte à la nuit des temps, et même les Grecs les plus humanistes, durant l'âge d'or de leur civilisation, n'ont jamais douté du fait que l'humanité se divisait naturellement en deux catégories : ceux qui devaient assumer les tâches lourdes afin que l'élite puisse cultiver les arts, la littérature et la philosophie. L'aspect immoral qu'est la vente d'un homme ne fut pas la vraie raison de la guerre de Sécession, contrairement à une certaine imagerie populaire. Abraham Lincoln n'avait que peu de sympathie pour la « cause noire », la libération des esclaves ne s'inscrivant alors que dans le cadre du combat contre le Sud. Il déclara à ce sujet : « Mon objectif essentiel dans ce conflit est de sauver l'Union... Si je pouvais sauver l'Union sans libérer aucun esclave, je le ferais... » L'histoire a évidemment oublié cette phrase. D'ailleurs, ce n'était pas si difficile pour les Nordistes d'être contre l'esclavage : ils n'avaient que 18 esclaves contre 4 millions dans le Sud !
Les Sudistes portent l'uniforme gris tandis que ceux des Nordistes sont bleus. Bien qu'ils soutiennent les Noirs, les Nordistes n'hésiteront pas à massacrer les Indiens. Tout ça pour dire que les Bleus n'étaient pas si blancs et les Gris pas vraiment noirs.

Pour plus de justesse, cette guerre civile devrait être présentée comme une guerre culturelle, un affrontement entre deux types de société. L'une – celle du Sud –, aristocratique, fondée sur l'argent « facile », très latine dans ses racines françaises et espagnoles, était une société très typée avec une identité forte, très attachée à sa terre. L'autre – celle du Nord –, laborieuse, austère, puritaine, extrêmement mobile, se déplaçait au gré des possibilités d'emploi, avec des rêves de grandeur nationale, mais dépourvue de ce sentiment d'appartenir profondément à « sa » terre.

Ce grave conflit fut l'accident le plus grave dans l'histoire de l'Amérique et continue d'être un traumatisme national. Ses origines peuvent s'analyser rationnellement, mais son déclenchement relève de l'irrationnel.

Le détonateur fut l'élection de Lincoln. Le conflit dura de 1861 à 1865, faisant en tout 630 000 morts et 400 000 blessés. Ce fut aussi la première guerre « moderne » – mettant aux prises des navires cuirassés, des fusils à répétition, des mitrailleuses et des ébauches de sous-marins. Deux profonds changements dans la société américaine sont issus de cette guerre civile : le premier est l'abolition de l'esclavage le 18 décembre 1865, et le second sera la volonté de l'Union de symboliser et de garantir désormais une forme de démocratie. Lincoln en sort grandi, devient un héros national, et son assassinat le 14 avril 1865 par John Wilkes Booth – un acteur qui veut par son geste venger le Sud – le « canonise » dans son rôle de « père de la nation américaine ».

Il reste que presque 150 ans plus tard, les Noirs américains et les *Natives*, c'est-à-dire les Indiens, sont toujours en marge du « grand rêve américain ». La drogue, les ghettos, le manque d'éducation, la misère sont leur lot quotidien ; et il y a peu d'exceptions qui confirment cette règle qui hante et culpabilise maintenant « l'autre Amérique ».

L'immigration massive

L'appel du Nouveau Monde à travers tout le XIXe siècle et le début du XXe attira des immigrants en provenance du monde entier, mais principalement d'Europe. En 1790, on pouvait compter 4 millions d'habitants, puis en 1860, 31 millions, mais entre 1865 et 1914 la population va tripler pour atteindre les 95 millions. Il y a autant de raisons historiques pour cette vaste immigration que de peuples et de pays concernés. Mais c'est toujours la persécution – religieuse ou politique – et la misère qui furent les facteurs principaux de cette immigration, qu'elle soit juive, russe, d'Europe centrale, italienne ou allemande. En 1973, quand le jeu des mariages interraciaux était moins prononcé, la mosaïque ethnique était la suivante : 88 % de Blancs, 10,5 % de Noirs et 1,5 % de *Natives* (Indiens autochtones) et de Jaunes. Les souches d'origine étaient les suivantes : 22 millions de Noirs, 15 millions de descendance britannique, 7 millions d'Allemands, 5,5 millions d'Italiens, 4,4 millions d'Austro-Hongrois, 3,4 millions de Russes, 2,5 millions de Scandinaves, puis plus ou moins 1 million de Polonais, 300 000 Japonais et 250 000 Chinois.

Aujourd'hui, on peut encore trouver des « bastions » comme la *Bible belt* – la ceinture biblique – qui s'étend à travers le centre des États-Unis et est essentiellement germano-britannique de confession protestante, ou des petites minorités pures et dures qui « annexent » des quartiers précis dans les grandes métropoles. Mais, de plus en plus, l'arbre généalogique des Américains devient un kaléidoscope ethnique complexe. Et il est probable que, dans un avenir relativement proche, naîtra de ce melting-pot une nouvelle « race » unique dans l'histoire de l'homme. Au fait, l'expression « melting-pot » est à l'origine le titre d'une pièce de théâtre d'Israel Zangwill, juif anglais n'ayant jamais vécu aux États-Unis. Compagnon de Theodor Herzl, le grand leader sioniste, il était chargé au sein de l'organisation de trouver un territoire autonome pour les juifs. Pour séduire les dirigeants américains, il écrivit un mélodrame flattant leurs bons sentiments. On y voit une bonne Irlandaise antisémite et deux amoureux issus sans le savoir de la même ville en Russie, mais de chaque côté de la barrière. Le héros est un survivant du pogrom que le père de l'héroïne (vous suivez toujours...?), un officier russe, a lui-même organisé. Ces Roméo et Juliette du Nouveau Monde se retrouvent aux États-Unis dans l'amour et dans la dévotion à l'égard du rêve américain et de la constitution.

L'arrivée dans le club des Grands

Dès le lendemain de la guerre 1914-1918, la suprématie de la Grande-Bretagne est en déclin, et les États-Unis sont désormais présents sur l'échiquier mondial. Une image précise de cette ascension vers la puissance se dégage quand on observe les dates d'un certain nombre d'inventions. 1831 : mise au point de la moissonneuse McCormick ; 1835 : invention du revolver à barillet (Samuel Colt) ; 1843 : invention de la machine à écrire ; 1844 : invention du télégraphe (Morse) ; 1874 : invention du fil de fer barbelé ; 1876 : invention du téléphone (Graham Bell) ; 1878 : invention de la lampe à incandescence et du phonographe (Thomas Edison), etc. Puis, la fin de la Première Guerre mondiale engendra un état d'esprit proche de l'hystérie, certainement en exutoire des horreurs vécues.

En 1919, l'alcool est prohibé par le 18e amendement à la Constitution. La fabrication, la vente et le transport des boissons alcoolisées sont alors interdits. La corruption est inévitable : règlements de compte, trafics d'alcool, insécurité, prostitution. La prohibition fait mal au puritanisme américain. Roosevelt, dès son élection en 1933, fait abolir l'amendement, soucieux de donner un nouvel élan au pays.

Les années 1920 furent donc... les années folles. Pendant que les intellectuels américains se produisaient dans les bars parisiens, la spéculation boursière s'envolait, et l'Amérique dansait sur la nouvelle musique qui allait ouvrir la voie à d'autres musiques populaires : le jazz. Les femmes, grâce aux efforts des suffragettes, obtiennent le droit de vote. Mais cette grande euphorie se termine tragiquement en octobre 1929 avec le krach de Wall Street. Le monde fut choqué par les images d'hommes d'affaires ruinés sautant par les fenêtres des gratte-ciel, ou les concours de danse-marathon (les participants dansaient jusqu'à épuisement pour une poignée de dollars), fait illustré par le film admirable *On achève bien les chevaux*...

Cette époque fut aussi très noire pour les petits exploitants agricoles durant le « Dust Bowl » : ils durent quitter leurs terres par milliers, fuyant la sécheresse associée à l'effondrement de l'économie. L'auteur-compositeur-interprète Woody Guthrie nous en laissa des témoignages discographiques poignants. Devenu clochard *(hobo)* par la force des circonstances, il passa la Grande Dépression à voyager clandestinement sur les longs et lents trains qui sillonnent les États-Unis en compagnie de sa guitare, narrant le quotidien des gens à cette période. Porté vers la renommée par le climat social autant que par son talent, il fut le porte-parole de l'Amérique paysanne. Activiste politique d'extrême-gauche (communiste bien que le parti refusât son adhésion car il était aussi profondément croyant), il ne fut guère apprécié du gouvernement américain car la peur du « Rouge » pointait déjà son nez. Guthrie fut le père de la folksong et inspira le mouvement contestataire et le renouveau folk des années 1960 (il était, entre autres, l'idole de Dylan).

McCarthy et les listes noires

Le « New Deal » de Franklin D. Roosevelt fut – dans le contexte malheureux de la Seconde Guerre mondiale – le remède qui guérit l'économie des États-Unis, et une ère de prospérité s'ouvrit avec la paix. Les années 1950 furent aussi celles de Joseph McCarthy et de ses listes noires. Le communisme représentait l'antithèse de l'esprit de libre entreprise et des valeurs fondamentales américaines. L'Amérique craignait d'autant plus le communisme que les intellectuels de l'époque étaient fascinés par cette doctrine qui semblait humaniste et généreuse. Les listes noires frappèrent essentiellement le milieu du cinéma et instaurèrent un climat de peur et de malveillance. Le grand Cecil B. De Mille fut, entre autres, un grand délateur, ainsi qu'Élia Kazan, l'auteur de *Sur les quais*, *Viva Zapata* et *L'Arrangement*. Des réalisateurs comme Jules Dassin, Joseph Losey ou John Berry, décidèrent d'émigrer en Europe.

La ségrégation

Les barrières de la ségrégation commencent officiellement à s'estomper dès 1953, date à laquelle la Cour Suprême décide de mettre fin à la ségrégation au sein du système scolaire, mais cette décision n'empêche pas de nombreuses autres mesures discriminatoires de s'appliquer, notamment dans les États du Sud. Martin Luther King, pasteur à Montgomery (Alabama), lança en 1955 le boycottage des autobus de cette ville sudiste, à la suite de l'arrestation d'une femme noire qui avait refusé de céder sa place dans le bus à un passager blanc. Le courage de Martin Luther King eut un retentissement international. Fin 1958, une nouvelle décision de la Cour Suprême donna raison au mouvement anti-ségrégationniste, interdisant toute discrimination dans les transports publics. Le mouvement des droits civiques, organisé autour de Martin Luther King, malgré la concurrence de groupes plus radicaux, resta fidèle à la non-violence. Un an après la marche historique sur Washington, le 28 août 1963, le Prix Nobel de la Paix décerné à Martin Luther King, récompensait la cause noire. Une prise de conscience nationale prenait forme. L'assassinat de Martin Luther King, le 4 avril 1968 à Memphis, n'arrêta pas le mouvement. Le chanteur blanc Pete Seeger – disciple de Guthrie – fit beaucoup pour la cause noire en chantant des comptines pleines d'humour dénonçant la ségrégation.

Le mal de vivre

La « beat generation » apparaît autour de 1960. À sa tête, on trouve des écrivains tels que Jack Kerouac et des poètes comme Allen Ginsberg. D'origine québécoise, issu d'ancêtres bretons, élevé à Lowell (Massachusetts), Kerouac s'appelle Jean-Louis Lebris de Kerouac et sa langue maternelle est le français tel qu'il est parlé au Québec. Sa famille l'appelait Ti-Jean. Insurgée, éprise de liberté, détachée des biens matériels, la beat generation prit la route à la recherche d'un mode de vie alternatif. L'opulence de la société liée à un cortège d'injustices avait créé, chez les jeunes, un refus du monde dit « adulte ».

Pendant que les premiers beatniks rêvaient de refaire un monde plus juste en écoutant les héritiers de Woody Guthrie (Joan Baez et Bob Dylan), le rock'n'roll avait déjà pris ses marques. Il fit irruption dès 1956 dans la musique populaire avec Elvis Presley. Lui aussi se voulait le symbole d'une révolte, mais très différente de celle des beatniks. Le rock'n'roll exprimait certes un refus des valeurs institutionnelles, mais sans offrir de solutions, se contentant de condamner le monde adulte.

C'est James Dean, dans *Rebel Without A Cause* (chez nous *La Fureur de vivre*, un beau contresens), qui exprima peut-être le mieux le malaise de l'ensemble de la jeunesse. Jimmy Dean devint, après sa mort violente et prématurée, l'incarnation même du fantasme adolescent de « faire un beau cadavre » plutôt que de mal vieillir, c'est-à-dire le refus des compromis immoraux de la société.

HISTOIRE

Les années 1960 marqueront aussi l'apparition de la musique noire enfin chantée par des Noirs dans ce qu'on peut appeler le « Top blanc ». Auparavant, il y avait des radios « noires » et des radios « blanches », et les succès « noirs » ne traversaient la frontière culturelle que quand des chanteurs blancs reprenaient à leur compte ces chansons. Une anecdote illustre bien les quiproquos qui en résultaient : Chuck Berry se vit refuser l'entrée d'une salle où il devait donner un concert. L'organisateur du concert ne s'était pas imaginé une seconde que les chansons décrivant si bien la jeunesse américaine pouvaient avoir été écrites et chantées par un Noir. Le concert eut lieu sans lui, avec un orchestre blanc (inconnu) jouant et chantant ses chansons! Il est intéressant de noter que Presley doit une partie de son succès au fait qu'il était un Blanc chantant avec une voix « noire », et Chuck Berry a franchi le premier la barrière Noir/Blanc du Top parce qu'il puisait dans la culture blanche country et western.

Il est bon de signaler que, en gros, la C & W – de loin la musique la plus populaire encore aujourd'hui – trouve ses racines dans les chansons traditionnelles d'Europe, notamment d'Irlande. Chantée avec un accompagnement à la guitare, ce sont la nostalgie de la conquête de l'Ouest et un esprit très « feu de camp » qui la caractérisent. D'ailleurs, dans le Far West, les cow-boys irlandais étaient particulièrement prisés car ils chantaient la nuit en montant la garde près des troupeaux, et ça calmait les vaches!

Les années 1960 furent presque partout dans le monde des années de contestation. L'assassinat du président John F. Kennedy à Dallas, en 1963, marqua la fin d'une vision saine, jeune et dynamique de la politique pour un aperçu bien plus machiavélique du pouvoir. La mort suspecte de Marilyn Monroe ne fit qu'amplifier cette perception. Poupée fragile, meurtrie par sa propre image, elle eut le tort d'être la maîtresse cachée d'un président consommateur de femmes dans un pays puritain. « Who killed Norma Jean ? » (Norma Jean était le vrai nom de Marylin), telle fut la question que chanta Peter Seeger, qui au fond n'avait plus rien à perdre : n'était-il pas sur la liste noire de McCarthy ?

Les beatniks laissèrent la place aux hippies, et le refus du monde politique fut concrétisé par le grand retour à la campagne afin de s'extraire d'une société dont les principes devenaient trop contestables. Tout le monde rêva d'aller à San Francisco avec des fleurs plein les cheveux et, en attendant, les appelés brûlaient leur convocation militaire pour le Vietnam.

L'échec américain dans la guerre du Vietnam fut aussi l'une des conséquences de cette prise de conscience politique de la jeunesse. La soif de « pureté » et de grands sentiments eut sa part dans la chute de Richard Nixon qui, en somme, n'avait fait que tenter de couvrir ses subordonnés dans une affaire de tables d'écoute – la plupart des hommes politiques français ont agi de même sans jamais avoir été inquiétés. Le président Jimmy Carter fut l'incarnation de la naïveté et du laxisme... notamment au Moyen-Orient au moment de l'affaire des otages. L'Amérique montrait alors au monde le visage d'une nation victime de ses contradictions, affaiblie par sa propre opinion publique, et en pleine récession économique.

Les années 1980 marquèrent un profond renouveau dans l'esprit américain. L'élection de l'acteur (Ronald Reagan) à la place du clown (Carter), comme le prônaient les slogans, redonna au pays l'image du profil « cow-boy ». De nouvelles lois sur les taxes eurent pour effet d'élargir le fossé entre les pauvres et les riches. Superficiellement, la récession se résorba et l'industrie fut relancée. Mais, plus présente que jamais, reste l'Amérique des perdants, avec un nombre scandaleux de sans-domicile-fixe vivant en dessous du seuil de pauvreté mondial, dans un pays manquant de préoccupations sociales. L'« Autre Amérique », en harmonie avec Reagan, est devenue obsédée par l'aérobic et la santé. L'apparition du sida marqua la fin des années de liberté sexuelle et cette maladie fut brandie comme l'ultime châtiment divin envers une société qui avait perdu ses valeurs traditionnelles.

GÉNÉRALITÉS

Ordre mondial et désordre national

La guerre du Golfe, censée juguler la récession, n'a fait que l'aggraver. Et en jouant au petit marionnettiste (avec « l'épouvantail » Saddam Hussein), Bush n'a pas l'air de s'attendre à un retour de bâton ! Avant tout préoccupée par son image extérieure (« gardons le leadership mondial ! ») et par sa stratégie de « nouvel » ordre mondial (les États-Unis jouant évidemment le rôle des Starsky et Hutch interplanétaires), l'administration républicaine en oublie les électeurs de son pays... Comment peut-on prôner la démocratie dans le tiers monde tout en négligeant son propre « quart-monde » ?
Car, pendant que les soldats américains interviennent en Irak, les conditions de vie aux États-Unis continuent à se détériorer : chômage galopant, aides sociales supprimées, violence accrue, propagation des drogues dures et du sida, etc. Un an après le relatif triomphe des Alliés au Moyen-Orient, le territoire américain est lui-même sujet à la violence. Les émeutes de Los Angeles (et d'ailleurs) révèlent au monde entier, mais surtout aux Américains eux-mêmes (étaient-ils donc aveugles ?), le fiasco total des Républicains, dont la politique s'avère pour le moins réactionnaire, égoïste et cynique. Le peuple américain, déçu, sanctionne Bush comme il se doit aux présidentielles de novembre 1992.
Le démocrate Bill Clinton, héros de ce suffrage, est à l'opposé de tout ce que pouvaient représenter Reagan et Bush : jeune, proche des petites gens, il incarne dans la vague démocrate cette génération du Vietnam soucieuse d'écologie qui se veut pacifiste et qui, à tous les niveaux et échelons politiques et sociaux, tend à donner plus de responsabilités aux femmes et aux représentants des minorités ethniques ; en un mot, une nouvelle race de président. Après huit années de présidence, le bilan est mitigé et, à l'instar de ses prédécesseurs, Clinton n'a su faire face aux attentes des Américains. Élu en 1992 selon un programme axé sur une relance de l'économie, il a finalement masqué son incapacité à mener à bien sa politique intérieure en privilégiant une politique extérieure tous azimuts, en Bosnie, en Israël, en Irak, en Afrique, etc. Ce qui ne l'a d'ailleurs pas empêché d'être réélu en novembre 1996 et de ne faire qu'une bouchée de son rival Bob Dole, leader de la majorité républicaine au sénat et symbole d'un retour aux années Reagan. Clinton-défenseur du monde, voilà l'image que l'opinion publique retiendra de ses deux mandats, en partie ternis par le Monicagate. Les rebondissements de cette grotesque histoire de fesses ont fini par lasser l'opinion publique américaine, pourtant d'un puritanisme exacerbé. Après tout, un président, c'est quand même un homme, avec ses faiblesses. *Exit*, Hugh Grant... Clinton détient dorénavant la palme de la petite gâterie la plus médiatisée du siècle. Sacré Bill !

Bush-Gore : coude à coude historique

L'élection présidentielle de novembre 2000 ne présentait à priori que peu d'intérêt aux yeux des Américains. Entre Al Gore, vice-président sortant, un peu raide dans sa veste de technocrate et un peu pâle après la double présidence fantasque de Bill Clinton, et George W. Bush, texan bon teint, ami des pétroliers et fils à son papa notoire, les électeurs ont longtemps hésité entre bonnet blanc et blanc bonnet. La campagne avait singulièrement manqué de sel au point de ne plus parvenir à distinguer les deux programmes. Les sondages annonçaient un scrutin serré, mais on ne se doutait pas à quel point celui-ci allait marquer l'histoire politique américaine...
En fait, c'est un troisième larron, l'avocat consumériste Ralph Nader qui a faussé la donne : en récoltant 3 % des suffrages – qui à défaut seraient tombés dans l'escarcelle d'Al Gore – celui-ci a privé le démocrate d'une victoire assez nette pour se mettre hors de portée du candidat républicain.

Si le soir des élections, au total des voix exprimées sur tout le territoire, Al Gore l'emportait sans conteste, les projections des instituts de sondage basées sur l'attribution des mandats des grands électeurs ont d'abord donné Bush vainqueur. Ses partisans étaient déjà en train de faire la nouba, lorsque les informations venant de Floride ont amené Gore à y contester les résultats. Début d'une incroyable saga, feuilleton à épisodes inédit dans l'histoire des États-Unis. Dans cet État, dont le gouverneur n'est autre que le frère de Bush *himself* et dont les mandats des 25 grands électeurs étaient déterminants pour désigner le vainqueur, la différence d'à peine 1 000 voix sur 6 millions de votants a conduit le candidat démocrate à introduire un chapelet de recours pour refaire le décompte des bulletins, d'autant que quelques irrégularités notoires entachaient le déroulement du scrutin : urnes bizarrement disparues puis retrouvées et surtout dans le comté de Palm Beach (aux dessous peu reluisants comme l'on sait) des bulletins de vote suffisamment confus pour induire en erreur les électeurs démocrates qui, malgré eux, ont donné leurs voix au candidat d'extrême droite Pat Buchanan.

Débarquent alors dans le *Sunshine State* une armada d'avocats des deux camps, chargés d'utiliser toutes les ficelles de la jurisprudence américaine pour faire le siège des différents tribunaux et les bombarder de recours et contre-recours afin d'imposer puis de contester le décompte des voix. Après un mois de péripéties incroyables, la polémique s'est achevée à la cour suprême de l'État de Floride, puis en dernière instance à celle des États-Unis, la plus haute autorité juridique, qui mit enfin un terme aux hostilités. Le 14 décembre, George W. Bush est officiellement élu 43ᵉ président des États-Unis. Une foire d'empoigne un brin ridicule, mais quelle belle leçon de démocratie !

Mardi 11 septembre 2001 : l'acte de guerre

Beaucoup pensent que le 11 septembre 2001 a marqué d'une pierre noire l'entrée dans le XXIᵉ siècle. Ce matin-là, quatre avions de ligne américains sont détournés par des terroristes kamikazes (armés de simples couteaux et de cutters), et transformés en bombes volantes. Deux s'écrasent sur les Twin Towers, symbole de Manhattan et de la puissance économique américaine. Le troisième sur le Pentagone à Washington, symbole de sa puissance militaire. Le dernier appareil, quant à lui, se crashe à une centaine de kilomètres de Pittsburgh en Pennsylvanie. Cette fois, les passagers se sont rebellés contre les pirates pour faire chuter l'avion en rase campagne avant qu'il n'atteigne sa cible : la Maison Blanche ou Camp David, résidence d'été des présidents américains. C'est la plus grosse attaque terroriste jamais commise contre un État. Aucun scénariste de film catastrophe hollywoodien n'aurait pu imaginer cela. Le bilan est tragique et les pertes humaines sont les plus lourdes depuis la guerre du Vietnam pour les USA : près de 4 000 morts et autant de blessés. En tout, moins de deux heures auront suffi aux terroristes pour mettre le monde entier en état de choc. Le traumatisme fut d'autant plus grand que ces images apocalyptiques, notamment celles de l'effondrement des tours jumelles, ont été retransmises en direct, puis en boucle sur tous les écrans de télévision de la planète.

Oussama Ben Laden, milliardaire intégriste musulman d'origine saoudienne et réfugié en Afghanistan sous la protection des talibans, est immédiatement désigné comme le principal suspect. Surnommé « le financier de la guerre sainte », Ben Laden est considéré comme l'ennemi numéro 1 des États-Unis. Paradoxalement, il est un « produit de l'Amérique » puisque dans les années 1980, lors du premier conflit en Afghanistan, il fut formé et armé par la CIA pour lutter contre l'ennemi commun de l'époque, l'Union soviétique. Pour la première fois depuis près de deux siècles (Pearl Harbor mis à part), les États-Unis sont victimes d'un acte de guerre sur leur propre sol.

L'attaque elle-même est inédite et lourde de symboles. L'agresseur n'est pas un État mais une nébuleuse de fanatiques invisibles. L'objectif est la destruction massive, réalisée avec des armes américaines. Enfin, l'atteinte psychologique est mondiale : 80 nationalités furent recensées parmi les victimes du World Trade Center, un des lieux les plus cosmopolites de la planète. L'Amérique qui se croyait (et que le monde croyait) invulnérable n'a rien vu venir, victime de sa superpuissance et de sa position de gendarme du monde. Le terrorisme s'est malheureusement avéré comme la seule arme capable d'atteindre le cœur de la première puissance mondiale.

Les conséquences économiques de ces événements sont désastreuses : les assurances et réassurances enregistrent les plus grosses pertes de leur histoire, le tourisme en général et les compagnies aériennes américaines en particulier sont en proie à une crise financière sans précédent depuis une trentaine d'années, l'immobilier est en chute libre. La récession est amorcée.

Pour la première fois, une coalition mondiale se dresse contre le terrorisme. Partout dans le monde, même dans certains États anti-américains, les populations sont ébranlées et montrent des signes de solidarité. Les États-Unis n'ont pas hésité à monnayer l'aide des plus récalcitrants (par exemple le Pakistan, la Jordanie après les propos ambigus du roi Abdallah) pour resserrer l'étau et s'assurer d'une victoire contre un monstre qu'ils ont contribué à engendrer. Quant à l'Union Européenne, aux côtés de l'Amérique dans cette épreuve, elle est prête à lui apporter son soutien militaire, mais sous conditions. Pas question d'aller au feu n'importe où et n'importe comment.

Au lendemain du drame, les discours manichéens et va-t-en-guerre prononcés par Bush, censés rassurer les citoyens américains sur la toute puissance de leur nation, avaient pourtant de quoi inquiéter.

Heureusement, il semble qu'après quelques semaines de recul, Bush et ses acolytes (le secrétaire d'État Colin Powell en tête) commencent à se poser des questions sur le pourquoi d'une telle violence. Il était temps ! Ce terrorisme n'a pas surgi de nulle part, il est le fruit d'un énorme malaise mondial. Si la riposte militaire (inévitable au demeurant) s'avère irraisonnée, les représailles risquent d'être plus dramatiques encore que les événements vécus le 11 septembre. Soucieux de calmer le jeu au Proche-Orient, il semble que George W. Bush mette un terme à sa politique d'inertie dans le conflit israélo-arabe, et qu'il encourage les deux protagonistes à renouer le dialogue. La lutte contre le terrorisme ne passe-t-elle pas d'abord par la tentative de résolution des conflits mondiaux ?

LES INDIENS

> Quand vous êtes arrivés, dit le vieil homme, vous aviez la Bible, nous avions la terre.
> Vous avez dit :
> « Fermons les yeux, prions ensemble. »
> Quand nous avons ouvert les yeux,
> nous avions la Bible, vous aviez la terre.

Comprendre ne veut pas dire forcément pardonner. La majorité des immigrants défavorisés, démunis, croyants fanatiques et sans éducation, débarquaient avec l'espoir comme seul bagage, ayant pour la plupart été persécutés sur leurs terres d'origine. Or, qui dit persécuté dit persécuteur en puissance. Cette ambivalence de la nature humaine n'est plus à démontrer. Le Nouveau Monde était si dur que seuls les plus forts pouvaient survivre. Les Indiens n'avaient aucune notion de propriété, et la terre était leur « mère ». Ils ne possédaient aucune notion non plus de la mentalité, ni des lois, ni des règles de la société européenne d'où venaient ces nouveaux arrivants. Il fut enfantin, dans un premier temps, de déposséder les Indiens de leurs terres contre quelques verroteries. Ces derniers s'en amusaient, un peu comme l'escroc qui vend la tour Eiffel : ils obtenaient des objets inconnus, donc fascinants, en échange de ce qui ne pouvait en aucun cas être vendu dans leur esprit. Avide de nouveaux espaces et de richesse, le Blanc ne chercha pas à s'entendre avec l'Indien. Le fusil étant supérieur aux flèches, il s'empara de ses terres sans aucune mauvaise conscience. On tua l'Indien économiquement, en exterminant les bisons (ça devint même un sport avec Buffalo Bill, l'un des personnages les plus abjects de l'histoire américaine), puis physiquement et culturellement.

Les Indiens auraient pu au début – et sans aucun problème –, rejeter ces nouveaux venus à la mer. L'inverse se produisit. Malgré les différences et les ignorances, les Indiens permirent aux colons d'échapper à la mort. Tous les témoignages concordent. Le « bon sauvage » servait d'intermédiaire avec un monde inconnu et hostile ; il était donc envoyé par Dieu afin de faciliter l'installation des Blancs en Amérique ! Quand il fut chassé de ses terres qui, à ses yeux étaient les terres de chacun, il se fâcha ; et très vite un bon sauvage devint un sauvage mort. Il est difficile d'imaginer un autre scénario ; seuls les quakers respectèrent les autochtones, et encore, le temps aidant et les grands principes quakers s'estompant, eux aussi luttèrent contre les Indiens.

Les guerres indiennes : 1675-1915

Elles s'étalent sur près de trois siècles. Les Indiens ne sont pas assez armés et ne font preuve d'aucune cohésion. À peine 50 ans après l'arrivée du *Mayflower*, le chef Massassoit (également appelé roi Philippe), mesurant le danger que représente la multiplication des navires venus d'Europe, avec leur cortège de violences, de rapts, de saisies de territoires et de meurtres, lève une confédération de tribus de sa région et part en guerre contre les puritains. Ce premier conflit coûtera la vie à 20 000 Amérindiens et 50 000 colons. Un massacre ! Les survivants indiens seront vendus comme esclaves aux Indes occidentales. Cette guerre et toutes celles qui suivirent seront des guerres perdues. Seule la bataille de Little Big Horn, le 25 juin 1876, où le général Custer, de sinistre réputation, trouva la mort ainsi que 260 *blue coats* de la cavalerie, fut une victoire... Victoire bien coûteuse s'achevant sur la boucherie inexcusable de Wounded Knee, le 29 décembre 1890, où le 7e de cavalerie massacra – malgré la protection du drapeau blanc – des centaines de Sioux, y compris femmes et enfants.

Toujours divisées, souvent rivales, les tribus galopent malgré tout comme un seul homme au combat. Mais quand ce n'est pas la guerre, l'homme blanc trouve d'autres moyens perfides d'exterminer l'Indien. La liste des horreurs est longue. Par exemple, des officiers de Fort Pitt distribuèrent aux Indiens des mouchoirs et des couvertures provenant d'un hôpital où étaient soignés des malades atteints de la petite vérole. Le « grand et bon » Benjamin Franklin déclara : « Le rhume doit être considéré comme un don de la providence pour extirper ces sauvages et faire place aux cultivateurs du sol... »

Un Indien assimilé est un Indien mort

À l'aube du XXe siècle survivent à peine 250 000 Indiens qui tombent dans l'oubli. Rappelons qu'à l'arrivée des Blancs, ils étaient entre 3 et 10 millions selon les estimations. En 1920, l'État américain s'en préoccupe de nouveau et décide de faire fonctionner le melting-pot, c'est-à-dire de pratiquer une politique d'assimilation. On favorise et subventionne les missions chrétiennes, et on lutte contre les langues indiennes pour imposer l'anglais. On tente par tous les moyens de sortir les Indiens de leurs réserves pour les intégrer à l'*American way of life*. L'aigle américain est le seul symbole indien utilisé par la nation américaine; il est iroquois et les flèches qu'il tient dans ses serres représentent les 6 nations indiennes.

En 1924, on leur octroie même la nationalité américaine, ce qui ne manque pas d'ironie! Pour la petite histoire, c'est indirectement grâce à la France que cette reconnaissance tardive eut lieu. Un Indien du Dakota s'était brillamment illustré en 1917, capturant la bagatelle de 171 soldats allemands! Quand il fut question de lui décerner une médaille, on s'aperçut que cet Indien ne possédait même pas la nationalité américaine! Grâce à un travail de lobbying, la loi de 1924 fut imposée, mais dans l'indifférence générale. Pour supprimer les réserves, mettre fin à leurs hiérarchies, leurs privilèges, on partage la propriété tribale collective entre toutes les familles afin de faciliter l'assimilation. Ce fut une erreur de plus dans l'histoire indienne. Une erreur sociologique, car l'Indien dans sa large majorité ne peut vivre coupé de ses racines et de sa culture. De la même façon que l'Indien est extrêmement vulnérable face aux maladies importées par l'homme blanc, il est perdu économiquement et socialement lorsqu'il est isolé dans la société blanche.

Un des grands bienfaiteurs des Indiens allait se révéler être le président tant décrié de l'affaire Watergate : Richard Nixon (n'oublions pas au passage que les Américains lui doivent, entre autres, l'ouverture vers la Chine). C'est lui qui, d'un coup de stylo, a tiré un trait sur la politique désastreuse de tentative d'assimilation des Indiens.

Une réserve indienne peut paraître à nos yeux comme un ghetto, et l'est sous maints aspects, mais c'est aussi un territoire réservé, une propriété privée appartenant aux Indiens, où ils peuvent s'organiser en respectant leur culture et leurs traditions. Ils en profitent parfois pour ouvrir des casinos dans des États où cette activité est prohibée. Cette nouvelle activité économique est une véritable manne : en Nouvelle-Angleterre, la tribu des Pequots passe pour être la plus riche du monde. Les Pequots, quasiment rayés de la carte après 1637, sont aujourd'hui 550 et gèrent un casino qui rapporte près de 1,5 milliard par an... Toutefois, il ne faut pas généraliser hâtivement : d'une réserve à l'autre, les niveaux de vie varient énormément et de nombreux Indiens connaissent toujours la pauvreté.

L'Indien du XXIe siècle ne rejette pas le progrès, mais il refuse les structures d'une société dans laquelle il ne s'intègre pas. On dénombre à ce jour 400 réserves correspondant aux 310 tribus survivantes. Cela dit, à peine 10 % du budget du bureau des Affaires indiennes parvient aux réserves (le FBI enquête!). La population indienne progresse assez rapidement, et a atteint les 2 millions d'individus. Il existe aujourd'hui 14 stations de radio indiennes que vous pourrez facilement capter avec votre auto-radio : navajo en Arizona, zuni au Nouveau-Mexique.

L'Indien, multiracial mais non multiculturel

Les populations indiennes, trop mobiles pour leur grand malheur entre le XVIIe et le XXe siècle, furent placées et déplacées par l'homme blanc au fur et à mesure du non-respect des traités. Cette mobilité fut à la source d'un brassage entre les tribus, mais aussi la cause de nombreux mariages interraciaux. Par exemple, la tribu shinnecock, qui possède sa réserve au beau milieu de Southampton – la ville balnéaire la plus chic, la plus snob de Long Island près de New York – est aujourd'hui (par le jeu des mariages interraciaux) une tribu d'Indiens noirs! Les Cherokees, eux, gèrent leur « race » grâce au grand sorcier électronique, l'ordinateur. La consultation avant chaque mariage est gratuite et fortement conseillée car il ne faut pas descendre sous la barre de deux seizièmes de sang indien pour l'enfant issu de mariage, sous peine de perdre sa « nationalité » indienne, et donc ses droits dans la réserve! Les « droits » sont parfois importants : les Indiens ossages en Oklahoma ont découvert du pétrole sur leur territoire. De 1906 à 1972, les

« royalties » de l'or noir rapportèrent 800 millions de dollars. Les parts étant indivisibles et se transmettant par héritage, un « héritier » cherche toujours à épouser une « héritière » afin d'éviter un nouvel apport de sang non indien. D'autres, comme les Mohawks de l'État de New York, s'en tirent aussi : n'étant pas sujets au vertige, ils sont très demandés pour la construction des gratte-ciel.
Mais malgré cela, et dans l'ensemble, l'Indien demeure aujourd'hui le groupe ethnique disposant du plus bas revenu par habitant. Les Indiens détiennent encore d'autres tristes records. Ainsi, jusqu'à 40 % des individus de certaines tribus sont alcooliques, et la tribu des Pimas en Arizona est l'ethnie la plus touchée au monde par le diabète : plus de 50 % de la population en est atteinte. Lien de cause à effet, l'espérance de vie des Indiens d'Amérique du Nord est de 46 ans, sachant que la moyenne aux États-Unis est de 70 ans. Les 700 avocats de race indienne sont continuellement en procès avec le gouvernement pour parfois des questions aussi choquantes que la violation des cimetières indiens...
Les Indiens sont aussi la communauté qui, aux États-Unis, souffre le plus du racisme tout en étant, contrairement aux idées reçues, celle qui commet le moins d'homicides... Pour terminer sur une note « culturelle », sachez qu'il subsiste sur le territoire de nombreuses ruines de villages anasazis, ces anciens occupants du Sud-Ouest américain, que les Navajos revendiquent comme leurs ancêtres. Ces villages, construits au creux des canyons entre 1100 et 1300 av. J.-C., sont encore visibles au Navajos National Monument (Arizona) et au Mesa Verde National Park (Colorado).

INFOS EN FRANÇAIS SUR TV5

TV5 est disponible sur le territoire américain par câble ou par réception directe via la compagnie *DishNetwork*.
Les principaux rendez-vous Infos sont toujours à heures rondes où que vous soyez dans le monde, mais vous pouvez surfer sur leur site ● www.tv5.org ● pour les programmes détaillés ou l'actu en direct, des rubriques voyages, découvertes...

INTERNET

Contre toute attente, les Américains ne semblent pas si branchés que ça par le web. En fait, comme beaucoup disposent d'un accès à l'Internet au bureau ou à la maison, les cafés Internet se font assez rares. Cela dit, on trouve des accès en libre service dans de nombreux endroits comme certains bars, *coffee shops*, gares Greyhound, halls d'hôtels. Il s'agit de bornes qui fonctionnent comme des distributeurs : on peut se connecter à raison d'1 US$ pour 5 mn (la machine avale les billets). C'est très pratique pour communiquer avec l'Europe, beaucoup plus en tout cas que le téléphone ! Si vous ne trouvez pas d'accès, vous pouvez toujours vous rendre dans les bibliothèques (*libraries*), qui disposent presque toutes d'un accès Internet. C'est généralement gratuit, mais il arrive qu'il soit nécessaire d'avoir sa carte de biblio – tout dépend de la commune et de sa politique.

KENNEDY, TON UNIVERS IMPITOYABLE

Dynastie symbolique dans la conscience collective des Américains, la famille Kennedy est devenue au fil des décennies une famille royale comme en Grande-Bretagne. Son histoire est une véritable saga digne du meilleur *soap-opera*.

GÉNÉRALITÉS

Tout commence avec l'arrivée en 1848 de l'arrière-grand-père Patrick à Boston, délaissant l'Irlande, sa terre natale, et bien décidé à faire fortune aux États-Unis. En s'installant sur le sol américain, il ne se doute pas qu'un siècle plus tard, le nom des Kennedy ferait la une des journaux. Son fils Patrick Joseph amasse un petit pécule en tenant un modeste commerce de boisson. Puis le fils de celui-ci, Joseph Patrick, reprend l'affaire. C'est l'époque de la Prohibition, qu'importe ! Il fait du trafic d'alcool, augmentant ainsi son écot et n'hésite pas à tisser des liens avec la Mafia et le milieu cinématographique. En 1937, ambassadeur à Londres, il réagit mollement face à Hitler, attitude qui embarrasse Roosevelt. Très vite, ses ambitions grandissent à mesure que son porte-monnaie se remplit. Prêt à tout pour gravir l'échelle sociale, il épouse Rose Fitzgerald, la fille du maire de Boston qui lui donne neuf enfants. À force d'ambition, il devient le plus jeune directeur de banque des États-Unis. Les dollars commencent à pleuvoir. Le jour de gloire est arrivé ! L'argent et la célébrité sont les motivations premières de Joe mais son dada c'est la politique. N'ayant pu assouvir son fantasme, il n'hésite pas alors à lancer ses fils dans l'arène politique. C'est sans compter sur la mort qui poursuit inexorablement la famille Kennedy.

En effet, il reporte son ambition sur son fils aîné Joseph : « un jour tu seras président des États-Unis, mon fils », lance-t-il au détour d'une conversation. Vaste programme ! Malheureusement, le destin en a décidé autrement : Joseph décède accidentellement en 1944 dans un bombardier expérimental. Puis c'est au tour de Kathleen, la tête brûlée de la famille, qui disparaît dans un accident d'avion en France en 1948. Et comme si le sort avait décidé de s'acharner, Rosemary, retardée mentalement, est lobotomisée. C'est John qui prendra le relais. Élu sénateur du Massachusetts en 1952, la course à la Maison-Blanche commence... grâce à l'argent de Giancana, patron de la pègre de Chicago et à ses relations à Hollywood. Rien ne les arrête, pas même les femmes qu'ils collectionnent tous les deux sans scrupule. L'assassinat de John, le 22 novembre 1963, met un terme (au moins pour un temps) aux ambitions de Joe, le patriarche. En 1965, les Kennedy reprennent du service dans la politique. Son troisième fils Robert (dit Bob) est élu sénateur de New York en 1965. Alors qu'il brigue à son tour la présidence des États-Unis, il meurt assassiné le 6 juin 1968. La mort continue de frapper la famille Kennedy avec le décès quelque peu mystérieux de Mary Jo Kopchene, l'ex-secrétaire de Bob, morte noyée alors qu'elle accompagnait Edward (dit Ted) en voiture pour l'île de Chappaquidick dans le Massachusetts. Jamais on ne connaîtra le fin mot de l'histoire. En 1990, le troisième fils, Jean, meurt d'un cancer.

Après les enfants, c'est au tour des petits-enfants. Le jeu des 7 familles continue. Robert Junior est arrêté en possession d'héroïne en 1983, tandis que l'année suivante, son frère David meurt d'une overdose. Du côté de chez Ted, c'est le fils qui est atteint du cancer et amputé d'une jambe. Quant à William (le fils de Jean), il est accusé de viol avec son oncle Ted (vous suivez toujours !) lors d'une soirée bien arrosée en Floride, dans une des propriétés familiales. Michael Kennedy (fils de... Bob, lui-même frère de John), retrouvé en charmante compagnie dans le lit conjugal (en l'occurrence la baby-sitter de ses enfants, âgée de 14 ans...), meurt quelques années plus tard, en 1997, dans un accident de ski. Seule la pétulante Rose, mère et grand-mère de tout ce petit monde, a tenu le coup en s'éteignant en 1995 à l'âge de 104 ans.

L'assassinat du président à Dallas le 22 novembre 1963 a laissé dans la mémoire des Américains le souvenir d'un petit garçon de trois ans saluant avec courage la dépouille de son père. Ému, le peuple américain reporte alors toute son affection sur les enfants, Caroline et John Junior, dit John-John. En épousant en secondes noces Aristote Onassis, le richissime armateur grec, Jackie se met à dos la presse américaine. Vivant une partie de l'année en Grèce, elle garde néanmoins un pied à terre sur 5th Avenue, non loin de Central Park. C'est là que John-John grandit sereinement avec sa sœur aînée Caroline, très loin de ses turbulents cousins, pas fréquentables aux dires de Jackie. Contrairement au reste de la famille qui fréquenta les bancs de Harvard, John Jr préfère Brown University à Rhode Island. Après avoir échoué au barreau, il lance en 1995 son magazine *George*, en souvenir du premier président des États-Unis. Édité par Hachette-Filipacchi, le journal mélange les styles : showbiz, politique, pouvoir. Du Kennedy tout craché. À côté de ça, John-John mène une vie sans histoire, si l'on peut dire : avec sa casquette vissée à l'envers sur sa gueule d'Amour, il se balade à vélo, joue au frisbee avec son chien, se balade à rollers dans les rues de Manhattan... On lui prête alors un nombre honorable de liaisons avec diverses vedettes du showbiz telles que Madonna (ça nous laisse quand même dubitatif) ou Daryl Hannah. Et puis, un jour, au cours d'une séance de footing à Central Park, il rencontre la très jolie Carolyn Bessette qu'il épouse dans le plus grand secret, le 21 septembre 1996, sur une petite île au large de la Georgie ; noce à laquelle participent 40 invités triés sur le volet. Sachant à la fois se servir de son nom et préserver sa vie privée, John-John devient très vite le chouchou des médias. Le 16 juillet 1999, il prend les commandes de son *Piper Saratoga*, avec sa femme Carolyn et sa belle-sœur Lauren. Pas franchement raisonnable vu les conditions météo et son manque d'expérience. En route pour Hyannis Port, le fief familial, à l'occasion du mariage de sa cousine, ils n'y assisteront jamais... En quelques secondes, les Kennedy ont une nouvelle fois basculé dans le drame. La mort, compagne de route du clan Kennedy a encore frappé, l'enfant chéri s'en est allé, laissant l'Amérique orpheline...

LANGUE

Expressions courantes

Oui	*Yes*
Non	*No*
D'accord	*Okay*
S'il vous plaît	*Please*
Merci (beaucoup)	*Thank you (very much)*
Bonjour !	*Hello !*
Salut !	*Hi !*
Bonjour (le matin)	*Good morning*
Bonjour (l'après-midi)	*Good afternoon*
Bonsoir	*Good evening*
Bonne nuit	*Good night*
Au revoir	*Good bye / Bye / Bye Bye*
Enchanté	*Nice to meet you*
Comment ça va ?	*How are you doing ?*
Bien, merci, et vous ?	*Fine, thanks, and you ?*
Excusez-moi	*Excuse me*
Pardon	*Sorry*
Parlez-vous le français ?	*Do you speak French ?*
Y a-t-il quelqu'un ici qui parle le français	*Does anyone here speak French ?*
Pourriez-vous parler plus lentement ?	*Could you speak more slowly ?*
Pourriez-vous répéter ça ?	*Could you repeat that ?*
Je ne comprends pas	*I don't understand*
Est-ce que vous comprenez ?	*Do you understand ?*
Est-ce que je peux avoir... ?	*May I have... ?*
Je voudrais...	*I'd like...*
Je cherche...	*I'm looking for...*

GÉNÉRALITÉS

Pouvez-vous m'aider ?	Can you help me ?
Où est... ?	Where is... ?
Pouvez-vous me montrer sur la carte ?	Can you show me on the map ?
À gauche / à droite	On the left / On the right
En bas	Downstairs
En haut	Upstairs
Ici	Here
Là-bas	There, over there
Bon marché	Cheap
Cher	Expensive
C'est combien ?	How much is it ?
C'est gratuit ?	Is it free ?
Environ 10 dollars	About ten dollars
Comment voulez-vous payer ?	How would you like to pay ?
Avec une carte de paiement	By credit card
Poste	Post office
Boîte à lettres	Mailbox
Timbre	Stamp
Carte postale	Postcard
Office de tourisme	Visitor center
Centre commercial	Shopping center / mall
Supermarché	Supermarket
Banque	Bank
Bureau de change	Currency exchange office
Laverie automatique	Laundromat
Médecin	Doctor
Pharmacie	Pharmacy
Préservatifs	Condoms
Couches pour bébé	Diapers
Hôpital	Hospital
C'est urgent	It's an emergency

Le temps, l'heure, les jours...

Hier	Yesterday
Aujourd'hui	Today
Demain	Tomorrow
Plus tard	Later
Maintenant	Now
Avez-vous l'heure ?	What time is it ?
Quelles sont les heures d'ouverture ?	When is it open ?
À quelle heure est-ce que ça ferme ?	When does it close ?
Lundi	Monday
Mardi	Tuesday
Mercredi	Wednesday
Jeudi	Thursday
Vendredi	Friday
Samedi	Saturday
Dimanche	Sunday

À l'hôtel

J'ai réservé, mon nom est...	I have a reservation, my name is...
Est-ce que je peux voir votre passeport (une pièce d'identité) s'il vous plaît ?	May I see your passport (some identification) please ?

Pouvez-vous remplir cette fiche ?	*Could you fill in this form ?*
Quel est votre numéro d'immatriculation ?	*What is your license plate number ?*
Nom	*Last name*
Prénom	*First name*
Y a-t-il des aménagements pour enfants / handicapés ?	*Do you have facilities for children / the disabled ?*
Avez-vous des chambres libres ?	*Do you have any rooms available ?*
Y a-t-il un autre hôtel près d'ici ?	*Is there another hotel nearby ?*
Je voudrais une chambre à un lit / pour deux personnes	*I'd like a single room /double room*
Des lits jumeaux	*Twin beds*
Un grand lit	*A king / queen bed*
C'est combien par nuit ?	*How much is it per night ?*
Y a-t-il quelque chose de moins cher ?	*Is there anything cheaper ?*
Y a-t-il une réduction pour les enfants ?	*Is there a discount for children ?*
Petit déjeuner compris	*Breakfast included*
Salle de bains	*Bath*
Douche	*Shower*
Toilettes	*Bathrooms, restrooms*
Air conditionné	*AC (prononcer éïcii)*
Ventilateur	*Fan*
Chauffage	*Heat*
Télévision	*Television (ou TV, prononcer tiivii)*
Téléphone	*Telephone*
Je voudrais téléphoner en France	*I'd like to call someone in France*
Quel est le code pour... ?	*What the area code for... ?*
Y a-t-il des messages pour moi ?	*Are there any messages for me ?*
Je voudrais envoyer un message par fax / e-mail	*I'd like to send a message by fax / e-mail*
Est-ce que je peux me connecter à Internet ici ?	*Can I access the Internet here ?*
Ça ne marche pas	*It doesn't work*
Il n'y a pas d'eau chaude	*There is no hot water*
Service de blanchisserie	*Laundry service*
Piscine	*Swimming pool*
Parking	*Parking lot*
Un lit supplémentaire	*An extra bed*
Une couverture	*An extra blanket*
Une serviette de bain	*An extra towel*
Un lit d'enfant	*A crib*
À quelle heure servez-vous le petit déjeuner ?	*What time is breakfast served ?*
Pourriez-vous me réveiller à... ?	*Could you wake me at... ?*
À quelle heure devons-nous libérer la chambre ?	*What time do we need to vacate the room ?*
Puis-je avoir ma note s'il vous plaît ?	*May I have my bill please ?*
Est-ce que je peux avoir un reçu ?	*Can I have a receipt ?*

À l'auberge de jeunesse *(youth hostel)*

À quelle heure les portes sont-elles fermées ?	*What time are the doors locked ?*
Est-ce que vous louez des draps ?	*Do you rent linen ?*

GÉNÉRALITÉS

Au camping

Avez-vous de la place pour une tente ?	Do you have space for a tent ?
Quel est le tarif... ?	What is the charge... ?
Eau potable	Drinking water
Branchement électrique	Hook-up
Machines à laver	Laundry facilities
Douches	Showers

Au resto

Petit déjeuner	Breakfast
Brunch	Brunch
Déjeuner	Lunch
Dîner	Dinner
Une table pour deux s'il vous plaît	A table for two please
Vous avez des plats végétariens ?	Do you have vegetarian dishes ?
Fumeur ou non-fumeur ?	Smoking or non-smoking ?
Vous désirez commander ?	Are you ready to order ?
C'est pour emporter	It's to go
Puis-je avoir du, de la... ?	May I have some... ?
Je prendrai...	I'll have...
Pourrions-nous avoir une chaise haute (pour bébé) s'il vous plaît ?	Could we have a high chair please ?
Bon appétit	Enjoy your meal
Légumes	Vegetables
Salade	Salad
Soupe	Soup
Oeufs	Eggs
Viande	Meat
Poisson	Fish
Fruits de mer	Seafood
Poulet	Chicken
Bœuf	Beef
Pâtes	Pasta
Hamburger	Burger
Frites	(French) fries
Fromage	Cheese
Pain	Bread
Beurre	Butter
Sel	Salt
Poivre	Pepper
Sauce	Dressing
Sucre	Sugar
Eau plate	Still water
Eau pétillante	Sparkling water
Jus d'orange	Orange juice
Coca-Cola	Coke
Des glaçons	Ice
Thé	Tea
Café	Coffee
Noir / au lait	Black / with milk
Vin rouge / blanc	Red / white wine
Bière pression/ en bouteille	Draft beer / bottled beer
L'addition s'il vous plaît	The check please
Le service est-il inclus ?	Is the tip included ?

LIVRES DE ROUTE

L'avion, le train, le bus, la voiture...

Aéroport	Airport
À quelle heure est l'enregistrement ?	What time do I have to check in ?
À quelle heure est le vol pour... ?	What time is the flight to... ?
Bagage	Baggage
Consigne	Baggage check
Consigne automatique	Luggage lockers
Bureau des renseignements	Information desk
Carte d'embarquement	Boarding pass
Gare	Train station
Gare routière	Bus station
Aller simple	One-way
Aller-retour	Round-trip
Location de voitures	Car rental
Caution	Deposit
Est-ce qu'il y a un bus pour aller en ville ?	Is there a bus into town ?
C'est loin ?	Is it far ?
Est-ce que je peux avoir un horaire ?	Could I have a schedule ?
Quand part le prochain car pour... ?	When is the next bus to... ?
Je voudrais louer une...	I'd like to rent...
Le plein s'il vous plaît	Fill it up, please
Je suis en panne d'essence	I've run out of gas

Les chiffres, les nombres

un	one
deux	two
trois	three
quatre	four
cinq	five
six	six
sept	seven
huit	eight
neuf	nine
dix	ten
onze	eleven
douze	twelve
treize	thirteen
quatorze	fourteen
quinze	fifteen
vingt	twenty
trente	thirty
quarante	forty
cinquante	fifty
soixante	sixty
soixante-dix	seventy
quatre-vingts	eighty
quatre-vingt-dix	ninety
cent	one hundred
mille	one thousand

LIVRES DE ROUTE

Généralités

– ***Civilisation américaine***, de Marie-Christine Pauwels. Éd. Hachette Éducation, coll. « Les Fondamentaux », n° 23 (150 p.), 1999. Destiné à l'origine aux étudiants de fac, ce petit livre, écrit par une spécialiste de la question, se dévore de A jusqu'à Z. Pourquoi ? Tout ce qu'il faut savoir sur les États-Unis y est formidablement bien résumé. Des institutions à la constitution, du monde du travail aux médias, en passant par la religion et les sectes, c'est l'*American way of life* et ses démons qui sont passés en revue, méthodiquement. Idéal pour se rafraîchir la mémoire, remettre les pendules à l'heure, chasser les malheureux préjugés. Le chapitre sur les mythes fondateurs (la frontière, le melting-pot, la destinée manifeste, l'héritage des puritains, l'esprit pratique, l'individualisme, le rêve américain, la liberté, le travail et le profit...) permet de comprendre comment les grandes valeurs américaines sont aujourd'hui malmenées par des poisons comme les armes, la drogue, le racisme, le sida, l'exclusion... Bref, à lire impérativement avant le voyage.

– **Les États-Unis au temps de la prospérité, 1919-1929**, d'André Kaspi ; histoire. Éd. Hachette, coll. « La Vie quotidienne » (350 p.), 1980. Grandeur et décadence des années 1920, celles que l'on appelait les *Roaring Twenties*. Kaspi est l'un des meilleurs spécialistes français des *States*. Il évoque ici les mirages d'une prospérité américaine insolente, bientôt brisée sur les écueils de la crise de 1929. Organisé par thèmes, très agréable à parcourir, ce livre n'est pas dépourvu d'un certain humour.

– **De la démocratie en Amérique (1834-1840)**, d'Alexis de Tocqueville. Éd. Gallimard Poche, Folio Histoire n°s 12 et 13 (1 120 p.), 1991. Le 2 avril 1831, Alexis de Tocqueville embarque pour le Nouveau Monde dans le dessein d'étudier le fonctionnement et les institutions de cette nouvelle république qui suscitait encore interrogations et méfiances chez les conservateurs du Vieux Continent. Un ouvrage incontournable.

Romans et polars

– **USA** (1930, 1932, 1936), de John Dos Passos. Éd. Gallimard Poche : Folio n°s 1694, 1208 et 1693 (485 p., 523 p. et 678 p.) ; respectivement, 1951, 1952 et 1973 ; traduits par N. Guterman, Yves Malartic et C. de Richter. Il s'agit d'une trilogie comprenant : *42e Parallèle, L'An premier du siècle* et *La Grosse Galette*, et constituant un tableau des États-Unis de 1900 à 1930. L'ensemble est assez pessimiste, l'auteur critiquant violemment le capitalisme triomphant du début du siècle.

– **Homme invisible, pour qui chantes-tu ?** de Ralph Ellisson. Éd. Grasset, Les Cahiers Rouges n° 149, 1969 ; traduit par M. et R. Merle. Un grand classique de la littérature noire. Dans les années 1950, les aventures d'un jeune Black, venu de son Sud natal pour monter à Harlem. Il devient le porte-parole de la Confrérie, une organisation de défense des droits civiques.

– **Beloved**, de Toni Morrison. Éd. Dunod, coll. 10/18, Folio n° 2378 (380 p.), 1999 ; traduit par H. Chabrier et S. Rué. Le roman débute dans une maison hantée par le fantôme d'un enfant assassiné par sa mère, une « négresse » en fuite, pour qu'il ne vive pas en esclavage. Au 124, 18 ans ont passé depuis le drame, jusqu'au jour où arrive une femme mystérieuse, Beloved. Toni Morrison a reçu le prix Nobel de littérature en 1993 ; *Beloved*, le prix Pulitzer.

– **L'Amérique** (1927), de Franz Kafka. Éd. Gallimard Poche : Folio n° 803 (368 p.), 1946 ; traduit par A. Vialatte. Banni par ses parents pour avoir engrossé une misérable bonne, le jeune Karl Rossman débarque dans une Amérique trépidante où les escrocs pullulent. Volé, conspué, trahi, abandonné par tous, il parcourt le pays comme dans un rêve affreux, perdant ses illusions et sa naïveté.

– **Gatsby le Magnifique** (1925), de Francis Scott Fitzgerald. Éd. LGF Poche : Le Livre de Poche n° 900 (233 p.), 1996 ; traduit par J. Tournier. Grandeur et décadence de Gatsby, ce jeune homme séduisant, mystérieux, au passé incertain... Scott Fitzgerald fait revivre l'atmosphère des riches *parties* de la côte Est dans les années 1920, ces milieux snobs, superficiels,

pleins de mépris et de cruauté qu'il connaissait bien, et où il s'est lui-même brûlé les ailes.
- **Le Monde selon Garp** (1980), de John Irving. Éd. Le Seuil Poche : Points n° 5 (649 p.); traduit par M. Rambaud. Au travers de l'histoire d'une mère infirmière et féministe et de son fils Garp, écrivain, dans l'Amérique de la fin de la Seconde Guerre mondiale jusqu'à nos jours, Irving nous dépeint un monde grotesque et violent. Cette œuvre démesurée, débordante d'humour, de détails croustillants ou sordides, est foncièrement pessimiste.
- **Le Massacre du Maine** (1988), de Janwillem Van de Wetering; polar. Éd. Rivages Poche : Rivages/Noir n° 43 (312 p.); traduit par D. May. Au cap Orque, où réside la sœur du commissaire hollandais venu d'Amsterdam, six meurtres ont été commis. Enquête dépaysante dans une contrée rude où la violence est présente au quotidien. Un récit dense qui oscille entre le sourire et la gravité.
- **Minuit dans le jardin du Bien et du Mal** (1996), de John Berendt; Pocket n° 10174 (387 p.), 1998; traduit par Thierry Piélat. Journaliste new-yorkais réputé (il a été rédac-chef du New York Magazine), John Berendt a enquêté sur une affaire criminelle qui a défrayé la chronique à Savannah, ville de Georgie réputée « coincée » et il en a rapporté un récit qui a passionné l'Amérique : le livre s'est maintenu pendant 3 ans en tête des best-sellers dans la catégorie *non fiction* alors que le film d'Eastwood, tiré du livre, a été un bide. La base du récit est l'assassinat par un antiquaire appartenant à une famille de notables de son amant, mais le livre dépasse largement ce seul fait divers, l'auteur brossant une savoureuse galerie de portraits de personnages plus originaux les uns que les autres.

MÉDIAS

La télévision

La télévision est largement répandue sur le sol américain puisqu'elle est présente dans 98 % des foyers. Il existe 5 réseaux nationaux : ABC, CBS, NBC, Fox et PBS (chaîne publique financée par l'État et les particuliers, sans pub, proposant les meilleures émissions mais pas les plus regardées). À ces réseaux vient s'ajouter le câble. On y trouve des chaînes spécialisées diffusant 24 h/24 des informations (CNN par exemple), des émissions pour les enfants, de la météo, des films (HBO), du sport, de la musique, du téléachat, des programmes religieux, etc.
Les nostalgiques ne manqueront pas de lire aussi la rubrique « Infos en français sur TV5 », plus haut.

La presse

Les quotidiens sont de véritables institutions aux États-Unis. Les Américains lisent énormément les journaux. À l'échelle nationale, les plus importants sont : le *New York Times*, le *Washington Post* et le *Los Angeles Times* (inspiration politique plutôt libérale). Également le *Wall Street Journal*, le plus sérieux du monde dit-on, tendance conservatrice et le *USA Today* (le seul quotidien national, très grand public). Il y a aussi les *tabloids* (appelés ainsi à cause de leur format) : *Daily News* et compagnie, qui sont remplis de scandales, de gros titres et de potins mondains. Côté hebdos, citons *Time* (plutôt libéral) et *Newsweek* (plus centriste). Tous ces journaux et magazines sont largement diffusés dans tous les États-Unis. Sans oublier les nombreux magazines gratuits (voir les rubriques « Adresses et infos utiles » des différentes villes traitées dans ce guide).
Les journaux s'achètent dans des distributeurs automatiques dans la rue. On glisse la somme et une petite porte s'ouvre pour vous laisser prendre votre quotidien.

La presse française est distribuée dans les grandes villes (aéroports, librairies françaises ou bien achalandées, etc.).

La radio

Il y en a pléthores, toutes différentes. Nombreuses radios locales, essentiellement musicales (beaucoup de country). On les retrouve sur la bande FM. Les stations de radio portent des noms en 4 lettres, commençant soit par W (celles situées à l'est du Mississippi), soit par K (à l'ouest).
Le réseau public américain, le *NPR* (*National Public Radio*) propose des programmes d'une qualité supérieure.

MESURES

Même s'ils ont coupé le cordon avec la vieille Angleterre, même s'ils conduisent à droite, pour ce qui est des unités de mesure les Américains ont conservé un système « rustique » dont il ne faut pas attendre de changement avant un bon moment.

Longueur
1 yard = 0,914 mètre
1 foot = 30,48 centimètres
1 inch = 2,54 centimètres
0,62 mile = 1 kilomètre
ou *1 mile* = 1,6 kilomètre
1,09 yard = 1 mètre
3,28 feet = 1 mètre
0,39 inch = 1 centimètre

Poids
1 pound = 0,4536 kilogramme
1 ounce (oz) = 28,35 grammes

Capacité
1 gallon = 3,785 litres
1 quart = 0,946 litre
1 pint = 0,473 litre

ORIENTATION

Dans les grandes villes, une rue sépare le secteur Nord du secteur Sud. Idem entre l'Est et l'Ouest. Très utile de connaître ces deux rues (ou avenues) de « référence », pour se repérer lorsqu'on cherche une adresse.
Il faut savoir un truc, les numéros des rues sont très longs... par exemple, le n° 3730 se situe entre le 37e bloc, ou rue, et le 38e ; ça peut ensuite passer de 3768 à 3800. Ce n'est pas compliqué.
Le *120 North 4 th Street* est donc théoriquement très facile à repérer. En réalité, on se plante, du moins au début !
Autre principe à intégrer : le nom de la rue indiqué sur le panneau correspond à la rue que vous croisez et non à celle où vous vous trouvez.
Cela dit, il arrive (rarement) que ça ne marche pas comme ça.

PARCS ET MONUMENTS NATIONAUX

Dans ces régions de grands espaces particulièrement privilégiées par la nature, les parcs nationaux (*National Parks*) et les Monuments Nationaux (*National Monuments*) sont des endroits rigoureusement protégés. En réalité, pas de grande différence entre eux. Les premiers sont créés suite à un vote du Congrès, les seconds le sont par simple décret signé par le Président des États-Unis. Ils sont gérés par la même administration et des réglementations très strictes les préservent de toute dégradation d'origine humaine. Le résultat est fabuleux.
Pourtant, les Américains ont réussi à y intégrer toutes les commodités possibles en matière de logement champêtre : il est possible d'y passer la nuit

en cabane (bains, douche, kitchenette, TV...), sous une tente ou dans une caravane. Pour dormir dans un parc en été, il est bon de réserver ou de s'y prendre très tôt le matin (lorsque la réservation n'est pas possible).
Tous ces parcs proposent des programmes de visite en groupe pour les amateurs de nature à l'état pur, mais si vous possédez une voiture, procurez-vous de bonnes cartes, une gourde et quelques sandwichs, et n'hésitez pas à vous enfoncer dans cette nature de rêve.

– **Droits d'entrée :** la moyenne des droits d'entrée des parcs nationaux est de 10 US$ par véhicule (et non par personne). Les monuments nationaux sont un peu moins chers. Parfois, le droit d'entrée est par personne : c'est tout de même rare. Attention, toutes les routes qui traversent un parc national obligent à en payer le droit d'entrée. Bon à savoir, le droit d'entrée est valable 7 jours consécutifs.

– **Le National Parks Pass :** 50 US$ pour une voiture et ses passagers. Vendu à l'entrée de chaque parc, il est valable un an et généralement rentabilisé à partir de 5 à 6 visites. Il donne droit à l'accès aux parcs et monuments nationaux des États-Unis (nombre d'entrées illimité). Franchement ce *pass* peut largement suffire pour des vacances déjà bien remplies.

– **Le Golden Eagle Pass :** 65 US$ par an pour une voiture et tous ses passagers. En plus des parcs et monuments nationaux, il permet d'accéder à certains *National Recreative Areas*, *National Wildlife Refuges*. De toute façon, on peut très facilement transformer son *National Parks Pass* en *Golden Eagle Pass* en achetant le *Golden Eagle Hologram* (genre de vignette) à 15 US$.

– Les centres d'accueil ou *visitors' centers* : dans tous les parcs naturels, il existe un *visitors' center* où l'on trouve le plan du parc, une variété remarquable de cartes topographiques (randonnées pédestres, équestres, cyclistes...), de superbes cartes postales et des livres splendides. C'est le premier endroit où se rendre en arrivant. C'est souvent aussi le point de départ des visites et toujours une mine de renseignements. La plupart sont de véritables petits musées.
Les chèques de voyage en dollars sont acceptés très facilement dans les boutiques et les restos (même pour des petites sommes).

– **Sites Internet des parcs nationaux américains :** ● reservations.nps.gov ● Infos utiles, tarifs d'entrée, réservations d'hébergement ou d'excursions. ● www.nationalparks.org. ● Nombreuses photos, questionnaire pour déterminer quel parc vous séduira le plus, un bon aperçu de la diversité des parcs. En anglais.

PERSONNAGES

Histoire, politique, société

– **Buffalo Bill** (William Frederick Cody, 1846-1917) : un nom légendaire de la conquête de l'Ouest. Aventurier et pionnier, Buffalo Bill joue un rôle d'éclaireur lors de la guerre de Sécession, participe aux guerres contre les Indiens, au carnage des populations de bisons (il était payé pour !). Pas très recommandable tout ça... Après ? Il devient acteur dans *Wild West Show* (1883) où il joue son propre rôle et retrace ses exploits. Fastoche ! Son spectacle est même venu à Paris (sous la tour Eiffel).

– **Bill Clinton** (Williams Jefferson Clinton, 1946) : 42ᵉ président des États-Unis de 1993 à 2001. Voir la rubrique « Histoire ».

– **Thomas Jefferson** (1743-1826) : lire la rubrique « Quelques hommes illustres » au début du chapitre sur Philadelphie.

– **John Fitzgerald Kennedy** (1917-1963) : sa présence à la Maison Blanche (1961-1963) fut aussi courte que remarquée. Dès 1961, il s'embourbe lamentablement dans l'affaire de la Baie des Cochons (invasion ratée de Cuba visant à renverser le régime de Castro). Homme de projet (il lance le programme pour la conquête de la Lune), homme à femmes (il avait meilleur goût que Clinton !), il cultive son image de beau gosse avec réussite. Son assassinat dans de troubles circonstances, le 23 novembre 1963 à Dallas, laisse l'Amérique sous le choc. Lire aussi la saga Kennedy plus haut.

– **Martin Luther King** (1929-1968) : celui qui, un jour fit un rêve, incarne la lutte pacifiste pour la reconnaissance et l'intégration du peuple noir. Voir la rubrique « Histoire » ainsi que celle qui lui est consacrée au début du chapitre sur Atlanta. Depuis 1986, le troisième lundi de janvier commémore la naissance de M. L. King.

– **Abraham Lincoln** (1809-1865) : homme du Nord, membre du parti républicain, Lincoln est anti-esclavagiste. Son élection à la présidence des États-Unis en 1860 est perçue comme une provocation par les États du Sud; la Caroline du Sud fait sécession. Un mois après, 10 autres États emboîtent le pas. C'est la guerre. En 1862, il proclame l'émancipation des esclaves. Réélu en 1864, il est assassiné par un esclavagiste pur et dur.

– **Ronald Reagan** (1911) : le passage de Rony à la présidence des États-Unis marqua le retour à un conservatisme et à un libéralisme économique fort. Cet ancien acteur de série B utilisa à fond un charisme qu'il sait grand à défaut de faire défaut d'une intelligence politique qu'il sait lui faire défaut. Si le grand capital sort renforcé de son passage à la Maison Blanche (1981-1985), les caisses du pays sont vides. Quant à sa politique sociale, elle met des dizaines de milliers de gens dans la rue.

– **Rockefeller** (John Davison, 1839-1937) : homme déterminé, rigoureux, inflexible, Rockefeller fonde en 1870 la *Standard Oil Company* à l'époque où l'on vient de découvrir les extraordinaires propriétés de l'or noir. En deux temps, trois mouvements et sans états d'âme, la société élimina la concurrence pour se retrouver en situation de quasi monopole aux États-Unis. Mais en 1911, l'empire industriel est démantelé par la loi anti-trust.

– **Franklin D. Roosevelt** (1882-1945) : élu à la Maison Blanche en 1932, Roosevelt est l'homme du « New Deal », un programme réformateur visant à résoudre la crise économique et sociale sans précédent que connaissent les États-Unis. Il est réélu en 1936 puis en 1940, une première ! Autre challenge, le projet top secret qu'il lance en 1939... et qui devait aboutir à l'élaboration de la bombe atomique. Il meurt trois mois après avoir défendu, avec Churchill, la création de l'ONU à la conférence de Yalta.

– **Malcolm X** (Malcolm Little, 1925-1965) : une figure incontournable de la cause noire. Converti à l'islam, il devient le porte-parole de la Nation Islam (Black Muslims), un mouvement révolutionnaire qui revendique la création d'un État noir indépendant. En 1964, il fonde sa propre organisation et s'oriente vers une vision plus humaniste intégrant l'ensemble des afro-américains, l'objectif étant toujours l'émergence d'un réel pouvoir noir. Il meurt assassiné devant son pupitre.

Musique

– **Louis Armstrong** (1901-1971) : trompettiste et chanteur, le surnommé Satchmo ou Pops a fait danser et rêver toute la Nouvelle-Orléans sur des rythmes jazzy et bluesy. Il s'abandonne à des improvisations qui donnent le vertige, son swing est puissant. Son talent et sa voix ont profondément marqué toute l'histoire du jazz. Et comme si cela ne suffisait pas, il tourna également plusieurs films !

– **Chet Baker** (1929-1988) : trompettiste et chanteur de jazz connu de tous à partir des années 1950. Si sa vie ressemble à un exode (qu'il connut d'ailleurs sur la Route 66, avec ses parents), sa musique est pleine de sensibilité. Et ce ne sont pas les trafiquants de drogue qui lui fendent les lèvres un soir de concert qui mettront fin à sa carrière.

PERSONNAGES

- **Count Basie** (1904-1984) : pianiste, il débute dans les cabarets de Harlem. Dans les années 1940, il crée un style qui bouscule la base rythmique du jazz ; le groupe qu'il dirige s'impose alors rapidement comme l'un des meilleurs de l'époque, l'un des plus swing que le jazz ait jamais connu. Count Basie s'est aussi illustré par ses interprétations *boogie woogie* très personnelles et ses remarquables morceaux de blues à l'orgue.
- **Sydney Bechet** (1891 ou 1897 selon les sources - 1959) : clarinettiste dès l'âge de 6 ans, c'est en tant que saxophoniste qu'il devient l'une des figures emblématiques du style Nouvelle-Orléans, alors qu'il n'a même pas appris à lire la musique ! Bechet joue avec les plus grands noms, traverse l'Atlantique maintes fois, sillonne l'Europe. Il tente alors d'échapper à cette vie épuisante en ouvrant une boutique dans Harlem. Raté ! Un an plus tard, sa passion le rattrape. En 1949, il s'installe en France pour y rester jusqu'à sa mort.
- **Chuck Berry** (1926) : il fait ses premiers pas dans le blues à Saint-Louis. Mais sa vraie personnalité se dévoile dans les années 1950, lorsque, avec sa guitare et sa façon de la faire mugir, il s'impose comme l'un des pionniers du rock'n'roll. *Roll over Beethoven* (1956) n'est que le début d'une longue série de titres qui marqueront la jeunesse occidentale. Il a tracé le sillon aux plus grands comme les Beatles, les Rolling Stones, etc.
- **Ray Charles** (1930) : chanteur, pianiste, saxophoniste, Ray Charles reste un personnage charismatique, aux lunettes noires masquant une cécité contractée à l'âge de 6 ans. Inspiré à ses débuts par le blues californien, il crée, dans les années 1950, un style musical alliant jazz, blues et gospel : la *soul music*. Une figure emblématique pour la communauté noire et la musique afro-américaine.
- **Nat King Cole** (1917-1965) : pianiste talentueux de jazz, il est surtout connu comme chanteur de blues à la tête du célèbre Trio qu'il fonde en 1939. À la fin de la Seconde Guerre mondiale, il est l'un des principaux musiciens qui contribuent à l'émancipation d'un courant californien : un blues de cabaret, sophistiqué et feutré, apprécié par un public averti.
- **Miles Davis** (1926-1991) : trompettiste virtuose, animé par le goût de l'innovation, Miles Davis est à l'origine d'un jazz avant-gardiste qui lui vaudra l'incompréhension des puristes. À la fin des années 1940, il affirme le cool-jazz, mais la principale révolution dont il est l'artisan intervient vers 1970. Il compose des titres de jazz-rock et rapproche ainsi deux courants musicaux jusqu'alors parfaitement distincts. Il reçut la Légion d'honneur française.
- **Bob Dylan** (Robert Allan Zimmerman, 1941) : le « cow-boy poète » par excellence des années 1960, influencé par Baudelaire, Rimbaud, Céline... contestataire et anticonformiste. Une guitare, un harmonica et voilà à ses débuts une musique folk acoustique. En 1965, sa guitare devient électrique et il inaugure un folk-rock conspué par certains. Peu importe, Bob Dylan apporte « une conscience » au rock ; son rôle est considérable. Son album *Blood on the tracks* (1974) reste l'un de ses meilleurs.
- **Duke Ellington** (1899-1974) : un autre nom mythique du jazz. Pianiste et compositeur dès l'âge de 16 ans, il enflamme le célèbre Cotton Club de New York à la fin des années 1920 et ce n'est qu'un début. En Europe, puis dans le monde entier, ses tournées sont triomphales. Inspiré à ses débuts par l'ambiance Nouvelle-Orléans, son propre génie se révèle rapidement avec ses mélodies pleines de swing, son talent de l'improvisation et son besoin de l'expérimentation sans cesse renouvelée.
- **Ella Fitzgerald** (1918-1996) : avec « ce tout petit supplément d'âme, cet indéfinissable charme », Ella reste la « First Lady » du jazz, la reine du swing et du scat. Son sens de l'improvisation et sa facilité à voguer sur les octaves impressionnent les plus grands. Dans les années 1950 et 1960, elle rayonne. Pas moins de 250 disques à son actif ! Certaines interprétations sont tout simplement divines. Que diriez-vous d'un petit *Summertime* ?
- **Aretha Franklin** (1942) : surnommée « Lady Soul », Aretha Franklin reste l'une des plus grandes interprètes du gospel moderne. Il faut dire qu'une

voix qui s'échelonne sur 4 octaves, ça aide ! C'est avec l'album *Amazing Grace* qu'elle atteint le zénith de sa carrière dans les années 1970.

– ***George Gershwin*** (Jacob Gershovitz, 1898-1937) : il est l'auteur de nombreuses *songs* devenues des standards de jazz (*The Man I Love, I Got Rhythm*). Il est aussi à l'origine d'une musique symphonique dans laquelle il introduit les rythmes de jazz et les bruits de la jungle urbaine (*Rhapsody in Blue, Un Américain à Paris*).

– ***Benny Goodman*** (Benjamin David Goodman, 1909-1986) : clarinettiste et chef d'orchestre de jazz, très populaire dans les années 1930 et 1940 mais dont le talent ne fait pas l'unanimité ; les uns lui reconnaissent une grande virtuosité, les autres lui reprochent un manque de sensibilité dans ses interprétations.

– ***Jimmy Hendrix*** (James Allen Hendrix, 1942-1970) : l'un des guitaristes de rock les plus illustres des années 1960 ; mais d'où sort cet individu qui est capable de jouer de la guitare dans son dos et parfois même avec ses dents ? En 1966, à Londres, il enflamme le public et sa guitare ! Sensation, scandale et succès assurés. Les Beatles font pâle figure à côté ! Le scénario se reproduit immanquablement en Amérique. En 1969, c'est Woodstock : Hendrix est entré dans la légende.

– ***Billie Holiday*** (1915-1959) : la vie de la chanteuse de blues est détaillée au début du chapitre sur Baltimore.

– ***Michael Jackson*** (1959) : dans la famille Jackson Five, on demande le fils, Michael. Sa carrière est fulgurante : en deux temps trois mouvements, il devient l'une des plus grandes stars des années 1980. Après *Thriller* en 1982 (40 millions de disques vendus, un record !) et son clip qui fit trembler les chaumières, il enchaîne les succès : *Billie Jean, Beat it, We are the world* (avec Lionel Richie). Michael a fait couler beaucoup d'encre (certains ont même dit qu'il aurait changé de sexe !). Par contre, la chirurgie esthétique semble être l'un de ses sports favoris... en témoigne son visage translucide.

– ***BB King*** (1925) : BB King inaugure un blues moderne dans les années 1950. Avec son allure impeccable et élégante, sa façon unique de faire vibrer sa guitare « Lucille », il révolutionne l'image du bluesman. Une grande pointure de la musique noire américaine qui, dans les années 1990, se produisait encore en concert.

– ***Jerry Lee Lewis*** (1935) : une figure « phare » du rock'n'roll de la fin des années 1950 (jusqu'aux années 1970). Après avoir hésité entre la musique et le religieux, il chevauche son piano (aussi bien avec les coudes qu'avec les pieds !) pour des rythmes souvent décapants directement inspirés du boogie-woogie. Attaché à un esprit de liberté, il connut quelques errances et sa vie émaillée de scandales bouscula quelque peu l'Amérique puritaine.

– ***Madonna*** (Louise Veronica Ciccone, 1958) : une enfance malheureuse, un milieu modeste, un départ pour New York avec moins de 50 dollars en poche, une volonté farouche d'y arriver. Tous les ingrédients étaient réunis pour que cette jeune femme libérée, sulfureuse et provocante, au charisme érotique, faisant preuve de talents par tous les moyens possibles... s'inscrive dans la lignée des plus grands artistes qui collent à leur époque, de ces sex-symbols mythiques qui font la fierté de l'Amérique.

– ***Thelonious Monk*** (1917-1982) : le grand prêtre du be-bop, selon la formule consacrée, s'installe à New York dès l'âge de 6 ans. Il deviendra l'un des grands New-Yorkais du XXe siècle. Tous les hauts lieux du jazz tendance be-bop ont vu passer sa silhouette dégingandée puis bedonnante avec l'âge.

– ***Jim Morrisson*** (1943-1971) : « homme de mots » comme il se définissait, Jim Morrisson avec son groupe ***The Doors*** qu'il forme avec Ray Manzarek est un « monument » de la scène rock des années 1960. En concert, ce jeune éphèbe hypnotise les foules, se délivre et se livre sous l'emprise de diverses substances. Le groupe incarne alors toute une culture. Jim Morris-

son a été retrouvé mort à Paris. Pas d'une overdose comme on l'a souvent dit. Sa tombe au cimetière du Père Lachaise est régulièrement entretenue.
– **Jessye Norman** (1945) : cantatrice afro-américaine qui aime la France. Avec sa voix de soprano, elle envoûta des milliers de spectateurs lors du défilé commémorant le bicentenaire de la Révolution française sur les Champs-Élysées, enveloppée dans un drapeau tricolore.
– **Elvis Presley** (1935-1977) : un nom mythique, l'idole de toute une génération ou « The King », tout simplement. Un titre en 1954, *That's All Right* (qu'il enregistra pour sa mère), et voilà le premier coup de tonnerre ! Très vite, ce jeune sex-symbol à la voix chaude et sensuelle, ce crooner ténébreux, fait rêver, pleurer des dizaines de milliers d'adolescentes, déclenche des hystéries tandis qu'il inquiète une Amérique bien pensante. Un profond besoin de liberté se fait sentir ; ça tombe bien ! Plus rien ne sera comme avant. Les genres sont mélangés, les cartes sont brouillées. Le rock'n'roll s'est imposé ! Lire aussi « Elvis Story » au début du chapitre sur Memphis.
– **Prince** (Prince Rogers Nelson, 1958) : extravagant et sensuel sous les projecteurs, il cultive l'ambiguïté sexuelle et fait fi des tabous. Prince, c'est aussi un point de rencontre et de fusion de plusieurs courants musicaux (funk, blues-rock, soul, pop, et même une pincée de jazz et de hard). Il marque de manière indélébile la scène rock de la fin du XXe siècle avec des chef-d'œuvres tels que les albums *1999*, *Purple Rain*, etc.
– **Paul Simon** (1941) *:* le premier du couple Simon & Garfunkel. Les deux acolytes ont commencé à se faire connaître en 1957 sous le nom de Tom et Jerry ! Ces idoles des sixties connurent leur premier succès avec *Wednesday Morning*, mais c'est surtout la BO du film *Le Lauréat*, avec *Mrs Robinson* (élu disque de l'année 1968), qui a fait d'eux des vedettes planétaires. Sexagénaire assagi, Paul Simon poursuit aujourd'hui sa carrière en solo.
– **Frank Sinatra** (1926-1998) : crooner aux yeux bleus et acteur, Frank Sinatra est une véritable légende (plus de 600 millions d'albums vendus et une cinquantaine de films). Il s'est illustré dans des comédies musicales, a reçu un Oscar pour son interprétation dans le film *Tant qu'il y aura des hommes* (1953) et s'est immortalisé avec les fameux *Strangers in the night* (1966), *New York, New York* (1975) et le célébrissime *My way* (1969) écrit par... Claude François !
– **Bruce Springsteen** (1949) : qualifié de « nouveau Dylan » à ses débuts, puis surnommé « The Boss », Springsteen puise ses références dans le rock'n'roll, la country, le folk. L'album *Born to Run* en 1975 le révèle ; il signe là un rock populaire et engagé (le « blue-collar rock ») qui réveille les grands mythes américains des années 1950. *The River*, *Nebraska* sont de véritables succès, tout comme le patriotique mais néanmoins grand *Born in the USA*, en 1985.
– Parmi les pointures récentes, on ne manquera pas de citer **Lenny Kravitz** qui surprend par son mélange des genres musicaux et semble transcender les époques ou encore **R.E.M.** dont la carrière a débuté en 1983 et qui a remporté un succès mondial colossal avec *Losing my religion*, entre autres.

Cinéma

– **Woody Allen** (Allen Stewart Konisberg, 1935) : le cinéaste new-yorkais par excellence dont on attend chaque année impatiemment le nouvel *opus*. Le gamin de Brooklyn vit aujourd'hui sur la 5e Avenue, le dernier bastion de l'opulence et de la bourgeoisie intello new-yorkaise qui nourrit d'ailleurs le meilleur de son œuvre. On pense à *Annie Hall*, *Manhattan*, *Alice*, *Meurtre mystérieux à Manhattan*, *Coups de feu sur Broadway*.
– **Lauren Bacall** (Betty Wernstein Perske, 1924) : surnommée « The Look », cette grande actrice hollywoodienne débuta sa carrière à la fin de la Seconde Guerre mondiale. Avec Humphrey Bogart, elle partage sa vie, partage des films, elle forme l'un des couples les plus mythiques du 7e Art. À l'écran, elle est une femme indépendante à la beauté glacée.

GÉNÉRALITÉS

– **Humphrey Bogart** (1899-1957) : l'incontournable Humphrey Bogart ou « Bogey », l'acteur de la planète Hollywood qui joua dans près de 80 films. Tantôt gangster ou personnage de western à ses débuts (alors qu'il se destinait à être médecin), il endosse un rôle de détective dans *Le Faucon Maltais* (1941) qui le révèle. Par la suite, c'est un aventurier quelque peu sentimental. En 1952, il obtient la consécration avec l'Oscar du meilleur acteur dans *African Queen*.

– **Marlon Brando** (1924) : moulé dans un tee-shirt blanc, Marlon Brando se forge une notoriété dans *Un Tramway nommé Désir* (1951). Il devient alors un acteur « phare » d'Hollywood, à l'aise aussi bien dans le western que dans la tragédie, le film de guerre (*Apocalypse Now*) ou d'aventure. En 1961, il réalise son seul film : *La Vengeance aux deux visages*, un western surprenant et remarqué.

– **John Cassavetes** (1929-1989) : l'archétype de l'auteur indépendant qui a refusé le système hollywoodien. Dès son premier film, *Shadows* (1959), il innove un style cinématographique qui lui permet de coller à la réalité du sous-prolétariat noir. Ses films se feront ensuite « en famille », avec sa femme, la sublime Gena Rowlands.

– **Francis Ford Coppola** (1939) : à la fois scénariste, réalisateur et producteur, il signe des films qui témoignent d'un certain goût pour la grandeur, voire la démesure. On lui doit notamment *Le Parrain* (1972), *Apocalypse Now* (1979), *Cotton Club* (1984), ainsi que le scénario de *Paris brûle-t-il?* (1966). Eh oui !

– **James Dean** (1931-1955) : acteur américain devenu mythique en trois films : *À l'Est d'Eden* (1954), *La Fureur de vivre* et *Géant* (1955). Son physique de jeune premier et sa mort prématurée dans un accident de voiture qui le faucha en pleine ascension firent de lui le symbole de toute une génération éprise de liberté et de fureur de vivre.

– **Robert De Niro** (1943) : l'une des grandes figures italo-américaines du 7e Art. Tout d'abord acteur de théâtre, c'est avec son compère Scorsese qu'il perce dans le cinéma à partir des années 1970 : *Mean Streets* (1973), *Taxi Driver* (1976), *Raging Bull* (1980), *Les Affranchis* (1990), sans oublier *Le Parrain II* et *Le Parrain III* (Coppola). Depuis quelques années, il tourne beaucoup plus, semblant préférer la quantité à la qualité (les impôts à payer?). Il est aussi associé à Jean-Luc Delarue dans deux restos à Paris.

– **Walt Disney** (Walter Elias Disney, 1901-1966) : curieusement, Disney n'était pas un dessinateur exceptionnel. Très vite, il s'arrêta même de dessiner. C'était surtout un homme d'idées. Son premier trait de génie fut de donner aux visages de ses héros des expressions reflétant leurs émotions. Disney inventa aussi les études de marché : il invitait son équipe au cinéma et faisait projeter son dernier dessin animé avec le public. On notait ensuite les réactions dans la salle pour modifier le scénario. Au fait, saviez-vous que Mickey, créé en 1928, fut second rôle jusqu'aux années 1940? La vedette, c'était Pluto.

– **Clint Eastwood** (1930) : avec un parcours atypique ponctué de grands succès et d'échecs cinglants, jamais là où on l'attend, Clint Eastwood est en quelque sorte un « hors-la-loi » du 7e Art, très attaché à son instinct. Après 217 épisodes de la série « Rawhide », trois westerns spaghettis dont *Le Bon, la brute et le truand* (1966), il entame une carrière de réalisateur. Son film *Impitoyable* (1982) lui vaut une reconnaissance internationale tardive.

– **Henry Fonda** (1905-1982) : acteur de 1935 à 1981, Henry Fonda s'illustra dans près de 90 films (!) dont une série de westerns spaghettis. *Les Raisins de la Colère* (1940), *La Poursuite infernale* (1946 – film dans lequel il incarne l'authentique shérif de Tombstone, Wyatt Earp), *Il était une fois dans l'Ouest* (1969) restent dans les annales du cinéma.

– **Harrison Ford** (1942) : si la carrière d'acteur d'Harrison Ford a démarré tout doucement et a failli s'arrêter prématurément, elle s'est bien rattrapée par la suite! Menuisier dans les studios, il rencontre George Lucas qui accepte de lui donner un rôle dans *American Graffiti* (1973). Ensuite, c'est lui qui décide... Et par chance, il choisit des films (d'aventure de préférence) qui font un carton : la trilogie *Indiana Jones*, *Apocalypse Now* (1979), *Witness* (1984), etc.

- **Greta Garbo** (Greta Louisa Gustafsson, 1905-1990) : suédoise naturalisée américaine. Greta, « La Divine », la beauté froide qui illumine les écrans du cinéma muet des années 1920 avec *La Légende de Gösta Berling*, *La Femme divine*, etc. Elle se met à parler dans *Anna Christie* (1931), avant de rire pour la première fois dans *Ninotchka* (1939). Préférant certainement perpétuer le mythe de sa beauté, elle met un terme à sa carrière en 1940.

- **Cary Grant** (Archibald Alexander Leach, 1904-1986) : acteur des plus populaires dans les années 1950, toujours élégant séducteur, un temps marié à la légendaire et richissime Barbara Hutton, l'acteur fétiche d'Hitchcock... Que demander de plus ? Un peu de solitude peut-être, pour une personnalité complexe et angoissée.

- **Katharine Hepburn** (1909) : une femme indépendante au tempérament bouillant et à l'allure élégante, une actrice pleine d'audace au caractère volontaire et teinté d'impertinence. Toujours fascinante. Katherine Hepburn enchaîne les rôles dans des comédies romantiques, des mélodrames, sans jamais réellement quitter le théâtre. *Morning Glory* (1933), *Un Lion en hiver* (1968), *Devine qui vient dîner* (1967) soulignent son interprétation magistrale.

- **Alfred Hitchcock** (1899-1980) : l'œuvre d'Hitchcock impressionne, plus même, elle fascine ! De 1925 à 1975, il réalise plus de 50 films dont la simple évocation des titres provoque des sueurs froides... Quelques incontournables : *L'Éventreur* (1926), *Les 39 Marches* (1935), *Fenêtre sur cour* (1954), *Les Oiseaux* (1963)... Maître incontesté du suspense, Hitchcock a imposé un style, un humour et une façon toute singulière de signer ses propres films.

- **Dustin Hoffmann** (1937) : acteur aux multiples facettes qui a baigné dans le milieu hollywoodien dès sa plus jeune enfance (son père était décorateur de plateau). Tantôt victime, tantôt comique (*Tootsie*, 1982), il sait aussi être émouvant ; dans *Rain Man* (1988), son jeu est consacré par l'Oscar du meilleur acteur pour le rôle difficile d'un autiste.

- **John Huston** (1906-1987) : acteur, scénariste, John Huston n'a pas raté ses débuts de réalisateur avec *Le Faucon Maltais* (1941). Par la suite, il enchaîne des films qui, pour la plupart, mettent en scène des personnages confrontés à l'échec, aux errances, des « loosers » quoi ; c'est un aspect quasi identitaire du cinéma de Huston. *Le Trésor de la Sierra Madre* (1948), *African Queen* (1952), *Moby Dick* (1956) sont de gros calibres.

- **Elia Kazan** (né Kazanijoglou, 1909) : originaire de Turquie, il découvre le sol américain à l'âge de 4 ans. Kazan débute sa carrière au théâtre, fait quelques pas en tant qu'acteur avant de devenir réalisateur. En tout, il signe une vingtaine de films dans lesquels il aborde des thèmes sensibles comme l'antisémitisme, la corruption, etc. *Un Tramway nommé Désir* (1951) avec Marlon Brando, *À l'Est d'Eden* (1955) avec James Dean figurent parmi ses grands titres.

- **Stanley Kubrick** (1928-1999) : un personnage mystérieux et perfectionniste, un réalisateur en marge, inclassable. Kubrick a peu tourné comparé à d'autres, mais ses films touchent à l'exceptionnel, dérangent, interrogent, fascinent. Des genres différents qui dépeignent une nature humaine soumise à de sombres pulsions ; *2001, l'Odyssée de l'Espace* (1968), *Orange mécanique* (1971), *The Shining* (1980) sont des films mythiques.

- **Spike Lee** (Shelton Jackson Lee, 1957) : cinéaste noir militant, il dépeint la communauté afro-américaine de Brooklyn confrontée au racisme, à la violence. Sa carrière débute avec *She's gotta have it* (1986). Depuis, il a réalisé une vingtaine de films dont *Jungle Fever* (1991) et *Malcolm X* (1992).

GÉNÉRALITÉS

— **George Lucas** (1944) : le réalisateur de l'incontournable saga de la *Guerre des Étoiles* (1977), sans oublier *American Graffiti* (1973) devenu le film fétiche de toute une génération. Les héros remasterisés de *Star Wars* prennent forme aujourd'hui dans le Skywalker Ranch : l'empire et les studios de Lucas construits dans la Lucas Valley (un hasard paraît-il). C'est aussi une adresse incontournable pour les films à effets spéciaux (*Jurassic Park*...).

— **Marylin Monroe** (Norma Jean Baker, 1926-1962) : quarante ans après sa disparition, Marilyn reste encore aujourd'hui « le » sex symbol. Ses amours tumultueuses, ses liaisons avec les deux frères Kennedy, son mode de vie libertaire dans une Amérique puritaine, firent que son talent ne fut sans doute pas assez reconnu par ses pairs. Marilyn tourna pourtant avec les plus grands noms, des films tantôt légers et peu marquants, tantôt poignants et inoubliables. Son jeu sincère, émouvant et naïf, lui vaudra une notoriété mondiale. Elle est retrouvée morte à Los Angeles, vraisemblablement suicidée, en tout cas assassinée par un système appelé Hollywood.

— **Marx Brothers :** des gags à mourir de rire, des répliques ravageuses, un burlesque nourri d'improvisations... Voilà trois compères-frères, Chico (pianiste au chapeau pointu), Harpo (obsédé sexuel et muet), Groucho (intello de service) parfois rejoints par Zeppo, qui ont marqué le comique américain des années 1930 jusqu'à l'après-guerre. Deux grands classiques à savourer sans modération : *Une Nuit à l'opéra* (1935) et *Go West !* (1940).

— **Paul Newman** (1925) : élu meilleur acteur de tous les temps (qualités maritales prises en compte !), Paul Newman est fascinant, déroutant par son physique, impressionnant par son charisme. *La Couleur de l'argent* (1984) lui vaut l'Oscar du meilleur acteur. C'est aussi un réalisateur, un homme marqué par le décès de son fils (d'une overdose) et engagé dans la lutte contre la drogue et le cancer.

— **Jack Nicholson** (1937) : révélé dans *Easy Rider* (1969), Nicholson tourne alors aux côtés des plus grands réalisateurs : Kazan, Kubrick, Polanski, etc. *Chinatown* (1974), *Vol au-dessus d'un nid de coucou* (1975), *Le Facteur sonne toujours deux fois* (1981) et surtout le terrifiant *The Shining* (1980) sont les films les plus marquants de sa carrière. Souvent dérangeant, il s'est également essayé à quelques réalisations.

— **Al Pacino** (1940) : d'origine sicilienne (c'est pas un scoop !), il grandit dans le Bronx. Al Pacino, on le connaît évidemment dans la saga du *Parrain*. Mais il incarne aussi plein d'autres personnages : gangster, mafieux, policier, clochard... En 1973, il reçoit la Palme d'or au festival de Cannes avec *L'Epouvantail*. En 1996, il réalise *Looking for Richard*, un film qui témoigne de sa passion pour Shakespeare. Bref, du grand éclectisme !

— **Robert Redford** (1937) : après des débuts à Broadway, il se montre aussi à l'aise dans les rôles comiques que dramatiques. Charme, beauté et séduction sont quelques ingrédients de son succès. Redford est l'acteur fétiche de Pollack (*Out of Africa*, 1985). Son engagement réel pour la préservation de l'environnement constitue pour lui une source d'inspiration en tant que réalisateur et s'exprime notamment dans *Et au milieu coule une rivière* (1992).

— **Martin Scorsese** (1942) *:* l'enfant d'Elisabeth Street, dans Little Italy (à New York), est tombé tout petit dans le cinéma (non sans avoir failli embrasser la carrière de prêtre). Les grands moments de sa filmographie sont liés à sa ville, New York. *Mean Streets* (1973), son quatrième film, est selon lui « une sorte de manuel anthropologique et sociologique ». Puis c'est *Taxi Driver* (1976*)*, *New York, New York* (1977), entre autres.

— **Steven Spielberg** (1947) : entreprenant, croyant au lendemain, démagogique juste comme il faut, drôle, ce raconteur d'histoires a touché à tous les genres avec bonheur. De *Duel* (1971) à *La Liste de Schindler* (1993) en passant par l'attendrissant *E.T.* (1982) ou *Jurassic Park (1993)*, Spielberg réussit avec brio un grand écart cinématographique. « La Liste » démontre qu'il peut traiter d'un sujet grave avec justesse, pudeur et retenue. Humour et émotion, espoir et dérision. Voilà sans doute sa recette miracle.

– **Elizabeth Taylor** (1932) : à 10 ans, elle débute sa carrière d'actrice avec *La Fidèle Lassie* (1942) ; c'est ainsi la plus jeune star d'Hollywood. Avec son regard intense, sa carrière fut brillante et récompensée par deux statuettes. Liz Taylor est aussi une femme à hommes, même si elle a récemment promis qu'elle ne voulait pas se remarier une 9e fois !
– **John Wayne** (Marion Michael Morrisson, 1907-1979) : réalisateur mais surtout acteur (plus de 100 films !), John Wayne incarne par excellence le bon cow-boy courageux, grand et fort, chevauchant son destrier dans les plaines de l'Ouest. En 1939, *La Chevauchée Fantastique* le fait sortir de l'ombre. Des westerns, certes, mais aussi des films de guerre musclés... Bref, il plaît à une certaine Amérique bien pensante et sûre d'elle.
– **Orson Welles** (1915-1985) : un réalisateur hors normes qui marqua l'histoire cinématographique avec son premier long métrage *Citizen Kane* (1941), un film anthologique. Un comédien de talent qui provoqua la panique chez ses compatriotes (et même des suicides !) après avoir conté sur les ondes l'invasion de la Terre par des Martiens (une adaptation très réussie de *La Guerre des mondes*). Enfin, un acteur reconnu qui joua dans plus de 50 films.
– Et puis, en vrac : **Johnny Depp** (1964), acteur à la fois rebelle et discret qui choisit ses films sans se soucier du qu'en dira-t-on, **Jodie Foster** (1962), actrice exceptionnelle dans *Le Silence des agneaux* (1990), aujourd'hui plutôt derrière la caméra, **Meryl Streep** (1950), excellente dans *Out of Africa* (1986), **Brad Pitt** (1964), le sex-symbol à qui il suffit de faire un strip-tease de quelques minutes dans *Thelma et Louise* (1991) pour crever l'écran, **Tom Hanks** (1956), acteur éclectique qui connut une reconnaissance tardive dans *Philadelphia* (1993), **Julia Roberts** (1967) qui fit ses débuts de star dans *Pretty Woman* (1990) et qui, depuis sa consécration oscarisée dans *Erin Brockovitch*, est l'actrice la plus en vogue (et la mieux payée) du moment, **Bruce Willis** (1955), l'amoureux des cascades, des films d'action et catastrophes, **John Malkovich** (1953), acteur et réalisateur difficilement classable qui n'hésita pas à se parodier dans le film *Dans la peau de John Malkovich* (1998), **Tom Cruise** (1962) qui s'est révélé dans Top Gun (1896), **Mel Gibson** (1956), l'homme de *Mad Max* (1979) et de *L'Arme fatale 1, L'Arme fatale 2, 3, 4, 5, 6, 7*... (il doit y en avoir quelques-unes de trop...), **Quentin Tarantino** (1963), le réalisateur nouvelle vague américaine à l'origine du come-back de Travolta dans *Pulp Fiction*.

Littérature

– **Paul Auster** (1947) : installé à Brooklyn (près de NY), Paul Auster s'est fait connaître dans les années 1980 avec sa *Trilogie new-yorkaise*, minimaliste et étrange, qui capte une partie du mystère de la grande cité. Ses romans suivants (*Léviathan, Moon Palace*...) s'interrogent sur l'Amérique et ses valeurs. Touche-à-tout, il s'est aussi essayé au travail de scénariste et de réalisateur (*Lulu on the Bridge* en 1998).
– **John Dos Passos** (1896-1970) : romancier passé à la postérité avec *Manhattan Transfer* (1925). Son œuvre témoigne d'un engagement politique marqué et ciblé contre un certain ordre établi. Ses chevaux de bataille : la peine capitale, les prisonniers politiques, le modèle américain, etc.
– **William Faulkner** (1897-1962) : romancier venu à la littérature par dépit amoureux combiné à une terrible frustration de n'avoir pu participer à la Première Guerre mondiale (à cause de l'armistice !). Auteur de *Le Bruit et la Fureur* (1929), *Pylône* (1935), *Absolon, Absolon !* (1936), il est considéré comme l'un des plus grands écrivains de son temps.
– **Francis Scott Fitzgerald** (1896-1940) : romancier et nouvelliste, Fitzgerald est l'auteur de *Gastby le Magnifique* (1925), son chef-d'œuvre. Après l'échec de *Tendre est la nuit* (1934) et la folie qui emporte sa femme Zelda, la pente glissante est toute proche... Alcoolisme, puis crise cardiaque. Son

GÉNÉRALITÉS

œuvre est imprégnée des idéaux du rêve américain confrontés à la réalité de l'échec et de la frustration.

– **Dashiel Hammett** (1894-1961) : spécialiste du roman policier de la première moitié du XXe siècle, Dashiel Hammett dépeint avec justesse le milieu du gangstérisme de l'époque et sa violence. Son ouvrage *Le Faucon Maltais* (1930) a été porté à l'écran par John Huston en 1941.

– **Ernest Hemingway** (1899-1961) : l'un des romanciers et des nouvellistes les plus connus de la première moitié du XXe siècle. *Le Soleil se lève aussi* (1926) le fait connaître, *Le Vieil Homme et la Mer* (1952) lui vaut le prix Nobel. Hemingway puise son inspiration dans ses voyages et sa vie d'aventure ; il est blessé en Italie en 1918, couvre la guerre d'Espagne, vit la libération de Paris, s'écrase en avion en Afrique... Et se suicide, comme son père.

– **Mary Higgins Clark** (1929) : d'une manière simple, efficace et presque évidente, Mary Higgins Clark s'est imposée, dans les années 1980, comme la « reine du suspense ». Tout a commencé avec *La Nuit du Renard* (1979). Depuis, cette ancienne secrétaire et hôtesse de l'air reconvertie enchaîne les best-sellers et les prix (plus de 20 livres en 20 ans, c'est honorable...).

– **Henry James** (1843-1916) : James est un romancier à part, bercé par le sentiment tenace d'être exclus et inutile dès sa plus jeune enfance. Sa vie est alors une forme d'ascèse. Il choisit l'écriture et s'impose comme un scrutateur dans la *Scène américaine* (1905) et un fin analyste de l'esprit humain.

– **Jack Kerouac** (Jean-Louis Lebris de, 1922-1969) : d'origine bretonne, il a été surnommé le « Pape des beatniks ». À la recherche d'un renouveau spirituel libéré de toute convention sociale et des affres du matérialisme, Kerouac va explorer les chemins de l'errance et de l'instabilité en traversant les États-Unis. En 1957, il écrit en trois semaines *On the Road* qui deviendra un ouvrage culte pour la *Beat Generation*. Il meurt jeune, déprimé et alcoolique.

– **Stephen King** (1947) : l'un des maîtres de la littérature fantastique contemporaine. Des univers terrifiants... des livres qui se dévorent blotti sous la couette... pour d'interminables nuits blanches. Son secret ? Certainement cette façon de mettre en scène des personnages sans histoire qui basculent tout à coup vers l'inimaginable, l'irrationnel, le surnaturel... *Carrie* (1974) a lancé sa carrière. Ses livres sont une mine d'or pour le cinéma. Un petit *Shining* ce soir ?

– **Jack London** (1876-1916) : chasseur de phoques, écumeur de parcs à huîtres, chercheur d'or, journaliste puis écrivain à succès. Dans *L'Appel de la forêt* (1903), *Le Loup des mers* (1904), et surtout *Croc-Blanc* (1906), c'est un faiseur d'histoire, amoureux de la nature. En 1905, il s'installe dans la vallée de la Lune (ça lui va bien), en Californie, dans un ranch dément. Malheureusement, celui-ci brûle. Ruiné et désespéré, il meurt trois ans plus tard d'une crise d'urémie gastro-intestinale. D'autres appellent ça un suicide...

– **Herman Melville** (1819-1891) : c'est de ses nombreux voyages sur les différentes mers du globe qu'il tire ses récits exotiques mais surtout sa grande œuvre *Moby Dick* (1851). Avec moins de 4 000 exemplaires vendus de son vivant, c'est l'échec. Devenu inspecteur des douanes, il se replie alors sur la poésie.

– **Henry Miller** (1891-1980) : Miller s'est fait remarquer (on peut le dire) avec ses *Tropique du Cancer* (1934) et *Tropique du Capricorne* (1939), tous deux interdits de publication pendant près de 30 ans aux États-Unis. Dans la lignée, il signe d'autres titres frappés par la censure. Trop dissolu, trop choquant pour le puritanisme ambiant, trop avant-gardiste tout ça... Pas d'inquiétude, l'œuvre de cet ancien prof d'anglais à Dijon est aujourd'hui réhabilitée.

– **Toni Morrisson** (1931) : romancière noire (prix Nobel de littérature en 1993), Toni Morrisson puise son inspiration dans l'histoire et la culture du peuple noir-américain. Son œuvre entraîne dans l'obscurité de l'esclavage.

En 1988, *Beloved,* qui raconte l'histoire authentique d'une mère tuant sa fille pour qu'elle échappe à l'asservissement, a été salué par la critique.

– *Edgar Allan Poe* (1809-1849) : une enfance marquée par des parents tuberculeux, un tuteur qui n'entend rien à la poésie... pas facile ! Peu importe, le jeune Allan quitte son tuteur (qui le déshéritera) pour se consacrer à l'écriture. Il est le plus grand conteur américain du XIXe siècle.

– *John Steinbeck* (1902-1968) : à l'écart des mondanités et des projecteurs qu'il déteste, John Steinbeck décrit l'univers difficile des petits fermiers et des ouvriers agricoles. C'est avec *Les Raisins de la Colère* (1939) qu'il rencontre la célébrité. Nombre de ces romans ont été portés à l'écran, comme *À l'Est d'Eden*. En 1962, il reçoit le prix Nobel de littérature.

– *Mark Twain* (Samuel Langhorne Clemens, 1835-1910) : écrivain certes, mais aussi aventurier pour les uns, héros pour les autres. Son ouvrage *Les Aventures de Tom Sawyer* (1876) le rend célèbre. *Les aventures de Huckleberry Finn* (1884) marquent de manière indélébile la littérature transatlantique ; « tout ce qui s'écrit en Amérique vient de là » *dixit* Hemingway.

– *Tennessee Williams* (Thomas Lanier Tennessee, 1911-1983) : dramaturge et romancier qui partagea sa vie avec la solitude et l'écriture. Il est l'auteur de pièces dont de nombreuses ont été adaptées par de grands réalisateurs comme *Un Tramway nommé Désir*. Il met en scène des *loosers*, des personnages égarés dans une forme d'errance et qui, au fond, lui ressemblent un peu.

Sciences

– *Neil Armstrong* (1930) : le 21 juillet 1969, il est 4 h 17 (heure américaine). Neil Armstrong fait rêver la terre entière en faisant le premier pas sur la lune et prononce cette phrase devenue mythique : « Un petit pas pour l'homme, un grand bon en avant pour l'humanité ». L'Union soviétique prenait une claque historique...

– *Thomas Edison* (1847-1931) : un petit génie de l'invention que son professeur d'école trouvait « stupide » à cause de toutes ses questions ! En tout, il déposa pas moins de 1 000 brevets ! Le phonographe (1877) et la lampe à incandescence (1878) sont ses deux inventions « phares ».

– *Albert Einstein* (1879-1955) : inutile de présenter l'un des plus grands génies de l'histoire, né en Allemagne et qui a d'ailleurs connu sa gloire scientifique en Europe. La théorie de la relativité, ça vous dit quelque chose ? C'est celle qui permet notamment de décrire la structure de l'univers et qui a été vérifiée lors d'une éclipse totale du soleil ! Einstein est aussi un pacifiste, il combat le nazisme (qu'il fuit d'ailleurs en 1935) et défend l'idée de la création d'une terre juive en Palestine.

– *Benjamin Franklin* (1706-1790) : lire la rubrique « Quelques hommes illustres » au début du chapitre sur Philadelphie.

– *Bill Gates* (1955) : l'entrepreneur pas forcément le plus visionnaire de la planète mais certainement le plus riche... du moins jusqu'à une date récente. En 1975, il fonde Microsoft qui s'impose vite comme le leader mondial de l'informatique. Mais voilà, cet homme d'affaires en agace, en exaspère même plus d'un (20 États portent plainte) ; en avril 2000, il est reconnu coupable de « conduite prédatrice » conduisant à une situation de monopole. Le jour même, le titre perd 15 % en bourse (soit 80 milliards de dollars !).

– *Robert Oppenheimer* (1904-1967) : physicien appelé en 1942 pour diriger un projet terrifiant, celui de l'élaboration de la bombe atomique (« Projet Y ») à Los Alamos (Nouveau-Mexique). Peu de temps après, il affirme que « les physiciens ont connu le péché et c'est une expérience qu'ils ne peuvent oublier ». En 1949, il s'oppose au projet de la bombe H. Et en 1954, ses accréditations lui sont retirées, sa loyauté étant mise en cause...

Peinture et architecture

– **Jean-Michel Basquiat** (1960-1988) : Basquiat s'est fait connaître au début des années 1980, dans le Tompkins Square Park où il dormait dans un carton. Il est l'un des premiers artistes-graffiteurs noirs dans un milieu dominé par les Blancs. Une dizaine d'années après sa mort prématurée d'une overdose, le film *Basquiat* (1998) et le documentaire *Downtown 81* (2001) lui ont valu un come-back posthume.

– **Keith Haring** (1958-1990) : graffiteur qui sévit à New York avec des représentations de petits bonshommes aux formes arrondies et délimitées par un simple trait épais, qui donnent l'impression de danser, du moins de s'agiter. Un style un tantinet primitif. Il réalisa la fresque de l'hôpital Necker à Paris.

– **Edward Hopper** (1882-1967) : peintre de l'entre-deux-guerres qui s'inscrit dans le réalisme américain. Edward Hopper dépeint l'univers d'une Amérique nouvelle, celle des lieux urbains dans lesquels errent des individus solitaires regardant souvent vers l'ailleurs. La lumière est la clef de voûte de ses œuvres qui évoquent étrangement des images de cinéma.

– **Roy Lichstenstein** (1923-1996) : peintre qui ouvre la voie du *pop art* à la fin des années 1950, un courant qui s'enracine dans la représentation figurative souvent agressive et provocante de la vie quotidienne et de la société de consommation. Lichstenstein trouve son terrain d'expression dans la parodie de la bande dessinée.

– **Jackson Pollock** (1912-1956) : l'artiste qui inaugure l'*Action Painting* à la fin des années 1940. Les toiles sont posées sur le sol et Pollock tourne autour en projetant d'intenses giclées de peinture (technique du *dripping*). D'étranges arabesques s'animent ; elles se veulent à la fois l'expression de l'inconscient de l'artiste et d'un esthétisme calculé.

– **Andy Warhol** (1928-1987) : artiste touche-à-tout, provocateur, à l'ego surdimensionné, Andy Warhol est « le pape du pop ». Illustrateur publicitaire à ses débuts, il devient peintre dans les années 1960 et inaugure de nouvelles techniques comme celle de la photographie sérigraphiée sur toile. Il se consacre également au cinéma et produit dans son usine désaffectée le célèbre groupe de rock *The Velvet Underground*.

– **Frank Lloyd Wright** (1867-1959) : cet architecte anticonformiste détestait autant les gratte-ciel que le style « néo quelque chose » des maisons américaines du XIXe siècle. Il préférait les constructions basses, en harmonie avec leur environnement. Sa plus grande réalisation est incontestablement le musée Guggenheim de New York, en forme de grande hélice blanche.

Sport, danse

– **Merce Cunningham** (1919) : danseur et chorégraphe dont l'œuvre déconcerta dans un premier temps pour n'être pleinement considérée qu'à partir de 1967. Pas facile de s'imposer comme le plus grand créateur de la danse contemporaine !

– **Magic Johnson** (1959) : du haut de ses 2,05 m, Magic Johnson est « le » basketteur nord-américain des années 1980. Mais voilà, sa séropositivité le pousse à mettre un terme à sa carrière, même s'il joue encore de temps en temps. Il crée alors une fondation à la tête de laquelle il est devenu aujourd'hui une figure emblématique de la lutte contre le sida.

– **Carl Lewis** (Frederick Carlton Hinley, 1961) : vous savez... « *l'homme le plus rapide du monde* », l'athlète qui, en faisant des petits séjours à Los Angeles (1984), Séoul (1988), Barcelone (1992) et Atlanta (1996), a raflé 9 médailles d'or (100 m, 200 m, 4x100 m, saut en longueur)... et on ne parle pas des Championnats du monde ! Seul Ben Johnson l'a inquiété quelque temps.

– *John MacEnroe :* ce grand tennisman appartient à la génération des figures sacrées du tennis des années 1970-1980 : Connors, Borg, Lendl, Noah et consorts. Connu autant pour son style que pour son caractère de cochon et ses coups de gueule avec les arbitres.
– *Jessie Owens* (1913-1980) : un athlète noir de légende qui s'est brillamment illustré aux J.O. de 1936 à Berlin en remportant pas moins de 4 médailles d'or (100 et 200 m, 4x100 m, saut en longueur). Dans une Allemagne nazie qui n'a alors qu'une obsession, celle de démontrer la supériorité de sa race, ça fait désordre! Certaines de ses performances restent encore aujourd'hui inégalées.
– *Tiger Woods* (1975) : né pour gagner... Ce vœu pieux, formulé par son père, est devenu réalité. On dit qu'à 1 an, Tiger Woods frappait sa première balle. Ce qui est sûr, c'est qu'à 21, il devient le numéro 1 mondial du green et enchaîne les records. Son talent tient peut-être tout simplement (!) à son swing, lorsqu'il fait décoller la balle à plus de 270 km/h.
– Et puis, pour finir, un petit détour dans le monde de la mode et des couturiers pour saluer *Calvin Klein* (1942) – aussi créateur de parfum – qui se distingue avec une ligne de sous-vêtements masculins, et *Ralph Lauren* (1939) avec son style à la fois classique et désinvolte.

POSTE

Courrier

Vous pouvez vous faire adresser des lettres à la poste principale de chaque ville par la poste restante. Exemple : Harry Cover, General Delivery, Main Post Office, ville, État. Les postes restantes ne gardent pas toujours le courrier au-delà de la durée légale : 10 jours.
Attention si vous achetez des timbres, vous pouvez en avoir dans les guichets de poste *(US Mail)*, mais on peut également s'en procurer dans les distributeurs *(automats)* et les papeteries : là, ils valent le double.
Les bureaux de poste sont pour la plupart ouverts de 8 h à 17 h en semaine et le samedi matin pour les achats de timbres, dépôts de lettres ou paquets. Ils ne se chargent pas de l'envoi des télégrammes ; ce sont des compagnies privées qui le font. De plus, ils sont souvent bigrement difficiles à trouver.
Compter environ 80 cents pour envoyer une lettre en France. Il existe des distributeurs de timbres à l'entrée des postes, accessibles jusqu'à des heures assez tardives, en tout cas bien après la fermeture des bureaux.

Télégrammes

Aux États-Unis, c'est la *Western Union* qui se charge d'envoyer les télégrammes. Durée : 8 h environ pour arriver en Europe. Cherchez la rubrique « Western Union » dans l'annuaire, et faites le numéro correspondant au service qui vous intéresse. Il est tout à fait possible de télégraphier de l'argent.
Pour une cinquantaine de dollars, vous pouvez demander un *singing telegram* (télégramme chanté) ou un *bellygram* (télégramme donné par une danseuse du ventre) ou encore un *stripgram* (pas de dessin). C'est ça l'Amérique !
En général, les Américains utilisent assez peu le télégramme, car les tarifs longue distance du téléphone ne sont pas très élevés, surtout la nuit et le week-end.

POURBOIRES ET TAXES

Les pourboires *(tips* ou *gratuity)*

Dans les restos et les bars, les serveurs ayant un salaire fixe ridicule, la majeure partie de leurs revenus provient des pourboires. Voilà tout le génie

Somme	Pourboire (environ 15 %)	Somme	Pourboire (environ 15 %)
1 US$	0,15 US$	39 US$	5,85 US$
2 US$	0,30 US$	40 US$	6 US$
3 US$	0,45 US$	41 US$	6,15 US$
4 US$	0,60 US$	42 US$	6,30 US$
5 US$	0,75 US$	43 US$	6,45 US$
6 US$	0,90 US$	44 US$	6,60 US$
7 US$	1,05 US$	45 US$	6,70 US$
8 US$	1,20 US$	46 US$	6,90 US$
9 US$	1,35 US$	47 US$	7,05 US$
10 US$	1,50 US$	48 US$	7,20 US$
11 US$	1,65 US$	49 US$	7,35 US$
12 US$	1,80 US$	50 US$	7,50 US$
13 US$	1,95 US$	51 US$	7,65 US$
14 US$	2,10 US$	52 US$	7,80 US$
15 US$	2,25 US$	53 US$	7,95 US$
16 US$	2,40 US$	54 US$	8,10 US$
17 US$	2,55 US$	55 US$	8,25 US$
18 US$	2,70 US$	56 US$	8,40 US$
19 US$	2,85 US$	57 US$	8,55 US$
20 US$	3 US$	58 US$	8,70 US$
21 US$	3,15 US$	59 US$	8,85 US$
22 US$	3,30 US$	60 US$	9 US$
23 US$	3,45 US$	61 US$	9,15 US$
24 US$	3,60 US$	62 US$	9,30 US$
25 US$	3,75 US$	63 US$	9,45 US$
26 US$	3,90 US$	64 US$	9,60 US$
27 US$	4,05 US$	65 US$	9,75 US$
28 US$	4,20 US$	66 US$	9,90 US$
29 US$	4,35 US$	67 US$	10,05 US$
30 US$	4,50 US$	68 US$	10,20 US$
31 US$	4,65 US$	69 US$	10,35 US$
32 US$	4,80 US$	70 US$	10,50 US$
33 US$	4,95 US$	71 US$	10,65 US$
34 US$	5,10 US$	72 US$	10,80 US$
35 US$	5,25 US$	73 US$	10,95 US$
36 US$	5,40 US$	74 US$	11,10 US$
37 US$	5,55 US$	75 US$	11,25 US$
38 US$	5,70 US$		

de l'Amérique : faire payer aux clients selon leur degré de satisfaction pour motiver et récompenser les meilleurs serveurs et serveuses. C'est une institution à laquelle vous ne devez pas déroger (sauf dans les fast-foods type MacDo où on vous laissera tranquille). Un oubli vous fera passer pour le plouc total. Les Français possèdent la réputation d'être particulièrement radins et de laisser plutôt moins de 15 % que les 20 % traditionnels (à leur décharge, en France, le service est compris, ce qui explique les réticences). Dans certains restos, le service *(gratuity)* est parfois ajouté d'office sur la note, après la taxe. C'est de plus en plus fréquent lorsque le serveur ou la serveuse détecte un accent *Frenchy* ou allemand. Parfois, ça frise la discrimination, surtout lorsqu'on vous colle un 18 % d'office et qu'à la table voisine une famille d'Américains mégote en laissant le strict minimum... Dans ce cas, évidemment, ne payez pas un deuxième *tip.* On peut tout de même marquer son désaccord si la prestation n'est pas à la hauteur, après tout la qualité du service reste à l'appréciation du client.

Si vous payez une note de resto avec une carte de paiement, n'oubliez pas de remplir vous-même la case « Tips », car il arrive parfois que le serveur remplisse cette case lui-même. S'il est malhonnête, il peut y inscrire n'importe quelle somme ; et vous ne vous en apercevrez qu'à votre retour, en épluchant votre relevé de compte bancaire. Gardez bien en tête qu'aux USA, *1* s'écrit *I*, sinon vous avez toutes les chances que votre *1* soit pris pour un *7* ! La carte de paiement, c'est d'ailleurs un bon moyen de laisser le *tip*, ça évite de devoir toujours emporter de la monnaie avec soi et c'est directement partagé entre tous les serveurs.

Idem pour les taxis : il est de coutume de laisser 10 à 15 % en plus de la somme au compteur. Là, gare aux insultes d'un chauffeur mécontent ; il ne se gênera pas pour vous faire remarquer vertement votre oubli.

Les taxes

Dans tous les États-Unis, les prix affichés dans les magasins, les hôtels, au resto, etc., sont entendus SANS TAXE. Celle-ci s'ajoute au moment de payer. Elle est très variable selon les États et la ville où l'on se trouve. Son montant est fixé simultanément par l'État, le Comté et la ville. Elle varie également selon le type d'achat.

Les commerçants et les hôteliers l'ajoutent donc à la caisse. Pour une location de voiture, il peut être judicieux de demander la taxe ; on peut faire ainsi des économies intéressantes en louant une voiture dans une ville plutôt qu'une autre. Les produits alimentaires vendus en magasin ne sont pas soumis à la taxe. De même, certains secteurs, peu nombreux il est vrai, en sont exonérés ; c'est le cas du territoire Hopi, en Arizona, pour la restauration et l'hébergement.

SANTÉ

Soins médicaux

Contrairement à ce que l'on pense, il existe un système de Sécurité sociale aux États-Unis (instauré en 1965) mais pour le moins restrictif. Il faut d'abord être de nationalité américaine, ensuite être dans le besoin, avoir plus de 65 ans ou moins de 19 ans, être handicapé moteur ou physique ou être enceinte. Cette assurance s'appelle *Medicare* pour les personnes âgées et handicapées, *Medicaid* pour les personnes les plus défavorisées. Une taxe de 1,5 à 3 % est prélevée sur le salaire de chaque citoyen. Ils sont près de 40 millions d'Américains (dont plus de 2 millions à New York) à recevoir cette assurance médicale publique qui, chaque année, coûte plus de 350 milliards de dollars à l'État. L'assurance ne couvre pas les visites chez le dentiste mais elle couvre les moyens de contraception et les séjours en maison de retraite (bonjour l'état de certaines vu les restrictions budgétaires).

À l'exception de ces démunis, chacun souscrit l'assurance maladie de son choix (enfin, celle qu'ils peuvent s'offrir). Les tarifs des frais médicaux et d'hôpital sont très élevés, surtout pour les étrangers dont les factures sont fréquemment majorées. Il est donc indispensable de prendre, avant votre départ, une *ASSURANCE VOYAGE INTÉGRALE* pour la durée du séjour à l'étranger. L'assurance maladie et frais d'hôpital doit couvrir au moins 76 243,34 € (500 000 F) **sans franchise**. Dans certains cas, ce montant est dépassé. Il vaut mieux avoir une garantie de 304 973,35 € (2 000 000 F).

GÉNÉRALITÉS

■ **Air Monde Assistance :** 5, rue Bourdaloue, 75009 Paris. ☎ 01-42-85-26-61. Fax : 01-42-85-16-34. M. : Notre-Dame-de-Lorette. Depuis 1962, c'est l'assurance assistance déplacement hors de France. Garanties pour des séjours de courte ou longue durée (au plus durant 2 ans). Prime suivant la durée du voyage. Deux options selon le remboursement des frais de santé : frais médicaux et pharmaceutiques; frais chirurgicaux ou d'hospitalisation. Adhésion jusqu'à 75 ans. Assistance et rapatriement par AXA Assistance.

■ **AVA, Assurance-Voyages & Assistance :** 24, rue Pierre-Semard, 75009 Paris. ☎ 01-53-20-44-20. Fax : 01-42-85-33-69. • www.ava.fr • M. : Cadet ou Poissonnière. Ouvert de 8 h 30 à 19 h sans interruption. Cet assureur, spécialiste des voyages, propose des services adaptés aux exigences de l'Amérique du Nord, avec des contrats comme *Carte Santé* ou *AVAssist*, un package assistance et assurance. L'admission dans l'hôpital de votre choix est immédiate et la prise en charge au premier euro est automatique sur présentation de votre carte. Souscription à effet immédiat, paiement par carte bancaire au ☎ 01-48-78-11-88 et sur Internet : • www.ava.fr •

■ **Routard Assistance :** 28, rue de Mogador, 75009 Paris. ☎ 01-44-63-51-00. Fax : 01-42-80-41-57. M. : Trinité ou Chaussée-d'Antin; RER : Auber. *Routard Assistance* propose des garanties complètes avec une assurance maladie et hôpital de 304 973,35 € (2 000 000 F) sans franchise (un record). La carte personnelle d'assurance, avec un texte en anglais, comprend une prise en charge des frais d'hôpital; c'est la formule : « hospitalisé ! rien à payer », et un numéro d'appel gratuit jour et nuit vous permet d'être conseillé et de recevoir des soins spécialisés pour votre problème de santé.

bien s'assurer pour mieux voyager

Assurez-vous comme un américain!
Avec AVA, le spécialiste de l'Assurance Voyages
aux USA et ses contrats Carte Santé
ou AVAssist, qui protège 60.000 français tous les ans.
Nous serions heureux de vous compter parmi eux.

Nouveau site de souscription en ligne :
www.ava.fr

Nous vous garantissons les meilleures prestations :
- un centre d'assistance à Houston *qui répond 24/24 en français*,
- la prise en charge ou le remboursement *sans franchise et à concurrence de 500.000 €* de vos frais médicaux (en cas d'hospitalisation, *vous n'avez rien à payer*),
- l'assistance, le rapatriement sanitaire, le retour anticipé,
- l'assurance de vos bagages, de votre résponsabilité civile,
- l'annulation de votre séjour ou son interruption,
- *l'assurance de votre véhicule de location*

Questionnez-nous,
vous recevrez sous 24h une documentation précise de nos garanties spécifiques USA.
Après comparaison de notre offre, vous pourrez souscrire par *téléphone ou par fax*

AVA 24, rue Pierre Sémard - 75009 PARIS
☎ : *01 48 78 11 88*   *www.ava.fr*

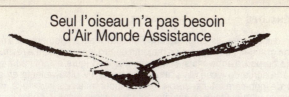

Seul l'oiseau n'a pas besoin d'Air Monde Assistance

AVANT DE VOUS ENVOLER SURVOLEZ CE TARIF MONDE ENTIER D'AIR MONDE ASSISTANCE

DURÉE	PRIME EN EUROS	
17 jours	46	(300 F)
1 mois	61	(400 F)
2 mois	107	(700 F)
3 mois	160	(1050 F)
6 mois	229	(1500 F)
9 mois	351	(2300 F)
12 mois	473	(3100 F)

Tarif Famille sur demande

GARANTIES MONDE ENTIER :
téléphonez
à A.S.T.
01 42 85 26 61

AIR MONDE ASSISTANCE EST UNE EXCLUSIVITÉ A.S.T.

ASSURANCE SPORTS ET TOURISME
5, rue Bourdaloue - 75009 Paris - Tél. : 01 42 85 26 61 - Fax : 01 48 74 85 18

– Si vous devez voir un médecin : cherchez dans les pages jaunes à « Clinics » ou « Physicians ». Si vous voulez des médicaments de confort comme de l'aspirine, allez dans un *drugstore*. Mais les vrais médicaments ne vous seront délivrés qu'avec l'ordonnance d'un médecin.

Répulsifs anti-moustiques *(repellents)*

Il existe un nouveau principe actif assurant jusqu'à 8 h de protection, non gras, d'odeur agréable, utilisable chez l'enfant dès 2 ans : le *Bayrepel*. Noms commerciaux : *Autan Family* pour les peaux sensibles (visage, cou, enfants) et *Autan Active* (activités de plein air et tropiques).
Autres principes actifs :
– DEET à 50 % : nom commercial, *Insect Ecran Peau*. Attention : réservé à l'adulte.
– 35/35 : nom commercial, *5 sur 5 Tropic*. D'efficacité équivalente au précédent, utilisable chez l'enfant.
Il est conseillé de s'enduire les parties découvertes du corps et de renouveler fréquemment l'application.

SAVOIR-VIVRE ET COUTUMES

Difficile de décrire les règles de savoir-vivre à adopter dans un pays auquel on reproche souvent de ne pas en avoir. Le pays de la peine de mort et de l'injustice sociale sait souvent faire preuve d'un savoir-vivre étonnant dans les situations de tous les jours. Les Américains sont dans l'ensemble puritains. Ils adorent les fêtes patronales où l'émotion à trois-francs-six-sous déborde de partout mais ils s'indignent peu de savoir que les enfants irakiens crèvent de faim ou que l'embargo contre Cuba fait des ravages. La compassion est ici à géométrie très variable, comme partout certainement, mais peut-être un peu plus qu'ailleurs. Les Américains ne sont pas à une contradiction près. Ils se choquent d'un rien mais finalement ne s'étonnent pas de grand-chose. Ils sont en majorité contre les lois visant à restreindre la liberté de port d'arme mais s'interrogent quand leurs enfants sont assassinés à la sortie du lycée. Ils s'abreuvent d'une TV ultra-violente en se goinfrant de pop-corn et de crème glacée pour mieux s'inscrire à des programmes ultra-coûteux de régime. Peuple difficile à saisir, où les excès sont légions mais le civisme reste le lot quotidien.

Quelques conseils et indications en vrac, pour vous montrer que cette civilisation de pionniers, où la force a de tout temps été la seule loi qui prévalait, sait parfois faire preuve, dans la vie de tous les jours, d'une étrange gentillesse qui fait souvent passer les Français pour de curieux barbares.

– À la ville comme dans les campagnes *on se dit facilement bonjour* dans la rue, même si on ne se connaît pas.

– Les *files d'attente* dans les lieux publics ne sont pas un vain mot. Pas question comme en France de gratter quelques places à la poste ou dans la queue de cinéma. Le petit rigolo qui triche est vite remis en place.

– En voiture, *le code de la route* est véritablement respecté. L'automobile est considérée comme un moyen de locomotion, pas comme un engin de mort. Les distances de sécurité sont la plupart du temps une réalité. Et puis vous ne verrez jamais une voiture stationnée sur le trottoir. Non par peur des représailles policières, mais tout simplement parce que ça empêche les piétons de passer ! Ça semble tout simple, hein ! Que n'y a-t-on pensé plus tôt ! Ne vous avisez pas de transgresser ce genre de règles, ça vous coûtera cher. De même pour les passages piétons. Si quelqu'un est devant un passage piéton, les voitures s'arrêtent automatiquement pour le laisser passer.

– Vous ne verrez que rarement un Américain jeter un papier par terre. Il attendra toujours de croiser une poubelle. Et si tel n'était pas le cas, il y aura toujours quelqu'un pour le rappeler à l'ordre ou lui dire avec un brin de cynisme teinté d'humour : « You just lost something ! » (vous avez perdu quelque chose).

– Les crottes de chien : voilà encore un sujet sur lequel on pourrait en prendre de la graine. Ces sauvages d'Américains savent ramasser les crottes de leur toutou. Ce qui apparaît comme un geste simple, civique et évident là-bas, a décidemment du mal à se mettre en place en France. Tout naturellement chaque propriétaire de clébard possède avec lui un petit sac plastique dans lequel il glisse sa main, ramasse la production canine et retourne le sac proprement avant de le mettre dans la première poubelle rencontrée. Bravo !

– Les Américains se font très rarement la bise. Quand on se connaît peu on se dit « Hi ! » (prononcer « Haïe »), qui veut dire « salut, bonjour ». Quand on est proche et qu'on ne s'est pas vu depuis un moment c'est le « hug » qui prévaut. Il s'agit de s'enlacer et se tapant dans le dos, gentiment quand il s'agit de femmes, avec de grandes bourrades quand il s'agit d'hommes. Si vous approchez pour la première fois un Américain en lui faisant la bise, ça risque de surprendre votre interlocuteur.

– En arrivant dans un restaurant on ne s'installe pas à n'importe quelle table, sauf si l'écriteau « Please seat yourself » vous invite à le faire.

– *Les petits restes :* si dans un restaurant vous avez eu les yeux plus gros que le ventre, n'ayez pas de scrupules à demander un sachet en plastique pour emporter les restes de vos plats. Jadis, on disait pudiquement « C'est pour mon chien », et il était alors question de *doggy bag*. Aujourd'hui, n'hésitez pas à demander : « Would you wrap this up for me ? »

– Dans les restaurants et les cafés, le service n'est jamais compris. En revanche il est dû par le client. Personne n'a idée de gruger le serveur ou la serveuse, car tout le monde sait que c'est précisément sur le « tip » qu'ils gagnent leur vie.

– Au sujet des toilettes publiques : elles sont presque toujours gratuites et souvent bien entretenues. Vous en trouverez dans les *bus stations*, dans les

stations-service (demander la clef à la caisse) ou, au culot, dans les buildings et les cafétérias, ou dans les halls des grands hôtels. Pour quelque réminiscence de puritanisme, on demande *the restroom* ou *the powder room* (et même *the little girls' room*). Une autre expression amusante et argotique : *the John* !
– Toujours concernant les toilettes des lieux publics et plus particulièrement des restaurants. La plupart tiennent une sorte de « livre de bord » des toilettes qui doivent être vérifiées par un membre du personnel et nettoyées si besoin toutes les 2 heures. L'employé note la propreté de la lunette, du lavabo, du miroir... Ce plan « vigie-toilettes », s'il peut faire sourire, permet en effet de conserver des toilettes impeccables. Là encore, certainement quelques bonnes idées à prendre...
– Les sections non-fumeurs sont particulièrement respectées dans les restaurants et les hôtels qui possèdent en général la grande majorité de leurs chambres en non-fumeurs. De plus en plus d'hôtels sont d'ailleurs entièrement non-fumeurs. Et ne vous avisez pas de fumer, ça déclencherait le système d'arrosage situé dans les plafonds et l'alarme.
– Dans les petits campings de certains parcs nationaux, le paiement se fait par un système d'enveloppe. On met la somme demandée dans l'enveloppe que l'on glisse dans la boîte. Le *ranger* « on duty » viendra le lendemain ramasser les enveloppes. Aucune vérification n'est faite. Question de confiance ! Sans doute si ce système était mis en place en France y aurait-il moins de resquille.
– Pour acheter votre journal, il existe des distributeurs automatiques. Il suffit de glisser la somme et une petite porte s'ouvre pour vous laissez prendre votre quotidien. On peut en fait parfaitement en prendre 2, 3 ou 10 à la fois tout en ne payant qu'un seul, mais personne ne le fait. L'honnêteté prévaut.
– Lorsque vous remplissez des papiers administratifs, on ne vous demande quasiment jamais de justificatifs (en France on est les rois du justificatif). Toutes les déclarations sont faites sur l'honneur. C'est une tradition. Et de fait il n'y a pas plus de tricherie qu'ailleurs. Le pourcentage de gens qui font de fausses déclarations n'est pas supérieur à celui d'autres pays.
– Les Américains sont des individualistes forcenés mais ils sont prêteurs. Ils n'hésiteront pas, après avoir fait un peu votre connaissance, à vous prêter leur voiture et à vous laisser les clés de leur maison. Ça étonne toujours un peu au début, mais on s'habitue rapidement à cet état d'esprit.
– Les malentendus culturels : les Américains, joyeux drilles, grands enfants naïfs qui adorent rigoler, aiment les contacts et sont d'un abord facile. Pour les Français, cet élan immédiat leur fait croire qu'ils se sont fait de nouveaux amis dans la minute. Le premier contact passé ils s'aperçoivent souvent que la mayo de l'amitié est redescendue. L'analyse de cette situation fait dire aux Français que les Américains sont superficiels, légers, inconsistants. C'est la facilité du premier contact qui est trompeuse. C'est vrai que les Français n'ont pas la même manière de procéder. On se tourne autour, on se renifle, on se toise... pour enfin se parler. Mais ce qui ressort le plus souvent de l'aventure américaine, c'est toujours la gentillesse, la facilité du contact, la serviabilité des gens.

SITES INTERNET

Les sites institutionnels

● *www.amb-usa.fr* ● Le site de l'ambassade des États-Unis en France. Très complet et parfaitement actualisé. Toutes les infos sur les visas (possibilité de télécharger les formulaires).
● *www.whitehouse.gov* ● Le site officiel de la Maison Blanche. Si vous avez des choses à dire à George Bush, tapez ● *president@whitehouse.gov* ●
● *www.odci.gov* ● Pour tout savoir sur la CIA (Central Intelligence Agency).

Les médias

- **www.cnn.com** • **www.abcnews.com** • **www.time.com** • et • **www.washingtonpost.com** • figurent parmi les meilleurs sites d'actualité.

Et aussi

- **www.amish.net** • Site en anglais assez fourni pour connaître les us et coutumes des Amish. Nombreux liens.
- **www.route-du-blues.net** • ou • **www.mapage.noos.fr/jrichez** • Site perso en français fait par un passionné du blues : complet avec cartes, photos, l'itinéraire de « la route du blues » et des liens.
- **www.elvis-presley.com** • Pour les fans d'Elvis, le site officiel en anglais où l'on peut découvrir « l'Elvisologie » tout en réécoutant ses plus grands titres (medley et extraits).
- **www.crimelibrary.com** • Tout sur la criminalité américaine (charmant...) et en particulier sur Al Capone • **www.crimelibrary.com/capone-fr/2.htm** •
- **www.fbi-files.com** • Tous les dossiers du Bureau Fédéral d'Investigation, classés par thèmes (célébrités, espionnage, crimes...).
- **www.biography-1.com** • Famille Kennedy, ton univers impitoyable... En prime, fichiers audio et vidéo.
- **www.niagarafallsstatepark.com** • Beau site très complet sur les célèbres chutes (diverses infos sur les attractions, restos et autres), plus quelques liens.
- **www.ci.chi.il.us** • Comme son nom ne l'indique pas vraiment, voici un site très détaillé sur Chicago. On peut consulter le journal *Chicago Headlines*.

SPORTS ET LOISIRS

Summer camps

Les camps de vacances, colonies ou camps d'ados sont une composante très importante des vacances des jeunes Américains. Depuis de nombreuses années, ces *summer camps* sont ouverts au public étranger et, bien qu'ils soient encore mal connus des familles francophones, de nombreux jeunes Européens participent chaque été à des sessions de 2, 4 et 6 semaines où la dimension linguistique s'ajoute à la pratique d'activités multiples et variées dans des sites de rêve.
Une association de mères américaines basée dans la région parisienne conseille aux familles européennes des formules en été de 2, 3, 4 semaines ou plus. L'accueil et les transferts sont organisés depuis l'aéroport d'arrivée (la famille doit se charger de réserver le vol).
Les camps sélectionnés répondent aux critères rigoureux de l'*American Camping Association* et de la *Western Association of Independent Camps*. Ils peuvent être mixtes ou non mixtes, laïcs ou religieux, et offrent une gamme d'activités illimitée : tous les sports, y compris l'équitation, le ski nautique, la planche à voile, le tennis, le tir à l'arc, les activités artistiques et musicales, les séjours dans des ranchs, les randonnées... ainsi que des cours en collège.
La plupart des camps disposent d'un *counselor* francophone pour le cas où la dimension linguistique serait un barrage. Âge conseillé : de 13 à 18 ans.

■ Pour tout renseignement, contacter l'**Association Conseil Loisirs** | *Culturels USA* (15, rue Georges-Lafenestre, 92340 Bourg-la-Reine) par téléphone ou fax : ☎ 01-46-83-04-66.

■ Également possible de contacter aux États-Unis ***Tips on Trips and Camps*** au : ☎ (1) 410-337-86-45.

Attention, la popularité de cette formule est telle qu'à partir de la fin du mois de mars, il devient difficile de trouver des places dans certains camps. Il est donc important de s'y prendre le plus tôt possible.

TÉLÉPHONE

– ***États-Unis → France :*** 011 + 33 + numéro du correspondant à 9 chiffres (sans le 0).
– ***France → États-Unis*** (0,23 €/mn, en tarif normal du lundi au vendredi de 8 h à 19 h, 0,12 €/mn, en tarif réduit) : 00 + 1 + indicatif de la ville + numéro du correspondant.
– ***Renseignements téléphoniques internationaux :*** 32-12 (3 €, l'appel permettant la recherche de 2 numéros).

Tuyaux

– Renseignements pour ***Overseas*** : ☎ 0-0. Appel gratuit.
– Le ***réseau*** téléphonique est divisé en de très petites régions ; pour appeler d'une région à l'autre, il faut composer le 1, puis le code de la région (ex. : 617 pour Boston). Cela donne un numéro à 11 chiffres alors que si vous restez dans la même zone, vous ne composerez que 7 chiffres. Chaque région a son opératrice. Donc en composant le 0 dans une région, on ne pourra pas obtenir des renseignements sur les abonnés d'une autre région. Mais si vous voulez quand même un renseignement concernant une autre région, composez le 1, puis le code de la région concernée, puis le 0.
Pour connaître un numéro local, composez le 411 ; pour un numéro interurbain, composez l'indicatif + 555 + 1212, et pour un numéro gratuit, le 800 + 555 + 1212.
– ***Utilisez le téléphone au maximum***, cela vous fera gagner pas mal de temps. Par exemple, si vous êtes perdu ou complètement ivre, entrez dans une cabine téléphonique et faites le 0, l'opérateur vous renseignera sur l'endroit où vous vous trouvez... Au début de l'annuaire des Pages Jaunes, vous trouverez un tas d'infos intéressantes concernant les transports (intérieurs et extérieurs), les parcs, les sites, les musées, les théâtres...
– ***Appels gratuits :*** tous les numéros de téléphone commençant par 1-800, 1-888 ou 1-877 sont gratuits (compagnies aériennes, chaînes d'hôtels, loueurs de voitures...). On appelle ça les *toll free numbers* : demandez-les toujours, ça vous fera des économies pour vos réservations d'hôtels et vos demandes de renseignements (la plupart des offices de tourisme en ont un). En plus, comme ça, pas besoin de carte ni de monnaie. Attention, les numéros gratuits sont parfois payants des hôtels et ne fonctionnent pas quand on appelle de l'étranger. Par contre, on peut quand même obtenir la communication (payante), en remplaçant 800 par 880, 888 par 881 et 877 par 882. Ceux des petites compagnies fonctionnent même parfois uniquement à l'intérieur d'un État.
– Certains ***numéros sont composés de mots***, ne vous affolez pas, c'est normal ! Chaque touche de téléphone correspond à un chiffre et à trois lettres. Ce qui permet de retenir facilement un numéro (exemple : pour contacter les chemins de fer ☎ 1-800-USA-RAIL, ça équivaut à 1-800-872-7245). Ne vous étonnez pas si certains numéros dépassent les 11 chiffres, c'est tout simplement pour faire un mot complet, plus facile à retenir.

Les règles de base

Joindre la France ou même les États-Unis depuis une cabine aux États-Unis relève en général du calvaire si l'on n'a pas de carte de téléphone. Il faut faire des provisions de piles de pièces de 25 cents et en déverser des quantités dans l'appareil quand l'opératrice vous le demande, après que vous avez composé le numéro (*Please deposit*...). Le tout pour une période de 3 mn. Vous parlez et, en cours de conversation, quand vous êtes arrivé au terme des 3 mn, on vous coupe la parole et on vous demande de remettre des sous dans l'appareil, etc. Pour les communications moins chères, c'est l'opératrice qui vous rappelle à la fin de la communication pour vous demander le supplément si vous avez dépassé votre temps de parole. Certains prennent leurs jambes à leur cou... Même si ça s'améliore, la plupart des cabines n'acceptent toujours pas les cartes de paiement, les cartes à puce ne sont pas encore en vigueur aux États-Unis et les hôtels pratiquent des tarifs assez impressionnants, qui ne laissent que le choix de la carte de téléphone ou du PCV (c'est papa qui va être content quand il va recevoir la note!). Sachez que dans certains hôtels, on peut vous facturer une communication téléphonique même si l'appel n'a pas abouti! Il suffit parfois de laisser sonner 4 ou 5 coups dans le vide pour que le compteur tourne. Seuls les motels les moins chers ne facturent pas les communications locales, les autres le font. Les appels gratuits (1-800) sont aussi le plus souvent facturés.

Les cartes téléphoniques *(phone cards)*

L'usage des pièces pour téléphoner des cabines a tendance à disparaître à mesure que se développe le système, beaucoup plus pratique, des cartes téléphoniques prépayées *(prepaid phone-cards)*.
Ces cartes téléphoniques, éditées par des dizaines de compagnies différentes, sont en vente un peu partout (magasins, sociétés privées, réceptions d'hôtels, certains offices de tourisme...) à des prix variables selon le crédit disponible de la carte (généralement 10 ou 20 US$). La chaîne *Motel 6* vend ainsi aux réceptions de ses établissements ses propres cartes téléphoniques prépayées. L'usager peut utiliser cette carte pour téléphoner de sa chambre où il veut, quand il veut, dans le pays, et hors du pays. Il dispose d'un code confidentiel inscrit sur la carte, qu'il doit composer pour chaque appel. Il reçoit alors des instructions en français. Très pratique. Le montant du crédit disponible est indiqué automatiquement. Quand le crédit téléphonique est épuisé, il faut acheter une autre carte ou, dans certains cas, recharger son compte téléphonique en communiquant son numéro de carte bancaire (mais on déconseille cette formule qui n'est pas sans risque d'erreur). Mieux vaut acheter une autre carte téléphonique.
À noter : les cartes téléphoniques américaines n'ont pas de puces électroniques intégrées comme en France. Ce qui ralentit la manip.
– Pour vous simplifier la vie dans tous vos déplacements, les **cartes France Télécom** vous permettent de téléphoner en France et depuis plus de 100 pays à partir de la plupart des téléphones (d'une cabine, chez des amis, d'un restaurant, d'un hôtel...) sans souci de paiement immédiat. Les appels sont directement prélevés et détaillés sur votre facture France Telecom. Il existe plusieurs formules. Par exemple, pour les routards qui voyagent souvent à l'étranger, on recommande la *carte France Telecom Voyage* qui propose une tarification dégressive pour les appels internationaux (sauf pour les DOM). Pour en savoir plus, n° Vert : ☎ 0800-202-202 ou • cartefrancetelecom.com •

Autres options

– **Avec une carte de paiement :** une compagnie de téléphone privée a mis au point un système qui permet d'avoir accès à des tarifs américains réduits

Mon passeport, ma brosse à dents, mon appareil photo... et ma Carte France Télécom Voyage.

Avec la Carte France Télécom Voyage :

• vous appelez depuis plus de 100 pays, de n'importe quel téléphone*, en toute fiabilité • vous réalisez de vraies économies en profitant de prix attractifs • et vos appels sont facturés directement sur votre ligne téléphonique en France • pour plus d'information, ▶ N° Vert 0 800 202 202

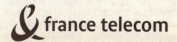

*Selon restrictions techniques.

sans autre instrument que votre doigt et votre carte de paiement. Le principe est simple : cette compagnie achète de très grosses quantités de minutes téléphoniques aux trois grands du marché américain; elle bénéficie ainsi de tarifs ultra-réduits qu'elle peut ensuite revendre à très bas prix. Il suffit de composer le numéro gratuit ☎ 1-800-836-9067 en arrivant aux États-Unis, et le reste des informations vous est donné par un opérateur qui parle le français. Le paiement est prélevé sur votre carte de paiement (2 montants possibles : 10 US$ donnant droit à 25 mn de communication avec la France, ou 20 US$ pour 50 mn de communication). Vous pouvez également prépayer votre carte en appelant directement depuis la France le ☎ 00-1-416-643-70-78. On tombe sur le même service francophone. Vous pourrez alors prépayer votre carte ou celle de vos enfants s'ils partent sans vous ; ils pourront ainsi vous donner des nouvelles en appelant de n'importe quelle cabine ou poste privé.
– **La France par opérateur :** pour ceux qui n'ont ni monnaie, ni carte de téléphone, ni carte *France Télécom*, et qui ne veulent pas faire de PCV, il est possible de faire le ☎ 10-10-28-80 pour être mis en contact avec un « International Operator French Speaking ». On paye alors la communication en lui donnant son numéro de carte de paiement.

TRANSPORTS

Pour ceux qui n'ont pas bien appris leur géographie à l'école, qu'ils sachent que les États-Unis sont un très grand pays, donc que les distances sont longues, très longues. N'oubliez pas que voyager à plusieurs (4 est le nombre d'or) est le moyen le plus économique pour découvrir les États-Unis. D'abord, louer ou même acheter une voiture à plusieurs ne coûte pas une fortune. Voyager en voiture permet de faire sa popote soi-même (matériel de camping-gaz dans le coffre), à moins que vous ne vous lassiez pas de vos hamburgers quotidiens. Pour dormir, préférez les petits motels des bleds perdus. Louez une chambre double et, quand il n'y a pas deux grands lits, dédoublez le lit (deux sur les matelas et deux sur le sommier). C'est peut-être le seul moyen pas cher de découvrir le pays.

L'auto-stop *(hitch-hiking)*

Il n'est pas facile à pratiquer, et on n'en fait presque plus dans de nombreux endroits. C'est dans les États du Sud (le « Deep South ») que les difficultés sont les plus grandes : les gens, là-bas, ont une aversion viscérale pour tous les marginaux et ceux qui affichent un air bohème.
En fait, de plus en plus d'États interdisent carrément le stop : attention, vous pourriez vous retrouver au poste... Après tout, c'est louche de ne pas avoir de voiture ! Et même si, dans certains États, il n'y a pas encore trop de problème, on ne peut pas dire que les clients se bousculent pour vous offrir un brin de conduite.
On le déconseille pour les filles non accompagnées. La protection de se dire VD *(venereal disease)* est bien mince.
Le fait de se munir d'une pancarte « French » facilite le stop et évite des ennuis possibles, en particulier avec les flics. Écrire aussi sur la pancarte la direction, ça rassure tout le monde. De plus, vous avez quelques chances d'être pris par des types qui ne prennent jamais de stoppeurs, mais qui ont visité, en voyage organisé, la France en juin 44. Dites-leur que vous faites du stop pour l'expérience et pour rencontrer des Américains, non pas par souci d'économie (ils n'aiment pas du tout).
Dans les foyers *(student centers* ou *unions)* des universités, il y a toujours en principe un panneau *(driving board)* réservé aux *rides with sharing expenses* (avec partage des frais). C'est beaucoup plus sûr que le stop à tous points de vue. Il y a aussi des *sharing driving* et des « sharing rien du tout, sauf la compagnie » (filles, attention !).

DISTANCES ENTRE LES VILLES

	ALBUQUERQUE	ATLANTA	BOSTON	CHICAGO	CLEVELAND	DALLAS	DENVER	DETROIT	LOS ANGELES	MIAMI	MINNEAPOLIS	NEW ORLEANS	NEW-YORK CITY	SAINT-LOUIS	SAN FRANCISCO
ATLANTA	1405														
BOSTON	2255	1074													
CHICAGO	1300	703	993												
CLEVELAND	1615	700	648	345											
DALLAS	654	813	1817	938	1195										
DENVER	420	1417	1989	1018	1334	786									
DETROIT	1574	745	719	296	169	1162	783								
LOS ANGELES	804	2209	2932	2104	2419	1406	1116	2375							
MIAMI	1981	662	1546	740	1316	1327	2079	1407	2733						
MINNEAPOLIS	1249	1113	1403	410	755	949	847	706	1962	1775					
NEW ORLEANS	1156	493	1507	961	1077	501	1287	1104	1893	886	1271				
NEW-YORK CITY	2033	869	214	845	507	1604	1833	665	2837	1333	1255	1354			
SAINT-LOUIS	1057	560	1189	293	558	645	857	517	1861	1222	565	706	976		
SAN FRANCISCO	1138	2543	3167	2183	2516	1792	1264	2467	417	3119	2007	2293	3016	2115	
SEATTLE	1465	2762	3048	2056	2401	2119	1345	2352	1151	3424	1646	2620	2866	2174	831
WASHINGTON	1879	631	442	699	361	1374	1692	519	2683	1103	1109	1124	230	835	2870

Distances en milles

GÉNÉRALITÉS

Il est rare de pouvoir se faire transporter dans un autre État, sauf si on s'adresse aux grandes universités (Harvard, Columbia, etc.). Pour trouver des campus moins connus, acheter une carte de la série *Buckle-up USA*, où ils sont signalés en rouge. Enfin, sachez qu'un étudiant n'a pas le droit de vous héberger plus de 4 jours dans sa chambre universitaire.

Sur la route, apportez de l'eau et un peu de nourriture (biscuits, etc.) car vous pouvez tomber dans un coin paumé. N'oubliez pas non plus qu'une bonne partie des États-Unis est désertique. Essayez d'être à peu près propre. Ça rassure.

En ce qui concerne les *trailers*, c'est le moyen de déplacement favori des *red necks*. Bon à savoir quand on est sur le bord de la route car ils ne prennent jamais de stoppeurs, ou quand ils s'arrêtent c'est pour vous injurier. Si vous n'êtes pas convaincu, allez revoir *Easy Rider*.

Les routiers prennent rarement les stoppeurs. Ils sont peu à être couverts par l'assurance en cas de pépin. Éviter les *truck stops* (ce sont les relais pour routiers), il y a des pancartes partout : interdit aux stoppeurs. Même faire du stop à la sortie d'un *truck stop* est interdit.

Dans certaines villes, l'auto-stop urbain est devenu très courant. Quand vous sentez que ça peut se faire, et que la direction est suffisamment claire, n'hésitez pas à lever le pouce en attendant le bus, c'est généralement beaucoup plus rapide.

Le stop présente de réelles difficultés dans les parcs nationaux. Quand on les visite, c'est avec toute sa petite famille, alors les stoppeurs...

– *Stop sur autoroutes :* en principe, c'est interdit sur l'autoroute même et sur les grandes stations d'autoroutes, mais vous pouvez stopper sur les bretelles d'entrée. Si les flics *(cops)* vous surprennent à stopper sur l'autoroute, oubliez tout ce que vous savez de la langue de Steinbeck. Pas plus bêtes que les autres, ils ne tarderont pas à comprendre que vous êtes étranger. Le risque d'amende en sera diminué et vous aurez même une chance qu'ils vous conduisent au prochain bled (très confortable, leur voiture, croyez-nous !). Il arrive de tomber sur des flics vicieux *(vicious cops)*, comme ça nous est arrivé dans le Vermont.

Attention : quand un flic (re-*cop*) s'arrête pour vous demander de ne pas stopper, obéissez car il y a de grandes chances qu'il revienne ou qu'il avertisse par radio un copain. Et là, les ennuis commencent.

Mais quand le flic vous avertit que c'est interdit, il faut avoir le réflexe de lui demander où l'on peut faire du stop, et préciser où l'on veut aller (tout ça dans un anglais des plus déplorables, bien sûr). Il est généralement bien embêté et il vous emmène jusqu'à la limite de sa zone de patrouille. Le fait de se retrouver entre deux zones de patrouille élimine le risque qu'un autre flic ne s'arrête.

Le train

Dans l'Est, le train se révèle parfois plus pratique que l'avion pour rallier deux villes, pour aller de New York à Washington ou Boston par exemple, puisque vous partez et arrivez directement en centre-ville.

Le train américain est très confortable. C'est un peu plus cher que les forfaits bus (qui eux couvrent l'ensemble du territoire), mais on y dort beaucoup mieux (sièges larges qui s'allongent presque complètement dans certaines voitures). De plus, on y distribue gratuitement des oreillers et on dispose d'un wagon-salon. Les prestations supplémentaires (couchettes, restaurants) par contre sont chères.

Pour les longues distances, **Amtrak** propose une série de *USA Rail Passes* valables sur tout ou une partie du territoire américain. Ces forfaits de 15 ou 30 jours donnent droit à une place en *coach class* et vous permettent de faire autant de trajets et d'arrêts que vous le désirez sur un réseau qui compte plus de 100 destinations touristiques. Par exemple, le *pass* national

coûte 506 € (4 152 F) pour 15 jours et 633 € (4 152 F) pour 30 jours en haute saison. Les enfants de 2 à 15 ans payent moitié prix (sauf sur certains trains). Gratuit pour les moins de 2 ans.
Les forfaits *Amtrak* peuvent être réservés en France auprès de *Voyageurs aux États-Unis* (voir plus loin le paragraphe sur les bus Greyhound).
● www.amtrak.com ●

L'autocar

Le réseau couvre la quasi-totalité du pays et il existe même des accords entre sociétés régionales, qui permettent de l'élargir encore. *Greyhound*, elle, dessert 4 000 villes et villages.

Les forfaits

Greyhound propose des forfaits **Ameripass** pour 4, 7, 10, 15, 21, 30, 45 et 60 jours, un et deux mois, le délai prenant date le jour de la première utilisation du billet. Plus la durée est longue, plus le prix est intéressant (environ 180 €, soit 1 181 F, pour 4 jours, 660 €, soit 4 330 F, pour deux mois). Attention, le forfait 4 jours n'est pas valable les vendredi, samedi et dimanche (et, contrairement aux autres, non remboursable). La distance est illimitée. L'affrètement et les consignes des bagages sont inclus. Il existe également des possibilités pour utiliser ces forfaits pour gagner trois villes du Canada : Toronto, Montréal, Vancouver. Pour utiliser l'*Ameripass* sur une autre compagnie que *Greyhound*, il est nécessaire de se présenter au guichet pour y recevoir un billet qui précise la destination, le nom de la compagnie, et le fait qu'il s'agisse bien de l'*Ameripass*. Le tout est gratuit pour peu que la compagnie ait des accords avec Greyhound. Pour les informations, adressez-vous aux bureaux des renseignements internationaux situés dans certains grands terminaux *Greyhound*.

L'*Ameripass* se présente sous la forme d'une carte imprimée qu'il suffit de présenter au chauffeur en montant dans le bus, en précisant la destination. Le chauffeur note alors le numéro de votre *Ameripass* sur son carnet de bord. Le passeport est demandé. Ne plastifiez pas cette carte car la colle dissout le texte du *pass* ! Attention, on ne peut pas faire de réservation pour un trajet, il faut donc se présenter suffisamment tôt pour avoir de la place (en général 45 mn à 1 h avant suffit).

À noter également la formule **Go Hostelling USA Double Deal**, qui combine un forfait *Greyhound* et des nuitées en auberge de jeunesse, valable 15 ou 30 jours (pour les non-Américains).

Aucun billet d'un point à un autre n'est en vente en France. Ils doivent être achetés directement sur place, mais les grands trajets reviennent plus cher que les forfaits qui sont très vite amortis. Réduction possible en réservant au moins 14 jours à l'avance. Enfin, 120 petites compagnies de bus acceptent les forfaits *Greyhound*.

– **Se procurer les forfaits :** certaines agences *Greyhound* disposent d'un stock. Se renseigner au : ☎ 1-800-GLI-PASS (utile aussi pour connaître les horaires sans retourner à la gare). Une solution intéressante est d'acheter l'*Ameripass* en Europe. Vous ne paierez pas de taxe fédérale. La plupart des forfaits *Ameripass* de *Greyhound* sont vendus en France par :

■ *Voyageurs aux États-Unis :*
– *Paris :* La Cité des Voyageurs, 55, rue Sainte-Anne, 75002. ☎ 01-42-86-17-30. Fax : 01-42-86-17-89. ● www.vdm.com ● Minitel : 36-15, code VOYAGEURS ou VDM. M. : Opéra ou Pyramides.
– *Lyon :* 5, quai Jules-Courmont, 63003. ☎ 04-72-56-94-56. Fax : 04-72-56-94-55.

– *Toulouse* : 26, rue des Marchands, 31000. ☎ 05-34-31-72-72. Fax : 05-34-31-72-73.
On peut obtenir auprès d'eux tous renseignements utiles sur le fonctionnement général des bus *Greyhound*, sauf les horaires.

Les excursions organisées

Les routards piétons ne doivent pas systématiquement cracher sur les excursions organisées, notamment par la compagnie *Graylines Tours*. Plusieurs circuits sont organisés sur une ville ou un site touristique. Pour quelques dollars, l'excursion vous donne une bonne vue d'ensemble, sans perte de temps, quitte à revenir par vos propres moyens dans certains coins qui vous ont particulièrement plu.

Les bagages en bus

Faites attention à vos bagages, car il y a parfois des pertes ou plutôt des égarements : vous vous trouvez à San Francisco et vos bagages se dirigent vers La Nouvelle-Orléans ! Cela arrive un peu trop fréquemment. Si nous avions un conseil à vous donner, ce serait de prendre vos bagages avec vous chaque fois que c'est possible et de les mettre dans les filets...
Pour éviter de payer la consigne, dans les grandes villes, ne récupérez pas vos bagages dès la sortie du bus, ils seront gardés gratis au guichet bagages. Habituellement, on fait enregistrer ses bagages 1 h avant le départ. Quelques gares acceptent de le faire plus tôt, ce qui est bien pratique pour se décharger. Le mieux étant de passer un coup de fil avant. Attention, les consignes automatiques *Greyhound* sont vidées au bout de 24 h, et les bagages mis dans un bureau fermé la nuit et le week-end.
Le système *package express service* permet de transporter des objets d'une ville à une autre, par bus direct, même si vous ne prenez pas le bus vous-même. Intéressant pour les dingues du shopping qui ne veulent pas s'encombrer. À déconseiller toutefois pour les marchandises de valeur. Le prix dépend évidemment du poids et de la distance parcourue. Renseignements au 1-800-GPX-1DAY. • www.greyhound.com/gpx • Attention en achetant votre sac à dos, même de marque américaine : pour entrer dans les consignes automatiques, il ne faut pas qu'il dépasse 82 cm. Avec cette taille, on peut juste le rentrer en biais.

Le confort

Outre leur rapidité, ces bus offrent un certain confort, avec toilettes « à bord ». Ils ont l'air conditionné, ce qui veut dire qu'il peut y faire très frais. Vous avez donc intérêt à vous munir d'un pull, surtout si vous avez l'intention de dormir.
Ces bus sont particulièrement intéressants de nuit car ils permettent de couvrir des distances importantes tout en économisant une nuit d'hôtel ! Mais les sièges ne s'inclinent que faiblement. Si vous avez de grandes jambes, préférez les sièges côté couloir.
On peut acheter un petit oreiller pneumatique dans les terminaux *Greyhound*. Il a même l'insigne *Greyhound* et fait sac de plage une fois dégonflé...
En principe, quand un bus est plein dans les grandes stations, un deuxième prend le restant des voyageurs. C'est moins évident dans les petites stations. Même si cela apparaît plus intéressant de voyager dans le second bus à moitié vide (pour s'étendre), sachez que parfois, dès qu'il y a de la place dans le premier, on transfère les voyageurs et, en pleine nuit, c'est pas marrant ! Ne pas se mettre à l'avant (on est gêné par la portière), ni à l'arrière (*because* les relents des toilettes, et la banquette du fond ne s'abaisse pas).

En vrac

– Faites attention aux diverses formes de trajet : *express, non-stop, local*... Comparez simplement l'heure de départ et l'heure d'arrivée, vous saurez ainsi lequel est le plus rapide. Enfin, les gares routières sont les meilleurs points de rendez-vous quand vous ne connaissez pas un bled. D'autant plus que vous pouvez y faire votre toilette. Le seul problème est qu'elles sont souvent loin du centre et que les navettes s'arrêtent à 22 h.

Les bus urbains

– Les abonnements à la journée ou pour plusieurs jours sont très rapidement rentabilisés.
– Pensez toujours à demander un billet *with transfer*. Ils permettent à l'intérieur d'un même trajet, de changer de ligne, sans être obligé de racheter un autre billet.
– Attention : les chauffeurs de bus rendent rarement la monnaie. Avoir de la monnaie sur soi et payer le compte juste.

La voiture

Ah ! quel bonheur de conduire aux États-Unis, quel plaisir de rouler sur les larges *highways* rectilignes en écoutant les Doors ou le meilleur de la country, le tout *piano piano*, limite de vitesse oblige. Et quel régal de s'arrêter dans les stations-service pour admirer au passage les énormes camions aux essieux rutilants comme des miroirs. Évidemment, on fait abstraction des grandes villes et de leurs abords où là, conduire (et se garer) tient plutôt du calvaire. Mais pour tout le reste, quel pied ! Sans compter que l'essence est beaucoup moins chère qu'en France et qu'il n'y a que très peu de péage...

Les règles de conduite

Certaines agences de location de voitures distribuent des fiches de règles de conduite spécifiques à l'État dans lequel on loue le véhicule.
– ***La ceinture de sécurité :*** elle est obligatoire à l'avant et les enfants de moins de 5 ans (ou moins de 18 kg) doivent être dans un siège auto.
– ***La signalisation :*** les panneaux indiquant le nom des rues que l'on croise sont généralement accrochés aux feux ou aux poteaux des carrefours, ce qui permet de les localiser un peu à l'avance.
– ***La priorité à droite :*** elle ne s'impose que si deux voitures arrivent en même temps à un croisement. La voiture de droite a alors la priorité. Dans tout autre cas, le premier arrivé est le premier à passer ! Imaginez un tel système en France...
– ***Tourner à gauche avec une voiture en face :*** contrairement à la circulation dans certains pays, dont la France, un tournant à gauche, à un croisement, se fait au plus court. Autrement dit, si une voiture vient en sens opposé et tourne sur sa gauche, vous passerez l'un devant l'autre, au lieu de tourner autour d'un rond-point imaginaire situé au centre de l'intersection.
– ***Tourner à droite, à une intersection :*** à condition d'être sur la ligne de droite, vous pouvez tourner à droite au feu rouge après avoir observé un temps d'arrêt et vous être assuré que la voie est libre. Attention ! dans certains États seulement, dont la Californie. Bien entendu, on ne le fait pas si une pancarte indique « No red turn ».
– ***Sur une autoroute :*** pour aborder une autoroute, mêlez-vous au trafic aussi rapidement que possible. Ne jamais s'arrêter sur la voie d'accès. Si vous êtes en panne, stationnez à la droite du véhicule, ouvrez votre capot et attendez. La police routière vous aidera. Sur certaines autoroutes, des téléphones sont installés pour des appels d'assistance. De nombreuses aires de repos longent les autoroutes ; vous pouvez vous y détendre.

– **Sur les routes nationales et les autoroutes,** les voies venant de la droite ont soit un « STOP », soit un « YIELD » (attention à gauche), et la priorité à droite n'est pas obligatoire.

– **Les feux tricolores :** ils sont situés après le carrefour et non avant comme chez nous. Si vous stoppez au niveau du feu vous serez donc en plein carrefour. Pas d'inquiétude, après une ou deux incartades, on flippe tellement qu'on s'habitue vite.

– **Les ronds-points :** ils sont rares, sauf dans les États de la Nouvelle-Angleterre et l'État de New York. La première voiture engagée a la priorité.

– **Les commandes internes :** pour ceux qui n'auraient jamais conduit de voiture à boîte automatique (il n'y a pratiquement que cela aux États-Unis, voici la signification des différentes commandes : P : parking (à enclencher lorsque vous stationnez). R : reverse (marche arrière). N : neutral (point mort). D : drive (pour avancer). 1, 2 et 3 : vous sélectionnez votre propre rapport de boîte. Pour oublier vos vieux réflexes, calez votre pied gauche dans le coin gauche, et ne l'en bougez plus jusqu'à la fin de votre périple. On se sert uniquement du pied droit pour accélérer ou freiner.

– **Le système du car pool :** sur certains grands axes, pour faciliter la circulation et encourager le covoiturage, il existe une voie dénommée *car pool* réservée aux usagers qui roulent à deux ou plus par voiture. Il y a bien sûr beaucoup moins de monde que sur les autres voies. À n'emprunter évidemment en aucun cas si vous êtes seul à bord.

– **Les limitations de vitesse :** c'est une règle générale, la vitesse est toujours limitée aux États-Unis. Ce sont les États qui fixent ces limitations. Elle ne dépasse pas 55 mph (88 km/h) sur de nombreuses routes. Mais sur les *interstates*, elle peut atteindre 65 mph (104 km/h), voire 70 mph (113 km/h) en Georgie et dans le Tennessee. En ville : 20-25 mph, soit 32-40 km/h. À proximité d'une école, elle chute à 15 mph, et tout le monde respecte ! Ces limites doivent toujours être respectées car la police, présente et très très vigilante, aime beaucoup faire mugir ses sirènes. Et là, le scénario se met en branle : interdiction de sortir du véhicule, le flic s'approche d'une démarche chaloupée, la main sur le calibre au cas où vous seriez un mauvais coucheur... Faites-lui un beau sourire et bafouillez votre plus mauvais anglais, ça aide souvent, surtout pour les filles. Dans les États du Sud, les policiers prennent un malin plaisir à arrêter les voitures immatriculées dans un autre État. Sachez aussi que les voitures de police, même si elles vous croisent, ont la possibilité de déterminer votre vitesse. Sur les autoroutes, la police surveille grâce à des longues vues. Évidemment, il est bien trop tard lorsque vous, vous les apercevez.

– **Stationnement :** faites attention où vous garez votre voiture. Les PV fleurissent très vite sur votre pare-brise. Des panneaux « No parking » signalent les stationnements interdits. Ne vous arrêtez jamais devant un arrêt d'autobus, ni surtout devant une arrivée d'eau pour l'incendie *(fire hydrant)*, ni s'il y a un panneau « Tow away » qui signifie « enlèvement demandé ». On vous enlèvera la voiture en quelques minutes et l'amende est très élevée (plus de 100 US$). Quand la voiture est en stationnement, notez votre rue pour la retrouver.

– **Stationnement en ville :** le problème du parking est crucial dans certaines grandes villes. Très cher, il vaut mieux trouver un *park and ride*, grand parking aux terminaux et grandes stations de bus et métro. Ils sont généralement indiqués sur les plans des villes. Arriver tôt car ils sont assez vite complets. Mais dans d'autres villes (comme Phoenix par exemple), se garer est un jeu d'enfant, même en plein centre.

Les parkings surveillés sont généralement assez chers (1 US$ la demi-heure). Mais il existe aussi des parkings non surveillés à environ 2 US$ la journée. Pas de gardien pour vous demander l'argent. Il suffit simplement de glisser le billet demandé et minutieusement plié (en 5 au moins !) dans une minuscule petite fente réservée à cet effet et portant le numéro de la place

de parking sur laquelle on est garé. Attention, ne pas se tromper de numéro sinon vous payez pour le voisin. Là encore, c'est un système basé sur la confiance, mais gare à la fourrière pour les mauvais payeurs en cas de contrôle !
– *Parcmètres :* le système de parking en ville est compliqué. La présence d'un parcmètre ne veut pas dire qu'on puisse se garer tout le temps. Il faut observer la couleur du marquage sur le trottoir : rouge (interdit), blanc (réservé à la dépose de passagers, comme devant les hôtels), vert (limité à 15 mn), etc. Attention aux places réservées à la livraison. De plus, il faut observer les petits panneaux sur les trottoirs indiquant les restrictions comme les *street cleaning*. Aux jours et aux heures indiqués, mieux vaut débarrasser le trottoir. Ne vous dites pas un truc du genre, « j'ai n'ai dépassé que de 5 mn, ça va aller ». C'est déjà trop tard. La liste n'est pas exhaustive et vous découvrirez encore plein de chouettes surprises par vous-même. Globalement, sachez que l'Américain est très civique et qu'il ne lui viendrait pas à l'idée de bloquer la circulation en se garant en double file pour acheter son journal. Que ceux qui se reconnaissent lèvent le doigt.
– *Bus scolaire à l'arrêt :* il faut savoir que lorsqu'un bus d'école s'arrête (on ne peut pas les louper, ils sont toujours jaunes) et qu'il met ses feux clignotants rouges, l'arrêt est obligatoire. Il faut stopper son véhicule avant de le croiser (pour laisser passer les enfants qui en descendent et traversent la route devant le bus) et, si on le suit, ne surtout pas le dépasser. Tant que les feux clignotants sont orange, le bus ne fait que signaler qu'il va s'arrêter. À l'arrêt, un petit panneau triangulaire est parfois automatiquement déployé, sur la gauche du véhicule, pour vous intimer l'arrêt. Ne l'oubliez pas : beaucoup de lecteurs se sont fait piéger. C'est l'une des pénalités le plus gravement sanctionnées aux États-Unis.
– *Respecter les piétons :* le respect des passages protégés n'est pas un vain mot et le piéton a VRAIMENT la priorité. Dès qu'un piéton fait mine de s'engager sur la chaussée pour la traverser, tout le monde s'arrête (enfin presque tout le monde...). D'autre part, sachez que traverser hors des clous ou au feu rouge peut être passible d'une amende (environ 30 US$) ; on vous aura prévenu ! Il y a même un terme pour ça : le *jaywalking*...
– *Les PV :* si vous avez un PV *(ticket)* avec une voiture de location, mieux vaut le payer sur place et non une fois rentré chez vous. Depuis quelques temps, lorsque vous signez le contrat de location, vous donnez implicitement l'autorisation au loueur de régler les contraventions pour vous (avec majoration). Ceci n'est pas toujours appliqué, mais on ne peut pas non plus en être sûr. La solution la plus simple consiste à payer par mandat (à la poste ou dans certaines épiceries, ça s'appelle en anglais un *money order*). Autre possibilité : payer par carte de paiement. Au dos du PV un numéro de téléphone vous permet de le faire. Votre compte est ensuite débité par la police. Certains lecteurs nous ont signalé que leur carte n'a pas été débitée parce qu'elle n'était pas émise par une banque américaine. On ne va pas s'en plaindre. Enfin, il semblerait que moyennant une commission, certains organismes de location possèdent un service qui règle l'amende auprès des instances concernées. À vérifier avant de perdre du temps dans les démarches.
– Utile, le petit guide réalisé par *Hertz*, *Conduire aux USA*. Nombreux conseils pour faciliter la conduite sur place. Pour l'obtenir, faire la demande par courrier à *Hertz France*, Service marketing, 78198 Trappes Cedex, ou par fax au : 01-39-38-38-01.

L'essence

Faites votre plein avant de traverser des zones inhabitées, certaines stations-service *(gas stations)* sont fermées la nuit et le dimanche. Parfois, sur les autoroutes, on peut rouler pendant des heures sans en trouver une. Le prix de l'essence *(gas)* varie pas mal selon les États, les marques et les qualités. Les taxes sur l'essence étant assez faibles, les variations des cours du brut sont amplement répercutées à la pompe. Sachez aussi qu'un *gallon* = 3,75 l (voir la liste des équivalences dans la rubrique « Mesures », plus haut). On trouve deux qualités d'essence : d'une part, l'essence *unleaded* (sans plomb) divisée en *regular* et *super unleaded*. Le *regular* suffit et est moins cher, sauf dans les grandes voitures américaines. Et, d'autre part, l'*Ethyl*, qui est la plus chère. Enfin il y a le diesel mais peu de véhicules l'utilisent (il est paradoxalement plus cher que l'essence). Les bouchons de réservoir indiquent clairement le carburant à utiliser. Pour remettre le compteur de la pompe à zéro et l'amorcer, détacher le tuyau et relever le bras métallique. La plupart du temps, en ville, on paie à la caisse avant de se servir. Si on ne sait pas combien on veut d'essence (si on fait le plein par exemple), on peut laisser sa carte de paiement au caissier ou un gros billet et on revient prendre la monnaie ou signer ensuite. Génial pour tout compliquer...

Toutes les *gas stations* vous offrent une grande variété de services : des toilettes à votre disposition, ainsi que du café ou des cigarettes, souvent une petite épicerie. Ils vendent aussi des cartes très précises de la localité où l'on se trouve et qui couvrent même en général un peu plus que celle-ci (utile lorsqu'on cherche des adresses précises).

Dans les stations-service, deux possibilités : le *full-serve* (on vous sert et on vous fait le pare-brise) et le *self-service*.

L'essence en libre-service est 10 % moins chère. Enfin, on ne donne pas de pourboire dans les stations-service.

La plupart des stations-service ont des pompes avec paiement automatique par carte de paiement. La pompe délivre un reçu.

Attention, depuis peu, de nombreuses compagnies refusent les cartes de paiement et n'acceptent plus que les cartes de débit. Cela signifie que si vous avez une carte à débit immédiat, ça marchera, mais si c'est un débit mensuel, alors ça ne marchera pas. Il ne vous restera plus qu'à payer en cash.

Un truc pour savoir : si une station accepte l'American Express, elle accepte toutes les autres cartes de paiement.

Le permis de conduire

Le permis français est valable aux États-Unis (minimum 1 an de permis). Toutefois, il est conseillé de se faire faire un permis international, délivré gratuitement dans les préfectures sur présentation d'une photocopie recto-verso du permis français, d'un justificatif de domicile et de deux photos d'identité. En effet, les policiers sont plus habitués au permis international qu'à un permis écrit dans une langue qu'ils ne connaissent pas. Mais emportez quand même le permis national, car certaines agences de location l'exigent.

En Belgique, pour obtenir le permis de conduire international, adressez-vous à votre maison communale.

L'état général des routes et la signalisation

En France, si vous connaissez le nom de la ville où vous allez, vous pourrez toujours vous débrouiller ; aux États-Unis, il faut connaître le nom mais surtout le numéro de la route et votre destination (pour l'orientation Nord, Sud, Est ou Ouest) ; par exemple, pour aller de New York à Buffalo (chutes du Niagara), il faut prendre la New York State Freeway North ; de New York à San Francisco, prendre l'Interstate 80 West (sur les panneaux, c'est indiqué : I 80 W). C'est particulièrement vrai pour les abords des grandes villes.

On distingue les *freeways* (larges autoroutes), les *interstates*, qui effectuent des parcours transnationaux, et les routes secondaires. Elles sont signalisées de manières différentes et faciles à repérer. Simplement, ouvrez bien l'œil et sachez vers quel point cardinal vous allez. Sur les *interstates*, le

numéro de la sortie correspond au mile sur lequel elle se trouve. Ainsi, la prochaine sortie après la 189, peut très bien être la 214.
Si vous rencontrez des *turnpikes* (rares), sachez que ce sont des autoroutes payantes. Les grands ponts sont aussi souvent payants.

Les cartes routières

Pas très utile d'acheter des cartes détaillées en France. Pratiquement toutes les stations-service vous en proposeront à des prix très abordables. Les cartes des sociétés de location de voitures sont également utiles (bien qu'un peu sommaires), ainsi que celles des offices du tourisme.
– Se procurer l'atlas des routes de Rand MacNally, la Bible du voyageur au long cours aux États-Unis : une page par État, très bien fait. Indique les parcs nationaux et les campings. L'atlas de l'*American Automobile Association* n'est pas mal non plus.
– Lorsqu'on traverse la frontière d'un État, il y a très souvent un *Welcome center* où il est possible d'obtenir gratuitement des cartes routières de l'État dans lequel on entre. De plus, on vous distribuera aussi moult brochures et autres prospectus.
– Pour se procurer un plan de ville : demander dans une agence de location de voitures. Il y en a toujours sur le comptoir, et ils font rarement des difficultés (gratuit).

Les voitures de location

Les voitures sont louées à la journée ou à la semaine. Certaines compagnies louent à l'heure, mais les agences importantes exigent un jour de location au minimum.

La location en Europe

En France, vous pouvez acheter deux types de forfaits ; c'est le plus souvent moins cher que sur place. Passez par une grande agence.
– *Les coupons de location à la journée :* ils n'intéressent que les voyageurs qui ne veulent pas louer une voiture plus de deux jours consécutifs. À partir de trois jours, ces coupons sont inintéressants.
– *Les forfaits valables sur tous les États-Unis :* il s'agit de locations pour trois jours minimum à une semaine et plus, suivant un tarif dégressif, incluant généralement un nombre de miles illimité et l'assurance de base. Les prix varient selon les États. Ils sont les plus bas en Floride et les plus chers à New York.

■ *Auto Escape :* ☎ 0800-920-940 (appel gratuit). ☎ 04-90-09-28-28. Fax : 04-90-09-51-87. • info@autoescape.com • www.autoescape.com • Auto Escape propose un nouveau concept dans le domaine de la location de voitures : elle achète aux loueurs de gros volumes de location, obtenant en échange des remises importantes dont elle fait profiter ses clients. Leurs services ne coûtent rien puisqu'ils sont commissionnés par des loueurs. C'est une vraie centrale de réservation (et non un intermédiaire) qui propose un service très flexible : aucun frais de modification après réservation, remboursement intégral en cas d'annulation, même à la dernière minute. Kilométrage illimité sans supplément de prix dans presque tous les pays. Surveillance quotidienne du marché international permettant de garantir des tarifs très compétitifs. Réduction supplémentaire de 5 % aux lecteurs du *Routard*. Il est préférable de réserver la voiture avant le départ, pour bénéficier d'un meilleur tarif et assurer la présence du véhicule souhaité dès l'arrivée. Important : une solution spécialement négociée aux États-Unis pour les conducteurs de moins de 25 ans.

Conseils

– Exiger que sur le coupon figure la mention selon laquelle la location a été payée.
– Emporter la documentation où figurent les tarifs pratiqués en Europe.
– Vérifier si les coordonnées de l'agence ou le numéro de téléphone de celle-ci aux États-Unis sont précisés pour chaque ville où la location se fait.
– Emporter l'adresse et le numéro de téléphone de l'agence en France (qui ne figure pas sur le coupon) afin de pouvoir téléphoner en PCV en cas d'ennuis.

La location aux États-Unis

Il faut choisir parmi les tarifs proposés le plus économique par rapport à votre utilisation. Avant de vous décider pour telle ou telle agence, appelez-les toutes et comparez les prix. Ils peuvent varier du simple au double pour les mêmes prestations. Si vous pensez faire peu de kilomètres, il vaut mieux prendre le tarif le plus avantageux à la journée, même si le coût au kilomètre est plus cher. Pour un très long parcours, la formule « kilométrage illimité » est toujours la plus rentable, en tout cas à partir de 150 miles (240 km) par jour. Les voitures de location les moins chères sont les *economies* et les *compacts* (catégorie A). Très bien jusqu'à 3 personnes. Ensuite, plus grandes que les précédentes viennent les *subcompacts* et les *midsizes*.
Les compagnies proposent souvent des réductions week-end *(weekend fares)* : du vendredi midi au lundi midi. On paie 2 jours pour 3 jours d'utilisation.
Il s'agit également d'interpréter le prix annoncé par les compagnies : si l'on vous propose un tarif par jour pour une voiture moyenne, tenez compte de la taxe qui va de 4 à 15 % en fonction des États (celle-ci n'est généralement pas incluse dans les *vouchers* – bons de paiement – des agences de voyages) et de l'essence, qui ne sont jamais comprises dans le prix affiché. Les assurances sont ou non comprises dans les forfaits, renseignez-vous.
Dans de nombreuses compagnies, on peut rendre le véhicule dans un endroit différent de celui où on l'a pris *(one-way rental)*, mais il faudra payer un *drop-off charge* (frais d'abandon).

Quelques règles générales

– Il est impossible de louer une voiture si on a moins de 21 ans, voire 25 ans pour les grandes compagnies.
– Si votre permis a moins de 3 ans ou si vous avez moins de 25 ans, les compagnies de location font payer un supplément par jour (compter environ 20 US$/jour). Bien souvent, le permis international ne suffit pas ; certaines agences refusent de louer une voiture sans le permis national.
– Attention, il arrive que certaines compagnies, dans certains États, demandent un numéro de téléphone local comme contact. Ne prenez pas le risque de dire que vous allez de ville en ville en campant, ou il se pourrait bien que l'on vous refuse la location... (ça arrive surtout chez les plus petites compagnies). Une solution : donnez le téléphone de l'hôtel où vous passerez la première nuit ; généralement ça suffit.
– Évitez de louer dans les aéroports où seules les grandes compagnies sont représentées. Les moins chères se trouvent en ville (en fait, les taxes sont moins élevées), mais si vous arrivez en avion, elles peuvent vous livrer le véhicule.

– Avoir absolument une carte de paiement (*Eurocard MasterCard* et *Visa* sont acceptées partout). Rares sont les compagnies qui acceptent le liquide ; de plus, elles exigent alors une importante caution. Avec les cartes prestige comme *MasterCard Gold* ou *Visa Premier*, vous bénéficiez gratuitement de l'assurance vols et dégradations. Certes, ces cartes ne sont pas données, mais vous aurez vite amorti votre investissement si vous louez votre voiture pour 15 jours et plus. Attention, la plupart des grandes compagnies n'acceptent plus les cartes de débit (immédiat), mais uniquement les cartes de paiement à débit différé, cela pour des raisons de caution.
– Toujours faire le plein avant de rendre la voiture. À moins que le contraire ne soit clairement stipulé dans votre contrat. Ça arrive. Sinon, on vous facturera le gallon deux à trois fois plus cher que le prix à la pompe. Si on réserve d'avance, on paie moins cher qu'en s'y prenant le jour même.
– Les prix indiqués sont toujours hors taxe.
– Les voitures de location sont à 99 % des automatiques (voir plus haut « Les règles de conduite »). On s'y habitue vite.
– La plupart des véhicules disposent de l'air conditionné, absolument indispensable l'été.
– Un tuyau : si vous en avez marre de la musique US, pensez à emporter vos CD préférés. Bon nombre d'autoradios sont pourvus de lecteurs.
– Les tarifs les moins chers sont ceux à la semaine.
– Quand l'agence n'a plus la catégorie de voiture que vous avez réservée, on vous propose une catégorie supérieure sans supplément.
– Toujours demander une réduction si vous louez pour plus de 2 semaines. Ça peut marcher.
– Les franchises d'assurances voitures varient d'une compagnie à l'autre.
– La plupart des loueurs n'autorisent pas de rouler sur des « unpared road » (routes non bitumées). Si vous le faites quand même, sachez que c'est à vos risques et périls.
– Parfois, les agences de location remboursent le taxi nécessaire pour se rendre à leur agence (demander une *bill* au taxi). Très pratique : il existe partout des navettes gratuites des aéroports jusqu'aux agences.
– Les contrats de location ne sont définitifs qu'au bout de 24 h. Dans ce délai, vous pouvez changer de voiture, ou changer les options, ou même les deux.

Les assurances

Elles sont nombreuses et on s'y emmêle rapidement les pinceaux. Tous les véhicules possèdent une assurance minimum obligatoire. Elle est comprise dans le tarif proposé. Au-delà, tout est bon pour essayer de vous vendre le maximum de couverture. Les différentes options ont vite fait de revenir plus cher que la voiture en elle-même.
Avec une carte de paiement « haut de gamme » (*MasterCard Gold, Visa Premier*...), il est inutile de prendre l'assurance *CDW* ou *LDW*, car le paiement par ces cartes donne automatiquement droit à ces deux options. Ne prenez, dans ce cas, que la *LIS* ou *SLI* (responsabilité civile) si vous le souhaitez.
– La *LDW* (Loss Damage Waiver) ou *CDW* (Collision Damage Waiver) : c'est l'assurance tous risques. Elle est à présent obligatoire dans la plupart des États. Son coût varie entre 10 et 20 US$ par jour selon les États. Elle couvre votre véhicule pour tous dégâts (vol, incendie, accidents, etc., excepté le vandalisme, donc évitez de l'invoquer), mais pas les dégâts occasionnés aux tiers si vous êtes responsable. Certaines cartes de paiement (*MasterCard Gold, Visa Premier*...) prennent en charge cette assurance (sauf pour les très gros véhicules et les voitures de luxe), alors renseignez-vous auprès de votre banque ou de votre organisme de carte de paiement afin de ne pas la souscrire deux fois. Pour être totalement couvert, souscri-

vez en plus une *LIS* (voir ci-dessous). À vous de voir si vous souhaitez la prendre ou pas (nous, on la conseille).
– La *LIS ou SLI (Liability Insurance Supplement)* : c'est une assurance supplémentaire qui vous couvre si vous êtes responsable de l'accident. Aucune carte de paiement ne l'inclut dans ses services. Il faut savoir qu'aux États-Unis, si vous renversez quelqu'un et que cette personne est hospitalisée pour 6 mois, votre responsabilité sera engagée bien au-delà de vos revenus. Il est donc important d'avoir une couverture en béton. Attention toutefois, si vous roulez en état d'ivresse, cette assurance ne fonctionne pas.
– La *PAI (Personal Accident Insurance)* : couvre les accidents corporels. Inutile si vous avez par ailleurs souscrit une assurance personnelle incluant les accidents de voiture. La *PAI* ferait alors double emploi.
– La *PEC (Personal Effect Coverage)* : couvre les effets personnels volés dans la voiture. À notre avis, cette assurance est inutile. Il suffit de faire attention et de ne jamais rien laisser de valeur à l'intérieur. À cet égard, une nouvelle loi interdit aux loueurs de matérialiser la voiture de location avec des macarons et autocollants. En effet, on a remarqué que c'était du pain béni pour les voleurs qui repéraient ainsi les véhicules à « explorer ».

Les petites compagnies

Thrifty Rent-a-Car, Greyhound Rent-a-Car, Compacts Only... et toutes les petites compagnies locales qui n'ont que 5 ou 10 voitures.
Si vous désirez faire seulement un *U-drive*, c'est-à-dire partir pour revenir au même endroit, il est préférable de louer une voiture dans une petite compagnie locale : c'est nettement moins cher et, en principe, ils accepteront de l'argent en guise de caution. De toutes façons, si vous reconduisez la voiture à l'endroit où vous l'avez louée, vous avez des chances de payer moins cher. Pratique pour visiter les parcs nationaux.
Voici quelques petites compagnies avec leur numéro *toll free* (gratuit). Pour les appeler de France, voir la rubrique «Téléphone» plus haut.

■ **Holiday Payless Rent-a-Car :** ☎ 1-800-237-28-04.
■ **Cafla Tours :** ☎ 1-800-636-96-83 (numéro gratuit) et (818) 785-45-69. Fax : (818) 785-3964. C'est un agent qui négocie les meilleurs tarifs auprès de différentes compagnies de location, comme *Alamo, Enterprise, Thrifty*, etc.
■ **Rent-a-Wreck :** ☎ 1-800-421-72-53. Vous avez bien compris : « Louez une épave ». C'est une plaisanterie. Modèles vieux ou tout neufs, moins chers. Toutefois, les voitures sont de plus en plus neuves. Une des rares compagnies qui louent aux 23-25 ans ; dans les autres, il faut avoir 25 ans révolus.
■ **Dollar :** ☎ 1-800-800-40-00. Une autre compagnie qui loue aux 23-25 ans.

Les grandes compagnies

Hertz, Avis, National, Budget, Alamo...
– Inconvénient : elles acceptent rarement une caution en liquide.
– Avantages : les voitures sont généralement neuves, donc pépins mécaniques rares !
– En cas de pépin mécanique, le représentant local de la compagnie vous changera la voiture.
– Possibilité (généralement) de louer une voiture dans une ville et de la laisser dans une autre (supplément à payer). Si vous la rendez dans un autre État, les frais seront d'autant plus élevés.
– Les plus grandes compagnies de location de voitures ont un numéro de téléphone gratuit *(toll free)*.

- **Hertz :** ☏ 1-800-654-31-31.
- **Alamo Rent-a-Car :** ☏ 1-800-327-96-33 ou 1-800-354-2322. Une des rares compagnies qui acceptent les *Traveller Cheques* comme caution, à condition que la personne dispose de son permis de conduire, d'une copie de sa facture de téléphone et d'une preuve d'emploi.

Contrats de location personnalisés. Propose des réductions sur les réservations faites sur place aux membres de Hostelling International. Pour réserver votre véhicule avant votre départ, contactez le ☏ 0800-44-78-07 (numéro gratuit). Tarifs avantageux.

Location d'un *motor home* ou d'un *camper*

C'est un véhicule issu de l'amour tendre entre une caravane et une camionnette. Cette progéniture est fort utilisée aux États-Unis.
Le *camper* est une camionnette équipée d'une unité d'habitation qui ne communique pas avec la cabine ; il faut donc utiliser la porte arrière pour pénétrer dans la partie habitation de ce véhicule de taille moyenne – 3,50 à 5 m –, où quatre personnes peuvent coucher confortablement.
Le *motor home* est un vrai camion-caravane, très luxueux et très élaboré au niveau du confort. Il est même équipé d'une douche. C'est la plus grande des maisons roulantes (7 à 9 m), pouvant loger jusqu'à six personnes très confortablement. C'est aussi la plus chère des solutions, encore que, lorsque l'on a des gamins ou que l'on divise les frais par quatre ou six, cela devient beaucoup plus abordable.

Conseils

– La moins onéreuse des maisons roulantes est sans conteste le bus Volkswagen aménagé, modèle *camper*. Il est équipé d'un coin-cuisine avec un petit réfrigérateur, d'une table et de lits repliables. On peut y loger jusqu'à cinq personnes.
– À déconseiller : la caravane, car il vous faut louer une automobile pour la remorquer.
– Pour choisir un **campground**, vous devez toujours prévoir deux ou trois endroits différents dans un rayon de 50 miles ; ainsi, si le premier terrain ne vous plaît pas, vous pouvez tenter votre chance plus loin, mais ne tardez pas trop dans la journée car il est interdit de stationner en dehors des *campgrounds* pour la nuit. Essayez toujours les parcs nationaux ou les parcs d'États : c'est moins coûteux et le site est toujours intéressant. Mais c'est aussi souvent plein si on n'a pas de réservation.
– Les réfrigérateurs sont en général à gaz et les bouteilles se rechargent dans les stations.
– Sachez qu'en plus de tous ces accessoires nécessaires à l'habitation roulante, vous trouverez une hache, un seau, une pelle de camping, de la vaisselle, des chaises pliantes, un couchage complet et même un balai. Les *motor homes* sont équipés de l'air conditionné, qui fonctionne sur le moteur en marche ou bien en se branchant sur le *hook-up* (branchement dans les campings).
– Si vous êtes intéressé, mieux vaut le louer à Paris ou le réserver auprès d'un voyagiste car c'est souvent moins cher, et en été, il est très difficile d'en trouver sur place.

Inconvénients

Pour parler franchement, on n'est pas très favorable à ces engins. Même si c'est la grande mode de louer un *trailer* pour visiter les États-Unis, cela comporte bien des inconvénients.

— C'est lent.
— Il faut le ramener au point d'origine ou, sinon, payer un supplément qui a vite fait de vous ruiner.
— La consommation est extrêmement élevée : de 12 à 45 l aux 100 km selon les modèles !
— En été, il est difficile de trouver des places de stationnement, surtout dans les parcs nationaux. Généralement, il est interdit de se garer n'importe où (dans certaines grandes villes, on vous met en fourrière sur l'heure). Vous devrez passer la nuit dans des emplacements réservés (un annuaire est fourni) : de 10 à 20 US$ la place + eau + électricité + gaz... Eh oui ! tous les branchements (eau, électricité) sont payants dans les terrains aménagés. Possibilité quand même, en règle générale, de stationner sur les parkings des hypermarchés ou des magasins, à condition évidemment d'éviter tout déballage et de laisser les lieux propres.
— C'est cher : il est souvent moins onéreux de louer une voiture ordinaire et de dormir dans un motel.

Le système de l'*auto drive-away*

Les *drive-away* sont des organismes qui cherchent des jeunes (plus de 21 ans) pour conduire à destination un véhicule lorsque son propriétaire n'a pas le temps de le faire. Avec un peu de chance, vous pouvez traverser les États-Unis en Cadillac... Très en vogue dans les années 1980, le système est en perte de vitesse à cause des nombreux accidents qui ont eu lieu. De plus en plus de propriétaires préfèrent payer plus et faire grimper leur bébé sur le dos d'un camion.
Pour être sûr d'obtenir une voiture (en effet, la concurrence est sérieuse !), il suffit de téléphoner tous les jours à la compagnie (inutile de vous déplacer). Au bout de quelques jours, vous obtiendrez généralement une voiture pour la destination de votre choix, s'il s'agit d'une grande distance. Si l'on vous propose une voiture qui vous convient, donnez votre nom pour la réserver et courez sur-le-champ au siège de la compagnie afin d'éviter qu'un rusé ne vous fauche la place.

Remarques

— Soyez propre et peigné lorsque vous vous présentez.
— Vous devrez verser une caution (variable selon le trajet) qui est remboursable lorsque vous rendrez la voiture.
— Vous n'avez que l'essence à payer (le premier plein est parfois remboursé) et les éventuels péages.
— Le contrat interdit de prendre les stoppeurs.
— L'itinéraire et le temps sont imposés (un nombre maximum de miles est imparti). Vous ne pouvez donc pas aller de New York à Los Angeles en passant par La Nouvelle-Orléans...
— Pour chaque ville étudiée plus loin, nous donnons l'adresse et le numéro de téléphone de la compagnie la plus importante (*Auto Drive-away Co.*, qui dispose d'une soixantaine d'agences dans une trentaine d'États). On peut obtenir les adresses des autres compagnies sur Internet : ● www.auto driveaway.com ● ou en consultant les *Yellow Pages* de l'annuaire sous la section « Automobile Transporters » ou « American Transporters ».

La moto

Si vous partez avec votre moto, vous aurez de la peine à l'assurer en France. Dans les grandes villes, les grands magasins proposent des assurances pour les étrangers. C'est également le cas de AAA, l'American Automobile Association. De même, on trouve parfois des annonces de motos et autos d'occasion dans les journaux locaux. Il faut en plus la faire immatriculer, pour ne pas se retrouver coincé dans un bled du Texas par un shérif qui n'aime pas le style *Easy Rider*. Allez au 155 Worth Street, à New York. Ensuite, il faut faire faire un contrôle de sécurité chez un concessionnaire de motos agréé (enseigne jaune).

Pour finir, il est conseillé d'équiper sa moto d'un carénage, *because* les insectes dans le Sud. Le mieux est encore d'en acheter un sur place (moins cher qu'en France) et de le revendre à la fin de votre séjour. Le port du casque n'est pas toujours obligatoire.

Sinon, un tour-opérateur français a sorti une brochure « Motos » exclusivement destinée aux motards voyageurs :

■ ***Nouveau Monde :*** 8, rue Mabillon, 75006 Paris. ☎ 01-53-73-78-80. M. : Mabillon. Agences à *Bordeaux*, *Marseille* et *Nantes* (voir adresses au début du guide, dans « Comment aller aux États-Unis ? »). Rien que pour les États-Unis, 14 circuits ou traversées en roue libre, de 1 500 à 5 500 km, incluant vols, hébergement et grand choix de motos de location.

L'avion

Les compagnies desservant l'intérieur des États-Unis sont nombreuses. La plupart sont spécialisées sur une région. Depuis la déréglementation des tarifs, la concurrence est énorme. Ce qui est très bien. Ce qui l'est moins, ce sont les retards fréquents.

Le routard aura du mal à s'y retrouver (chaque jour, de nouveaux tarifs apparaissent). Les forfaits coûtent bien moins cher pour qui les achète avant de partir. Voici quelques éléments qui l'aideront peut-être.

Les différents forfaits

– *Les forfaits (passes) :* en gros, c'est une fleur que font les compagnies aériennes aux passagers résidant en dehors des États-Unis et munis d'un billet transatlantique. Le prix des distances en est réduit. Il est nécessaire de fixer l'itinéraire avant de partir. Inscrire le plus de villes possible. Si on ne va pas à un endroit, on peut le sauter, mais on ne peut pas ajouter d'escale, à moins de payer un supplément de 20 US$. Attention : un trajet n'est pas forcément égal à un coupon, faites-vous bien préciser le nombre de coupons nécessaires pour chaque voyage, avant le départ.

Voici les conditions de quelques compagnies aériennes qui offrent des *passes* :

– ***Air France*** (adresse au début du guide) propose différents *passes* à condition d'avoir acheté un billet transatlantique sur ses lignes. Possibilité d'arriver au Canada et de repartir des États-Unis.

– ***American Airlines*** (adresse au début du guide) propose des forfaits de 3 coupons minimum et 10 coupons maximum, valables uniquement en continuation d'un vol transatlantique de la compagnie, et utilisables sur les vols domestiques américains, vers le Canada, le Mexique et les Caraïbes. Pour pouvoir en bénéficier, il faut être résident non-américain.

– ***America West :*** ☎ 0803-350-351. • www.apg.fr • Pas de conditions particulières si ce n'est qu'il faut être non-résident américain et avoir acheté un vol transatlantique sur n'importe quelle compagnie régulière. Valable sur le Mexique et le Canada sans supplément.

– ***Delta Airlines*** (adresse au début du guide) propose le *pass Discover America* en conjonction avec un vol transatlantique sur *Delta* et *Air France*. Il vous permet de bénéficier de prix très attractifs pour des vols intérieurs dans toute l'Amérique du Nord (142 destinations du réseau de Delta). Vous pouvez acheter de 3 à 10 coupons. Le premier doit être réservé, et le *pass* définitif est émis avant l'arrivée aux États-Unis. Le *pass* est valable 60 jours à partir de l'utilisation du premier coupon.

– **KLM/Northwest Airlines** (adresse au chapitre « Comment aller aux États-Unis ? ») *:* propose un *Pass Visit USA* à prix très attractif. Entre 3 et 10 vols intérieurs, pas de durée minimum de séjour, réductions pour les moins de 12 ans et gratuit pour les moins de 2 ans. Réservation obligatoire sur le premier coupon, émission avant l'arrivée aux États-Unis ou au Canada. Valable 60 jours à partir de l'utilisation du premier coupon, extension au forfait de base possible vers Hawaii, l'Alaska, le Mexique et les Caraïbes.

– **United Airlines** (adresse au début du guide), réservé aux passagers non-résidents aux États-Unis ou au Canada, ayant acheté un vol transatlantique *Lufthansa, Air Canada, SAS, United Airlines* ou *Air France*. Valable de 1 à 60 jours. Le 1er vol doit être réservé avant l'arrivée aux États-Unis (attention, pénalité de 75 US$ pour les changements sur le premier coupon). On doit acheter au minimum 3 coupons, maximum 8. Le reste du parcours peut être laissé *open*, mais l'ensemble de l'itinéraire doit être fixé avant le départ. Valable également sur le Mexique, l'Alaska, Hawaii et San Juan (avec supplément moins cher que les autres compagnies). *Open jaws* autorisées.

– **US Airways** (adresse au début du guide) propose des forfaits très intéressants sur l'ensemble de son réseau intérieur. De 2 à 8 coupons sur tout le pays, 60 jours maxi. Un coupon par vol (et là aussi pénalité en cas de changement du premier coupon). Tarif préférentiel pour les passagers voyageant sur un vol transatlantique (régulier ou charter) *US Airways* ou *Air France*. Possible également de l'utiliser pour le Canada, les Bahamas, Porto Rico et les îles Vierges sans supplément. Possibilité d'extension également (Mexique, Bermudes, Jamaïque, Saint Martin et les îles Cayman).

– *IMPORTANT :* si vous avez une série de réservations aériennes à l'intérieur des États-Unis, que vous avez effectuée en France avant votre départ, il est indispensable de les reconfirmer auprès de chaque transporteur, retour y compris, au plus tard 72 h avant le départ.

– *ATTENTION :* il est interdit de fumer sur tous les vols, intérieurs et transatlantiques, des compagnies américaines, et cela en conformité avec une loi votée en 1987 par le Congrès. Une violation de cette règle entraîne une amende de 1 000 US$ (2 000 US$ pour ceux qui fumeraient dans les w.-c.).

Transport de véhicules (camping-car, auto et moto) par cargo

ATTENTION : si votre séjour ne dépasse pas 45 jours, louez plutôt sur place !
Dans le cas contraire, un spécialiste confirmé pourra vous calculer un budget raisonnable aller-retour, avec les dimensions du véhicule :

■ *Allship :* sur rendez-vous seulement au 93, rue Lolive, 93100 Montreuil. ☎ et fax : 01-48-70-04-45. Demandez Charlie. Les véhicules (vides) seront transportés par rouliers réguliers (pas de passagers !) aussi bien vers les côte Est/Ouest que vers le golfe du Mexique. Les motos embarquent sans emballage coûteux, sur toutes ces destinations. Les retours ? Depuis le golfe et la côte Est seulement.
Les véhicules achetés là-bas peuvent revenir sur l'Europe du Nord dans les mêmes conditions. Même si les taxes et les Mines alourdissent l'ardoise, ça peut être intéressant.
Transporter votre équipement, des bagages lourds, et pourquoi pas un déménagement ? Allship dessert toujours 152 villes du continent américain en groupages hebdomadaires.

TRAVAILLER AUX ÉTATS-UNIS

ATTENTION : le visa touristique interdit formellement tout travail rémunéré sur le territoire américain.
– Pour effectuer n'importe quel travail déclaré, il faut absolument se procurer un **visa spécifique** que l'on peut obtenir soit par le biais d'un organisme d'échange agréé, soit (et c'est beaucoup plus difficile) par l'employeur directement qui effectue les démarches nécessaires pour l'obtention d'un visa approprié, et ce avant le départ du territoire français. Régulariser sur place, une fois le travail trouvé, n'est pas impossible légalement, mais quel employeur voudrait s'enquiquiner avec une montagne de paperasses (coûteuses) alors qu'il est si facile d'engager quelqu'un qui a déjà une carte verte ?
– Les milieux diplomatiques et bancaires mais aussi certaines compagnies privées (du fabriquant de dentelles à l'importateur de vin) recherchent des secrétaires parfaitement bilingues et publient des annonces dans la section *Help Wanted* du *Sunday Times*. Elles sont classées par ordre alphabétique : *Administrative Assistant, Bilingual, Executive Assistant, Executive Secretary, French* et *Secretary*... Appeler uniquement celles qui recherchent quelqu'un parlant le français (quand il est écrit juste *Bilingual*, ils veulent dire anglais-espagnol). Parfois, ce sont des agences de placement qui mettent des annonces. Attention, ils n'ont pas le droit de recommander des candidats illégaux. Dans tous les cas, ne pas hésiter à dire que vous n'avez pas de carte verte (ça vous évitera de perdre du temps).
Par contre, dans les consulats, à l'ONU et dans les missions et délégations auprès de l'ONU, vous devriez obtenir un visa diplomatique vous permettant de travailler uniquement pour l'administration qui vous a embauché. Avantage, vous pouvez entrer et sortir du territoire américain légalement et votre salaire (aux alentours de 2 000 US$ par mois) sera exempt de taxes.
– On peut éventuellement mettre son costume des dimanches et aller dans les motels expliquer que, question vin, on est imbattable. Avoir un serveur français donne un coup de prestige à leur boîte.
Ceux qui connaissent un peu la cuisine française ont de sérieux atouts. On connaît aussi des acteurs amateurs qui font la tournée des Alliances françaises et écoles privées, mais n'espérez pas trop de ce côté-là.
– Les CV et lettres de motivation doivent bien sûr être rédigés en anglais. Le CV doit surtout insister sur l'expérience et les compétences. Quant à la lettre de motivation, elle doit être dactylographiée (pas de sélection par la graphologie !).
– Pour plus de **renseignements**, contacter :

■ **Commission franco-américaine :** 9, rue Chardin, 75016 Paris. ☎ 0892-680-747 ou 01-44-14-53-60. Fax : 01-42-88-04-79. • www.fulbrightfrance.com • Minitel : 36-17, code USAETUDES. M. : Passy. Ouvert du lundi au vendredi de 9 h 15 à 17 h 15. Fermé le mardi et en août (pour le centre de documentation). Pour tout renseignement concernant le travail ou les études aux USA.
– Site de l'***Ambassade des États-Unis*** à Paris pour obtenir des infos sur les autorisations de travail : • www.amb-usa.fr •
■ ***France Service :*** 6100 Wilshire Blvd, Los Angeles CA, 90048 USA. ☎ (323) 525-2952. Fax : (323) 525-2953 • info@franceservice.com • www.franceservice.com • Ce journal mensuel basé à Los Angeles s'adresse aux Français vivant aux États-Unis ou souhaitant y habiter. France Service donne aussi des infos sur la **loterie des cartes vertes** (un quota de 50 000 *green cards* est attribué chaque année par tirage au sort vers octobre-novembre).
■ ***Maison des Français à l'Étranger :*** 34, rue La Pérouse, 75755 Paris Cedex 16. ☎ 01-43-17-60-79. • www.expatries.org • M. : Kléber ou

Charles-de-Gaulle-Étoile. On peut se rendre sur place du lundi au vendredi de 10 h à 17 h (le mercredi à partir de 14 h) ou les contacter par téléphone. Renseigne gratuitement les candidats à l'expatriation sur les pays où ils envisagent de s'installer.
– Et puis, à lire pour ses pistes et ses conseils utiles : *Le Guide du job-trotter aux États-Unis*, de Frédéric Lenoir, Dakota Éditions (2001).
– Décrocher un job aux États-Unis sur *Internet* : de nombreux sites proposent des offres d'emploi aux États-Unis. Nous en avons retenu deux pour la convivialité de leur présentation et la diversité de leurs propositions : • www.summerjobs.com • et • www.coolworks.com • Des offres régulièrement remises à jour dans des secteurs très variés (pour échapper à l'alternative vendeur-serveur), dans tous les États.

Les organismes et programmes spécialisés

■ *Council on International Educational Exchanges (CIEE) :* 112, rue Cardinet, 75017 Paris. ☎ 01-58-57-20-50. Fax : 01-48-88-96-45. • info@councilexchanges-fr.org • www.councilexchanges-fr.org •. M. : Malesherbes. Réunions d'information tous les vendredis à 12 h 30. Brochures sur demande.
Si vous êtes étudiant(e) de 18 ans au moins, CIEE peut vous aider à trouver un job d'été aux États-Unis. Coût du programme : 677,48 €, soit 4 443 F. Ce prix comprend, outre l'autorisation de travailler sur tout le territoire américain entre le 1er juin et le 19 octobre (4 mois maximum), une liste complète d'employeurs, une réunion d'information et d'orientation obligatoire en France, le certificat d'elligibilité IAP 66 en vue de l'obtention du visa, les assurances médicales, rapatriement, responsabilité civile et perte de bagages, une nuit à New York ainsi qu'une autre réunion d'information sur place si vous n'avez pas de travail à l'arrivée, et enfiin une assistance téléphonique sur place 24 h/24. Excellente solution pour un séjour de 2 ou 3 mois, car le fait de bosser sur place rembourse tous vos frais.
Ce programme permet de partir « job en poche » ou de trouver l'emploi sur place. En fait, cette dernière solution a conquis au moins 40 % d'astucieux participants qui profitent des multiples offres d'emplois saisonniers existant aux États-Unis. Et surtout, travailler aux États-Unis est une expérience vraiment intéressante, très appréciée sur un C.V. et qui demande, bien sûr, un peu de mobilité et de souplesse.
Enfin possibilité de décrocher des stages professionnels de 18 mois, dans le cadre des études uniquement.
■ *Experiment :* 89 rue de Turbigo, 75003 Paris. ☎ 01-44-54-58-00. Fax : 01-44-54-58-01 • contact@experiment-france.org • www.experiment-france.org • Cette association à but non lucratif, établie en France depuis 1934 est partenaire de plusieurs programmes de travaux saisonniers et au pair.
■ *French-American Center :* 4 rue Saint-Louis, 34000 Montpellier. ☎ 04-67-92-30-66 ou 58-46-30. Fax : 04-67-58-98-20. • www.frenchamericancenter.com • Ce programme offre le choix entre trois sortes de job : moniteur de centre de vacances, personnel de service en hôtellerie ou restauration. Pour en bénéficier, il faut être majeur et disponible pour 9 semaines minimum. Prendre contact avant février.

Le travail au pair

Conditions très strictes : avoir entre 18 et 26 ans, justifier de 200 heures (c'est précis !) d'expérience avec les enfants, être titulaire du permis de conduire, avoir un casier judiciaire vierge, une moralité irréprochable et être disponible pour une année entière. Si vous répondez à tous ces critères (bravo !), il faut encore être prêt à travailler entre 30 et 45 h par semaine, et cela pendant les 12 mois du contrat. Par contre, votre voyage est payé et l'argent de poche est assez conséquent.

Chantiers de travail bénévole

■ *Concordia :* 1, rue de Metz, 75010 Paris. ☎ 01-45-23-00-23. Fax : 01-47-70-68-27. ● www.concordia-association.org ● M. : Strasbourg-Saint-Denis. En échange du gîte et du couvert, le travail est bénévole. Chantiers très variés, restauration de patrimoine, valorisation de l'environnement, travail d'animation, etc. Places très limitées, s'y prendre à l'avance (en mai pour l'été). Attention, voyage et frais d'inscription à la charge du participant.

LE NORD-EST

BOSTON
IND. TÉL. : 617

Il est dommage que Boston soit oubliée sur l'itinéraire de bien des routards. C'est d'abord une jolie ville avec des rues parfois étroites et tortueuses, où l'électricité n'a pas encore remplacé les réverbères à gaz. Par bien des aspects, Boston rappelle San Francisco. Le nom de Boston est lié à toutes les grandes causes libérales de l'histoire américaine : révolution, indépendance, abolition de l'esclavage, émancipation des femmes. Ville phare de la Nouvelle-Angleterre, c'est avant tout la capitale historique des États-Unis. Ici règne une qualité de vie à l'européenne, des vieux quartiers qui s'apparentent plus au Vieux Monde qu'au Nouveau. En même temps, Boston est une vieille dame bien américaine qui s'est fait une nouvelle jeunesse en devenant, depuis une dizaine d'années, le deuxième centre des affaires du pays après New York. Paradoxalement, c'est aussi la ville de l'intolérance, la ville des puritains et des quakers où « les Cabot ne parlent qu'aux Lowell et les Lowell ne parlent qu'à Dieu ». C'est un endroit assez collet monté, mais c'est en même temps un port, où se bagarrent le soir les marins ivres, et c'est aussi la ville des grandes universités. Car sur les trois millions d'habitants de l'agglomération, un demi-million sont des étudiants ! Après tout, une ville qui existe depuis plus de 350 ans a bien le droit d'être pleine de contradictions.

UN PEU D'HISTOIRE

Berceau de l'Amérique puisqu'en 1620 le *Mayflower* débarqua dans les proches environs, à Plymouth, avec ses 102 colons dont 41 puritains fuyant l'Angleterre. À noter que si l'on tient compte, aujourd'hui, de tous ceux qui prétendent avoir eu un ancêtre sur le *Mayflower*, c'est plus de 3 000 passagers vers le Nouveau Monde qui auraient dû débarquer !
Bref, à partir de 1630, Boston se développe rapidement. En 1635 : première école américaine, la *Boston Public Latin School*, suivie d'une université de théologie qui devait devenir Harvard ; 1673 : premier chantier naval ; 1698 : première carte routière ; 1704 : impression du premier journal *(Boston News Letter)*. Au milieu du XVIIIe siècle, Boston est la première ville de la Colonie et commence à regimber face à l'autoritarisme de Londres. En 1770, une révolte contre les nouvelles taxes est réprimée dans le sang *(Boston's Massacre)*. Puis, en 1773, pour protester contre les droits de douane exorbitants frappant les importations du thé, les Bostoniens jettent à la mer les ballots de thé. C'est la *Boston Tea Party*, qui enclenche le processus menant à l'indépendance. En 1776, George Washington chasse les troupes anglaises de la ville.
Aux XIXe et XXe siècles, Boston perd de son importance mais continue à collectionner les premières places. Entre autres, 1810 : premier grand orchestre ; 1826 : premier chemin de fer ; 1845 : première machine à coudre ; 1846 : première opération sous anesthésie ; 1862 : première équipe de football ; 1873 : première université à ouvrir toutes ses sections aux femmes ; 1874 : premiers mots échangés par téléphone ; 1875 : naissance de la première carte de Noël ; 1897 : premier marathon ; 1929 : premier ordinateur opérationnel ; 1959 : première pilule contraceptive par voie orale, etc. De ce fait, c'est la capitale de la matière grise.

BOSTON

Nombre d'hommes célèbres et d'écrivains sont originaires de Boston ou y ont vécu. Citons, entre autres, Edgar Allan Poe, Hawthorne, Emerson, Longfellow, Henry James, Benjamin Franklin (qui vendit, en une nuit d'orage, des dizaines de paratonnerres...), l'architecte Louis Sullivan (qui fit surtout car-

■ Adresses utiles

- 1 Office du tourisme
- 2 Massachusetts Office of Travel and Tourism
- 3 National Historical Park Service Visitors' Center
- 4 Boston Common Visitors' Information Center
- Poste
- Gare Amtrak
- South Station Bus Terminal
- 6 Consulat canadien
- 7 Consulat suisse
- 9 American Express
- 10 The French Library and Cultural Center
- 11 Citywide Reservation Services Inc.
- 12 Bed & Breakfast Agency of Boston
- 93 The Loews Nickelodeon Theatre

⌂ Où dormir ?

- 20 Boston International Hostel
- 21 International Fellowship House
- 22 YMCA
- 23 YWCA
- 24 Beacon Inn
- 25 463 Beacon Street Guesthouse
- 26 Chandler Inn Hotel
- 27 Miss Florence Frances Guesthouse
- 28 Irish Embassy Hotel
- 29 Newbury Guesthouse

⚑ Où manger ?

- 30 Charlie's Sandwich Shoppe
- 31 Tealuxe
- 32 Grand Chau Chow
- 33 Fajitas and Ritas
- 34 La Famiglia Giorgio's
- 35 Carl's Pagoda
- 36 Durgin Park Restaurant
- 37 East Ocean City
- 38 Daily Catch
- 39 China Pearl
- 40 Tatsukichi
- 41 Pita Kabob
- 42 Jacob Wirth's
- 43 The Blue Diner
- 44 The Black Rose
- 45 Union Oyster House
- 46 Legal Seafood
- 47 No Name Restaurant
- 48 The Daily Catch
- 49 Jimmy's Harbor Side
- 50 Anthony's Pier 4
- 51 Ginza
- 52 Barking Crab
- 53 La Famiglia Giorgio's
- 54 Trident Booksellers and Café
- 55 Cornwall's
- 56 El Pelon Taqueria
- 57 Papa-Razzi
- 58 Parish Cafe
- 59 Coogan's
- 60 Penang
- 61 Figs
- 62 Boston Sail Loft
- 63 Marché Movenpick
- 64 Pho Pasteur
- 65 Siam Cuisine
- 66 Addis Red Sea
- 67 Bertucci's
- 68 Elephant Walk
- 69 Herrell's Ice Cream

♀ ♪ Où boire un verre ? Où écouter de la musique ?

- 44 The Black Rose
- 90 Sugar Shack
- 91 The Good Life
- 92 Cheers
- 94 Axis
- 95 Avalon
- 96 Bill's et Karma Club
- 97 Sweet Water Café
- 98 Mercury Bar
- 99 The Back Bay Brewing Company
- 100 Sevens Ale House
- 101 Wally's Café
- 102 Sophia's

★ À voir

- 70 African Meeting House
- 71 Museum of Science
- 72 New England Aquarium
- 73 Boston Harbor Hotel
- 74 The Boston Tea Party Museum
- 75 Boston Children's Museum
- 77 Boston Public Library
- 78 John Hancock Observatory
- 79 The Skywalk
- 80 Trinity Church
- 81 First Baptist Church
- 82 Berkeley Building
- 83 Institute of Contemporary Art (ICA)
- 84 Christian Science Church Center
- 85 Museum of Fine Arts
- 86 Isabella Stewart Gardner Museum

✿ Shopping

- 110 Filene's Basement
- 111 F.A.O. Schwarz
- 112 Designer Shoe Warehouse
- 114 Rand Mac Nally

142

BOSTON – PLAN I

rière à Chicago), Samuel Morse (qui inventa le... morse), les présidents John Adams et John Quincy Adams et, dans les environs (au sud de Boston, à Cape Cod), un certain John Fitzgerald Kennedy...

Arrivée à l'aéroport

➤ *L'aéroport de Logan* (hors plan I par D1) est à peine à 10 miles à l'est de la ville mais embouteillages fréquents. Évitez les grandes limousines *(limo)* qui sont bien chères et ne conduisent qu'aux grands hôtels.
➤ *Le métro :* deux bus gratuits, le n° 22 et le n° 33, vous y conduisent. Ensuite, très rapidement, le métro vous mène où vous voulez.
➤ *Le bus :* US Shuttle. ☎ 489-4701. Fonctionne 24 h/24. Dessert Boston, Cambridge et l'est de Boston. Il vous prend au *Limo Stop* devant votre terminal. Comptez 12 US$ pour aller dans Downtown.
➤ *Le Airport Water Shuttle :* ☎ 330-8680. Il vous conduit au Rowes Wharf (débarcadère dans le centre-ville). Bateau toutes les 15 mn la semaine de 16 h à 20 h, le vendredi soir toutes les 30 mn de 20 h à 23 h, le samedi de 10 h à 23 h et le dimanche jusqu'à 20 h. Compter 10 US$ l'aller simple.
– Si vous êtes plus de deux personnes, il peut être plus intéressant de prendre un taxi (20 US$ environ pour aller dans le centre de Boston).

Transports

➤ *Le métro (MBTA) :* similaire au système français. Surnommé le « T » (prononcer « tii ») par les Bostoniens. Quatre lignes principales (*Blue, Orange, Green* et *Red Lines*). Le moyen de transport urbain le plus facile. Fonctionne de 5 h du matin à minuit et demi du lundi au samedi et à partir de 6 h le dimanche. Un trajet coûte 1 US$. *Pass* de 1, 3 ou 7 jours consécutifs, donnant accès à tous les services de *MBTA* (bus et métro). On peut les acheter dans de nombreuses stations de métro ou au *Boston Common Information Center* (voir « Adresses utiles »). À titre d'exemple, il vous en coûtera une dizaine de dollars pour trois jours. Attention : sur les plans qui sont dans le métro, il n'y a pas toujours toutes les stations intermédiaires. Pour toutes infos : • www.mbta.com •
➤ *Le bus :* assez difficile si l'on ne connaît pas le numéro, la destination et surtout l'arrêt. Les arrêts ne comportant pratiquement pas d'informations, seule la couleur différencie la ligne. Compter 75 cents le trajet. Pour se procurer les horaires et les numéros, aller à Haymarket, North ou South Station, Park Street, Back Bay ou Porter Square, et demander les *timetables*. Penser aussi à demander au chauffeur un *transfer ticket*, qui vous évitera de payer un 2e ticket si vous avez deux bus à prendre de façon consécutive.
➤ Si vous restez quelque temps, il est intéressant de **louer un vélo**. Beaucoup d'étudiants l'utilisent, donnant ainsi à la ville un air d'Oxford. Deux adresses de location de vélos autour de 20 US$ la journée (voir « Adresses utiles »).
➤ Avis aux inconditionnels de la bagnole : se garer à Boston n'est pas une mince affaire. Bien lire avant les panneaux restrictifs des horaires de stationnement. Parkings hors de prix et agents de la circulation impitoyables concernant les contraventions.

Adresses utiles

Informations touristiques et services

🅸 *Office du tourisme* (plan I, B3, 1) : 800 Boylston Street, Prudential Tower. ☎ 536-4100 ou 1-800-888-5515 (numéro gratuit). • www.bostonusa.com • M. : Prudential. Situé dans le Prudential Center, à côté des ascenseurs de la Prudential Tower. Ouvert tous les jours de 9 h à

17 h. Bien pourvu en prospectus et brochures de toutes sortes.
- **Massachusetts Office of Travel and Tourism** *(plan I, C3, 2)* **:** 10 Park Plaza, 4th Floor. ☎ 727-3201 et 1-800-447-6277. M. : Boylston. Sur Stuart Street, ouvert de 9 h à 17 h du lundi au vendredi.
- **National Historical Park Service Visitors' Center** *(plan I, D2, 3)* **:** 15 State Street, dans le quartier historique, de l'autre côté de l'Old State House. ☎ 242-5642. M. : State. Ouvert tous les jours de 9 h à 17 h. Tour guidé gratuit du *Freedom Trail* (environ 90 mn), de 10 h à 15 h de mi-juin à début septembre, avec un départ toutes les heures. L'hiver, tours à 10 h, 11 h, 14 h et 15 h les samedi et dimanche, et à 10 h et 14 h en semaine. Départ sur place. Brochures disponibles en français.
- **Boston Common Visitors' Information Center** *(plan I, C2, 4)* **:** 147 Tremont Street. ☎ 426-3115. M. : Park Street. Ouvert tous les jours de 9 h à 17 h. Pas mal de brochures, dont celle sur le *Black Heritage Trail* qui commence juste à côté.
- ✉ **Poste générale** *(plan I, D2)* **:** General Mail Facility, 25 Dorchester Avenue. ☎ 654-5326. M. : South Station. À un bloc de South Station. Ouvert tous les jours 24 h/24.
– Si vous avez besoin de conseils précis et avisés sur les hôtels et les restos de la ville, ou encore d'acheter une place pour un match à domicile des Red Sox, adressez-vous à **Kevin W. Green**, le « Huggy les bons tuyaux » local. Son échoppe de cigares est située dans South Station, à la Conciergerie. ☎ 330-1230. Fax : 330-1389. Ouvert du lundi au vendredi de 7 h à 18 h et le week-end de 9 h à 14 h. Commission de 5 US$ pour les recherches d'hôtels. Demandez la brochure *Accommodation in Boston, Cambridge and Brookline, Travelers Aids*, qui propose une liste d'hôtels, *B & B* et *guesthouses* pas chers.

Représentations diplomatiques

- **Consulat français :** 31 Saint James Avenue, Suite 750. ☎ 542-7374. • www.franceboston.org • M. : Arlington. Ouvert du lundi au vendredi de 9 h à 13 h. Le consulat peut, en cas de difficultés financières, vous indiquer la meilleure solution pour que des proches puissent vous faire parvenir de l'argent, ou encore vous assister juridiquement en cas de problèmes.
- **Consulat canadien** *(plan I, B2, 6)* **:** 3 Copley Place, Suite 400. ☎ 262-3760. M. : Copley. Ouvert du lundi au vendredi de 8 h 45 à 17 h.
- **Consulat belge :** 300 Commercial Street, Suite 229, Malden (au nord de Boston). ☎ (781) 397-8566. Ouvert du lundi au vendredi de 10 h à 13 h et de 14 h à 16 h.
- **Consulat suisse** *(plan I, C3, 7)* **:** 20 Park Plaza, Suite 1207. ☎ 720-6310. M. : Boylston. Ouvert du lundi au jeudi de 10 h à 13 h.

Banques, change

- **Eurocard Mastercard :** ☎ 1-800-307-7309 (numéro d'urgence en cas de vol ou perte de carte de paiement).
- **Carte Visa :** ☎ 1-800-336-8472 (numéro d'urgence).
- **American Express** *(plan I, C2, 9)* **:** 1 Court Street. ☎ 723-8400 et 1-800-528-2121. Fax : 723-2934. M. : State ou Government Center.

Transports

- **South Station Bus Terminal** *(plan I, D3)* **:** Atlantic Avenue.
- **Greyhound :** ☎ 1-800-231-2222. Bus pour toutes destinations aux USA et au Canada.
- **Peter Pan :** ☎ 1-800-343-9999.

Bus pour le Massachusetts, le Connecticut, New Hampshire et New York.
■ **Bonanza :** ☎ 1-800-556-3815.
• www.bonanzabus.com • Bus pour le Nord-Est des USA, Cape Cod et New York.
■ **Minibus chinois faisant la liaison Boston-New York :** 68 Beach Street (c'est une pâtisserie asiatique ; *plan I, C-D3*). ☎ 338-8889. Pour plus de détails, lire la rubrique « Quitter Boston ».
■ *Location de vélos :*
– **Community Bike Shops :** 496 Tremont Street (et Clarendon Street), à Boston. ☎ 542-8623. M. : Back Bay ou Arlington. Ouvert du lundi au vendredi de 10 h à 20 h et le samedi jusqu'à 18 h. Compter 20 US$ la journée.
– **The Bicycle Exchange :** 2067 Massachusetts Avenue, à Cambridge. ☎ 864-1300. M. : Porter Square. Ouvert du mardi au samedi de 9 h à 18 h, jusqu'à 20 h le jeudi et de 12 h à 17 h le dimanche. Même prix que le précédent. Petite combine pour ce dernier : si vous louez votre vélo le dimanche, vous l'avez jusqu'au mardi pour environ 20 US$ car ils sont fermés le lundi !

Culture française

■ **The French Library and Cultural Center** *(plan I, B3, 10)* : 53 Marlborough Street. ☎ 266-4351.
• www.frenchlib.org • M. : Arlington. Ouvert du mardi au jeudi de 10 h à 20 h, les vendredi et samedi de 10 h à 17 h. Fermé les dimanche et lundi. Grande demeure de brique rouge. Nombreuses activités culturelles et ciné-club tous les jeudi et vendredi soir (cher, malheureusement). Abrite également l'Alliance française.

Santé

■ **Mass General Hospital :** 55 Fruit Street. ☎ 726-2000. M. : Charles MGH.

Où dormir ?

Avertissement : se loger à Boston est devenu hors de prix car le Massachussetts est en plein boom économique et les prix de l'immobilier grimpent de 10 % environ par an ! Nous vous avons tout de même dégoté quelques bonnes adresses. Ci-dessous, des ordres de prix correspondant aux différentes catégories :
– **Bon marché :** jusqu'à 50 US$.
– **Prix moyens :** de 50 à 95 US$.
– **Plus chic :** plus de 95 US$.

■ Il est indispensable de connaître **CRS** (ne pas ajouter SS, s'il vous plaît !), **Citywide Reservation Services Inc.** *(plan I, A3, 11)* : 839 Beacon Street. ☎ 1-800-468-3593 (appel gratuit) et 267-7424. Fax : 267-9408.
• www.cityres.com • M. : Fenway. Ouvert de 9 h à 21 h en semaine, de 10 h à 20 h le samedi, et de 10 h à 19 h le dimanche. C'est un organisme qui se charge de vous trouver un hébergement au meilleur prix moyennant une petite commission.
■ **Bed & Breakfast Agency of Boston** *(plan I, D2, 12)* : 47 Commercial Wharf. ☎ 720-3540. Numéro gratuit : ☎ 1-800-248-9262. Fax : 523-5761. M. : Aquarium. À partir de 85 US$ la chambre double. La sympathique Ferne Mintz fera son maximum pour vous dénicher un *B & B* parfaitement adapté à votre goût et à votre porte-monnaie sur Boston et la région (jusqu'à Cape Cod).

Bon marché

▲ *Irish Embassy Hotel* (plan I, C1, 28) : 232 Friend Street. ☎ 973-4841. Fax : 720-3998. M. : North Station. À partir de 24 US$ la nuit pour une personne, c'est la nuit la moins chère de Boston ! Évidemment, ce n'est pas le grand luxe : petite cuisine, coin salon tout simple avec TV et machine à laver payante. Pas de couvre-feu. 54 lits dans des dortoirs allant de 4 à 12 lits. Séjours de 6 nuits maximum. Ambiance internationale garantie. Les jeunes de l'hôtel peuvent profiter d'un dîner-buffet 4 fois par semaine dans le pub situé au rez-de-chaussée. Idéal pour rencontrer les autres routards, tout en écoutant un concert de musique irlandaise. Ceux qui souhaitent se coucher tôt devront malgré tout en « profiter » car les chambres sont assez bruyantes. Réservation conseillée 3 ou 4 jours avant votre arrivée.

▲ S'il n'y a plus de place, vous pouvez toujours aller dormir pour le même prix au *Beantown Hotel*, une succursale de l'adresse précédente, située à deux pas au 222-224 Friend Street. ☎ 723-0800. M. : North Station. Même prix que le précédent. Très propre car refait récemment. Accès possible pour les handicapés. Salle de jeux. Pour la petite histoire, *Beantown* était le surnom donné à Boston pendant la guerre civile, par les Américains qui survécurent à la restriction en mangeant exclusivement des haricots.

▲ *Boston International Hostel* (plan I, A-B3, 20) : 12 Hemenway Street (et Haviland). ☎ 536-9455. Fax : 424-6558. M. : Hynes Convention Center (à deux blocs). La chambre double avoisine les 80 US$, préférez la nuit en dortoir de 6 personnes, celle-ci ne coûte pas plus de 30 US$. Assez central. Ouvert 24 h/24. Réduction pour les membres des auberges de jeunesse. La durée maximum de séjour est de 14 nuits. Coin salon-bibliothèque avec piano, assez agréable. Grande cuisine et salle à manger. Panneaux accrochés sur les murs présentant les activités proposées pour la journée par l'hôtel : concerts, expositions... Pas mal de tuyaux et d'infos diverses. Accueil pas toujours agréable et réservation indispensable.

▲ *International Fellowship House* (plan I, B3, 21) : 386 Marlborough Street. M. : Hynes Convention Center. ☎ 247-7248. La nuit ici coûte environ 25 US$. Supplément modique pour le petit déj' et le dîner. Ancienne maison bostonienne du XIXe siècle dans une rue résidentielle. Bel ameublement (boiseries, trophées de chasse dans la salle de séjour). Cuisine disponible pour les hôtes. Salle de lecture et TV. Durant l'année, l'auberge accueille une vingtaine d'étudiants en long séjour. Cependant, en juin, juillet et août, il y a de la place pour les visiteurs de passage qui restent au moins 3 nuits. Attention, hommes seulement et *curfew* à 23 h (donc ne conviendra qu'aux lecteurs au mode de vie tranquille ou monastique et aussi... non-fumeurs). Les salles de bains (sur le palier) viennent juste d'être rénovées. On peut dire que pour les fauchés, le tarif demandé ici est une aubaine.

▲ *YMCA* (plan I, B4, 22) : 316 Huntington Avenue. ☎ 536-7800. Fax : 267-4653. M. : Green Line E ; station : North-Eastern University. Autour de 45 US$ la nuit pour une personne et encore quelques chambres doubles, sans salle de bains à partir de 65 US$. Ouvert 24 h/24 de fin juin à début septembre pour les routards. Séjours de 10 jours maximum. Attention, ce n'est plus mixte, seuls les hommes sont acceptés ! Réduction pour ceux qui possèdent la carte des auberges de jeunesse. Cette immense « Y » sans caractère ni charme (à l'exception du hall d'entrée), propose des chambres propres mais sans génie. L'accueil est sympa et le petit déj' est compris dans le prix. Cafétéria et piscine sont à votre disposition. Une caution vous est demandée pour la clé.

Prix moyens

🏠 **YWCA** *(plan I, C3, 23)* : 40 Berkeley Street, près d'Appleton Street. ☎ 482-8850. Fax : 482-9692. M. : Back Bay. Séjours de 13 nuits maximum. Filles seulement. Assez cher puisque pour une nuit, il vous faut débourser plus de 65 US$ pour une chambre simple. Les doubles sont à près de 95 US$ et les triples autour de 100 US$. Pas de taxes supplémentaires mais 2 US$ de *membership* à ajouter à la note. L'ensemble est bien tenu, le petit déj' est inclus. Grand salon, *TV room*. Jardin intérieur. Possibilité d'y manger pour pas cher.

🏠 **Miss Florence Frances Guesthouse** *(plan I, A3, 27)* : 458 Park Drive. ☎ 267-2458. M. : Fenway. Ouvert toute l'année. Autour de 95 US$ la nuit en chambre double. Pour nos lecteurs artistes, pas loin du Gardner Museum et du Museum of Fine Arts. Dans cette *brownstone* de 1865 se cache une adresse incroyable, une authentique *guesthouse* où l'on est comme chez soi. Ici, ni *check-in*, ni *check-out*, la liberté des hôtes (exclusivement non-fumeurs) est le maître-mot de l'exquise Florence Frances, ancien mannequin et globe-trotter confirmé. Sa maison est digne de paraître dans un magazine de déco : 4 chambres magnifiques, toutes personnalisées, certaines au décor délirant comme la *Spanish Room*, tout en blanc, rouge et noir. Mais la fierté de la maîtresse de maison, ce sont les toilettes en Plexiglas incrusté de pièces de monnaie ! Agréable cuisine acidulée, superbe living-room. Demandez à Florence de vous montrer ses centaines de paires de chaussures, ses collections de vêtements de soirée et de sacs qu'elle a conservées des défilés de mode de sa jeunesse : prodigieux ! Un endroit de rêve pour un prix qui a à peine bougé depuis une dizaine d'années. Un rapport qualité-prix-accueil tout à fait exceptionnel. Nécessité absolue de réserver. N'accepte pas les cartes de paiement.

🏠 **The Beacon Plaza** *(hors plan I par A3)* : 1459 Beacon Street, Brookline/Boston. ☎ 232-6550. *Guest telephone* : ☎ 566-9254. M. : *Green Line* C, station : Brendan Hall. Chambre double autour de 80 US$ avec salle de bains à l'étage. Comptez 15 US$ de plus pour en avoir une privée ! Assez loin du centre. Grande maison particulière, sans luxe mais bien tenue, avec un coin-cuisine commun. Ambiance pension de famille.

🏠 **B & B Nolan House** *(hors plan I par D4)* : 10 G Street, South Boston. ☎ 269-1550 ou 1-800-383-1550. Un peu excentré. Prendre la *Red Line* du métro jusqu'à Broadway et, à la sortie, prendre le bus n° 9 vers le sud de la ville, environ 10 mn de trajet. Demander au chauffeur l'arrêt sur G Street, c'est juste à côté ! Compter 95 US$ pour une chambre double. Un *B & B* digne de ce nom. Les 4 chambres sont toutes décorées avec soin, spacieuses et très confortables. John et Kathy, les hôtes, sont sacrément sympas et très accueillants. Ils ont toujours plein d'anecdotes amusantes à vous raconter pendant le petit déj' maison, délicieux et différent tous les matins, servi dans la salle à manger.

Plus chic

🏠 **Anthony's Town House** *(hors plan I par A3)* : 1085 Beacon Street, Brookline/Boston. M. : *Green Line* C, station : Hawes. ☎ 566-3972. Fax : 232-1085. Compter environ 100 US$ la nuit pour une chambre double. À 10 mn seulement du centre en *trolley*. Quartier résidentiel. Difficile d'y stationner. Très élégante *brownstone townhouse*. Un demi-siècle d'expérience comme *guesthouse*. Accueil charmant. Chambres spacieuses, avec air conditionné, toutes personnalisées et décorées par Barbara, la propriétaire des lieux, qui peint et bricole avec talent à ses heures perdues. Salle de bains sur le palier. Très recommandé de réserver car c'est régulièrement complet.

🔺 **Beacon Inn** (hors plan I par A3, 24) : 1087 et 1750 Beacon Street. ☎ 566-0088. Numéro gratuit : ☎ 1-888-575-0088. Fax : 278-9736. • beacon1750@aol.com • M. : Hawes Street, *Green Line* C. Le prix de la chambre double varie entre 85 et 125 US$. Dans Brookline mais juste à côté du métro (15 mn du centre). Voisines de *l'Anthony's Town House*, ces deux belles demeures de brique fin XIXe ont été restaurées il y a quelques années en *guesthouses*. Les chambres y sont grandes, propres, confortables et toutes équipées d'une salle de bains privée. Accueil agréable.

🔺 **The Beacon Street Guesthouse** (hors plan I par A3) : 1047 Beacon Street, Brookline/Boston. ☎ 232-0292. Numéro gratuit : ☎ 1-800-872-7211. Fax : 232-0146. M. : *Green Line* C, station : St Mary. Juste à côté de *Anthony's Town House*. Compter environ 130 US$ pour une chambre double. Une quinzaine de chambres, la plupart avec salle de bains, bien tenues. Éviter toutefois celles du rez-de-chaussée, un peu trop sombres. Café servi le matin.

🔺 **463 Beacon Street Guesthouse** (plan I, A-B3, 25) : 463 Beacon Street. ☎ 536-1302. Fax : 247-8876. M. : Hynes Convention Center. À partir de 110 US$ la chambre double. Belle *brownstone* située dans l'élégant quartier de Back Bay, à proximité directe du métro, ce qui est bien appréciable. 20 chambres spacieuses, confortables et bien aménagées, avec salle de bains et kitchenette pour la plupart. Beaucoup de charme : cheminées et boiseries. Café et thé gratuits. Réduction à la semaine en basse saison. Un bon rapport qualité-prix.

🔺 **Chandler Inn Hotel** (plan I, C3, 26) : 26 Chandler Street. ☎ 482-3450. Numéro gratuit : ☎ 1-800-842-3450. Fax : 542-3428. M. : Back Bay. Environ 150 US$ pour 2 (petit déj' continental compris, servi dans le *lobby*). Un des hôtels gays les plus agréables, pas loin du centre. Chambres avec petite salle de bains, TV, téléphone direct. Bon accueil.

🔺 **Newbury Guesthouse** (plan I, B3, 29) : 261 Newbury Street (entre Fairfield et Gloucester Streets). ☎ 437-7666. Fax : 262-4243. M. : Copley. À partir de 150 US$ environ la chambre double. Dans un quartier résidentiel et commercial, très vivant la journée. Demeure bourgeoise de 1882 complètement rénovée et offrant une trentaine de belles chambres classiques, tout confort. Réservation obligatoire.

Où prendre un petit déj' ?

I●I **Charlie's Sandwich Shoppe** (plan I, B4, 30) : 429 Columbus Avenue. ☎ 536-7669. M. : Back Bay. Ouvert du lundi au vendredi de 6 h à 14 h 30, le samedi de 7 h 30 à 13 h. Fermé le dimanche. À quelques blocs du Prudential Center. Compter une bonne dizaine de dollars pour un bon *breakfast* (*cash* seulement). Une institution pour le petit déj', fréquentée depuis 1927 par la classe ouvrière et les gens du coin. Dans un décor de bric-à-brac (vieilles enseignes aux murs, photos des débuts de *Charlie's* et coupures de presse jaunies par le temps), on vient dévorer le fameux *Turkey hash and eggs* (primé de nombreuses fois) ou déguster les meilleurs *pancakes* et *French toast* de la ville. Ah ! le *Cape Cod French toast with hot cranberry compote*... Le petit Jésus en culotte de velours !... Des tas d'autres choix, tous servis généreusement et avec le sourire. L'Amérique comme on l'aime !

I●I **Tealuxe** (plan I, B3, 31) : 108 Newbury Street. ☎ 927-0400. M. : Copley. Ouvert du lundi au dimanche de 7 h à 23 h. La cuisine ferme à 22 h. À partir de 6 US$ le petit déj', 7 US$ pour un sandwich. C'est une branche du *Tealuxe* d'Harvard Square (voir nos adresses à Cambridge). Bien entendu, belle sélection de thés mais aussi de bons bagels, muffins, et autres cakes pour un petit déj' à bon marché. Au déjeuner, large choix de sandwichs, simples et originaux à la fois, et à prix très raisonnables pour le quartier. Leurs noms sont inspirés de célèbres villes européennes.

Où manger ?

Dans nos adresses de Boston et Cambridge, certains restos et cafés appartiennent à des chaînes. Vous pourrez donc trouver ces établissements dans différents coins (nous n'avons pas pu indiquer toutes les succursales mais nous avons souvent mentionné une adresse à Boston et une autre à Cambridge). Ce sont pour les plus importantes :
– **Starbucks Coffee** : à tous les coins de rue (le McDo du café, en bien meilleur !).
– **Bertucci's** : chaîne largement représentée à Boston et Cambridge.
– **Legal Seafood** : plusieurs restaurants à Boston et Cambridge. Comme ça marche très bien, les établissements se multiplient comme des petits pains.
– **Papa-Razzi** : une adresse à Boston, une autre à Cambridge et quelques-unes dans les environs.

Dans le centre et à North End

Assez bon marché

|●| **Fajitas and Ritas** (plan I, C2, 33) : 25 West Street. ☎ 426-1222. M. : Downtown Crossing ou Park Street. Ouvert du lundi au jeudi de 11 h 30 à 21 h, le vendredi de 11 h 30 à 23 h et le samedi de midi à 22 h. Fermé le dimanche. Prix très raisonnables, environ 10-12 US$. Ce resto mexicain fera le bonheur des peintres du dimanche et des taggers en herbe. Ici, les murs sont entièrement graffités, principalement par les clients qui disposent de stylos et crayons pour ajouter leur touche perso. Si vous manquez d'inspiration, commencez par commander une Rita (entendez, margarita), et enchaînez avec des fajitas de bœuf ou un plat de nachos que vous créerez selon votre humeur (le menu est sous forme de QCM). Également à la carte : burritos, quesadillas et salades. Même si ça n'est pas de la grande cuisine mexicaine, cela reste une adresse sympa.

|●| **La Famiglia Giorgio's** (plan I, D1, 34) : 112 Salem Street. ☎ 367-6711. M. : Haymarket. Ouvert tous les jours midi et soir, du lundi au samedi de 11 h à 22 h 30 et le dimanche de 12 h à 23 h. À la carte, le dîner est un poil plus cher que le déjeuner, entre 12 et 15 US$. Appétits d'oiseau, s'abstenir ! Ce resto italien situé dans le vieux quartier de North End est une aubaine pour les routards affamés par plusieurs jours de jeûne. Portions gargantuesques pour une cuisine familiale de qualité plus ou moins bonne : des pâtes à toutes les sauces bien sûr, mais aussi des grillades et des plats classiques comme le chicken parmigiana, les piccate ou les scampi. Et si vous criez grâce, rien ne vous empêche d'emporter vos restes avec vous, c'est d'ailleurs le slogan de la maison. Imbattable au niveau quantité/prix.

|●| **China Pearl** (plan I, C3, 39) : 9 Tyler Street. ☎ 426-4338. M. : Chinatown. Ouvert tous les jours de 8 h 30 à 23 h. Compter 10 US$ maximum. Le resto le plus populaire de Boston pour le brunch de dim sum du dimanche. Sur deux étages, deux grandes salles bruyantes aux couleurs criardes (rouge, rose et doré). Préférer celle plus typique du rez-de-chaussée si vous avez le choix. Ici, on vous sert de vrais dim sum. Les serveuses passent parmi les tables en faisant circuler des chariots remplis de ces petites mer-

veilles. À chaque fois que vous choisissez quelque chose, on vous tamponne la fiche que l'on vous aura donnée auparavant. Parmi nos préférés : le *sticky rice*, un mélange de riz gluant, de morceaux de porc et de petits bouts de saucisse chinoise, le tout emballé dans une feuille de lotus ; les *shrimp stuffed dumplings* ou encore les *roast pork buns*. Si vous n'êtes pas fana des vapeurs, déplacez vous aux différents buffets qui servent *sushis*, *shrimps*, *fried tofu*...

I●I *Pita Kabob* (plan I, C2, 41) : 45 Province Street (rue perpendiculaire à School Street). ☎ 523-7482. M. : Downtown Crossing. Ouvert du lundi au samedi de 11 h à 19 h. Quel que soit votre choix, vous ne dépasserez pas les 10-12 US$. Il est difficile de tenir à plus de trois dans cette minuscule boutique, située au coin d'un parking. À emporter donc, des pitas ou sandwichs garnis de petits bouts de poisson ou de poulet marinés, grillés, accompagnés de légumes et d'une sauce *tahini* ou *yogurt*. Également, des brochettes de bœuf ou d'agneau, cuites à petit feu avec oignons, tomates et poivrons, servis en salade, en sandwich ou accompagnés de riz basmati. Si vous n'arrivez toujours pas à vous décider, demandez à goûter.

I●I *East Ocean City* (plan I, C3, 37) : 27 Beach Street. ☎ 542-2504 et 542-4223. M. : Chinatown. Ouvert du dimanche au jeudi de 11 h à 3 h, les vendredi et samedi jusqu'à 4 h. Compter entre 12 et 15 US$. Salle *clean* et aérée dans ce bon chinois, réputé avant tout pour sa *seafood*. Amoureux des *shrimps*, vous ne serez pas déçus ! Gage de fraîcheur : les aquariums, où l'on peut voir barboter et choisir crabes, homards, poissons et langoustines. Une petite bouteille de blanc fumé accompagne bien le tout. Plus classe que *Chau Chow*, un peu plus cher aussi. Service attentif.

I●I *Grand Chau Chow* (plan I, C3, 32) : 41-45 Beach Street. ☎ 292-5166. M. : Chinatown. Ouvert tous les jours de 10 h à 15 h et jusqu'à 22 h le week-end. Dans la famille *Chau Chow*, il ne reste que le *Grand Chau Chow*. L'autre restaurant, de la même maison, situé auparavant juste en face, a récemment fermé ses portes. Dommage, c'était notre préféré. Le *Grand Chau Chow* reste malgré tout une bonne adresse pour déguster une cuisine chinoise de qualité dans un décor spacieux et *clean*. Mais l'endroit est impersonnel et les prix plus élevés qu'au « feu *Chau Chow* » ; bref on aime moins.

I●I *Coogan's* (plan I, D2, 59) : 173, Milk Street. ☎ 451-74-15. Juste à côté de la *Custom House*. Formule *lobster*-frites simple autour de 11 US$, double à 17 US$. Resto chaleureux style pub, avec ses murs de briques et ses grandes tables en bois. Bonne ambiance qui renforce la convivialité des lieux. On vient d'abord ici pour boire une bière après le boulot. Prix raisonnables pour l'endroit, service efficace. La formule *lobster* nous a paru particulièrement attractive mais il y a d'autres plats à la carte.

I●I *Blue Diner* (plan I, C3, 43) : 150 Kneeland Street. ☎ 695-0087. M. : South Station. Ouvert tous les jours 24 h/24. Aux alentours de 12 US$. Dans une maison de brique peinte en bleu *(of course !)* et non dans une roulotte, un vrai décor de *diner* : murs carrelés blanc et noir, tabourets chromés le long d'un comptoir de Formica, néons *flashy* et mini-juke-box aux murs. À la carte : plats mexicains, *burgers*, sandwichs, steaks, *soul food*, *BBQ ribs*, pâtes, salades, avec quelques envolées nouvelle cuisine. Derrière, *The Art Zone*, le bar qui fait aussi office de salle fumeurs. Dans un style différent, il vaut le détour. Toutes les tables sont des œuvres d'artistes locaux, réalisées sur des thèmes variés. À Boston, cette adresse reste branchée, particulièrement quand tout est fermé autour !

I●I *Black Rose* (plan I, D2, 44) : 160 State Street. ☎ 742-2286. M. : State ou Government Center. Ouvert du lundi au samedi de 11 h 30 à 2 h, le dimanche de 12 h à 2 h. Plat autour de 17 US$. C'est une bien sympathique « rose noire » dont il faut aller humer les chaleureux parfum. C'est aussi une bien émouvante chanson imprimée sur le set de table, racontant la tragédie du peuple irlandais persécuté et contraint à l'exil par la perfide Albion. Ici, en plus de l'atmosphère vieille Irlande, au travers de portraits des héros de 1916 et nombreux souvenirs, vous trouverez une très bonne viande de bœuf pas chère. Délicieux et copieux *T-Bone* ou *angus steak*. Bonne *Guinness* également. Le reste de la carte n'est malheureusement pas transcendant. Les plats sont plus inspirés du South-Western que de l'Irlande (peut-être qu'il en est mieux ainsi !). Musique folk tous les soirs à 21 h 30 (à partir de 16 h le week-end). Sacrée ambiance ! Peut-être un peu trop touristique tout de même.

Prix moyens

|●| **Durgin Park Restaurant** (plan I, D2, **36**) : North Market Building, 5 Faneuil Hall Market Place. ☎ 227-2038. M. : Haymarket ou Government Center. Ouvert du lundi au jeudi de 11 h 30 à 22 h, jusqu'à 22 h 30 les vendredi et samedi, 21 h le dimanche. Entre 16 et 20 US$. Ce resto date de 1827 et est un des plus anciens établissements de la ville. Service un peu rude, mais tout le monde semble l'accepter. Bien que situé dans un endroit hyper touristique, il a su garder une marque de fabrication, une certaine atmosphère. Il faut déjeuner au 1er étage pour bien se rendre compte de sa popularité. Sinon, une terrasse ensoleillée au rez-de-chaussée. Pour les pressés, l'*Oyster Park*, au sous-sol, et un pub au rez-de-chaussée (piano-bar tous les soirs de la semaine et concerts le week-end). Grande variété de plats de viande et de poisson pour une cuisine sans prétention mais bonne et aux quantités plus que respectables. Goûtez aux *prime ribs*, au *fish chowder*, aux *scallops* maison et en dessert, ne négligez pas l'*Indian pudding*.

|●| **Carl's Pagoda** (plan I, C3, **35**) : 23 Tyler Street. ☎ 357-9837. M. : Chinatown. Dans une rue donnant dans Beach Street. Ouvert tous les jours, du dimanche au jeudi de 11 h à minuit, les vendredi et samedi de 11 h à 2 h. Compter un bon 15 US$ environ. Étonnante cuisine de Hong Kong dans ce petit resto de Chinatown remis à neuf récemment. Nappes sur les tables, moquette aux murs et autres nouveautés font maintenant partie du décor. Quelques recommandations : le *seafood fried rice* et ses petites *chinese sausages*, le *roast lobster in butter and cheese sauce*. Mérite vraiment un détour.

|●| **Daily Catch** (plan I, D2, **38**) : 323 Hanover Street. ☎ 523-8567. M. : Haymarket. Dans le quartier de North End. Ouvert tous les jours midi et soir de 11 h 30 à 23 h. Deux autres adresses : 261 Northen Avenue ; ☎ 338-3093 ; M. : South Station ; et 441 Harvard Street, à Brookline ; ☎ 734-5696 ; M. : Coolidge Corner. Compter 15 US$ pour un plat de pâtes et quelques dollars de plus si vous prenez une entrée. Attention, *cash* seulement. Ne vous arrêtez pas au cadre, ça serait trop bête ! C'est vraiment petit, genre gargote (carrelage, tables en bois, grande ardoise au mur). La cuisine, installée au milieu du restaurant, nous fait profiter des odeurs de fritures. Peu importe, tout le monde y va pour manger les meilleurs calamars de la ville (frits, en salade, farcis ou en boulettes). La portion de calamars frits comblera l'appétit de deux personnes. Goûter aussi les moules à la sicilienne et les palourdes. Produits frais, cuisinés sérieusement et pâtes faites maison. Quantités très généreuses. Pas de dessert, mais vous pouvez le prendre en face, chez **Mike's Pastry**, 300 Hanover Street ; ☎ 742-3050. Ouvert tous les jours de 8 h ou 9 h à 21 h ou 22 h (18 h le mardi). Délicieux gâteaux, glaces et pâtisseries, et, pour faire descendre le tout, *expresso* au **Caffé Vittoria**, 296 Hanover Street ; ☎ 227-7606. Ouvert tous les jours depuis 1930 de 8 h à minuit.

BOSTON / OÙ MANGER ?

|●| Tatsukichi *(plan I, D2, 40)* : 189 State Street. ☎ 720-2468. M. : Aquarium. Ouvert du lundi au jeudi de 11 h 45 à 14 h 30 et de 17 h à 22 h, le vendredi jusqu'à 23 h, le samedi de 17 h à 23 h et le dimanche de 17 h à 22 h. Autour de 20 US$. Resto japonais au décor authentique. On y mange sur des tables basses, agenouillés. Les serveuses, charmantes, sont toutes en habit traditionnel. Belle carte proposant des entrées très fines comme le *shumai* (bouchées de crevettes aux légumes cuites à la vapeur). La spécialité maison, ce sont les *kushiages*, petites brochettes de bœuf, de poulet, de *seafood* ou de légumes servies avec une très bonne « *dipping* » sauce. Bien sûr, délicieux *sushis*, *sashimis* et autres *teriyakis* également au menu. S'il vous reste un peu de place, laissez vous tenter par les différentes glaces proposées en dessert, elles sont vraiment spéciales... À l'étage, karaoké pour les inconditionnels.

|●| Jacob Wirth's *(plan I, C3, 42)* : 31-37 Stuart Street, près de Washington Street. ☎ 338-8586. M. : Boylston. Ouvert le lundi de 11 h 30 à 20 h, du mardi au jeudi de 11 h 30 à 23 h, le vendredi jusqu'à minuit, le samedi de 12 h à minuit et le dimanche de 12 h à 20 h. À partir de 15 US$ pour se restaurer dans cette brasserie qui a entamé son second siècle. Fondée en 1868, une gigantesque brasserie aux boiseries patinées et à l'atmosphère passablement surannée. On aime bien ! Nourriture correcte. Sa *dark beer* est célèbre à Boston. On y mange aussi bien un sandwich qu'un repas complet. Réputée pour ses saucisses (*knockwurst, bratwurst, liverwurst, frankfurt*) et autres spécialités allemandes. Pain fait maison. Le vendredi soir, tout un flot d'habitués vient y faire un tour pour y chanter en accompagnant le pianiste.

|●| Penang *(plan I, C3, 60)* : 685 Washington Street. ☎ 451-6373. M. : Chinatown. Ouvert du dimanche au jeudi de 11 h 30 à 23 h 30, les vendredi et samedi jusqu'à minuit. Compter un bon 15 US$ pour un repas. Décor de brique et de bois dans ce resto malaisien le plus populaire de Boston. Cuisine authentique et délicieuse. Un menu asiatique pur jus et un menu asiatique occidentalisé. Le *beef rendang*, un mélange épicé de bœuf cuit à la vapeur dans du lait de coco est savoureux, de même que le *mango chicken*. Pour aller jusqu'au bout de l'aventure, tentez l'*ABC*, étrange mixture de tapioca, graines de palmier, lait de coco... pour accompagner les plats.

|●| Figs *(plan I, C2, 61)* : 42 Charles Street. ☎ 742-3447. M. : Charles MGH. Ouvert de 17 h 30 à 22 h du lundi au vendredi, de 12 h à 22 h le samedi et de 12 h à 21 h le dimanche. Pour une pizzeria, c'est cher (la pizza la moins chère est à environ 10 US$). Pour un dîner fin, ça l'est moins. Dans les deux cas, vous serez toujours satisfaits. Compter donc 15 US$ par personne avec une boisson. Dans une minuscule salle romantique à l'éclairage sombre, un très bon italien en dehors de North End. La star du menu ici, c'est la pizza. Nos préférées : la *Figs and prosciutto*, délicieux mélange sucré salé, la *Isabelle's*, combinaison de jambon fumé, oignons caramélisés et asperges et enfin, la *spicy chicken sausage* accompagnée de romarin, de ricotta et d'oignons. Une pour deux suffit, d'autant plus qu'une corbeille de différents petits pains faits maison vous attend sur votre table.

Plus chic

|●| Union Oyster House *(plan I, C-D2, 45)* : 41 Union Street. ☎ 227-2750. M. : Haymarket ou Government Center. Juste à côté de Faneuil Hall. Ouvert du dimanche au jeudi de 11 h à 21 h 30, les vendredi et samedi jusqu'à 22 h. Compter autour de 25 US$ pour un dîner. Bar ouvert jusqu'à minuit. Même s'il est hyper touristique et si la cuisine n'a plus aussi bonne réputation qu'avant, ce resto est incontournable pour sa charge d'histoire. C'est le plus vieil établissement de Boston (et, depuis 1826, le plus ancien des États-Unis en service continu). Il n'a connu que trois propriétaires. En 1771, au dernier étage, l'imprimeur Isaiah Thomas publia *The Massachusetts Spy*; un des premiers signes de la révolution montante. En 1796, le futur roi Louis-Philippe en exil vécut au 2e étage et donna des cours de français aux riches Bostoniennes pour subsister. Le premier cure-dent (importé d'Amérique du Sud) fut expérimenté ici. L'importateur offrit des repas à des étudiants fauchés de Harvard pour qu'ils le réclament à la fin du repas ! Kennedy y avait ses habitudes ; on peut d'ailleurs demander à s'asseoir à sa table favorite à l'étage. Bref, un monument historique. À l'intérieur, belle déco ancienne, bien patinée par le temps. Nombreuses salles et multiples petits recoins. Cela n'empêche pas d'attendre parfois 1 à 2 h pour obtenir une table (inscrivez-vous à l'accueil). La combine la plus sympa consiste à se dégoter une place autour du célèbre bar à huîtres semi-circulaire au rez-de-chaussée et d'y déguster une demi-douzaine d'huîtres accompagnées d'une *clam chowder* bien veloutée. Le tout pour une poignée de dollars. Sinon, carte traditionnelle pour les fruits de mer mais le *lobster* y est cher et décevant. Toutes les façons d'accommoder homards et coquillages. Le *ye olde seafood platter* est un mélange de poisson et de fruits de mer en beignets. Liste des vins plutôt intéressante. Mais ne comptez pas sur l'aide des serveurs, ils n'y connaissent pas grand-chose.

|●| **Legal Seafood** (plan I, C3, **46**) : situé dans le *Park Plaza Hotel*, entrée au 35 Colombus Avenue. ☎ 426-4444. M. : Arlington. Ouvert tous les jours de midi jusqu'à 22 h (les vendredi et samedi, jusqu'à 23 h). Réservation hautement recommandée. Plus de 20 US$ pour un dîner dans cette chaîne très réputée. Une affaire familiale qui existe depuis trois générations. À ce jour, une bonne dizaine de restos (de nouveaux en projet), 5 *markets* et un service d'expédition à travers les États-Unis. Immense salle au décor sophistiqué. À midi, atmosphère assez bourdonnante avec les employés et yuppies du quartier profitant du *lunch special* à prix très abordables. Ici, c'est le poisson qui domine, toutes les espèces, toutes les formes de cuisson et, dans ce domaine, le resto s'est assuré la place de premier de la classe. La devise maison n'est-elle pas : « If it isn't fresh, it isn't legal » ? Une cascade de spécialités toutes plus savoureuses les unes que les autres : très bonne *clam chowder* (servie d'ailleurs plusieurs fois à la Maison-Blanche), *steamers, fried oysters, Cajun shrimp, lobsters, clams, scallops*... Et puis cette curieuse *Shandong seafood*, cuisine d'il y a 2 500 ans, inspirée par Confucius. Goût délicat, haute qualité des ingrédients, belle présentation. Service impeccable. Le soir, clientèle chic et prix plus élevés, ça va de soi.

|●| **Ginza** (plan I, C3, **51**) : 16 Hudson Street. ☎ 338-2261. M. : NE Medical Center. Ouvert du lundi au vendredi de 11 h 30 à 14 h 30 et de 17 h à 2 h. Le samedi de 11 h 30 à 16 h puis de 17 h à 4 h et le dimanche, de 17 h à 2 h. Compter au moins 20 US$. Authentique resto japonais. Serveuses en kimono et musique pop japonaise en fond sonore nous mettent tout de suite dans l'ambiance. L'espace d'un instant, on se croirait presque à Tokyo. Vous pouvez goûter à tout sans aucune peur ; tout ce qui est cuisiné ici est sublime de saveur, fraîcheur... Bon *sake*, service impeccable, ouvert à des heures tardives et *maki rolls* tous aussi savoureux les uns que les autres. Que demander de plus ? Au fait, n'oubliez pas d'enlever vos chaussures si vous dînez dans la *tatami mat room*.

Dans le quartier du port

Bon marché

IOI No Name Restaurant (plan I, D3, **47**) : 15 1/2 Fish Pier. ☎ 338-7539 et 423-2705. M. : South Station. Ouvert du lundi au samedi de 11 h à 22 h et le dimanche de 11 h à 21 h. Pour s'y rendre, les courageux devront marcher environ 20 mn. Traverser le pont du Fort Point Channel et suivre Northern Avenue. Sinon, prenez un taxi. Compter autour de 12-13 US$ dans la journée, un peu plus le soir. Pour de la *seafood* fraîche mais présentée sans chichis, c'est le resto le moins cher de Boston, qui nourrit les petits budgets depuis 1917. Ici, on ne paie pas pour le décor, mais pour la célèbre *clam chowder*, les *fried clams*, les *scallops*, les *shrimps*, les *broiled scrods*, les *soles*, la *seafood plate*... Si vous commandez un homard, vous aurez droit à un magnifique tablier en plastique que le serveur vous accrochera autour du cou. Au 1er étage, grande et agréable salle avec vue sur le port. Dommage que des cars entiers y déversent des flots de touristes, alléchés par les prix plus démocratiques que chez *Anthony's Pier 4*, juste à côté. Le *No Name* y a perdu un peu de son âme... Réservation recommandée le week-end.

IOI Boston Sail Loft (plan I, D2, **62**) : 80 Atlantic Avenue. ☎ 227-7280. M. : Aquarium. Ouvert du lundi au mercredi de 11 h 30 à 22 h, du jeudi au samedi de 10 h 30 à 23 h et le dimanche de 11 h à 22 h. Sandwichs autour de 8 US$ et plats à un peu plus de 10 US$. Belle situation avec vue sur le port, intérieur confortable. Asseyez-vous au bar, on y est bien et les serveurs sont sympas. Le menu n'est pas gastronomique : *seafood frite*, *burgers*, *sandwiches*, *fish and chips*... mais servi copieusement. Plus une adresse pour y boire un coup ou pour une pause déjeuner que pour un dîner.

Prix moyens

IOI The Daily Catch (plan I, D3, **48**) : 261 Northern Avenue. ☎ 338-3093. M. : South Station. Sur le Fish Pier également. Ouvert tous les jours de 11 h 30 à 23 h. Aux alentours de 15 US$. Calamars, *clams* et moules à prix démocratiques. Même maison que sur Hanover Street (voir plus haut).

IOI Barking Crab (plan I, D3, **52**) : 88 Sleeper Street. ☎ 426-2722. M. : South Station. En face du *Computer Museum*. Ouvert le dimanche et du lundi au mercredi de 11 h 30 à 21 h, du jeudi au samedi jusqu'à 22 h. Entre 15 et 20 US$. C'est la seule « cabane à *seafood* » de Boston, agrandie l'été par de grandes tables et des bancs éparpillés ça et là dans une salle attenante protégée par une toile plastifiée. De là, vue sur les bateaux de pêche et sur la *skyline* de Boston. Du bruit, de l'ambiance et un service efficace pour une *seafood* de bonne qualité et à prix raisonnables, servie à toutes les sauces : *steamed*, *fried*, *boiled* ou *grilled*.

Plus chic

Les deux institutions suivantes, parties intégrantes du paysage bostonien, présentent pas mal de points communs : près de 70 ans d'expérience, la même situation sur le Fish Pier, spécialisées dans la *seafood* et une clientèle touristique (plus quelques stars en goguette). À Boston, il y a des adeptes de l'un et de l'autre, des inconditionnels de *Jimmy's* et d'autres qui ne jurent que par *Anthony's Pier 4*. Nous, on a une nette préférence pour le premier, d'abord parce que la cuisine y est meilleure et ensuite parce qu'on y trouve plus de Bostoniens que de touristes.

|●| *Jimmy's Harbor Side* (plan I, D3, 49) : 242 Northern Avenue, sur le Fish Pier. ☎ 423-1000. M. : South Station. Ouvert tous les jours de midi à 21 h 30, le dimanche de 16 h à 21 h. Prévoir à partir de 25 US$ pour un dîner. Derrière la façade délabrée, une grande salle à la déco marine, offrant une chouette vue sur le port. Ici, il faut être au moins trois pour bénéficier d'une table contre la baie vitrée, « c'est la politique de la maison » et impossible de transiger. Très belle carte proposant des poissons cuisinés à toutes les sauces : *fried, broiled, baked, poached* ou *Cajun style*. Bonne et crémeuse *Jimmy's fish chowder*. Garder de la place pour un *Greek rice pudding*, servi ici depuis 1924, date à laquelle Jimmy Doulos a ouvert ses portes. Pour preuve de la célébrité de *Jimmy's*, des photos dédicacées de JFK, de ses frères Ted et Bob, de Jean-Paul II, Bill Clinton, Gregory Peck et on en passe. Accueil mitigé. Jeter un œil au bar, en forme de bateau.

|●| *Anthony's Pier 4* (plan I, D3, 50) : 140 Northern Avenue, sur le Fish Pier. ☎ 482-6262. M. : South Station. Ouvert du lundi au vendredi de 11 h 30 à 23 h, les samedi et dimanche de midi à 23 h 30. Compter plus de 25 US$. Réservation très recommandée. Tenue correcte exigée. Le père d'Anthony Athanias, le patron, possédait une petite vigne dans les Balkans avant de tenter sa chance aux États-Unis. Aujourd'hui, il y a plus de 50 000 bouteilles dans sa cave. Resto-musée rempli de souvenirs de la mer. Véritable galerie de photos du patron en compagnie de célébrités (Nixon, Jean-Paul II, Kissinger, Steve McQueen, Gregory Peck, Judy Garland, Liz Taylor, Jimmy Carter, etc.). Monter au 1er étage, d'autres salons et salles superbement décorés. Au rez-de-chaussée, demander à manger dans la première salle à l'atmosphère chaleureuse, plutôt que dans l'extension (beaucoup plus banale). Goûter par exemple à l'*Anthony's Pier 4 clam baked special*, genre de pot-au-feu de fruits de mer. Le seul problème d'*Anthony's*, c'est son succès. Trop de monde. Si le service reste toujours courtois, il est souvent fort lent. Et la cuisine est parfois inégale. Bref, parmi les gourmets de Boston, *Anthony's* ne fait pas tout à fait l'unanimité... Ce que l'on dit des restaurants panoramiques se vérifie ici mais il reste cependant le décor et l'atmosphère !

Pour retourner à South Station, possibilité de prendre un bus au pied du World Trade Center. Passage toutes les 2 mn.

Dans le coin de Back Bay et de Kenmore

Bon marché

|●| *Cornwall's* (plan I, A3, 55) : 510 Commonwealth Avenue et Kenmore Square. ☎ 262-3749. M. : Kenmore. Ouvert tous les jours de 11 h 30 à 2 h. *Bar-food* typique d'un pub anglais en plein Kenmore Square où vous serez repu pour un peu plus de 12 US$. Jeux de société à votre disposition et atmosphère chaleureuse dans ce pub fréquenté principalement par des étudiants. Les tables sont très proches les unes des autres ce qui permet de partager une pinte et un brin de causette avec la table voisine. Cuisine appréciée localement : *New York style chicken pot pie*, *BBQ shepherd's pie*, *pasta del mar*, bons *burgers*. Sur le bar, collection de chopes que les habitués rapportent de leurs voyages. Très belle sélection de bières (encore plus en bouteille : *Steinlager, Kirin, Red Stripe, Taj Maj, San Miguel*, etc.). Le patron a également monté un club : pour avoir sa petite plaque avec son nom au-dessus du bar, il faut avoir bu toutes les bières étrangères citées sur la liste ! À vous de jouer !

|●| *La Famiglia Giorgio's* (plan I, B3, 53) : 250 Newbury Street. ☎ 247-1569. M. : Copley. Même maison qu'à Salem Street (North End), mêmes plats roboratifs et mêmes prix : entre 10 et 15 US$ le dîner. La maison n'a d'italien que le nom puisque les plats qu'on y sert sont d'origines assez variées. Un plus : la petite salle voûtée en brique est vraiment charmante et, dans ce quartier, l'addition est une *bargain*!

I●I *El Pelon Taqueria (plan I, A4, 56)* : 92 Peterborough Street. ☎ 262-9090. M. : Fenway. Ouvert du mardi au dimanche de 11 h 30 à 22 h 30. Autour de 10 US$. Dans une *taqueria* de quartier se cache un des restos mexicains les plus fins de Boston. Les ingrédients cuisinés sont très frais, le plantain un régal. La plupart des plats sont accompagnés de *limed-onions*, une spécialité de la chef.

I●I *Marché Movenpick (plan I, B3, 63)* : 800 Boylston Street, dans le Prudential Center. ☎ 578-9700. M. : Prudential ou Hynes Convention Center. Ouvert tous les jours de 11 h 30 à minuit. Environ 12 US$ au déjeuner pour ce resto éclectique. Décor dépaysant : parasols surmontant des petites tables en bois, lampes « grappes de raisin »... Comme un *food court*, c'est un endroit idéal pour une pause déjeuner rapide. Cependant, ce que l'on mange ici est peut-être un peu meilleur que la traditionnelle nourriture de *mall*. De nombreux « stands » de toutes origines (cajun, italien, chinois, japonais, rôtisserie, etc.) où produits et plats sont joliment présentés. À l'entrée, on vous donne un passeport qui est tamponné à chaque fois que vous choisissez quelque chose. Ne le perdez surtout pas, il est inscrit dessus que vous auriez à payer 100 US$ d'amende ou à faire 2 jours de vaisselle si c'était le cas ! Puis, vous allez faire votre « marché » avant de passer à la caisse. Attention, 11 % sont ajoutés à la note pour le service qui se résume à pas grand-chose !

I●I *Parish Cafe (plan I, C3, 58)* : 361 Boylston Street. ☎ 247-4777. M. : Arlington. Ouvert du lundi au samedi de 11 h 30 à 1 h et le dimanche à partir de midi seulement. Tout est aux environs de 10-15 US$. Café branché de Boston dont la spécialité est de proposer de très bons sandwichs imaginés et créés par les plus grands chefs de Boston. Belle sélection de bières également. Préférer la belle terrasse sur Boylston à l'intérieur sombre. Bien sûr, quand il fait beau, la queue pour manger dehors est ininterrompue, à fortiori le week-end. Garder un peu de place pour le *carrot cake*, très bon. Dommage que le service ne soit pas à la hauteur du reste...

Prix moyens

I●I *Sol Azteca (hors plan I par A3)* : 914 A Beacon Street. ☎ 262-0909. M. : St Mary's (Green Line C). Ouvert le soir seulement, de 17 h à 22 h du dimanche au jeudi (jusqu'à 23 h les vendredi et samedi). Compter un bon 15 US$. Cadre agréable, musique et décor authentiques. Bonne cuisine mexicaine. C'est l'un de ces petits restos excentrés qui ont su se bâtir une solide clientèle par une qualité constante de la nourriture et de l'accueil. Bénéficie, bien sûr, de la Boston University, toute proche. Il faut voir les queues du vendredi et du samedi soir. Il est vivement conseillé de réserver. Dans un décor résolument sobre et austère, goûtez aux *enchiladas verdes, combinación sol* ou *combinación azteca* pour 2, et à la longue liste d'*especialidades*. Les plats sont très copieux.

I●I *Pho Pasteur (plan I, B3, 64)* : 119 Newbury Street. ☎ 262-8200. M. : Copley. Ouvert tous les jours de 11 h à 22 h. Autre adresse à Harvard Square, dans Cambridge au 35 Dunster Street. ☎ 864-4100. Compter un bon 15 US$ pour un repas. Après avoir descendu quelques marches, on débarque dans une petite salle sans prétention mais proprette. Là encore, une terrasse agréable l'été. La cuisine vietnamienne est ici légère, assaisonnée et relevée à la perfection. « *Pho* », c'est le nom de la nouille blanche vietnamienne utilisée dans les soupes : le menu vous en propose un large choix, de la toute simple à la plus typique avec boulettes de viande et tripes. La *caramelized sliced catfish casserole* ou les *spring rolls* à se rouler soi-même (« *banh hoi* ») sont également excellents. Une entrée et un plat sont amplement suffisants pour 2.

IOI **Siam Cuisine** *(hors plan I par A3, 65)* : 961 Commonwealth Avenue. ☎ 254-4335. M. : St Paul (Green line B). Ouvert tous les jours de 11 h 30 à 15 h et de 17 h à 22 h (jusqu'à 22 h 30 les samedi et dimanche). Prévoir de 12 à 15 US$ pour un déjeuner et plutôt 20 US$ pour un dîner. Situé dans le quartier de Boston University, ce resto est avant tout fréquenté par des étudiants. Salle spacieuse assez sobre. Authentique « salle à manger » thaïlandaise aménagée en plein milieu de la pièce où vous pouvez demander à vous installer. Cette adresse doit avant tout sa renommée à son grand choix d'assiettes de *seafood* ou de bœuf. De belles saveurs et un service tout sourire : notre adresse thaïe préférée à Boston.

IOI **Addis Red Sea** *(plan I, C4, 66)* : 544 Tremont Street. ☎ 426-8727. M. : Ouvert de 17 h à 23 h du lundi au vendredi et dès 12 h les week-ends. Compter un bon 15 US$. Tapis aux couleurs chaleureuses et objets typiquement éthiopiens vous accueillent dans la petite salle de ce resto. On s'assied sur des tabourets tressés, autour d'une table ronde en osier appelée « mesob ». Ensuite, vous choisissez ce qui vous tente. Vos plats commandés arrivent sur un grand plateau recouvert d'une « *injera* », sorte de crêpe spongieuse. Ça y est, le festin à mains nues peut commencer. La technique ? Découpez un petit bout de crêpe avec les doigts et mangez-le avec le reste. Nos préférences : le tartare sur son beurre d'herbes *(kifto)*, le *yebeg wot*, un ragoût d'agneau mais aussi pas mal de plats végétariens comme l'*ataklit*, une sorte de ratatouille. Commencez par choisir un accompagnement par personne et surtout, n'hésitez pas à demander, les serveurs seront ravis de vous guider à travers le menu. Très bon café aux épices exotiques, avec une dominante de cardamome. Un bon dépaysement l'espace d'un repas.

IOI **Bertucci's** *(plan I, B3, 67)* : 43 Stanhope Street. ☎ 247-6161. M. : Back Bay. Ouvert du lundi au jeudi de 11 h à 23 h, les vendredi et samedi jusqu'à minuit et le dimanche de midi à 23 h. Pas de mauvaise surprise dans cette branche de la célèbre chaîne italiano-américaine qui fait des ravages sur la côte Est des États-Unis. Voir la rubrique « Où manger ? » de Cambridge.

Plus chic

IOI **Papa-Razzi** *(plan I, B3, 57)* : 271 Dartmouth Street. ☎ 536-9200. M. : Copley. Ouvert tous les jours de 11 h 30 à minuit et demi. Plusieurs succursales : à Cambridge Side Galleria (100 Cambridge Side Place), ☎ 577-0009, M. : Lechmere ; à Chestnut Hill Mall (Boylston Street, route 9), ☎ 527-6600. En dehors de North End, une bonne adresse de resto italien. Compter au moins 20 US$ pour un dîner. Cadre sophistiqué et clientèle *trendy* pour une cuisine italienne très fraîche. Prix tout à fait acceptables au déjeuner. Longue liste de spécialités avec, entre autres, les *agnolotti all'aragosta* (pâtes au homard), la *wood fired polenta crostini* et de très bonnes pizzas. Service attentionné.

IOI **Elephant Walk** *(hors plan I par A3, 68)* : 900 Beacon Street. ☎ 247-1500. M. : St Mary's (Green Line C). Ouvert du lundi au jeudi de 11 h 30 à 14 h et de 17 h à 22 h ; le vendredi de 11 h à 14 h 30 et le soir jusqu'à 23 h. Les week-ends, ça change encore : de 11 h 30 à 14 h 30 et de 16 h 30 à 23 h le samedi ; de 16 h 30 à 22 h le dimanche. Autre adresse dans Cambridge, au 2067 Massachusetts Avenue. ☎ 492-6900. M. : Porter Square. Compter autour de 25 US$ par personne. Penser à réserver. Sur Beacon Street, ce resto se situe dans une maison de brique à un coin de rue. On entre dans la grande salle à manger au cadre « *french colonial* ». Ambiance calme, plutôt romantique. Mélange subtil de

BOSTON / OÙ BOIRE UN VERRE?

saveurs cambodgiennes et françaises au menu. Le résultat est étonnant. Plats français et cambodgiens s'empruntent réciproquement assaisonnements et épices. Au bout du compte, on est rarement déçu. Entre autres bonnes choses : les *spring rolls*, la *french beef salad*, le *cambodian catfish*... Très belle carte de desserts également et bon choix de vins, de tous les pays, dans toutes les gammes de prix... Bon appétit.

Où prendre un café? Où manger une glace?

Trident Booksellers and Café *(plan I, B3, 54)* **:** 338 Newbury Street. ☎ 267-8688. M. : Hynes Convention Center. Ouvert tous les jours de 9 h à minuit. Compter 10 US$ pour y manger. Un café-librairie vraiment agréable. Association harmonieuse des nourritures terrestres et spirituelles. Toiles d'artistes aux murs, chouettes bouquins.

Herrell's Ice cream *(plan I, B3, 69)* **:** 224 Newbury Street. ☎ 236-0857. M. : Copley. Ouvert du lundi au vendredi de 7 h à 23 h, les vendredi et samedi jusqu'à minuit et le dimanche de 12 h à 23 h. Voir la rubrique « Où boire un café? Où manger une glace? » dans Cambridge. La même adresse qu'à Harvard, avec les mêmes bonnes glaces américaines.

Où boire un verre?

– *Important :* dans tout le Massachusetts, pour boire de l'alcool et pour entrer dans les bars et les boîtes, toujours avoir sur soi son passeport. L'âge minimum requis est 21 ans et ils sont intraitables. Sachez-le, nous on s'est bêtement fait avoir.
– La plupart des bars demandent une *cover charge* à l'entrée (entre 5 et 10 US$), mais il n'existe pas de véritable politique dans ce domaine, car ça dépend du bar, du jour de la semaine et des concerts qui peuvent y avoir lieu...
– Enfin, ne pas oublier nos bonnes adresses de Cambridge (voir plus loin).

The Black Rose *(plan I, D2, 44)* **:** 160 State Street. ☎ 742-2286. M. : Government Center. Ouvert tous les jours de 11 h 30 à 2 h. Pub organisant des soirées musicales irlandaises tous les soirs et groupes le week-end. Fait aussi resto (voir « Où manger? »).

The Back Bay Brewing Company *(plan I, B3, 99)* **:** 755 Boylston Street. ☎ 424-83-00. M. : Copley. Ouvert du lundi au samedi de 11 h 30 à minuit et club jusqu'à 1 h, le dimanche de 11 h à minuit. Bar assez classe fréquenté par une clientèle yuppie d'une trentaine d'années. Installé dans un confortable canapé au 1er étage ou accoudé au comptoir de plus de 10 m de long, vous pourrez siroter une des sept bières fabriquées par la maison, tout en crapotant un cigare vendu sur place. Pour manger un morceau (12 US$ environ), grand choix de sandwichs. Le *classic Back Bay burger* est le plus simple du menu et le meilleur. En revanche, plats et desserts un peu chers et sans grand intérêt.

Cheers *(plan I, C2, 92)* **:** 84 Beacon Street, en face du Boston Common. ☎ 227-9605. M. : Arlington. Ouvert de 11 h à 2 h tous les jours (*food* servie entre 11 h et 23 h 45, *burgers* autour de 10 US$). Facilement repérable : des hordes de touristes se font inlassablement photographier ou filmer devant. Avec plus de 500 000 touristes qui défilent chaque année, *Cheers* est l'attraction la plus visitée de Boston! Bar célèbre pour avoir inspiré *Cheers*, un populaire sitcom sur *NBC*. Au départ, il s'appelait *Bull and Finch Pub*, puis il prit le nom du feuilleton et devint une destination de visite pour ses fans. Prétextant qu'ils lui piquaient tout (cendriers, napperons, verres, éléments du décor, voire même les briques du mur!), le patron ouvrit une boutique de souvenirs. Atmosphère commerciale et touristique donc, mais toujours bourdonnante et animée. Réputé pour élaborer le meilleur *bloody Mary* de Boston.

▼ **Sevens Ale House** *(plan I, C2, 100)* **:** 77 Charles Street. ☎ 523-9074. M. : Charles MGH. Ouvert de 11 h 30 à 1 h du lundi au samedi et de 12 h à 1 h le dimanche. Pas mal d'ambiance dans ce pub ouvert en 1933, toujours bondé le soir. Les serveurs sont sympas, la bière est bon marché et bonne et si vous avez un petit creux, des sandwichs frais sont à votre disposition. Un petit conseil : files d'attente interminables le week-end, allez-y plutôt tôt en semaine.

▼ ♪ **Wally's Café** *(plan I, B4, 101)* : 427 Massachussetts Avenue (et Columbus Avenue). ☎ 424-1408. M. : Massachusetts Avenue. Ouvert du lundi au samedi de 9 h à 2 h et le dimanche à partir de 12 h. Le *Wally's*, c'est un minuscule bar, une sorte de couloir. Quelques tables en enfilade et une petite scène au bout. Ce ne sont pas les grands noms du jazz que vous verrez jouer ici mais la musique est bonne et c'est ce qui compte. Pas mal d'ambiance et souvent bondé le week-end autour de 22 h. Pas de *cover charge* à l'entrée.

▼ ♪ **The Good Life** *(plan I, C3, 91)* **:** 28 Kingston Street. ☎ 451-2622. M. : Downtown Crossing. Ouvert du lundi au samedi de 11 h 30 à 2 h et à partir de 17 h le dimanche. Bar du Financial District sur deux étages. Ambiance « diner » au rez-de-chaussée : salle en enfilade avec un long bar d'un côté et des tables et banquettes en skaï rouge de l'autre. Dans l'obscurité du *basement*, un club de jazz au plafond bas. Au milieu de la salle, une scène où des jazzmen se donnent « en live » et tout autour, des petites tables rondes. Population éclectique ici. On rencontre aussi bien des jeunes cadres dynamiques que des piliers de bars ou des amoureux du jazz... Une unité se crée cependant autour du martini, sacrément réputé et élu plusieurs fois « best of Boston ». Possibilité de manger un morceau également : *pizzas*, *fried calamari* ou *burgers*. Réservez en arrivant un peu tôt ou en téléphonant avant si vous voulez être sûr d'avoir une place en bas.

Où aller au cinéma ?

■ **The Loews Nickelodeon Theatre** *(plan I, A3, 93)* : 600 Commonwealth Avenue. ☎ 424-1500. M. : Kenmore. En fait, c'est sur Cummington Street, une petite ruelle parallèle, juste derrière le n° 600. Entrée : environ 8 US$ pour un adulte. Avant que le Kendall n'ouvre en 1995, tous les jeunes se retrouvaient dans ce cinéma, spécialisé dans les versions non coupées (ce qui est rare) et dans les « séances spéciales » qui offrent un choix de films non-stop sur le même thème : homosexualité, libération des femmes, films pop... Bonne sélection de films étrangers et indépendants.

Où aller en boîte ? Où aller écouter de la musique ?

Attention, les grands costauds à l'entrée des bars qui jouent avec une lampe torche ne cherchent pas leurs clés de voiture. Ils sont là pour vérifier sur votre passeport si vous avez franchi la barre (souvent très attendue par les jeunes Américains) des 21 ans. Donc, si vous ne voulez pas rester planté

BOSTON / OÙ ALLER EN BOÎTE ? OÙ ALLER ÉCOUTER...

dehors ou être contraint à ne boire que des sodas, sortez avec votre passeport (les papiers d'identité français, ils ne connaissent pas). On sait, on se répète.
À Boston, les boîtes de nuit ferment toutes à 2 h. Les entrées sont payantes (compter entre 5 et 15 US$). Dans la plupart des discos, les nuits du dimanche sont gays.
Forte concentration au mètre carré de bars-boîtes branchés dans deux endroits différents de la ville.

Sur Lansdowne Street

♪ *Axis (plan I, A3, 94)* : 13 Lansdowne Street. ☎ 262-2437. M. : Kenmore ou Fenway. En sortant du métro, emprunter Brookline Avenue, passer le pont de l'autoroute, puis à gauche dans Lansdowne Street. Une des meilleures boîtes de Boston. Ouvre ses portes à 22 h tous les soirs et dès 21 h le mercredi. Ouvert aux jeunes à partir de 19 ans du lundi au vendredi soir. Clientèle *trendy* et *stylish*, comme à *Avalon*. Sur deux étages, salles immenses à la déco complètement grunge. Musique qui décoiffe autant que dans les autres boîtes mais cadre moins tape-à-l'œil ici. Tous les soirs, styles de musique différents : *drag shows* le lundi ; concerts le mardi ; *rock* le mercredi ; le jeudi, *trance* au rez-de-chaussée et *soul*, *funk* à l'étage ; le vendredi, musique *alternative 80's* en haut et *spin cycle night* en bas. Le samedi enfin, *alternative 90's* et concerts live. *Gay nights* tous les dimanches.

♪ *Avalon (plan I, A3, 95)* : 15 Lansdowne Street. ☎ 262-2424. M. : Kenmore. Dans la même rue. Ouvert tous les soirs à partir de 22 h et dès 21 h le dimanche. La plus grande et la plus branchée des boîtes de Boston. Les propriétaires ont su la faire évoluer au fil des années pour qu'elle reste « LA » boîte *trendy* de Boston. Gigantesque, un son d'une qualité extraordinaire, beaucoup de spotlights aux effets ultra-sophistiqués... Bref, *Avalon* a pratiquement aujourd'hui la carrure d'un club new-yorkais. Du lundi au mercredi, des concerts de rock en début de soirée puis après 22 h, place aux décibels (*dance* et techno exclusivement). La déco à la romaine en carton pâte change tous les 10 ans (ainsi que le nom de la boîte) afin que l'ensemble reste *clean*. Au point de vue vestimentaire, le jean est accepté mais pour être vraiment dans le coup, n'oubliez pas d'enfiler votre déguisement des nuits folles...

♪ *Bill's (plan I, A3, 96)* : 5 1/2 Lansdowne Street (et Ipswich Street). ☎ 421-9678. M. : Kenmore. Ouvert tous les soirs à partir de 21 h. Certains soirs, ouvert aux jeunes à partir de 18 ans. Grande salle sombre et chaleureuse, dont les murs sont tapissés de photos de grandes stars du rock disparues. Clientèle plus éclectique que dans les boîtes précédentes. Concerts tous les soirs dont les styles varient d'un jour sur l'autre : *hard rock* le lundi ; *funk* et *groove* le mercredi ; musique *underground* le jeudi ; *rock* et *alternative music* les vendredi et samedi et le dimanche, *reggae*. Les toilettes sont à visiter absolument : le côté femmes est dédié à Marylin, celui des hommes à Elvis. Il y a même une copie d'une ordonnance que le Dr George Nichopolous a faite au King.

♪ *Le Karma Club (plan I, A3, 96)* : 9 Lansdowne Street, juste à côté du *Bill's*. ☎ 421-9595. M. : Kenmore. Discothèque ouverte à partir de 22 h du mardi au samedi. Atmosphère exotique et cadre confort dans cette disco fréquentée par une clientèle internationale assez jeune. Ici, la *gay night*, c'est le mercredi. Musique *groove* le jeudi et le week-end, retour à la *dance* classique. Pour boire un verre en toute intimité sous les voilages du coin salon ou danser sur une piste zébrée, rendez-vous dans la salle du fond. Si vous préférez une musique un peu plus *dance*, une seconde salle est à votre disposition avec un autre *DJ*. Le mardi soir, la porte qui donne sur le

Bill's s'ouvre : en payant au *Karma* ou au *Bill's*, vous circulez dans deux clubs pour le prix d'un... À bon entendeur.

♪ **Sophia's** *(plan I, A4, 102)* : 1270 Boylston Street. ☎ 351-7001. Ouvert tous les jours à partir de 17 h. Attention, shorts et jeans ne sont pas tolérés ici. Tous les mardis soir, cours de tango à 21 h 30. Resto-boîte où *tango*, *merengue* et *salsa* battent leur plein sur trois niveaux. En haut, un superbe et spacieux *roofdeck* pour danser sous les étoiles et d'où l'on a une très belle vue sur Boston. Il est ouvert du jeudi au samedi seulement et exceptionnellement les soirs où l'atmosphère est étouffante à l'intérieur. La queue peut être longue, très longue même. Si quelques-uns attendent pour les *tapas* (très bonnes), la plupart de la foule vient là pour se déhancher au rythme des notes hispanisantes. La clientèle ? Un joyeux mélange. Bref, une très bonne ambiance et la sangria qui coule à flots y est pour quelque chose !

Sur Boylston Place

M. : Boylston. Dans la rue du même nom, tournez dans une petite impasse au niveau du n° 124.

🍴 ♪ En face du *Bishop's*, le **Sweet Water Café** *(plan I, C3, 97)*, 3 Boylston Place. ☎ 351-2515. Ouvert du mercredi au vendredi de 17 h à 2 h et à partir de 19 h le samedi. C'est un bar sur deux niveaux fréquenté par une clientèle d'une trentaine d'années où l'on peut danser à l'un des deux étages. Tous les jeudis soir, concerts de rock très bruyants. Cet ancien resto mexicain a conservé un peu l'atmosphère western, avec des cow-boys des plaines, mélangée à celle des *sports' bars* plus classiques. Souvent bondé le week-end. Terrasse animée sur la rue.

♪ Sur le même trottoir, pour les accrocs de jazz, le **Sugar Shack** *(plan I, C3, 90)*, 1 Boylston Place (entre Charles et Tremont Streets). ☎ 351-2510. Ouvert du mardi au dimanche à partir de 22 h. Le *Sugar*, anciennement *Alley Cat*, a été rénové. Décor de fil de fer supprimé et remplacé par quelque chose qui donne à l'ensemble un air de New Orleans.

🍴 ♪ En face, le **Mercury Bar** *(plan I, C3, 98)* et sa boîte : 116 Boylston Street. ☎ 482-7799. Ouvert le lundi à partir de 23 h 30 et du mardi au samedi dès 17 h. Fermé le dimanche. Boîte ouverte seulement du mercredi au samedi. C'est également un restaurant aux spécialités méditerranéennes dont l'entrée principale se situe sur Boylston Street. La formule : beaucoup de *tapas* entre 5 et 10 US$ et plats aux environs de 15 US$. Endroit branché et design, repérable aux grandes limousines stationnées devant, louées par des jeunes flambeurs(ses) pour la soirée. Changement d'ambiance aux alentours de 22 h quand les dîneurs rentrent chez eux et les danseurs et buveurs fous débarquent !

À voir

Le Freedom Trail *(chemin de la Liberté)*

Ils font bien les choses à Boston. Pour connaître l'histoire de la ville à travers monuments et ruelles depuis 3 siècles et demi, il suffit de suivre une ligne rouge (peinte ou en brique) de 6 km, qui commence à l'angle de Tremont et de Park Streets. Cet itinéraire passe par tous les endroits importants ayant marqué l'histoire de Boston. Deux petits détails : les touristes sont nombreux et Boston peut être sous la neige l'hiver... Se procurer absolument la bro-

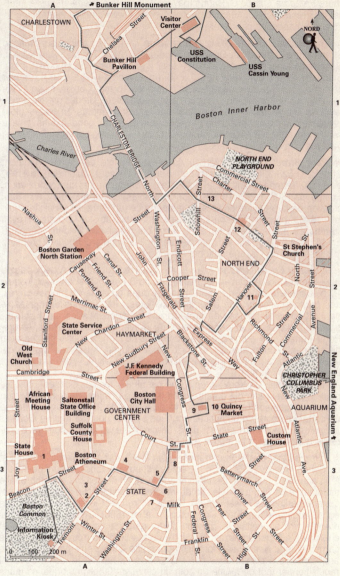

BOSTON – PLAN II (LE FREEDOM TRAIL)

★ À voir

1. The Massachusetts State House
2. Park Street Church
3. Granary Burial Ground
4. King's Chapel et son cimetière
5. Old Corner Book Store
6. Old South Meeting House
7. Dreams of Freedom
8. Old State House
9. Faneuil Hall
10. Quincy Market
11. Paul Revere's House
12. Old North Church
13. Cimetière de Copp's Hill

chure *Freedom Trail* de C. Bahne (payante). Il existe également un site internet du Freedom Trail, néanmoins pas super : ● www.thefreedomtrail.org ●
Voici les étapes les plus intéressantes :

★ **The Massachusetts State House** *(plan II, A3, 1)* **:** entrée sur Beacon Street, entre Hancock et Bowdoin Streets. ☎ 727-3676. M. : Park Street. Ouverte du lundi au vendredi de 9 h à 17 h et le samedi de 10 h à 15 h 30. Entrée gratuite. Tour guidé de 30 à 45 mn environ de 10 h à 16 h (dernier départ à 15 h 30) avec des départs toutes les 15 mn. Construite en 1795, elle est reconnaissable de loin grâce à son dôme doré. Un des premiers visiteurs fut Davy Crockett qui s'extasia sur la grande morue en bois sculpté (symbole de l'importance de la pêche pour le pays) qui pendait dans la salle des représentants à l'Assemblée. Il ajouta que lui-même conservait aussi les pattes d'ours dans sa cabane !

★ **Park Street Church** *(plan II, A3, 2)* **:** à l'angle de Park et Tremont Streets. ☎ 523-3383. Ouverte au public en juillet et août seulement, de 9 h 30 à 15 h 30 (fermée le dimanche). Le reste de l'année, visites sur rendez-vous. Édifiée en 1809, l'église connut quelques événements majeurs : en 1826, création de la première société de tempérance (un verre, ça va...) ; le 4 juillet 1829, premier discours public anti-esclavagiste. L'orateur avait commencé par « Je serai entendu », ce qui n'était pas évident au début ! En 1831, le 4 juillet, sur les marches de l'église, montèrent pour la première fois les notes de l'hymne national américain.

★ **Granary Burial Ground** *(plan II, A3, 3)* **:** Tremont Street. À deux pas de Park Street Church. Ouvert tous les jours de 9 h à 17 h et en hiver jusqu'à 15 h. Cimetière datant de 1660. Sur quelques dizaines de mètres carrés, très grande concentration d'hommes célèbres : les victimes du massacre de 1770, trois signataires de la déclaration d'Indépendance, neuf gouverneurs du Massachusetts, les parents de Benjamin Franklin, Paul Revere, Peter Faneuil. Ce dernier, de descendance huguenote, possédait un nom difficilement prononçable pour l'Anglo-Saxon moyen. Aussi, le sculpteur qui exécuta la pierre tombale inscrivit-il d'abord : « P. FUNAL », de la façon dont il avait compris le nom !

Au fond à droite, on trouve même une certaine « Mother Goose », célèbre pour avoir élevé ses dix enfants, plus les dix de l'ancienne femme de son mari, plus tous ses petits-enfants... jusqu'à l'âge de 92 ans ! On lui attribue un certain nombre de comptines connues sous le nom de *Mother Goose's Melodies*... Vous verrez aussi dans ce cimetière un grand nombre d'écureuils qui paraissent être chez eux.

★ **King's Chapel et son cimetière** *(plan II, A3, 4)* **:** à l'angle de Tremont et de School Streets. ☎ 523-1749. L'église est ouverte tous les jours de mi-juin à fin août de 9 h à 16 h. De mi-avril à mi-juin, en septembre et octobre, elle est ouverte de 10 h à 16 h les lundi, vendredi et samedi. Le reste de l'année, ouverte seulement le samedi de 10 h à 14 h. C'est le site de la première église anglicane des États-Unis (construite en 1686). Une anecdote : le roi d'Angleterre souhaitait la création d'une paroisse anglicane à Boston et chercha à acheter un terrain au centre de la ville. Il ne trouva pas un mètre carré ; les puritains avaient précisément quitté l'Angleterre pour fuir l'église anglicane, ils n'allaient donc pas s'amuser à lui faciliter la tâche. Le roi fit réquisitionner tout de même un coin du cimetière, soulignant que les morts ne protesteraient pas, eux ! L'édifice actuel remplace la première église en bois de 1754.

D'ailleurs, pour ne pas interrompre la célébration de l'office pendant les travaux qui durèrent quatre ans, on construisit la nouvelle église de granit autour de l'ancienne. Quand elle fut achevée, on n'eut plus qu'à démonter la première. Architecture et décoration intéressantes. Noter les *pews* (boxes) qui protégeaient les fidèles des rigueurs de l'hiver, et le *governor's pew* (box du gouverneur) utilisé par les gouverneurs du roi puis, en 1789, par Washington lors d'une visite officielle. Il fut détruit en 1826 en tant que symbole infamant du passé (mais reconstruit au début du XXe siècle). On trouve aussi là, la plus vieille chaire sculptée du pays (1717).

Le cimetière adjacent est le plus ancien de la ville (1630). Il est ouvert tous les jours de 9 h à 17 h. Tout près de la porte d'entrée, très belle tombe sculptée de Joseph Tapping. Le tombeau bien plat de John Winthrop, le premier gouverneur de Boston, sert souvent pour la sieste des gens de passage. Au milieu, tombe de Mary Chilton, la première personne qui débarqua du *Mayflower* à Plymouth. Enfin, côté église, tombe d'Elizabeth Pain, dont la vie inspira Nathaniel Hawthorne et qui devint Hester, l'héroïne de son roman *La Lettre écarlate* (Wim Wenders en fit également un film). À noter que ce cimetière est fermé depuis très longtemps. Mais ceux qui y possèdent un ancêtre direct ont le privilège de pouvoir s'y faire enterrer. La dernière inhumation eut lieu il y a une dizaine d'années. Une foule de petits écureuils y a élu domicile.

★ Dans **School Street**, entre Washington et Tremont Streets, s'élevait, en 1635, la première école des États-Unis, la *Boston Latin School*. Un peu plus bas, statue de l'un de ses élèves, Benjamin Franklin. Derrière la statue, l'*ancien hôtel de ville* construit en 1864, en style Second Empire (à la mode à l'époque), abrite en son enceinte un des meilleurs restos français de la ville. Chic et cher, donc pas vraiment routard. Mais pour les exilés et les nostalgiques de la langue de Molière, *Maison Robert* organise le 1er vendredi de chaque mois un *French evening* où l'on parle français. Très sympa.

★ **Old Corner Bookstore** *(plan II, A3, 5)* : à l'angle de School Street et Washington Street. ☎ 523-6658. Ouvert du lundi au vendredi de 9 h 30 à 20 h, le samedi jusqu'à 19 h et le dimanche de 12 h à 18 h. C'est l'une des plus anciennes maisons de Boston (1712). Tous les grands écrivains vinrent y acheter des bouquins : Longfellow, Emerson, Hawthorne, Dickens (quand il était de passage). Aujourd'hui, c'est toujours une librairie, qui s'appelle *The Boston Globe Store*, avec une importante section sur le voyage.

★ **Old South Meeting House** *(plan II, A-B3, 6)* : de l'autre côté d'Old Corner Book Store, au 310 Washington Street. ☎ 482-6439. Ouvert tous les jours d'avril à octobre de 9 h 30 à 17 h, de novembre à mars de 10 h à 16 h. Entrée payante : 3 US$ (réductions). Construite en 1729. Église utilisée tout à la fois pour la religion et la politique et qui, du point de vue architectural, rompait pour la première fois avec la rigueur puritaine. Bâtiment le plus spacieux de Boston, il ne tarda pas à supplanter Faneuil Hall pour les grandes réunions populaires. La première s'y tint après le *Boston's Massacre*. C'est là aussi que, le 16 décembre 1773, se réunirent 7 000 Bostoniens en colère, attendant le résultat des ultimes négociations avec le gouverneur à propos de la taxe sur le thé. Constatant leur échec, Samuel Adams déclara sur un ton résigné : « Gentlemen, cette réunion ne peut rien faire de plus pour sauver le pays ! » D'aucuns crurent que leurs dirigeants renonçaient à se battre. C'était en fait le signal de la *Boston Tea Party !* Soudainement, une centaine de patriotes déguisés en Indiens mohawks surgirent en criant : « Aux docks, aux docks, transformons le port en *tea-pot* ! » La révolution américaine était en marche... *Old South* retrouva ensuite sa vocation religieuse, puis fut désaffectée en 1872 et vendue pour être démolie. Une souscription lancée par les amoureux du lieu permit de la racheter à l'ultime moment. C'est aujourd'hui un musée sur la révolution américaine, où sont exposés documents historiques, plans, estampes, multiples souvenirs et témoignages.

★ **Dreams of Freedom** *(plan II, A3, 7)* : 1 Milk Street. M. : Park Street ou Downtown Crossing. ☎ 338-6022. • www.dreamsoffreedom.org • Ouvert de 10 h à 18 h (fermé le lundi de janvier à avril et ferme 1 h plus tôt). Entrée : 7,50 US$ (réductions enfants et étudiants). Un tout nouveau musée dans le

Downtown de Boston, au milieu du parcours du Freedom Trail. Cet espace virtuel retrace l'histoire de l'immigration, des débuts de la ville jusqu'à aujourd'hui. À chaque étape que vous franchissez, tamponnez le passeport que l'on vous aura remis à l'entrée. Au cours de la visite, découvrez témoignages et portraits d'immigrants, la politique américaine en matière d'immigration, les différentes communautés ethniques de Boston et des environs... Toutes les 30 mn, show audiovisuel instructif mais peu renversant. Bref, une petite heure agréable à passer dans ce pavillon multimédia.

★ *Old State House* *(plan II, B3, 8)* **:** à l'angle de Washington et State Streets. ☎ 720-3290. Ouvert tous les jours de 9 h à 17 h. Entrée payante : 3 US$; réductions. Sa construction date de 1713, ce qui en fait, à l'heure actuelle, l'un des plus anciens édifices des États-Unis. Il compose aujourd'hui, avec sa couronne de gratte-ciel, l'un des plus fascinants paysages urbains. Ce fut un temps le plus imposant bâtiment de la ville, tout à la fois siège de l'autorité royale et de l'Assemblée du Massachusetts élue par les colons. En 1776, au moment du débat sur le *Stamp Act*, les députés firent installer une galerie au-dessus de l'assemblée pour que la population puisse assister aux réunions. Ce fut la première fois dans l'histoire moderne que des citoyens ordinaires purent contrôler leurs élus (bien sûr, dans l'esprit des patriotes, c'était également pratique pour faire pression sur ceux qui étaient trop mous !). Du balcon fut lue la déclaration d'Indépendance dès qu'elle arriva de Philadelphie, et la foule alluma un immense feu de joie. Le lion et la licorne, symboles de la royauté – et dont les répliques ornent le toit –, alimentèrent le feu.

Une anecdote : après la révolution, en 1798, le gouvernement du Massachusetts déménagea dans son nouvel édifice à Beacon Hill, et *l'Old State House* se transforma en bureaux et entrepôts. Par la suite, elle se dégrada tellement qu'on envisagea de la démolir. Des habitants de Chicago, épris d'histoire, proposèrent alors de la démonter brique par brique pour la sauver et la reconstruire au bord du lac Michigan ! Très vexées, les autorités de Boston décidèrent de conserver l'édifice et de le restaurer...

Là aussi, on visite aujourd'hui un musée rempli de souvenirs émouvants : armes, drapeaux, uniformes, gravures, estampes, tableaux, etc. « Une » du *Liberator*, journal anti-esclavagiste. Au premier étage, parmi les objets amusants, les « antisèches » qui servirent au révérend Eliot pour ses sermons de 1742 à 1778 !

À côté de l'Old State House, un cercle de pavés marque l'endroit précis du *Boston's Massacre*.

★ *Faneuil Hall* *(plan II, B3, 9)* **:** en face du Quincy Market. ☎ 635-3105. Ouvert tous les jours de 10 h à 19 h et le dimanche de 12 h à 18 h. Construit en 1742 et offert à la ville par Peter Faneuil, le plus riche marchand de la région, afin de faciliter le travail des paysans vendant leurs produits. Au-dessus du marché fut ajoutée une salle de réunion. Faneuil Hall y gagna le surnom de *The Cradle of Liberty* (le « berceau de la liberté »). Ici se tinrent tous les meetings de protestation contre l'autorité royale anglaise, puis, au XIXe siècle, ceux des grandes causes (organisations anti-esclavagistes, mouvement féministe, ligues de tempérance, etc.). Toutes les guerres américaines (jusqu'à celle du Vietnam) furent discutées ici. Au 3e étage, petit *musée de l'Ancient and Honorable Artillery Company* (ouvert de 10 h à 16 h ; fermé les samedi et dimanche).

Les rénovations en ont fait un endroit un peu trop encombré de boutiques de souvenirs.

★ *Quincy Market* *(plan II, B3, 10)* **:** anciennes halles de Boston (datant de 1826), aujourd'hui transformées en boutiques (très touristiques) et en restos. Nombreux petits stands (comme un *food court*) où l'on peut manger pour pas cher des tas de plats internationaux. Près de 15 millions de visiteurs par an. Certains soirs, on croirait que toute la ville s'y retrouve. Énorme animation. A fuir définitivement si vous êtes du genre agoraphobe !

★ Le long de **Union Street** subsiste un petit îlot très ancien avec l'*Union Oyster House* (voir « Où manger ? »). Les ruelles ont conservé leur tracé d'origine. Au 10 Marshall's Lane s'élève le *John Ebenezer Hancock House* (du XVIIIe siècle) qui servit de trésorerie générale aux troupes insurgées. C'est ici qu'arrivèrent les deux millions de couronnes d'argent envoyées par le gouvernement de Louis XVI. De 1796 à 1963, la maison abrita une boutique de cordonnier. Transition bétonnée, sous l'autoroute, pour rejoindre maintenant le vieux quartier de North End.

★ **Paul Revere's House** *(plan II, B2, 11)* : 19 North Square. ☎ 523-2338. Ouvert de 9 h à 17 h 30 de mi-avril à fin octobre (de 9 h 30 à 16 h 15 de novembre à avril). Fermé le lundi en janvier, février et mars. Entrée payante : 3 US$; réductions. Bâtie en 1680, c'est la demeure la plus ancienne de Boston. Ici vécut, de 1770 à 1800, Paul Revere, le héros le plus populaire de la guerre d'Indépendance. Fils d'un huguenot français, père de 16 enfants, orfèvre, patriote de la première heure et meilleur *express rider* (messager à cheval), il se distingua en partant sur-le-champ, sans dormir, prévenir Philadelphie de la *Boston Tea Party* (après avoir lui-même passé la nuit à jeter les ballots de thé à l'eau). Mais son plus grand exploit, le 18 avril 1775, fut d'avoir pu apprendre l'attaque imminente de l'armée anglaise contre la garde nationale à Lexington, et réussi à la prévenir en une chevauchée fantastique de nuit. Visite de la cuisine et de la salle de séjour. Presque tout le mobilier est d'origine, ainsi que certains papiers peints.

North Square, place adorable la nuit, comprend également la *maison Pierce Hichborn* (1711) et, à côté, la *maison des Mariniers* (1847). Également l'*église du Sacré-Cœur* (de 1833), en face. Dickens aimait y écouter les sermons du père Taylor, qui avait d'abord commencé à l'âge de 7 ans, comme beaucoup d'orphelins, une carrière de mousse puis de marin. Une anecdote : en 1673, le capitaine Kemble, qui habitait North Square, rentra d'un long voyage de trois ans plein de péripéties. Sa femme l'attendait sur le pas de la porte. L'embrassade fut, on s'en doute, émouvante et passionnée. Pas de chance, c'était dimanche : pour rupture du sabbat et conduite indécente, le brave capitaine fut immédiatement conduit au pilori en ville ! Dans la petite *Garden Court*, au nord de la place, au n° 4, naquit, en 1890, Rose Fitzgerald, petite-fille d'un immigré irlandais. Elle se rendit plus tard célèbre en donnant naissance à quatre fils (non moins célèbres) : un pilote mort en héros en 1944, un président des États-Unis assassiné, un ministre de la Justice qui connut le même destin et un sénateur démocrate, populaire certes, mais pas du tout nyctalope !

★ **Quartier italien** (**North End** ; *plan I, C-D1*) : M. : Haymarket. North End fut d'abord un quartier de marins mal famé au début du XIXe siècle, puis d'Irlandais à partir de 1850 (plusieurs dizaines de milliers fuirent la famine), rejoints ensuite par les juifs d'Europe centrale. Les Italiens, dernière vague d'immigration, marquèrent définitivement le quartier. Aujourd'hui, celui-ci se branche tout doucement ; artistes et yuppies débarquent. À voir autant pour ses jolies rues que pour son animation. Traversé en grande partie par le Freedom Trail, Hanover Street en est l'axe principal. Nombreuses fêtes religieuses pendant les week-ends d'été. On peut en profiter pour boire un *expresso* (rien à voir avec le café américain dont le goût rappelle celui de la tisane à la camomille).

★ **Old North Church** *(plan II, B2, 12)* : 193 Salem Street. ☎ 523-6676. Elle est ouverte aux visiteurs tous les jours de 9 h à 17 h. Donation suggérée : 2 US$. Avant d'arriver à l'église, traversée du Paul Revere Mall : statue du valeureux messager et, sur les murs de la place, 14 plaques de bronze racontant l'histoire des héros de la révolution, du quartier et de ses habitants. Old North est la plus ancienne église de Boston encore en activité (1723). Ses promoteurs s'inspirèrent d'un style d'architecture trouvé dans un livre anglais acheté en librairie. La construction nécessita

513 654 briques (si, si !). On y trouve les premières cloches importées en Amérique. Elles sonnèrent à toute volée la défaite de Cornwallis à Yorktown. Avant la nuit de sa fameuse chevauchée, redoutant un éventuel échec, Paul Revere avait chargé Robert Newman, le bedeau de l'église, de disposer des lanternes dans le clocher pour prévenir les gens de Charlestown de l'arrivée des troupes anglaises. L'intérieur de l'église a peu changé depuis deux siècles. Les *pews* sont toujours en place, ainsi que les chandeliers allumés le soir et l'orgue. Sur l'un des *pews*, on peut encore voir le nom de Paul Revere. Au 99 Salem Street s'ouvrit la première boulangerie d'Amérique.

★ *Le cimetière de Copp's Hill (plan II, B2, 13)* : Hull Street. Ouvert de 9 h à 17 h toute l'année sauf en hiver où il ferme à 15 h. Ouvert en 1659. Prenez le temps de détailler les belles pierres tombales sculptées et leurs pittoresques épitaphes. On y trouve quelques personnages intéressants. Côté Snowhill Street, la colonne de Prince Hall, leader noir, ancien esclave engagé dans l'armée des patriotes, créateur de la première école pour gens de couleur. En face, la tombe de Daniel Malcom, très intéressante. Épitaphe frappante : « Vrai fils de la liberté et ferme opposant au Revenue Act. » En effet, ce négociant patriote avait fait de la fraude fiscale un moyen de résistance. Les soldats anglais qui campèrent dans le cimetière pendant la guerre utilisèrent d'ailleurs sa pierre tombale comme cible pour s'entraîner !

★ À *Charlestown (plan II, A1)*, de l'autre côté de l'embouchure de Charles River, se trouve *Bunker Hill*, site de la première grande bataille (perdue) par les patriotes, le 17 juin 1775. Mais les troupes anglaises y perdirent plus de 1 000 hommes. En 1825 commença la construction d'un immense obélisque de granit pour commémorer l'événement (70 m de haut). La Fayette en posa la première pierre. Les travaux durèrent 18 ans. Montage audiovisuel sur la bataille, au *Bunker Hill Pavilion (plan II, A1)*, Monument Square. ☎ 242-5641. Ouvert tous les jours de 9 h à 17 h, dernière projection à 16 h 30. Entrée : 3 US$ (20 mn de projection).

À 200 m de là se trouve le *USS Constitution*, à Charlestown Navy Yard. ☎ 242-5670. Tours gratuits du *USS* tous les jours de 9 h 30 à 15 h 50. Le plus ancien bateau de guerre du monde encore à flot. Il fut invaincu pendant la guerre anglo-américaine de 1812-1815. On peut visiter également, entre 10 h et 17 h le *USS Cassin Young*, un destroyer DD 793, juste à côté. Un petit musée sur l'histoire de ces bateaux est ouvert tous les jours de 9 h à 18 h de mai à octobre et de 10 h à 17 h le reste de l'année. ☎ 426-1812. Gratuit.

Après avoir parcouru le Freedom Trail, on peut rentrer en bateau (beaucoup moins long). Prendre le *water-taxi* au bout du quai, non loin du *USS Constitution*, derrière le musée. Fonctionne de 6 h 30 à 20 h 15 tous les jours, toutes les 30 mn en journée et toutes les 15 mn entre 16 h et 18 h. Vue de Boston depuis la mer, sympa. Le ticket s'achète sur le bateau.

À North End, Beacon Hill et Downtown

★ *Black Heritage Trail* : pour les tours gratuits de ce *trail*, se renseigner devant le Robert Gould Shaw Memorial (à l'angle de Beacon et Park Streets) ou au : ☎ 742-5415. Il retrace les principales étapes de l'histoire des Noirs de Boston. Ils vécurent, tout au long du XIXe siècle, au nord de la colline de Beacon Hill (délimitée par Cambridge Street). Début de la balade sur Beacon Street, au *Robert Gould Shaw 54th Regiment Memorial* (en face de la State House). Itinéraire disponible dans les offices du tourisme. Seules deux maisons se visitent : l'*African Meeting House (plan I, C2, 70)*, 8 Smith Court. ☎ 723-8863. Ouvert du lundi au vendredi de 10 h à 16 h, également le week-end de juin à septembre. La plus vieille église noire des États-Unis (1806), qui servit un temps de synagogue et abrite aujourd'hui le *Museum of African American History*. L'*Abiel Smith School*, juste à côté, se visite également.

BOSTON / À VOIR

★ ***Innovation Trail*** **:** encore un *trail* ! La ville de Boston a innové (c'est le cas de le dire) en 2001 ce parcours thématique qui invite à découvrir en 2 h différents sites dédiés à l'innovation technologique, la biotechnologie, la santé, l'éducation et la finance, des secteurs qui ont évidemment fait l'objet de recherches importantes à Boston et à Cambridge. Parmi les différentes étapes de cette excursion, on notera : le mythique MIT *(Massachusetts Institute of Technology)* qui mit au monde le tout premier ordinateur en 1927, l'université de Harvard, première université des États-Unis fondée en 1636, et qui depuis a engendré 30 Prix Nobel, le Massachusetts General Hospital où fut pratiquée la première intervention de chirurgie moderne en 1846, etc. Les inventeurs ne sont pas en reste : Graham Bell et son téléphone, Percy Spencer et le four à micro-ondes, Gillette et son rasoir, et on en passe.
Départ de la balade tous les samedis à 14 h devant le 28 State Street (en face du Old State House et de la station T State Street). Tarifs : 25 US$; réductions. Pour toutes infos complémentaires : ● www.innovationtrail.com ●

★ ***Boston Common*** *(plan I, C2)* **:** le plus vieux jardin public des États-Unis. Situé au centre de la ville, il est aussi vaste qu'agréable. Grandes pelouses autour d'un point d'eau, beaux arbres, patinoire en plein air aménagée l'hiver. Aux beaux jours, il est amusant de voir les yuppies très *smart* tomber la veste et casser la croûte sur le tas, et d'élégantes femmes faire la sieste dans l'herbe... Un tas de trucs intéressants dans les rues environnantes et particulièrement Charles Street, avec ses antiquaires et ses petits restos. Le Boston Common était, comme tout Boston, la propriété d'un vieil ermite qui était seul sur la presqu'île. Quand les émigrants ont débarqué, il s'est d'abord cloîtré sur ce terrain, avant de partir vers l'Ouest. Les Bostoniens n'ont jamais osé construire sur le Boston Common.

★ ***Beacon Hill*** *(plan I, C2)* **:** la plus haute des trois collines de Boston. Le « beacon » était un signal d'alarme installé au sommet autrefois. Le quartier s'urbanisa après la construction de la nouvelle State House. Le nord de la colline était habité par la communauté noire de Boston, centre du mouvement abolitionniste. Aujourd'hui, ce quartier résidentiel, qui servit de cadre aux *Bostoniennes* de Henry James, est le plus recherché. Il faut se perdre dans les ruelles fleuries, les *lanes* croulant sous la verdure, entre d'adorables maisons victoriennes et des *cottages*. Le soir, quand l'horizon se teinte de mauve, les derniers rais du soleil embrasent les façades rouges et roses. Parcourir Beacon Hill, c'est se croire un moment à Georgetown (quartier de Washington), à Montmartre ou dans les coins les plus secrets de Chelsea (à Londres). Découvrez ces jardinets poétiques, les auvents à colonnades, les fenêtres vénitiennes cachant la vie feutrée des vieilles familles bourgeoises.
Quelques petites merveilles à ne pas rater au cours de votre promenade : *Mount Vernon Street*, la plus belle rue de Beacon Hill, bordée de jardins et peuplée de petits oiseaux. Au 40-42, une rare et grande *brownstone* de 1850 qui contraste avec les maisons victoriennes de la rue. *Chestnut Street* compte au moins trois maisons dessinées par Charles Bulfinch, l'architecte de Boston, aux n°s 13, 15 et 17. Au 29 A, une des plus vieilles maisons du quartier, dont les vitres, étrangement violettes, attirent tous les curieux. Ce « mystère » s'expliquerait par un excès de manganèse dans la fabrication du verre. *Acorn Street*, la plus connue et la plus photographiée de toutes, autrefois habitée par les cochers et les serviteurs, a conservé son pavage de galets d'origine.
Ne manquez pas non plus *Louisburg Square*, une charmante placette très *british* flanquée de façades néo-classiques et dotée d'un jardinet central dont seuls les riverains ont la jouissance (les veinards !). L'ensemble respire tellement l'Angleterre qu'on y tourna le film *Vanity Fair* dans les années 1920. Enfin, *Cedar Lane Way*, aussi étroite qu'adorable, avec ses réverbères anciens.

★ **Museum of Science** (plan I, C1, 71) : Charles River Dam. ☎ 723-2500. • www.mos.org • M. : Science Park. Ouvert du mardi au jeudi de 9 h à 17 h (jusqu'à 19 h en juillet et août), le vendredi de 9 h à 21 h, les samedi et dimanche de 9 h à 17 h. Fermé le lundi. Entrée payante : 11 US$. Un peu du genre « palais de la Découverte », en mieux. Visite d'une capsule *Apollo*, un planétarium, découvertes thématiques telles le corps humain, l'environnement, l'astronomie, l'électricité...

★ **New England Aquarium** (plan I, D2, 72) : au bord de la mer, derrière Quincy Market (Central Wharf). ☎ 973-5200. • www.neaq.org • M. : Aquarium. Ouvert du 1er juillet au premier lundi de septembre, les lundi, mardi et vendredi de 9 h à 18 h, les mercredi et jeudi de 9 h à 20 h, les samedi, dimanche et jours fériés de 9 h à 19 h. En hiver, ouvert jusqu'à 17 h seulement (18 h le week-end et pendant les vacances). Assez cher : 13 US$ (15 US$ l'été ; réductions), mais pas mal fait. Plus de 20 000 créatures marines à découvrir. Un plan incliné s'enroule en spirale autour d'un énorme aquarium cylindrique et permet d'accéder aux autres étages. Possibilité également de partir en mer pour une croisière de 3 h à 5 h à bord du *Voyageur III* afin d'observer les baleines entre avril et octobre. Renseignements : ☎ 973-5277. Compter 30 US$.

★ **Boston Harbor Hotel** (plan I, D2, 73) : 70 Rowes Warf sur Atlantic Avenue, près du Northern Avenue Bridge. C'est le complexe hôtelier géant ouvert depuis une bonne dizaine d'années. Une superbe architecture s'élevant sur les anciens docks. Les riches sont amenés en bateau directement de l'aéroport. Passez la monumentale arche d'entrée (haute de six étages) pour aller déguster thé et *scones* sur la terrasse de l'*Intrigue Café*.

★ **The Boston Tea Party Museum** (plan I, D3, 74) : Congress Street Bridge. ☎ 338-1773. M. : South Station. Ouvert toute l'année de 9 h à 17 h (18 h en juillet et en août). Fermé du 1er décembre au 1er mars. Entrée payante : 8 US$. Sur les lieux de la célèbre Boston Tea Party, petit musée retraçant l'événement à l'aide de souvenirs et documents. Visite du *Beaver II*, une réplique d'un des bateaux qui furent déménagés. Pas impérissable à notre humble avis.

★ **Boston Children's Museum** (plan I, D3, 75) : 300 Congress Street (Museum Wharf). ☎ 426-6500. • www.bostonkids.org • M. : South Station. Pas loin du précédent. Ouvert du mardi au dimanche de 10 h à 17 h (le vendredi jusqu'à 21 h). Fermé le lundi (sauf pendant les vacances scolaires et les jours fériés). Entrée payante : 7 US$. Le vendredi, de 17 h à 21 h, c'est un dollar seulement mais attention, c'est bondé ! De l'avis de beaucoup de mamans et de papas, l'un des musées pour enfants les plus sympas. Jeux, maison japonaise, initiation à l'informatique, etc.

★ **Le vieux quartier chinois** (plan I, C3) : dans le quadrilatère assez délabré de Beach, Tyler, Essex et Washington Streets, succession de restos, gargotes pas chères, boutiques exotiques, bars *topless* sordides. Atmosphère un peu interlope la nuit et couleurs expressionnistes assurées !

À faire

Tour de Boston en bateau : 1 Long Warf, sur Atlantic Avenue, à la station de métro Aquarium. Renseignements : ☎ 227-4321. Guichet du *Boston Harbor Cruise*. Fonctionne de mi-avril à octobre. Assez intéressant. Superbe vue du port, visite du Bunker Hill Monument et de son petit musée sur les batailles de l'Indépendance, et retour en bateau. Également, excursions possibles pour voir les baleines, participer à des journées de pêche ou aller en ferry sur les îles en face de Boston. Départs fréquents.

➢ **Boston Duck Tours :** départs tous les jours, toutes les 30 mn environ, devant le Prudential Center, côté Boylston Street *(plan I, B3)*. M. : Prudential. D'avril à novembre, de 9 h jusqu'au coucher du soleil. Plus prudent de réserver en été. Renseignements : ☎ 723-3825. • www.bostonducktours.com • C'est assez cher : 23 US$; petite réduction étudiants et presque moitié prix pour les enfants. Ce n'est pas dans nos habitudes de conseiller à nos lecteurs un tour guidé à travers une ville, mais celui-là est vraiment spécial. La surprise est que le minibus, à mi-chemin entre une Jeep et un canard, est un véhicule amphibie datant de la Seconde Guerre mondiale. Après avoir découvert les principaux intérêts de Boston, *big splash* dans Charles River pour 20 mn de croisière (le tour dure environ 1 h 20 en tout). Le chauffeur (et capitaine) vous laissera même tenir la barre si cela vous chante. Un hic néanmoins : chaque fois que le guide fait retentir son klaxon, on doit à la fois agiter les mains et faire coin-coin en direction des passants !

Dans les quartiers de Back Bay, Copley Square et dans l'ouest de la ville

À l'ouest de Boston Common, *Back Bay* est un quartier extrêmement agréable. Vertébré par Beacon Street, Commonwealth Avenue et Newbury Street. Longues et verdoyantes avenues, bordées de superbes maisons victoriennes qui prennent, les soirs d'été, de fascinants tons mordorés, parfois flamboyants. C'est là que vous trouverez les boutiques élégantes, cafés chicos avec terrasses, galeries d'art, etc. En revanche, pratiquement sans transition, le quartier de *Copley Square* et *Boylston Street* nous offre, dans la journée, animation et rythme forcenés ; grands magasins et nouveaux gratte-ciel se disputent l'espace. Trinity Church (entre Boylston Street et Saint James Avenue), se reflétant dans le plan miroir de la John Hancock Tower, est devenue le symbole des chocs architecturaux de la ville.

★ **Boston Public Library** *(plan I, B3, 77)* : 666 Boylston Street (et Copley Square). ☎ 536-5400. Ouvert du lundi au jeudi de 9 h à 21 h, les vendredi et samedi jusqu'à 17 h, et le dimanche de 13 h à 17 h. Fermé le dimanche de juin à octobre. La façade intéressera ceux qui connaissent bien le Quartier latin. En effet, les architectes MacKim, Mead et White se sont largement inspirés de la bibliothèque Sainte-Geneviève. Sans carte, on ne peut consulter les livres, mais possibilité d'admirer les lions en marbre et les fresques de John Singer Sargent et de Puvis de Chavannes. Très joli patio *(courtyard)* doté d'un bassin. Reposant et rafraîchissant. Idéal pour faire une pause, lire ou casser une petite graine avec les étudiants.

★ **John Hancock Observatory** *(plan I, B3, 78)* : 200 Clarendon Street (et Copley Square). ☎ 572-6429. Ouvert du lundi au samedi de 9 h à 22 h (le dimanche de 10 h à 22 h d'avril à octobre et de 10 h à 17 h le reste de l'année). Entrée : 5 US$. Building qui permet d'avoir une vue sur toute la ville du haut du 60e étage. Construit par le génial Pei (auteur de la pyramide du Louvre). Remarquez l'église qui se reflète dans la façade de verre, contraste entre les deux visages de Boston.

★ **The Skywalk** *(plan I, B3, 79)* : 800 Boylston Street. Au 50e étage de la Prudential Tower. ☎ 859-0648. M. : Prudential. Payant : 4 US$. Ouvert de 10 h à 22 h. Pour les *panorama's addicts*, une autre version de la ville.

★ **Trinity Church** *(plan I, B3, 80)* : 206 Clarendon Street (et Copley Square). ☎ 536-0944. Ouvert tous les jours de 8 h à 18 h. Entrée : 2 US$. L'œuvre maîtresse d'Henry Hobson Richardson, réalisée en 1877 et largement influencée par le style roman du XIe siècle. Le portail occidental est inspiré de celui de Saint-Trophime d'Arles et le clocher, une libre adaptation de la cathédrale de Salamanque. La décoration intérieure, aussi riche que somptueuse, fut confiée à John La Farge. Quelques vitraux de William Morris également. Un détail amusant : Trinity Church repose sur quelque 400 piliers de bois qui doivent rester constamment humides.

★ **First Baptist Church** *(plan I, B3, 81)* **:** 110 Commonwealth Avenue, à l'angle de Commonwealth Avenue et de Clarendon Street. Pour les férus d'architecture, l'un des travaux de jeunesse de l'enfant du pays, Henry Hobson Richardson. La frise du haut a été réalisée par Auguste Bartholdi (Monsieur Statue de la Liberté).

★ **Berkeley Building** *(plan I, C3, 82)* **:** 420 Boylston Street. Magnifique édifice de style beaux-arts construit en 1905. Harmonie parfaite de verre, de métal et de terre cuite.

★ **Institute of Contemporary Art (ICA** ; *plan I, B3, 83)* **:** 955 Boylston Street. ☎ 266-5152. M. : Hynes Convention Center. Ouvert du mercredi au dimanche de midi à 17 h, le jeudi jusqu'à 21 h et gratuit à partir de 17 h. Fermé les lundi et mardi. Entrée payante : 6 US$; réduction étudiants. Situé dans une *brownstone* du XIXe siècle, l'un des centres culturels les plus fascinants que l'on ait jamais visités. Superbe aménagement intérieur. Expos temporaires de peinture, sculpture, photo, etc. Films, spectacles de danse, théâtre et poésie...

★ **Christian Science Church Center** *(plan I, B4, 84)* **:** 175 Huntington Avenue (et Massachusetts Avenue). ☎ 450-3790. M. : Prudential. Ouvert du lundi au samedi, de 10 h à 16 h. Complexe architectural d'une des congrégations religieuses les plus puissantes du pays. Regroupant son énorme église de style byzantino-Renaissance, son quotidien (le *Christian Science Monitor*), une immense librairie, une tour de 26 étages, un amphithéâtre signé, là encore, du grand I. M. Pei.

★ **Museum of Fine Arts** *(plan I, A4, 85)* **:** 465 Huntington Avenue. ☎ 267-9300. • www.mfa.org • M. : Green Line E, station : Museum. À 5 mn pour ceux qui logent à la *YMCA*. Ouvert les lundi et mardi de 10 h à 16 h 45, les mercredi, jeudi et vendredi de 10 h à 21 h 45, et les samedi et dimanche de 10 h à 17 h 45. La *West Wing* ouvre les jeudi et vendredi de 17 h à 21 h 45. Payant : 14 US$; réduction étudiants. Gratuit le mercredi après 16 h mais donation recommandée : 5 US$. Plan en français disponible au point d'information du musée. L'un des grands musées américains. Architecture intérieure magnifique ; espace, clarté, plaisir de vagabonder dans la lumière, on a tout. Riches collections dont voici quelques points d'orgue :

Au rez-de-chaussée

– **Collections d'arts décoratifs :** art indien. Beaux meubles coloniaux, argenterie, vitraux de John LaFarge.
– **Peinture contemporaine américaine :** A. G. Dove ; George L. K. Morris ; Sheeler ; Charles Demuth ; *Rose blanche*, *Crâne de cerf*, *Patio avec porte noire* de Georgia O'Keeffe ; Stuart Davis ; F. Kline ; Stella ; etc.
– **Galerie Foster :** art moderne américain.
– **Les symbolistes :** *Le Destin*, merveilleuse palette de verts de Henry S. Mowbray ; *Venise nocturne en bleu* de Whistler ; *Moret* de William L. Pickwell ; magnifiques *Filles d'Edward D. Boit* de John Singer Sargent, inspirées par Velásquez.
– **Galerie Suzan M. Hiller :** *Five O'clock Tea* de Mary S. Cassatt ; Edmund C. Tarbell ; Ellen D. Hale ; John F. Peto ; remarquable *Old Models* de William F. Harnett.
– **Salle des naturalistes :** *Lake George* de Martin J. Heade ; Albert Bierstadt ; délicates couleurs de *Un après-midi d'automne* de Sanford R. Gifford ; Erastus S. Field qui dépeint la famille de bien curieuse façon.

BOSTON / À FAIRE 173

– **Le XVIII⁰ siècle :** Copley bien sûr, et son portrait de *Paul Revere*, mais surtout Gilbert Stuart dont on peut admirer les superbes portraits, entre autres les deux célèbres œuvres inachevées : *Martha* et *George Washington* (œuvre partagée tous les deux ans avec le musée de Washington).

Au premier étage

– **Salle William A. Coolidge :** Corot; *La Seine, Le Loing* de Sisley; Signac; *Madame Augustine Roulin, Ravine* de Van Gogh; Renoir; Andrew Wyeth; Turner; Andrea del Sarto; Hans Memling; *Sacrifice of the Old Covenant* de Rubens; Jan Gossaert, dit Mabuse; Philippe de Champaigne; Canaletto; Eugène Boudin; Toulouse-Lautrec; Gauguin; Cézanne...
– **Salle** où l'on va découvrir une succession **de chefs-d'œuvre :** l'école de Barbizon, beaucoup de Millet, Daumier, Thomas Couture; Corot; Théodore Rousseau; Courbet; *Chasse aux lions* de Delacroix; Constable; extraordinaires *Bateau d'esclaves* et *Le Rhin à Schaffhausen* de Turner; Romney; Boucher; Reynolds; Gainsborough; *Procession de gondoles* de Guardi; *San Marco* de Canaletto; Watteau; beaux portraits de Greuze; le célèbre *Pestiférés de Jaffa* du baron Gros; Tiepolo; Velásquez; *Tête de Cyrus* de Rubens; Frans Hals; *Vieil Homme en prière* de Rembrandt.
– **Salle espagnole :** Goya; Zurbarán; Murillo; *Sainte Catherine* et *Saint Dominique en prière* du Greco; *Don Baltazar Carlos* et *L'Infante Marie-Thérèse* de Velásquez.
– **Salle italienne et flamande :** *Le Martyre de saint Hippolyte*, ravissant triptyque; *La Lamentation* de Lucas Cranach le Vieux; Carlo Crivelli; petit triptyque de Duccio; remarquable *Saint Jérôme, Vierge-Enfant et sainte Catherine de Sienne* de Sano di Pietro; retable de B. Vivarini. Reconstitution d'une chapelle catalane de Martin de Soria.
– **Sydney and Esther Rabb Gallery :** un ravissement, tout simplement. Difficile de quitter cette salle pourtant peu spacieuse, mais de loin la plus visitée par les touristes, sûrement un peu fiers de retrouver là tous ces noms familiers de nos peintres impressionnistes français et admiratifs devant des toiles pleines de lumière et de fraîcheur; *Effet du matin, Les Peupliers de Giverny* et *Bungalow de pêcheurs sur les falaises de Varengeville* de Monet; Degas; *Madame Cézanne* de Cézanne; *Le postier Joseph Roulin* et *Maisons à Auvers* (très expressif) de Van Gogh; Manet; Pissarro; *Neige à Louveciennes* de Sisley; le fameux tableau *Danse à Bougival* de Renoir; *Camille Monet et enfant, Les Nénuphars* et *La Japonaise* de Monet encore. *Paysage et deux Bretonnes* et l'universel *D'où venons-nous, que sommes-nous, où allons-nous ?* de Gauguin...

Le Fine Arts offre de plus une remarquable section d'arts décoratifs asiatiques (peintures et meubles chinois), ainsi que de nombreuses belles antiquités égyptiennes et grecques (sarcophages étrusques, petits bronzes, bijoux en or, sceaux mésopotamiens, bas-reliefs assyriens, etc.).

★ **Isabella Stewart Gardner Museum** (plan I, A4, *86*) : 280 The Fenway. À l'extrémité sud-ouest de Back Bay Fens. ☎ 566-1401. • www.boston.com/gardner • M. : Green Line E; station : Museum. Ouvert du mardi au dimanche de 11 h à 17 h. Fermé le lundi et certains jours fériés. Payant : 10 US$ en semaine et 11 US$ le week-end; réduction étudiants. Un musée, ouvert en 1903, dans un petit palais vénitien : un magnifique patio fleuri à colonnades avec mosaïques, une fontaine vénitienne. Isabella Stewart Gardner parcourut le monde, où partout elle avait un tas de copains célèbres parmi les artistes de l'époque. Cette femme richissime vécut jusqu'à sa mort, en 1924, dans ce palais insensé dont elle avait elle-même dessiné les plans, surveillé la construction et assuré la décoration. À voir donc pour les toiles exceptionnelles qu'envieraient bien des grands musées. Jugez-en : la *Sacra Conversazione* de Mantegna, *L'Assomption de la Vierge* de Fra Angelico, *Comte Tommaso Inghirami* de Raphaël, La Tragédie de Lucrèce de Botticelli. Portraits superbes de Holbein. Et puis Dürer, Van Dyck, Rubens, etc. Au 2e étage, le Tintoret, Guardi, Véronèse, Velásquez, Titien. *Vierge et Enfant* de Botticelli et une admirable *Nativité* de son atelier (ah! les merveilleux visages). Portrait de la proprio par John Singer Sargent. Vitrail de la cathédrale de Soissons dans une petite chapelle reconstituée avec des stalles italiennes du XVIe siècle.

Dans la *Yellow Room*, Manet, Whistler, Degas, Matisse (*La Terrasse, Saint-Tropez*)... Quand on vous disait que plus on a d'argent, plus on a de goût! En 1990, 3 cambrioleurs déguisés en policiers, après avoir maîtrisé les gardiens, ont dérobé 11 toiles. Parmi les chefs-d'œuvre disparus : *Le Concert* de Vermeer, trois Rembrandt (un autoportrait, *Dame et un Monsieur en noir*, *Orage sur la mer de Galilée*), cinq Degas (dont *Sortie de pesage, Cortège aux environs de Florence, Trois Jockeys à cheval, Programme pour une soirée artistique*) et *Chez Tortini* de Manet. Et enfin une coupe chinoise en bronze de la dynastie Chang (1200 av. J.-C.). À ce jour, rien n'a été retrouvé.

Dans le sud de la ville

★ *John F. Kennedy Memorial Library :* à Colombia Point, dans le sud de Boston, en prenant Dorchester Avenue. ☎ 929-4523. Assez excentré. Le mieux est de prendre la Red Line jusqu'à la station JFK-U Mass. De là, navette gratuite (toutes les 20 mn de 9 h à 17 h 30 environ) jusqu'à la *Library*. Ouvert de 9 h à 17 h. Dernier film à 15 h 30. Entrée payante : 8 US$; réductions étudiants et également avec le *pass* du métro de Boston. La bibliothèque rassemble les archives du président assassiné et un musée est ouvert au public depuis quelques années. Dehors, le voilier du président (bizarrement, de taille modeste). Une admirable mise en scène organisée par la dynastie Kennedy, réalisée par I. M. Pei, l'architecte de la pyramide du Louvre, et qui a coûté 12 millions de dollars.

Passons à la visite : un film d'une vingtaine de minutes retrace la jeunesse du mythique président jusqu'à la convention démocrate de 1960. Ensuite, les 21 salles du musée, toutes reconstituées avec le même souci du détail, prennent le relais de l'histoire jusqu'à son assassinat trois années plus tard. Toutes les étapes de la brève carrière politique de JFK sont représentées : il n'a gouverné que de 1960 à 1963. Films vidéo, photos, lettres et objets personnels : le débat contre Nixon, le bulletin de *NBC News* donnant les résultats de l'élection, l'investiture du président, les projets de la NASA, les affaires internationales, son célèbre bureau ovale de la Maison-Blanche, d'où il prononça bon nombre de discours et qui servait aussi à l'occasion de salle de jeux pour ses enfants. On n'échappe pas au portrait-cliché d'une famille aisée, heureuse et unie (!) qui a tant fait rêver l'Amérique (et qui pourtant cachait quelques failles...) : le mariage avec Jackie, les vacances du « clan » à Hyannis Port (Cape Cod), le président jouant au tennis, le président sur son voilier, le président barbotant avec ses enfants, etc. Dans la dernière salle, un discours de Clinton (il y a même la photo de Clinton adolescent serrant la pogne de John, espérons que le photographe a été félicité) et un morceau du mur de Berlin illustrant la continuité de la politique de John Kennedy. Par contre, il n'y avait plus de place pour une photo de Marilyn Monroe, pourtant une bonne copine de John et Robert. Un musée à la fois intéressant et émouvant, dans un cadre magnifique.

★ *Museum of Transportation :* 15 Newton Street, à Brookline. ☎ 522-6547. Ouvert du mardi au dimanche de 10 h à 17 h. Fermé le lundi sauf pendant les vacances. Entrée : 5 US$; réduction étudiants. Situé dans le Larz Anderson Park, à 20 mn du centre en voiture. Pour s'y rendre avec les transports en commun : Green Line C, descendre à Cleveland Circle ; station de bus proche, prendre le n° 51 (qui ne circule pas le dimanche) et demandez au chauffeur de vous laisser à l'angle de Clyde et Newton Streets. Installé dans une réplique du château de Chaumont, ce musée possède une superbe collection de voitures anciennes qui comblera de bonheur tous les passionnés. Tous les véhicules exposés datent d'avant 1930 et sont en parfait état. Richard Arnold, le conservateur du musée, se fera un plaisir de vous faire visiter ce lieu en vous contant l'histoire de la famille Anderson, propriétaire de la collection, et de chacune de ses petites merveilles riches en anecdotes. De la première moto, datant de 1904 et qui a traversé les États-Unis, à la berline de voyage de 1906 avec ses véritables toilettes à l'arrière, plongez dans un voyage initiatique où les ingénieurs automobiles de l'époque rivalisaient d'ingéniosité et de goût pour le grand luxe.

Dans le nord de la ville

△ *La plage de Manchester-by-Sea :* prendre le train à North Station (Purple Line), direction Rockport, et descendre à Manchester (50 mn de trajet). Après 10 mn de marche, on atteint une agréable petite plage de sable fin.

Concerts

L'été, une incroyable diversité de concerts, festivals et fêtes se déroule à Boston. Procurez-vous le *Boston Phoenix* qui paraît tous les jeudis et est disponible gratuitement dans une des boîtes de journaux comme on en voit à tous les coins de rue. Au besoin, complétez avec le *Boston Globe* du jeudi également.
– Tickets de spectacles demi-tarif pour le jour même aux 2 kiosques *BosTix :* l'un est situé près de Faneuil Hall, l'autre à Copley Square (entre Darmouth et Boylston Streets). Tous les deux sont ouverts du mardi au samedi de 10 h à 18 h, le dimanche de 11 h à 16 h. Fermé le lundi à Faneuil Hall mais ouvert à Copley, de 10 h à 18 h.
– Les groupes les plus prestigieux passent à Boston l'été. La liste des concerts du mois est affichée sur le kiosque à journaux, juste à la sortie de la station de métro Harvard. On peut acheter les billets dans le kiosque.
♪ Nombreux concerts dans la rue l'été, gratuits. Surtout les samedi et dimanche, à Government Center ou Copley Square. À Faneuil Hall, il n'est pas rare non plus de voir des pianos à roulettes ou des vibraphones accompagnant des clowns, des magiciens ou tout simplement des chanteurs. Sur la Charles River Esplanade (au métro Charles MGH sur la Red Line), concerts gratuits plusieurs soirs par semaine. Renseignements et programme dans le « Calendar » du *Boston Globe* qui paraît tous les jeudis.
♪ Pour le pied, gratuit, rôdez entre 18 h et minuit dans les sous-sols de **Berklee College**, conservatoire de musique situé au 136 Massachusetts Avenue. ☎ 266-7455. M. : Hynes Convention Center. Vingt salles différentes pour tous les goûts. Du *blue grass* au *free jazz*.
♪ Enfin, pour nos amis mélomanes, comment ne pas évoquer le **Boston Symphony Hall** *(plan I, B4)* au 301 Massachusetts Avenue dans Fenway. Renseignements et réservations : ☎ 266-1492. M. : Symphony. Le Symphony Hall jouit d'une des meilleures acoustiques du monde et possède deux formations mondialement réputées : le *Boston Symphony Orchestra*, sous la baguette du grand (par le talent) Seiji Ozawa, et le *Boston Pops* au répertoire gai, léger, inspiré des comédies musicales de Broadway et des musiques de films. Les Pops, qui jouent de mai à début juillet, sont très prisés par les Bostoniens : il faut dire que l'atmosphère y est vraiment unique, très décontractée. Le public applaudit quand cela lui chante, sans retenue, et acclame les standards.
♪ Un dernier truc, les Pops donnent des concerts gratuits la première semaine de juillet dans la **Hatch Shell**, sur Charles River Esplanade. Renseignements au : ☎ 727-9547. M. : Arlington. Bain de foule garanti, surtout le 4 juillet, mais quelle ambiance !

Shopping

🛍 **Filene's Basement** *(plan I, C2, 110)* : 426 Washington Street. ☎ 357-2011. M. : Park Street ou Downtown Crossing. Ouvert du lundi au samedi de 9 h 30 à 19 h 30 et le dimanche de 11 h à 19 h. Au sous-sol du grand magasin Filene's. Le plus grand magasin de soldes du monde ! Avec ses 80 et quelques années d'existence, le *Basement* est devenu un des must de Boston. Sur deux niveaux, dans un décor minable, une indescriptible caverne d'Ali Baba où s'entassent vêtements pour hommes, femmes et enfants (les griffes sont parfois prestigieuses : Ralph Lauren, Cerruti, Armani, Ann Taylor...), chaussures, objets de déco, fourrures et même robes de mariée. Le concept est original : comme le stock coûte cher, les articles subissent chaque semaine un rabais de 25 % supplémentaire. Au bout d'un mois environ, si le vêtement n'a toujours pas été vendu, il est donné à un organisme de charité. Avec un peu de patience, on peut réaliser de véritables affaires !

🛍 **F.A.O. Schwarz** *(plan I, B3, 111)* : 440 Boylston Street. ☎ 262-5900. M. : Arlington ou Copley. Ouvert du lundi au samedi de 10 h à 20 h, le dimanche de 11 h à 19 h. Le paradis des jouets. Impossible de rater la boutique, un *Teddy bear* haut de plusieurs mètres trône devant.

🛍 **Designer Shoe Warehouse** *(DSW; plan I, C2, 112)* : 373 Washington Street. ☎ 556-0052. M. : Downtown Crossing. Ouvert du lundi au samedi de 9 h à 19 h et le dimanche, de 11 h à 18 h. Dans deux gigantesques salles, sur deux niveaux, des centaines et des centaines de chaussures de marque à 25 ou 50 % de leur prix initial. Et ce ne sont pas les pompes ringardes que l'on a l'habitude de trouver dans ces magasins *cheap* ! Collections de *DKNY*, *Guess*, *New Balance*... (pour n'en citer que quelques-unes) sont exposées ici et là, non par marque mais par genre, ce qui est bien plus astucieux. De quoi rechausser la famille sans soucis, à prix défiant toute concurrence.

🛍 **Rand Mac Nally** *(plan I, D2, 114)* : 84 State Street. ☎ 720-1125. M. : State. Ouvert du lundi au vendredi de 9 h à 20 h, le samedi de 10 h à 20 h et le dimanche de midi à 18 h. Toutes les cartes et atlas *Rand Mac Nally*, ainsi qu'un tas de guides. Également un rayon d'objets et accessoires liés au voyage. Un seul défaut : ils n'ont pas le *GDR* !

➤ *DANS LES ENVIRONS DE BOSTON*

★ **Cambridge :** séparée de Boston par la Charles River et d'accès facile par le métro (*red line* du T), Cambridge est une étape obligée de votre passage à Boston. Beaucoup d'universités dont les très fameuses *Harvard University* et le *Massachusetts Institute of Technology* (MIT), et donc, beaucoup d'étudiants et tout ce qui va avec : restos, cafés, bars, *bookstores*, disques d'occasion, boutiques sympas, etc. Pour ne rien gâcher, des musées qui valent le détour et de la musique live dans la rue (à Harvard Square). Vous pouvez aussi vous balader sur les belles avenues bordées de demeures coloniales et le long de la Charles River où de nombreux rameurs s'entraînent quand le temps le permet.

Adresses utiles

🛈 **Harvard University Information Center** *(plan III, A1, 2)* : 1350 Massachusetts Avenue, Holyoke Center. ☎ 495-1573. M. : Harvard. Ouvert de 9 h à 17 h du lundi au samedi (jusqu'à 19 h de juin à septembre). Demander la brochure en français très bien faite, intitulée *Le guide pé-*

destre de Harvard Yard. Ils proposent un truc très sympa : visiter le campus avec un étudiant. Très souvent, plein d'anecdotes amusantes sur l'histoire du campus et de chacun de ses bâtiments. Pendant l'année universitaire (de septembre à fin mai), visites gratuites (durée : 1 h environ) du lundi au vendredi à 10 h et 14 h et le samedi à 14 h. De juin à fin août, visites à 10 h, 11 h 15, 14 h et 15 h 15 du lundi au samedi ; à 13 h 30 et 15 h le dimanche.

■ **Cambridge Information Booth** *(plan III, A1, 3) :* kiosque sur Harvard Square, en face de la sortie de métro. ☎ 1-800-862-5678. Ouvert de 9 h à 17 h du lundi au samedi et le dimanche de 13 h à 17 h. Pas mal d'infos.

@ **KinKo's** *(plan III, A1, 4) :* One Mifflin Place. ☎ 497-0125. ● www.kinkosboston.com ● M. : Harvard. Ouvert tous les jours, 24 h/24. Ici, on peut photocopier, envoyer des fax, faire imprimer mais aussi se connecter à Internet. Le prix de la connexion est de 60 cents/mn ou 12 US$ l'heure. Au moins trois autres adresses dans Boston intra-muros : 187 Darmouth Street, ☎ 262-6188 ; 10 Post Office Square, ☎ 482-4400 ; 2 Center Plaza, ☎ 973-9000.

■ **Location de voitures :**
– **Americar Auto Rental**, 251 Prospect Street. ☎ 576-0202. M. : Central Square. Ouvert en hiver de 8 h à 18 h 30 les lundi et jeudi, jusqu'à 17 h 30 les mardi, mercredi et vendredi ; jusqu'à 14 h le samedi. Fermé le dimanche. L'été, c'est généralement ouvert de 8 h à 20 h. Voitures à louer à la journée à partir de 40 US$, 100 miles inclus dans le prix. Ils peuvent même vous apporter votre voiture au métro Central Square.

– **Rent A Wreck**, 234 Monsignor O'Brien Highway. ☎ 576-3700. M. : Lechmere *(green line)*. Ouvert de 8 h 15 à 17 h 15 du lundi au vendredi et de 9 h 15 à 14 h 15 le samedi. Fermé le dimanche. Si vous avez plus de 25 ans, la location d'une voiture à la journée commence à 35 US$, 100 miles inclus. Moins de 25 ans, il vous faudra débourser 5 US$ de plus. Attention, comme le suggère le nom de la compagnie, vous avez de bonnes chances de vous retrouver avec une épave qui roulera, certes, mais qui ne sera ni très propre, ni ne sentira très bon. Maniaques, évitez !

Où manger ?

Bon marché

I●I **Mr Bartley's Burger Cottage** *(plan III, A1, 11) :* 1246 Massachusetts Avenue, entre Quincy et Bow Streets. ☎ 354-6559. M. : Harvard. Ouvert du lundi au samedi de 11 h à 22 h. Fermé le dimanche. Compter 12 US$ avec une boisson. Les meilleurs hamburgers de Boston depuis bientôt 40 ans. Dans un agréable cadre en bois, un peu farfelu, où les tables sont collées pour plus de convivialité, on vous sert un nombre incroyable de *burgers* délicieux, portant les noms de célébrités (il y a même un *burger* Monica Lewinsky, comment doit-elle le prendre ?) avec une viande de 2 cm d'épaisseur, cuite comme vous le désirez. Un des musts de Boston. Service sympa.

I●I **Campo de Fiori** *(plan III, A1, 10) :* Holyoke Center Arcade, 1350 Massachusetts Avenue. ☎ 354-3805. M. : Harvard Square. Ouvert du lundi au vendredi de 8 h à 20 h et le samedi de 11 h à 18 h. Fermé le dimanche. Entre 6 et 12 US$. Dans le passage de l'Holyoke Center, quelques tables ont été disposées pour les lunchs rapides. Si vous préférez manger ailleurs (par exemple sur la terrasse de « Au bon Pain », juste à l'entrée de la Galerie) précisez simplement « to go ». Les pizzas hyper fines ou les sandwichs qu'ils font ici sont à base de « *pane romano* », une pâte à pain dorée et croustillante à souhait. Quelques assiettes de pâtes également au ta-

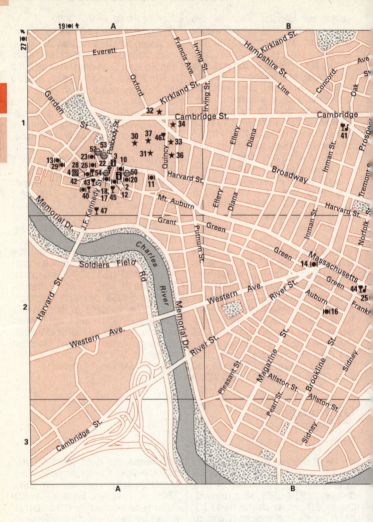

Adresses utiles
- **2** Harvard University Information Center
- **3** Cambridge Information Booth
- **4** KinKo's (Internet)

Où manger ?
- 10 Campo de Fiori
- 11 Mr Bartley's Burger Cottage
- 12 Ma Soba
- 13 Hi Rise Pie Company
- 14 India Pavilion
- 15 The Miracle of Science
- 16 Baraka Cafe
- 17 Pho Pasteur
- 18 Starbucks Coffee
- 19 Elephant Walk
- 20 Upstairs at the Pudding
- 21 Papa Razzi
- 22 Herrell's Ice Cream
- 23 Border Café
- 24 Legal Seafood
- 25 Mary Chung
- 26 Bertucci's
- 27 Redbones Barbecue and Southern Hospitality
- 28 Tealuxe
- 29 Burdick's Chocolate
- 60 Toscanini's

BOSTON – PLAN III (CAMBRIDGE)

♀ Où sortir ?
- 40 House of Blues
- 41 Ryles
- 42 The Brattle Theatre
- 43 Grendel's Bar
- 44 Middle East Café
- 45 John Harvard's Brew House
- 46 Harvard Film Archive
- 47 Shay's Pub and Wine Bar

★ À voir
- 30 Harvard University
- 31 Harry Elkins Widener Memorial Library
- 32 Memorial Hall for the Civil War
- 33 Fogg Art Museum
- 34 Arthur M. Sackler Museum
- 35 MIT Museum
- 36 Carpenter Center for the Visual Arts
- 37 Memorial Church

⊛ Shopping
- 50 Leavitt and Peirce
- 51 Cambridge Side Galleria
- 52 The Globe Corner Bookstore
- 53 The COOP
- 54 Urban Outfitters

bleau, tout aussi appétissantes. Une petite halte rapide à ne pas manquer.

|●| **Ma Soba Pan Asian Noddles** *(plan III, A1, 12)* : 30 Dunster Street, au dos de l'Holyoke Center. ☎ 868-7878. M. : Harvard Square. Ouvert du lundi au samedi de 11 h 30 à minuit et le dimanche de midi à 22 h. Autour de 6 US$. Un des meilleurs endroits d'Harvard pour manger en terrasse. La salle n'est pas mal non plus, très lumineuse avec ses grandes baies vitrées tout autour. C'est un genre de *food court* asiatique. On a le choix entre des assiettes de *noddles*, de *rice*, de *curry* et des soupes. Sans vous laisser un souvenir impérissable, tous ces plats sont tout à fait honnêtes et d'un rapport qualité-prix imbattable.

|●| **Border Café** *(plan III, A1, 23)* : 32 Church Street, à l'angle de Palmer Street. ☎ 864-6100. M. : Harvard. Ouvert du dimanche au jeudi de 11 h à minuit, les vendredi et samedi jusqu'à 1 h. Restaurant mexicain vraiment bon marché : autour de 12 US$ pour un plat copieux et une bonne *margarita*. Déco et ambiance chicanos garanties. La quantité est ici à la hauteur de la qualité. Toujours beaucoup de monde dans ce repaire d'étudiants où l'on patiente dehors ou au bar, muni d'un petit boîtier noir. Quand il vibre, c'est que votre table vient de se libérer. Attention, la portée de ce petit gadget n'excède pas 3 m.

|●| **Hi Rise Pie Company** *(plan III, A1, 13)* : 56 Brattle Street. ☎ 492-3003. M. : Harvard Square. Ouvert du lundi au vendredi de 8 h 30 à 17 h et le week-end de 9 h à 17 h. Compter entre 6 et 12 US$. Une très bonne sélection de sandwichs, de salades et de soupes affichée au grand tableau noir derrière le comptoir. La population ici se résume avant tout à des étudiants qui entre deux cours viennent apaiser leur faim. Quand il fait beau, tables et chaises sont à votre disposition dans la petite cour donnant sur Brattle Street. Succursale (un peu excentrée) au 208 Concord Avenue, ☎ 876-8766 ; ouvert de 8 h à 20 h en semaine, 21 h le samedi et 15 h le dimanche. On peut les voir à l'œuvre, en train de fabriquer leur pain.

|●| **India Pavilion** *(plan III, B2, 14)* : 17 Central Square. ☎ 547-7463. M. : Central Square. Ouvert tous les jours de 12 h à 23 h. Environ 15 US$. Atmosphère indienne recréée : posters du pays sur les murs, fond musical. On vous recommande de goûter au *beef shahjahné* et au *lamb vindaloo*. Excellent *lunch* du vendredi au dimanche, avec un bon mélange des différents riz et épices. Un bon resto indien.

|●| **The Miracle of Science** *(plan III, C2, 15)* : 321 Massachusetts Avenue. ☎ 868-2866. M. : Central Square. Ouvert du lundi au samedi de 11 h 30 à 1 h, le dimanche à partir de midi. Excellent hamburger autour de 7 US$ et autres plats dans le même ordre de prix. À deux pas du MIT, mais assez loin du métro. Ici, pas de machines dingues ou de professeur Nimbus mais beaucoup d'étudiants dans ce bar-resto triangulaire très « Cambridge ». Décor de brique et de bois, bons petits plats pas chers inscrits sur une ardoise au mur. Le soir, pas mal de bruit et d'ambiance. Claustrophobes, évitez le week-end, vous y seriez trop malheureux.

|●| **Mary Chung** *(plan III, B2, 25)* : 460 Massachusetts Avenue. M. : Central Square. Ouvert les lundi, mercredi, jeudi et dimanche de 11 h 30 à 22 h, les vendredi et samedi jusqu'à 23 h. Fermé le mardi. Compter aux alentours de 12 US$. Dans un décor sans charme, bon resto chinois mandarin fréquenté par des étudiants et des *computer geeks* (comprenant informaticiens). Le week-end en revanche, c'est en famille que les Chinois s'y pressent pour le brunch dominical. Il y a quelques années, le *Mary Chung* a failli fermer mais les étudiants du coin ont manifesté et le resto est resté ouvert. Le service est en général rapide... quand on ne vous oublie pas ! N'hésitez pas à poser des questions sur le menu qui, comme dans tout bon resto chinois, s'étale sur plusieurs kilomètres. Une de leurs spécialités, les *dun dun noodles*, servies avec une délicieuse *peanut chili sauce*.

Prix moyens

I●I *Bertucci's* (plan III, A1, 26) : 21 Brattle Street. ☎ 864-4748. M. : Harvard. Ouvert du lundi au jeudi de 11 h à 23 h, les vendredi et samedi jusqu'à minuit et le dimanche de 12 h à 23 h. Pizzas aux alentours de 12 US$. Plus de 20 adresses de cette chaîne à Boston et dans sa banlieue. Plus de 20 sortes de pizzas à déguster sur place ou à emporter à des prix raisonnables. Vous pouvez également composer celle que vous désirez. Pâtes et autres assiettes à la carte. Pour vous mettre en appétit, une corbeille de petits *rolls* chauds arrive sur votre table une fois que vous êtes enfin assis. Une pizza pour deux est largement suffisante. Cette chaîne qui a envahi la côte Est des États-Unis connaît un grand succès. C'est toujours un plaisir d'y aller, malgré le bruit et, souvent, la queue.

I●I *Baraka Cafe* (plan III, B2, 16) : 80 Pearl Street. ☎ 868-3951. M. : Central Square. Ouvert du mardi au samedi de 11 h 30 à 15 h et de 17 h 30 à 23 h. Ouvert le dimanche soir seulement. Fermé le lundi. À 10 mn à pied. Plats entre 10 et 17 US$. Ici, c'est avant tout une histoire de famille et de femmes. Grand-mère, mère, fille, tantes... toutes mettent la main à la pâte. L'attente peut être longue car le resto ne compte que 18 (petits) couverts. Une fois assis, on ne peut pas dire que l'on soit tellement au large mais cela ne fait que rajouter à la convivialité de cette adresse. Les plats sont dans l'ensemble réussis même si les couscous sont un peu trop adaptés au goût américain. Jusque récemment, on pouvait venir avec sa bouteille de vin, la maison n'ayant pas la licence pour en vendre. Mais comme certains mauvais esprits les ont dénoncés, il est désormais interdit d'arriver avec sa propre bouteille. Enfin, ça dépend des gens, si vous parlez français par exemple ou si vous avez l'air sympa, peut-être que l'on vous fera une petite faveur... Vous vous retrouverez alors à table avec des tasses à café opaques pour que vous puissiez vous servir (à discrétion) et personne n'y verra que du feu ! N'oubliez pas dans ce cas d'ouvrir votre bouteille avant. Enfin, bientôt, ils devraient obtenir leur licence. Adieu les magouilles pour avoir droit à son petit verre de rouge ! Très bons souvenirs de cette soirée...

I●I *Redbones Barbecue and Southern Hospitality* (hors plan III par A1, 27) : 55 Chester Street. ☎ 628-2200. M. : Davis Square. Ouvert du lundi au samedi de 11 h à minuit et le dimanche à partir de midi. Compter autour de 18 US$ pour un dîner. Dans une ambiance de formica et de nappes en papier, ce resto offre parmi les meilleurs *BBQ ribs* de Boston. Ici, on mange des *ribs* (façon Arkansas, Memphis, Texas...), salement et jusqu'à plus faim. On vous conseille l'assiette *Combo Belt* qui est un mélange de toutes les différentes sortes. Bien entendu il y a beaucoup de monde, on fait la queue et c'est bruyant, mais ne passez pas à côté, ça serait vraiment dommage ! Au fait, ne mettez pas votre plus belle chemise pour aller dîner...

I●I *Pho Pasteur* (plan III, A1, 17) : 35 Dunster Street. ☎ 864-4100. M. : Harvard. Ouvert tous les jours de 11 h à 23 h sauf le dimanche jusqu'à 22 h seulement. Voir à Boston la rubrique « Où manger ? » dans le coin de Back Bay. La même maison que celle de Newbury à l'intérieur du mini *mall* le *Garage*. Beaucoup de monde pour le déjeuner.

Plus chic

I●I *Elephant Walk* (hors plan III par A1, 19) : 2067 Massachusetts Avenue. ☎ 492-6900. M. : Porter Square ou Davis. Ouvert du lundi au jeudi de 17 h à 22 h et le vendredi jusqu'à 23 h. Le week-end, à partir de 16 h 30, jusqu'à 23 h le samedi et 22 h le dimanche. Voir à Boston dans la rubrique « Où manger ? » dans le quartier de Back Bay et Ken-

more. Même régal que dans l'antenne de Boston.
- I●I **Papa Razzi** (plan III, D1, 21) : 100 Cambridge Side Place. ☎ 577-0009. M. : Lechmere. Ouvert du dimanche au jeudi de 11 h 30 à 22 h 30, les vendredi et samedi jusqu'à 23 h 30. Voir à Boston dans la rubrique « Où manger ? » à Back Bay et Kenmore. Environs moins sympas qu'à Boston puisque l'on est presque à l'intérieur du « Galleria Mall ».
- I●I **Legal Seafood** (plan III, C2, 24) : 5 Cambridge Center. ☎ 864-3400. M. : Kendall Square. Ouvert du lundi au vendredi de 11 h à 22 h, le samedi de 12 h à 22 h 30 et le dimanche de midi également jusqu'à 21 h. Voir à Boston « Où manger ? » dans le centre et à North End. Même maison qu'à Boston, même politique, rien à craindre donc.

Beaucoup plus chic

- I●I **Upstairs at the Pudding** (plan III, A1, 20) : 10 Holyoke Street. ☎ 864-1933. M. : Harvard. Ouvert du dimanche au jeudi de 11 h 30 (11 h le dimanche) à 14 h 30 (14 h le dimanche) et de 17 h 30 à 21 h 30, les vendredi et samedi jusqu'à 22 h. Menu dans les 50 US$ (vin non compris), plats entre 20 et 35 US$ et desserts aux alentours de 10 US$. Au 3e étage d'une ravissante maison couverte de lierre qui accueille aussi en ses murs le *Hasty Pudding Club and Theatricals*, un célèbre club de Harvard. Cuisine superbement créative et raffinée, digne d'un grand chef. Prix élevés, cela va de soi bien que le *lunch* et le *Sunday brunch* (aux alentours de 30 US$) restent un peu plus abordables. Si l'on n'a pas les moyens de s'y restaurer, on peut tout de même déguster un verre de vin de Californie au bar, dans une sombre et confortable salle. Malheureusement, ils ne permettent plus que l'on s'installe avec un verre seulement sur la délicieuse terrasse verdoyante. Quoique, avec un peu de charme, on arrive à tout et ce plaisir reste à la portée de toutes les bourses.

Où boire un café ou un chocolat chaud ?
Où manger une glace ?

- **Starbucks Coffee** (plan III, A1, 18) : 36 JFK Street, au rez-de-chaussée du centre commercial *The Garage*. ☎ 492-4881. M. : Harvard Square. Ouvert du lundi au jeudi de 6 h à 23 h (minuit le vendredi), le samedi de 7 h 30 à minuit et le dimanche de 8 h à 23 h. Autour de 5 US$. Les *Starbucks* sont au café ce que les *Gap* sont aux fringues, ils ont essaimé partout et c'est plutôt un succès. Bonne odeur d'*expresso* flottant dans l'air et décor agréable. Possibilité de grignoter des petites choses accompagnant le café. Le seul problème, c'est qu'il n'y a pas beaucoup de place dans la plupart des antennes de cette chaîne pour la foule qui s'y presse ! Vous en trouverez à tous les coins de rue dans Boston et Cambridge. Les horaires changent d'un endroit à l'autre mais en gros, ils sont ouverts de 6 h (6 h 30 ou 7 h le week-end) à 23 h (minuit le week-end).
- **Tealuxe** (plan III, A1, 28) : 0 Brattle Street. ☎ 441-0077. M. : Harvard. Ouvert du dimanche au mercredi de 8 h à 23 h et du jeudi au samedi jusqu'à minuit. Voir dans la partie Boston à la rubrique « Où prendre un petit déj' ? ». Premier emplacement de *Tealuxe* avant que celui de Boston ne soit créé. Pas de sandwichs ici, seulement des pâtisseries.
- **Burdick's Chocolate** (plan III, A1, 29) : 52 Brattle Street. ☎ 491-4340. M. : Harvard. Ouvert du mardi au samedi de 8 h à 23 h, les dimanche et lundi de 9 h à 21 h. Autour de 4 US$ le chocolat chaud. Si

vous franchissez la porte de ce mignon salon de thé, c'est principalement pour le chocolat chaud fait maison, délicieux mais assez lourd. Vous pouvez le choisir « *dark* » ou « *white* » c'est à dire plus ou moins parfumé et l'accompagner d'un *chocolate croissant* ou d'une autre pâtisserie. Choix de cafés et thés pour les *non-addicts* du *homenade chocolate*. Vous pouvez repartir avec des paquets de leur chocolat en poudre puisqu'ils ont mis en vente leur mélange de génie. Un petit conseil : si vous venez en plein hiver, évitez les tables près de la porte, sujettes aux courants d'air.

♦ ***Herrell's Ice Cream*** *(plan III, A1, 22) :* 15 Dunster Street (entre Massav et Mount Auburn Streets). ☎ 497-2179. M. : Harvard. Ouvert tous les jours de 12 h à minuit en hiver. L'été, ouvert de 11 h à minuit avec une pointe jusqu'à 1 h du matin les vendredi et samedi. Une autre adresse dans Newbury Street, à Boston (voir la rubrique « Où prendre un café ? Où manger une glace ? »). Moins de 5 US$. Le roi du *frozen yogurt* à Harvard. Au fil des années, il a ajouté à la liste de bonnes vieilles *ice-creams,* des glaces *low-fat* et des purées de bonbons, *nuts* et fruits secs mélangés aux différents parfums. Savoureux choix comme la *malted vanilla,* 100 % *ice-cream.* C'est à dire que c'est bien sucré et crémeux à souhait. En gros, pas très fin mais c'est une expérience à ne pas louper.

♦ ***Toscanini's*** *(plan III, C2, 60) :* 899 Main Street. ☎ 491-5877. M. : Central Square. Ouvert du lundi au vendredi de 8 h à 23 h, les samedi et dimanche de 10 h à minuit. Moins de 5 US$ ici aussi. *Herrell's* et *Toscanini's* se partagent la première place en matière de glace depuis plusieurs années. Quand récemment, une branche de *Toscanini's* s'est ouverte à Harvard (1310 Massav Avenue, ☎ 354-9350), *Herrell's* a dû trembler. Mais depuis, la cohabitation se passe très bien et la clientèle navigue de l'un à l'autre.

Où prendre un brunch ?

|●| ***House of Blues*** *(plan III, A1, 40) :* 96 Winthrop Street. ☎ 491-2583. M. : Harvard. La Mecque du blues propose un *gospel brunch all you can eat* autour de 28 US$ (*brunch* plus concert) avec musique *live* et buffet de *soul food* le dimanche à 10 h, 12 h et 14 h. C'est un peu cher mais ça vaut le coup. Comme c'est très à la mode, n'oubliez pas de réserver vos places à l'avance au : ☎ 497-2229. Mais la *House of Blues,* c'est aussi un endroit où l'on peut boire un pot : voir la rubrique « Où boire un verre ? Où sortir ? ».

Où boire un verre ? Où sortir ?

– D'abord, il y a toujours une sacrée animation tout autour de *Harvard Square :* restos, cafétérias étudiantes, pubs, etc.

🍷 ♪ ***Middle East*** *(plan III, B2, 44) :* 472-480 Massachusetts Avenue. ☎ 492-4515. • www.mideastclub.com • M. : Central Square. Ouvert du dimanche au mercredi de 10 h à 1 h et du jeudi au samedi jusqu'à 2 h ; à partir de 18 ans. Pour accéder à la salle, traversez tout le restaurant, c'est au fond, à l'étage. Mais vous pouvez aussi entrer du côté de Brookline Street. Cette boîte est devenue au fil des années la meilleure boîte de rock de Cambridge et de Boston réunies. *This is the place to be*! Belle programmation de groupes (souvent d'avant-garde) de tous les genres dans plusieurs salles, tous les soirs aux alentours de 22 h. Ainsi, *jazz* le lundi, *rock* le mardi, *latino* le mercredi, *reggae* le jeudi, *folk and Greek music* le vendredi, *country and Arabic* le samedi, et *blues* le dimanche. Fait aussi resto, à côté, mais on ne vous le recommande pas.

▼ ♪ **House of Blues** *(plan III, A1, 40)* : 96 Winthrop Street. ☎ 491-2583. M. : Harvard. Le club est ouvert du dimanche au mercredi de 21 h à 1 h et du jeudi au samedi de 22 h à 2 h. Un décor hallucinant pour ce temple du blues imaginé par le proprio des *Hard Rock Café* et du *Blues Brother Dan Aykroyd*. Et plus on gravit les étages, plus cela devient dingue ! La salle de concert est totalement délirante avec son plafond à caissons dans lesquels sont sculptés les visages de célèbres *bluesmen*. Shows tous les soirs à 22 h. Renseignements pour les concerts au : ☎ 497-2229. Bons groupes de *blues*, *jazz*, *reggae* et *latino*. Concerts payants (environ 20 US$). Réservation à l'avance indispensable. Sinon resto (ouvert de 11 h 30 à 23 h du lundi au samedi, de 10 h à 14 h et de 16 h 30 à 23 h le dimanche) proposant de la *Southern food* pour un peu plus de 15 US$ le dîner. Les plats ne sont pas inoubliables mais corrects et le service est sympa. Au sous-sol, *The Dungeon*, un bar à l'ambiance cachot. À voir absolument.

▼ ♪ **Ryles** *(plan III, B1, 41)* : 212 Hampshire Street (et Inman Square). ☎ 876-9330. • www.ryles-jazz.com • M. : Central Square. Ouvert du mardi au jeudi de 19 h à 1 h, les vendredi et samedi jusqu'à 2 h et le dimanche de 10 h à 15 h. Fermé le lundi. L'une des meilleures boîtes de jazz que l'on connaisse. Des grands noms du jazz y jouent live dans un chouette cadre. Mais on y danse aussi la *salsa* à l'étage tous les jeudis et le *swing* le samedi. Également un *brunch* le dimanche. Assez populaire.

▼ **Grendel's Bar** *(plan III, A1, 43)* : 89 Winthrop Street. ☎ 491-1160. M. : Harvard. Presque en face de la *House of Blues*. Ouvert du dimanche au jeudi de 11 h à 23 h et jusqu'à minuit les vendredi et samedi. Bar qui fait également resto. Les prix sont très abordables avec des plats genre cuisine de pub autour de 10 US$. En matière de bar, c'est une institution de Harvard Square. Clientèle jeune et bien pensante. Beaucoup de monde et beaucoup de bruit mais beaucoup d'ambiance aussi. Bonne sélection de bières pression.

▼ **John Harvard's Brew House** *(plan III, A1, 45)* : 33 Dunster Street. ☎ 868-3585. M. : Harvard Square. Ouvert du dimanche au mercredi de 11 h 30 à 1 h et du jeudi au samedi de 11 h à 2 h. La première brasserie licenciée par les puritains en 1636. C'est le pasteur John Harvard, reconnu pour sa qualité de brasseur qui lui a donné son nom. Une fois descendues quelques marches, on se retrouve dans une salle immense où fourmille une clientèle éclectique. Bonnes bières brassées sur place et nourriture de pub au-delà de la moyenne (autour de 15 US$ pour un repas complet). Haut niveau sonore et ambiance garantie (si l'on exclut le calme légendaire des dimanches soirs).

▼ ♪ **Cantab Lounge** *(plan III, B2)* : 738 Massachusetts Avenue. ☎ 354-2685. M. : Central Square. Ouvert du lundi au mercredi de 8 h à 1 h, du jeudi au samedi jusqu'à 2 h et le dimanche de 12 h à 1 h. Maison de Joe Cook, toujours propriétaire à plus de 75 ans ! Clientèle d'habitués et de fidèles au patron. Grand bar au rez-de-chaussée et piste de danse au sous-sol : *rock pop* et concerts de *blues* du jeudi au samedi. Tous les lundis : *folk*, et le mardi : *bluegrass*. Beaucoup d'ambiance dans ce bar-boîte où l'on viendra vous déloger pour danser si vous restez assis sur votre chaise trop longtemps.

▼ **Shay's Pub and Wine bar** *(plan III, A1, 47)* : 58 John F. Kennedy Street. M. : Harvard Square. ☎ 864-9161. Ouvert tous les jours de 11 h à 0 h 45 environ. Bière à partir de 4 US$ et bon choix de sandwichs, burgers autour de 7 US$. L'intérieur est petit et si vous n'êtes pas fana du « debout, serrés les uns contre les autres », préférez la terrasse. En plus, chez les puritains de la Nouvelle Angleterre, les terrasses où l'on peut siroter une bière ne sont pas si courantes. Et oui, dans le Massachusetts en tout cas, il est interdit de boire de l'alcool dehors s'il n'y a pas de périmètre bien délimité réservé à cet effet. Profitez donc bien de celle-ci en vous mélangeant à la population plutôt étudiante de l'établissement.

Où aller au cinéma ?

– **The Brattle Theatre** *(plan III, A1, 42)* : 40 Brattle Street. ☎ 876-6837. M. : Harvard. Un seul écran. Entrée adulte : environ 7 US$. Vieux théâtre transformé aujourd'hui en salle de ciné. Toujours au programme : vieux films étrangers, documentaires et classiques américains. De nombreux festivals, assez originaux. La salle n'est pas très confortable et même en plein été, il y fait frisquet (climatisation poussée oblige !). Couvrez-vous !

– **The Harvard film Archive** *(plan III, A1, 46)* : 24 Quincy Street. ☎ 495-4700. M. : Harvard. Situé sur le campus, à côté du Fogg Art Museum. Entrée adulte : environ 6 US$. Cette salle à écran géant peut accueillir jusqu'à 220 personnes. À l'affiche : des chefs-d'œuvre du monde entier, du cinéma soviétique muet aux films de Buster Keaton des années 1930.

À voir

★ Il faut absolument visiter **Harvard University** *(plan III, A1, 30)*, la plus ancienne et la plus célèbre du pays, celle qui a engendré plus de prix Nobel et de présidents que n'importe quelle autre. Le cadre est magnifique. Avant la dernière guerre, il était fréquent de voir des étudiants s'installer avec leur valet personnel, qui les servait jusqu'au réfectoire. En ce qui concerne la statue très célèbre de J. Harvard au milieu du campus, il est intéressant de savoir que l'usage l'a surnommée « La statue des trois mensonges ». Le premier est que J. Harvard ne fonda pas l'université, il se contenta de la développer substantiellement. Ensuite, il semblerait que la date soit fausse. Le troisième mensonge réside dans le modèle qui ne fut pas J. Harvard, mais un brave inconnu.
Les musées de l'université d'Harvard sont gratuits le mercredi toute la journée et le samedi entre 10 h et midi.

★ **Harry Elkins Widener Memorial Library** *(plan III, A1, 31)* : ☎ 495-2411. La bibliothèque d'Harvard est la plus grande du monde avec plus de 4 millions de livres. Le milliardaire qui a fait don de son argent pour faire construire cette bibliothèque a posé deux conditions, à savoir : qu'on n'en déplace jamais une brique (ce qui n'est pas évident quand on veut l'agrandir ; il a fallu déjà construire une passerelle qui passe par une ancienne fenêtre) ; que tous les étudiants entrant à Harvard sachent nager (ce qui est toujours obligatoire). La raison ? Son fils est mort sur le *Titanic*... Au 1er étage, une des 200 premières bibles de Gutenberg (il n'en reste que 22 au monde) et la première tentative de réunir les œuvres complètes de Shakespeare (1623), sans laquelle au moins 17 pièces n'auraient jamais été connues et auraient disparu. Malheureusement, ceux qui n'ont pas la chance d'être étudiants d'Harvard ne sont plus admis dans la bibliothèque.

★ **Memorial Church** *(plan III, A1, 37)* : en face de la bibliothèque. Ouvert tous les jours de 9 h à 16 h, sauf pendant les vacances. Église construite en souvenir des diplômés d'Harvard morts pendant les Première et Seconde Guerres mondiales. Plaques commémoratives.

★ **Memorial Hall for the Civil War** *(plan III, A1, 32)* : à 500 m de Harvard Square. Ressemble à une église. Une partie était un réfectoire, réservé aux étudiants d'Harvard, l'autre est subdivisée en petites salles de style vieillot où l'on donnait des cours. On y trouve les noms de tous ceux qui sont morts pour la préservation de l'Union (uniquement les noms des gens du Nord, bien entendu!), ainsi que quelques vitraux exécutés par les écoles de La Farge et Tiffany. À voir.

★ **Fogg Art Museum** *(plan III, A1, 33)* : 32 Quincy Street. ☎ 495-9400. ● www.artmuseums.harvard.edu ● Vers la bibliothèque de l'université, tout près de Harvard Square. C'est la collection privée de Harvard. Très beau musée construit sur le modèle d'un cloître. Ouvert du lundi au samedi de 10 h à 17 h et le dimanche de 13 h à 17 h. Fermé pendant certaines vacances scolaires. Ticket d'entrée (5 US$) valable aussi pour le Arthur M. Sackler Museum.

Magnifique collection de primitifs religieux dont une *Crucifixion* de Fra Angelico et *Saint Jérôme, saint Jean et saint Ansanos dans le désert* de Fra Diamante. Superbe *Saint Jérôme* de Ribera. Les Hollandais : paysages de Ruysdael, *Portrait d'un vieil homme* de Rembrandt. Adorable et lumineuse *Adoration des bergers* d'un certain Adam Colonia.

Au premier étage : Géricault, Ingres, Delacroix, Corot, Fragonard, Gauguin, des toiles de grande qualité. Intéressants artistes américains comme Copley, Whistler *(Nocturne en gris et or* et magnifique *Harmonie en gris et pêche)*, Bierstadt (très beaux paysages), John Singer Sargent *(Le Petit Déjeuner)*, Ellsworth Kelly, Jasper Johns, Jackson Pollock...

Enfin, plein de merveilleux impressionnistes.

Dans le *Busch-Reisinger Museum* (une autre aile du musée principalement consacrée à la peinture allemande du XXe siècle), pas mal d'expressionnistes (Kirchner, Grosz, Kokoschka), une salle consacrée au Bauhaus (avec, entre autres, la fameuse chaise de Marcel Breuer), des toiles de Klee, Kandinsky, etc.

★ **Arthur M. Sackler Museum** *(plan III, A1, 34)* : 485 Broadway (et Quincy Street). ☎ 495-9400. Ouvert tous les jours de 10 h à 17 h et le dimanche de 13 h à 17 h. Fermé pendant certaines vacances scolaires. Une annexe du Fogg Art, d'ailleurs situé juste à côté. Intéressantes collections d'arts orientaux, asiatiques, indiens, islamiques, gréco-romains, etc. Entre autres, une rare collection de jades chinois, de belles miniatures persanes et mogholes, ainsi que des estampes japonaises.

★ **MIT Museum** *(plan III, C2, 35)* : 265 Massachusetts Avenue, près de Central Square. ☎ 253-4444. Ouvert du mardi au vendredi de 10 h à 17 h, les samedi et dimanche de 12 h à 17 h. Fermé le lundi. Entrée : 5 US$; réduction étudiants. Le célèbre Massachusetts Institute of Technology présente un très intéressant musée sur son histoire depuis sa création et l'extraordinaire place qu'il a prise dans le domaine des sciences et de la recherche. Notamment en informatique, *engineering*, architecture, photo-micrographie, holographie, etc.

Possibilité de visiter également gratuitement la *Compton Gallery*, au bâtiment 10 du campus, quelques blocs plus bas (77 Massachusetts Avenue ; ouvert du lundi au vendredi de 9 h à 17 h). Vous y verrez la fascinante confrontation de l'art et de la science. Enfin, les *Hart Nautical Galleries*, au bâtiment 5 (ouvert tous les jours de 9 h à 20 h), attireront les fans de navigation par des expos sur le design des bateaux, les maquettes, la construction navale, etc.

Ne pas manquer l'incroyable boutique du MIT avec ses livres et publications diverses (scientifiques et techniques).

★ En plus, pour nos lecteurs botanistes, géologues, zoologues, ethnologues et autres logues, d'autres **musées** par spécialité, situés 24 Oxford Street et 11 Divinity Avenue, dont le *Peabody Museum*. Renseignements : ☎ 495-3045 ou 495-1000.

★ **Carpenter Center for the Visual Arts** *(plan III, A1, 36)* : 24 Quincy Street. ☎ 495-3251. Ouvert toute la semaine de 9 h à 23 h (le dimanche de

12 h à 23 h). Entrée libre. La seule grande réalisation signée Le Corbusier aux États-Unis.

Shopping

● **Leavitt and Peirce** *(plan III, A1, 50)* : 1316 Massachusetts Avenue. ☎ 547-0576. M. : Harvard. Ouvert du lundi au samedi de 9 h à 17 h 30. Fermé le dimanche. Amis collectionneurs, joueurs et fumeurs, cette boutique est pour vous. Vieux rasoirs, accessoires de toilette et de barbier, lotions d'antan, briquets et couteaux, jouets anciens en fer, jeux de cartes et d'échecs, un nombre incroyable de cigares, une trentaine de tabacs différents (en bocaux), de superbes pipes et tout le matériel adéquat pour les entretenir. Décor rigolo : ballons de football américain portant les scores les plus remarquables de Harvard contre Yale et Princeton, photos jaunies des équipes et des matchs Harvard-Yale, trophées des victoires.

● **The Globe Corner Bookstores** *(plan III, A1, 52)* : 28 Church Street. ☎ 497-6277. M. : Harvard. Ouvert du lundi au samedi de 9 h 30 à 21 h et le dimanche de midi à 18 h. Tout, tout, tout sur le voyage. Des cartes, des atlas, des globes mais aussi beaucoup, beaucoup de guides (pas de Routard malheureusement !), des récits de voyages... Bref, de quoi rêver un bon moment.

● **Harvard Cooperative society ou COOP** *(plan III, A1, 53)* : 1400 Massachusetts Avenue. ☎ 499-3200. M. : Harvard. Ouvert du lundi au samedi de 9 h à 22 h et le dimanche de 10 h à 21 h. La *Coop*, c'est une coopérative mise en place pour les étudiants afin qu'ils trouvent à proximité du campus tout ce dont ils peuvent avoir besoin. Cela va de la paire de jeans aux cahiers en passant par les ventilateurs, les brosses à dents et la vaisselle. Mais la *Coop*, c'est aussi sur 4 niveaux la plus grande librairie d'Harvard, très agréable pour fouiner.

● **Urban Outfitters** *(plan III, A1, 54)* : 11 JFK Street. ☎ 864-0070. M. : Harvard. Ouvert du lundi au jeudi de 10 h à 22 h, les vendredi et samedi jusqu'à 23 h et le dimanche de 12 h à 20 h. Une autre antenne dans Boston, au 361 Newbury Street, ouverte aux mêmes horaires. ☎ 236-0088, M. : Hynes Convention Center. L'endroit parfait pour dégoter objets kitsch ou branchés, fringues excentriques, tissus hippies... Le *basement* est consacré aux *bargains* de fringues à des prix dérisoires.

● **Cambridge Side Galleria** *(plan III, D1, 51)* : 100 Cambridge Side Place. ☎ 621-8666. M. : Kendall Square (de là, navette gratuite jusqu'à la Galleria) ou M. : Lechmere (à pied ensuite). Ouvert du lundi au samedi de 10 h à 21 h 30, le dimanche de 11 h à 19 h. Un centre commercial comme il en existe des tas aux États-Unis : une centaine de boutiques dont *Gap, Banana Republic, Levi's, J. Crew*...

Shopping dans les environs

● **Wrentham Village** : One Premium Outlets Boulevard. ☎ (508) 384-0600. Ouvert du lundi au samedi de 10 h à 21 h et le dimanche de 10 h à 18 h. Attention, ferme à 18 h du lundi au mercredi de janvier à fin mars. Pour la joie des amoureux du shopping, ce village situé à 35 miles au sud de Boston ne regroupe que des *outlets*, ces magasins qui vendent les collections des années passées à prix réduit. Pour y aller, rejoindre de Boston la 95 South jusqu'à l'embranchement avec la 495. Là, direction 495 North. Sortir à l'exit 15 et suivre les panneaux *Wrentham Premium Outlet*. Ça n'est vraiment pas pour la beauté du site que l'on vous indique cette adresse – on arrive sur un énorme parking derrière lequel s'étend un *mall* gigantesque formant une sorte de village préfabriqué – mais parce qu'on y fait de bonnes affaires. Ce qu'on y trouve ? Des fringues en tout genre, des parfums, du linge de maison, tout ce qu'il faut pour la cuisine, des chaussures, des bijoux, des disques, des chaînes hi-fi, quelques meubles... Tout ça regroupé sous des marques aussi connues que *Versace, Calvin Klein, Off 5th-Saks Fifth Ave., Banana Republic, Gap, Reebook...* Sur place, un *food court* vous redonnera du carburant dans votre course folle d'achats effrénés. Messieurs, bon courage !

QUITTER BOSTON

En bus

South Station Bus Terminal *(plan I, D3)* **:** South Station, Summer Street (voir la rubrique « Adresses utiles »). M. : South Station, *red line*.

➢ Beaucoup moins cher que les compagnies de bus classiques (Greyhound par exemple), un minibus chinois effectue la liaison entre le Chinatown de Boston et le Chinatown de New York tous les jours. 4 à 5 départs par jour ; durée du trajet : 4 h. Compter de 25 à 50 US$ l'aller-retour selon la période. Renseignements au 68 Beach Street *(plan I, C-D3 ;* c'est une pâtisserie asiatique). ☎ 338-8889. L'ambiance à bord est exotique : karaoké et films chinois sous-titrés en anglais, mais il y a quand même quelques petits inconvénients : pas de soutes ni filets à bagages, et puis la conduite des chauffeurs chinois est un peu plus sportive que celle de leurs homologues américains...

En train

Gare Amtrak *(plan I, D3)* **:** South Station. ☎ 1-800-872-7245. M. : South Station, *red line.* Le train à grande vitesse Acela Express relie Boston à New York en 3 h 25 environ.

En stop

➢ **Vers le Nord :** descendre à la station de métro Haymarket, green line. Prendre l'autoroute vers la gauche.
➢ **Vers New York :** aller en métro jusqu'à la station Riverside, green line. Monter sur l'autoroute que l'on voit à droite en descendant du métro. Marcher 1 km jusqu'au péage de la Turnpike 90.

SALEM

IND. TÉL. : 978

Pour beaucoup d'entre nous, Salem évoque le tragique épisode de la chasse aux sorcières et la pièce d'Arthur Miller *Les Sorcières de Salem.* En revanche, on ignore souvent sa splendeur maritime au XVIIIe siècle et son important port de commerce vers l'Orient. Les navires partaient chargés de poisson séché, coton, beurre, bœuf, tabac et rhum des colonies que des marins échangeaient contre des denrées de luxe, comme le thé, le café, le sucre, les épices et les soieries. C'est à cette époque glorieuse que l'on doit les splendides collections du Peabody Essex Museum.

LES SORCIÈRES

Tout commença en 1689, lorsque le pasteur Samuel Paris s'installa à Salem avec sa femme, sa fille et sa nièce, ainsi que leur servante Tituba, ramenée des Barbades. Les petites filles, en mal de distractions, passaient leur temps à écouter les histoires de vaudou racontées par Tituba. Bientôt, elles eurent d'étranges comportements : malaises, convulsions, regard fixe... Le diagnostic du médecin fut clair et net : elles étaient ensorcelées. Les enfants, inconscientes du vent de panique que leur geste allait soulever, dénoncèrent illico presto leur pauvre servante noire. Immédiatement, la confusion éclata et tout le monde fut accusé de sorcellerie ; les arrestations se succédèrent et, au total, 150 personnes furent emprisonnées et une vingtaine pendues. Tout ça à cause des divagations de deux fillettes mythomanes... En mémoire de ces « sorcières » pendues en 1692, plus de 1 000 adeptes célèbrent *Samhain*, le Nouvel An des sorcières, qui a lieu chaque année le 1er novembre dans le cimetière de Salem.

Aujourd'hui, Salem se repaît de ce douloureux passé en érigeant des sorcières à tous les coins de rues, *business* oblige, et on ne compte plus les boutiques attrape-touristes qui regorgent de balais, citrouilles et autres chapeaux pointus (turlututu).

Comment y aller depuis Boston ?

Adressez-vous à la compagnie de transports en commun de Boston : *MBTA Commuter Rail trains*. Des liaisons entre Boston et Salem, Gloucester ou Rockport sont assurées, en train ou en bus. ☎ 722-3200. • www.mbta.com •

En bus

➢ De la station de métro Haymarket, prendre le bus n° 450 ou 455. Compter 45 mn de trajet. Arrivée au Terminal de Salem sur Bridge Street, à 5 mn à pied du Visitors' Center.

En train

➢ De North Station, on rejoint Salem en 30 mn. Compter 1 h pour Gloucester et 1 h 10 pour Rockport (voir plus loin). Il y a des trains toutes les 30 mn matin et soir aux heures de pointe et toutes les heures le reste de la journée. Le week-end, trains toutes les 2 à 3 h.

En voiture

➢ Prendre la route n° 93 en direction du Nord. À la sortie 37A, suivre la route n° 128 toujours vers le Nord. Puis, à la sortie 25A, emprunter la route n° 114E vers Salem. Compter 35 mn de trajet.

Adresses utiles

🅸 *Salem Visitors' Center :* 2 Liberty Street. ☎ 740-1650. En face du parking des visiteurs. Ouvert de 9 h à 18 h (17 h en hiver). Un tas d'informations, de brochures, et un intéressant film de 20 mn retraçant l'histoire de la région nord de Boston. Film toutes les heures.

■ *Salem Chamber of Commerce :* 63 Wharf Street (Pickering Wharf). ☎ 744-0004. Fax : 745-3855. • www.salem-chamber.org • Ouvert du lundi au vendredi de 9 h à 17 h.

@ *Site Internet de la ville :* • www.salem.org •

Où manger ?

Prix moyens

|●| **Lyceum Bar and Grill** : 43 Church Street. ☎ 745-7665. Ouvert tous les jours de 11 h 30 à 15 h et de 17 h 30 à 22 h. Fermé le samedi midi en été. Prévoir entre 12 et 15 US$ pour un déjeuner et autour de 20 US$ pour le dîner. C'est dans ces murs qu'eut lieu la première conversation téléphonique dans les années 1870. C'est ici aussi que Hawthorne, Emerson et Thoreau donnèrent autrefois des cours et c'est aujourd'hui un vrai bon resto qui perpétue les vieilles traditions en organisant le mercredi soir des conférences autour de thèmes variés. Un lieu historique, donc. Cadre très agréable, assez classe. Atmosphère tamisée de club anglais. Bonne cuisine, faite avec des produits de qualité. Concerts de piano le mercredi soir et parfois le dimanche.

À voir

★ **Peabody Essex Museum** : East India Square. ☎ 745-9500 et 745-4054. ● www.pem.org ● Ouvert du lundi au samedi de 10 h à 17 h (la librairie reste ouverte le jeudi jusqu'à 20 h), le dimanche de midi à 17 h. Avec le ticket d'entrée au musée (10 US$), possibilité de visiter trois maisons d'époque, situées dans la ville, avec un guide. Un des musées les plus extraordinaires de la Nouvelle-Angleterre et le plus vieux des États-Unis. Des collections passionnantes, d'une incroyable richesse, rapportées d'Asie et du Pacifique par les marins de Salem. En fait, deux musées en un seul.
Le mieux est de commencer la visite par le *Plummer Hall* (au 132 Essex Street), qui organise différentes expositions temporaires. Le musée possède également quatre maisons d'époques différentes, dont trois sont ouvertes au public. Ne pas manquer la *Lyle Tapley Shoe Shop*, adorable avec son petit grenier, et la *Gardner Pingree House*, demeure de style fédéral à la superbe décoration intérieure.
C'est dans l'*East India Hall* que l'on mesure la prospérité de Salem au temps du commerce maritime. Important département d'histoire maritime : maquettes de bateaux, impressionnante mâchoire de baleine, dents de baleine sculptées et gravées (dont John Kennedy était très amateur), amusantes figures de proue, ainsi qu'une reconstitution du *Cleopatra's Barge*, le premier bateau de croisière lancé en 1817 vers la Méditerranée. Dans la section « Arts de la Chine », quelques pièces époustouflantes : une incroyable défense d'éléphant sculptée, un surprenant lit en forme de lune, un paravent à onze panneaux en laque de Chine et un secrétaire sculpté en ivoire et bois de rose. Exceptionnelles collections d'arts traditionnels du Pacifique et encore d'autres sections intéressantes comme le département d'histoire naturelle.

★ **The Witch Museum** : Washington Square. ☎ 744-1692. ● www.salem witchmuseum.com ● Ouvert tous les jours de 10 h à 17 h (jusqu'à 19 h en juillet et en août). Entrée : 6 US$. Représentations toutes les demi-heures. Dans un imposant bâtiment qui ressemble à une église, pas loin du Peabody Essex Museum. Spectacle son et lumière d'environ 1 h retraçant la tristement célèbre histoire des sorcières de Salem. Très bien fait, mais un brin ennuyeux si vous comprenez mal l'anglais. Brochures en français disponibles. Récemment, ouverture d'une exposition exclusivement consacrée aux sorcières et à leur histoire. Présentée sous forme de petits films.

★ **The Witch House** : 310 1/2 Essex Street. ☎ 744-0180. • www.salem web.com/witchhouse • Ouvert du 15 mars au 30 novembre, de 10 h à 16 h 30 (18 h en juillet et août). La visite guidée est obligatoire et coûte 5 US$. La maison d'un des juges qui participèrent à la chasse aux sorcières. Construite en 1642, elle est l'une des plus vieilles des États-Unis. On peut y voir quelques pièces restaurées et meublées d'époque, dont la chambre où eut lieu le jugement préliminaire. Le clou de la visite : un chandelier de fer forgé datant du XVIIe siècle qui dessine sur le mur une drôle d'ombre chinoise en forme de sorcière !

★ **The House of the Seven Gables** : 54 Turner Street. ☎ 744-0991. • www.7gables.org • Ouvert tous les jours de 10 h à 17 h (de 12 h à 17 h le dimanche de janvier à début avril, jusqu'à 19 h de juillet à octobre). Fermé les trois premières semaines de janvier. Juste à côté du Derby Wharf. Entrée adulte : 8,50 US$, 6,50 US$ pour les enfants de 5 à 12 ans. Visite guidée obligatoire. La curieuse maison aux sept pignons qui inspira Nathaniel Hawthorne pour son roman du même nom. À l'intérieur, dédale de pièces restaurées évoquant les personnages de l'œuvre, ainsi qu'un escalier secret. Des jardins, très jolie vue sur le port de Salem. Juste en face de la maison, une mignonne boutique de bonbons (la plus ancienne des États-Unis, les Américains sont très friands de ce genre de superlatif), *Ye Olde Pepper Company*.

★ **Salem Maritime Historical Site** : sur Derby Street. ☎ 740-1660. Site ouvert au public et gratuit de 9 h à 18 h l'été et jusqu'à 17 h seulement l'hiver. Les vestiges restaurés de ce qui fut le port de Salem. Des quarante-cinq quais d'origine, il ne reste aujourd'hui que le Derby Wharf.

➢ DANS LES ENVIRONS DE SALEM

★ **Marblehead** : de Salem, prendre la 114 Southeast au bout de Washington Street. Les bus 441/442 et 448/449 assurent la liaison entre Boston (Haymarket Square, à côté de North Station) et Marblehead.
Un kiosque d'informations dépendant de la chambre de commerce • www.marbleheadchamber.org • est à votre disposition au 62 Pleasant Street, au coin d'Essex et Spring Streets. ☎ (781) 639-8469. Ouvert de mai à fin octobre de 13 h à 18 h du lundi au jeudi et à partir de 10 h le vendredi et le week-end. Adorable village de bord de mer investi par les artistes et les antiquaires, loin des foules de touristes. Mignonnettes maisons coloniales peintes de couleurs acidulées (bleu ciel, jaune paille, rose dragée). Concentration de tous les yacht clubs les plus chics de la région. De magnifiques voiliers dans le port. Un endroit superbe. Bon resto sur le port avec terrasse surplombant l'eau. Poussez jusqu'au *Marblehead Neck*, où sont regroupées de somptueuses villas avec plage privée, mouillage à même le portail... À l'extrémité est de cette presqu'île, très belle vue sur le *Chandler Hovey Park*.

★ **Lowell** : au nord-ouest de Salem. Jack Kerouac, le père de tous les routards, repose dans le caveau de sa veuve, Stella Sampas. Jack a une fille, Jan, dont le parrain est Allen Ginsberg. Stella, sa troisième femme, hérita de tous ses biens : 91 dollars, mais aussi de ses droits d'auteur estimés à plus de... 10 millions de dollars.

★ À un peu plus de 30 miles au nord de Boston, s'avance dans l'océan la **presqu'île de Cape Ann**, baptisée ainsi par le roi Charles Ier d'Angleterre au début du XVIIe siècle. L'exploration en mer n'était pas le passe-temps favori de ce roi, mais plutôt celui d'un de ses capitaines, du nom de John Smith, qui rapporta les contours de la presqu'île sur une carte. Plus modeste que Cape Cod quant à son étendue dans l'océan, Cape Ann reste une des destinations préférées des Bostoniens qui viennent se détendre dans les jolis villages de pêcheurs de la côte et visiter les galeries d'artistes, essentiellement regroupées à Gloucester sur East Main Street, et à Rockport depuis le début du XIXe siècle.

★ *Gloucester :* le plus vieux port des États-Unis. De Boston prendre la route 93 en direction du Nord. À la sortie 37A, suivre la route 128 jusqu'à Gloucester. Pour les moins pressés, prendre la route 127 à partir de Salem qui longe la côte. Ne pas manquer de visiter le quartier est de Gloucester, avec la presqu'île *Rocky Neck* en face de East Main Street. Au début du XIXe siècle, de nombreux artistes américains célèbres vinrent à *Rocky Neck* chercher l'inspiration. Beaucoup s'y installèrent. Aujourd'hui encore, peintres et photographes investissent les lieux. Ainsi, *The Painter's Path*, comme on l'appelle ici, est jalonné de galeries d'art. De mignons petits restos viennent compléter le tableau. Ceux situés au bout de Rocky Neck Avenue sont construits sur pilotis. Idéal pour l'apéro au soleil.

■ *Visitors' Center :* sur Hough Avenue, dans le quartier de Settlers' Walk. ☎ (978) 281-8865. Ouvert tous les jours de mai à octobre de 9 h à 18 h. Nombreuses infos utiles dont les dates des festivals et les événements marins de l'été. Ne pas oublier de prendre la petite brochure intitulée *Gloucester Maritime Trail*, qui retrace pour vous les chemins historiques des quatre quartiers de la ville.

★ *Rockport :* à 10 mn de Gloucester par la route 127A. Un joli petit port de pêche à découvrir à pied. En arrivant sur le port, dirigez-vous vers la pointe *Bearskin Neck*. D'anciennes maisons de pêcheurs en bois réaménagées en galeries d'art, en boutiques d'artisanat et en restaurants bordent d'adorables ruelles fleuries. Balade très agréable en fin de journée, après la plage.

■ *Rockport Chamber of Commerce :* 3 Main Street. ☎ (978) 546-6575. Ouvert tous les jours du 15 mai à début novembre, de 9 h à 17 h et de 12 h à 16 h le dimanche (de 10 h à 16 h du lundi au vendredi de novembre à mi-mai). À 2,5 miles au sud du centre-ville.

I●I *Roy Moore's Fish Shack Restaurant :* 47 Jerdens Lane, sur Bearskin Neck. ☎ (978) 546-6667. Ouvert tous les jours de 11 h à 21 h. Difficile de donner un ordre de prix car cela va de 6 US$ pour un sandwich à un peu plus de 15 US$ pour un repas. L'escalier qui donne sur la rue vous mène à une salle à l'étage avec vue sur le port. Sur les murs, déco marine de très bon goût : filets à homards, bouées de toutes les couleurs (vous pouvez vous amuser à les compter en attendant votre plat !), etc. Sur la carte, grand choix de plats. On vous conseille les pâtes aux fruits de mer, *seafood Alfredo*, un délice. Apportez votre propre boisson alcoolisée sans honte, c'est ce que font tous les habitués ici. En effet, la vente d'alcool est interdite dans la ville depuis 1850, date à laquelle Hennah Jumper, une jeune femme de Rockport battue par son mari ivre, investit par vengeance tous les bars de la ville pour y faire scandale.

★ *Halibut Point State Park :* à l'extrémité nord-est de Cape Ann. En sortant de Rockport, continuer sur la 127 (vers le nord-est) et tourner à droite dans Gott Avenue. Le parking est un peu plus loin sur la droite. Cette réserve naturelle s'étend sur le site d'une ancienne carrière de granit. Depuis qu'elle n'est plus en activité, elle a été remplie d'eau, créant ainsi un charmant petit lac entouré de falaises qui tombent à pic (les murs de la carrière). Il est interdit de s'y baigner mais le tout forme un joli paysage, avec la mer au second plan. De ces *quarries* (carrières *in english*), des petits sentiers partent dans toutes les directions. Continuer au moins jusqu'à la mer qui offre un spectacle impressionnant par gros temps.

➢ *Route 127, nord de la presqu'île :* terminez votre visite de Cape Ann en longeant la route 127 au nord, d'est en ouest. La côte est très découpée et l'on découvre çà et là de très jolis petits ports et mouillages privés.

⚠ *Crane Beach :* si vous venez de Cape Ann, prenez la 128 West à la jonction de la 127 et de la 128. Suivez cette route pendant un petit moment puis bifurquez sur la 133 West jusqu'à Ipswich. Tournez à droite dans Northgate Road puis au bout, à gauche dans Argilla Road qui vous emmène jusqu'à la plage préférée des Bostoniens. La plage et les alentours appartiennent à une réserve naturelle, le parking est donc payant. Les prix varient selon la saison. L'été, c'est 10 US$ en semaine et 15 US$ le week-end. Hors saison, c'est plutôt 5 US$ le week-end et souvent gratuit en semaine. Renseignez-vous au ☎ (978) 356-4351 car les tarifs changent très souvent. Le meilleur moyen d'explorer les alentours est de prendre le *Pine Hollow Trail* (à droite quand on arrive sur le parking), un sentier de 45 mn environ. Attention cependant aux moustiques et aux *black flies* (petites mouches noires qui vous dévorent) au printemps et en été. On se balade dans une partie du *Crane wildlife refuge*, une réserve naturelle pour la sauvegarde et le développement d'oiseaux de toutes espèces. Dans les dunes, des espaces sont réservés à cet effet. Les amateurs de plage seront enchantés de découvrir cette grande étendue de sable blanc de 6 km entourée de dunes recouvertes de pins et d'arbustes. Magnifique !

CAPE COD

IND. TÉL. : 508

Ce curieux bras replié, qui s'avance dans l'océan et offre près de 500 km de littoral vierge et inapprivoisé, est la destination favorite des Bostoniens dès les premiers beaux jours. Si l'invasion touristique a parfois laissé des marques indélébiles – la route 28 entre Hyannis et Chatham en est un triste exemple, avec sa succession de motels *cheap*, de fast-foods et de supermarchés bas de gamme –, Cape Cod a néanmoins gardé son authenticité : immenses plages de sable blanc bordées de hautes dunes, falaises vertigineuses, tourbières à canneberges (grosses airelles locales), villages traditionnels flanqués de maisons grises à bardeaux surnommées « boîtes à sel » et adorables ports de pêche.

UN PEU D'HISTOIRE

Créé au cours de la dernière glaciation il y a quelque 10 000 ans, Cape Cod fut découvert en 1602 par l'explorateur Gosnold, en même temps que les îles de Martha's Vineyard et Nantucket. Frappé par la quantité de morues qui vivaient au large des côtes, il baptisa l'endroit tout naturellement Cape Cod (*cod* signifiant morue, vous l'aurez compris !).
En 1620, ce sont les pères pèlerins du *Mayflower* qui accostèrent à Provincetown, croyant tomber sur la Virginie. Le moins que l'on puisse dire est qu'ils n'avaient pas le compas dans l'œil ! Les colons commencèrent alors à fonder les villes du cap, chassant par la même occasion de leurs terres les Indiens *wampanoags*. Les ressources principales étaient l'agriculture, la pêche à la baleine et le commerce transatlantique.
À partir de la fin du XIXe siècle, Cape Cod attira une colonie d'écrivains et d'artistes en quête de solitude et d'inspiration, parmi lesquels Tennessee Williams, Sinclair Lewis et enfin Edward Hopper qui s'installa à Truro, fasciné par l'indescriptible lumière du cap.

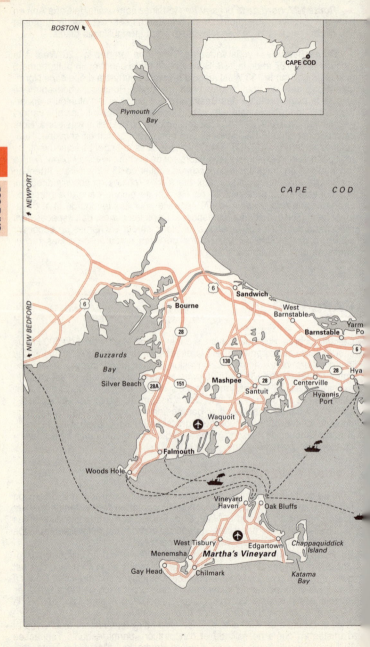

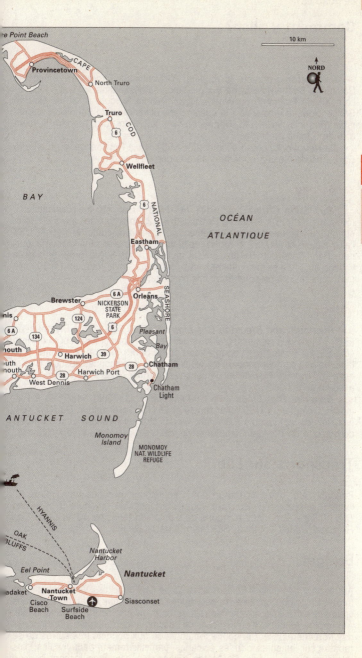

CAPE COD

Comment y aller ?

En voiture

➢ **De Boston :** prendre la route n° 3 *(Southeast Expressway)* jusqu'au Sagamore Bridge ou Bourne Bridge, selon sa destination sur Cape Cod. Si l'on va vers Falmouth ou Woods Hole, prendre la route n° 28 de Bourne Bridge. Pour se rendre vers le *Lower Cape* et les villes de Sandwich, Barnstable, Hyannis, Yarmouth, Dennis ou vers la pointe nord, prendre la route n° 6 de Sagamore Bridge.

➢ **De New York :** prendre l'Interstate I-95 jusqu'à Providence, puis la I-195 East. Ensuite, suivre le même itinéraire que de Boston.

En bateau

Bay State Cruise : ☎ (617) 748-1428 ou en été à Provincetown : (508) 487-9284. De Boston à Provincetown, liaisons tous les jours en juillet et août, le week-end en juin et septembre. Cela vous coûte environ 25 US$ l'aller simple et 40 US$ le *round trip* si vous l'effectuez dans la même journée. Pour bénéficier de ces prix, il faut que vous soyez prêts à faire le voyage en 3 h ! Il existe également des ferries qui font le trajet en 1 h 30 mais cela vous revient presque deux fois plus cher !

En bus

Plymouth and Brockton Bus Line : ☎ (508) 746-0378 à Plymouth ou (508) 771-6191 à Hyannis. L'aller-retour Boston-Provincetown coûte environ 40 US$. De Boston (de Logan Airport ou de South Station), il y a une trentaine de bus par jour pendant les week-ends et les vacances, jusqu'à Barnstable et Hyannis. Possibilité de continuer jusqu'à Orleans et Provincetown avec certains bus.

Bonanza Bus Lines : ☎ 1-800-556-3815 ou (508) 548-7588 à Falmouth. Compter 14 US$ l'aller simple et 26 US$ l'aller-retour. De New York (via Providence) jusqu'à Falmouth, Woods Hole et Hyannis. Un peu moins de bus que de Boston. Compter environ 6 h pour faire New York-Hyannis.

Transports sur l'île

Pendant l'été, entre fin mai et début septembre, des bus municipaux sillonnent la presqu'île. Procurez-vous l'indispensable brochure *Trolley and Bus at Cape Cod*, dans n'importe quel office du tourisme ou au *Cape Cod Regional Transit Authority*, 585 Main Street, à Dennis. ☎ 1-800-352-7155.

Budget

Ami lecteur, les dollars défilent vite à Cape Cod, Martha's Vineyard et Nantucket. En ce qui concerne l'hébergement, on trouve des AJ et des campings vraiment extra, magnifiquement situés pour un prix plus que raisonnable. Aux moins routards d'entre vous, on recommande quelques *guesthouses* pas trop chères. Pour la bouffe, on conseille aux budgets très serrés de se rabattre sur les snacks ou les épiceries, particulièrement dans les îles, plus onéreuses que le cap. De toutes façons, les paysages incitent à vivre d'amour et d'eau fraîche !

Concerts

De début juillet à fin août, concerts en plein air (musique de défilé, orchestre de la ville) un soir de la semaine fixé dans chaque ville du cap. Un rendez-vous familial et populaire hebdomadaire où les pique-niques et les chaises pliantes sont de rigueur. Pour connaître les horaires et les lieux des concerts, consulter soit la brochure touristique de la ville, soit le journal le *Cape Cod Times*.

★ SANDWICH

Première ville après le pont de Sagamore, à l'entrée de Cape Cod. Un parfum d'Angleterre dans cette petite ville historique qui doit sa renommée à une célèbre fabrique de verre (et non à ce que son nom laisserait penser).

Adresse utile

Sandwich Information Booth : à la sortie de la ville en allant vers Falmouth, sur la route 130 à environ 1 mile de la Hoxie House. ☎ 833-1632. Ouvert le dimanche de 10 h à 16 h, les lundi, mardi et mercredi de 9 h à 17 h et les jeudi, vendredi et samedi de 9 h à 19 h. Infos utiles classiques. Carte payante des circuits de balades à vélo.

Où dormir dans les environs ?

Pine Grove Cottages : route 6 A East, à 3 km à l'est de Sandwich. ☎ 888-8179. En été, la nuit pour 2 personnes coûte entre 75 et 90 US$. À partir de septembre, prix moins élevés : de 70 à 75 US$. Plusieurs maisons en bois très propres, avec cuisine équipée et salle de bains. Un vrai petit chez-soi à un prix très raisonnable pour Cape Cod. Petite piscine au milieu des arbres. Possibilité de louer à la semaine.

Où manger ?

The Dunbar Tea Shop : 1 Water Street, route 130. ☎ 833-2485. Ouvert tous les jours de 8 h à 17 h 30. Compter un bon 15 US$ pour un *lunch* composé d'un plat et d'un dessert. Ravissant petit salon de thé donnant sur une terrasse. Décoration très vieille Angleterre, murs boisés, collection de théières. Bonne sélection de desserts faits maison. *So british !* D'ailleurs, on entre ici par une *lovely* boutique dédiée aux amateurs de thé. L'adresse fait également *B & B*.

À voir

★ **Hoxie House :** sur la route 130 vers le sud (sud de Main Street). À l'intersection avec School Street. Ouvert tous les jours de juin à mi-octobre de 10 h à 17 h et le dimanche de 13 h à 17 h. Entrée payante : autour de 2 US$ (qui donne également accès au moulin, le « *Dexter Mill* », ouvert aux mêmes horaires). Datant de 1630, c'est la plus vieille « boîte à sel » du village. Mobilier d'époque. Parfait pour une pause pique-nique sur le petit quai en bois au bord du lac.

★ **Le boardwalk et sa plage :** à 5 mn du centre. De Main Street, prendre Jarvest Street. Au bout de la rue, tourner à gauche. Parking payant pour la journée. Mais pour faire un petit plouf, c'est gratuit. Prendre le long quai en bois, le *boardwalk*, qui traverse les marais. Au bout, dunes de sable blanc donnant sur l'océan.

★ Une halte s'impose pour visiter la formidable **Heritage Plantation**, 67 Grove Street. Ouvert tous les jours de 10 h à 17 h du 10 mai à mi-octobre. ☎ 888-3300. Entrée payante : 9 US$, 5 US$ pour les 6-16 ans. Ensemble de trois musées dédiés aux arts traditionnels américains (antiquités), à l'automobile ancienne et aux objets militaires (collection de drapeaux, d'armes et de petits soldats de plomb), et répartis dans un grand parc donnant sur le lac. Promenade bucolique assurée.

★ *FALMOUTH*

Pas grand-chose à voir, à part les quelques demeures rutilantes du XIXe siècle, entourées de jardins ultra-entretenus, situées autour du parc communal. Le paysage de Falmouth se résume aujourd'hui à un alignement de motels, restaurants et boutiques pour touristes. Cependant, on vous a dégoté quelques adresses sympas pour déjeuner et sortir. N'oubliez pas non plus d'aller faire un tour au village de Woods Hole, assez animé le soir.

Adresse utile

ℹ️ Visitors' Information Center : 200 Main Street. ☎ 548-8500 ou 1-800-526-8532. Ouvert tous les jours de 8 h 30 à 17 h du 15 mai à fin août. Fermé le dimanche à partir de septembre et ouvert du lundi au vendredi seulement de mi-octobre à mi-mai.

Où dormir ?

Bon marché

🛏 Town and Beach Motel : 382 Main Street. ☎ 548-1380. Prévoir 65 US$ en semaine et 75 US$ le week-end pour une double. Que dire de ce motel sans histoire, sinon qu'il est très bien tenu et que son emplacement en plein centre-ville fait de lui un judicieux pied-à-terre occasionnel à un prix très raisonnable ?

Où manger ?

Bon marché

🍴 Peach Tree Circle Farm : 881 Old Palmer Avenue, à West Falmouth. ☎ 548-4006. Ouvert tous les jours de 9 h à 17 h. Déjeuner servi entre 11 h 30 et 14 h 30. Compter 12 US$ pour un *lunch*. Au bord d'une jolie route de campagne, une maison de bois qui fait office à la fois d'épicerie (délicieuses confitures faites maison), de boulangerie (pains maison, *scones*, *muffins*, *brownies*, *pecan pies*...) et de resto. On peut aussi y acheter des fruits et des légumes du jardin, ainsi que des fleurs coupées qui attendent sur le seuil de la porte. Sur l'ardoise, du frais, rien que du frais : savoureuses salades accompagnées de petits pains aux herbes, quiches et tourtes salées, sandwichs, soupes, *pies*... Charmante terrasse. Une adresse rafraîchissante.

🍴 Betsy's Diner : 457 Main Street. ☎ 540-0060. Ouvert tous les jours de 6 h à 21 h (jusqu'à 20 h le dimanche). Autour de 6 US$ pour un *breakfast* ou un *lunch*, plutôt 12 US$ pour un dîner. Ah, le joli *diner* que voilà ! Intérieur délicieusement kitsch : petits rideaux croquignolets, tables et chaises aux couleurs de bonbons anglais, juke-box. En outre, un des endroits les moins chers de la ville, donc forcément populaire.

Breakfast aussi copieux que varié, servi toute la journée. Sinon, choix habituel de *burgers*, pizzas, *deli-style sandwiches*, *fish and chips*, etc. Vieux rock'n'roll en fond sonore. Un authentique parfum d'Amérique.

Prix moyens

|●| *The Wharf Restaurant* : sur la plage de Falmouth Heights. ☎ 548-2772. Ouvert tous les jours de 11 h 30 à 1 h. Comptez un bon 15 US$ pour vous restaurer. Situé dans une immense bâtisse en bois plus connue ici sous le nom de « casino ». Une boutique de souvenirs et un grand bar au sous-sol complètent le décor. Le *Wharf Restaurant*, dont la décoration marine retrace l'histoire des pêcheurs de baleines, jouit d'une excellente réputation. Pour les budgets serrés, une savoureuse *clam chowder* que vous pourrez goûter assis au bar avec vue en surplomb sur la mer. Au sous-sol, soirée « *dance* » tous les lundis soir pour les moins de 21 ans. Sinon des concerts sont organisés les jeudi, vendredi et samedi.

|●| *Captain Kid* : 77 Water Street, Woods Hole. ☎ 548-8563. Ouvert tous les jours de 11 h 30 à 15 h et de 19 h à 22 h. Compter aux alentours de 12 US$ pour un déjeuner et peu plus de 20 US$ pour le dîner. Encore une immense maison tout en bois donnant sur le port que l'on croirait décorée par les flibustiers de *L'Île au Trésor*. À tribord, la taverne, un grand bar tout en longueur avec au fond la cabine du capitaine où les gens mangent assis sur des tonneaux. Attention, après 21 h, on ne sert plus que des pizzas. À babord, un restaurant très chic à la décoration superbe. Les menus sont évidemment plus chers mais les mets servis surpassent de loin ceux de son cousin : le fameux capitaine glouglou !

★ HYANNIS

Le centre de Hyannis est plutôt décevant. Le plus joli coin, c'est bien sûr *Hyannis Port* où se trouve la fameuse résidence de vacances du clan Kennedy. Si, comme beaucoup d'Américains et de touristes en général, vous voulez jouer les paparazzis, on vous livre l'itinéraire pour y parvenir : après le JFK Memorial sur Ocean Street, prendre à droite Gosnold Street. Au stop, tourner à gauche dans Sea Street, puis à droite dans Ocean Avenue. Au stop, emprunter à gauche Hyannis Avenue. Puis tourner à gauche dans Iyanough Avenue, ensuite à droite dans Wachusett Avenue et, enfin, à gauche dans Scudder Avenue. Vous y êtes : le *Kennedy Compound* est situé à l'angle sud-est de Scudder et Irving Avenues (côté mer). De toute façon, dès que vous voyez des voitures tourner autour des *blocks* et ralentir, vous n'êtes plus très loin.

La propriété compte en fait plusieurs maisons, dont la plus connue est celle de l'aïeul du clan, Joseph. Impossible de la louper, c'est la grande maison aux trois pignons, face à la plage. Pour bien voir les propriétés, le plus sympa est de se promener à pied le long de la plage, très jolie et tranquille. Ayez une pensée émue pour John John (son magazine *George* est toujours édité par Hachette-Filipacchi ; c'était un collègue à nous et il ne le savait même pas). Peut-être croiserez-vous Ted ou même Schwarzenegger (marié à la nièce de JFK).

Adresse utile

🛈 *Visitors' Information Center* : situé 1 mile au sud de l'US6 au 1481, route 132. ☎ 362-5230. Ouvert du lundi au samedi de 9 h à 17 h, le dimanche de 14 h à 16 h.

Où dormir ?

Bon marché

▲ *Cascade Motor Motel* : 201 Main Street. ☎ 775-9717. En été et en semaine, la nuit coûte 70 US$ et le week-end 80 US$. D'aspect un peu vétuste, ce motel dispose de chambres pas toujours nickel mais à un prix correct. Bien situé près du centre et des départs des ferries. On n'aurait pas envie d'y passer ses vacances mais pour une ou deux nuits, ça dépanne.

Prix moyens

▲ *Seacoast on the towne* : 33 Ocean Street. ☎ 775-3828, numéro gratuit : 1-800-466-4100. Fax : 771-2179. ● www.seacoastcapecod.com ● info@seacoastcapecod.com ● Ouvert de mi-mai à fin octobre. En pleine saison, le prix de la nuit pour une chambre double varie entre 78 et 118 US$. Bien situé à 10 mn à pied des ferries pour Nantucket et Martha's Vineyard. Ce motel offre des chambres fonctionnelles et propres, toutes équipées d'une salle de bains privée, certaines avec frigo.

Où manger ?

Plus chic

▲ *Roobar City Bistro* : 586 Main Street. ☎ 778-6515. Ouvert toute la semaine de 16 h à 1 h du matin. Le resto est ouvert de 17 h à 22 h. Prévoir au moins 20 US$ pour un dîner. Resto, bar et cuisine : tout est dans une même pièce. Musique forte, lumière tamisée, bar branché souvent bondé. Normal, ici on vous sert la nouvelle cuisine américaine, pour ceux qui en ont assez des hamburgers. Bons plats originaux un peu chers cependant. À noter que la patronne appartient à la famille de l'acteur Christopher Reeve alias Superman ! Aussi une partie des recettes est-elle reversée à sa fondation.

Où manger une glace dans les environs de Hyannis ?

♦ *Four Seas Ice Cream* : 360 South Main Street, à Centerville. De Centerville, prendre la direction de Craigville Beach jusqu'au carrefour avec South Main Street. De toute façon, tout le monde connaît. ☎ 775-9253. Ouvert de mi-mai à mi-septembre, de 9 h 30 à 22 h 30. Dans une petite maison en bois bleu et blanc, le plus vieux glacier du cap et le fournisseur officiel de la famille Kennedy ! Goûter les glaces aux fruits frais, les milk-shakes épais et crémeux à souhait, les banana splits...

À faire

Départs pour l'île de Martha's Vineyard du port de Woods Hole ou de Falmouth Harbor. Voir la rubrique « Comment y aller ? » à Martha's Vineyard.

★ CHATHAM

Mignonne bourgade côtière assez classe et paisible. Petit port de pêche tranquille, dominé par un des innombrables phares de Cape Cod. Belles boutiques et demeures le long de Main Street. Chatham ne défraie pas la chronique par ses excentricités et son rythme de vie trépidant.
De Chatham, vous pouvez vous rendre en bateau à Monomoy Island. Amis ornithologues, cette île-réserve ne compte pas moins de 300 espèces d'oiseaux migrateurs.

Adresse et info utiles

■ *Chatham Chamber of Commerce :* 533 Main Street. ☎ 945-5199 ou 1-800-715-5567. Ouvert tous les jours de juin à fin octobre de 10 h à 18 h (à partir de 12 h le dimanche). Ouvert également les week-ends de mai.
■ *Taxi :* ☎ 945-0068.

Où dormir ?

Prix moyens

▲ *Bow Roof House :* 59 Queen Anne Road. ☎ 945-1346. Chambre double autour de 85 US$, petit déj' inclus. Demeure un peu sombre et pas vraiment gaie mais pratiquant des prix très raisonnables pour Cape Cod. Vous trouverez ici un large choix de grandes chambres. Intéressant pour ceux qui viennent en famille. Accueil agréable.

Où manger ?

Bon marché

I●I *Le Dog Fish Café :* au niveau du n° 483 de Main Street prendre à droite. ☎ 945-6100. Ouvert tous les jours de mi-mai à mi-septembre de 11 h à 21 h (*lunch* servi jusqu'à 15 h). Déjeuner autour de 10 US$ et dîner pouvant les dépasser si vous choisissez l'assiette de *seafood.* Au fond d'une adorable placette fleurie, entourée de boutiques d'art, le *Dog Fish Café* propose un grand choix de sandwichs et de salades à des prix raisonnables, à déguster sur la terrasse ombragée. Amis poètes, bon appétit.

Prix moyens

I●I *Le Chatham Squire :* 487 Main Street. ☎ 945-0945. Ouvert du lundi au samedi toute l'année de 11 h 30 à 1 h, le dimanche à partir de 12 h. Fin du service à 22 h mais possibilité de commander des pizzas jusqu'à minuit. Comptez 10 US$ pour un déjeuner et environ 20 US$ pour le dîner. C'est d'abord une taverne, un restaurant à côté propose les mêmes menus. Les plats de pâtes, cuisinés avec originalité, sont très copieux. Même si le resto nous a paru des plus sympas, on s'attardera sur la taverne, l'endroit le plus animé de la rue. Décoration classique d'un *sports bar* où les « Ricains casquettés » mangent attablés au bar en forme de U. Au fond de la taverne, à droite, un petit bar pour les habitués. Assurément une chouette adresse.

★ CAPE COD NATIONAL SEASHORE

Déclaré zone protégée en 1961 grâce à l'appui de Kennedy, le Cape Cod National Seashore est un petit bout de Bretagne échoué de l'autre côté de l'Atlantique : paysage intact d'une beauté à la fois sauvage et indécente, patchwork de landes battues par les vents, d'immenses plages de sable blanc et de *cranberry bogs* (airelles). Le meilleur du cap.

Adresses utiles à Eastham

ℹ️ *Visitors' Information Center* : sur la route n° 6 sur la droite en venant d'Orleans. ☎ 255-3444. Ouvert de juin à fin septembre : en juillet et août, tous les jours de 9 h à 19 h ; en juin et septembre, le week-end de 10 h à 17 h. Accueil très sympa. Possibilité de réserver des *B & B* traditionnels qui ne figurent pas dans la brochure de la ville.

ℹ️ *Salt Pond Visitors' Center* : sur la route n° 6, après le Visitors' Information Center d'Eastham. ☎ 255-3421. Ouvert tous les jours, toute l'année de 9 h à 17 h. Infos, livres et cartes diverses. De très bons conseils sont donnés par les *rangers*. Pas mal d'activités proposées. Également, un petit film sur Cape Cod, toutes les 30 mn dans l'auditorium (durée : 20 mn), sur le thème de l'environnement et de la nature.

■ *Location de vélos* : *The Little Capistrano Bike Shop.* En face du Salt Pond Visitors' Center, en traversant la route n° 6. ☎ 255-6515. Ouvert de mai à fin novembre du lundi au samedi de 8 h à 20 h et le dimanche de 9 h à 17 h. Prévoir une vingtaine de dollars pour louer un vélo à la journée. Réduction avec le guide touristique sur Eastham.

Où dormir ?

Auberge de jeunesse

🏠 *Truro Youth Hostel* : tout au bout de North Pamet Road, à Truro. C'est la dernière maison à droite avant le passage privé. ☎ 349-3889 et (617) 536-9455 hors saison. Ouvert de début juin à début septembre. *Check-in* de 7 h 30 à 10 h et de 17 h à 22 h. L'auberge est fermée entre 10 h et 17 h. Couvre-feu à 23 h. Le bus qui relie Hyannis à Provincetown peut vous déposer pas trop loin de l'AJ, à la poste de Truro exactement. La nuit ici vous coûte seulement 17 US$. Ancienne *coast guard* perchée en haut des dunes, en pleine nature. Magnifique panorama sur la mer. C'est du dortoir des filles, au premier étage, que l'on a la plus jolie vue ! Grande cuisine à l'américaine tout en bois, vieux piano, bouquins jaunis et canapés râpés. Une ambiance de colonie de vacances ! La plage, très sauvage (l'accès y est très difficile), n'est qu'à 200 m. Idéal pour une retraite loin du monde. Réservation indispensable.

Camping

⛺ *Roland C. Nickerson State Park* : route n° 6A, à la sortie de Brewster, en allant vers Orleans. ☎ 896-3491. Ouvert de juin à septembre. Ce camping est également ouvert à d'autres périodes de l'année, renseignez-vous avant. Compter environ 15 US$ par jour et par tente. 14 jours de séjour maximum. Un parc qui donnerait envie de camper aux plus réticents ! Immense espace de forêts et de lacs avec de nombreux emplacements aménagés pour les campeurs. Plein d'activités possibles organisées par les *rangers* : randonnées, canotage ou baignade dans les lacs, et même ski de fond et patin à glace en hiver (mais là, on ne campe plus).

— De nombreux *motels* se succèdent le long de la route n° 6 vers Provincetown. Difficile de choisir car ils se ressemblent tous. Nous vous avons sélectionné parmi les moins chers :

Bon marché

Good Luck Cottages : PO Box 1932. Sur la route n° 6 après le dernier Visitors' Information Center sur le côté gauche. ☎ 255-0434. La nuit ici revient à environ 50 US$. Les cartes de paiement ne sont pas acceptées. Possibilité de louer un *cottage* avec juste une chambre et une salle de bains. C'est un peu petit mais tout à fait acceptable pour quelques nuits. Les *cottages* avec cuisine sont un peu plus chers. Malheureusement, les maisonnettes ne sont vraiment pas insonorisées et la Highway 6 est tout près !

Prix moyens

Windward cottages : PO Box 821. Quasiment en face du Visitors' Information Center, sur le côté gauche en allant vers Provincetown. ☎ 255-4130. Ouvert de mai à fin octobre. En pleine saison, à partir de 90 US$ la nuit pour 2 personnes dans une maisonnette en bois très bien équipée (TV, cuisine, petite salle à manger). Intérieur propre et très fonctionnel. Il est préférable de réserver à l'avance car ces *cottages* sont plutôt loués à la semaine, laissant peu de disponibilité pour seulement une nuit.

Où manger dans les environs ?

Bon marché

The Wellfleet Beachcomber : situé sur Cahoom Hollow Beach. Sur la route 6, en venant de Hyannis, à l'entrée de Wellfleet, tourner à droite après *PJ's*. Allez au bout de Cahoom Hollow Road. ☎ 349-6055. Ouvert de midi à 21 h de mai à début septembre. Compter aux alentours de 12 US$ pour un repas, un peu plus pour un dîner. À l'intérieur, une grande salle avec des tables familiales. Dehors, une spacieuse hutte sans mur transformée en bar-resto, où viennent manger les jolies filles en maillot de bain. Belle vue sur l'océan. Le parking de la plage est gratuit pour ceux qui viennent déjeuner ici (le montant de votre ticket de parking est un avoir sur l'addition). Il est dommage que les jours de grande affluence, le stationnement des voitures soit autorisé devant la hutte, ce qui gâche un peu la vue. Dès 21 h, le *Wellfleet Beachcomber* se transforme en bar-discothèque.

À voir

Les plus belles plages du cap sont ici. Il faut savoir que si vous y allez en voiture, tous les parkings sont payants (et chers) entre 9 h et 17 h (parfois même 18 h). Les plages sont ouvertes jusqu'à minuit.

Coast Guard Beach : la plage la plus proche du Salt Pond Visitors' Center, au bout de Doane Road. Elle est considérée comme l'une des 10 plus belles plages du monde.

Nauset Light Beach : de la route n° 6, à North Eastham, suivre les panneaux. Une des plages décrites dans *Cape Cod* de Thoreau : son sable blanc, ses hautes dunes et son phare rouge et blanc surplombant la mer.

△ **Head of the Meadow Beach :** accessible de la route n° 6 à North Truro. Une autre belle plage sauvage.

△ **Race Point Beach :** la plus au Nord du cap. Prendre la route n° 6 jusqu'à Provincetown, puis suivre Race Point Road jusqu'au bout. De là, on peut ensuite rejoindre *Herring Cove Beach* par la célèbre *Province Lands Road* qui serpente à travers les dunes et les plages spectaculaires.

Randonnées

Avant toute chose, procurez-vous la feuille *Self-guiding Nature Trails* dans les Visitors' Centers (voir la rubrique « Adresses utiles »), ainsi qu'une carte détaillée du cap indiquant tous les sentiers de randonnées et les pistes cyclables. De plus, un petit fascicule est mis à disposition à chaque début de promenade pour donner des renseignements sur l'itinéraire et ses points d'intérêt. Vous voilà armé. Ensuite, au gré de vos envies (et de votre courage), choisissez un ou plusieurs circuits adaptés à votre endurance.

Demander également le *Cape Cod Guide*, programme des activités proposées et organisées par les *rangers*. Promenades guidées à pied (gratuites) ou en canoé ; leçons de pêche (payant).

➤ À noter : une superbe balade à faire aux environs de Wellfleet, le *Great Island Trail*. Accès au parking : du *Salt Pond Visitors Center* à Eastham, prenez la 6 East sur un peu plus de 8 miles. Tourner à gauche au panneau *Wellfleet Center and Harbor*. Bientôt, sur la gauche, un panneau bleu vous indique « *harbor* ». Prenez cette route jusqu'à ce que vous rencontriez l'*harbor* en question. À partir de là, la route tourne à droite. Suivez-là (avec la mer sur votre gauche) pendant 2 miles et demi environ. Le *Great Island Trail parking* se trouve sur votre gauche. Randonnée très sauvage de 4 h environ où l'on marche aussi bien le long des marécages que le long de la plage ou dans la forêt. Le but, c'est d'atteindre le *Jeremy Point*, accessible à marée basse. On vous conseille de passer par la forêt à l'aller et de suivre le long de la plage au retour, c'est moins monotone. Très beaux paysages. Calme assuré.

➤ Pour les plus flemmards, on recommande l'*Atlantic White Cedar Swamp Trail*, une promenade facile et courte (une demi-heure environ) qui sillonne à travers les pins, les cèdres blancs et les marais. On y croise des tas de petits écureuils et le parcours est vraiment très chouette. Départ du parking du Marconi Station Site.

★ PROVINCETOWN

Fréquenté par les artistes, les gays et marginaux de tout poil, Provincetown (P. Town pour les intimes) est une ville à part sur le cap. Il y règne une atmosphère particulière : toute la population se promène à vélo, papys et mamies en short cohabitent avec artistes aux cheveux longs et clones de feu Freddy Mercury, dans une ambiance bon enfant comme on aimerait en voir plus souvent...

Ajoutez à cela de jolies maisons blanches aux volets bigarrés, un pittoresque petit port, quelques belles plages alentour, une pléthore de galeries d'art, de restos et de magasins sur Commercial Street, et vous voilà conquis. Pour un peu on se croirait à Key West. D'autant qu'on y trouve de plus en plus de gadgets « sex » en vente dans les boutiques de la rue principale et de bars un peu « chauds » le soir. Un conseil cependant, préférez les mois de mai, juin et septembre au plein été ; quand les flopées de touristes venus respirer l'air du large envahissent Commercial Street, Provincetown n'est plus tout à fait la même.

Adresses utiles

ℹ Province Lands Visitors' Center : à 2 km environ sur Race Point Road. ☎ 487-1256. En dehors du centre-ville. Ouvert tous les jours de 9 h à 17 h de mi-avril à fin novembre. Infos, cartes, brochures. Même programme d'activités que celui proposé par les autres *rangers* du parc : canoë, pêche, randonnées, marches sur les dunes de sable. Film de 10 mn toutes les heures (4 films différents).

■ **Provincetown Chamber of Commerce :** 307 Commercial Street, sur Mac Millan Wharf. ☎ 487-3424. • www.ptownchamber.com • Ouvert de 9 h à 17 h tous les jours de mai à fin novembre. Fermé le dimanche en avril et en décembre. Ouvert seulement 3 jours par semaine de janvier à mars. Là aussi, pas mal de documentation. Possibilité de les appeler pour connaître les disponibilités des hôtels de la ville.

■ **Location de vélos :** *Arnold's,* 329 Commercial Street, dans la rue principale, juste à côté de Mac Millan Wharf. ☎ 487-0844. Ouvert tous les jours de 8 h 30 à 17 h 30. Compter une bonne quinzaine de dollars pour la location de vélo pour une journée et une petite vingtaine de dollars pour 24 h. Possibilité de louer à l'heure, à la journée ou à la semaine.

Transports

➤ **Bus jusqu'à Hyannis, Boston ou New York :** informations au : ☎ 771-6191 ou 746-4795. Prendre ses tickets au petit bureau de tabac sur Ryder Street à côté du Bead Garden ou dans le bus. L'arrêt des bus est sur Mac Millan Wharf (à côté de la chambre de commerce) devant les *restrooms*.

➤ **Bus municipaux pour aller à Herring Cove Beach :** départ toutes les heures entre 10 h et 18 h. Arrêt devant le parking sur Mac Millan Wharf.

Où dormir ?

Camping

⚑ **Dunes' Edge Campground :** 386 route n° 6, PO Box 875. ☎ 487-9815. À 15 mn à pied du centre-ville et à moins de 2 miles des plages. Ouvert de début mai à fin septembre. Pour une tente et 2 personnes, la nuit est à moins de 30 US$. Camping planté au milieu de la forêt. Les tentes sont un peu les unes sur les autres. Dans le bureau d'enregistrement, un magasin de cartes postales et d'alimentation subviendra à vos petits besoins.

Guesthouses

Sur Commercial Street et dans les petites rues avoisinantes, des dizaines de *guesthouses* et de B & B. Certains sont vraiment ravissants et les prix sont souvent élevés. Pourtant, en cherchant bien, on peut dégoter quelques petites adresses qui ne grèveront pas le budget des routards. En voici deux :

🏠 **Dunham Guesthouse :** 3 Dyer Street. ☎ 487-3330. Ouvert de juin à octobre environ, pas de saison bien définie... Chambres à partir de 65 US$ la nuit. Dans une petite rue perpendiculaire à la rue principale, à deux pas du centre et de la plage. Une authentique *guesthouse* tenue par Jack, un vieux monsieur très chouette. 4 chambres croquignolettes avec meubles anciens, tapis et tissus fleuris (salle de bains à l'étage), chacune personnalisée par un nom et une couleur. L'ensemble, totalement suranné et pas toujours impeccable, a le charme des greniers de grands-mères. Sous les toits, une bibliothèque est à la disposition des clients, offrant une belle vue sur le port.

🏠 *The Cape-Codder :* 570 Commercial Street. ☎ 487-0131. Ouvert de début mai à fin octobre. Dans la rue principale, mais plus excentré (à 15 mn à pied du centre) que *Dunham Guesthouse*. La nuit ici est entre 50 et 70 US$ en été et entre 40 et 60 US$ *off-season*. Atmosphère très « Cape Cod » dans cette *guesthouse* située en face de la plage. Les chambres, extrêmement bien tenues, sont aménagées avec beaucoup de goût : parquet clair, meubles de bois peints en blanc, dessus-de-lit en piqué de coton. Demandez la n° 16, elle a vue sur la mer. Salles de bains à l'étage. Petit déj' continental offert gracieusement aux clients. Petit jardin devant la maison avec accès direct à la plage (privée). Un bon rapport qualité-prix. Réserver à l'avance car c'est une adresse très prisée.

Où manger ?

Bon marché

|●| *The Mayflower Café :* 300 Commercial Street. ☎ 487-0121. Ouvert tous les jours de 11 h 30 à 22 h d'avril au 20 octobre environ. Compter un peu plus de 6 US$ pour un repas. Voilà un nom qui colle parfaitement à l'atmosphère de cet endroit. La déco ringarde à souhait, l'âge avancé des serveuses font de l'adresse l'un des derniers bastions non « paillettisés » de la rue. Ici pas de drag-queens en cuisine ou de spots meurtriers mais tout simplement les sandwichs les moins chers de la ville. Pizzas, salades, plats italiens et portugais, fruits de mer également bon marché. Idéal pour prendre des forces au calme avant la soirée.

|●| *George's Pizza :* 275 Commercial Street. ☎ 487-3744. Ouvert tous les jours de 11 h 30 à 23 h (1 h pour les folles soirées des samedi et dimanche). Pas plus de 12 US$ ici. Pizzas correctes, mais aussi sandwichs et salades. Cadre plutôt chouette avec terrasse sur la plage (pas idéale pour la baignade, mais bon...).

|●| *Café Heaven :* 199 Commercial Street. ☎ 487-9639. Ouvert tous les jours de 8 h à 15 h et de 18 h 30 à 22 h. Fermé de janvier à début avril. Comptez aux alentours de 12 US$, parfois plus. Pas mal de gays et de margeos dans ce sympathique petit resto décoré de toiles d'artistes locaux. Bon *breakfast* : omelettes variées, *French toast*, *Heaven made granola*. Pour le déjeuner, sandwichs accompagnés de délicieux pains, salades fraîches, *wraps* (*tortillas* roulées) au thon et au poulet... De très bons desserts maison : tartes et coupelles de fruits frais.

Prix moyens

|●| *Little Fluke Café :* 401 1/2 Commercial Street. ☎ 487-4773. Ouvert tous les jours de 8 h à 13 h et du mardi au samedi de 18 h à 22 h. Fermé de novembre à début avril. Compter entre 6 et 9 US$ pour un *breakfast* et plus de 15 US$ pour un dîner. Vue sur la mer très agréable. Propose un grand choix de plats pour le petit déj' et pour le déjeuner (*burgers*, sandwichs, salades), à déguster sur la petite terrasse ensoleillée.

|●| *Post Office Café :* 303 Commercial Street. ☎ 487-3892. Ouvert tous les jours de l'année, de 8 h à 23 h. Prévoir autour de 10 US$ pour un petit déj' ou un sandwich et à partir

de 15 US$ pour un dîner. Ambiance typique de Provincetown dans ce resto *trendy* tenu par des gays. Ils servent *breakfast*, *lunch* et *dinner*. Plats allant du simple sandwich aux assiettes de pâtes et au traditionnel *lobster*. Tout ça joliment présenté et ma foi, plutôt bon ! En revanche, cocktails un peu chers.

Plus chic

Lobster Pot : 321 Commercial Street. ☎ 487-0842. Ouvert tous les jours de 11 h 30 à 22 h 30 (21 h 30 d'octobre à avril). Fermé en janvier. Compter aux alentours de 20-25 US$. Ce restaurant ressemble à un attrape-touristes, fonctionne un peu comme cela, mais ce ne sont pas des raisons suffisantes pour ne pas s'y arrêter. Situé juste en face du port, sur deux étages, cette usine à *seafood* est toujours bondée. Après avoir enregistré son nom à l'accueil, on attend le long des cuisines en pleine activité. Les ordinateurs qui gèrent tout préviennent quand une table se libère et enfin, on peut s'asseoir ! Le parcours est long mais c'est ici qu'on sert la *seafood* la plus fraîche de Provincetown. On vous conseille le *special* : *clam chowder* puis gigantesque assiette contenant un *lobster*, des *clams*, des pommes de terre à la braise, un épi de maïs, du pain à la citrouille... pour 20 US$. Si votre budget ne vous le permet pas, grande variété de plats à des prix moins élevés.

Où boire un verre ?

Le soir, la ville se transforme (surtout le week-end). De nombreux spectacles et shows homos sont proposés par des drag-queens le long de *Commercial Street*. Pour les gays ou les curieux, allez faire un petit tour du côté de *Masonic Place*, petite impasse sombre donnant sur Commercial Street et où se concentrent les bars les plus chauds de la ville.

Euro Island Drink : 258 Commercial Street. ☎ 487-2505. Ouvert tous les jours de 11 h à 1 h. Fermé du 15 octobre à début mai. Perché sur une terrasse en hauteur, l'endroit a tout d'un bar de plage. Cahute en bois éclairée par des lampions où les noceurs d'un soir prennent leur dernier verre à l'air libre avant de s'engouffrer dans la boîte gay, l'*Antro*, dont l'entrée se situe derrière le bar. Mini-show lumineux sur le mur extérieur du night-club. Vous ne pouvez pas le manquer !

À voir. À faire

★ **Pilgrim Memorial Monument :** High Pole Hill. ☎ 487-1310. Ouvert d'avril à fin novembre de 9 h à 17 h. Dernière entrée trois quarts d'heure avant la fermeture. En juillet et en août, ouvert jusqu'à 19 h. Tarif de la visite : 6 US$. Inspirée de l'architecture italienne du XIVe siècle, cette curieuse tour, haute de 83 m, est dédiée à l'arrivée du *Mayflower* à Provincetown en 1620. Du sommet, beau panorama sur le cap.

➢ **Balades en mer pour observer les baleines :** si les cétacés se font timides le jour de l'excursion, on vous offre un billet pour un autre jour. Tickets en vente au *Whale Watchers Store*, au 309 Commercial Street. Pensez à récupérer, avant, des coupons de réduction dans les hôtels et *B & B*, ainsi que dans les brochures gratuites distribuées un peu partout.
Plusieurs compagnies, dont :

🚢 **Portuguese Princess :** ☎ 1-800-442-3188 ou 487-2651. Fermé de mi-octobre aux derniers jours de mai. Compter 20 US$ la balade en mer.
🚢 **Dolphin Fleet :** ☎ 1-800-826-9300 ou 349-1900. • www.whale watch.com • Fermé entre fin septembre et fin avril. Coût : 19 US$ en automne et au printemps, 20 US$ en été.

MARTHA'S VINEYARD

IND. TÉL. : 508

Nombreuses sont les personnalités qui ont succombé aux charmes de Martha's : William Styron, Spike Lee, Steven Spielberg, Bill Clinton et surtout Jackie Kennedy qui possédait une propriété près de Gay Head. Il faut dire que l'île a un sacré cachet avec ses villages de poche pimpants et fleuris, ses plages de sable blanc sur fond de mer bleu océan et ses paysages enchanteurs. Il y a moins de milliardaires qu'à Nantucket. Voilà pourquoi c'est moins léché mais plus convivial. C'est au large de Martha's qu'a été retrouvé l'avion de John John Kennedy en juillet 1999...

Comment y aller?

En bateau

➢ Avec la compagnie **Steamship Authority :** départ de Woods Hole (passagers + voiture) et arrivée à Vineyard Heaven 45 mn plus tard. Fonctionne toute l'année. Bateaux toutes les heures, de 7 h à 22 h environ, de mi-mai à fin octobre. Compter environ 12 US$ pour le trajet aller-retour. Attention, cela coûte cher (plus de 100 US$) de transporter sa voiture sur le ferry. Si on ne passe qu'une seule journée à Martha's, c'est plus avantageux d'en louer une sur place.
➢ La compagnie **The Island Queen** transporte uniquement des passagers. Départ sur le port de Falmouth. Ferries qui fonctionnent de mai à mi-octobre avec 7 départs par jour en plein été. Prix de la traversée : environ 12 US$ le *round trip*.
➢ La compagnie **Hy-Line Cruises** propose une liaison saisonnière en bateau au départ de Hyannis jusqu'à Oak Bluffs (passagers uniquement) de mai à fin octobre ; fonctionne seulement le week-end en mai ; 3 bateaux par jour de début juin à mi-septembre (un quatrième en juillet et août) et enfin, une seule liaison par jour de mi-septembre à fin octobre. C'est plus cher : environ 28 US$ le *round trip* et surtout, beaucoup plus long : 1 h 30 de traversée.
Si vous souhaitez laisser votre voiture à Hyannis et aller à pied sur les îles, il y a plusieurs parkings près du port, payants à la journée.

🚢 **Steamship Authority :** informations, ☎ 548-3788. Réservations : ☎ 477-8600.
🚢 **The Island Queen :** ☎ 548-4800.
🚢 **Hy-Line Cruises :** ☎ 778-2600 à Hyannis, ☎ 693-0112 à Martha's Vineyard. N° gratuit : ☎ 1-888-778-1132. • www.hy-linecruises.com •

Comment se déplacer sur l'île?

À vélo

L'île mesure *grosso modo* 30 km sur 15. Le moyen le plus agréable pour la découvrir est bien sûr le vélo, mais, à moins de s'appeler Poulidor, il est difficile d'en faire le tour en une seule journée.

En mobylette ou scooter

Le mieux, si l'on ne reste qu'un jour sur place, est de louer une mobylette ou un scooter. On trouve des loueurs un peu partout, qui profitent de leur insularité pour pratiquer des tarifs exorbitants : la location d'un scooter une personne à la journée coûte environ 40 US$ (2 personnes : 60 US$). Sachez cependant qu'il est toujours possible de grappiller quelques dollars en négociant avec les vendeurs. Les flemmards friqués loueront un 4 x 4, idéal pour sillonner Martha's Vineyard dans ses moindres recoins.

En bus

➢ Des **bus municipaux jaunes** (payants) desservent l'île en saison. De mai à début septembre, il existe une navette entre Vineyard Heaven et Edgartown via Oak Bluffs, de 6 h jusqu'à minuit, environ tous les soirs. Le *pass* pour la journée entre les trois villes est à 5 US$. De fin juin à début septembre, un autre bus traverse l'île de Vineyard Heaven à Gay Head via West Tisbury et Chilmark. *Pass* pour la journée valable pour toute l'île : environ 15 US$.

- À **Oak Bluffs**, l'arrêt de bus est sur Sea View Street.
- À **Vineyard Heaven**, l'arrêt est sur Union Street, à côté du débarcadère.
- À **Edgartown**, l'arrêt est sur Church Street.

De ces 3 villes, possibilité de se rendre sur les plages aux alentours et de l'autre côté de l'île, à Gay Head (moins fréquent au départ d'Edgartown).

Les chauffeurs de bus de cette compagnie sont professeurs pendant l'année sur l'île. Ils sont donc au courant de tout ce qui s'y passe et ne manqueront pas de vous le raconter pendant les trajets. Tout un tas d'anecdotes sympas et la meilleure façon de savoir où se situent les maisons des stars ! Bonne ambiance assurée.

➢ Il existe une autre compagnie, de **bus blancs**, les **MVRTA :** ☎ 627-9663. Ils circulent entre Edgartown et Vineyard Heaven de mai à début septembre de 6 h à minuit en semaine et jusqu'à 1 h le week-end. Ils sont beaucoup plus fréquents à partir du 25 juin. Cela coûte environ 2 US$ d'aller d'une ville à une autre.

Les plages

La plupart sont superbes, mais malheureusement souvent privées. Voici tout de même nos préférées parmi celles qui sont publiques :
- **Katama Beach** (ou **South Beach**) **:** près d'Edgartown.
- **East Beach** (*Cape Pogue Wildlife Refuge and Wasque Reservation*) **:** sur *Chappaquidick Island*. Accès en ferry d'Edgartown.
- **Moshup Beach :** voir *Gay Head Cliffs*.
- **Lobsterville Beach :** pas loin de *Gay Head Cliffs*. Difficile de stationner, mieux vaut s'y rendre à vélo.

★ VINEYARD HEAVEN

Adresses utiles

■ **Tourist Information Center :** kiosque sur le port, en face du débarcadère des ferries. Ouvert tous les jours de 8 h à 20 h de fin mai à début septembre. Accueil très sympa.

■ **Vineyard Heaven Chamber of Commerce :** Beach Street, près de la mer, juste avant *The Black Dog Tavern*. ☎ 693-0085. ● www.mvy.com ● Ouvert du lundi au vendredi de 9 h à 17 h. Un tas d'informations, de cartes, etc.

■ *Location de vélos :* MV Scooter and Bikes, à côté du Tourist Information Center, sur Union Street. ☎ 693-0782. Ouvert tous les jours d'avril à mi-novembre de 9 h à 17 h (jusqu'à 18 h de juin à fin août). À partir de 20 US$ la location à la journée.

Où dormir ?

■ *Wave's Edge Motel :* 32 Beach Street. ☎ 693-9695 (en saison), sinon : ☎ (617) 585-2073. Petit motel situé entre le port et la grande route. Ouvert toute l'année, avec des tarifs exorbitants l'été : entre 170 et 200 US$ la nuit pour 2 personnes. À partir de fin septembre, le prix de la chambre baisse mais reste encore très cher : 130 US$. De toute façon, les prix pratiqués sont les mêmes dans toute la ville. Les quatre chambres sont plutôt sombres et vétustes mais assez fonctionnelles puisque près du centre et du débarcadère. Mais il est vrai que la vue sur le port ne vient compenser ni le prix ni le bruit. Pour une halte vraiment obligée.

Où dormir dans les environs ?

Camping

▲ *Martha's Vineyard Family Campground :* 569 Edgartown Road. ☎ 693-3772. Fax : 693-5767. Pour s'y rendre, prendre le bus *MVRTA* à Vineyard Heaven, en direction d'Edgartown, et demander l'arrêt au chauffeur. Ouvert de mi-mai à mi-octobre. À un peu plus d'un mile du centre-ville. Environ 35 US$ la nuit pour une tente et 2 personnes. Camping dans la forêt. Location de vélos sur place.

Auberge de jeunesse

■ *Hostelling International :* Edgartown Road, West Tisbury. ☎ 693-2665. Hors saison : ☎ (617) 739-3017. Fax : 693-2699. Ouvert d'avril à mi-novembre. *Check-in* de 7 h 30 à 10 h et de 17 h à 22 h. Environ 17 US$ la nuit (14 pour les membres). Très agréable AJ perdue en pleine nature, à la lisière de la forêt (tout près du Bike Path). En saison, prendre un bus jaune en direction de West Tisbury et demander au chauffeur de vous déposer devant. Dortoirs et sanitaires très propres. Agréable pièce commune avec jeux de société, piano et livres, grande cuisine en bois. Couvre-feu à 22 h 30, donc conviendra aux couche-tôt (rassurez-vous, l'île s'y prête). Atmosphère conviviale. Barbecue. Un bémol, la plage n'est pas tout près. Réservation indispensable l'été.

Où manger ?

I●I *The Black Dog Tavern :* Beach Street Extension, Vineyard Heaven, tout près du débarcadère du ferry. ☎ 693-9223. Ouvert tous les jours de 7 h à 11 h pour le petit déj', de 11 h 30 à 14 h 30 pour le déjeuner et de 17 h à 22 h pour le dîner (21 h en hiver). Le dimanche, *brunch* de 7 h à 13 h (sauf en hiver) et dîner ensuite à partir de 17 h. Compter 12 US$ pour le petit déj' et 20 US$ environ pour un dîner. *The place for break-*

fast! Une carte longue comme le bras et des plats aussi savoureux et originaux que copieux : œufs cuisinés de toutes les manières possibles et imaginables, *French toasts* et *pancakes* divers (aux noix de pécan, aux airelles, aux myrtilles...), et encore des tas de *specials* aux noms rigolos, plus alléchants les uns que les autres. Demandez une table sur le port, la vue est vraiment magnifique, à moins que vous ne préféreriez la chaleureuse salle de bois sombre et patiné avec sa grande cheminée et ses vieilles gravures de bateaux. Une institution à Martha's Vineyard.
– Juste à côté, **The Black Dog Bakery** : State Road. ☎ 693-4786. Ouvert tous les jours de 5 h 30 à 20 h de mai à fin septembre (15 h 30 le reste de l'année). On peut acheter là *cookies*, *donuts* et *granolas* à emporter.

★ OAK BLUFFS

Petite ville connue pour ses 300 *gingerbread cottages*, adorables maisons peintes de couleurs vives et ornées de frises ajourées, de pignons tarabiscotés et de flèches gothiques. Les méthodistes, qui firent construire ce *campground* au milieu du XIXe siècle, avaient un sacré sens de la déco !

Adresse et info utiles

i *Visitors' Information Center :* situé sur la place (au croisement de Circuit, Samoset et Narranganset Avenues). Kiosque ouvert de 9 h à 17 h de mai à début septembre. Infos sur la ville, les événements (concerts, tours guidés...).
■ *Taxis :* ☎ 693-8660.

Où dormir ?

⌂ *Attlebero House :* 42 Lake Avenue. ☎ 693-4346. Ouvert de mi-mai à mi-septembre avec des chambres allant de 80 à 100 US$ la nuit. Superbe maison de 3 étages, admirablement bien située. Tout près du débarcadère et du quartier des méthodistes. 5 des 8 chambres de la maison ont une vue imprenable sur la mer de leur balcon. Au rez-de-chaussée, grande terrasse où les hôtes se reposent en regardant la mer, tranquillement installés dans des rocking-chairs. Petit déj' continental inclus dans le prix.
⌂ *Island House :* Circuit Avenue. ☎ 693-4516. Ouvert de mai à début septembre. Compter 110 US$ la chambre double avec salle de bains commune et 140 US$ avec une salle de bains privée, taxes non comprises. Hôtel très bien situé également mais les chambres sont aménagées de façon très rudimentaire, sans mobilier ni déco. Question propreté, c'est un peu négligé. Même remarque pour les salles de bains, éloignées dans les couloirs.

Où manger ?

Bon marché

|●| *Nancy's :* 29 Lake Avenue, en face de la mer. ☎ 693-0006. Ouvert tous les jours de mai à mi-septembre de 11 h à 21 h 30. Compter autour de 12 US$. Snack avec grande terrasse en bois. Ici, on ne sait que choisir : *burgers*, salades, pizzas, *kebabs* ou fruits de mer ? Et tout cela pour quelques dollars avec, en prime, une vue extra ! Adresse routarde à souhait.

Prix moyens

|●| Coop de ville : Dockside Market Place. ☎ 693-3420. Sur le port, près du débarcadère inter-îles de la compagnie *Hy-Line Cruises*. Ouvert toute la semaine de 11 h à 22 h de mai à octobre. Prévoir entre 12 et 15 US$. Sur cette petite terrasse carrée, protégée par une tente, on vient manger un morceau et siroter un verre entre copains, en écoutant de la musique. On se sent un peu à l'étroit ici... C'est fait pour ! Le soir, ambiance garantie.

À voir

★ Il faut absolument se promener dans le *campground des méthodistes*, installés au XIXe siècle à Oak Bluffs, vers Trinity Park, derrière Lake Avenue. Des maisons de toutes les couleurs sont parsemées tout autour d'une « Tabernacle », une grande halle avec vitraux et poutres métalliques aménagée en église. Plus loin, ne manquez pas de jeter un coup d'œil à l'adorable placette, nommée Wesleyant Grove. Un vrai décor d'*Alice au pays des merveilles* : festival de couleurs et de fleurs, décorations exubérantes des maisons.

★ *Gay Head Cliffs :* falaise érodée aux tons ocre et gris. Pas mal, mais pas renversant non plus. Il faut compter environ 45 mn de trajet en car, au départ de Oak Bluffs ou de Vineyard Heaven, pour y accéder. Le territoire est essentiellement occupé par les Indiens *wampanoags*. Snacks et boutiques d'artisanat. Profiter de cette halte pour goûter au *fried dough*, un beignet à la cannelle, dans un boui-boui situé juste avant le point de vue sur les falaises. Le meilleur de l'île ! Belle plage en contrebas *(Moshup Beach)*. L'idéal est de se garer sur le parking des Cliffs, puis d'y aller à pied, ça n'est pas trop loin.

★ EDGARTOWN

Belles maisons datant de l'âge d'or de la pêche à la baleine. Atmosphère un tantinet guindée et surfaite, très « Ralph Lauren ».

Adresses utiles

🛈 *Information Center :* dans un magasin de souvenirs et de cartes postales, sur Church Street, devant l'arrêt des bus. Ouvert tous les jours de mi-avril à début septembre de 9 h à 17 h.

■ *Location de vélos :* *RW Cutler Bicycle rentals*, 1 Main Street, vers le port. ☎ 627-4052. Ouvert tous les jours de 8 h à 18 h de début avril à début novembre. Location d'un vélo à la journée : autour de 20 US$.

⚓ *Ferry pour Chappaquidick Island :* sur le port. ☎ 627-9794. Fonctionne toute l'année et très fréquemment en saison entre 7 h et minuit. On paye sur le ferry : environ 1 US$ par personne et 5 US$ par voiture avec un extra d'1 US$ par passager.

Où dormir ?

Plus chic

🏠 *Edgartown Inn :* 56 North Water Street. ☎ 627-4794. Fax : 627-9420. ● www.edgartowninn.com ● Ouvert de début avril à début novembre. Chambres allant de 100 à 220 US$ la nuit en été et à partir de 75 jusqu'à 165 US$ *off-season*. *Guesthouse* dans une élégante maison de capitaine, datant de 1798. Pièces communes et chambres superbement décorées : mobilier d'époque, livres anciens, canapés en cuir et tableaux de bateaux au mur. Pour quelques dollars supplémentaires, vous pourrez prendre votre petit déj' dans la jolie salle à manger et goûter aux *pancakes* maison. Un patio-jardin agréable est ouvert aux hôtes. Il est plus économique de prendre une chambre de l'autre côté du patio (et non pas dans la maison principale).

Où manger ? Où boire un verre ?

Prix moyens

I●I *The Wharf* : Lower Main Street (en descendant, sur la gauche). ☎ 627-9966. Ouvert toute l'année de 12 h 30 à 22 h. Compter au moins 20 US$ le dîner. Restaurant assez traditionnel, proposant des plats variés : *burgers*, sandwichs, fruits de mer. Y À coté, un *pub* ouvert tous les jours jusqu'à minuit et demie où des groupes viennent se produire tous les mardi et mercredi soir à 21 h. Animation assurée ces soirs-là !

I●I Y *David Ryan's* : 11 North Water Street. ☎ 627-4100. Deux étages : ouvert de 11 h 30 à 23 h tous les jours *downstairs* et le *dining room* à l'étage fonctionne en semaine de 11 h 30 à 14 h 30 et de 17 h 30 à 22 h (le week-end de 11 h 30 à 15 h et de 17 h 30 à 23 h). Compter plutôt de 25 à 30 US$ le dîner. Ce restaurant, renommé pour sa bonne cuisine, est aussi l'endroit préféré des jeunes de bonne famille qui viennent y prendre un verre tard dans la soirée. Beaucoup de monde.

★ MENEMSHA

Nous ne sommes pas les seuls à avoir été séduits par ce petit village de pêcheurs et ses « boîtes à sel » mignonnes comme tout. Spielberg *himself* y planta dans les années 1970 le décor de son film culte *Les Dents de la mer*.

Comment s'y rendre ?

Prendre un bus jaune (de Oak Bluffs ou Vineyard Heaven) en direction de Gay Head. Demander à aller à Menemsha, et le chauffeur vous déposera à environ 1 mile du centre. Pour le retour, il faudra retourner au carrefour où l'on vous a déposé et prendre le premier bus jaune qui passera par là (environ toutes les heures).

Où manger ?

Bon marché

I●I *The Galley of Menemsha* : North Country Road, Menemsha Harbor. ☎ 645-9819. En face du resto *Homeport*. Ouvert de fin mai à mi-octobre tous les jours de 11 h à 20 h, *ice cream window* jusqu'à 21 h. À partir de 6 US$. Comblera les petits creux de toutes sortes pour un prix défiant toute concurrence (le *lobster roll* doit être le sandwich le plus cher : 9 US$. Les glaces *large* sont à 2 US$!). Vous commanderez du côté « rue » du resto et vous êtes servis côté terrasse, face au port.

IOI Menemsha Market : juste à côté de *The Galley of Menemsha*. Un petit supermarché ouvert tous les jours de 9 h à 20 h. Dans une minuscule maison grise, vous pourrez vous créer votre propre pique-nique, ils ont tout ce qu'il faut pour.

IOI Larsen Fish Market : poissonnier situé sur la route qui va vers la plage, le long du port. Ouvert de 9 h à 19 h tous les jours. Prévoir 10 à 12 US$. Notre meilleure adresse pour déguster un homard, pêché quelques heures auparavant. Nez-à-nez avec les chalutiers, vous pourrez le manger à la bonne franquette, assis sur des cageots. Assiettes de moules et de palourdes également. Prix du marché.

NANTUCKET

IND. TÉL. : 508

Des landes superbement désolées, parsemées de petites « boîtes à sel », des majestueuses plages bordées de dunes balayées par les vents, un port enveloppé dans une brume grisâtre... « The Little Grey Lady of the Sea » a l'âme d'une sauvageonne. Située à 2 h des côtes de Cape Cod – son nom signifie « île lointaine » en indien –, elle ne se donne pas à tout le monde. Quand Martha's Vineyard dévoile ses charmes et vous les jette en pleine figure, Nantucket la Puritaine s'apprivoise doucement, timidement. Quand la première attire toutes les stars du showbiz, la seconde accueille la haute bourgeoisie bostonienne, les amoureux de la mer et du calme et les nostalgiques de *Moby Dick*.

Toute l'histoire de Nantucket est liée à la pêche à la baleine qui joua un rôle prépondérant dans l'essor économique de l'île. Les baleiniers rentraient chargés de barils de graisse, laquelle assura pendant plus d'un siècle l'éclairage des grandes villes européennes. La production était telle qu'à l'âge d'or de la pêche à la baleine, Nantucket atteignit le premier rang mondial. Les riches capitaines se firent construire de luxueuses maisons que l'on peut toujours voir dans Main Street et les rues avoisinantes.

Mais dès la seconde moitié du XIXe siècle, le déclin commença : le terrible incendie de 1846 et l'apparition du pétrole comme nouveau mode d'éclairage mirent un terme à l'activité baleinière qui avait créé la réputation de Nantucket. Aujourd'hui, les artisans continuent de façonner avec fierté et respect des traditions les célèbres paniers, véritables œuvres d'art, en rotin finement tressé, et ornées de *scrimshaw* (dents de baleine gravées et sculptées), jadis fabriqués par les marins dans les phares.

Comment y aller ?

En ferry

Au départ de Hyannis. Arrivée à Nantucket Town environ 2 h plus tard.

➤ La compagnie **Steamship Authority** effectue la traversée toute l'année pour les voitures également. Départs du South Street Dock. Compter environ 25 US$ aller-retour par personne. Transporter sa voiture coûte très cher. Les tarifs changent selon les saisons : cela va de 120 US$ l'aller-retour entre janvier et mars à 230 US$ de mi-mai à mi-octobre. Rajoutez 5 US$ par traversée si vous avez un vélo.

Possibilité également de faire le trajet en 1 h avec un ferry à grande vitesse (passagers seulement). Il fonctionne de mai à fin décembre uniquement et l'aller-retour coûte 45 US$.

➤ Mêmes prestations avec **Hy-Line Cruises**, mais le *regular ferry* fonctionne de mai à fin octobre seulement. Départs de l'Ocean Street Dock. Pas de transport de voiture avec cette compagnie. Deux tarifs différents selon la durée du trajet : environ 25 US$ l'aller-retour et 2 h de traversée ou 55 US$ pour le ferry rapide qui met 1 h environ. Ce dernier est en service toute l'année. Même prix que *Steamship Authority* pour le transport des vélos.

Steamship Authority : informations, ☎ 548-5011. Réservations pour les voitures : ☎ 477-8600. • www.islandferry.com •

Hy-Line Cruises : informations, ☎ 778-2600. Réservations : ☎ 778-2602. N° gratuit : ☎ 1-888-778-1132. • www.hy-linecruises.com •

Comment se déplacer sur l'île ?

➢ **À vélo**, bien sûr. L'île ne mesure que 22 km sur 6, on peut facilement en faire le tour dans la journée, même si l'on n'est pas un pro de la petite reine. Vu le nombre de pistes cyclables, ce serait dommage de s'en priver. Attention, certains sites, comme Great Point et Eel Point, ne sont accessibles qu'à pied ou en 4x4.
➢ **En bus NRTA :** ☎ 228-7025. • www.nantucket.net/trans/nrta • Les bus circulent de début juin à fin septembre de 7 h à 23 h 30. Le trajet coûte 50 cents ou 1 US$ selon la destination. Plusieurs destinations : vers les villes telles que Siasconset (départs toutes les heures et demi environ en saison de Washington Street, au croisement de Main Street) ; Madaket (départs toutes les 30 mn sur Broad Street) ; South Loop (départs toutes les 15 mn sur Salem Street) ; Miacomet Loop (départs toutes les 20 mn sur Salem Street) et les plages comme Jetties Beach ou Surfside Beach (départs sur Broad Street). Se procurer le dépliant avec les horaires précis.

★ NANTUCKET TOWN

Fière de ses racines et de la richesse de son patrimoine architectural, épargnée par les promoteurs immobiliers, la « capitale » de l'île a conservé son aspect d'autrefois. Quel régal de se promener dans les pittoresques Main Street, Center Street et Broad Street, jalonnées de maisons de capitaines, témoignages encore vivants de la prospérité de Nantucket au XIXe siècle. Main Street fut pavée en 1837 avec les galets qui servaient de lest dans les bateaux, afin de décharger plus facilement les barils de graisse de baleine. À vélo, ça secoue sec ! Ne manquez sous aucun prétexte la tombée de la nuit sur le port embrumé, un moment magique et étrange...

Adresses utiles

■ **Nantucket Island Chamber of Commerce :** 48 Main Street. ☎ 228-1700. Fax : 325-4925. • www.nantucketchamber.org • Ouvert toute l'année de 9 h à 17 h du lundi au vendredi. Leur brochure *Travel and Lodging Information* est très bien faite avec photos et tarifs de tous les hôtels de l'île.

🛈 **Nantucket Visitors' Information Bureau :** 25 Federal Street. ☎ 228-0925. Ouvert tous les jours de 9 h à 18 h de juin à début janvier ; de janvier à mai, ouvert du lundi au samedi jusqu'à 17 h 30. Ils peuvent vous aider à trouver un logement en fonction des disponibilités des hôtels et des B & B de l'île. Sur *Steamboat Wharf* et *Straight Wharf*, deux kiosques servent d'antennes au *Visitors' Information Bureau* l'été.

■ **Location de vélos :** *Young's Bicycle Shop*, Steamboat Wharf. ☎ 228-1151. À deux pas du débarcadère. Ouvert du lundi au samedi de 8 h 30 à 17 h 30, le dimanche de 9 h à 17 h. Fermé seulement en février. Location de vélos, VTT, scooters et voitures. La location d'un vélo à la journée coûte environ 20 US$

(25 US$ pour 24 h). Demander une carte des pistes cyclables de l'île (gratuite). *Nantucket Bike Shop :* Straight Wharf, près du débarcadère. ☎ 228-1999 ou Steamboat Wharf, au même numéro de téléphone. Ouvert tous les jours d'avril à fin octobre de 8 h 30 à 17 h. Location de vélos autour de 20 US$ la journée, 25 US$ pour 24 h.

Où dormir ?

– Le camping est interdit sur l'île (protection du site oblige).

▲ ***The Hungry Whale :*** 8 Derrymore Road. ☎ 228-0793. Ouvert toute l'année. Chambres autour de 75 US$. Un peu à l'écart du centre, Mme Johnson vous accueille gentiment chez elle, dans une maison typique de Nantucket. 3 chambres modestes sont à louer dont une seulement avec salle de bains privée. N'attendez rien de sensationnel ici si ce n'est une chambre correcte à un prix raisonnable pour l'île. Jusqu'à récemment, un *breakfast* était servi sur le *deck* mais cela dépend aussi de la période de l'année à laquelle vous y serez.

▲ ***The Nesbitt Inn :*** 21 Broad Street. ☎ 228-0156 et 228-2446. Fermé entre mi-décembre et début mars. En saison, un minimum de 2 nuits est exigé. Compter 80 US$ pour 2. Dans une mignonnette maison victorienne, à quelques enjambées du port et du centre, un *B & B* pas trop cher pour l'île, offrant de belles chambres confortables meublées à l'ancienne. Lavabo dans chaque chambre et salles de bains à l'étage. Bon accueil.

Où dormir dans les environs ?

▲ ***Hostelling International :*** 31 Western Avenue. ☎ 228-0433. Réservations en hiver au : ☎ (617) 779-0900. Ouvert de mi-avril à mi-octobre. *Check-out* et *check-in* de 7 h 30 à 10 h et de 17 h à 22 h. À 3,5 miles de Nantucket Town. Pour s'y rendre, prendre le bus en direction de Surfside Beach. Compter 17 US$ par nuit pour les non-membres, 14 US$ pour les membres. Très belle situation pour cette AJ, à deux pas de la plage. Bien tenue dans l'ensemble, mais préférer la maison principale à celle du fond du jardin, plus exiguë et moins confortable. Couvre-feu à 23 h. Il est indispensable de réserver à l'avance pour l'été. Pour cela, vous pouvez soit écrire à *Hostelling International Boston*, 12 Hemenway Street, Boston MA 02215, soit envoyer un fax au 617-424-6558 avant que l'AJ n'ouvre ses portes.

Où manger ?

🍴 Pour les routards sans le sou, un supermarché : ***A & P Food Stores*** au 9 Salem Street, tout près du débarcadère. ☎ 228-9756. Il est très bien approvisionné et ouvert tous les jours de 7 h à 21 h en semaine ; jusqu'à 19 h le week-end. L'été, il ferme parfois plus tard.

🍴 Possibilité de manger pour pas cher également aux comptoirs des deux *pharmacies* situées 45 et 47 Main Street. Il y a d'abord la ***Nantucket Pharmacy***, au numéro 45. ☎ 228-0180. Elle est ouverte toute l'année, tous les jours à partir de 8 h. L'heure de fermeture dépend de la saison. Au numéro 47, c'est la ***Congdon's Pharmacy***. ☎ 228-4549. Vous trouverez ici et là des sandwichs, sodas et cafés à prix très raisonnables.

|●| ***Tacos Tacos :*** Steamboat Wharf, Broad Street. ☎ 228-5418. Ouvert tous les jours d'avril à fin no-

NANTUCKET / NANTUCKET TOWN

vembre de 11 h à 2 h. *Chili, nachos, burritos* et autres *tacos*, pas franchement excellents mais bon marché. À emporter et à manger sur le port. Pas de dessert mais prenez-les de l'autre côté de la rue, au *Juice Bar*, sur Broad Street. ☎ 228-5799. Ouvert tous les jours de mai à mi-octobre de 8 h à 22 h 30 en semaine et de 7 h 30 à 23 h le week-end. Cette petite échoppe propose de bonnes glaces maison avec plein de *toppings* différents ainsi qu'un savoureux *non-fat frozen yogurt*.

|●| *Nantucket Bake shop* : 79 Orange Street. ☎ 228-2797. Ouvert du lundi au samedi de 6 h 30 à 17 h de mi-avril à fin novembre. Fermé le dimanche. Une bonne boulangerie de Nantucket depuis plus de 20 ans. Un bon moyen de combler son appétit à n'importe quelle heure de la journée pour environ 10 US$. Cafés, *muffins* et *scones* à emporter au petit déj', *foccacia, quiches, ham and cheese croissants* et autres spécialités pour le déjeuner. Bons pains et cookies également au tableau.

|●| *Brotherhood of Thieves :* 23 Broad Street. Ouvert toute l'année du lundi au jeudi de 11 h 30 à 23 h (minuit les vendredi et samedi) et le dimanche de midi à 23 h. Compter entre 12 et 15 US$. De l'extérieur, rien ne laisserait deviner que se cache derrière les murs de cette maison une des plus authentiques tavernes de la région. Le temps semble s'y être arrêté et pour un peu, on se prendrait pour un marin de retour de la pêche à la baleine. Imaginez une salle sombre et biscornue, à peine éclairée à la bougie, des murs de brique et de bois patinés par les années. Partout, des petits recoins et un irrésistible parfum de vieux bois. À la carte, *burgers*, sandwichs variés et *seafood* accompagnés de frites ou de *coleslaw* crémeuse à souhait. Le tout à des prix d'avant *Moby Dick* ! Une halte incontournable.

|●| *Ropewalk :* 1 Straight Wharf. ☎ 228-8886. Ouvert tous les jours de mai à mi-octobre de 11 h à 15 h pour le lunch et de 17 h à 22 h le soir. Attention, pendant la « mi-saison » ils ne servent pas à manger tous les soirs, seulement en fin de semaine et le week-end. Pour y dîner, même si les prix sont dans les plus bas de Nantucket, vous ne vous en tirerez pas à moins de 25-30 US$ par personne. Au menu, de la *seafood* principalement : un choix d'assiettes de coquillages, huîtres, calmars... et d'autres plats également pour les non-piscivores. Le tout à déguster en terrasse à quelques mètres de l'eau. La salle est elle aussi très sympa avec ses grandes baies vitrées donnant sur la mer. Si vous ne pouvez vous permettre d'y manger, allez y boire l'apéro car cette adresse fait aussi office de bar. Ça vous coûtera moins cher et c'est tout aussi agréable.

À voir

– Il est possible d'acheter un *pass* qui permet de visiter toutes les demeures et musées appartenant à la *Nantucket Historical Association*. Compter 12 US$ par adulte. La NHA se trouve au 2 Whalers Lane à Nantucket. ☎ 228-1894. ● www.nha.org ● Leurs bureaux sont ouverts tous les jours de 9 h à 17 h.

★ *Whaling Museum :* 13 Broad Street. ☎ 228-1736. Ouvert tous les jours de fin mai à mi-octobre de 10 h (12 h le dimanche) à 17 h. Tout sur la pêche à la baleine : maquettes, ateliers d'artisans reconstitués, squelettes de cétacés, exceptionnelle collection de *scrimshaws*, etc.

★ *Hadwen House-Satler Memorial :* 96 Main Street. ☎ 228-1894. Mêmes horaires que le Whaling Museum. Luxueuse demeure ayant appartenu à un riche marchand de chandelles au milieu du XIXe siècle.

★ **First Congregational Church :** 62 Centre Street. ☎ 228-0950. Ouvert de 10 h à 16 h tous les jours sauf le dimanche de mi-juin à septembre. Contribution libre. Très beau point de vue sur l'ensemble de l'île d'en haut.

➤ DANS LES ENVIRONS DE NANTUCKET

★ *Siasconset* : situé à 7 miles de Nantucket, « Sconset » comme l'appellent les locaux est un adorable village où il faut absolument aller se promener. Le plus simple pour y accéder, c'est le vélo mais il existe également des bus qui vous y emmènent (voir la rubrique « comment se déplacer sur l'île ? »). Les maisons construites ici servaient d'abris aux pêcheurs et chasseurs de baleines qui habitaient seuls sur l'île alors que leurs familles vivaient sur le continent. Quand femmes et enfants ont rejoint les hommes, ces « *shanties* » (baraques) ont été agrandies. À la fin du XIX^{e}siècle, Sconset devient un lieu de villégiature très recherché du gratin new-yorkais et autres artistes. De grosses propriétés apparaissent. Mais pas de fausse note, rien n'est venu enlever à ce village son unité. L'été, toutes les maisons aux jardins parfaitement entretenus croulent sous les fleurs, c'est magnifique ! Il faut déambuler dans les petites ruelles autour du centre du village pour apprécier le calme qui règne ici. Beaucoup de maisons ont vue sur la grande plage de sable blanc, qui est très jolie également et pas tellement bondée. Avec un peu de chance, vous pourrez y voir barboter des phoques... Si vous êtes là seulement pour la journée, possibilité de vous bricoler un pique-nique au **Siasconset Market**, sur la place du village. ☎ 257-9915. Ouvert tous les jours de 8 h à 21 h de mai à octobre. On trouve dans ce petit supermarché des sandwichs déjà préparés mais aussi tout ce qu'il faut pour se préparer soi-même son *lunch*. Bien sûr, comme partout sur l'île, c'est cher. Cafés, *bagels,* délicieux *cookies* et *brownies* sont également en vente au comptoir.

★ *Wauwinet* : accessible par la *Polpis Road bike path* puis par la *Wauwinet Road.* À l'entrée de ce « village », vous devez laisser vos vélos et voitures sur le parking. Ce coin est en effet protégé et seuls les 4x4 qui ont un permis spécial peuvent le traverser. Quand on marche sur cette bande de sable, entouré par l'Océan Atlantique d'un côté et la « tête » du port de l'autre, on croit rêver. On passe devant de superbes maisons toutes avec pieds dans le sable et vue sur la mer. Partout autour, des fleurs sauvages roses et blanches poussent à même le sable. Pour aller sur la plage, pas de problème mais comme chaque proprio a son petit bout de plage, il faut marcher jusqu'à la dernière maison et se poser seulement après. Pas beaucoup de monde sur cette immense et magnifique plage de sable blanc et on ne s'en plaint pas ! Il est possible de partir de là à pied pour accéder au *Great Point lighthouse.* C'est une balade de 11 miles environ, en partant du village. Prévoir donc une bonne journée de marche car tout le parcours est dans le sable. Avis aux amateurs.

⚠ *Surfside Beach* : superbe plage de sable blanc s'étendant sur plusieurs miles. Elle est très populaire parmi les jeunes et pas mal fréquentée par les surfeurs. Voir « Où dormir ? ».

⚠ *Dionis Beach* : à environ 3 miles de Nantucket, cette plage est la seule de l'île à être bordée de dunes. Elle est très agréable pour s'y baigner ou pour y ramasser des coquillages.

⚠ *Cisco Beach* et **Madaket Beach :** deux autres belles plages, fréquentées par les surfeurs. Celle de Madaket est très populaire pour ses couchers de soleil.

⚠ D'autres plages encore comme **Jetties Beach**, la plage la plus proche de la ville de Nantucket. Beaucoup de monde s'y entasse l'été. Si elle reste jolie, elle ne fait pas partie de nos préférées.

NEWPORT

IND. TÉL. 401

Deuxième ville du Rhode Island (le plus petit des États américains), Newport, située à 1 h 30 de Boston, mérite bien une petite excursion à la journée. Près de 30 000 personnes y vivent toute l'année, auxquelles il faut ajouter le flot de touristes qui se pressent chaque été et pendant les week-ends. Newport, c'est au premier abord une ville guindée, destinée aux *wealthy people*. Architecture et décors sont soignés, parfois un peu surfaits. Mais en déambulant dans les rues, comment ne pas être charmé par ce vieux port aux couleurs vives ? Les multiples quais, bien que truffés de restos, cafés et autres nécessités touristiques donnent à cette ville une sympathique ambiance de petit port.

On ne vous conseille pas de dormir sur place. D'ailleurs, aucune adresse d'hébergement ne vous sera proposée dans le guide. Difficile de trouver une chambre en pleine saison à moins de 100 US$, même pour un motel bas de gamme ! Y passer la journée nous paraît être la solution idéale.

UN PEU D'HISTOIRE

En 1524, Giovanni de Verrazano, explorateur italien, découvre l'île nommée « Aquidneck » par les Indiens. Il est tellement ébloui par sa luminosité qu'il la compare à Rhodes (Grèce). Un siècle plus tard, l'île où Newport est construite est rebaptisée « Rhode Island » et donne son nom à l'État. Les premiers colons qui s'installent viennent du Massachusetts où ils n'ont pas trouvé la tolérance religieuse à laquelle ils aspiraient (on ne rigole pas avec les puritains !). La ville de Providence est fondée en 1636 par Roger Williams, pasteur exilé du Massachusetts pour ses opinions nouvelles. Il est ensuite rejoint par un groupe de Bostoniens.

Suite à une embrouille politique entre deux des « grands » de la récente Providence, William Coddington s'installe au Sud de la baie avec un groupe de disciples : Newport est née. Attirés par l'ouverture d'esprit des habitants du Rhode Island, quakers, baptistes, juifs et autres minorités religieuses s'installent bientôt dans cet État.

Au XVIIIe siècle, Newport est devenu un grand port. La ville prospère notamment grâce au commerce triangulaire.

La Guerre d'Indépendance et l'occupation anglaise réduisent Newport en miettes. Jamais par la suite la ville ne retrouvera sa splendeur commerciale. Mais ce qui la sauve, c'est qu'elle est aussi dès le XVIIIe siècle un lieu de villégiature très prisé d'abord des riches planteurs du Sud, puis de toute la *jet-set* de la côte Est.

Les Vanderbilt, Astor, Belmont et autres richissimes familles américaines recrutent la crème des architectes américains pour se faire construire des *mansions* aux dimensions hallucinantes dont le style est largement emprunté à l'Europe. L'été, tout ce beau monde se retrouve à Newport. Les dames organisent soirées et activités originales pour occuper tous ces grands enfants qui ne savent plus quoi inventer pour se distraire. On met sur l'Océan des maquettes de bateau grandeur nature pour donner à la mer un air de port ; on dîne au champagne et au caviar avec chiens et autres animaux domestiques... Bref, on se laisse gentiment aller.

La Première Guerre mondiale annonce la fin de cette période de faste. Des charges financières trop lourdes obligent la plupart des héritiers à vendre. C'est ainsi que la *Preservation Society of Newport County* a pu racheter un bon nombre de ces propriétés pour les ouvrir ensuite au public.

Un peu de sport

Quels sports pouvaient bien pratiquer ces nantis de Newportais ? Golf, tennis et voile, pardi !
C'est d'ailleurs ici que se tinrent les premiers championnats de tennis américain sur herbe et de golf amateur (respectivement en 1881, sur les terrains du Newport Casino, devenu depuis le *Tennis Hall of Fame*, et en 1894).
Mais la renommée internationale de Newport est surtout due à la voile. Entre 1930 et 1983, la ville accueille les régates de l'*America's Cup*. Cette compétition internationale naît en 1851 quand le *New-York Yacht Club* fait traverser l'Atlantique à sa goélette *America* pour défier les Britanniques dans la *Hundred Guineas Cup*. Les Américains gagnent. Ils rapportent aux États-Unis cette coupe en argent qui porte depuis le nom de «*coupe de l'America*». Elle y reste jusqu'en 1983, date à laquelle les Australiens s'emparent du trophée.
Aujourd'hui, Newport est toujours la destination d'une course célèbre (bien qu'un peu éclipsée en France par le *Vendée Globe Challenge* et la *Route du Rhum*) : la *Transat anglaise en solitaire* qui part de Plymouth (Angleterre).

Comment y aller ?

En bus

➢ 8 bus par jour environ de Boston (South Station, *red line* en direction de Braintree). Durée du trajet : 1 h 35. Avec *Bonanza Bus* : ☎ 1-888-751-8800.
• bonanzabus.com • *Agence Bonanza à Boston :* South Station bus terminal, 700 Atlantic Avenue. M. : South Station (*red line*). ☎ (617) 720-4110. *Agence Bonanza à Newport :* Gateway Center, 23 America's Cup Avenue. ☎ (401) 846-1820.

En voiture

On vous indique des loueurs pratiquant des prix raisonnables dans la rubrique « Adresses utiles » de Cambridge (Boston). De Boston, prendre la 95 South jusqu'au sud de Providence. Bifurquez sur la 4 quand elle est indiquée et terminez par la 138. Pas de panique, l'arrivée à Newport est très bien indiquée dès la 95.

Transports

À vélo

■ **Ten Speed Spokes :** 18 Elm Street, à côté du *Newport Gateway tourist center.* ☎ 847-5609. • www.tenspeedspokes.com • Ouvert à la belle saison du lundi au samedi de 10 h à 18 h et le dimanche de 12 h à 17 h ; en hiver du mardi au samedi de 10 h à 18 h (jusqu'à 17 h seulement le samedi). Fermé les dimanche et lundi. Location de vélos à la journée : 25 US$. Le moyen de transport idéal à Newport.

En bus

Possibilité d'acheter des *passes* à la journée au *visitors' center* (environ 5 US$ par adulte ou 10 US$ par famille) pour avoir accès à tous les bus qui circulent un peu partout dans Newport. Une carte de leur parcours est également disponible.

En voiture

■ *International Car Rental :* 6 Valley Road. ☎ 847-4600. Ouvert tous les jours, de 8 h à 17 h. Bien sûr, le prix de la voiture dépend des kilomètres que vous allez faire... À partir de 40 US$ la journée.

Adresse utile

🛈 *Visitors' Center :* 23 America's Cup Avenue, au terminal de bus. ☎ 1-800-976-5122 ou 845-9123. • www.gonewport.com • Ouvert tous les jours de 9 h à 17 h. Brochures variées et personnel accueillant.

Où manger ?

Les quais, anciens entrepôts transformés en restaurants et boutiques et Thames Street, sont les deux artères vivantes de la ville. Bien sûr, c'est touristique, mais on y trouve sans problèmes de quoi se restaurer dans des endroits agréables, à des prix raisonnables.

|●| *Charlie's Good Egg :* Broadway Street. ☎ 849-7817. Ouvert tous les jours de 6 h 30 à 14 h 30. Typique *breakfast* américain autour de 7 US$, dans ce quartier un peu reculé, fréquenté par les locaux. Décoration très personnelle mais amusante : les murs sont recouverts de photos de clients et amis des propriétaires. Les omelettes sont leur spécialité depuis plus de 10 ans.

|●| *Grinder Coffee :* au bout du *Bannister's Wharf.* Ouvert en saison seulement et uniquement pendant la journée. Ah, qu'il est bon de se prendre un petit café accompagné d'un *brownie* ou autre douceur dans cette échoppe. Sandwichs et quiches sont également en vente. Peu de chaises à l'intérieur mais de grands fauteuils devant, face à la mer. Le coin peut être bondé l'été mais très agréable quand même et encore plus à la mi-saison !

|●| *Sea Fare's American Cafe :* America's Cup Avenue, dans l'enceinte du Brick Market. ☎ 849-9188. Ouvert tous les jours l'été de 11 h à 22 h (service jusqu'à 23 h les vendredi et samedi). L'hiver, ils ferment une heure plus tôt. Compter 10 US$ pour un plat. On vous conseille de vous installer dehors car la salle intérieure n'est pas très sympa. À l'extérieur en revanche, ça fait un peu construction de bric et de broc mais l'ensemble est coloré et gai. Sandwichs, *burgers*, salades et bonne sélection de pizzas grillées. En bref : le service est agréable, les prix abordables et les saveurs honnêtes.

|●| *Brick Alley Pub and Restaurant :* 140 Thames Street. ☎ 849-6334. • www.brickalley.com • Ouvert tous les jours de 11 h 30 à 22 h (22 h 30 le week-end). Vous pouvez vous en tirer pour 10 à 12 US$ environ. Menu typique d'un pub américain dans ce bar-resto populaire de Newport. Sandwichs, *burgers*, soupes, plats mexicains, *seafood*, poissons et plats de pâtes. La combinaison « *all you can eat* » salade/soupe/pain est un bon choix. Grande terrasse derrière, peut-être un peu trop encaissée et ombragée mais sympa malgré tout.

|●| *Black Pearl :* Bannister's Wharf. ☎ 846-5264. Ouvert tous les jours de 11 h 30 à 22 h en semaine et 23 h le week-end. Compter autour de 10 US$ pour une soupe ou un sandwich, environ 15 US$ pour un plat. Grande pièce chaleureuse aux plafonds bas où certaines tables ont vue sur les bassins. La reine du menu, c'est la *clam chowder* qui a très bonne réputation. Nous avons

testé, elle est délicieuse, juste crémeuse comme on l'aime. Grand choix de sandwichs, d'œufs, de salades mais aussi des plats de poisson et de viande. Service agréable. Ici aussi, une grande terrasse est plantée en plein milieu du *wharf* quand les beaux jours arrivent.

À voir

Les mansions

★ **Preservation Society of Newport County** : 424 Bellevue Avenue. ☎ 847-1000. Fax : 847-1361. • www.newportmansions.org • Infos sur les tours organisés, les horaires et directions, les prix..., par téléphone ou sur leur site internet. Ces demeures comptent parmi les plus surprenantes des États-Unis. Dix propriétés au total se visitent. La plupart sont ouvertes tous les jours de début avril à fin septembre (détails de chacune des *mansions* plus loin). Les visites sont obligatoirement guidées et le guide est inclus dans le prix. Le coût de la visite pour une demeure est de 10 US$ par adulte (15 US$ pour les Breakers). Réductions pour les 6-17 ans (4 US$ par demeure) et gratuit en dessous de 6 ans. Il existe aussi des tickets combinés. Tarifs adultes : 22 US$ pour 2 propriétés ; 31 US$ pour 5.

★ **Marble House** : ouvert de janvier à mars tous les week-ends entre 10 h et 16 h. D'avril à fin octobre, ouvert tous les jours de 10 à 17 h (18 h le vendredi et le samedi en juillet et en août). Fermé en novembre et en décembre. Construite entre 1888 et 1892 pour la famille de William Vanderbilt (petit-fils de Cornélius, celui qui établit la fortune de la famille dans les bateaux à vapeur), cette propriété est, dit-on, un mélange de la Maison Blanche à Washington et du Petit Trianon de Versailles. Ne partez pas en courant, elle vaut le détour. 11 millions de dollars de l'époque furent engloutis dans sa construction, dont 7 pour le marbre. Le résultat n'est pas des plus légers ! Dans l'entrée, belles tapisseries des Gobelins. Dans la salle de bal, marbres, miroirs et lustres en cristal à vous donner le vertige ! À l'étage, une étonnante pièce de recueillement de style gothique. La salle à manger est toute de marbre rose d'Algérie. Autour de la table, les chaises en bronze Louis XIV sont tellement lourdes que les maîtres de maison devaient prévoir, quand ils recevaient, un valet de pied par invité pour bouger la chaise ! Le jardin donne directement sur la mer. Au fond de celui-ci, comme surgie de nulle part, une maison de thé chinoise... Elle a été construite à l'initiative de la fille de William Vanderbilt qui était une passionnée des arts asiatiques. Elle est accessible seulement de mai à octobre.

★ **The Breakers** : ouvert tous les jours de mi-avril à fin octobre de 10 h à 17 h (18 h les vendredi et samedi en juillet et en août). Ouvert les week-ends de novembre de 10 h à 16 h et tous les jours en décembre de 10 h à 16 h également. De janvier à mi-avril, ouvert les samedi et dimanche de 10 h à 17 h.
Cornélius Vanderbilt II, autre petit-fils du Cornélius cité ci-dessus se fit construire en 1885 cet opulent cottage de plus de 70 pièces. Vu de l'extérieur, les *Breakers* rappellent la Renaissance italienne par ses arcades, ses colonnes cannelées, ses corniches et l'utilisation de pierres et marbres. À l'intérieur, marbres précieux, ornements de bois, plâtres dorés, mosaïques et plafonds peints. À noter : la grande salle au décor théâtral autour de laquelle s'ordonnent les pièces de façon géométrique. La salle à manger est également remarquable, dans son décor d'albâtre rouge et de dorures.

★ **Rosecliff** : ouvert tous les jours de fin mars à fin octobre de 10 h à 17 h. Fermé de novembre à fin mars.
En 1891, Herman Oelrichs, fille d'un riche immigrant irlandais s'installe à Newport avec son mari. Ils achètent le domaine de *Rosecliff*, surnommé

ainsi pour sa roseraie, et décident de le transformer en une imitation du Grand Trianon de Versailles, histoire d'impressionner la galerie. On s'y croirait presque ! Notez sur les murs extérieurs l'utilisation de terre cuite émaillée blanc cassé qui imite la pierre. À l'intérieur se trouve la plus grande salle de bal de Newport qui servit d'ailleurs de décor pour quelques scènes de *Gatsby le Magnifique*.

★ ***The Elms*** **:** ouvert les week-ends de novembre, janvier, février, mars et avril de 10 h à 16 h. Ouvert tous les jours de 10 h à 17 h de mai à fin octobre ainsi qu'en décembre, mais jusqu'à 16 h seulement.
En 1898, Edward Berwind se fait construire une maison sur le modèle du Château d'Asnières construit au XVIIIe siècle. Edward souhaite rivaliser avec les belles demeures de Newport et espère ainsi s'intégrer à la société newportaise qui le considère comme un parvenu. Aux *Elms*, les proportions des pièces sont impressionnantes, notamment celles du hall et de la salle de bal. C'est le style classique qui domine ici : jardin d'hiver pour les plantes tropicales, salon de réception Louis XVI...

★ ***Château-sur-Mer*** **:** ouvert de mai à fin octobre tous les jours de 10 h à 17 h (jusqu'à 18 h les vendredi et samedi en juillet et août). Ouvert en novembre tous les week-ends de 10 h à 16 h et tous les jours en décembre aux mêmes horaires. De janvier à fin avril, ouvert tous les week-ends de 10 h à 17 h.
Avant l'arrivée des Vanderbilt à Newport, cette demeure de style Second Empire était la plus imposante de la ville. À force de remodèlements et d'arrangements successifs, cette maison rassemble toutes les tendances en vogue dans la société newportaise de l'époque. À l'intérieur, quelques effets décoratifs sont à noter comme les boiseries de chêne très travaillées du hall. Dans le salon victorien, mobilier et objets orientaux, européens et américains. Rien que ça ! La bibliothèque et la salle à manger sont, elles, de style Renaissance.

Dans le Newport historique

Tous les styles architecturaux qu'ont connu les États-Unis entre les XVIIe et XIXe siècles sont représentés à Newport. Il y a tout d'abord les imitations des châteaux français et des palais italiens décrits ci-dessus. Ensuite, le style Colonial, présent dans des bâtiments tels que la *Quaker meeting house* ou la *Trinity Church*. Enfin, le style Géorgien que l'on retrouve dans la *Touro Synagogue* ou dans le *Brick Market*.

– ***Newport Historical Society*** **:** 82 Touro Street. ☎ 846-0813. ● www.newporthistorical.org ● Ouvert du mardi au vendredi de 9 h 30 à 16 h 30. En les appelant, vous obtiendrez toutes les infos nécessaires à votre visite de la ville. Ils organisent même des tours entre mi-mai et mi-octobre.

★ ***Trinity Church*** **:** Queen Ann Square. ☎ 846-0660. Ouvert du lundi au vendredi de 10 h à 13 h de mai à mi-juin puis jusqu'à 16 h à partir de cette date. De juillet à septembre, ouvert tous les jours entre 10 h et 16 h et du lundi au vendredi de 10 h à 13 h en septembre et octobre. Visites sur rendez-vous entre novembre et fin avril. La chaire à trois étages vaut le coup d'œil.

★ ***Touro Synagogue*** **:** 82 Touro Street. ☎ 847-4794. Visites guidées obligatoires. De juillet à début septembre, du dimanche au vendredi de 10 h à 17 h ; de septembre à novembre, le dimanche de 11 h à 15 h et en semaine de 13 h à 15 h ; de novembre à mi-avril, visites entre 11 h et 15 h le dimanche et à 13 h du lundi au vendredi. De mi-avril à fin juin, visites entre 11 h et 15 h le dimanche et entre 13 h et 15 h en semaine. Dernière visite toujours une demi-heure avant la fermeture. Ouf ! Entrée gratuite. Bâtie en 1759, c'est la première synagogue construite aux États-Unis. Son architecture intérieure, qui contraste avec la simplicité de l'extérieur, est marquée par le chiffre sacré 12 : 12 colonnes soutiennent les tribunes, 12 autres le plafond...

➤ ★ **Museum of Newport History :** dans le Brick Market, sur Thames Street. Ouvert tous les jours de 10 h à 17 h (à partir de 13 h le dimanche) sauf le mardi, entrée : 5 US$. Le musée relate l'histoire navale de la ville, le commerce maritime et la vie quotidienne des premiers colons.

À faire

➤ *Cliff Walk :* sentier de 3 miles environ entre la mer d'un côté et les *mansions* de l'autre. Il commence au *Cliff Walk Manor*, juste à l'ouest d'*Easton Beach*, et passe devant les *Breakers*, *Rosecliff* et *Marble House*. Au XIXe siècle, pour avoir la paix, les propriétaires des *mansions* ont essayé de faire fermer ce chemin. Cependant, les pêcheurs se sont rebellés et l'État leur a donné raison. La deuxième partie est moins fréquentée mais tout aussi sympa.

➤ *Les plages :* les plages publiques se situent sur le côté Est de la péninsule, le long de *Memorial Boulevard*. Elles n'ont rien de sensationnel mais un peu d'air frais ne peut pas faire de mal après tant de culture américaine ! Attention, les parkings sont payants en été. Renseignez-vous à l'office de tourisme.
– *Easton's beach* ou *first beach* : la plus grande.
– *Sachuest beach* ou *second beach*, à l'est d'Easton's. Surtout fréquentée par les fanas de planche à voile, c'est la plus sympa des trois.
– *Third beach*, sans grand intérêt.
Il existe d'autres plages le long d'*Ocean Avenue*. Souvent minuscules et la plupart du temps privées. Une fait exception : *Gooseberry beach*. Elle est en effet publique mais attention, même les piétons doivent payer pour y accéder.

Festivals

– *Newport Music Festival :* tous les ans, en juillet, des concerts sont donnés dans les grandes *mansions* comme *Rosecliff*, *the Breakers*, *the Elms*... Renseignements au ☎ 849-0700.
– *Newport Jazz Festival (JVC Jazz Festival) :* né en 1954, ce festival annuel aoûtien est renommé dans le monde de la musique. Les concerts sont donnés au Fort Adams State Park. ☎ 847-3700. • www.gonewport.com •

QUITTER NEWPORT

➤ *Vers Boston :* 9 bus par jour au départ du Gateway Center, 23 America's Cup Avenue. Durée du trajet : 1 h 45.

MYSTIC SEAPORT MUSEUM   IND. TÉL. 860

Mystic n'a plus rien à voir avec la ville portuaire qu'elle a été. La popularité du Mystic Seaport Museum a fait de cette ville l'endroit touristique par excellence. À tous les coins de rue pullulent boutiques de souvenirs et autres restos. Passez votre chemin pour vous rendre directement au musée maritime tout proche.

UN PEU D'HISTOIRE

Colonisée au XVIIe siècle, Mystic s'est développée le long du fleuve du même nom. Profitant du boom de l'économie maritime américaine, la paisible bourgade portuaire prospère rapidement. On construit là les fameux *Clippers* (navires à grande vitesse qui transportaient des marchandises) dont la marine américaine est si fière. À la même époque, Mystic est aussi un haut lieu de la chasse à la baleine et abrite dans son port près d'une vingtaine de baleinières. Deux siècles plus tard, Mystic est numéro un aux États-Unis, ses chantiers navals comptant parmi les plus importants du pays.
Au début du XXe siècle, fini la pêche à la morue et l'éclairage à l'huile de baleine. Place aux loisirs et à la voile. Les chantiers de la région se reconvertissent dans la construction de navires de plaisance et depuis la Seconde Guerre mondiale, de vaisseaux de guerre pour la *Navy*!

Comment y aller ?

➢ *En train :* les trains d'*Amtrak* entre Boston et New York s'arrêtent à *MysticTrain Depot*, dans Roosevelt Street. C'est à moins d'1 mile au sud de Mystic Seaport.
➢ *En voiture :* compter 2 h de Boston et 30 mn de Newport. Que vous veniez de l'une ou l'autre de ces villes, il vous faut rejoindre la 95 South et sortir à l'exit 90. De là, prendre la route 27 (appelée aussi Greenmanville Avenue) puis suivre les indications.

Adresse utile

■ *Mystic Chamber of Commerce :* 28 Cottrell Street. ☎ 572-9578. ● www.mysticchamber.org ● Ouvert du lundi au vendredi de 9 h à 17 h (jusqu'à 19 h le vendredi) ; les samedi et dimanche de 10 h à 14 h. Un accueil charmant pour répondre à toutes vos questions.

À voir

★ *Mystic Seaport Museum :* 75 Greenmanville Avenue (Route 27). ☎ 572-0711. ● www.mystic.org ● Ouvert tous les jours de l'année sauf le 25 décembre. Le site est ouvert de 9 h à 18 h ; visite des navires et des expos entre 9 h et 17 h. L'entrée coûte 17 US$ pour un adulte, 9 US$ pour les enfants entre 6 et 12 ans, gratuit pour les moins de 5 ans. Si vous désirez revenir le jour suivant, vous ne payez pas. Enfin, en réservant ses billets sur Internet, on peut parfois obtenir une petite réduction.
Mystic Seaport offre une reconstitution grandeur nature d'un port du XIXe siècle. Ce musée maritime en plein air s'étend sur près de 7 ha et regroupe environ 60 bâtiments. La visite se concentre autour des quais, le long desquels sont amarrés navires et bateaux de pêche d'époque. En déambulant dans les rues adjacentes, on découvre la voilerie, la corderie, la banque, l'imprimerie, le forgeron etc. Bref, tout ce qui faisait la vie d'une petite ville portuaire au XIXe siècle.
Trois grands voiliers se visitent :
– Le *Charles W Morgan :* construit en 1841, ce voilier classé monument historique est le seul survivant de la flotte baleinière américaine du XIXe siècle. On remarquera le quartier des officiers, les immenses marmites à l'intérieur desquelles on faisait fondre la graisse de baleine...
– Le *Joseph Conrad :* construit en 1882 au Danemark pour servir de bateau-école, il fut ensuite racheté par des Anglais puis par des Américains. Le Mystic Seaport se l'offrit dans les années 1940 et lui redonna sa vocation initiale.

– Le **L.A Dunton** : construit en 1921 et classé monument historique également. Cette goélette est aussi un des derniers modèles vivants de ces bateaux de pêche des années 1920 qui naviguaient entre la Nouvelle Angleterre et les bancs de Terre-Neuve. Le quartier des officiers se visite et des « pêcheurs » vous montrent comment on salait la morue.
– Possibilité de se balader sur la Mystic River à bord du bateau à vapeur *le Sabino*, de mi-mai à mi-octobre pendant 30 mn. Départs prévus toutes les heures entre 11 h et 16 h. Il vous faut ajouter au prix de la visite 5 US$ pour les plus de 12 ans et 4 US$ pour les enfants entre 6 et 12 ans. Construit dans le Maine en 1908, ce bateau a été en activité pendant une cinquantaine d'années sur la *Damariscotta River*, la *Kennebec River* et dans la *Casco Bay*.
– Une réplique de l'*Amistad* est en construction en ce moment sur les chantiers du musée. L'*Amistad* évoque l'histoire de ces 53 Africains embarqués de force à destination de Cuba pour y être vendus. En route, ils se révoltent, tuent deux membres de l'équipage, prennent le contrôle du navire, ordonnent qu'on fasse demi-tour et qu'on mette le cap sur l'Afrique. Malheureusement, une erreur de navigation (était-ce réellement une erreur ?) fait que le navire prend la direction opposée et bientôt, l'Amistad se retrouve au large des côtes de Long Island où il est intercepté par un brigadier américain. Les deux Espagnols qui avaient capturé les Africains sont libérés et les esclaves jetés en prison. Commence alors un long procès où deux clans se distinguent : les « abolitionists » qui souhaitent leur rendre la liberté contre le président des États-Unis, Martin Van Buren et de nombreux éditeurs de journaux qui voudraient voir ces Africains extradés à Cuba. La justice les déclare finalement innocents et libres de retourner dans leur pays car le commerce des esclaves est illégal et les gens qui en échappent doivent se considérer libres sous le drapeau américain. De nombreuses scènes du film de Spielberg *(Amistad)* ont été tournées sur le site de ce musée.
– On peut aussi faire un tour au *Henry B. du Pont Preservation Shipyard*. C'est le chantier naval du musée. On y restaure là tous types de bateaux appartenant au *Mystic Seaport*. Une plate-forme au premier étage permet d'observer les artisans au travail.

LES CHUTES DU NIAGARA (NIAGARA FALLS)

IND. TÉL. : 716 (pour le côté américain)

Pour commencer, la récupération par les magnats du tourisme est atroce. Tout est aménagé pour permettre aux toutous d'admirer les chutes de tous les points de vue, américains et canadiens : d'en haut, tours panoramiques et hélicoptères ; d'en bas, bateaux et passages sous les chutes. Il faut dire aussi que c'est la capitale de la lune de miel : *water bed*, jacuzzi, *adult movies*... C'est selon les goûts ! Pour le *honeymoon certificate*, allez au 345 3rd Street, à l'accueil de la chambre de commerce (5e étage). Paradoxalement, les chutes sont aussi le *happy end* des désespérés puisqu'on dénombre une centaine de suicides par an (malheureusement tous réussis...). Rares sont les sites naturels qui ont subi une telle exploitation commerciale. Motels, fast-foods, affreuses tours champignonnesques avec restaurants tournants (pour la vue), enseignes clignotantes à tout va, magasins de souvenirs type Lourdes, la liste est longue... Une fois n'est pas coutume, ce sont les Canadiens qui remportent la palme d'or du genre devant leurs voisins américains. Bref, tout est mis en œuvre pour compatir au sort de ces pauvres chutes qui ne demandaient rien à personne. Mais pour vous chers lecteurs, et pour vous seulement, voici quelques petites adresses routardes qu'il vous faudra divulguer à mi-voix pour préserver ce qui reste encore d'authentique.

UN PEU D'HISTOIRE

Il y a bien longtemps, les chutes se nourrissaient uniquement de quelques vierges indiennes que les Iroquois sacrifiaient à Niagara, « le Grand Tonnerre des eaux ». Elles coulaient alors des jours heureux.

Mais pourquoi les chutes ont-elles tant de succès ?

Si l'on vous dit que les chutes attirent les jeunes mariés parce qu'elles dégagent des ions négatifs qui sont aphrodisiaques, vous y croyez ? Non ? N'empêche qu'on y a cru un temps. Alors on se retranche derrière l'explication suivante. C'est en fait Joseph Bonaparte, le frère de l'autre, qui est, en partie, responsable de la mode de « la lune de miel » aux chutes. Intrigué par le récit que Chateaubriand en avait fait, il décida, accompagné de sa jeune épouse, d'effectuer le voyage en diligence depuis la Louisiane. C'était en 1803. Une fois rentré, il en fit une telle description aux notables et personnalités du coin que ceux-ci se mirent en tête de l'imiter. La mode était lancée. Pendant l'entre-deux-guerres, le développement des automobiles accéléra l'engouement des jeunes mariés. Enfin, Marilyn Monroe vint y tourner *Niagara*, de Henry Hathaway (on vous le conseille, ah ! l'apparition de Marilyn dans sa robe rouge !), ce qui permit à la Fox de dire « *Niagara*, le film où deux Merveilles du Monde se partagent la vedette ».
Aujourd'hui, des dizaines d'attractions toutes aussi décadentes les unes que les autres viennent prouver au visiteur qu'il « s'amuse » follement. Le soir, on illumine les chutes qui passent par toutes les couleurs de l'arc-en-ciel. Complètement psyché et pas toujours du meilleur goût.

Narguer les chutes...

En 1859, le Français Jean-François Gravelet, dit Blondin, fut le premier casse-cou à défier les chutes. Il les traversa sur un filin tendu entre les rives américaine et canadienne avec son imprésario perché sur ses épaules. En 1901, ce fut Annie Taylor, une institutrice du Michigan, qui réalisa la première descente des chutes... dans un tonneau. Elle ne savait pas nager. Depuis 1950, ces élucubrations sont déclarées illégales. Ah ! un dernier mot : Oscar Wilde, qui visita les chutes en 1882, eut cette petite phrase que les agences de tourisme n'ont pas reprise dans leurs dépliants : « Les chutes du Niagara ? La deuxième déception d'une vie de jeune marié ! »

Comment y aller ?

➤ *En avion :* jusqu'à Buffalo, puis navette, taxi, train ou bus vers Niagara Falls.
✈ *Greater Buffalo International Airport :* ☎ 632-3115.

De Buffalo

➤ *En navette :* pour aller aux chutes directement, prendre à l'aéroport la navette *Niagara Scenic Bus Lines* (environ 8 US$; renseignements : ☎ 648-1500 ou 282-7755). *ITA Buffalo Shuttle* propose également des navettes entre le Niagara Falls Informations Center, les principaux hôtels et le Buffalo International Airport, mais c'est plus cher (environ 15 US$). Renseignements : ☎ 1-800-551-9369.

➤ **En taxi :** *Rainbow Taxicab* (☎ 282-3221) et *United Cab* (☎ 285-9331). Compter 40 US$ pour aller de l'aéroport aux chutes.
➤ **En train :** gare *Amtrak* à l'angle de 27th Street et Lockport, un bloc à l'est de Hyde Park Boulevard. De la gare, bus n° 52 jusqu'à Falls/Downtown.
➤ **En bus :** de la gare routière de Buffalo, 2 possibilités pour se rendre au *Niagara Falls Bus Terminal* ; soit le bus *Greyhound* (de 8 h à 16 h), soit le bus n° 40 (de 6 h 30 à 23 h 45).

■ *Auto drive-away de Buffalo :* 599 Niagara Falls Boulevard. ☎ 833-8500.

Adresses et infos utiles

Côté américain

🛈 *Niagara Falls Convention and Visitors' Bureau :* 310 4th Street, « Under the Rainbow », Niagara Falls, New York, USA 1403. ☎ 1-800-421-5223 (gratuit). Fax : 285-0809. Pas mal de documentation et d'informations. Envoi de brochures sur demande. Accueil chaleureux.

🛈 *Niagara Falls Official Information Center* (plan B4) : à côté de la gare routière, à l'angle de 4th et Niagara Streets, à 10 mn à pied des chutes. ☎ 284-2000. Ouvert tous les jours de 8 h 30 à 19 h 30 (de 9 h à 17 h du 15 septembre au 15 mai).

🛈 *Niagara Reservation State Park Visitors' Center :* devant la terrasse d'observation des chutes. ☎ 278-1796. Ouvert tous les jours de 8 h à 22 h (20 h d'octobre à décembre, 18 h 30 de décembre à avril). Toutes les infos sur les chutes.

✉ *Poste* (plan B3) : 615 Main Street. Ouvert du lundi au vendredi

---

■ **Adresses utiles**
  🛈 Niagara Falls Information Center
  ✉ Poste
  🚆 1 Gare ferroviaire côté américain
  🚆 2 Gare ferroviaire côté canadien
  🚌 1 Niagara Falls Bus Terminal
  🚌 2 Gare routière côté canadien

🛏 **Où dormir ?**
(Côté américain)
  10 Hostelling International-Niagara Falls
  11 YMCA
  12 Waldorf Niagara Motel
  13 Rainbow House Bed & Breakfast Inn
  14 Ramada Inn at the Falls
  15 Howard Johnson at the Falls
  16 Holiday Inn Falls St Faire at the Falls
  17 The Red Coach Inn
  21 Niagara Falls KOA
  23 Elizabeth House Bed and Breakfast
  24 Angel Rose Bed and Breakfast

(Côté canadien)
  19 Hostelling International-Niagara Falls
  20 Happiness Inn
  22 Niagara Glen-View
  25 Evergreens Bed and Breakfast
  26 Bedham Hall Bed and Breakfast
  27 Derby House Bed and Breakfast

🍽 **Où manger ?**
  17 The Red Coach Inn
  30 Press Box Bar
  31 Pete's Market Place
  32 Simon's Restaurant
  33 Northend Bar & Grill
  34 Passage to India
  35 Victoria House

★ **À voir. À faire**
  40 Prospect Point Observation Tower
  41 Maid of the Mist
  42 Cave of the Winds et Terrapin point
  43 Rainbow Bridge
  44 Téléphérique
  45 Table Rock Complex & Journey behind the Falls
  46 Kelly's Country store
  47 Niagara helicopter Rides
  48 Butterfly Conservatory

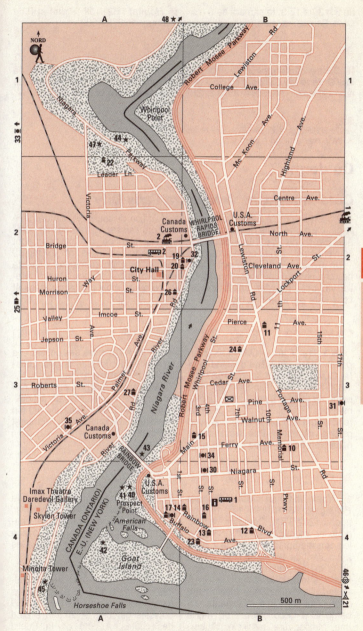

LES CHUTES DU NIAGARA

de 8 h 30 à 17 h, le samedi de 9 h à 14 h. Fermé les jours fériés.

■ **Hôpital :** 621 10th Street et Pine Avenue. ☎ 278-4000.

Côté canadien

ℹ *Centre d'information touristique de l'Ontario (au Canada)* : 5355 Avenue Stanley. ☎ (905) 3578-3221. Fax : (905) 358-6441. Baraque jaune et verte en tôle à l'intersection de Stanley et Roberts Streets.

Site Internet

● www.niagaraparks.com ●

Où dormir ?

Côté américain, à Niagara Falls City

– Procurez-vous le *USA Niagara Guide* à l'office du tourisme. En dernière page, il y a une foule de coupons de réduction. Laissez vos *a priori* de côté ! Aux États-Unis, c'est une pratique courante. Attention, ces coupons sont souvent sujets à des conditions particulières (hors vacances, par exemple).
– Un tuyau : avant de présenter le coupon de réduction, demander s'il reste des chambres disponibles. En effet, si vous montrez le coupon avant, l'hôtelier va vous prétexter qu'il attend un groupe ou qu'il n'y a plus de place et vous faire payer le prix fort.

Campings

⋏ ***Niagara Falls KOA*** *(hors plan par B4, 21)* : 2570 Grand Island Blvd (à Grand Island). ☎ 773-7583 ou 1-800-KOA-0787. Compter 25 US$ par tente et 4 US$ par adulte supplémentaire. Prévoir 50 cents pour se rendre sur l'île. Camping familial avec piscine chauffée. Pas très arboré mais bien équipé et petit étang pour la pêche. À 7,5 miles des chutes et à proximité de quelques plages. Location de bungalows.

⋏ ***Niagara Country Camping Resort*** : 7369 Wheeler Road, à Lockport. ☎ 434-3991. Assez loin (40 mn en voiture). Uniquement si l'autre est complet.

Assez bon marché

🏠 ***Hostelling International-Niagara Falls*** *(plan B3, 10)* : 1101 Ferry Avenue. ☎ 282-3700. Compter 14 US$ pour les membres et 17 US$ pour les non membres. Ouvert de 7 h 30 à 9 h 30 et de 16 h à 23 h 30. Fermé de la mi-décembre à début janvier. Pas très loin de la station du *Greyhound*. Dans une belle maison mi-brique, mi-bois, une charmante auberge à la déco colorée où règne une atmosphère familiale. Aubergiste très sympa. Jolie petite cuisine et coin salon avec vidéos à dispo. Café gratis le matin. Pancakes pour 3 US$. On vous donne un coupon de réduction pour le *Maid of the Mist*. Réservation impérative. Propre, chaleureux. Le patron a pas mal voyagé et sait ce qu'attendent d'une AJ les routards à petit budget.

🏠 ***YMCA*** *(plan B3, 11)* : 1317 Portage Road (Pierce Avenue). ☎ 285-8491. Compter 15 US$ pour les filles (check-out à 6 h du mat) et 25 US$ pour les garçons. À 20 mn à pied des chutes, à côté de la Public Library. Navette gratuite au départ des gares routière et *Amtrak*. La nuit, prendre le bus n° 54 au départ de

Main Street. Filles et garçons peuvent dormir ensemble dans une salle de basket sur des tapis de gym. Chambres propres (uniquement pour les hommes), mais une seule salle de bains par étage. Piscine, salle de sport.

Prix moyens

▲ *Angel Rose Bed and Breakfast* (plan B3, 24) : 699 Chilton Avenue. ☎ 284-2168. • vangelrose@aol.com • De 70 à 80 US$ la chambre double. Maison traditionnelle dans un quartier calme. 4 chambres, certaines avec *king size bed*. Judy adore les anges et en a fait le motif principal de son gîte. Accueil très gentil.

▲ *Waldorf Niagara Motel* (plan B4, 12) : 795 Rainbow Blvd. ☎ 284-9778 ou 1-800-44-FALLS. Compter 65 US$ en semaine et 75 US$ le week-end pour une chambre double. Au coin d'une intersection. Central. Pas de resto, mais thé et café à volonté (50 cents). Bon accueil.

▲ *Elizabeth House Bed and Breakfast* (plan D4, 23) : 327 Buffalo Avenue. ☎ 285-1109. Entre 90 et 100 US$ la chambre avec salle de bains privée. Cartes de paiement acceptées. Non fumeur. À deux pas des chutes mais au calme. Un très joli *B & B* tenu par une adorable aubergiste. La maison en impose de l'extérieur, un arbre centenaire lui fait face, et l'intérieur brille de propreté. Belles boiseries. Un luxe élégant pour une adresse offrant un bon rapport qualité-prix. En plus, jardin et piscine circulaire. Que demander de plus ! Notre coup de cœur aux chutes.

▲ *Rainbow House Bed and Breakfast Inn* (plan B4, 13) : 423 Rainbow Blvd South. ☎ 282-1135 ou 1-800-724-3536. • www.rainbowchapel.com • De 80 à 120 US$. Maison datant du XIXe siècle, de style victorien. Agréable et au calme. 4 chambres (toutes avec salle de bains, certaines avec terrasse et balancelle), donc réservation obligatoire. Accueil très sympa.

Plus chic

▲ *Ramada Inn at the Falls* (plan A-B4, 14) : 240 Rainbow Blvd. ☎ 282-1212. Fax : 282-1216. Prix variables, environ 150 US$ la double. Hôtel de chaîne en plein centre de Niagara, à un bloc du côté canadien. Piscine. Un peu plus classe que les deux autres.

▲ *Howard Johnson at the Falls* (plan B3, 15) : 454 Main Street. ☎ 285-5261 ou 1-800-282-5261. Fax : 285-8536. À peu près 110 US$ la chambre. Près des chutes et des attractions. Bon rapport qualité-prix. Les hélicos survolent les chutes tout près, fermez vos fenêtres. Piscine, sauna.

▲ *Holiday Inn Falls St Faire at the Falls* (plan B4, 16) : 231 3rd Street. ☎ 282-2211. De 110 à 170 US$ pour une double. Nouvel hôtel situé à deux blocs des chutes. Déco un peu moins soignée que les précédents. Chambres spacieuses avec deux grands lits. Piscine couverte, sauna, aires de jeux pour les enfants.

Très chic

▲ *The Red Coach Inn* (plan A4, 17) : 2 Buffalo Avenue. ☎ 1-800-282-1459 ou 282-1459. Fax : 282-2650. De 80 à 200 US$ hors saison et de 160 à 330 US$ en saison. Petit hôtel au style *british*. La plus belle auberge de Niagara Falls. Pour ceux qui voudraient casser leur petit cochon rose, des suites et même des doubles suites fabuleuses. Pour les autres, des petites chambres à des prix presque raisonnables. Très bon restaurant avec poutres, cheminée, serveuses en costume d'époque. Toute la tradition anglaise.

Côté canadien

Si vous avez un véhicule, nous vous conseillons de loger côté canadien car les prix y sont moins élevés (et les Canadiens très sympas). Pour information, à la fin 2001 : 1 $Ca = 0,71 € (4,66 F).

Campings

Quelques campings abordables à proximité des chutes. Attention aux moustiques.

△ *Niagara Glen-View (plan A1-2, 22)* : 3950 Victoria Avenue. ☎ (905) 358-8689 ou 1-800-263-2570. À partir de 40 $Ca sur une base de 2 adultes et 4 enfants (sans service). Accepte les cartes de paiement. À moins de 2 miles des chutes. Spacieux et arboré, mais du monde. Il y a une épicerie, une piscine, et c'est au bord de la rivière (mais malheureusement bruyant à cause de la piste des hélicos toute proche).

Bon marché

▲ *Hostelling International-Niagara Falls (plan A-B2, 19)* : 4549 Cataract Avenue. ☎ (905) 357-0770 ou 1-888-749-0058. Fax : (905) 357-7673. • www.hostellingint-gl.on.ca • nfhos tel@hostellingint-gl.on.ca • Autour de 20 $Ca pour les membres et 22 $Ca pour les non membres. Près de l'arrêt du *Greyhound* côté canadien et à 3 blocs de la gare (trains pour Toronto et New York). À moins de 2 miles des chutes, au bord du Niagara, en aval. Pour y aller, bus n° 1 (ne fonctionne pas le dimanche). Fermé de 10 h à 17 h. 40 lits. Une agréable auberge de jeunesse dans un quartier résidentiel tranquille. Joyeuse déco aux couleurs vives. Petits dortoirs de 4 ou 6 lits superposés. Bon accueil. Location de vélos pas loin. On peut faire sa cuisine.

Prix moyens

▲ *Evergreens Bed and Breakfast (hors plan A2, 25)* : 4400 Petrie Court. ☎ et fax : (905) 354-05312. • evergrns@becon.org • Compter 70 $Ca pour une chambre double. Cartes de paiement refusées. Un peu excentré mais de loin l'adresse la moins chère. Prendre Morrison Street à l'ouest, passer Drumond Road, puis tourner à droite sur Dorchester Road. Enfin à droite sur Freeman Street. Dans une sorte d'impasse sur la droite. Maison banale dans un quartier résidentiel à 10 mn du centre, loin de l'agitation. Joan, douce et avenante, propose 2 chambres simples avec salle de bains commune. Salon TV. Très joli jardin.

▲ *The Derby House Bed and Breakfast (plan A3, 27)* : 5207 River Road. ☎ (905) 374-0738. Chambre double autour de 85 $Ca. Petite maison à façade verdoyante en bordure d'une route assez passante. Joli jardin. 4 chambres douillettes, propres, certaines avec salle de bains privée. Bon accueil de Martha qui reçoit des hôtes depuis une bonne dizaine d'années. Les chutes ne sont pas loin à pied.

▲ *Bedham Hall Bed and Breakfast (plan A2, 26)* : 4835 River Road. ☎ (905) 374-8515. • bed hambb@cgocable.net • Entre 115 et 135 $Ca la chambre. Non fumeur. Enfants de moins de 16 ans non admis. Un peu plus loin que le précédent gîte. À un mile des chutes (20 mn de marche). 4 immenses chambres dans une grande maison vieille d'un siècle (certaines avec jacuzzi pour ceux qui ont encore envie d'eau). Intérieur soigné, clair, légèrement lourd. La patronne Heather s'y connaît en cognac... Elle a quitté le métier il y a quelques années pour ouvrir son gîte.

🛏 *Happiness Inn* (plan A-B2, **20**) : 4181 Queen Street. ☎ (905) 354-1688 ou 1-877-991-3443. Fax : (905) 354-0041. • www.happinessinn.com • info@happinessinn.com • Compter 160 $Ca. Ça vaut le coup si l'on vient à 4, c'est le même prix. Derrière l'AJ, sur Niagara Parkway. Le patron vient du Sri Lanka, il a repris l'affaire récemment. Il est adorable et propose des chambres tout ce qu'il y a de plus correct (salles de bains toutes neuves, parfois frigo ou machines à café). Jolie piscine extérieure. Possibilité de négocier le prix si vous êtes étudiant et s'il n'y a plus de place à l'AJ. Une très bonne adresse à quelques minutes de marche des chutes.

Où manger ?

Côté américain, à Niagara Falls City

Bon marché

|●| *Press Box Bar* (plan B4, **30**) : 324 Niagara Street (entre 3rd et 4th Streets). ☎ 284-5447. Ouvert tous les jours de 10 h à minuit (à partir de midi le dimanche). *Burgers* à partir de 3 US$. Cartes de paiement refusées. Routier très sympa et central. Un bar d'habitués accueillant. Les murs sont couverts de dollars offerts et signés par les clients (plutôt commun), et une fois par an, la patronne en fait don à une œuvre caritative (recherche contre le cancer). On choisit ses plats directement à l'entrée de la cuisine. De très grosses salades et des pommes de terre accompagnent les spécialités du jour. Boissons à prendre au bar (caisse séparée). Jukebox bien achalandé.

|●| *Passage to India* (plan B3-4, **34**) : 441 3rd Street. ☎ 285-2625. Ouvert de 10 h 30 à 23 h 30. Buffet à volonté pour moins de 10 US$ midi et soir. Dans une rue où il semblerait que chaque membre de la famille se fasse concurrence. On mange sur des tables en formica dans une grande salle toute blanche. Les mets parfumés et plein d'arômes (crustacés à l'ail et au gingembre) vont satisfaire les gros mangeurs. Assez épicé tout de même. Lors de notre passage, il n'y avait que des Indiens : vraiment dépaysant ! L'Inde aux portes des chutes.

|●| *Pete's Market Place* (plan B3, **31**) : 1701 Pine Avenue (à l'angle de la 17th). ☎ 282-7225. Ouvert tous les jours. Propose le midi des formules généreusement servies pour environ 6 US$. Essayer leur *N.Y. strip steak* accompagné de vraies frites (faites avec de vraies pommes de terre !). Côté bar, des gens du coin qui, les soirs de match (hockey, foot, baseball ou basket), viennent écluser une mousse. Pas la grande classe, forcément.

Prix moyens

|●| *Chalet Alps* : 1555 Military Road. ☎ (716) 297-8990. Ouvert du mardi au jeudi de 14 h à 21 h, le vendredi de 11 h à 23 h, le samedi de 9 h à 22 h et le dimanche de 9 h à 21 h. Fermé le lundi. Le bar, lui, reste ouvert jusqu'à 2 h. En face du Factory Outlet Mall. Vous n'aurez aucun mal à le trouver car c'est un chalet (ah bon ?). Tous les prix pour des spécialités de *T-bone*, *prime ribs*, *New York strip steak*, et puis, mazette ! chablis et bourgogne. Si vous n'allez pas y manger, allez y siroter une mousse (une corbeille de pop-corn gratis l'accompagne).

Très chic

I●I **The Red Coach Inn** *(plan A4, 17)* : 2 Buffalo Avenue. ☎ 282-1459 ou 1-800-282-1459. À partir de 15 US$ pour un plat et grand choix de vins. Une authentique auberge anglaise, avec feu de bois et personnel en costume d'époque (voir « Où dormir ? »). Ambiance feutrée, service impeccable.

Côté américain, à Buffalo

I●I **Anchor Bar** : 1047 Main Street. ☎ 886-8920 (demandez, tout le monde connaît). On est rassasié pour 6 US$ environ. C'est ici que furent inventées les *chicken wings* grillées et pimentées. Buffalo + chicken wings = Buffalo wings (il fallait trouver !). Cadre pas tout à fait Midwest crapuleux mais presque. Portions très généreuses (*small pizzas* énormes). Bon rapport quantité-prix.

Côté canadien

Avant toute chose, même si vous voulez en mettre plein la vue à votre moitié, ne vous ruinez pas au restaurant de la *Skylon Tower* (40 $Ca par personne !). D'une part, c'est hors de prix, d'autre part, on y sert des plats médiocres, du pain congelé, sans parler des fleurs en papier et de la gadgétisation outrancière du restaurant. D'ailleurs, c'est bien simple, il n'y a que des Américains et des Japonais, c'est dire. On trouve beaucoup mieux dans une gamme de prix plus modeste.

Bon marché

I●I **Simon's Restaurant** *(plan B2, 32)* : 4116 Bridge Street. ☎ (905) 356-5310. *Burgers* et plats à partir de 3 ou 4 $Ca. Ouvert de 5 h 30 à 20 h du lundi au samedi. Le dimanche de 5 h 30 à 14 h. Préservez cet endroit qui épargne notre ulcère. « The best in town », nous a lancé un client en nous tenant la porte. Le tourisme de masse n'a pas encore tout détruit (pour combien de temps ?). Ce resto-épicerie est un bric-à-brac indescriptible avec des plaques d'immatriculation, des vieux journaux un peu partout, où les petits pépés du coin viennent prendre un petit déj' ou s'enfiler un *kawa*, les camionneurs faire leur loto et les ouvriers se taper sur l'épaule en commentant l'actualité. Bref, un *diner* plus que centenaire... Nous, on adore !

I●I **Northend Bar & Grill** *(hors plan par A1, 33)* : 4189 Stanley Avenue. Ouvert de 17 h à 2 h. Fermé le dimanche. Pas la porte à côté ! Du Bus Stand, prendre Bridge Street jusqu'à un cimetière (vous êtes sur Stanley), sur la droite. Surplombant un parking, une cheminée constellée de néons de couleur vantant des marques de bières locales. Un bar neuf, ambiance *sports bar*, où l'on mange des plats copieux.

Prix moyens

I●I **Victoria House Restaurant** *(plan A3, 35)* : 5448 Victoria Avenue. ☎ (905) 358-7542. Entre 13 et 20 $Ca. On est content de trouver une telle adresse en plein cœur du chaos touristique propre à la ville. Nourriture d'excellente qualité : délicieux steak (épais et large), salade bien préparée, cuisine assez fine. Petite terrasse en bois bien sympathique, des groupes s'y produisent de temps en temps. Le patron indien est très attachant, c'est l'un des cuistos. Bon rapport qualité-prix. Service un peu long.

Shopping

Côté américain

❀ **Kelly's Country Store** *(hors plan par B4, 46)* : 3121 Grand Island Boulevard. ☎ 773-7869. Délicieux magasin, situé sur la gauche peu avant le *Niagara Falls KOA*. Installé dans une bâtisse rouge. Une multitude d'objets décoratifs, ainsi que quelques antiques curiosités, tel un grammophone de 1885 qui diffuse l'hymne américain. Au comptoir, une profusion de *candies* tous plus alléchants les uns que les autres. Du choix. Idéal pour des cadeaux « américains » sans le mauvais goût des boutiques de Niagara City.

À voir. À faire

Les meilleures périodes pour voir les chutes sont le printemps et l'automne, mais l'hiver n'est pas mal non plus. La Niagara River marque la frontière entre le Canada et les États-Unis. Dès 1870, les chutes devinrent une grosse attraction touristique. Les Américains furent les premiers à réagir en 1885, en créant le premier parc naturel des États-Unis. Les pièges à touristes, même s'ils ne manquent ni d'un côté ni de l'autre, sont donc un peu moins voyants du côté américain.

Il y a 3 chutes proprement dites : *American Falls* et *Bridal Veil Falls* du côté américain, *Horseshoe Falls* du côté canadien (la plus impressionnante). 2 ou 3 h suffisent pour voir l'essentiel, mais il serait dommage de manquer la vue depuis l'Ontario.

De fin novembre à début janvier a lieu le *Festival of Lights* de Niagara Falls : les arbres sont couverts de guirlandes lumineuses et les chutes sont illuminées.

Du côté américain

Les inconditionnels peuvent se procurer le *Master Pass* (environ 22 US$) : il inclut 6 entrées (la tour d'observation, *Cave of the winds*, *Festival Theater*, *Scholl Kopf* le musée géologique, *Maid of the Mist*, et *l'aquarium of Niagara*). ☎ 278-1770. Bon courage. Le *pass* s'achète à n'importe quelle attraction.

★ **Prospect Point Observation Tower** *(plan A4, 40)* : moins de 1 US$, tour de 86 m d'où l'on a une vue intéressante. De là, on peut prendre le *Maid of the Mist*.

★ **Maid of the Mist** *(plan A4, 41)* : compter 12 US$ par adulte, 7 US$ pour les enfants. Gratuit pour les moins de 6 ans. Pas de réservation. L'une des plus vieilles attractions touristiques d'Amérique du Nord. Promenade en bateau de 30 mn jusqu'au pied des chutes. En été, départ tous les jours et toutes les 15 mn de 9 h 15 à 19 h 30 ; en automne et au printemps, de 10 h à 17 h. La balade existe aussi du côté canadien, mais il y a beaucoup plus de monde et on ne vous la conseille pas.

★ **Cave of the Winds** *(plan A4, 42)* : Goat Island, Niagara Reservation State Park. ☎ 278-1770. Compter 6 US$. Visites de 10 h à 20 h de mi-mai à mi-septembre, de 10 h à 17 h de mi-septembre à octobre. Très impressionnant. Vue sur les chutes américaines. Pour les plus courageux, le *Hurricane Deck* permet de passer sous les chutes. On se trempe, mais la sensation est unique. Déconseillé d'apporter son appareil photo. Du monde.

★ *Terrapin Point* (plan A4, 42) : sur le site de *Cave of the Winds*. Gratuit, mais c'était trop beau, il faut quand même payer 5 US$ de parking. Pour jeter un coup d'œil de près aux chutes *(Horseshoe Falls)*. Ça mouille mais quel spectacle ; c'est peut-être de là qu'on préfère les admirer.

★ Pour les amateurs de musique pop, on peut signaler que l'énorme pont qui traverse la rivière s'appelle le *Rainbow Bridge* (plan A3, 43), que l'arc-en-ciel est visible par grand soleil, et qu'il a été chanté par Jimmy Hendrix. Il est à péage pour aller au Canada, même pour les piétons. Penser à prendre son passeport.

★ Les férus d'architecture se doivent d'aller faire un tour sur *Goat Island*. Prendre Robert Moses Parkway, première sortie après le péage (donc plus économique à vélo car on évite le péage), s'enfiler sous le pont vers East River Road. C'est ici que la classe moyenne s'est fait construire une « bicoque ». L'intérêt de la balade ? Aucune maison ne ressemble à une autre. Architecture avant-gardiste ou néo-coloniale (pas grand-chose à voir avec nos maisons de maçons). Le coin est également sympa pour un long jogging matinal.

Du côté canadien

Au risque de se faire un peu plus d'ennemis, on affirme qu'on préfère voir les chutes du côté canadien plutôt que du côté américain. Ne pas rater l'attraction *Journey behind the Falls*. On vous donne un maxi-capuchon. On se retrouve par groupe de 20, habillés de la même façon. Embarqués dans un ascenseur, on pénètre dans de mystérieux tunnels souterrains. Ça fait très clan secret !
Les chutes sont encore plus belles la nuit avec les jeux de lumière. L'animation nocturne commence au coucher du soleil et dure 3 h.
Ne pas prévoir quand même de passer la journée là-bas, car vous aurez vu le plus intéressant en 1 ou 2 h. À moins de jouer à l'Américain moyen et de visiter le musée de cire et l'endroit où le pape a fait pipi (c'était notre quart d'heure d'anticléricalisme primaire).

– *Téléphérique* (plan A1, 44) : Whirlpool Aerocar. Compter 6 $Ca par adulte. Bondé en été.

★ *Table Rock Complex* (plan A4, 45) : il y a un guichet au 2e étage où l'on peut changer son argent. Panorama génial. Intéressant surtout le soir quand les chutes sont éclairées.

★ *Journey behind the Falls* (plan A4, 45) : prévoir 7 $Ca. Prendre les billets au Table Rock Complex. À faire absolument. Un ascenseur conduit à l'entrée de tunnels souterrains et humides. On a 3 vues saisissantes sur les chutes.

★ Excursion de la **grande gorge** et des **rapides du Tourbillon** (pas terrible). Tarif : 6 $Ca.

★ Pour les photographes, il est indispensable de monter à la **Skylon Tower** (ou à la **Minolta Tower**, un peu moins haute mais plus proche de *Horseshoe Falls*). Vue magnifique sur les deux chutes. Vaut la peine. Ici encore, votre portefeuille sera mis à contribution : 9 $Ca pour le *Skylon* (ouverte de 8 h à 23 h) et la même chose pour la *Minolta Tower* (ouverte de 7 h à minuit selon affluence).

– Ne jamais enjamber le petit muret qui est en face des chutes américaines (côté canadien) pour s'allonger sur la pelouse.

★ *Niagara Helicopter Rides* (plan A1, 47) : 3731 Victoria Avenue. ☎ (905) 357-5672. Prévoir 160 $Ca pour 2. Tour en hélicoptère au-dessus des chutes.

★ **Maid of the Mist :** petit bateau qui s'approche du bas des chutes. Il démarre du côté canadien et ensuite se dirige vers les chutes. Départ également possible du côté américain où, d'ailleurs, il y a moins de monde (voir ci-dessus).

★ **Butterfly Conservatory** (hors plan par A1, 48) **:** 2565 Niagara Parkway. ☎ 1-877-6642-7275. Entrée : 9 $Ca. Ouvert tous les jours à partir de 9 h. Situé à l'écart de la ville dans des jardins botaniques. La visite commence par une courte séance vidéo. On entre ensuite dans une grande serre tropicale où s'ébattent une quarantaine d'espèces de papillons. Avec un peu de chance, certains viendront exposer leurs jolies ailes colorées sur vous. Observation de chrysalides. Visite agréable mais un peu courte. À la sortie, évidemment, un *gift shop* : ne vous faites pas avoir...

QUITTER LES NIAGARA FALLS

Côté américain

En train

Une particularité à signaler : la **gare Amtrak** (hors plan par B2) de la City of Niagara est totalement excentrée et il n'y a aucun autre moyen de s'y rendre depuis l'AJ que le taxi. ☎ 1-800-872-7245.

➢ **Vers Buffalo et New York** (Penn Station) **:** tous les jours avec le *Maple Leaf* (le plus rapide). Départ en début d'après-midi. Durée : 8 h.

En bus

➢ **Vers Buffalo et New York :** moins cher que le train, mais presque deux fois plus long. Bus n° 40.
➢ **Vers Niagara Falls (côté canadien) et Toronto :** il n'y a pas de bus pour aller de part et d'autre de la frontière. En revanche, le *Greyhound* (☎ 1-800-231-2222) qui part de Buffalo vous emmène directement du côté canadien. Donc, ne pas oublier son passeport (on s'est fait avoir). Part aussi de l'aéroport. 3 départs en hiver (du 1er novembre au 31 mars) et 8 en été.

Côté canadien

En train

– *Renseignements :* ☎ 1-800-361-1235.
➢ **Vers Buffalo :** 3 départs l'après-midi. Bien planifier son départ car si on réserve plus de 5 jours à l'avance, on bénéficie d'une réduction de 40 %. *Idem* pour ceux qui ont la carte ISIC.
➢ **Vers Toronto :** 7 départs par jour.
➢ **Vers Ottawa et Montréal :** 1 départ quotidien en semaine (à l'aube). Moins cher que le bus. Même remarque que pour Buffalo.

En bus

➢ **Vers Buffalo :** 8 départs quotidiens avec *Tentway Wagar* (☎ : 1-800-461-7661). Compter un peu moins de 2 h de trajet.
➢ **Vers Toronto :** 12 départs par jour, même compagnie, même durée.
➢ **Vers Ottawa :** 4 départs quotidiens avec *Greyhound* (☎ 1-800-661-TRIP).
➢ **Vers Vancouver :** les vendredi et samedi, avec *Greyhound*.

CHICAGO

IND. TÉL. : voir la rubrique « Téléphone » plus loin

Capitale mondiale de l'architecture, Chicago a presque définitivement liquidé sa mauvaise réputation. Il était temps, quand on pense au nombre de touristes qui n'inscrivaient pas la ville dans leur programme ! Au hit-parade des villes les moins sûres, Chicago ne se place qu'au dix-septième rang, loin derrière Washington (1re) et Los Angeles. Elle fut même élue la ville la plus agréable à vivre par la conférence des maires des États-Unis en 1982. C'est vrai que si l'on arrive de New York, le contraste est frappant. Chicago apparaît délicieusement calme et étonnamment propre !

Mais Chicago est aussi la ville des superlatifs. Elle possède le plus vieux club d'échecs du Midwest, le plus grand hôtel du monde (le *Conrad Hilton* : 2345 chambres), le plus grand aéroport, le plus grand marché aux grains du monde, le plus grand aquarium du monde et, même, sur Clark Avenue, le *McDonald's* qui débite le plus de hamburgers ! Pendant longtemps, la Sears & Roebuck Tower (achevée en 1974) fut, avec ses 443,17 m, ses 110 étages et ses 100 ascenseurs, la plus haute tour du monde. Même New York faisait pâle figure avec ses Twin Towers du World Trade Center (412 m), aujourd'hui disparues. Mais hélas, le record détenu par Chicago ne tient plus puisque l'Asie du Sud-Est prend sa revanche avec les tours jumelles Petronas à Kuala Lumpur. Les tours de la capitale malaise dépassent de 8 m celle de la « cité des vents ». Mais les Américains vont-ils se laisser battre par une nation « sous-développée » ? On serait tenté de dire non. Pourtant, depuis les tragiques attentats du 11 septembre 2001 qui provoquèrent l'effondrement des tours jumelles du World Trade Center, il semble que la velléité de construire toujours plus haut ne soit plus aussi vive. Outre l'aspect psychologique évident, la construction d'immeubles de grande hauteur pose aussi d'indéniables problèmes de sécurité.

Dans un registre plus léger, saviez-vous que le chewing-gum fut inventé ici ? D'ailleurs, à Chicago plus rien n'étonne : quand on estime qu'une rivière ne coule pas dans le bon sens, eh bien, on inverse son cours ! Après l'épidémie de choléra et de typhoïde générée par la forte montée des eaux en 1885, on décida de détourner la rivière pour préserver l'eau potable du lac, en creusant un canal qui s'ouvre sur le Mississippi. Ainsi Chicago River ne se déverse plus dans le lac Michigan mais vers le golfe du Mexique ! Chicago est aussi la *windy city* des États-Unis. Températures folles : jusqu'à -60 °C en hiver, et + 40 °C en été...

Pour finir, une activité culturelle intense, avec beaucoup de concerts gratuits.

UN PEU D'HISTOIRE

Avant toute chose, avant même que la ville ne soit créée, cette région était recouverte par les eaux. Les Indiens appelèrent leur rivière *Checagou*, du nom des oignons sauvages qui poussaient dans cette zone marécageuse.

Ancien point de passage et de liaison des Indiens, des explorateurs et missionnaires, entre le Canada et le bassin du Mississippi, puis poste permanent de traite de fourrures. En 1803, construction d'un fort à l'entrée de Chicago River. Chicago devient, lors de la conquête de l'Ouest, une étape et un point de départ obligés. Au milieu du XIXe siècle, nœud ferroviaire très important d'où part la fameuse ligne *Union Pacific* vers San Francisco (terminée en 1869). Chicago bénéficie de la guerre civile en supplantant Saint Louis, trop proche des champs de bataille. La ville devient alors l'un des grands marchés à bestiaux du pays et développe parallèlement ses industries. Elle passe de 400 habitants en 1833 à 300000 en 1870. Elle atteint un million en 1890, puis 2 millions vingt ans plus tard (aujourd'hui Chicago

approche les 3 millions et, avec sa banlieue, les 8 millions d'habitants). L'incendie géant de 1871 a donné le coup d'envoi définitif à la modernisation de la ville en imposant d'autres normes et matériaux de construction.
En 1886 éclatent des grèves et des émeutes ouvrières. Six leaders syndicaux, après une parodie de justice, sont pendus. Le 1er mai, date de leur exécution, sera d'ailleurs choisi, par la suite, comme fête internationale du Travail (mais ce jour n'est pas chômé aux États-Unis !). La célèbre « Prohibition », établie de 1919 à 1933 et interdisant la vente de toute boisson contenant plus de 0,5° d'alcool, provoque une véritable industrie de la distillation illégale et le développement des *speakeasies* (débits de boissons clandestins). La guerre des gangs pour la possession de ce juteux marché fait des centaines de morts. L'argent coule à flots et, en grande partie, dans les poches des policiers et politiciens véreux.
Au cours de l'une des années les plus sanglantes, il n'y eut, sur 1 059 crimes de toutes sortes répertoriés, que 25 cas éclaircis ! Assassinats et corruption devaient donner pour longtemps cette image négative à Chicago.
En pleine guerre du Vietnam, en 1968, d'importantes manifestations d'étudiants et de pacifistes devant la Convention nationale démocrate sont violemment réprimées (l'événement marqua toute la génération des 50-55 ans d'aujourd'hui).
Actuellement, Chicago est le 2e centre industriel du pays et l'une des plus importantes places financières mondiales (c'est ici que l'on fixe le prix du blé et du soja). Les grands abattoirs ont émigré à Kansas City en 1971. Le dynamisme de la ville a pourtant donné naissance à une pensée économique ultra-conservatrice dite « école de Chicago » (théories de Milton Friedman basées sur le libéralisme économique total). Surnommés *Chicago Boys*, ses émules furent, entre autres, conseillers de Pinochet au Chili où ces théories ont d'ailleurs complètement fait faillite.
Heureusement, Chicago a désormais une autre image. D'abord, celle d'un certain succès du melting-pot. Plus que dans toute autre ville, on sent la volonté des communautés irlandaise, italienne, juive, polonaise (2e ville polonaise au monde), etc., de s'intégrer. Les habitants de Chicago ont également montré leur ouverture d'esprit en plaçant pour la première fois, en 1979, une femme (Jane Byrne) à la tête d'une grande ville, puis en élisant, en 1983, un maire noir (Harold Washington, alors que la communauté noire ne représente que 40 % et qu'elle vote peu). Chicago a aussi élu la première femme noire au Sénat lors des élections en novembre 1992. Depuis le Chicago d'Al Capone, l'histoire a tourné bien des pages...

Le drôle de destin d'un mur !

Voici une anecdote bien révélatrice de la volonté des Chicagoans d'exorciser leur passé. Personne n'a oublié ce fameux épisode de la guerre des gangs : le « massacre de la Saint-Valentin », ce 14 février 1929, où une dizaine de gangsters rivaux furent « fusillés » contre le mur d'un garage par les hommes d'Al Capone déguisés en flics. Symbole d'un passé honteux, le garage fut démoli il y a quelques dizaines d'années. Un riche *businessman* de Vancouver, George Patey, racheta cependant le fameux mur et voulut l'offrir à l'un de ses amis qui ouvrait justement un restaurant sur le thème de la Prohibition. Celui-ci refusa, expliquant que cela couperait l'appétit aux clients. L'entrepreneur proposa donc aux autorités d'utiliser ces 417 briques démontées et numérotées pour édifier un monument anticrime sur une des places publiques. Les réactions furent vives contre le projet. Finalement, même un musée du crime refusa le mur maudit. Chicago ne voulant pas de son mur, l'entrepreneur l'emporta avec lui à Vancouver où il trouva enfin une place comme... urinoir dans les toilettes d'une boîte, le *Banjo Palace*. Là, ses tribulations n'étaient pas terminées pour autant, car les dames ne tardèrent pas à venir chez les hommes pour le contempler. Pour éviter toute confusion malsaine, il fallut donc instaurer des jours pour la gent féminine !

Aujourd'hui, le *Banjo Palace* a fermé et le mur est encore à la recherche d'une nouvelle destination...

Chicago et l'architecture

Un soir de l'année 1871, la vache de M. O'Leary donna un coup de pied dans une lampe à pétrole. Ainsi débuta le grand incendie qui ravagea pendant 3 jours un tiers de la ville et tout le quartier des affaires. Chicago lui doit son titre de « capitale mondiale de l'architecture » ! 300 morts et 20 000 maisons détruites. Les milliers de tonnes de gravats poussés dans le lac formèrent d'ailleurs le remblai de la future voie express *Lake Shore Drive*. Le bois ayant fait faillite, ingénieurs, urbanistes et architectes se penchèrent donc sur les métaux. Ça tombait bien, les aciéries florissantes d'à côté venaient de mettre au point des aciers capables de résister à la traction comme à la compression. Découverte essentielle, car l'armature des buildings avait besoin de répondre à divers problèmes d'importance : le poids des structures, le vent (très fort ici), le soleil qui dilate les façades au sud, pendant que du côté nord elles se rétractent, etc. Cette technique révolutionnaire allait donc permettre la naissance des premiers gratte-ciel et... l'école de Chicago (1875-1910).

Trois architectes, trois périodes symbolisent l'architecture de Chicago : Sullivan, Wright et Mies Van der Rohe. Sir William, le baron Jenney, conçut le premier building à structures métalliques (le *Home Insurance*) en 1885, aujourd'hui disparu. Mais c'est à Louis H. Sullivan que Chicago doit vraiment ses premières œuvres d'art. Ce « poète du gratte-ciel », en déclarant que « la forme doit suivre la fonction », ouvrit vraiment la porte à cette fantastique aventure.

Au début, on s'inspira et recopia avant tout de l'art européen, et les bâtiments s'ornèrent d'incroyables façades Renaissance, gothiques ou romanes, sans oublier l'Antiquité. Friands d'un style tape-à-l'œil, les Américains s'en sont remis à Daniel H. Burnham et son partenaire, John W. Root, qui excellèrent dans le genre. Enfin, citons, comme éminents représentants de l'école de Chicago de ce dernier quart de siècle, William Holabird et Martin Roche (auteurs du célèbre *Tacoma Building*, en 1886). L'assistant de Sullivan (de 1887 à 1893), Frank Lloyd Wright, d'esprit plutôt anticonformiste, constatant un certain retour au néo-classicisme, voulut pousser plus loin. Pour lui, l'utilisation de techniques et de matériaux nouveaux montrerait vite ses limites si l'on ne repensait pas aussi l'espace intérieur, la place de l'individu dans l'architecture, ses rapports avec la nature. Ses principes s'appliquèrent d'abord aux maisons individuelles avant ses œuvres plus grandioses (type musée Guggenheim à N.Y.). Il chercha à éviter les cloisonnements oppressants, créa différents niveaux dans l'habitat, s'articulant harmonieusement avec ouvertures et galeries extérieures. Il commença d'ailleurs par sa propre maison en 1889, à Oak Park.

Ludwig Mies Van der Rohe, quant à lui, architecte allemand, ancien dirigeant du Bauhaus, dut fuir le régime nazi et vint travailler aux États-Unis à partir de 1937. Il renouvela profondément l'architecture en introduisant massivement, dans les années 1940-1950, les grandes surfaces de verre, planes ou courbes, manifestant un goût raffiné des proportions et des formes simples et rigoureuses. On lui doit, à Chicago, l'ondulante *Lake Point Tower*, et, à New York, le fameux *Seagram*. Lui aussi fit école, et ses épigones se lancèrent tous dans l'architecture de fer et de verre, donnant aux édifices ces fantastiques effets de verticalité, ces formes élancées à l'assaut du ciel...

Jusqu'à la fin du XXe siècle, on a construit des bâtiments de plus en plus gigantesques. En 10 ans, plus de cent projets ont vu le jour comme l'aéroport d'O'Hare, la NBC Tower, en passant par Owings & Merill ou Skidmore.

Bulls, Cubs, Bears, etc.

Avant de programmer votre voyage à Chicago, sachez quand y aller. Pour cela, on vous rappelle les saisons des principales équipes phares de Chicago.
- *The Chicago Bulls* : lorsqu'ils jouent à domicile, c'est au stade de

■ Adresses utiles
- **1** Office du tourisme et Chicago Cultural Center *(plan II)*
- **2** Chicago Water Works *(plan II)*
- Post Office *(plan I)*
- **1** Post Office *(plan II)*
- **2** Poste restante *(plan II)*
- Greyhound *(plan I)*
- **4** Walgreens *(plan II)*
- **5** Alliance française *(plan II)*
- **6** Lavomatic Laundryland *(plan I)*
- **7** Cinema Esquire Loews *(plan II)*

Où dormir ?
- **30** Arlington House International Hostel *(plan I)*
- **31** Covent Hotel *(plan I)*
- **32** Eleanor Residence *(plan I)*
- **33** The Three Arts Club of Chicago *(plan II)*
- **34** Abbott Hotel *(plan II)*
- **35** City Suites Hotel *(plan I)*
- **36** Majestic Hotel *(plan I)*
- **37** Wacker Apartments Hotel *(plan II)*
- **38** Tokyo Hotel *(plan II)*
- **39** Ohio House Motel *(plan II)*
- **40** Motel 6 *(plan II)*
- **42** Summerfield Suites Hotel *(plan II)*
- **43** Lenox Suites *(plan II)*
- **45** New Jackson Hotel *(plan II)*
- **46** Chicago International Hostel *(hors plan II)*
- **47** International House *(hors plan II)*
- **48** Flemish House Bed and Breakfast *(plan II)*
- **49** Cass Hotel *(plan II)*

Où prendre un petit déj' ?
- **70** Ann Sather *(plan I)*
- **79** The Original Pancake House *(plan II)*
- **80** Corner Bakery *(plan II)*
- **99** Lou Mitchell's *(plan II)*

Où manger ?
- **71** Salt and Pepper Diner *(plan I)*
- **72** Penny's Noddle Shops *(plan I)*
- **73** Chicago Diner *(plan I)*
- **74** Brother Jimmy's *(plan I)*
- **75** R.J. Grunts *(plan I)*
- **76** Red Rooster *(plan I)*
- **77** Café Ba-Ba-Reeba! *(plan I)*
- **78** Le Bouchon *(plan I)*
- **81** Cru, cafe and wine bar *(plan I)*
- **82** The Cheesecake Factory *(plan II)*
- **83** Billy Goat Tavern *(plan II)*
- **84** Matsuya *(plan I)*
- **85** Cambridge House *(plan I)*
- **86** Big Bowl *(plan II)*
- **88** Pizzeria Due *(plan II)*
- **89** Su Casa *(plan II)*
- **90** Café Iberico *(plan II)*
- **91** Ed Debevic's *(plan II)*
- **92** Gino's East *(plan II)*
- **93** Brasserie Jo *(plan II)*
- **94** Frontera Grill *(plan II)*
- **95** Food Life *(plan II)*
- **96** Italian Village *(plan II)*
- **97** Zaven's *(plan II)*
- **98** Kiki's Bistro *(plan II)*
- **100** Berghoff *(plan II)*
- **101** Vivo *(plan II)*
- **102** Arco de Cuchilleros *(plan I)*
- **103** Souk *(hors plan I)*
- **104** Cafe de Lucca *(plan I)*

▼ Où boire un verre ? Où sortir ?
- **110** Slow Down, life's too short *(plan I)*
- **111** El Jardin *(plan I)*
- **112** Cubby Bear *(plan I)*
- **113** Métro *(plan I)*
- **114** Subterranean *(plan I)*
- **115** Double Door *(plan I)*
- **116** Exedus II *(plan I)*
- **117** Excalibur *(plan II)*
- **118** Earwax Café *(plan I)*
- **119** Katacomb *(plan II)*
- **120** Berlin *(plan I)*
- **121** Crobar *(plan II)*
- **122** Carol's Pub *(hors plan I)*
- **123** Bouddha Lounge *(plan II)*
- **124** The Elbo Room *(plan I)*
- **125** Déjà Vu *(plan I)*
- **126** House of Beer *(plan II)*
- **127** Butch McGuire's *(plan II)*
- **128** Mother's *(plan II)*
- **129** Second City *(plan II)*
- **130** Kelly's Pub *(plan II)*

♪ Où écouter du jazz et du blues ?
- **180** Kingston Mines *(plan I)*
- **181** B.L.U.E.S *(plan I)*
- **182** Rosa's Lounge *(hors plan I)*
- **183** B.L.U.E.S. ETC. *(plan I)*
- **184** Andy's Jazz Club *(plan II)*
- **185** Buddy Guy's Legends *(hors plan II)*
- **186** Cotton Club *(hors plan II)*
- **187** Joe Segal's Jazz Showcase *(plan II)*
- **188** House of Blues *(plan II)*
- **189** Green Mill *(hors plan II)*

@ Où surfer sur le web ?
- **200** Screenz *(plan I)*
- **201** Kinko's *(plan II)*

★ À voir
- **282** Chicago Historical Society *(plan I)*
- **283** Metropolitan Detention Center *(plan II)*
- **286** Wrigley Building *(plan II)*
- **288** John Buck Building *(plan II)*
- **289** Water Tower Pumping Station *(plan II)*
- **290** John Hancock Center Observatory *(plan II)*
- **292** John G. Shedd Aquarium *(hors plan II)*
- **293** Field Museum of Natural History *(hors plan II)*
- **294** Adler Planetarium *(hors plan II)*
- **296** Museum of Contemporary Art *(plan II)*
- **297** Museum of Contemporary Photography *(plan II)*
- **299** Terra Museum of American Art *(plan II)*
- **300** Spertus Museum of Judaica *(plan II)*
- **301** Chicago Board of Trade *(plan II)*

⚘ Shopping
- **230** Village Discount Outlet *(plan I)*
- **231** Strange Cargo *(plan I)*
- **232** Flash Back Collectibles *(plan I)*
- **233** Reckless Records *(plan I)*
- **234** Urban Outfitters *(plan I et plan II)*
- **235** Dr Wax Records *(plan I)*
- **236** Chicago Comics *(plan I)*
- **238** The Beat Parlor *(plan I)*
- **240** F.A.O. Schwartz *(plan II)*
- **241** Filene's Basement *(plan II)*
- **242** Marshall Field and Co. *(plan II)*
- **243** Hollywood Mirror *(plan I)*
- **244** Botànica brisas de michoacàn *(hors plan I)*
- **245** Uprise *(hors plan I)*
- **246** Wonderland *(hors plan I)*
- **247** Eclectic Junction *(plan I)*
- **248** Anthropologie *(plan II)*

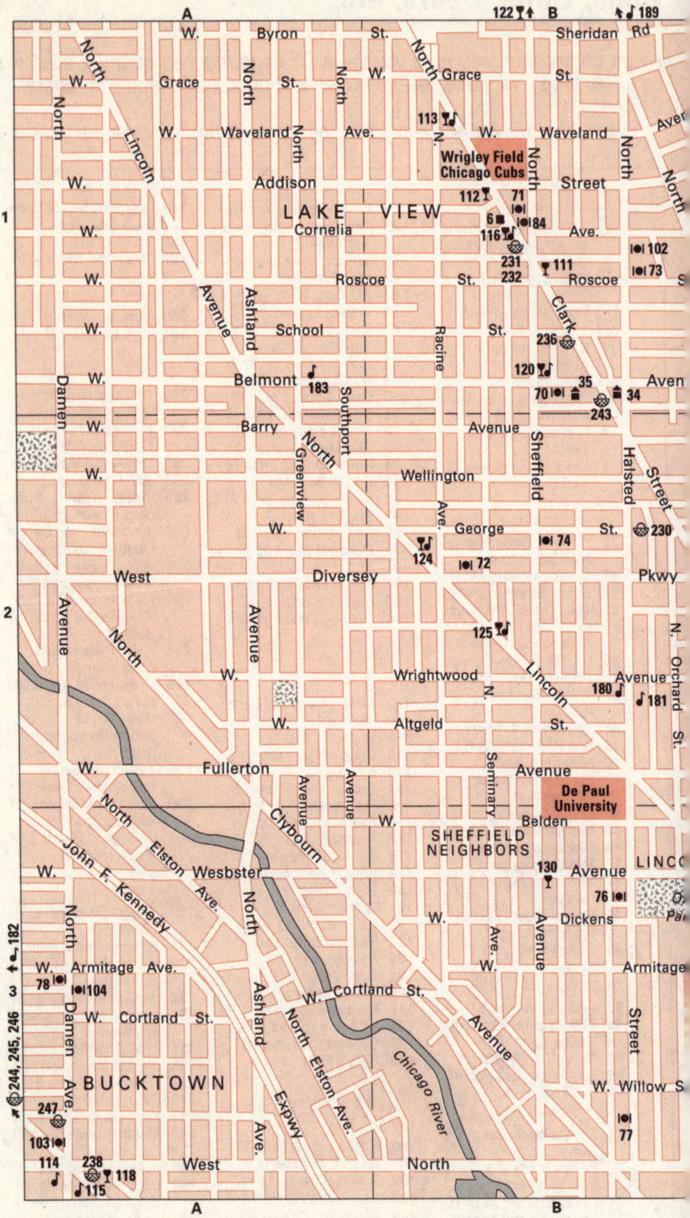
A
B
1
2
3
LAKE VIEW
SHEFFIELD NEIGHBORS
BUCKTOWN
Wrigley Field Chicago Cubs
De Paul University
W. Byron St.
Sheridan Rd
W. Grace St.
W. Waveland Ave.
W. Addison Street
W. Cornelia Ave.
W. Roscoe St.
W. School St.
W. Belmont Avenue
W. Barry Avenue
W. Wellington
W. George St.
West Diversey Pkwy
W. Wrightwood Avenue
W. Altgeld St.
W. Fullerton Avenue
W. Belden
W. Wesbster Avenue
W. Dickens
W. Armitage Ave.
W. Cortland St.
W. Willow St.
West North
North Lincoln Avenue
North Ashland Avenue
North Southport
North Greenview Avenue
North Racine Ave.
North Clark Street
North Sheffield Avenue
North Halsted Street
N. Orchard St.
N. Seminary Ave.
North Damen Avenue
North Clybourn Avenue
North Elston Ave.
John F. Kennedy Expwy
Chicago River
LINC
122 189 113 112 71 6 84 116 231 232 111 102 73 236 183 120 35 70 34 243 74 230 124 72 125 180 181 130 76 182 78 104 244, 245, 246 247 103 114 238 118 115 77

CHICAGO – PLAN I (LAKE VIEW ET LINCOLN PARK)

CHICAGO – PLAN II (LE LOOP ET NEAR NORTH)

Chicago (United Center, 1901 West Madison Street). Billetterie *Ticketmaster* : ☎ (312) 559-1212. La saison dure de novembre à avril.
- **The Chicago Blackhawks :** l'équipe de hockey sur glace. Pour les réservations, même endroit, même numéro que les Chicago Bulls. La saison commence à la mi-septembre et dure jusqu'en avril.
- **The Chicago White Sox :** la moins connue joue au Comiskey Park. Ça a beau être le terrain de base-ball le plus vieux des États-Unis, c'est tout de même un peu loin, tout au sud, derrière l'Illinois Institute of Technology. Accessible par la Red Line, station : 35th Street/Sox. Billetterie *Ticketmaster* : ☎ (312) 831-1769. • www.whitesox.com •
- **The Chicago Cubs :** au stade Wrigley Field. Voir *Cubby Bear*, *Métro*, dans la rubrique « Où boire un verre ? » Billetterie *Ticketmaster* : ☎ (312) 831-2827.
- **The Chicago Bears :** au Soldier Field. C'est ici que s'est déroulé le match d'ouverture de la Coupe du Monde de « foutchebol » en 1994. Billetterie *Ticketmaster* : ☎ (847) 615-2327.

Chicago deep-dish-pizza

Le nougat de Montélimar, la saucisse de Strasbourg, les rillettes du Mans, tout le monde connaît. Eh bien, à Chicago, c'est la *deep-dish-pizza*. En fait, l'idée a germé dans l'esprit de Ric Riccardo quand il vit, en Italie, un *GI* qui mordait à pleines dents dans une pizza. On n'a encore pas saisi le lien de cause à effet, mais toujours est-il que c'est à ce moment-là qu'il imagina la recette originale de la pizza cuite dans un moule à hauts bords, une invention qui fit d'ailleurs la fortune de son resto *Pizza Uno* (« Ah, chez *Pizza Uno*, quand ils éteignent la lumière, c'est qu'il va y avoir une surprise ! »). Depuis, la notoriété de la *deep-dish-pizza* créée par le père Riccardo a largement dépassé les frontières de sa chaîne de restaurants désormais omniprésente sur le sol américain. À notre avis, la meilleure est celle de *Pizzeria Due* (voir la rubrique « Où manger ? À Near North et dans le Loop »).

Arrivée à l'aéroport

Il y a **deux aéroports** :
✈ **O'Hare :** le principal, situé à 30 miles au nord de Chicago. C'est l'aéroport le plus fréquenté de la planète après celui d'Atlanta qui lui a piqué la première place. C'est la plate-forme d'interconnexion de *United Airlines*, donc la plupart de ses vols domestiques y transitent (terminal 1). *Air Canada* (États-Unis/Canada) est au terminal 3. Enfin, tous les vols internationaux arrivent au terminal 5. Pour changer de terminal, il y a un train suspendu *(Airport Transit System)*.
- **Infos sur l'arrivée des vols :** ☎ (773) 686-2200.
- **Assistance** (si vous voyagez avec des enfants ou votre belle-mère) : ☎ (773) 894-2427.
- **Consignes :** dans les terminaux 2 et 3 seulement.
- Pas de **location de voitures** au terminal 5, mais des téléphones gratuits permettent de joindre directement les comptoirs situés dans les autres terminaux. Les navettes de tous les loueurs assurent une liaison constante entre les différents terminaux.
➢ **Pour aller dans le centre :** le meilleur moyen (55 mn ; et bon marché : 1,50 US$) d'aller à Downtown est certainement le métro (prendre la *Blue Line*, descendre à la station Washington, en plein Loop). Dans le métro (qui fonctionne toute la nuit), demandez un *transfer* pour pouvoir prendre un bus ensuite. Le taxi coûtera plus de 30 US$ et sera probablement pris dans les interminables embouteillages de l'autoroute (sauf tard le soir). Il y a aussi

plusieurs *limo*-navettes qui, pour 10-15 US$, desservent les principaux hôtels du centre.
➤ **Midway Airport :** le second aéroport, où atterrissent beaucoup de lignes nationales bon marché *(America West...)*. Cet aéroport est situé à une quinzaine de miles de Downtown, au sud-ouest, sur l'autoroute 55.
– **Informations :** ☎ (312) 767-0500.
➤ **Pour aller dans le centre :** prendre le métro (Orange Line, attention, elle est fermée la nuit ; dernier train de Midway vers le Loop avant minuit), sinon le taxi (environ 20 US$). Il y a des bus, mais ils ne sont pas à conseiller car ils doivent traverser les banlieues pas très sûres du sud de Chicago.

Arrivée par la route

Nombreuses *toll freeways* (autoroutes à péage). Avoir toujours le plein de monnaie en poche (pièces de 25 cents) pour les machines automatiques.

Orientation

Chicago se compose de plusieurs grands quartiers :
– **Le Loop** *(plan III)* **:** situé au sud de Chicago River (quartier des affaires et des buildings historiques), délimité par le *El*, le métro aérien.
– **Old Town et Near North** *(plan II)* **:** au nord de Chicago River, longue série de superbes buildings et de commerces de luxe.
– **Le quartier de Lincoln Park** *(plan I)* **:** encore plus au nord, où se retrouvent les jeunes et les étudiants. Très vivant le soir (voir « Où sortir ? »).
– **Le quartier de Bucktown** *(plan I)* **:** c'est ici que se trouvent la plupart des galeries de peinture, des boutiques design, des revues d'art et des labels de rock indépendant. Un quartier à parcourir absolument. En continuant Milwaukee Avenue vers le nord (bus n° 56), on constate que l'endroit est peuplé par la communauté hispanique (surplus militaires, entrepôts, peintures murales, *salones de baile, todo para 1 US$*, etc.).
– **Au sud du Loop** *(hors plan)* **:** Grant Park, les musées scientifiques, Little Italy et Chinatown.
State Street (direction nord-sud) coupe *Madison Street* (est-ouest), au point O. C'est à partir de ce point central que commence l'orientation nord-sud-est-ouest et la numérotation. C'est en quelque sorte le point cardinal de Chicago. De là, il faut savoir qu'un *block* (= un pâté de maisons) vaut environ 100 numéros. Ainsi, si l'on veut aller au 825 N Michigan, on sait qu'à l'intersection de Michigan (vertical) et de Madison (horizontal) il faudra compter 8 *blocks* vers le nord. On dit « à peu près », car depuis que le quadrillage de Chicago a été mis en place, certains *blocks* ne sont plus en fait que des demi-*blocks*. Armés de vos cartes, vous pouvez maintenant vous attaquer à cette ville merveilleuse.

Téléphone

Plusieurs indicatifs téléphoniques selon les quartiers :
– le 312 (surtout pour Downtown) ou le 773 pour Chicago City,
– le 847 pour la banlieue nord et nord-ouest,
– le 630 pour la banlieue ouest,
– le 708 pour la banlieue sud,
suivi du numéro à 7 chiffres.
Pour vous éviter de vous torturer les méninges, nous les indiquons systématiquement devant chaque numéro de téléphone, dans le texte.

Adresses utiles

Informations touristiques et culturelles

- **Office du tourisme** (plan II, C3, 1) : dans le Chicago Cultural Center, 77 E Randolph Street ☎ (312) 744-2400. • www.chicago.il.org • Ouvert du lundi au vendredi de 10 h à 18 h, le samedi de 10 h à 17 h et le dimanche de 11 h à 17 h.
- **Chicago Water Works** (plan II, C2, 2) : 811 N Michigan Avenue. • www.ci.chi.il.us/tourism • Il s'agit d'un autre office du tourisme. Ouvert du lundi au samedi, de 7 h 30 à 19 h. Fermé le dimanche.
- **Alliance française** (plan II, C2, 5) : 810 N Dearborn Street. ☎ (312) 337-1070. Fax : (312) 337-3019. • www.afchicago.com • À l'angle de Chicago Street, pas loin de la Water Tower. Intéressant uniquement si vous séjournez longtemps à Chicago. Sinon, accueil pas franchement avenant.

Représentations diplomatiques

- **Consulat de France** : 737 N Michigan Avenue. ☎ (312) 787-5359. Le consulat peut, en cas de difficultés financières, vous indiquer la meilleure solution pour que des proches puissent vous faire parvenir de l'argent, ou encore vous assister juridiquement en cas de problèmes.
- **Consulat de Belgique** : 333 N Michigan Avenue. ☎ (312) 263-6624.
- **Consulat du Canada** : Prudential Plaza, 180 N Stetson Avenue. ☎ (312) 616-1860.
- **Consulat de Suisse** : 737 N Michigan Avenue. ☎ (312) 915-0061.

Banques, poste

- **Superior Bank** : 125 S Wacker Drive (à l'angle avec Adams Street). Près du pont. Pour obtenir des dollars avec la carte *Visa*.
- **American Express** : 122 S Michigan Avenue. ☎ (312) 435-2595.
- **Bureau de change World's Money Exchange** : 6 E. Randolf Street, suite 204. ☎ (312) 641-2151.
- **Poste restante** (plan II, B4, 2) : S Canal et W Van Buren.
- **Post Office** (plan II, C4, 1) : à l'angle de Clark et Adams Streets.
- **Post Office** (plan I, C2) : North Clark Street et Wrightwood Avenue.

Transports

- **Greyhound** (plan II, B4) : Harrison Street, entre Jefferson et Clinton Streets. ☎ (312) 408-5883.
- **Amtrak** (plan II, B4) : Union Station. ☎ (312) 558-1075.
- **Auto drive-away** : 310 S Michigan. ☎ (312) 939-3600.
- **Air France** : ☎ 1-800-237-2747 (gratuit).
- **Location de vélos** : *Village Cycle Center*, 1337 N Wells. ☎ (312) 751-2488. Également, l'été, location de vélos et *roller-blades* au *Navy Pier* (Grand Avenue et Lake Shore Drive ; ☎ 1-800-915-BIKE) et au *Lincoln Park* (Fullerton Avenue et Cannon). Ce dernier est le plus commode car ils ont six guichets de location sur Lake Shore Drive, ce qui permet de prendre le vélo à un endroit et de le rendre à un autre.

Divers

■ *Standard Photo Supply :* 43 E Chicago Avenue. ☎ (312) 440-4920. Ouvert de 8 h à 17 h 30 ; le samedi, de 9 h à 14 h. Très central, le plus grand magasin de photo de la ville.

■ *Walgreens* (plan II, C2, 4) *:* 757 N Michigan. ☎ (312) 664-4000. Un supermarché de dépannage ouvert 24 h/24 tous les jours.

■ *Lavomatic Laundryland* (plan I, B1, 6) *:* 2662 N Clark (à l'angle avec Cornelia). Ouvert tous les jours de 7 h à 21 h 30.

■ *Cinema Esquire Loews* (plan II, C1, 7) *:* Oak Street. Compter 8 US$ le billet. Un ravissant cinéma à la façade très clinquante. Pour les nostalgiques des vieilles salles américaines.

Transports en ville

– *Chicago Transit Authority (CTA) :* ☎ (312) 836-7000 ou • www.transit chicago.com • pour tout renseignement. Le métro aérien, surnommé le *El*, fonctionne jour et nuit. Hyper pratique. Système de bus pas trop compliqué. Se procurer une *CTA Map* (plan des transports en commun). On peut acheter des cartes magnétiques à la course (qui ont remplacé les *tokens*) dans certaines stations, dans de nombreux supermarchés et dans les *check cashed* devant les magasins dotés du signe jaune. Petit rappel : les chauffeurs de bus n'ont pas de monnaie. Avoir l'appoint (1,50 US$ le trajet). Tarifs plus élevés pendant les *rush hours* de 6 h à 10 h et de 15 h à 19 h (compter 25 cts en sus). Ne pas oublier de demander la correspondance (30 cts) au chauffeur de bus ou à l'arrêt du *El*, cela permet de faire 2 autres trajets pendant les 2 heures qui suivent. Possibilité d'acheter un *pass* à la semaine ou au mois ; également des forfaits touristiques de 2, 3 ou 5 jours. En règle générale, les transports en commun de Chicago sont très pratiques. Les bus s'arrêtent très fréquemment.
Attention : pas de bus en banlieue les samedi et dimanche.

Où dormir ?

Logement cher. Si vous le pouvez, planifiez votre passage le week-end pour pouvoir profiter des forfaits dans certains hôtels.
À Chicago, bon nombre d'hôtels refusent de donner leurs tarifs *(the price list)* par écrit, pour la simple et bonne raison que leurs prix varient en fonction des disponibilités, de la période et de l'heure à laquelle on arrive. On peut donc légitimement demander une petite ristourne. Un conseil : plus vous arriverez tard, plus vous aurez de chance d'obtenir un bon prix. N'hésitez pas non plus à entrer dans certains hôtels qui vous sembleraient trop « luxueux ». Ils le sont souvent, mais leurs prix sont parfois raisonnables.
Tous les hôtels de Chicago de la catégorie « De prix moyens à plus chic » ont la TV, la climatisation et parfois un mini-bar. Si vous avez une voiture, les motels situés le long de Lincoln Avenue pratiquent des prix très abordables. Comme les compagnies d'aviation, les hôteliers confient leurs chambres inoccupées à un bradeur. Au dernier moment, on peut parfois tomber dans un bon hôtel de standing international pour le prix d'un hôtel de catégorie « Prix moyens ». Cela dit, c'est souvent pour moins de 3 jours.
– Réservations auprès de *Hot Rooms* : ☎ 1-800-468-3500. Un autre numéro pour nos chers lecteurs : ☎ 1-877-4LODGING.
Voici quelques indications propres à Chicago concernant nos rubriques de prix :
– *Bon marché :* de 15 US$ à 80 US$
– *Prix moyens :* de 80 à 100 US$
– *Plus chic :* à partir de 145 US$

À Park West, Sheffield Neighbors et Lincoln Park

De bon marché à prix moyens

▲ *Arlington House International Hostel* (plan I, B2, 30) : 616 W Arlington Place. ☎ (773) 929-5380 ou 1-800-HOSTEL5. Fax : (773) 665-5485. • res@arlingtonhouse.com • Compter 20 US$ ou 17 US$ pour les membres. Ouverte toute l'année. Chambres très correctes dans un quartier résidentiel. Celles avec salle de bains commune sont évidemment moins chères que celles avec salle de bains privée. Grand salon et salle à manger. Salle d'eau un brin sommaire. Propreté limite. Fréquentée hors saison par des ouvriers saisonniers ou des petits vieux. Réduction pour les étudiants munis de la carte ISIC. Possibilité de prendre le petit déj' ou le lunch pour 2 US$ mais rien de très appétissant. Accès Internet.

▲ *Covent Hotel* (plan I, C2, 31) : 2653 N Clark. ☎ (773) 549-3399. Uniquement pour les hommes et comme à l'adresse précédente, ce sont souvent des petits vieux qui occupent les lieux. Location au mois pour environ 350 US$, caution de 10 US$ pour les clefs. Ce n'est pas le grand luxe. Demander Miss Drumond pour du boulot.

▲ *Abbott Hotel* (plan I, B1, 34) : 721 W Belmont. ☎ (773) 248-2700. Chambre autour de 55 US$ en semaine, un peu plus cher le week-end. En plein cœur du quartier qui bouge la nuit. Pas cher, donc souvent bondé. Chambres glauques. À utiliser en dépannage.

Chic

▲ *City Suites Hotel* (plan I, B1, 35) : 933 W Belmont. ☎ (773) 404-3400. Fax : (312) 327-2051. De 135 à 180 US$ pour une chambre double. Petit hôtel au charme un peu suranné, entretenu de manière irréprochable. Petit déj' et journaux locaux compris dans le prix, quand même élevé. Mais c'est le prix à payer pour l'intimité.

▲ *Majestic Hotel* (plan I, C1, 36) : 528 W Brompton. ☎ (773) 404-3499. Fax : (312) 404-3495. De 120 à 140 US$ la double. L'hôtel parfait pour filer des amours clandestines ou pour y tourner un film d'espionnage. Même style de déco qu'au *City Suites Hotel* (même proprio), tapisserie fleurie dans les chambres spacieuses, cadre bourgeois. L'hôtel est situé dans une rue arborée et calme, cela vous reposera de l'agitation citadine. Nettement moins cher que les grands hôtels du Loop ou de Near North et beaucoup mieux. Petit déj' et journaux inclus. Parking privé (supplément).

À Near North et Gold Coast

Bon marché

▲ *Eleanor Residence* (plan I, C4, 32) : 1550 North Dearborn. ☎ (312) 932-2000. Fax : (312) 664-0888. • www.eleanorresidence.com • Chambres à partir de 70 US$. Pour femmes uniquement. Quoi qu'il en soit, c'est notre meilleure adresse à Chicago. Grande bâtisse couverte de lierre dans un quartier agréable. Les chambres sont destinées en temps normal aux étudiantes. Résultat : plein de commodités à votre disposition, mesdames. *Fitness center*, machines à laver, bibliothèque, salon de piano (avec supplément), etc. Petit déj' et dîner compris dans le

prix (du lundi au samedi) qui consiste à s'acquitter d'abord d'une cotisation puis du prix de la chambre. Le tout est tenu de main de maître, c'est donc impeccable.
- **The Three Arts Club of Chicago** *(plan II, C1, 33)* : 1300 N Dearborn. ☎ (312) 944-6250. Fax : (312) 944-6284. • www.threearts.org • info@threearts.org • M. : Clark/Division *(Red Line)*. À partir de 50 US$ par nuit. Caution de 25 US$.

Un peu plus cossu et romantico-américain mais moins cher que la résidence précédente : charme médiéval, cour intérieure, grande salle commune avec cheminée, parquet, piano à queue... La cerise sur le gâteau, c'est qu'on y accepte les hommes de juin à août (alors là, c'est vraiment sympa !). Réservation recommandée. Fréquenté par les artistes.

À Near North et dans le Loop

Bon marché

- **Hostelling International-Chicago** *(plan II, C4)* : 24 East Congress Parkway (à l'angle de South Wabash Avenue). ☎ 360-0300. Fax : 360-0313. • reserve@hichicago.org • www.hichicago.org • Ouverte toute l'année, 24 h/24. Pas de couvre-feu. Compter 24 US$ par personne (en dortoir), draps compris. Une toute nouvelle AJ (la seule de Chicago) située au sud du Loop, dans un bâtiment historique restauré. 500 lits, en dortoirs ou en chambre double. AC, cuisine et cafétéria.
- **Tokyo Hotel** *(plan II, C2, 38)* : 19 E Ohio Street, près de Wabash Avenue. ☎ (312) 787-4900. Compter 45 US$. On entre au *Tokyo Hotel* en slalomant entre les papiers tue-mouches, tout en foulant une bonne vieille moquette qui croise rarement le souffle des aspirateurs. Le plus drôle et à la fois le plus flippant, c'est le liftier avec son front blanc et luisant et ses cheveux plaqués en arrière qui tiennent sans gel. Glup... L'ascenseur est une véritable antiquité, pour les amateurs de *Sueurs froides*. Une adresse pour les plus fauchés. Un côté hitchcockien très marqué. « Un toit avec de l'eau et un matelas » en plein Downtown. Filles seules s'abstenir. On vous aura prévenu, c'est vraiment défraîchi.
- L'été, on peut également dormir dans les *universités* pendant que les étudiants américains sont en vacances. Se renseigner auprès des universités.
- **New Jackson Hotel** *(plan II, B4, 45)* : 768 W Jackson Boulevard. ☎ (312) 372-8856. Autour de 40 US$. Pas cher, dans Greektown, donc à côté de Union Station. Quartier pas génial (autoroute à deux pas) mais près de Downtown. Le seul problème, c'est qu'il faut faire des pieds et des mains pour y obtenir une chambre vraiment pas terrible et pas toujours propre. Le moins que l'on puisse dire c'est qu'ils ne s'arrachent pas le client. Un tuyau : demander au concierge à l'entrée, dans une stalle comme au tribunal, de peser en votre faveur.
- **Wacker Apartment Hotel** *(plan II, C2, 37)* : 111 W Huron. ☎ (312) 787-1386. Compter 55 US$. Pas loin de Near North, un grand ensemble un peu poussiéreux aux matelas assez fatigués. Néanmoins, les prix pratiqués ne sont pas trop élevés pour ce que c'est. Très convenable pour quelques jours.

Prix moyens

- **Cass Hotel** *(plan II, C2, 49)* : 640 North Wabash Avenue. ☎ (312) 787-4030 ou 1-800-CASS-850 ou 1-800-781-4030. Fax : (312) 787-85-44. • www.casshotel.com • À partir de 85 US$. Plus cher pour les *king size bed*. Compter 100 US$ pour deux grands lits (intéressant si vous êtes quatre !). Bien situé, en plein Downtown, près du quartier des affaires. Les chambres sont correctes : simples et propres mais un peu tristounettes. TV et AC. Machines à laver. Possibilité de petit déj' pas cher. Un bon rapport qualité prix. Pas évident de garer sa voiture dans le coin.

≜ *Ohio House Motel* *(plan II, C2, 39)* : 600 N La Salle Street. ☎ (312) 943-6000. Fax : (312) 943-6063. Autour de 90 US$ la chambre. Un motel genre américain où l'on gare sa voiture devant sa chambre en plein cœur de la ville. Très agréable et très propre. On sent qu'il y a eu un réel effort pour la déco. Un des meilleurs rapports qualité-prix de Chicago. Éviter cependant les quelques chambres donnant sur la rue, plutôt bruyantes.

≜ *Motel 6* *(plan II, C2, 40)* : 162 E Ontario. ☎ (312) 787-3580. Fax : (312) 787-2354. Pour réserver : ☎ 1-800-4-MOTEL6. Compter une centaine de dollars pour 2. Moins cher en janvier et février. Petit hôtel cosy, très bien situé. Déco mi-Empire, mi-Louis XVI. Chambres raffinées et confortables. Petit déj' non compris dans le prix.

Chic

≜ *Lenox Suites* *(plan II, C2, 43)* : 616 N Rush Street (à East Ontario). ☎ (312) 337-1000. En dehors de l'État, numéro gratuit : ☎ 1-800-44-LENOX. • www.lenoxsuites.com • À partir de 200 US$. Très bien situé dans le Downtown. Un bel hôtel offrant de superbes studios-suites et des deux-pièces tout équipés et très propres. Ils sont vraiment d'un rapport qualité-prix imbattable comparé aux gros hôtels de la même catégorie au cœur du Near North ou du Loop-Prix spécial pour les séjours prolongés et pour le week-end. Charmant et agréable.

≜ *Summerfield Suites Hotel* *(plan II, C-D2, 42)* : 166 E Superior Street. ☎ (312) 787-6000 ou 1-800-833-4353. Fax : (312) 787-6133. • www.summerfieldsuites.com • À partir de 250 US$. Spacieuses, bien conçues, toutes les chambres possèdent une cuisine et un petit salon. Café à volonté dans la chambre le matin et petit déj' inclus dans le prix.

Formule *B & B*

Solution sensiblement moins onéreuse pour 2 que le moins cher des bons hôtels.

■ *Renseignements et réservations* : ☎ 1-800-375-7084 ou (773) 394-2000. • www.bnbchicago.com •
≜ *Flemish House Bed and Breakfast* *(plan II, C1, 48)* : 68 E. Cedar Street. ☎ (312) 664-9981. Fax : (312) 664-0387. • www.bestinns.net • mmaczka@21stcentury.net • De 150 à 180 US$ la chambre. En plein Near North. Assez cher mais ce n'est pas un *B & B* traditionnel ! Tom le proprio architecte propose trois appartements élégamment aménagés avec cuisine et salle de bains dans une rue calme, sûre et à deux pas du lac. Le tout dans une jolie maison en pierre de type flamand. Charmant petit jardin. Petit déj' inclus. Assez chic. Attention à ne pas garer sa voiture dans la rue (réservée aux résidents). Parking pas loin.

Dans d'autres quartiers

≜ *Chicago International Hostel* *(hors plan I par C1, 46)* : 6318 N Winthrop Avenue, IL 60660. ☎ (773) 262-1011. 15 US$ par personne que vous soyez membre ou non. Pour y aller, prenez le métro jusqu'à la station Loyola (Howard Street N Bound Train) ; sortie « Sheridan Road ». Entrez sur le campus de Loyola University, vous êtes à quelques minutes. Des terminus de bus Downtown, allez sur State Street, prenez soit le métro, soit le bus n° 151 « Sheridan-North Bound ». Descendez à « Sheridan Winthrop ». Marchez ensuite un *block* et demi vers le sud. Pièce d'identité obligatoire. Dortoirs de 3 à 6 personnes. Pas très propre. Ouvert toute l'année de 7 h à 10 h et de 16 h à minuit. Couvre-feu à minuit en semaine, à 2 h les vendredi et samedi. Attention les retardataires dormiront dehors. *Check-in* de 7 h à 10 h et de 16 h à minuit. *Check-out* à 9 h 30. Des chambres donnent sur la voie de métro. Évitez-les donc si vous voulez dormir ! L'adresse la moins chère de Chicago, sans doute.

▲ *Rich Port YMCA :* 31 East Ogden Avenue, à Lagrange, dans la banlieue ouest. ☎ (708) 352-7600. Ajouter une caution pour la clé de 40 US$. À deux pas de la station Lagrange Road. Prendre le train « Burlington Northern » à la gare de Union Station. 20 mn de trajet. Compter 45 US$ par jour et 130 US$ par semaine. Propre, fonctionnel. Nombreux équipements pour le sport. Piscine gratuite. Proche d'une banlieue résidentielle agréable.

▲ *International House* (hors plan II par C4, *47*) *:* University of Chicago, 1414 East 59th Street, Chicago, IL 60637. ☎ (773) 753-2270. Fax : (773) 753-1227. • www.uchicago.edu/adm/ihouse • M. : Randolph Station, descendre à 59th Street. À 20 mn du Loop. Dans le campus de la très réputée University of Chicago qui vaut d'être visitée. Juste à côté du Museum of Science and Industry. Compter 45 US$ par personne et par nuit. *Check-out* à midi et *check-in* à partir de 15 h. Petites chambres à un lit simple, parfois avec évier. Un peu austères. Sanitaires à chaque étage, cafétéria, machines à laver. Belles et vastes parties communes en bois. Les couloirs dégagent une atmosphère particulière... On n'est pas loin du *Shining* de Kubrick. Réservation au moins 24 h à l'avance.

Où prendre un petit déj' ?

D'une manière générale, beaucoup de restaurants sont ouverts tôt le matin. Mais certains sont plus spécialisés que d'autres...

À Park West, Sheffield Neighbors et Lincoln Park

I●I *Ann Sather :* 5207 N Clark (hors plan II par C1) et 929 W Belmont (plan I, B1, *70*). ☎ (773) 348-2378 et (312) 271-6677. Entre 5 et 11 US$. Ouvert de 7 h à 22 h du dimanche au jeudi et de 7 h à 23 h 30 les vendredi et samedi, et ce, 365 jours par an ! La seconde adresse est souvent bondée, donc ne pas hésiter à aller à la première (accessible par le bus n° 22 ou par les lignes violette express et rouge, station : Berwyn). Pour la petite histoire, Mme Sather (exilée suédoise) exerce toujours et a débuté son commerce dans le magasin de disques à côté du restaurant (sur Belmont). Le décor rose vif n'est pas folichon, mais peu importe. Les *cinnamon buns* (ou *rolls*) frais sont à se damner, les *scones* gigantesques et les *pecan whole wheat waffles* vous rassasieront pour une bonne partie de la journée. Bref, un endroit pour se guérir définitivement des élastiques *dunkin' donuts.*

Dans le Loop

I●I *Lou Mitchell's* (plan II, B4, *99*) *:* 565 W Jackson Street. ☎ (312) 939-3111. Environ 7 US$. Ouvert du lundi au samedi de 5 h 30 jusque 15 h 30. Le dimanche de 7 h à 15 h. *Cash* uniquement. Quasiment en face de Union Station, ce qui peut s'avérer d'un grand secours après une nuit de voyage. Jus de fruits frais, *muffins, pancakes,* omelettes et pommes de terre sautées au menu. Service expéditif. Préférable de réserver, car souvent le rendez-vous des familles. Prix honnêtes. Fait aussi resto. Assez populaire.

I●I *The Original Pancake House* (plan II, C1, 79) : 22 E Bellevue Place. ☎ (312) 642-7917. Compter en moyenne 7 US$. Près de Gold Coast. Ouvert du lundi au vendredi de 7 h à 15 h. Les samedi et dimanche de 7 h à 17 h. Argent liquide uniquement. Une chaîne où les *pancakes* n'ont rien d'original, sauf qu'elle n'en produit pas moins de 18 sortes. Copieux et café à volonté *(free refills)*. Grand choix d'omelettes, de gaufres et de crêpes. Clientèle de tous âges. Prix encore raisonnables. Petite terrasse. Souvent du monde.

I●I *Corner Bakery* (plan II, C2, 80) : 516 N Clark Street. ☎ (312) 644-8100. Environ 8 US$ pour un petit déj' très complet. Ouvert à partir de 6 h 30 du lundi au vendredi, et à partir de 7 h 30 le week-end. Une fabuleuse boulangerie que vous pourrez retrouver ailleurs au gré de vos balades (c'est une chaîne). Des sandwichs sublimes, des pains merveilleux (aux oignons, aux olives, au miel...). Goûter les toasts chauds de pain aux raisins et noix de pécan, un vrai bonheur. Bien sûr, il y a les must des gâteries américaines *(cookies, muffins...)*. Des salades de fruits frais, des bols de céréales. De quoi bien commencer la journée. Propose aussi des *lunches* légers. Prix raisonnables mais plus élevés que ceux des deux précédents.

Où manger ?

Compte tenu des différences de prix pratiquées dans un même établissement, les tarifs indiqués dans le texte sont donnés à titre indicatif :
– *Bon marché* : en moyenne 7 à 8 US$
– *Prix moyens* : de 10 US$ à 20 US$
– *Plus chic* : au-delà de 20 US$

À Park West, Sheffield Neighbors et Lincoln Park

Bon marché

I●I *Salt and Pepper Diner* (plan I, B1, 71) : 3537 N Clark Street. ☎ (773) 883-9800. À partir de 5 US$. Comme d'habitude, choix de *burgers*, sandwichs, salades et omelettes. Un vrai *diner*, celui que l'on voit dans les films ou sur les pubs des vieux magazines, avec serveurs coiffés d'un képi blanc et arborant un sourire Pepsodent. Comme à l'origine les *diners* étaient des roulottes pour les ouvriers qui mangeaient sur leur lieu de travail, c'est donc rapide et vraiment pas cher.

I●I *Penny's Noddle Shop* (plan I, B2, 72) : 950 W Diversey. ☎ (773) 525-8788. Également 3400 N Sheffield (plan I, B1, 72). ☎ (773) 281-8222. Pour la deuxième adresse, c'est juste après le métro aérien. Ouvert du mardi au dimanche de 11 h à 22 h (22 h 30 les vendredi et samedi). Une chaîne sino-thaïlando-nippone où l'on peut manger pour moins de 6 US$. Copieux et rapide, mais très fréquenté (donc attente à prévoir). Salle exiguë et colorée.

I●I *Brother Jimmy's* (plan I, B2, 74) : 2909 N Sheffield. ☎ (773) 528-0888. De 5 à 9 US$ pour un plat. Dans une espèce de grange immense du genre *tobacco bar* de la Caroline du Nord. Ouvert tard le soir. Ça ne paie pas de mine, mais c'est un endroit recommandé pour les *ribs* (travers de porc), les *BBQ chicken*, *crispy fried chicken* et les *spicy chicken wings*. Chaque mardi et chaque dimanche, nourriture à volonté. Allez, un tuyau de plus, courez-y le dimanche car la bière aussi est à volonté. Musique *live* (blues ou

CHICAGO / OÙ MANGER ?

rock) les mardi et week-end (*cover charge*). On vous conseille d'y aller le mardi pour l'ambiance. Convivial.

|●| R.J. Grunts (plan I, C3, *75*) : 2056 West Lincoln Park (à l'angle avec Dickens Avenue). ☎ (773) 929-5363. Compter 8 US$ pour un plat. Buffet autour de 10 US$. Ouvert tous les jours de la semaine de 11 h 30 à 22 h jusqu'au jeudi (22 h 30 les vendredi et samedi, 21 h le dimanche). Tout près du Chicago Academy of Sciences. Qu'est-ce qu'un *grunt* ? C'est tout simplement un grognement. C'est aussi le bruit que l'on fait en mangeant. Pour nous, ce sera un « hmmm » de plaisir. Vous l'avez compris, on aime ce *Grunts*-là. La carte, genre B.D., est géniale ; la déco est super sympa. Le patron a accroché la photo de toutes les serveuses qui ont travaillé ici depuis 1971. On regrette que certaines soient parties... Le *bacon cheeseburger* est sublime, il est servi avec des chips maison. Portions évidemment monstrueuses. Il y a aussi un buffet de hors-d'œuvre ultra-frais. Desserts un peu décevants. Personne n'est parfait ! Fabuleux brunch le dimanche matin.

|●| Chicago Diner (plan I, B1, *73*) : 3411 N Halsted. ☎ (773) 935-6696. Environ 8 US$. Un resto végétarien dans le quartier homo. C'est bon, pas cher, rapide, frais, sympa, que demander de plus ?

|●| Red Rooster (plan I, B3, *76*) : 2100 N Halsted. ☎ (312) 929-7660. Entre 10 et 15 US$. Ouvert le soir uniquement de 17 h à 22 h 30 en semaine, jusqu'à 23 h 30 le week-end (22 h le dimanche). Derrière un restaurant franchouillard tape-à-l'œil, dans un quartier plutôt animé. Cuisine plutôt continentale dans une atmosphère un tantinet élégante mais sans prétention (salle intime, lumière tamisée). Poulet à la moutarde excellent.

|●| Café Ba-Ba-Reeba ! (plan I, B3, *77*) : 2024 N Halsted. ☎ (773) 935-5000. Plats à partir de 10 US$, moins cher pour les traditionnelles tapas. Plus sûr de réserver car c'est un endroit à la mode. Un resto espagnol tout ce qu'il y a de plus normal avec des oignons et des jambons pendus au plafond. Pas de *dress code* exigé mais assez *trendy* tout de même. Jolie terrasse colorée. Sympa.

Prix moyens

|●| Matsuya (plan I, B1, *84*) : 3469 North Clark Street. ☎ (773) 248-2677. Ouvert tous les jours de 17 h à 23 h 30. Le week-end à partir de midi. Formule soupe au tofu, entrée, plat dessert et thé vert à volonté pour environ 10 US$. Sushis à la carte plus chers. Dans le quartier de Lake View. Voilà un restaurant japonais fréquenté en majorité par des émigrés. Dépaysement assuré ! Les plats minutieusement préparés devant le client sont joliment présentés et copieux : vaste choix de sushis alléchants, poisson à la sauce soja simple et bon... Service rapide et rapport qualité prix tout à fait convenable. Un conseil cependant : éviter les légumes frits dans le menu (un peu gras et pas trop appétissants). Un resto bien situé pour ceux qui ont décidé de sortir en fin de soirée.

À Bucktown

De bon marché à prix moyens

|●| Café de Lucca (plan I, A3, *104*) : 1721 North Damen. ☎ (773) 342-6000. Entre 6 et 15 US$. Ouvert tous les jours de 6 h à minuit. Fermé le dimanche à 22 h. Dans un décor de hangar aménagé, un bar-resto bien sympa et sans prétention pour se régénérer en caféine après avoir arpenté les rues de Bucktown. Petits plats sans prétention, simples et bons, idéal pour casser la croûte. Menu italo-américain constitué de pizzas, paninis et tostinis... Vins au verre. Petite terrasse sur rue.

Prix moyens

I●I *Le Bouchon* (plan I, A3, 78) : 1958 N Damen. ☎ (773) 862-6600. Compter 14-15 US$ pour un plat. Fermé le dimanche. Petit resto à la devanture verte et aux prix encore raisonnables. Évidemment, plats en provenance directe de l'Hexagone : canard rôti ou en ragoût, arrosé de Fisher (en bouteille). Tout est étudié dans le détail pour que cela ressemble à la France. Jean-Claude Poilevey a roulé sa bosse un peu partout et son *Bouchon* est un petit resto familial. Mais comme c'est dans Bucktown, la clientèle reste assez branchée. Pas de *dress code* mais jeans à éviter.

I●I *Souk* (plan I, A3, 103) : 1552 North Milwaukee Avenue. ☎ (773) 227-1818. Compter un bon 20 US$. Un peu cher. Un nouveau venu prisé par les habitants de Bucktown. Dans une grande salle au décor moyen-oriental, version branché new-yorkais, on vous sert des plats abondants, parfumés et plein d'arômes d'inspiration nord-africaine : délicieux mouton aux abricots, salade à l'orange et aux noix de pécan très fine... Clientèle mi-branchée mi-guindée. Des narguilés sont mis à la disposition des clients. Idéal pour un tête-à-tête. Le cadre tape-à-l'œil reste un peu froid, on n'a pas vraiment retrouvé la chaleur des souks. À vous de voir.

À Near North et dans le Loop

Bon marché

I●I *Cambridge House* (plan II, C2, 85) : 167 E Ohio Street. ☎ (312) 828-0600. Environ 6 US$ pour le *breakfast*. Au déjeuner on y mange de tout : des sandwichs (8 US$), des plats plus élaborés (13 US$). Ouvert tous les jours de 6 h à minuit et demi. Les *diners* furent créés dans le Rhode Island au XIXe siècle pour servir les ouvriers jour et nuit à travers une fenêtre. En voici un vrai de vrai à quelques encablures de Michigan Avenue. C'est une véritable institution. Les serveuses inspirent la compassion tant elles paraissent exténuées et usées par leur dur labeur. Hamburger juteux et pas cher. Excellents *pancakes* au petit déj'. Service rapide.

I●I *Billy Goat Tavern* (plan II, C2, 83) : 430 N Michigan (Near North). ☎ (312) 222-1525. Environ 5 US$ pour un *burger*. Ouvert tous les jours de 6 h à 2 h (3 h le samedi). En face du magasin Paul Harries, descendre les escaliers, puis prendre à droite. Un resto insolite (en sous-sol) qui a une âme. Dans un environnement très « Alphaville » de parkings, sans aucune poésie urbaine, voilà la cantine préférée des journalistes du *Chicago Tribune*. Au-dessus du bar, on lit « Enter at your own risk ». C'est ce qu'avait dû se dire Billy en entrant dans les arènes du stade où jouaient les Cubs (l'équipe de base-ball de Chicago). En effet, en 1945, il y est entré accompagné de sa chèvre. Aujourd'hui, la tête empaillée de la bête trône au-dessus du bar. Un resto qui retrace ainsi la belle histoire d'amour entre Billy et sa chèvre avec des objets-souvenirs (comme le ticket d'entrée de la chèvre), des coupures de journaux (du *Chicago Tribune*), etc. Le resto apparaît parfois dans les shows télévisés. Bons *burgers*.

I●I *Café Iberico* (plan II, C1, 90) : 739 N La Salle Drive. ☎ (312) 573-1510. Ouvert jusqu'à 23 h, le week-end jusqu'à 1 h 30. Davantage pour prendre un verre et grignoter quelques *tapas* (environ 6 US$). D'ailleurs, la réserve du patron, suspendue au plafond, est prête à étancher votre soif. Sympa, même si la musique soi-disant espagnole est largement revue à la sauce américaine.

|●| ***Ed Debevic's*** (plan II, C2, **91**) : 640 N Wells. À Near North. ☎ (312) 664-1707. À partir de 7 US$. Ouvert de 11 h à minuit (1 h les vendredi et samedi, 22 h le dimanche). En face du *Gino's East* (concurrence sévère). Leur slogan : « Eat and go out! ». Resto typiquement américain avec une déco méchamment *60's*, vraiment ringarde. Des distributeurs de bubble-gums, des flippers et un bœuf en plastique grandeur nature à l'entrée. Au menu : bons gros hamburgers servis dans des paniers, des hot-dogs, des salades largement servies, des *chilis*... On peut également composer son sandwich selon ses goûts. Si la nourriture n'est pas très alléchante, il faut plutôt y aller pour l'ambiance, surtout le week-end (les serveurs déguisés reprennent en cœur les tubes des sixties). La cuisine est ouverte sur la grande salle, comme dans les séries américaines des années 1960. Beaucoup de bruit. Attente souvent longue pour obtenir une table. Et bien sûr, comme au *Planet Hollywood*, une *gift shop* à l'entrée. Si vous êtes pressé, jetez un œil et partez vers un lieu plus calme. Très populaire.

|●| ***Arco de Cuchilleros*** (plan I, B1, **102**) : 3445 N Halsted. ☎ (773) 296-6046. Ouvert uniquement le soir. Tapas entre 5 et 9 US$. Au cœur du quartier homo, population en conséquence. Les routards qui connaissent Madrid savent que sur la plaza Mayor, il y a une arcade qui porte le même nom car c'était jadis le quartier des bouchers. Tout ça est bien loin de Chicago, nous direz-vous ! Certes, mais l'atmosphère y est espagnole et on peut se contenter d'un verre ou de quelques *tapas* bon marché.

Prix moyens

|●| ***Food Life*** (plan II, C2, **95**) : Water Tower Place (niveau mezzanine mais en sous-sol), 835 N Michigan Avenue. ☎ (312) 335-3663. Environ 8 US$. Ouvert du lundi au samedi de 11 h à 22 h, et le dimanche jusqu'à 21 h. Leur slogan : « Food life be kind eat true, it's now. » Dans un jardin artificiel, on vous cuisine toutes les saveurs du monde (italienne, mexicaine, américaine, thaïlandaise...). Chacun déambule de stand en stand et compose son menu suivant ses envies. Le cuisinier prépare sous vos yeux affamés des plats élaborés à partir de produits hyper frais et bien sûr sans conservateur ! Concept original et très réussi ayant fait des émules un peu partout. À l'entrée, on vous remet une *foodcard* (carte magnétique) qui enregistre la totalité de vos achats (attention aux surprises !). Toutes sortes de jus de fruits et légumes. Sodas à volonté. Desserts pantagruéliques (essayer le *strawberry shortcake*). Rapide, frais et vraiment bon : du monde le week-end évidemment. À côté le *Food Market* : grand choix de délicieuses salades mixtes à emporter.

|●| ***Big Bowl*** (plan II, C2, **86**) : 6 East Cedar. ☎ (312) 640-8888. Ouvert tous les jours de 11 h 30 à 23 h 30, et à minuit les vendredi et samedi. Dans une rue plutôt calme, à deux pas du lac et du centre-ville. Vous serez repu pour un bon 10 US$. Cette chaîne d'inspiration asiatique propose une large palette de mets thaïlandais, chinois et japonais. Décor moderne et agréable. Atmosphère *trendy*. Accueil sympa. On y déguste de savoureuses et volumineuses assiettes : succulent poulet au coco et au curry, légumes croquants, délicieux thé parfumé. Plats lumineux. Goûtez le *chinese brocoli with beef* (vous nous en direz des nouvelles !). *Take-away* en fond de salle. Une bonne adresse pour les affamés.

|●| ***Su Casa*** (plan II, C2, **89**) : 49 E Ontario Street. ☎ (312) 943-4041. Ouvert du dimanche au jeudi de 11 h 30 à 23 h ; les vendredi et samedi jusqu'à minuit. Formule pour environ 10 US$ à midi. Sympa et

fleuri mais un peu sombre (pas de fenêtres). Pas vraiment copieux et assez léger (ce qui pour la cuisine mexicaine est plutôt bienvenu). Délicieuses *enchiladas*.

|●| *The Cheesecake Factory* (plan II, C-D2, *82*) : 875 N Michigan Avenue. ☎ (312) 337-1101. Plats variés à partir de 10 US$. Bar-resto ouvert de 11 h à 23 h 30 (jusqu'à minuit et demi le week-end). Surplombé par la Hancock Tower aux lignes plutôt strictes, ce resto détonne fortement par sa déco tout en courbes cuivrées. Le résultat est assez réussi. Comme son nom l'indique, on y mange des *cheesecakes* (plus d'une vingtaine de variantes) et aussi quelques pizzas. Enfin, bon, il ne faut quand même pas y aller spécialement pour manger. À part les gâteaux (essayez le *deep white chocolate dunk*), ce n'est pas vraiment Byzance... Le plus sympa, c'est l'ambiance *20 000 Lieues sous les mers*. Le sous-sol rappelle le vaisseau du capitaine Nemo. À la mode, souvent bondé.

|●| *Berghoff* (plan II, C4, *100*) : 17 W Adams (dans le Loop). ☎ (312) 427-3170. Environ 12 US$. Ouvert du lundi au samedi à partir de 11 h jusqu'à 21 h 30 (22 h samedi). Fermé le dimanche. Un grand classique de Chicago, qui rappelle que la communauté allemande y est importante. La maison *Berghoff* existe depuis 1887. *Berghoff*, c'est d'abord une brasserie. D'ailleurs, c'est le premier établissement à avoir vendu de la bière après la Prohibition. Le resto, lui, existe depuis 1898. Les serveurs sont tout en noir et blanc avec la fameuse serviette blanche sur l'avant-bras. Ambiance « brasserie ». Pour la déco, des boiseries et... des vitraux. Le cadre est donc soigné, la clientèle variée. On mange, sous la photo des fondateurs, les non moins classiques *Sauer Braten*, *Wiener Schnitzel*, mais également des plats américains. Tout à côté, pour patienter, un bar au long comptoir (qui pendant longtemps ne servit pas les dames). Bon rapport qualité-prix.

|●| *Pizzeria Due* (plan II, C2, *88*) : 619 N Wabash Avenue. ☎ (312) 943-2400. Entre 6 et 17 US$. Ouvert de 11 h 30 à 1 h 30 (2 h 30 les vendredi et samedi, 1 h 30 le dimanche). On passe sa commande avant de se mettre à table, puis on « patiente » un peu plus d'une demi-heure. En attendant, prenez un verre sur la terrasse ou au bar et liez connaissance pour la soirée. Quand c'est prêt, on vous appelle au micro. De la *deep-dish-pizza*, de la vraie, donc du calme, ça vaut le coup d'attendre ! Pour les gros appétits. Hélas, le *doggy bag* n'existe plus, personne n'est dupe... On peut malgré tout demander gentiment : « Could you wrap it up for me, please ? »

|●| *Gino's East* (plan II, C2, *92*) : Wells Street, près de Michigan Avenue, en face de *Ed Debevic's*. ☎ (312) 988-4200. Entre 10 et 24 US$ la pizza selon la taille. Moins cher pour le reste (pâtes, etc.). Ouvert à 11 h tous les jours, jusqu'à 22 h du dimanche au jeudi, ferme à minuit le week-end. L'entrée vert et rouge fait un peu penser à une entrée de cinéma américain. Le *Gino's East* propose un petit menu pas cher du tout comprenant une mini-pizza, une salade et une boisson (en semaine et au déjeuner uniquement). Bières assez chères. Énormes pizzas vraiment excellentes (*deep-dish*). Pas mal d'attente. Premier conseil : commandez-les *small* (déjà monstrueuses). Les murs sont couverts de graffitis des clients (c'est autorisé par la direction). Deuxième conseil : les murs sont assez sombres, apportez donc des feutres blancs pour que ça se voie !

|●| *Cru, cafe and wine bar* (plan II, C1, *81*) : 29 E Delaware Street. ☎ (312) 337-4001. Ouvert de 11 h 30 à 1 h (2 h le vendredi et samedi 16 h). Environ 12 US$ pour de la « gastronomie américaine » (sandwichs, salades...). Choix impressionnant de vins, un peu chers quand même. Resto très animé, fréquenté essentiellement par la jeunesse dorée et branchée de Chicago. On vous aura prévenu, on vient ici plus pour l'ambiance et les gens que pour se lécher les babines. Le cadre est agréable. À l'intérieur, coin canapés relax, ambiance un peu feutrée. Petite terrasse sur rue sympa pour prendre un verre ou un petit déj'.

De prix moyens à plus chic

|●| *Frontera Grill* (plan II, C2, 94) : 445 N Clark Street. ☎ (312) 661-1434. Environ 12 US$. Ouvert du mardi au jeudi jusqu'à 22 h, les vendredi et samedi jusqu'à 23 h. Fermé les dimanche et lundi. Resto mexicain absolument magnifique. Service très sympa. Un feu d'artifice de couleurs. On prend une tequila au bar entre des marionnettes et des dragons volants. Un resto très branché, divisé en deux salles (préférez la cantina, plus sympa, plus bruyante, plus animée). Aux murs, beaucoup de tableaux, de masques sud-américains. Une bonne cuisine tex-mex avec les best-of tels le *guacamole*, les *tacos*, les *enchiladas*... sans oublier les bières (Dos Equis, Corona...), tout cela sur un rythme endiablé de salsa. Une de nos adresses préférées. Si la salle s'avère complète, allez voir à côté le *Topolobampo*, un resto dans la même veine, un peu plus chicos.

|●| *Brasserie Jo* (plan II, C2-3, 93) : 59 W Hubbard Street. ☎ (312) 595-0800. Compter 13 US$ en moyenne. Déjeuner du lundi au vendredi de 11 h 30 à 15 h. Dîner du dimanche au jeudi de 17 h à 22 h, jusqu'à 23 h les vendredi et samedi. Le rendez-vous à midi des yuppies américains dans un cadre spacieux et classe. Steak-frites et bière brassée sur place. Grand choix de vins français et d'apéros (pastis !). Pas donné quand même. Sympa mais très commercial (faut bien faire marcher l'usine !).

|●| *Italian Village* (plan II, C3-4, 96) : 71 W Monroe Street (Loop). ☎ (312) 332-7005. Trois restos composent l'ensemble : l'*Italian Village*, le *Vivere* et la *Cantina*. La *Cantina* est ouverte tous les jours de 11 h 30 à 23 h (jusqu'à minuit les vendredi et samedi). Fermé le dimanche. Compter 15 US$. *Le Vivere* est ouvert du lundi au vendredi de 11 h 15 à 14 h 15 et de 17 h à 22 h (jusqu'à 23 h les vendredi et samedi). Également fermé le dimanche. Plats plus raffinés à environ 20 US$. L'*Italian Village* est ouvert jusqu'à 1 h (jusqu'à 2 h les vendredi et samedi, de midi à minuit le dimanche). Compter en moyenne 14 US$. C'est lui qui présente le meilleur rapport cadre-qualité-prix. Fondé en 1927, il propose, comme décor, une reconstitution d'un petit village italien à la tombée de la nuit. Les tables sont disposées au hasard du village, dans une petite maison, un couvent, un moulin... Des guirlandes lumineuses et quelques lampadaires vénitiens. Atmosphère poétique et intime. Des formules comprenant une soupe, une salade, un plat, un dessert et un café. Un bémol : comme en Italie, ici on paie le couvert et on doit surveiller son addition qui a parfois tendance à s'envoler... Le *Vivere*, au rez-de-chaussée, a été élu plus beau resto de Chicago. La lourde porte baroque s'ouvre sur une déco très recherchée ; normal, c'est l'un des décorateurs les plus en vogue qui s'en est chargé. Un délire de spirales symbolisant l'architecture baroque italienne. Spécialités de fruits de mer. Nettement plus cher et plus chic que les deux autres. Au sous-sol, la *Cantina*, en revanche, ne présente pas de caractère particulier. Gare aux rhumes, la salle est humide ! On se croirait presque dans une cave de château médiéval.

|●| *Zaven's* (plan II, D2, 97) : 260 E Chestnut. ☎ (312) 787-8260. À peu près 24 US$. Ouvert du lundi au samedi de 17 h 30 à 22 h. Au pied d'une tour de Downtown, à proximité du lac. Zaven Kodjayan travaillait, il fut un temps, à l'hôtel *George V*, à Paris. En 1976, l'appel du large l'a poussé à lancer un resto dans la *raw city*. Il parle parfaitement le français évidemment, et sa silhouette confirme qu'il est un bon vivant. Et ça se retrouve dans l'assiette. Nouvelle cuisine avec un mélange d'inspirations méditerranéennes. Copieux mais aussi cher qu'un restaurant parisien. Déco assez classe, atmosphère cosy et clientèle en costard-cravate. Accueil sympathique.

|●| *Kiki's Bistro* (plan II, C2, 98) : 900 N Franklin. ☎ (312) 335-5454. Entre 15 et 25 US$. *Lunch* du lundi au vendredi de 11 h 30 à 14 h. Le soir ouvert du lundi au jeudi de 17 h à 22 h (les vendredi et samedi jusqu'à 23 h). Fermé le dimanche. L'un des restos préférés des Chicagoans. George Cuisance a planté le décor de sa brasserie quelque peu sélect dans une ancienne usine à imprimer. Déco en bois et joli parquet. Le poulet rôti et le gigot d'agneau y sont excellents, la cave est très bien fournie, le service impeccable et les plats parfaitement dosés. Une valeur sûre. Un détail important pour les personnes motorisées, le parking est gratuit. Réservation recommandée en soirée.

|●| **Vivo** *(plan II, B3, 101)* : 838 W Randolph. ☎ (312) 733-3379. Plats en moyenne à 24 US$. Ouvert le soir uniquement. Un italo-américain assez *trendy* (éviter les jeans), au cadre élégant et raffiné. L'éclairage y est savamment orchestré et donne à la salle un caractère scénique. Mets simples mais un peu chers.

Où surfer sur le Web ?

À Chicago les bars Internet semblent encore peu développés, contrairement à d'autres métropoles nord-américaines comme Montréal ou New York. Nous n'en avons pas découvert énormément, voici nos trouvailles.
Pour ceux qui ont du temps, il y a, bien sûr, la *Chicago Public Library* (dans le Loop) avec un accès Internet gratuit mais limité à une demi-heure.

@ **Screenz** *(plan I, C3, 200)* : 2717 N Clark Street. ☎ (773) 348-9300. Compter 1 US$ pour 6 mn ou près de 8 US$ par heure. 1 h offerte après 2 achetées. Ouvert tous les jours à partir de 9 h, jusque minuit en semaine et 1 h le week-end. Dans le quartier qui bouge. Très spacieux, clair, tout neuf. Nombreux ordinateurs. Coin TV avec canapés moelleux à souhait.

@ **Kinko's** *(plan II, D2, 201)* : 540 N Michigan Avenue. ☎ (312) 832-0090. Environ 13 US$ par heure. Au 2e étage de l'hôtel *Marriott*, au *business center*. Ouvert du lundi au jeudi de 6 h 30 à 23 h, jusque 20 h le vendredi. De 8 h à 20 h le samedi, de 10 h à 22 h le dimanche. Ce n'est pas vraiment un café Internet, il y a juste deux ordinateurs mais ça dépanne et c'est en plein centre. On peut utiliser *Word, Excel, Powerpoint...* Il s'agit d'une chaîne, vous en trouverez quelques-uns dans la ville.

Où boire un verre ? Où sortir ?

Attention : ne pas oublier vos *ID* (pièces d'identité). Le contrôle est quasi systématique. Il faut avoir 21 ans pour pouvoir entrer dans les bars et discothèques de Chicago.
Pour programmer leur soirée, on conseille aux lecteurs de se procurer les journaux hebdomadaires gratuits comme le *Reader*, le *New City* (surtout), le *Culture Club*, ou encore *Key (This Week in Chicago)* et *Chicago Welcome*. Le *Reader* est particulièrement complet avec, dans la section 3, les rubriques : « Rock-Pop », « Country-Folk », « Blues-Gospel-Rhythm'n'Blues » et « Jazz ».
Ville avec beaucoup d'étudiants, Chicago se devait de posséder des lieux vivants et animés.

À Park West, Sheffield Neighbors et Lincoln Park

À partir du 2300 (à l'angle avec Armitage Street) jusqu'au 3800, on trouve nombre de boîtes, cafés d'étudiants, restos pas chers. À partir du 3000, c'est un ancien quartier populaire progressivement occupé par une population un peu marginale, artiste et étudiante. À propos, cher(e) lecteur(trice), en passant au carrefour N Clark et Webster (2122 N Clark), pensez en frissonnant que là s'élevait le fameux garage du massacre de la Saint-Valentin... Et pendant que vous y êtes, si vous passez devant le *Biograph* (2433 N Lincoln Avenue), reconstituez la scène où Dillinger se fit repérer à la sortie du cinéma et abattre dans la ruelle d'à côté !

On dit souvent que New Orleans est la capitale du jazz et Chicago, celle du blues. C'est vrai. Néanmoins, le jazz a réellement été baptisé à Chicago. En effet, en 1917, quand les autorités ferment le quartier réservé de Storyville (New Orleans), les musiciens désormais au chômage décident de s'installer à Chicago. Parmi eux, Louis Armstrong. Il est difficile de déterminer l'exacte origine du terme « jazz ». Parmi les différentes versions avancées, celle-ci nous a plu. C'est un ivrogne enthousiaste qui s'écria pour encourager les musiciens : « Jass it up ! » Ce qui à peu de choses près signifie « Vas-y, chauffe ! » avec une certaine connotation sexuelle. De là, la première affiche « Stein's Dixie Jass Band ». On s'est vite aperçu que les gamins s'amusaient à arracher les « J », transformant « Jass » en « ass » (cul) ! D'où la nouvelle orthographe « jazz », C.Q.F.D.

El Jardin (plan I, B2, *111*) : N Clark. Ouvre à partir de 18 h. Chicago accueille une communauté de Latinos très nombreuse. Ce bar tout en bois n'est pas très central, mais qu'importe... C'est quand même l'endroit idéal pour siroter une *margarita* (le cocktail le plus populaire chez les Américains) et écouter de la musique mexicaine.

Cubby Bear (plan I, B1, *112*) : 1059 N Clark (à l'angle d'Adisson). ☎ (773) 327-1662. Ouvert jusqu'à 1 h 30 en semaine et 2 h 30 le samedi. Concerts de rock tous les week-ends (environ 7 US$). Y aller absolument un soir de victoire des Cubs, l'équipe de base-ball de Chicago. C'est le rendez-vous des supporters. Ambiance très chaude pour y rencontrer des *frat boys*, sportifs devant la TV.

The Elbo Room (plan I, B2, *124*) : 2871 N Lincoln Avenue. ☎ (773) 549-5549. De 4 à 7 US$ l'entrée. Ouvert jusqu'à 2 h (3 h le samedi). Fermé les dimanche et lundi. Cette adresse nous a été conseillée par un trompettiste qui nous a pris en stop. Sorte de cave-parking super sympa fréquentée par des musiciens. Bar agréable. Du mercredi au samedi, c'est *rock, funk, pop*... pas vraiment de programme. Concert de 21 h 30 à 2 h environ. Au-dessus, il y a un autre bar avec la triade infernale « flipper/billard/juke-box ».

Exedus II (plan I, B1, *116*) : 3477 North Clark (au croisement avec Cornelia). ☎ (773) 348-3998. À partir de 6 US$. Parfois gratuit. Fermé le mardi. Les concerts *live* (tous les soirs) commencent à 10 h : *dub, ragga, reggae* évidemment. Une boîte reggae pour changer du jazz de Chicago. Ambiance très relax, beaucoup de « rastamen ». Salle sans prétention, beaucoup plus petite que celle de son voisin *Wild Hare* (au 3530 sur la même rue). Il propose aussi des concerts live.

Katacomb (plan I, C3, *119*) : 1916 N Lincoln Park West. ☎ (312) 337-3000. Sur Lincoln Avenue, tourner à Lincoln Park West au niveau de Wisconsin Street, le bar est sur la gauche. Entrée payante. Ouvert jusqu'à 4 h le vendredi et 5 h le samedi. Fermé les dimanche et lundi. Bar en sous-sol dans une espèce de cave bien aménagée avec recoins intimes. Dans ces catacombes nouveau genre, plus de sépultures... mais une jeunesse branchée (un peu lisse) qui discute ou danse sur fond de *hip-hop, groove*... Musique assez forte. Le DJ met l'ambiance, c'est animé.

Déjà Vu (plan I, B2, *125*) : 2624 N Lincoln. ☎ (773) 871-0205. Entrée : 6 US$. Ouvert de 22 h à 4 h (5 h le samedi). Jeudi, *salsa* et *merengue*, le week-end, *dance music* avec DJ aux commandes. Bar branché, souvent bondé. De l'ambiance. Faune mi-branchée, mi-populaire, pas encore trentenaire. Lieu « in » du moment. Sans plus, du déjà vu comme son nom l'indique si bien. Mais bon allez y faire un tour si vous voulez du défoulement.

Métro *(plan I, B1, 113)* : 3730 N Clark Street. ☎ (773) 549-3604. Ouverture vers 21 h. Fermeture variable selon l'ambiance. Vous arrivez aux limites du quartier qui se branche. Pas loin du célèbre Wrigley Field (le terrain des Chicago Cubs). Nous, on aime bien ce *Métro*, ancien théâtre installé dans un superbe immeuble de 1928 qui a, de plus, conservé toute sa déco intérieure. Trois niveaux. Concerts presque tous les soirs. Musique *rock, new wave, hard rock, alternative jazz*, très bonne acoustique. Mercredi c'est *punk*. Allez faire un tour au bar, il mérite le coup d'œil ainsi que la faune : look déjanté à la Marylin Manson, piercing, crânes rasés, futal en cuir.... Ah, ces jeunes !

Berlin *(plan I, B1, 120)* : 954 W Belmont Avenue. ☎ (773) 348-4975. Entrée : 6 US$ le week-end. Ouvert jusqu'à 4 h en semaine et 5 h le week-end. Une des rares boîtes ouvertes en semaine. Et en plus, l'entrée y est justement gratuite la semaine. Musique alternative : *jazz, punk, house*. Soirées à thèmes assez variées. Y passer pour connaître le programme des festivités. DJ. Assez petite, donc rapidement bondée. Pas trop mal. Accueil cool. Boîte homo.

Butch McGuire's *(plan II, C1, 127)* : 20 W Division Street. ☎ (312) 787-3984. Ouvert de 10 h à 4 h en semaine (5 h le samedi), dans un « bar familial » pas banal. À l'origine, le patron, un architecte irlandais, voulut créer un endroit pour réunir l'ensemble de ses amis. Sa bande d'amis a amplement grandi depuis. Il adore les rousses et les Irlandais. Déco assez soignée avec des chopes pendues au plafond, des poutres apparentes, une collection d'objets en cristal. Fléchettes. Le chaleureux *Butch McGuire's* est réputé pour sa décoration de Noël, son *bloody Mary*, ses œufs Bénédicte et son *Irish coffee*. Brunch les samedi et dimanche (moins de 10 US$). Plus vieux, plus sage, plus cher.

House of Beer *(Irish pub and sports bar ; plan II, C1, 126)* : 16 W Division Street. ☎ (312) 642-2344. Ouvert de 14 h à 5 h, le samedi de 12 h à 5 h et le dimanche de 12 h à 4 h. Un pub irlandais axé sur le thème du sport. Bonnes bières à la pression, ça va de soi. De 16 h à 20 h, les meilleures *happy hours* de la ville. Retransmission de matchs par antenne satellite sur écran vidéo. Il y a même un coin pour s'entraîner au basket et un billard. Les serveuses sont très sympas ici. Excellente musique rock. Une de nos meilleures adresses. Très convivial.

Mother's *(plan II, C1, 128)* : 26 W Division Street. ☎ (312) 642-7251. Ouvert tous les jours de 20 h à 4 h (5 h le samedi). Fermé le lundi. Immense plateau de danse où se pressent des centaines de jeunes qui viennent se déhancher sur de la musique alternative, progressive et de la *dance*. Parfois, nécessité de faire la queue une demi-heure pour entrer. À quelques pas de là, sur le même trottoir, il y a le bar du *Mother's*. Ferme à 2 h (3 h le week-end). Un bar simple et sympa, avec des billards américains. Au plafond, des peluches suspendues pour ceux qui aiment se faire materner... au *Mother's* ! Aux murs, c'est classique : des joueurs de base-ball et des TV. On choisit sa musique au juke-box.

Second City *(plan I, C3, 129)* : 1616 N Wells Street. ☎ (312) 337-3992 ou 1-877-778-4707 (appel gratuit). • www.secondcity.com • À partir de 20 h 30 du mardi au jeudi. Les vendredi et dimanche à 20 h. Seconde représentation à 23 h uniquement les vendredi et samedi. Également spectacles (gratuits) d'improvisation du lundi au jeudi à 22 h 30, le samedi à 1 h et le dimanche à 22 h. Trêve d'inspiration le vendredi. Compter 17 US$ environ (2 spectacles par soir). Théâtre d'avant-garde et de spectacles satiriques. L'un des plus imaginatifs. Beaucoup de jeunes. Nécessaire de réserver.

CHICAGO / OÙ BOIRE UN VERRE ? OÙ SORTIR ?

🍸 **Carol's Pub** (hors plan I, par B1, **122**) : 4659 N Clark Street. ☎ (773) 334-2402. Ouvert lundi et mardi jusqu'à 2 h, 4 h le reste de la semaine. Entrée gratuite. Assez excentré. Ça ne paie pas de mine de l'extérieur... de l'intérieur non plus. Un bar country qui propose des concerts *live* les week-ends, ainsi que des karaokés. Faune détonnante, serveurs dignes du film *Wayne's World*. Bières pas chères. Pour les amoureux du genre uniquement.

🍸 **Kelly's Pub** (plan I, B3, **130**) : 949 W Webster Street. ☎ (773) 281-0656. Ouvert tous les jours jusque 2 h (3 h le samedi). Tout près de l'université *De Paul*. C'est donc un bar d'étudiants, souvent bondé en milieu de semaine. Déco d'inspiration irlandaise. Petite terrasse près du métro aérien : parlez fort ! Fait aussi resto.

À Bucktown

Ce quartier est décalé, délabré et branché à la fois. Bucktown jouit d'un charme surprenant. Dans les artères principales (Milwaukee, North Damen...) se jouxtent boutiques à la mode, magasins de déco ou de fringues sixties. Il y a de quoi y passer une après-midi à chiner et à déambuler (surtout qu'il n'est pas très étalé). On y trouve aussi de bons plans pour manger ou boire un verre.

♪ **Double Door** (plan I, A3, **115**) : N Damen Avenue. ☎ (773) 489-3160. Entrée payante selon les groupes (6-17 US$ sans boisson). Ouvert uniquement le week-end. Ferme à 2 h du mat. Sous le métro aérien. Du vrai rock plus que solide. Bush et les Smashing Pumkins sont passés par ici. Si vous voulez voir de vrais Midwesterners aux gros bras et aux cheveux longs, genre ex-fan d'ACDC ou de David Lee Roth, cet endroit est pour vous. Grande salle sombre, look gothique. Si ça vous plaît et que vous souhaitez le programme des week-ends prochains, il est affiché dans les *restrooms*. Bonne acoustique.

♪ **Subterranean** (plan I, A3, **114**) : W North Avenue. ☎ (773) 278-6600. Tarif : 6 US$ par concert. Ouvert jusqu'à 1 h 20 en semaine, 2 h 20 le week-end. Non loin du *Double Door*. Forcément, le *Subterranean* en pâtit un peu. De ce fait, les groupes qui s'y produisent sont de moins grosses pointures. Cependant, la déco intérieure est sympa. Il s'agit d'une sorte de petit théâtre avec plusieurs galeries.

🍸 **Earwax Café** (plan I, A3, **118**) : 1564 N Milwaukee Avenue. ☎ (312) 772-4019. Fermé à minuit sauf les vendredi et dimanche. Beaucoup de Chicagoans ne jurent que par ce café, soi-disant une des Mecques de l'esprit « Village » qui plane sur Bucktown. On vient boire un verre dans un décor coloré genre cirque avec des loupiotes multicolores un peu partout. Plutôt calme. Endroit idéal pour refaire le monde.

Dans Old Town, Cabrini Green

♪ **Crobar** (plan II, B1, **121**) : N Kingsbury (intersection avec North, à côté du *Crazy Horse*). ☎ (312) 243-4800. Entrée chère, compter au moins 20 US$ le samedi. Gratuit pour ces dames le mercredi et 6 US$ pour les gars. Réductions les jeudi et vendredi. Dimanche soirée homo. Assez difficile de s'y rendre, quartier pas franchement rassurant de nuit, parking cauchemardesque et fourrière au top de l'efficacité. Trois bonnes raisons de s'y rendre en taxi. Une des boîtes du moment. Style très industriel, armatures métalliques et décor d'usine désaffectée. Bières en bouteille dans des baignoires-sabots ou au bar pour des boissons plus sérieuses. Clientèle éclectique et branchée. En mezzanine, *dub, ragga, transe* ou *trip hop, house* et *dance*. S'abstenir avant 23 h 30.

🍸 🎵 **Slow down, Life's too short** (plan II, A1, 110) : 1177 North Elston. ☎ (773) 384-1040. Entrée gratuite. Un peu excentré, prendre la voiture. Ouvert du lundi au jeudi de 9 h à 2 h, le vendredi de 11 h à 4 h, le samedi de 11 h à 5 h. Bar atypique coincé au bord de la rivière, installé dans une baraque un peu bringuebalante. On a l'impression d'un bric-à-brac multicolore. À pied ou en voiture, il saute aux yeux. Intérieur très vaste et terrasse donnant directement sur la rivière. Des bateaux en carénage chez le voisin donnent au coin une ambiance de vacances. Pont à voiture juste à côté, un peu bruyant. Salle hétéroclite faite de bric et de broc, très sympa et chaleureuse. La déco regorge d'objets en tout genre, du camion miniature au vieux juke-box. Musique très variée, renseignez-vous pour les concerts. Possibilité de casser la croûte pour environ 7 US$. Bonne bière, essayez la *Goose Island* pour changer de la Bud.

Près du Loop dans West Town

🍸 🎵 **Bouddha Lounge** (plan II, B2, 123) : 768 W Grant Avenue (entre Union et Halsted). ☎ (312) 666-1695. Ouvre ses portes à 21 h tous les jours. Ferme à 2 h en semaine (3 h le samedi). Pas donné pour boire un coup! Compter au moins 20 US$ pour les garçons et 12 US$ pour les filles le samedi. Un peu moins cher les autres soirs. Entrée qui ne paie pas de mine, un peu difficile à trouver. Ouvrez bien les yeux! Assez élégant et sélectif à l'entrée. Des coins canapés intimes, presque romantiques, sont nichés dans une salle sombre toute en longueur. Musique très variée : *funky, acid jazz, cuban jazz, house, hip-hop, soul, groove...!* Une adresse relax, vraiment sympa.

À Near North

🍸 🎵 **Excalibur** (plan II, C2, 117) : 632 North Dearborn Street. ☎ (312) 226-1944. À l'angle d'Ontario. Pas de *cover charge* en semaine. Le week-end à partir de 8 US$. Il s'agit de l'un des plus grands clubs de la ville. La boîte est installée dans une grande bâtisse grise aux allures de château médiéval. Façade assez imposante. Beaucoup d'espace, gros volumes. Au rez-de-chaussée, deux ambiances : musiques du moment genre top 50 ou alors *techno* et *transe*. À l'étage, *salsa, merengue, house* dans un décor moderne à la *Basic Instinct*. Très chouette. Enfin, au sous-sol, un bar à l'ambiance plus tranquille avec billards, jeux électroniques et mini-resto. Insolite : *the Lobster Zone*, pour 3 US$, tentez votre chance à la pêche au homard ou au crabe. Les peluches sont remplacées par des crustacés que l'on attrape à l'aide d'une pince, comme à la foire. Le cuistot les prépare gratuitement. Il y a en vraiment pour tous les goûts.

Où écouter du jazz et du bon blues?

– Bon à savoir, *Hot Tix* est le service qui commercialise les invendus des places de concerts, théâtres, opéras, jusqu'à 50 % du prix si vous leur téléphonez le jour de la représentation. Spécialisé dans les grands noms. ☎ (312) 977-1755.
– Également, *Jazz Hot Line*, ☎ (312) 427-3300, et *Concert Hot Line*, ☎ (312) 666-6667.

À Halsted *(entre Armitage et Diversey)*

Balade conseillée sur Halsted de jour comme de nuit. De jour, pour ses gentilles petites maisons provinciales souvent en bois (vers le n° 2600). De nuit, pour ses quelques lieux où l'on distille l'un des plus beaux « Chicago blues » de la ville. D'autres ont pris brillamment la relève de Muddy Waters.

♪ ***The Green Mill*** *(hors plan I, par B1, 189)* : 4802 N Broadway. ☎ (773) 878-5552. Assez loin, dans Uptown (au nord). Au coin de Lawrence Avenue (enseigne très voyante, ampoules clignotantes). Ouvert en semaine de midi à 1 h. Le samedi jusque 4 h. Prévoir 6 US$ la semaine, 8 US$ le week-end. Très raisonnable pour l'endroit. Une boîte de jazz ouverte depuis 1907 qui nous a été indiquée par des musiciens. N'hésitez pas à y faire un saut. Déco années 1940 au charme suranné, atmosphère pleine d'entrain. Les mardi et jeudi, c'est *swing* et *jazz* les autres soirs. Pas de *dress code*. Un de nos coups de cœur sur Broadway.

♪ ***Cotton Club*** *(hors plan II, par C4, 186)* : 1710 S Michigan Avenue. ☎ 341-9787. Pas tout près, au sud de la ville. Fermé le mardi. Ouvert très tard, parfois on enregistre jusqu'à 5 h. Compter 6 US$ en semaine. Le week-end, environ 11 US$ jusqu'à minuit et 16 US$ pour les deux concerts. Boîte de *jazz, blues* (mercredi de 18 h à minuit) et reggae (toujours le mercredi de minuit à 4 h). 30 ans d'existence. Pour vous obliger à être de bonne humeur, c'est deux consos au minimum par personne. Accueil simple et chaleureux. Tout le monde est bienvenu. Salle ordinaire. Beaucoup d'afro-américains de tout âge qui dansent facilement.

♪ ***Rosa's Lounge*** *(hors plan I, par A3, 182)* : 3420 West Armitage Street. ☎ (773) 342-0452. Assez loin sur Armitage. Fermé les dimanche et lundi. Ouvre à 20 h les autres jours mais les concerts ne commencent qu'à 21 h 30. Ferme à 2 h (3 h le samedi). Entre 6 et 12 US$. Une boîte de blues, du nom de la patronne derrière le bar depuis près de 20 ans. Jolies photos noir et blanc aux murs. Une référence pour les amateurs.

♪ ***Kingston Mines*** *(plan I, B2, 180)* : 2548 N Halsted. ☎ (773) 477-4646. Fax : (773) 472-3241. Ouvert de 20 h à 4 h (5 h le samedi). Attention les shows commencent vers 21 h 30. Prévoir au moins 20 US$ le week-end, un bon 10 US$ en semaine. Créé en 1972, ce bar porte le nom d'une ville du sud de l'Illinois. Le *Kingston Mines* est sans doute le meilleur bar de blues de Chicago. Deux salles de concert dans un décor boisé. Du bon gros blues qui *groove*. Pour ceux qui aiment le genre « Tonight, I got the blues but I feel goooood ! ». Super ambiance qui met à l'aise immédiatement. Au fait, Mr et Mrs Theblues ont eu une fille, comment s'appelle-t-elle ? Réponse... Agathe (vous aviez trouvé, bien sûr) !

♪ ***B.L.U.E.S.*** *(plan I, B2, 181)* : 2519 N Halsted. ☎ (773) 525-8371. Ouvert jusqu'à 2 h (3 h le samedi). Premier concert à 21 h 30. Prévoir 7 US$ en semaine, de 10 à 12 US$ le week-end. À quelques pas du *Kingston Mines*. Moins grand que celui-ci et un peu plus intime. Clientèle surtout jeune et étudiante. Si le concert vous a plu, vous pourrez vous procurer les CD au bar.

♪ Il y a maintenant le ***B.L.U.E.S. ETC.*** *(plan I, A1, 183)* : 1124 W Belmont Street. ☎ (773) 525-8989. Ouvert de 20 h à 2 h (3 h le samedi). Environ 12 US$ du mercredi au week-end. Beaucoup plus grand, il peut recevoir des big bands de *jazz* (si, si !), de *rhythm'n'blues*...

♪ ***Lilly's Blues Club*** : 2513 N Lincoln. ☎ (773) 525-2422. Ouvert à partir de 16 h jusqu'à 2 h en semaine et 3 h le samedi. *Jazz* du mercredi au samedi de 21 h 30 à 2 h. Entrée variable, 6 US$ en moyenne. Une chance, il n'est pas encore très connu des agences de voyages et des gros hôtels. L'endroit est charmant, c'est une salle intime où trône un vieux piano sur une scène minuscule...

Dans le Loop et à Near North

♪ **House of Blues** *(plan II, C3, 188)* : 329 N Dearborn Street. ☎ (312) 923-2020 (infos) et (312) 923-2000 (réservations). ● www.hob.com ● Ouvre à 18 h, *main show* à partir de 21 h 30. Ferme à 1 h 30 le week-end, minuit et demie en semaine. De 8 à 12 US$ pour les concerts en bas. À partir de 20 US$ pour les grosses pointures. Vous ne pouvez pas louper ce bâtiment aux gros néons bleus derrière un parking en épi de maïs. Pour ceux qui connaissent celle de Los Angeles, la déco est tout aussi atypique. C'est Dan Aykroyd qui possède cette boîte, pas vraiment spécialisée en blues (contrairement à son nom) mais en *groovy-jazzy* et tout ce qui swingue. Quand les grosses pointures viennent (Chick Corea, Joshua Redman, Aretha Franklin, Groove Collective), s'armer de patience et d'obstination pour obtenir un ticket. Sinon, la salle est évidemment sympa (surtout la déco dont on vous laisse la surprise). Fait également hôtel, il est, paraît-il, de qualité. À vous de voir...

♪ **Andy's Jazz Club** *(plan II, C2-3, 184)* : 11 E Hubbard. ☎ (312) 642-6805. À deux pas de Michigan et de Chicago River. Ouvert du lundi au vendredi de 11 h 30 à 1 h, le samedi de 15 h à 1 h 30 et le dimanche de 17 h à 0 h 30. De 6 à 8 US$ l'entrée (pas cher). Un resto-boîte de jazz super sympa qui va donc réjouir les couche-tôt. Des concerts toute la journée avec deux pauses (de 14 h 30 à 17 h et de 20 h 30 à 21 h). Quel plaisir de manger une bonne (et gigantesque) pizza (10 US$, plus cher pour les plats) tout en écoutant un traditionnel *Round Midnight*, un *Take the « A » Train*, ou un *Girl from Ipanema* ! Sur les murs, le *Wall of Fame* avec les photos des musiciens qui ont joué chez *Andy's*. Parmi les plus prestigieux : Buddy Rich, Max Roach et Dizzy Gillespie. Excellent jazz. Ambiance sage et pas trop étouffante. Accueil vraiment chaleureux. Le dimanche, il y a souvent des *special events* : téléphonez !

♪ **Joe Segal's Jazz Showcase** *(plan II, C2, 187)* : 59 W Grand (et Clark). ☎ (312) 670-2473. Ouvert jusqu'à minuit en semaine, 1 h le week-end. Fermé le lundi. Compter un bon 20 US$. Même si on peut y siroter un verre, ce n'est pas un bar mais une authentique salle de concert. Attention, jetez vos mégots avant d'entrer : non fumeur. C'est ici que Charlie Parker, pour contourner la loi en vigueur interdisant aux Blancs de jouer avec les Noirs, a fait passer Red Rodney (un Blanc) pour un chanteur noir albinos. Il s'agit d'un lieu chargé d'histoire où tous les plus grands sont venus jouer (Dizzie Gillespie, Count Basie...) ; le patron est là depuis la nuit des jazz : les vrais connaisseurs trouveront à qui parler...

♪ **Buddy Guy's Legends** *(hors plan II par C4, 185)* : 754 S Wabash. ☎ (312) 427-0333. Ouvert de 21 h 30 à 2 h tous les jours. Prévoir 10 US$ en semaine, 12 US$ les jeudi et vendredi et 12 US$ le week-end. Près des grands hôtels et contrairement à ce que l'on pourrait croire, le voisinage ne déteint pas sur ce bar. Programmation de qualité, la bonne humeur de certains virtuoses est communicative surtout quand Buddy se met à faire un bœuf avec ses invités.

À Near South Side

♪ **Checkerboard Blues Lounge** : au croisement de King Junior Drive et de 43rd Street. Dans le quartier noir, près des cités-dortoirs, dans une baraque en brique rouge. *Cover charge* : 6 US$ en semaine, 8 US$ le week-end. Ouvert de 21 h 30 à 2 h. Évitez donc d'y aller en métro en vous disant : « Je vais faire des économies. » Pas mal de revente d'autoradios, de décodeurs fauchés, etc. La salle est à l'image de l'extérieur, simple et presque antédiluvienne. Cela dit, c'est quand même ici que vous trouverez le *jazz* et le *blues* les plus authentiques (les Muddy Waters et Stevie Wonder y sont passés) où les touristes ne débarquent pas par cars entiers. Une de nos adresses qui se rapproche le plus de ce que pouvait être une boîte de blues dans les années 1950...

À voir. À faire

Eh oui ! Chicago peut tout à fait se visiter à pied ! Les dingues de photo s'en donneront à cœur joie. En gros, trois quartiers : le Loop ; puis, au nord de Chicago River, Near North, Old Town, Magnificent Mile et Lincoln Park ; enfin, au sud, Grant Park, Chinatown et les divers musées scientifiques. Le métro et le bus, fort opportunément, permettent de raccourcir les distances entre ces trois centres d'intérêt.

Balades à pied

■ ***Loop Architecture Walking Tour :*** 224 S Michigan Avenue. ☎ (312) 922-TOUR ou 922-3432 (infos concernant les tours). Organisé par la Chicago Architecture Foundation. Dans le magasin *CAF shop and Tour Center*, building Santa Fe. Il s'agit en fait de deux tours différents : l'un donnant accès aux buildings anciens entre 1870 et 1935 (*early skyscrapers*) et l'autre aux plus récents (*modern skyscrapers*). Compter un bon 10 US$ pour l'une des deux visites ou environ 15 US$ pour le combiné. Tarifs réduits. Les tours commencent à 13 h 30 tous les jours (de mars à novembre il y en a un en plus le samedi à 11 h). Durée approximative par tour : 2 h.

Balades en bus

■ ***Untouchable Tours*** (plan II, C2) : 610 N Clark Street. En face du *McDonald's*. ☎ (773) 881-1195. Huit acteurs et un historien (qui a rédigé le script du tour) vous emmènent sur les traces d'Al Capone dans un bus qui ressemble plus à un théâtre sur roues qu'à un véritable véhicule. Les guides sont déguisés en gangsters et, la mitraillette à la main, vous content les histoires interdites de la ville d'Al Capone et recensent les coins de rues à éviter pour rester en vie. Premier départ en été à 10 h. Compter 2 h de visite. Réservation recommandée.
■ ***Chicago Motor Coach Company :*** ☎ (312) 922-8919. Arrêts toutes les 5-10 mn devant la Sears & Roebuck Tower, l'Art Institute, le Field Museum, la Water Tower... Des bus rouges très anglais à 2 étages *(double-decker buses)* dont les toits se sont envolés. Attention aux coups de soleil ! Compter 1 h de visite commentée. Un bon truc pour repérer les quartiers sympas où l'on reviendra.
■ ***Gray Line of Chicago :*** départs devant *Palmer House*, 17 E Monroe Street, à 9 h 30 et 13 h 30. ☎ (312) 251-3107. Une visite complète de Chicago (3 h) à laquelle on peut éventuellement ajouter une croisière d'1 h sur le lac (attention : seulement le matin) ou la visite de la Sears & Roebuck Tower.

Balades en bateau

■ ***Mercury Chicago Skyline Cruiseline :*** Michigan Avenue et Wacker Drive (côté sud de la rivière). ☎ (312) 332-1353. Uniquement de

mai à septembre. 3 tours d'environ 1 h, 1 h 30, 2 h. Départs de 10 h à 19 h 30. Téléphoner pour connaître l'heure exacte du tour. Compter une quinzaine de dollars pour un tour.
■ *Wendella Sightseeing Boats* : 400 N Michigan Avenue, devant le Wrigley Building. ☎ (312) 337-1446. Également 3 petites croisières touristiques. Mêmes durées et mêmes périodes qu'à la précédente compagnie.
■ *Shoreline Sightseeing* : l'été, départ toutes les 30 mn devant le Shedd Aquarium, Adler Planetarium et Buckingham Fountain (Grant Park). ☎ (312) 222-9328. Durée : environ 30 mn.

Dans le Loop

★ *The « El » (ou « L »)*, abréviation de *Elevated :* c'est le métro aérien tout rouillé et bringuebalant qui délimite le quartier des affaires *(plan B2-3)*. Édifié en 1893 à l'occasion de la World Columbian Exposition. Complètement anachronique. Historiquement, le Loop correspond au quartier délimité par la boucle *(loop)* effectuée par le « El ». Face aux modernes gratte-ciel, il apporte d'emblée une dimension supplémentaire au quartier. Il fut, il n'y a pas longtemps, sauvé de la démolition par quelques amoureux du Loop qui firent campagne de manière énergique pour son maintien. En effet, certains politiciens et spéculateurs pensaient pouvoir redonner, grâce à sa disparition, une énorme plus-value à leurs édifices ou commerces. À leurs arguments (métro inesthétique et bruyant, structures métalliques rivetées d'un autre âge, etc.), les défenseurs opposèrent, au contraire, toutes ses qualités très positives : rupture originale dans les lignes architecturales, dimension supplémentaire dans l'espace et, argument majeur, le « El » apporte une chaleur, une urbanité qui fait tant défaut à bien des villes américaines. C'est aussi le cadre de certains films. Rappelez-vous, c'est dans le « El » que Harrison Ford, dans la dernière version du *Fugitif*, se fait poursuivre par le type de la sécurité au bras en résine. De nombreux plans de la série *Urgences* (*E.R.* en américain) y ont été tournés, même si le reste de la série a été « mis en boîte » à Los Angeles.

➤ De mi-juin à mi-octobre, tous les samedis, le *Chicago Cultural Center* (78 E Washington Street ; à l'angle de Michigan Avenue et de Randolf Street ; plan II, C3, *1*) organise une promenade gratuite de 40 mn en *El* intitulée *Go round and about the Loop*. Dans chaque wagon, un guide commente l'architecture du quartier. Prendre les billets un peu à l'avance (et les horaires) au 77 East Randolph Street. Très intéressant.

À l'intention de ceux qui ne pourraient effectuer le *Loop Walking Tour*, voici les buildings les plus fascinants du centre-ville. Nous avons essayé de les inscrire dans un ordre de promenade logique. Avant de vous organiser une belle balade dans Chicago, voici, en quelques mots, ce qu'il faut retenir en matière d'architecture sur la ville. Louis Sullivan et l'école de Chicago sont à l'origine d'un nouveau courant architectural qui naît au lendemain du grand incendie de 1871. C'est l'avènement de l'architecture commerciale utilitaire élaborée à partir de l'ossature métallique. D'où cet aspect un peu « boîte de verre » de plusieurs buildings. On n'hésite pas à montrer les dessous des constructions (ex. : *Rookery, Monadnock, Marquette*). Au début du XXe siècle, la transparence cède le pas au marbre solide et aux constructions néogothiques (ex. : *Union Station, Tribune Tower*). Parallèlement, Frank Lloyd Wright innove avec un nouveau type d'architecture : « la Maison de la Prairie ». Très bien adaptées au Middle West, ces maisons tout en longueur « font corps avec le terrain ». Puis Mies Van der Rohe, « le maître du mouvement moderne », et ses disciples vont faire de l'acier et du verre leurs matériaux de prédilection (ex. : *John Hancock Center, Sears & Roebuck Tower*).

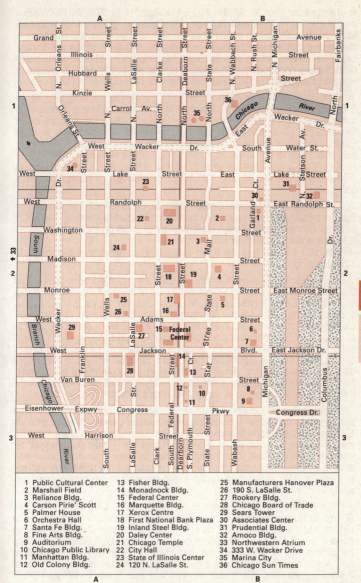

CHICAGO – PLAN III (LE LOOP)

1. Public Cultural Center
2. Marshall Field
3. Reliance Bldg.
4. Carson Pirie' Scott
5. Palmer House
6. Orchestra Hall
7. Santa Fe Bldg.
8. Fine Arts Bldg.
9. Auditorium
10. Chicago Public Library
11. Manhattan Bldg.
12. Old Colony Bldg.
13. Fisher Bldg.
14. Monadnock Bldg.
15. Federal Center
16. Marquette Bldg.
17. Xerox Centre
18. First National Bank Plaza
19. Inland Steel Bldg.
20. Daley Center
21. Chicago Temple
22. City Hall
23. State of Illinois Center
24. 120 N. LaSalle St.
25. Manufacturers Hanover Plaza
26. 190 S. LaSalle St.
27. Rookery Bldg.
28. Chicago Board of Trade
29. Sears Tower
30. Associates Center
31. Prudential Bldg.
32. Amoco Bldg.
33. Northwestern Atrium
34. 333 W. Wacker Drive
35. Marina City
36. Chicago Sun Times

★ **Auditorium** *(plan III, B3, 9)* : 430 S Michigan. ☎ (312) 922-2110. Visites les lundi et mardi. Œuvre de Sullivan. À l'origine, en 1887, cet immeuble en forme de parallélépipède uniforme devait répondre à un programme à fortes contraintes fonctionnelles (théâtre-resto-hôtel). Sullivan n'utilise pas encore l'acier, un an plus tard ce sera fait. Mais ses innovations et la décoration stupéfièrent (il y avait même l'air conditionné !). Après l'avoir visité, le président Harrison s'exclama : « Ça y est, New York va abandonner la partie ! ».

★ **Manhattan Building** *(plan III, B3, 11)* : à l'angle de Congress et de S Dearborn. Œuvre du baron Jenney. Le plus vieux bâtiment à structures métalliques (1890). Jenney voulut faire de ce building un « palais de la Renaissance ». Il marque le début d'une rivalité architecturale avec la France. Trois ans plus tard, Chicago envisage d'élever une tour métallique plus haute que la tour Eiffel pour l'Exposition Universelle de 1893.
À côté, l'*Old Colony Building (plan III, B3, 12;* 1893). Au 343 S Dearborn, le *Fisher Building (plan III, B3, 13;* 1895) de Burham, à la délicate déco gothique.

★ **Metropolitan Detention Center** *(plan II, C4, 283)* : à l'angle de Van Buren et Federal. C'est ce curieux bâtiment triangulaire élevé en 1975. On dirait un Toblerone géant posé verticalement et criblé de meurtrières. Même les prisons peuvent inspirer les architectes !
Un peu plus loin sur Van Buren on aperçoit un curieux immeuble rouge, le *CNA Building.*

★ **Monadnock Building** *(plan III, A-B2-3, 14)* : S Dearborn (entre Van Buren et W Jackson). Voici l'exemple le plus intéressant de l'évolution des techniques. Cette façade « étonne sans charmer ». La partie la plus ancienne (1889), réalisée par Burnham et Root, fut construite en partie suivant les vieilles techniques, et encore sur une base trapue, en saillie, comme pour rassurer ! Ce bâtiment traduit « la volonté d'un bâtisseur superposant sans la moindre recherche 15 étages semblables ». La seconde partie, construite en 1892, à la suite de l'autre, par Holabird et Rohe, tire mieux parti de la charpente en fer. Architecture plus légère, ouvertures plus larges. Notez que Holabird a tenu à respecter le style global de l'ensemble et a même été jusqu'à reproduire scrupuleusement la forme des fenêtres.

★ **Federal Center Complex** *(plan III, A2, 15)* : 219 S Dearborn. Construit par Mies Van der Rohe (1959 et 1966). Le *Federal Center Complex,* le *John C. Kluenzynski Federal Complex* (230 S Dearborn), la *poste* (superbe réalisation en verre fumé) et le *Flamant Rouge* de Calder composent un ensemble très équilibré. Flamboyant, du haut de ses cinq pattes, il contraste avec la solennité des noires façades de verre tout autour. Noter plus loin, sur le même trottoir, le *Berghoff,* l'un des tout premiers immeubles reconstruits après le grand incendie (1872).

★ **The Rookery Building** *(plan III, A2, 27)* : 209 S La Salle (et Quincy). Œuvre de Burnham (1885). À l'extérieur, noter la technique de pointe de la façade constituée de verre et de granit. Piliers sculptés d'oiseaux, statues dorées (assez rococo). Entrez dans cet immeuble conçu à l'origine pour être l'espace de bureaux le plus vaste des États-Unis. Un petit air des *Mille et une Nuits,* cour intérieure vitrée magnifique (mosaïque au sol, escalier et lustres majestueux). L'intérieur fut aménagé par Frank L. Wright (1905). Mérite une petite visite.

★ **Marquette Building** *(plan III, A2, 16)* : 140 S Dearborn (Holabird, 1893 et 1905). En face du Federal Center. Cocorico ! Enfin un monument en l'honneur d'un Français (Pierre Marquette) qui, prêchant la bonne parole parmi les Indiens, a découvert par hasard l'Illinois. Dans le hall intérieur, des panneaux de bronze, des sculptures d'Indiens, des mosaïques (de Tiffany) évoquent le voyage du père jésuite.

CHICAGO / À VOIR. À FAIRE

★ *First National Bank Plaza (plan III, A2, 18)* : Monroe et Dearborn. L'un des ensembles architecturaux les plus remarquables. La *First National Bank* présente une stupéfiante façade concave (c'est la banque la plus haute du monde). En face, le *Xerox Building (plan III, A2, 17; 1980)*, une tour cylindrique aux mille reflets.
Sur la plaza, admirez les *Quatre Saisons* de Chagall (1974), magnifique mosaïque de pierre et de verre pour laquelle il se servit de plus de 250 nuances de couleurs. En face, au 30 W Monroe, s'élève l'*Inland Steel Building (plan III, B2, 19; 1956)*, premier gratte-ciel construit après guerre et utilisant un maximum de verre.

★ *Palmer House (plan III, B2, 5)* : Monroe et State. Édifié en 1925. Potter Palmer, le prince des marchands de Chicago, plaça son argent dans l'immobilier et les impressionnistes (riche collection qu'il légua au musée). Voir absolument l'hyper luxueux hall d'entrée. Décoration grandiloquente : plafond décoré souligné par un bas-relief, statues-lampes, mobilier ancien, nombreux petits boudoirs. Pour ceux qui auraient touché le tiercé-quarté +- quinté +, offrez-vous le 24e étage, le *Penthouse* à 1 500 US$ la nuit. Pour vous : 3 chambres, 5 salles de bains, 2 bars. Reagan et Bush Senior appréciaient particulièrement cet hôtel. Ils en du goût, c'est très pimpant.

★ *Carson, Pirie, Scott & Co. (plan III, B2, 4)* : State et Madison. Chef-d'œuvre de Sullivan et Burnham (1899). En particulier, la foisonnante décoration extérieure, l'admirable dentelle de bronze qui orne les portes de ce grand magasin qui donnait sur le coin de rue « le plus fréquenté de la terre ». Sullivan avoua qu'il voulait avant tout séduire les femmes, leur donner l'impression que l'on honorait leur visite de façon princière.

★ *Daley Center (plan III, A2, 20)* : Washington et Dearborn. Une autre plaza célèbre pour sa monumentale statue de Picasso. Installée en 1967, elle déclencha au début une hostilité et des polémiques comparables à celles que suscitèrent la tour Eiffel et Beaubourg. Aujourd'hui, les habitants de Chicago en sont évidemment très fiers : la présence du drapeau américain est là pour en témoigner. Même les enfants l'ont adoptée : c'est leur toboggan préféré. À côté, la flamme du soldat inconnu dédiée aux soldats du Vietnam. En face du Richard J. Daley Center, entre le Tokyo Bank Building et le Chicago Temple *(plan III, A2, 21)*, une statue de Miró (1981), aux allures féminines et guerrières. Une curiosité : de l'autre côté de la rue, au coin, le *McCarthy Building*, le premier immeuble de l'après-incendie (1872). À quelques pas, vers le lac (Washington et State), le *Reliance*, l'une des réalisations les plus marquantes de Burnham (1890).

★ *State of Illinois Center (plan III, A1-2, 23)* : Clark et Randolph. Rebaptisé le *James R. Thompson Center*. C'est l'une des dernières constructions (1984) de Chicago, annonçant clairement l'architecture du XXIe siècle. Une espèce de gros champignon en verre qui donne le vertige. Volume intérieur très impressionnant, mais édifice assez controversé, surmonté d'une gigantesque verrière : d'insurmontables problèmes se posent pour climatiser tout ça correctement. À l'intérieur, *shopping center*, boutiques et restos. Montez au 16e étage pour jouir de la vue aérienne sur le hall. Devant trône le *Monument à la Bête debout*, une des œuvres majeures (et l'une des dernières) de Dubuffet (1984), en fibre de verre.

★ Une petite balade au *sud du Loop* s'impose. La page est largement tournée sur le passé un peu sombre de la ville. Les lieux historiques des affrontements des gangs sont assez systématiquement rasés ou ignorés par les autorités qui n'aiment pas trop qu'on leur rappelle ce passé sulfureux. Al Capone fait pourtant partie du patrimoine historique de la ville et, paradoxalement, fait figure de « brigand bien-aimé » auprès des foules. Pendant la crise de 1929, il organisa, le premier, les soupes populaires à l'intention des chômeurs ! Aujourd'hui, marcher sur les traces d'Al Capone, encore image symbole de Chicago pour beaucoup, semble relever de l'exploit. Un petit guide illustré permet de suivre pas à pas les grandes étapes de la « guerre des gangs ». Ainsi vous pourrez voir le *Metropolitan Hotel* qui fut l'un des quartiers généraux d'Al Capone (sur Michigan Avenue). À l'angle de Michigan Avenue et 22nd Street, le *Lexington Hotel* est désormais détruit. Ce fut le dernier quartier général d'Al Capone avant la prison. Et enfin, le *Biograph Center* (sur Lincoln Avenue) où John Dillinger fut proprement mitraillé dans un restaurant où il ne faisait pas bon manger le dos tourné à la porte !

Les autres buildings

★ Les amoureux de *La Dernière Séance* iront jeter un œil à l'intérieur du cinéma **Chicago** sur State Street (après Randolph Street). Superbe art baro-rococo, fauteuils d'époque. Une salle comme on n'en fait évidemment plus depuis longtemps. Actuellement, il est utilisé comme salle de concerts.

★ **Sears & Roebuck Tower** *(plan III, A2, 29)* **:** 233 South Wacker Drive, à l'angle d'Adams et Franklin Streets. ☎ (312) 875-9696. • www.thesky deck.com • Entrée payante : environ 10 US$. *Family pass* autour de 30 US$. Une fois le ticket acheté, la visite se fait à l'heure qui vous arrange. Très belle vue de nuit. Ouvert tous les jours de l'année de 9 h à 23 h. Attention, dernier ticket vendu à 22 h 30. Terminé en 1974, c'était (voir intro au chapitre Chicago) le plus haut bâtiment du monde avec ses 110 étages, ses 443 m de haut et ses deux antennes blanches. Quelques chiffres : l'ensemble pèse 222 500 t (dont 76 000 t d'acier) et possède 16 000 fenêtres. On pourrait construire 52 000 voitures avec l'acier de l'armature ! 16 500 personnes y travaillent. Elle est visitée par 1 500 000 touristes par an (soit plus de 4 000 par jour... bon courage pour l'attente). Plate-forme panoramique au 103e étage. Beaucoup d'attente. Par beau temps, vous ne serez pas déçu du voyage. On peut y voir 4 États : Indiana, Wisconsin, Illinois, Michigan et admirer l'horizon jusque 80 km à la ronde. Siège des magasins Sears and Roebuck. Cet organisme fut la plus grande société de vente par correspondance du monde. Son célèbre catalogue est encore la bible des communautés rurales. Autrefois, dans les villages, les enfants apprenaient à lire et à écrire dans le catalogue. Mais, traversant une grave crise, le groupe a décidé de mettre en vente la Sears & Roebuck Tower au plus offrant. L'opération devait rapporter au groupe quelque 1,2 milliard de dollars.

★ **Union Station** *(plan II, B4)* **:** 210 S Canal Street (entre Adams Street et Jackson Boulevard). Une gare co-los-sale. C'est ici, entre autres, que fut tournée la fameuse scène du landau dans *Les Incorruptibles* de Brian de Palma avec Kevin Costner et Sean Connery. On peut retrouver les costumes du film au *Planet Hollywood*.

★ Les amateurs d'urbanisme iront étudier la reconversion de **Printer's Row**, l'ancien quartier des imprimeurs. Il s'étend de Congress Parkway à Polk Street. Bel exemple de revitalisation d'un quartier longtemps en pleine décadence et qui fut très dangereux le soir. Les anciens entrepôts et ateliers sont transformés peu à peu en lofts désormais très recherchés. Sur *Polk Street*, la pittoresque ancienne gare.

★ Enfin, il ne faut pas rater, face au lac, le superbe alignement d'immeubles sur **Michigan** (à la hauteur de Monroe ; plan II, C-D3). Prendre du recul pour en admirer l'harmonieuse disposition. À côté de l'édifice de style néo-gothique s'élève le **Cage Building** (1898), avec un étage de plus. L'une des œuvres les plus représentatives de l'art de Sullivan.
De l'escalier de l'Art Institute, belle perspective sur les 80 étages de marbre blanc du *Standard Oil Building* et le tout nouveau et remarquable *Associate Building* (facilement reconnaissable à son sommet en forme de losange biseauté).

Au nord de Chicago River

Sur North Michigan Avenue débute le *Magnificent Mile*, promenade architecturale là aussi très intéressante. À la hauteur du pont, en traversant la Chicago River (côté sud), superbe perspective sur les édifices la bordant. On y trouve notamment : *Marina City Four Building (plan III, B1, 35)*, avec ses deux tours rondes à alvéoles (appelées « épis de maïs »). Sur sa droite, le *IBM Plaza*, le *Chicago Sun Times-Daily News*.

★ ***Merchandise Mart** (plan II, C3)* : sur la rivière, à hauteur de Wells Street. C'est le magasin-entrepôt le plus grand du monde. Très IMPOSANT. Construit en 1930 dans le style Art déco. Façade rénovée récemment, qui a ainsi retrouvé sa blancheur immaculée. Le bâtiment appartient à la famille Kennedy. Avec un peu de chance, et selon les résidents français, vous pourrez peut-être même voir certains de ses membres. Visites guidées (10 US$, se renseigner à l'office du tourisme). Il faut marcher des heures pour passer d'un magasin à l'autre... alors que l'on trouve les mêmes sur Michigan Avenue ! À vous de juger si cela vaut le coup. Au nord du Merchandise Mart, à quelques blocs, s'étend *Cabrini Green*, un immense quartier de HLM délabrées où vit la population noire la plus déshéritée. Nous vous déconseillons de vous y aventurer. Vous ne trouverez pratiquement pas de taxi pour y aller. C'est l'une des contradictions sociales les plus flagrantes de Chicago.

★ ***Wrigley Building** (plan II, C2-3, 286)* : 410 N Michigan Avenue. Œuvre de Graham (1919-1921). La tour des fameux chewing-gums avec la réplique de la Giralda de Séville et son horloge richement décorée. L'immeuble chouchou des Chicagoans. À l'époque, ils allèrent même jusqu'à proclamer orgueilleusement que l'endroit deviendrait « aussi célèbre que la place de la Concorde à Paris ». (Là, ils exagéraient un peu !) La construction ressemble curieusement à une pièce montée. Certains cuisiniers n'ont pas tort lorsqu'ils disent avec humour que « l'architecture est une branche reconnue de la pâtisserie ».

★ ***Chicago Tribune Tower** (plan II, C2-3)* : tout au début de North Michigan. Comme son nom l'indique, ce building abrite le journal de l'Illinois, *Chicago Tribune*. Le summum du pastiche gothique flamboyant (1925). Construit comme une cathédrale avec une parfaite copie de la tour au Beurre de Rouen. D'ailleurs, le portier s'entend demander au moins dix fois par jour l'heure des messes par des touristes de passage. Noter qu'à la base du building, on inséra un certain nombre de pierres ou d'éléments provenant des monuments les plus célèbres de la Terre : Parthénon, Taj Mahal, Fort Alamo, Grande Muraille de Chine, Notre-Dame de Paris, Mur de Berlin, etc. Curieux, non ?

★ ***John Buck Building** (plan II, C2, 288)* : 515 N State Street. Entre State et Grand Avenues. Œuvre du génial architecte japonais Kenzo Tange (1990). Un building ultra-moderne qui a une case en moins ! Superbe façade saillante. Majestueux hall d'entrée. Une leçon d'architecture pour les amateurs de design.

★ ***Chicago Sun Times** (plan III, B1, 36)* : 435 N Wabash Avenue. On peut visiter les locaux et voir travailler en direct journalistes, typos et autres petites mains. Intéressant pour les enfants (et pour les plus grands). Visite les mardi, mercredi et jeudi à 10 h 30. Réservation obligatoire auprès de Jim Strong, ☎ (312) 321-3268.

★ ***Water Tower Pumping Station** (plan II, C2, 289)* : 806 North Michigan Avenue, à l'angle avec Pearson. ☎ (312) 744-2400. Ouvert du lundi au samedi de 10 h à 18 h 30. Le dimanche de 10 h à 17 h. Gratuit. L'un des rares édifices du centre qui échappèrent au grand incendie de 1871. Construit en 1869 dans un style gothico-rococo invraisemblable. « Le moulin à poivre

gothique », comme l'appelait Oscar Wilde. À l'intérieur, une petite galerie de photos axées sur la ville et les habitants de Windy City.
Autour de la Water Tower, on trouve très souvent de bons musiciens jouant dans la rue. Sur le trottoir d'en face, c'est la *Chicago Waterworks* où l'on trouve l'office du tourisme.
À côté, sur Chicago Avenue, le *Park Hyatt*, l'hôtel favori d'Élisabeth Taylor. Elle s'y réserve à chaque fois une suite à plus de 2 000 US$ par nuit !

★ ***John Hancock Center Observatory*** *(plan II, C2, 290)* : 875 N Michigan Avenue. ☎ 1-888-875-VIEW. ● www.hancock-observatory.com ● Ouvert de 9 h à 23 h, tous les jours. Compter 9,50 US$. Le troisième gratte-ciel le plus haut du monde (tour toute noire, assez imposante, avec les deux antennes). 94 étages, du haut desquels le panorama est également époustouflant. On y trouve un resto ainsi qu'un bar. Avis aux fauchés : plutôt que de monter à l'observatoire, emprunter un autre ascenseur qui vous mènera gratuitement au niveau du resto. De là, la vue en est certes moins dégagée mais tout de même impressionnante. Au pied de cette tour, un petit jardin ombragé où l'on peut pique-niquer. En face, le magasin *Bloomingdale's*. Un bloc plus haut, le *Play Boy Building* (ancien édifice *Palmolive*), d'où prolifèrent, de par le monde, tous les petits *bunnies*... À côté, face au lac, l'hôtel *Drake* où descendent toutes les têtes couronnées.

★ ***The Golden Coast*** : à partir de Oak Street s'étend « la Côte Dorée », l'un des quartiers résidentiels les plus chers d'Amérique. Devant s'étale *Oak Street Beach*, la plage la plus populaire de Chicago.

★ ***Old Town*** : remontez Well's Street. À partir de Goethe Street jusqu'à Armitage s'étend le quartier le plus agréable de Chicago, qui n'est pas sans rappeler Greenwich Village : petites maisons victoriennes, magasins de fringues, antiquités, restos sympas.

★ ***Astor Street***, entre 1200 N et 1600 N, aligne nombre de belles demeures anciennes. Se balader également sur Menomonee Street (à l'ouest du carrefour formé par Well's et Clark) et autour de l'église Saint Michael (W Eugenie Street).

Les musées

Énormément de musées à Chicago. Si vous êtes fan et fauché à la fois, le *City Pass* valable 9 jours offre la possibilité d'accéder aux 6 attractions les plus réputées pour environ 31 US$ (le Planétarium, le Musée d'histoire naturelle, la Sears Tower, The Art Institute of Chicago, le Musée des sciences et de l'industrie et le Shedd aquarium). Pour plus d'infos téléphonez au (707) 256-0490.

★ ***The Art Institute*** *(plan II, C4)* : 111 South Michigan Avenue (à l'angle avec Jackson Boulevard). ☎ (312) 443-3600. ● www.artic.edu ● Ouvert les lundi, mercredi, jeudi et vendredi de 10 h 30 à 16 h 30, le mardi jusqu'à 20 h, les samedi et dimanche de 10 h à 17 h. Entrée : 10 US$. Gratuit le mardi. Le resto en plein air est très agréable.
L'un des plus importants musées américains. C'est également « THE » musée de Chicago. Une sorte de « Louvre-Orsay » avec l'une des plus belles collections d'impressionnistes. Tous les plus grands sont réunis : Vlaminck, Rouault, Gauguin, Cézanne, Monet, Degas, Renoir, Matisse... C'est là que se trouvent, entre autres : *Un dimanche après-midi à l'île de la Grande Jatte* de Seurat, *La Chambre à Arles* et un *Autoportrait* de Van Gogh. Il y a aussi *Paris, un jour de pluie* de Caillebotte, *Le Vieil Homme à la guitare* de Picasso, et la sublime *America Windows* de Chagall. Des artistes contemporains, tels Edward Hopper, David Hockney. Ne pas rater *American Gothic* de Grant Wood (repris par Paul Newman pour ses produits ali-

mentaires). Des galeries d'art asiatique, africain, américain... des œuvres de Man Ray... Une magnifique salle exposant un tas d'armes et armures. À voir aussi la galerie des Miniatures. Prévoir beaucoup, beaucoup de temps.

★ ***The Museum of Science and Industry*** **:** 57th Street and Lake Shore Drive. ☎ (773) 684-1414. ● www.msichicago.org ● Au sud de la ville, assez loin du centre. Prendre le bus n° 6 sur Michigan Avenue (au sud de Jackson Street) ou le n° 10 sur State Street ou bien le n° 1 sur Adams (compter une bonne demi-heure de trajet). Ouvert de 9 h 30 à 17 h 30 tous les jours (en basse saison, jusqu'à 16 h)... Entrée payante : 9 US$ (gratuit le jeudi). Tarifs réduits. Assez long à visiter.

Le plus ancien et le plus grand musée du genre. Un peu comme le palais de la Découverte, mais de dimension américaine. Génial, et il faudrait bien une journée entière pour tout voir. Un musée qui plaira à toute la famille. Vous pourrez descendre dans une mine de charbon et vous en faire expliquer le fonctionnement. Si vous n'avez pas encore déjeuné, n'allez pas voir les *body slices* (un corps humain découpé dans le sens de la longueur en tranches fines). Blurp ! À voir également, le train électrique géant, le « Santa Fe », la « Yesterday Main Street » (reconstitution grandeur nature d'une rue des années 1910 avec un cinéma, un resto, des boutiques d'époque...). Aussi le *U-505* (un sous-marin), le « Fairy Castle ». Entrez dans un bloc opératoire, dans un cœur humain, comprenez comment fonctionne le cerveau. Ici, tout a un côté ludique. C'est un peu le genre « apprendre en s'amusant ». Et toujours cette touche américano-écolo-didactique. Il y a aussi un cinéma Omnimax dans le *Henry Crown Space Center* (environ 7 US$) qui propose des films-reportages choc comme *Michael Jordan to the Max* ou *Dolphins*. Téléphonez pour le programme (773-684-1414) et réservez dès l'arrivée. Possibilité de manger un petit quelque chose.

★ ***John G. Shedd Aquarium*** *(hors plan II par D4, 292)* **:** 1200 South Lake Shore Drive (Roosevelt Road à l'angle avec South Lake Shore Drive ; n° 1200). Sur le museum campus. ☎ (312) 939-2438. ● www.sheddaquarium.org ● Parking payant (7 US$). Ouvert de 9 h à 18 h, jusqu'à 17 h en hiver (18 h le week-end en hiver), et jusqu'à 21 h le jeudi de juin à septembre. Entrée : à partir de 15 US$, suivant les attractions. N'oubliez pas de mettre une petite laine. Il y fait frisquet. Deux attractions : il y a d'abord l'*aquarium* avec une multitude de petits bassins classés par régions. On constate qu'il ne fait pas bon faire trempette sur la barrière de corail australienne. Les requins léopards sont au n° 11, les poissons vénéneux au n° 16, les poissons fluo au n° 27. Au n° 65, une pieuvre du Pacifique. Les tortues sont aux n°s 92 et 93. Les plus grosses bébêtes (y compris un *shark* un peu antipathique) sont dans l'aquarium central qui contient des centaines de poissons. L'été, des plongeurs descendent nourrir les poissons tous les jours à 11 h, 14 h et 15 h. L'*océanorium*, la seconde attraction, est une magnifique reconstitution d'un écosystème de la côte nord-ouest du Pacifique. Très bien fait. Il y a des dauphins, des bélugas, des pingouins... Magnifique vue sur le lac. Concerts de jazz de 17 h à 21 h de temps en temps en basse saison (tous les jeudis en été), se renseigner avant.

★ ***Field Museum of Natural History*** *(hors plan II par D4, 293)* **:** 1400 South Lake Shore Drive. ☎ (312) 922-9410. ● www.fieldmuseum.org ● Ouvert tous les jours de 9 h à 17 h. Entrée : 8 US$. Réduction étudiants. Gratuit le mercredi. Éviter le week-end, c'est bondé. Premier bâtiment à gauche en entrant sur le Museum campus. Un des plus importants musées d'histoire naturelle et d'ethnologie du monde. Plus de 4 ha d'exposition. Dans le hall, deux éléphants et un squelette de dinosaure. Merveilleux voyage à travers toutes les cultures, à travers le monde animal et végétal. De l'ancienne Égypte avec la tombe d'Unisankh aux Indiens pauwnees en passant par les cultures africaine, esquimaude, tibétaine, avec leurs rituels, costumes, masques, armes, instruments de musique... On en apprend aussi beaucoup sur les phénomènes naturels. Prévoir pas mal de temps. On finit en apothéose avec la civilisation moderne américaine : le *McDo* pour les petits creux.

★ *Adler Planetarium (hors plan II par D4, 294) :* 1300 S Lake Shore Drive. ☎ (312) 922-7827. • www.adlerplanetarium.org • Derrière le John G. Shedd Aquarium. Ouvert du lundi au vendredi de 9 h 30 à 16 h 30 (22 h le vendredi), jusqu'à 18 h le week-end et pendant les vacances scolaires. Entrée : 13 US$ pour un « Sky Show », 16 US$ pour 2. Gratuit les lundi et mardi de septembre à février. Le vendredi, observation des étoiles au télescope à partir de 18 h par temps clair. Musée sur l'astronomie et l'univers. Pour les scientifiques ou pour ceux qui sont toujours dans les nuages. À quoi ressemblent les autres planètes ? De quoi sont faites les étoiles ? Sommes-nous seuls sur terre ? L'Adler Planetarium apportera une réponse à toutes vos questions galactiques. C'est aussi une belle collection d'instruments de mesure et d'exploration comme le télescope utilisé par Galilée. Également, des projections de films sous un dôme (à peu près toutes les heures) ; le programme change régulièrement mais ça tourne toujours autour des mêmes thèmes : l'univers en 3D (avec lunettes), la galaxie...

★ *Chicago Historical Society (plan I, C3, 282) :* Clark Street et North Avenue. ☎ (312) 642-4600. • www.chicagohistory.org • Ouvert du lundi au samedi de 9 h 30 à 16 h 30 (le dimanche, de 12 h à 17 h). Compter 5 US$. Gratuit le lundi. Pour y aller : prendre le bus n° 22 ou n° 36 sur Michigan Avenue ; descendre à North Avenue ou La Salle. Bien placé dans Lincoln Park, entouré de verdure. Deux grands thèmes : l'histoire des États-Unis et de Chicago. Quelques belles pièces comme un exemplaire de la déclaration d'Indépendance des États-Unis (rappel : 4 juillet 1776), quelques objets personnels du premier président des États-Unis (George Washington, pour ceux qui avaient oublié) ou encore une locomotive grandeur nature. Tout ce que vous vouliez savoir sur la guerre de Sécession (1861-65), avec la table sur laquelle a été signée l'abolition de l'esclavage (euhhh, oui ! 1863) et le lit sur lequel Lincoln nous a quittés. Et puis l'histoire de Chicago : plans d'archi, coupures de journaux, objets, témoignages... Il y a même des cookies qui ont survécu au grand incendie de... 1871. Très instructif et très sympa. N'hésitez pas à demander au gardien qu'il vous donne un petit cours d'histoire. Accueil adorable.

★ *Chicago Board of Trade* (CBOT ; *plan II, C4, 301* et *plan III, A3, 28*) : 141 W Jackson Boulevard. ☎ (312) 435-3590 ou 3625. Au 5e étage. Ouvert de 8 h à 14 h du lundi au vendredi. Fermé le week-end et les jours fériés. Gratuit. Visite libre ou visite guidée à peu près toutes les heures jusqu'à 12 h 30. Attention les groupes d'au moins 10 personnes doivent réserver. Âge minimum 16 ans. Quand on arrive par La Salle Street, on a l'impression que le CBOT (la Bourse de Chicago) est entouré de deux temples grecs (la *Continental Illinois Bank* et la *Federal Reserve Bank*). Le Board of Trade Building est un magnifique bâtiment Art déco de 45 étages, construit en 1930 par Holabird and Root. Au sommet, une statue de Cérès, déesse de la moisson, veille au grain. La surface des salles du CBOT consacrées à la négociation équivaut à un terrain de football. Il y a plus de 16 000 km de câbles téléphoniques sous les planchers. Projection d'un film sur l'évolution de la bourse toutes les 30 mn. C'est ici que se négocient des contrats a terme sur les taux d'intérêts, les indices boursiers, les produits manufacturés, les denrées alimentaires (blé, soja...), les métaux précieux et les devises. Demandez aux copains de Sup de Co de vous expliquer. On peut voir les négociateurs s'agiter dans les salles de marché.

★ *Museum of Contemporary Art (plan II, D2, 296) :* 220 E Chicago Avenue. ☎ (312) 280-2660. • www.mcachicago.org • Ouvert de 10 h à 17 h (20 h le mardi). Fermé le lundi. Entrée : 10 US$. Gratuit le mardi. Propose des expos temporaires et des collections permanentes. Il s'agit d'œuvres et de compositions ultra-modernes. Musée étonnant. On se sent un peu perdu. En fait, rien n'est disposé au hasard même si certaines expos peuvent vous sembler vides. Il s'agit d'un « art réactif et provocateur ». Les visiteurs de ce petit musée sont aussi des figures de l'expo. Cette visite ne laissera personne indifférent. Une aile récente, qui a coûté la bagatelle de 46 millions de dollars, conçue par l'architecte berlinois Joseph Paul Kleihues, en fait un des plus grands musées d'art contemporain.

★ ***Museum of Contemporary Photography*** *(plan II, C4, 297)* **:** Columbia College Chicago, 600 S Michigan Avenue. ☎ (312) 663-5554. Ouvert de 10 h à 16 h ; le samedi, de 12 h à 16 h. Fermé le dimanche, ainsi qu'en août. Gratuit. Petite galerie de photos sur trois étages, exposant des œuvres d'artistes contemporains tels Irving Penn, Robert Franck. De magnifiques photos très bien mises en valeur. Thèmes très variés et expos temporaires.

★ ***Du Sable Museum of African-American History*** **:** 740 E 56th Place (57th et Cottage Groove). ☎ (773) 947-0600. • www.dusablemuseum.org • Ouvert du lundi au samedi de 10 h à 17 h et le dimanche de 12 h à 17 h. Entrée : 3 US$. Gratuit le dimanche. Près de l'université de Chicago. Du Museum of Science and Industry, en marchant il faut compter une bonne demi-heure. Beaucoup d'expos à thème. Des objets de toutes sortes, quelques peintures murales, des photos, des sculptures, des costumes retraçant l'histoire des Noirs américains (et européens). Une petite expo sur l'histoire de l'esclavage. Et des tableaux d'Henri O. Tanner, Motley Dawson... Des concerts, des récitals, des conférences... Téléphonez pour les dates et horaires. Assez excentré tout de même.

★ ***Museum of Broadcast Communications*** **:** dans le Chicago Cultural Center (office du tourisme ; *plan II, C3, 1*), 78 E Washington Street (entre Washington et Michigan). ☎ (312) 629-6000. Ouvert de 10 h à 16 h 30 ; le dimanche, de 12 h à 17 h. Fermé pendant les vacances. Gratuit. Un petit musée qui retrace l'histoire de la télévision et de la radio américaines avec quelques documentaires, les premiers récepteurs de radio, les premières caméras... Ils ont surtout archivé les émissions télé (6 000) et radio (près de 50 000) les plus populaires. Et aussi 8 000 pubs télé. Tous ces programmes sont accessibles et peuvent être consultés librement (moyennant une petite contribution).

Pendant que vous êtes au Chicago Cultural Center, profitez-en pour aller jeter un œil au dôme qui se trouve au 1er étage. Le centre culturel organise également des conférences, des concerts, des récitals...

★ ***Terra Museum of American Art*** *(plan II, C2, 299)* **:** 664 N Michigan Avenue. ☎ (312) 664-2255. • www.terramuseum.org • Ouvert du mercredi au samedi de 10 h à 18 h, le mardi jusqu'à 20 h et le dimanche de 12 h à 17 h. Fermé le lundi. Entrée : 7 US$. Gratuit les mardi et jeudi. Petit musée créé en 1987 sur plusieurs étages, entièrement consacré à l'art américain. Expos pointues essentiellement temporaires (changeant tous les trois mois environ) pour initiés ou mordus d'art américain. On a bien aimé *Pip and Flip* de Reginald Marsh. Quelques belles œuvres de Whistler, Chase, Sargent, Demuth, Hopper, Wyeth, etc. Agréable.

★ ***The American Police Center Museum*** **:** 1717 S State Street. ☎ (312) 431-0005. Ouvert de 9 h à 16 h 30 du lundi au vendredi. Entrée payante. Ce n'est pas un gag. Vous y verrez des photos d'Al Capone, de Dillinger et Frank Nitti. Plein d'armes, d'uniformes, d'articles de journaux et de reliques avec, en prime, deux chaises électriques et une potence. Plein de recommandations importantes sur les rapts d'enfants, les viols, et surtout la drogue.

★ **Spertus Museum of Judaica** *(plan II, C4, 300)* : 618 S Michigan. ☎ (312) 322-1747. • www.spertus.edu • À quelques pas du Museum of Contemporary Photography. Ouvert tous les jours de 10 h à 17 h (19 h le jeudi, 15 h le vendredi). Fermé le samedi. Entrée : 5 US$. Gratuit le vendredi. Expos permanentes et temporaires sur 3500 ans de culture juive : bijoux, torahs, costumes...

★ **The Chicago Public Library** *(plan III, B3, 10)* : Harold Washington Center, 400 S State Street. ☎ (312) 747-4800. • www.chipublib.org • Ouvert du lundi au jeudi de 9 h à 19 h, du vendredi au samedi de 9 h à 17 h, le dimanche de 13 h à 17 h. Organise des conférences, des débats, des récitals, des concerts, des projections et des expos. Accès Internet gratuit aux étages 4, 5 et 6. Ouvert du lundi au jeudi de 12 h à 18 h 30, le vendredi de 12 h à 16 h 30, le samedi de 9 h à 16 h 30. Fermé le dimanche. Attendre qu'un ordinateur se libère (une demi-heure par personne). Attention les bécanes sont un peu lentes, surtout aux heures de pointe.

Oak Street Beach

Hé oui, à deux pas des hauts buildings de Downtown, il est possible de lézarder au soleil au bord du lac Michigan. Très facile d'accès par des souterrains. On se baigne (dans une eau plutôt fraîche), on peut faire du rollerblade ou jouer au volley sur de nombreux terrains. Sympa.
Possibilité de casser la croûte au *Beachsrto* (☎ 312-915-4100). Terrasse.

Location de vélos et rollerblades

■ **Bike Chicago rentals and tours** *(plan I, D1)* : North Avenue Beach. ☎ (312) 755-0488. Ouvert tous les jours. Dans une grande bâtisse bleue et blanche en forme de paquebot. Pour un vélo compter 10 US$ l'heure ou 35 US$ par jour. Les rollerblades sont à environ 9 US$ par heure ou un peu plus de 30 US$ par jour.

À voir pour ceux qui ont du temps

À l'extérieur de Chicago

★ **Frank Lloyd Wright Historic District** : 951 Chicago Avenue, Oak Park. ☎ (708) 848-1976. À l'ouest de la ville, assez loin. Par la route, 30 mn de voiture. En partant de Michigan Avenue, prendre la Congress Parkway, sortie 21B. Puis continuer sur South Harlem Avenue, tourner à droite sur Chicago Avenue. Pour les non motorisés, accès par le métro Lake Street, station « Oak Park ». Visite à 11 h, 13 h et 15 h. Le week-end, tous les quarts d'heure de 11 h à 15 h 30. Compter 9 US$ et 15 US$ si vous effectuez en plus le tour du quartier avec un audioguide où il y a une dizaine de maisons construites par le célèbre architecte. Prévoir d'arriver 15 mn avant le début de la visite. Demander Gina pour faire le tour du propriétaire, elle est vraiment intéressante.
Entre 1889 et 1909, Wright construisit dans le coin de Oak Park près de 25 édifices. Ces « Maisons de la Prairie », comme on les a surnommées en raison de leur adaptation aux plaines du Middle West, réunissaient déjà les caractéristiques de l'architecture organique de Wright : plan ouvert sur l'extérieur et intégration parfaite au site. Très chouette pour qui s'intéresse à l'architecture moderne.

★ **Cimetière de Graceland** : 4001 N Clark Street (Clark et N Irving Park Road). ☎ (312) 525-1105. Ouvert de 8 h à 16 h 30. L'office ouvre un peu plus tard et reste fermé le dimanche. Les gens célèbres (les *tycoons*) de

Chicago y sont enterrés : Marshall Field (le commerçant), Allan Pinkerton (le détective), George Pullman (les trains), Sullivan (les belles façades), Mies Van der Rohe (les buildings), Potter Palmer (le magnat du coton), etc. Grand cimetière à l'anglo-saxonne avec les tombes disséminées dans de grandes pelouses et bosquets d'arbres. Le tout dégageant une douce sérénité. Beaucoup de mausolées à l'architecture kitsch ou s'inspirant de l'Antiquité. De l'autre côté de N. Irving Park Road, un ancien cimetière juif dans un cadre boisé romantique.

Pour s'y rendre, métro Sheridan ou bus n° 22, Clark Street. Mais si vous descendez une ou deux stations plus haut (Lawrence ou Wilson), vous aurez l'occasion de traverser, en redescendant vers le cimetière, l'un des quartiers les plus pauvres de Chicago. Habité surtout par des Indiens complètement déracinés, la plupart au chômage. L'alcool fait d'ailleurs, dans cette communauté, de désastreux ravages.

★ *Baha'i House of Worship :* 100 Linden Avenue (et Sheridan). ☎ (847) 853-2300. • www.us.bahai.net • Ouvert en été de 10 h à 22 h. Auditorium ouvert de 7 h à 22 h. Situé à Wilmette. De Michigan Avenue, prendre la Lake Shore Drive au nord. Sortir à W Bryn Mawr Av. Tourner à droite sur Ravenswood Avenue. Elle se transforme en N Ridge Avenue. Continuer ensuite au nord sur Sheridan Road. À 12 miles au nord de la ville s'élève le principal sanctuaire de cette étonnante religion baha'i qui rassemble les principes des quatre plus grandes religions. Ressemble à un temple hindou. Le monument est assez impressionnant de par sa taille, il est installé dans un quartier résidentiel près du lac. Assez joli.

★ *Wilmette Sailing Beach :* en front de lac, à deux pas de la Baha'i House, dans un quartier résidentiel calme et cossu. ☎ (847) 256-9662. Ouvert du lundi au vendredi de 5 h à 18 h, le week-end de 9 h à 17 h 45. Location de petits cata, style hobbie. À partir de 40 US$ l'heure en semaine, 55 US$ les samedi et dimanche. Assez cher mais le coin est vraiment paisible.

★ *Le tout premier restaurant Mac Donald's :* 400 Lee Street à Des Plaines. ☎ (847) 297-5022. De Downtown, prendre l'autoroute 94 au nord, puis continuer sur la 90 au nord. Prenez ensuite la 294 au nord et sortir à Dempster. Voilà l'endroit où tout a commencé par un beau mois d'avril 1955. Ray Krok ouvre les portes du premier *McDo* dans la banlieue de Chicago. Aujourd'hui il est transformé en musée qu'il est possible de visiter du jeudi au samedi de 10 h 30 à 14 h 30. À part les prix, rien n'a changé : à l'époque un hamburger coûtait 15 cts et un Coca à peine 10 ! Pas la peine de faire autant de route si vous n'avez que ça à voir dans le coin.

Dans la ville

★ *Chinatown :* au sud-ouest du centre, aux abords de Cermack Road et Wentworth Avenue. C'est une petite communauté (4 000 personnes). À voir : l'hôtel de ville chinois, le temple chinois et le Ling Long Museum. On y trouve aussi une vingtaine de restaurants. Système D : choisir le resto où il y a le plus d'Asiatiques. En général, c'est de bon augure. Il y a également pas mal d'*ethnic restaurants* à Chicago ; pour dénicher les meilleurs, sympathisez avec les Chicagoans.

★ *Lincoln Park Conservatory* (plan I, C3) : 2400 North Stockton Drive, Fullerton et Stockton Drive. ☎ (312) 742-7736. Gratuit. Ouvert tous les jours toute l'année, de 9 h à 17 h. Au nord de la ville. Dans quatre grandes serres, magnifique collection d'orchidées.

★ La communauté polonaise réside du 1200 au 3000 N Milwaukee. Nombreux restos et boutiques. Au 984 N Milwaukee Avenue, on trouve le *Polish Museum of America*. ☎ (773) 384-3352.

★ *Little Italy :* situé du 900 au 1200 W Taylor. Pour nos lecteurs du Sud, nostalgiques des bons effluves méditerranéens.

★ **L'université de Chicago :** 59th Street (et University Avenue). Dans le même coin que le Museum of Science and Industry. L'une des dix premières du pays. Fondée en 1890 par John D. Rockefeller, elle s'ordonne autour d'une vaste esplanade de pelouses. Certains bâtiments possèdent une architecture imitée de celles d'Oxford et de Cambridge, ce qui donne au campus un petit côté université anglaise.

Sur 59th Street, notez la *Rockefeller Memorial Chapel*, de style gothique (carillon de 72 cloches). Sur Ellis Street (entre 56th et 57th Streets) fut réalisée, le 2 décembre 1942, par le prix Nobel Enrico Fermi, la première réaction nucléaire en chaîne (acte de naissance de la bombe atomique !). Au 5757 S Woodlawn Road, la *Robie House*, belle demeure construite par Frank L. Wright (1907). Les fans d'archéologie égyptienne et perse en profiteront pour visiter l'*Oriental Institute* (1155 E 58th Street ; ☎ (312) 702-9514). Collections intéressantes constituées par l'université lors de ses missions. Dans le Washington Park, on trouve le Du Sable Museum of African American History (voir « Les musées » ci-dessus). Au nord-est du parc, le quartier de Drexel et E. Hyde Park est considéré comme le modèle achevé de l'intégration des Noirs et des Blancs.

Fêtes et manifestations

– Fin mai : ***Irish Fest Chicago***, grande fête irlandaise, dans Gaelic Park.
– De juin à fin août : ***Grant Park Music Festival***. ☎ (312) 742-4763. ● www.grantparkmusicfestival.com ●
– 1re semaine de juin : ***Chicago Blues Festival***, dans Grant Park. ☎ (312) 744-3315.
– 2e semaine de juin : ***Chicago Gospel Festival***, dans Grant Park. ☎ (312) 744-3315. ***Old Town Art Fair***, foire artistique en plein air, ainsi que le ***Music Festival***, à Ravinia et dans Grant Park.
– Le grand événement de l'été, c'est le ***Ravinia Festival*** qui se tient de fin juin à mi-septembre. Musique classique, danse, jazz, les plus grands noms. Pour tous renseignements : ☎ (312) RAVINIA.
– 4 juillet : ***Independence Day***.
– 2e semaine de juillet : ***Taste of Chicago***. Grande fête située à Grant Park, derrière l'Art Institute. C'est le rassemblement de 80 restaurants de Chicago, autrement dit la fête de la Grande Bouffe de tous les pays. Beaucoup d'animation de 11 h à 21 h, concerts gratuits notamment (Stevie Wonder y a joué).
– Mi-juillet (généralement) : ***grande fête chinoise*** à Chinatown.
– Fin juillet : ***Venetian Night Festival***, fête de nuit sur le lac, à la hauteur de Grant Park.
– 2e et 3e semaines d'août : ***fête japonaise*** très colorée au 435 W Menomonee Street.
– Dernière semaine d'août : ***Viva Chicago !***, festival de musique latine dans Grant Park. ☎ (312) 744-3315.
– 1er week-end de septembre : ***Chicago Jazz Festival*** à Grant Park. Il dure 6 nuits et c'est gratuit. Un des plus grands festivals du monde.
– 2e ou 3e samedi de septembre : ***Mexican Independence Day***. Ambiance sud-américaine dans les cafés mexicains.
– 3e ou 4e samedi de septembre : ***Steuben Parade***. La *German American Parade* dans State Street et flonflons dans les restos allemands.
– 18 et 19 novembre : ***festival des Lumières***. Nombreux spectacles : parades de Mickey et saint Nicolas, feux d'artifices. Renseignements : *Colleen Coke*, ☎ 642-3570.
– En outre, activités culturelles nombreuses et souvent gratuites : en été, à midi, les jours de semaine, concerts gratuits au ***Cultural Center*** ou au ***First National Plaza***. Le soir, trois ou quatre fois par semaine, concert de

musique classique au *Grant Park*. Amusant de voir les Américains pique-niquer en écoutant du Brahms...

Shopping

À Park West, Sheffield Neighbors et Lincoln Park

☸ ***Hollywood Mirror*** *(plan I, B1-2, 243)* **:** 812 W Belmont. ☎ (773) 665-8790. Une véritable caverne d'Alibaba-cool, le paradis des néo-hippies. Sur deux étages sont entreposés çà et là d'innombrables souvenirs et trésors des sixties (fringues marrantes, mobilier en formica, gadgets débiles...). Si vous ne savez pas encore quoi ramener à tante Berthe, la boutique vous tend les bras... Pas encore trop cher.

☸ ***Village Discount Outlet*** *(plan I, B2, 230)* **:** 2855 N Halsted Street. Ouvert de 9 h à 21 h, de 11 h à 17 h le dimanche. La fripe genre armée du salut, pour les fauchés, pas extraordinairement originale, plutôt style récup.

☸ ***Chicago Recycle Shop*** **:** 5308 N Clark Street. Ouvert de 9 h à 18 h. George, le patron, est installé ici depuis 1970. Si l'on se contente de rentrer dans sa boutique comme ça, on n'y trouve rien de surprenant. Que des fripes assez immettables. Si vous discutez un peu avec lui, il vous ouvrira les portes de son sous-sol *(basement)* où cela devient beaucoup plus intéressant. Ce Grec futé récupère des costumes de scène et d'anciens uniformes en très bon état. On peut y trouver un cuir portable, à vous de marchander les prix.

☸ ***Strange Cargo*** *(plan I, B1, 231)* et ***Flash Back Collectibles*** *(plan I, B1, 232)* **:** 3450 N Clark. Pas ouvert avant midi pour le premier. Les deux magasins se jouxtent et sont aussi sympas l'un que l'autre. Paires de *Converse* pour une bonne vingtaine de dollars et plein d'autres fringues intéressantes, genre chemises de policeman ou look à la Deschiens. Enfin, si vous avez toujours rêvé d'accrocher dans votre chambre un poster des *Drôles de Dames* ou de l'équipage de *La Croisière s'amuse*, c'est à la 2ᵉ adresse qu'il faut aller.

☸ ***Urban Outfitters*** *(plan I, C2-3, 234)* **:** 2350 N Clark Street et 935 N Rush Street *(plan II, C1-2, 234)*. Ouverts de 10 h à 21 h 30 (le dimanche de 11 h à 19 h). Notre magasin favori pour trouver des balles de relaxation en plastique renfermant des estomacs, des cerveaux ou des yeux sanguinolents. Fringues originales et branchées, objets de déco, bouquins humoristiques, etc. Seul inconvénient, assez cher, mais dans chaque boutique, il y a un rayon spécial *bargains*.

☸ ***Anthropologie*** *(plan II, C1, 248)* **:** 1120 N State Street. ☎ (312) 255-1848. Ouvert en semaine de 10 h à 20 h et le dimanche de 11 h à 18 h. Dans le même genre qu'*Urban Outfitters*. Vêtements tendance, objets en tout genre, bijoux, meubles...

☸ ***Dr Wax Records*** *(plan I, C2, 235)* **:** 2523 N Clark Avenue. ☎ (773) 549-3377. Ouvert du lundi au samedi de 11 h à 20 h. Sélection assez impressionnante de disques d'occasion. Rayon jazz très bien fourni (pas mal d'anciens volumes « remasterisés » des concerts donnés au Newport Jazz Festival) et prix assez compétitifs.

☸ ***Reckless Records*** *(plan I, C1, 233)* **:** 3517 N Broadway Avenue. Là encore, un magasin de disques où il est difficile de trouver moins cher. Occases hyper compétitives. On y trouve même des vinyles pour ceux et celles qui ne se seraient pas séparés de leurs vieux tourne-disques. Mais aussi DVD, K7 vidéo et jeux. Du choix.

☸ ***Chicago Comics*** *(plan I, B1, 236)* **:** 3244 N Clark Avenue. ☎ (773) 528-1983. Ouvert du lundi au vendredi de midi à 20 h. Le samedi de 11 h à 18 h, le dimanche de midi à 18 h. Toutes sortes de B.D. sympas pour compléter sa collection (une foule de vieux *Trashman*) ou découvrir quelques ersatz américains de *Fluide Glacial*. Vous y trouverez également des B.D. en langue européenne.

Dans Bucktown

- *The Beat Parlor* (plan I, A3, 238) : 1653 North Damen. ☎ (773) 395-CUTS. Ouvert tous les jours de midi à 18 h. Choix de vinyles, CD et K7 dans le style urban music culture (house, hip-hop, acid jazz, soul). Prix corrects.
- *Botànica Brisas de Michoacàn* (hors plan I, par A3, 244) : 1524 N Milwaukee Avenue. ☎ (773) 486-5894. Ouvert du lundi au samedi de 10 h à 18 h. Ici on parle l'espagnol. Une foule de bondieuseries toutes plus kitsch les unes que les autres (statuettes religieuses très colorées) mais aussi un grand choix de plantes médicinales du Mexique. Amusant et exotique.
- *Uprise* (hors plan I, par A3, 245) : 1357 N Milwaukee Avenue. ☎ (773) 342-7763. • www.upriseskateshop.com • Une boutique dédiée aux skateurs : skates, fringues, magazines... Ambiance décontractée.
- *Eclectic Junction* (plan I, A3, 247) : 1630 N Damen. ☎ (773) 342-7865. Ouvert du lundi au vendredi de 11 h à 19 h. Le samedi de 11 h à 18 h. Le dimanche de midi à 17 h. On y trouve à la fois des gadgets et objets fantaisie design ainsi que des œuvres d'artistes plutôt originales. Beau mais très cher. Juste pour les yeux.
- *Wonderland* (hors plan I, par A3, 246) : 1339 N Milwaukee Avenue. ☎ (773) 235-3110. Une boutique d'occases des années 1960 : vieux postes radio, pas mal d'accessoires de toutes sortes. Assez fouilli. Poussiéreux.

À Near North et dans le Loop

- *F.A.O. Schwartz* (plan II, C2, 240) : 840 N Michigan Avenue (et Chestnut). Le paradis du « petit d'homme américain », enfant de capitaliste. Moins politiquement, c'est aussi le rendez-vous des pères de famille qui n'ont pas eu la chance de posséder un train électrique dans leur jeunesse. Y'en a de toutes les tailles. Les filles ne sont pas en reste, F.A.O. est LE distributeur de Barbie. Plein d'autres babioles (souvent fabriquées en Asie) et d'animations grandeur nature pour faire plaisir à votre chérubin (entre autres, des jouets en bois). Un dernier conseil, les périodes de fêtes sont à proscrire totalement sous peine de crise de nerfs.
- *Filene's Basement* (plan II, C2, 241) : à côté de F.A.O. Schwartz et en face de la Water Tower Place. Invendus de créateurs et divers articles : papeterie, jouets, bijoux, cosmétiques pour un prix qui parfois vaut le coup. Double étiquetage avec prix réel et prix soldé. Une autre adresse au cœur du Loop : 19 S State Street *(plan II, C3)*.
- *Pearl :* 225 W Chicago Avenue. ☎ (312) 915-0200. Ouvert du lundi au samedi de 9 h à 19 h et le dimanche de midi à 17 h. Tout pour fabriquer avec ses petites mains de jolis cadeaux à sa gentille maman. Pour les amateurs de travaux manuels.
- *Water Tower Place :* gigantesque centre commercial de 7 étages, situé à l'angle de Michigan Avenue et de Pearson Street. Même si vous n'en avez pas les moyens, il faut visiter cet endroit. L'entrée avec ses plantes vertes et cascades est digne de la grande époque hollywoodienne. Ne manquez pas non plus l'ascenseur tout en verre, digne des plus beaux musées d'art moderne. Au 67e étage, les appartements les plus chers de la ville (autour de 5 millions de dollars !). Oprah Winfrey y possède d'ailleurs un appartement. C'est ici que se trouve *Food Life*. Il y a aussi les *gift shops* des deux géants du dessin animé, *Warner Bros* et *Walt Disney*. Comme d'habitude des T-shirts, des tasses, des montres, des cravates... Cher.

QUITTER CHICAGO

◎ **Marshall Field and Co.** *(plan II, C3, 242)* : à l'angle de State et Washington Streets. Magasin énorme, l'un des plus grands du monde, avec 12 étages de surface de vente. Dans le business depuis 1852. On y trouve de tout, même si on ne veut rien acheter. Il existe des visites guidées du lundi au vendredi.

◎ **Woodfield Mall** : à l'intersection de la route n° 53 et de Golf Road à Schaumburg. C'est aussi l'un des plus grands centres commerciaux du monde.

➤ *DANS LES ENVIRONS DE CHICAGO*

★ **Indiana Dunes National Lakeshore** : c'est sur ces plages que les Chicagoans échappent à la chaleur de la ville le week-end. Assez sympa pour les enfants car en été, les gardes du parc naturel organisent des activités sur le thème du sanctuaire (écosystème, formation géologique des dunes, etc.). L'escalade (!) du point culminant (le mont Baldy, 42 m) offre également une belle vue sur les gratte-ciel de Chicago.

Comment y aller ?

➤ **En voiture** : prendre la Dan Ryan Express/Interstate 90/94 East, direction Michigan City (*grosso modo* 1 h de route).

➤ **En train** : depuis Randolph Station par le Northern Indiana Commuter South Shore Line Eastbound (on reprend son souffle...). Premier train avant 9 h, dernier avant 1 h du matin (environ 1 h de trajet). Infos : ☎ 1-800-356-2079 (appel gratuit). C'est plus sûr de louer un vélo à Chicago car on n'a pas trouvé de loueur sur place et les distances sont assez importantes.

★ **Indiana Dune State Park** : 1600 North East, Chesterton, IN 46304-1142. ☎ (219) 926-1952.

★ **Dorothy Buell Memorial Visitors' Center** : sur Kemil Road, à quelques encablures de Beverly Shores Railway Station. Ouvert toute l'année, de 8 h à 18 h en été.

△ Des deux **campings**, préférer le **Dunewood Camp Ground**, car il se trouve le plus près de la gare (même téléphone que Indiana Dune State Park).

★ **Six Flags Great America** : 542 N Route 21, à **Gurnee** (à une bonne douzaine de miles de Chicago). ☎ (847)-249-INFO. • www.sixflags.com • Attention pas mal de jours de fermeture en avril, septembre et octobre. Sur la I-94, route 132 (Grand Avenue). Entrée assez chère : environ 40 US$. Un parc d'attractions extraordinaire pour amateurs de sensations fortes. Quelques-unes des machines les plus vertigineuses du monde. Déconseillé aux femmes enceintes... Le parc est très populaire chez les Américains, il est donc à éviter le week-end et pendant les vacances scolaires... sous peine de longues files d'attente. Par temps chaud, essayez les rapides dans une rivière déchaînée. Vous en ressortirez complètement trempé (nous en avons fait les frais !). Autre attraction surprenante *Batman the Ride* : on embarque dans une espèce de nacelle futuriste, les pieds pendouillent dans le vide... attention aux loopings !

QUITTER CHICAGO

En avion

– Bon à savoir : certaines compagnies aériennes américaines sont créées pour une saison touristique puis disparaissent après. Des vols discount permettent de voyager à moindres frais, sous certaines conditions (disponibilité, avec changements, de nuit, etc.). ☎ 1-800-FLY-4-LESS (appel gratuit). Le supplément *Voyages* de l'édition du dimanche du *Chicago Sun Times* récapitule les meilleurs tarifs au départ de Chicago.

Pour O'Hare International Airport

➤ *Métro (CTA) :* direct pour 1,5 US$. 45 mn de trajet. Fonctionne jour et nuit. ☎ (312) 836-7000.
➤ *Bus :* Continental Air Transport. Environ 18 US$. Accepte cartes de paiement et chèques de voyages. Passe devant les principaux hôtels. Environ 1 h pour rejoindre l'aéroport. Réservations et informations : ☎ (312) 454-7799.

Pour Midway Airport

Les avions de Midway Airlines, North West, Orient Airlines et South West y décollent.
➤ *Bus :* Continental Air Transport (voir ci-dessus).

En bus et en train

🚌 **Greyhound** *(plan II, B4) :* 630 W Harrison Street. ☎ (312) 408-5970. Prendre le « El » jusqu'à Linton. Consignes.
🚆 **Amtrak** *(plan II, C4) :* Union Station, 225 S Canal, dans Adams Street, à l'ouest du Loop. ☎ (312) 558-1075 et 1-800-872-7245. Appuyer sur le 0 pour avoir un interlocuteur. Prendre le « El » jusqu'à State et Adams, puis parcourir 7 *blocks* vers l'ouest. Gare ouverte de 5 h 30 à 21 h 30. Consignes. Réduction pour les étudiants allant jusqu'à 15 % en achetant la carte *Student Advantage*. Pas de réduction ISIC, mais demander par courrier un formulaire à remplir à *Student Advantage*, 321 Columbus Avenue, Boston MA 02116.

Pour le Canada

➤ *Pour Toronto :* 1 train en début de matinée (presque 12 h de trajet).

Pour la côte Ouest

➤ *Pour Seattle :* avec le *Pioneer* (par Denver), 3 jours par semaine, ou avec l'*Empire Builder* (par Minneapolis) tous les jours.
➤ *Pour San Francisco et Los Angeles :* avec le *California Zephyr* (par Denver, Salt Lake City, Reno, Oakland). Départ chaque jour, en milieu d'après-midi, arrivée environ 48 h après à Oakland (prendre un bus pour le centre de San Francisco).

Pour la côte Est

➤ *Pour New York et Boston :* avec le *Lake Shore Limited* (par Toledo, Cleveland, Buffalo et Albany). Un départ tous les jours. Compter au moins 6 h de trajet.
➤ *Pour Washington, Baltimore, Philadelphie et Newark (New Jersey) :* via Indianapolis, Cincinnati et Charleston, 3 départs par semaine le matin. 12 h de trajet.

LE CENTRE-EST

PHILADELPHIE

IND. TÉL. : 215

Dommage que Philadelphie soit située si près de New York ! Happés par le tourbillon de la Grosse Pomme, la plupart des routards en oublient de rendre visite à « Philly », comme on la surnomme ici avec tendresse. Dommage, oui, car Philadelphie répond à toutes les attentes. Une vraie ville coup de cœur. Comme disent les Américains : « You name it, she got it ! » Un centre historique de toute beauté, un des plus beaux musées des États-Unis, une vie nocturne animée, une population jeune, un Downtown vivant, de vastes parcs, des quartiers entiers de maisons de brique bordés d'arbres, des cafés chaleureux, des spécialités culinaires, de vrais marchés (si, si !) et même une des minorités les plus intéressantes qui soient : les amish. Et puis n'est-elle pas le berceau de la civilisation américaine, là où ont été menés les plus durs combats idéologiques contre les Anglais et qui ont donné naissance aux États-Unis ?
Comme San Francisco et Boston, Philadelphie devient une bonne copine en moins d'une journée.
Selon de récentes études, elle serait la plus sûre des dix plus grandes villes des États-Unis, la 4e agglomération du pays, et l'une des trois villes les plus agréables à vivre en Amérique du Nord.

UN PEU D'HISTOIRE

Philadelphie tient une place à part dans l'histoire américaine. C'est peut-être la seule ville, avec Boston, qu'on puisse qualifier d'historique sans faire rire un Européen.

Ici naquit le Nouveau Monde

Les débuts de Philadelphie sont liés à la fondation de la Pennsylvanie : tout a commencé en 1681, lorsque Charles II d'Angleterre donna le pouvoir sur la région à William Penn en remboursement des sommes colossales que la Couronne devait à son père et dont il avait hérité. Et pas n'importe quelle région ! La colonie, une des 13 colonies anglaises sur le littoral atlantique de l'Amérique, était un immense domaine de 120 000 km², délimité au nord par le lac Érié et la colonie de New York, au sud par le Maryland qui appartenait à Lord Baltimore (le seul catholique dans cet univers protestant), et à l'ouest enfin par l'Ohio. À ce vaste territoire au climat tempéré, aux forêts giboyeuses et au sol fertile, il fallut trouver un nom. Penn proposa « Nouvelles Galles » car les paysages vallonnés et verts lui rappelaient cette contrée. Mais le ministre des Colonies d'alors, d'origine galloise, refusa de donner ce nom à une terre peuplée de quakers. On songea à Sylvania (à cause des bois). Finalement, le bon roi Charles, pour honorer la mémoire du père de William, proposa Penn-Sylvania, ce qui signifie la forêt de Penn.
Chef de file des quakers anglais persécutés par la religion officielle et le pouvoir monarchique, William Penn rêvait d'une sorte de Terre promise, un Nouveau Monde où les quakers pourraient se réfugier et vivre en paix, selon leur conscience. La Pennsylvanie fut ainsi dotée d'un type radicalement nouveau de gouvernement, fondé sur des principes d'avant-garde pour l'époque :

PHILADELPHIE ET ENVIRONS

liberté de conscience, pacifisme, souveraineté du peuple, suffrage élargi, non-violence, tolérance. « Il se peut qu'on trouve là-bas ce qui n'a pas été possible ici : l'espace nécessaire à la création d'une Expérience sacrée » *(Holy Experiment)*, disait Penn.
« Dieu m'a donné ce pays à la face du monde. Il le bénira et en fera la semence d'une nation », prophétisa-t-il. Pas de soldats, pas d'armes, aucune forteresse dans ce nouvel État non conformiste. L'idée même de légitime défense est proscrite à cause du cycle de représailles que celle-ci suppose. Au centre de cette Expérience sacrée basée sur l'égalité et les droits de l'homme : la ville de Philadelphie. À la fin du XVIIe siècle, elle a une telle réputation de tolérance qu'elle attire de nombreux immigrants persécutés en Europe : quakers d'Angleterre, de Hollande, de Suède (quelques-uns, très rares, de France) mais aussi des mennonites d'Allemagne, de Suisse et d'Alsace. La cité ne compte alors que quelques milliers de familles vivant d'une façon très simple et austère. Penn, qui en a dessiné les plans, l'a baptisée du nom grec de Philadelphie, « Cité de l'amour fraternel ». En 1702, elle est considérée comme l'égale de New York pour son commerce et sa richesse.
Penn applique aussi ses principes évangéliques avec les Indiens. Du jamais vu dans l'histoire de l'Amérique (se reporter pour plus de détails au chapitre « Histoire » au début de ce guide). Au printemps 1701, celui que les autochtones appellent Onas (qui signifie « plume » en dialecte indien), reçoit dans sa propriété de Pennsbury (à côté de Philadelphie) quatre rois, quarante chefs et des milliers de guerriers indiens, peinturlurés et armés jusqu'aux dents. Il signe avec eux un traité d'amitié reposant sur la confiance mutuelle *(mutual trust)*. Si un Indien de la région est injurié, offensé ou blessé, les Européens doivent voler à son secours. Et vice versa. Résultat : on prétend que pendant 75 ans il n'y eut pas un seul crime de sang en Pennsylvanie ! Mais le 30 juillet 1718, William Penn s'éteint à l'âge de 72 ans. Penn mort, l'Expérience sacrée est menacée. Les relations entre colons et Indiens se durcissent, et Philadelphie glisse lentement vers la banalisation... Néanmoins, aujourd'hui encore, on continue de l'appeler *The Quaker City*. L'esprit des origines n'a déserté la ville qu'en apparence seulement...

Le berceau des États-Unis d'Amérique

De 1766 à 1774, les lois anglaises taxant durement les colons mirent le feu aux poudres, et c'est tout naturellement à Philadelphie que les « rebelles » se réunirent en congrès pour décréter la rupture des relations commerciales avec l'Angleterre et fomenter la révolte. De 1774 à 1776, les actions anti-Anglais s'intensifièrent pour aboutir à la rédaction par Thomas Jefferson de la déclaration d'Indépendance proclamée le 4 juillet 1776. Cette date marque la naissance des États-Unis d'Amérique.
De son côté, Benjamin Franklin vint à Paris en 1778 pour négocier un traité d'amitié et d'alliance avec la France, qui trouva là une revanche contre l'Angleterre. George Washington prend la tête des armées et bat les Anglais. Il deviendra le premier président des États-Unis. En 1787, c'est encore à Philadelphie que sera élaborée la première constitution, qui mettra en place le système fédéral et l'existence de deux chambres indépendantes. La ville sera capitale des États-Unis de 1790 à 1800.

Philadelphie et les Français

Rêve et refuge, telle est la double attirance qu'exerça Philadelphie au fil de son histoire chez les Français. Rêve d'abord, parce que longtemps avant New York, la *Quaker City* fut la vraie porte d'entrée des États-Unis. C'est ici que les voyageurs de la vieille Europe recevaient pour la première fois le choc du Nouveau Monde. Après avoir traversé l'Atlantique et remonté la rivière Delaware, ils débarquaient, fourbus mais émerveillés. Ainsi la ville vit-elle passer des ribambelles de voyageurs, de curieux, d'esprits libres, d'artistes et d'aventuriers. Parmi eux, Chateaubriand, alors jeune et obscur explorateur breton. Il logea dans un centre d'accueil en compagnie des planteurs chassés de Saint-Domingue, nota les jolis visages de quakeresses (!), et fut reçu par le général Washington, premier président des États-Unis. Mais des historiens de la littérature affirment que ce n'est pas vrai, Chateaubriand aurait purement et simplement inventé cette entrevue, relatée avec panache dans les *Mémoires d'outre-tombe*...

Moins mythomane, mais aussi génial dans un genre différent, Tocqueville passa par ici en 1830, lors d'un voyage d'étude, et loua la modernité des prisons de Pennsylvanie.

Il y a ceux qui passent, et ceux qui restent. De nombreux réfugiés et exilés trouvèrent ici la liberté dont ils étaient privés : huguenots chassés de France après la révocation de l'Édit de Nantes (1685), Acadiens expulsés du Canada par les Anglais en 1755, membres de la noblesse menacés de mort par la Révolution, soldats et officiers de l'armée napoléonienne après la défaite de Waterloo (1815). Citons le prince de Talleyrand qui vécut dans une petite maison d'Elfreth's Alley, entre 1794 et 1796, et le futur roi Louis-Philippe qui passa la première année de son exil à Philadelphie dans une maison située au 322 Spruce Street.

■ Adresses utiles

- 1 Visitors' Center
- 2 Visitors' Center du quartier historique
- Greyhound Bus Terminal

Où dormir ?

- 3 Sheraton Society Hill Hotel
- 4 Hostelling International-Bank Street
- 5 Summer Youth Hostel
- 6 Trade Winds Bed & Breakfast
- 7 Antique Row Bed & Breakfast
- 8 La Réserve-The Grand Dame of Philadelphia's Bed & Breakfast
- 9 Shippen Way Inn Bed & Breakfast
- 10 The Thomas Bond House Bed & Breakfast
- 11 The Barclay Hotel Greer House

Où manger ?

- 12 Jim's Steak
- 13 Friday's
- 14 Pizza Uno
- 15 Dickens Inn
- 16 Yonny's Restaurant
- 17 Famous 4th Street Delicatessen
- 18 Sansom Street Oyster House
- 19 Cutters (Grand Café and Bar)
- 20 Dmitri's
- 21 Reading Terminal Market
- 22 Azafran
- 23 Di Nardo's
- 24 Hooter's
- 25 Paradigm
- 26 City Tavern
- 27 Hard Rock Café
- 28 Founders
- 29 Le Bec Fin
- 30 White Dog Café
- 31 Caribou Café
- 32 Poor Henry's

Où prendre le petit déj' ?

- 35 New Carry Café
- 36 Big Jar Books
- 37 Mrs K's

Où boire un verre ? Où écouter du jazz ?

- 15 Dickens Inn
- 40 Pontiac
- 41 Fluid
- 42 Khiber Pass Pub
- 43 Mc Gillin's Old Ale House
- 44 Paddy's
- 46 Trocadero
- 47 Painted Bride Art Center
- 48 Finnegan's Wake
- 49 Liberties et 700
- 50 Warmdaddy's
- 51 Zanzibar Blue
- 52 Fergie's Pub

★ À voir

- 21 Reading Terminal Market
- 60 Fresques murales
- 61 Balch Institute for Ethnic Studies
- 62 United American Indians of Delaware Valley Museum
- 63 Please Touch Me Museum
- 64 Mütter Museum

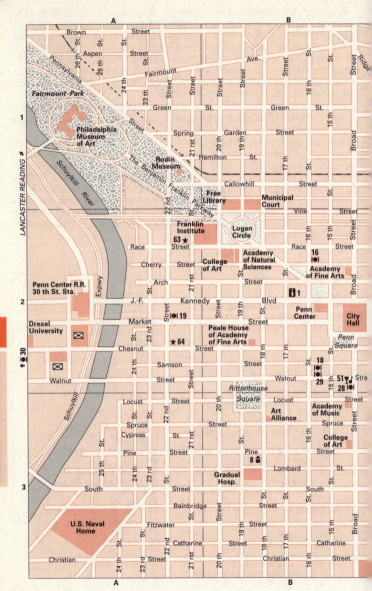

PHILADELPHIE

D'autres Français vinrent et firent définitivement souche en Amérique : Stephen Girard (1750-1831), petit capitaine devenu le plus grand armateur américain de son temps, Michael Bouvier (1792-1874) qui s'exila après Waterloo et dont l'arrière-arrière petite-fille, Jacqueline Bouvier-Kennedy, devint la *First Lady* des États-Unis. Une des figures les plus attachantes parmi ces exilés français est Antoine Benezet (1713-1784). Né à Saint-Quentin dans une famille protestante, devenu quaker, il part pour Philadelphie en 1736 et y restera toute sa vie. Il fonda la première école pour sourds-muets, s'insurgea violemment contre l'esclavage, prit la défense des Indiens. Pionnier de l'égalité raciale, il fonda l'*African School* et influença par ses écrits Thomas Clarkson qui fut à l'origine du vote de l'abolition de la traite des Noirs en 1807 par le parlement britannique. Une rue de Philadelphie porte encore son nom. Mais qui connaît cet idéaliste en France ?

Quelques hommes illustres

– **Benjamin Franklin** (1706-1790) *:* imprimeur, scientifique, inventeur, philosophe et diplomate. C'est lui qui proposa l'union des colonies en 1754, qui scella une alliance avec la France (1778) et qui négocia les traités mettant fin à la révolution. Il aida à la rédaction de la déclaration d'Indépendance. Par ailleurs, il est l'inventeur du paratonnerre, ce qui lui allait comme un gant, vu qu'il n'a cessé de négocier toute sa vie pour canaliser les orages diplomatiques. Il reste l'un des personnages les plus aimés du peuple américain.
– **George Washington** (1732-1799) *:* riche propriétaire et représentant de la Virginie au Congrès, il prit position très rapidement pour l'indépendance. Il est nommé commandant en chef des armées pendant la révolution et bat les Anglais, aidé par la France. Héros de la victoire, il est élu premier président des États-Unis puis réélu après un premier mandat. La grande œuvre de sa vie fut de parvenir à conserver et affermir l'unité de la nouvelle nation contre les intérêts de chaque État.
– **Thomas Jefferson** (1743-1826) *:* auteur de la déclaration d'Indépendance (1776). Il fut vice-président de 1797 à 1800 puis président de 1801 à 1809. Il développa l'idée du bipartisme politique de la nouvelle nation, et prôna une politique de décentralisation. Napoléon lui vendit la Louisiane en 1803. Cet achat doubla quasiment la surface des États-Unis (ce qu'on appelait la Louisiane à l'époque représente en fait 13 États actuels du centre du pays).
– **John Adams** (1735-1826) *:* vice-président puis président des États-Unis (1797-1801). Il participa à la rédaction de la constitution.

Les différents quartiers

Tout le centre (au sens large) de la ville s'organise dans un grand rectangle bordé à l'est et à l'ouest par deux rivières, les Schuylkill River et Delaware River.
– À l'est s'étend l'*Historic District*. Tous les monuments et les vieilles maisons de brique ont été retapés. Ce quartier, appelé *Society Hill*, se visite à pied. Encore plus à l'est, en bordure de rivière, *Penn's Landing*, un coin d'entrepôts rénovés. Plus au sud, au coin de South Street et 4th Street, le secteur le plus animé de la ville. En fin de semaine, la rue ne désemplit pas avant 2 h. Toute la jeunesse s'y retrouve.
– *Downtown* se trouve en plein centre de ce rectangle. Animé et intéressant. Au cœur de cet ensemble de buildings, le *City Hall*. Au nord-ouest du centre s'étend le quartier des musées, autour du *Logan Circle*. En poursuivant vers le nord-ouest par la Benjamin Franklin Parkway, on atteint le *Philadelphia Museum of Art*, autour duquel s'étend le *Fairmount Park*, véritable poumon de la ville.

– À l'ouest de la Schuylkill River s'étend le **quartier des universités**. Restos sympas et atmosphère estudiantine.
À l'ouest toujours, autour de la Lancaster Avenue, et au-delà vers la sortie nord-ouest de la ville se trouve le **« ghetto » noir de Philly**, quartier très pauvre et peu sûr la nuit.

Arrivée à l'aéroport

✈ **Aéroport :** situé à 8 miles au sud-ouest de la ville. *Infos pour l'aéroport :* ☎ 492-3181. Des téléphones sont à la disposition du public. En composant le : ☎ 69-64, on obtient des infos en français.

🛈 *Information Center à l'Overseas Terminal :* ouvert tous les jours.

Pour aller en ville

Plusieurs solutions, du moins cher au plus coûteux.
➢ **En bus :** bus n° 68 du *baggage claim* jusqu'à Broad et Pattison. Puis prendre Broad Saint Train (North Bound) jusqu'au City Hall (Downtown). La formule la moins intéressante. Mieux vaut prendre le train.
➢ **En train :** prendre l'Airport Rail Line (R1 ; Septa). Train qui part de l'aéroport toutes les 30 mn (à 10 et à 40 de chaque heure en partant du Terminal E, à 12 et 42 des terminaux C et D, à 14 et 44 pour le B, à 15 et 45 pour le A) de 6 h à 0 h 10. Chaque terminal possède une plate-forme de départ. Trois arrêts : à l'*Amtrak Railway Station* (la gare), à la *Suburban Station* puis à *Market East* dans le Downtown, près du quartier historique. C'est de loin la solution la plus rapide pour un peu plus cher. Compter 30 mn jusqu'à Market East.
➢ **En van :** à chaque terminal, des *vans* passent par tous les grands hôtels du centre.

Pour le retour

➢ Le **train** est le plus pratique. Le prendre à l'une des trois stations précitées. Toutes les demi-heures. Durée du trajet : 20 mn environ.

Adresses utiles

Informations touristiques et culturelles

🛈 *Visitors' Center* (plan B2, 1) : 1525 John F. Kennedy Boulevard, au niveau de 16th Street. ☎ 636-1666 et 800-537-7676. Ouvert tous les jours de 9 h à 17 h.

🛈 *Visitors' Center du quartier historique* (plan D2, 2) : ouvert tous les jours de 9 h à 17 h. ☎ 597-8974. Très bien situé, face à la *First Bank* des États-Unis, sur 3rd Street, entre Chestnut et Walnut. Tenu par des *rangers* qui organisent tous les jours des visites guidées gratuites. Plan détaillé de Philadelphie et du quartier historique.

■ *Ligne d'informations culturelles :* Greater Philadelphia Cultural Alliance. ☎ 440-8100. Publie un magazine d'informations culturelles : *Short Subjects*.

■ *Quaker Information Center :* 1501 Cherry Street. ☎ 241-7024. Fax : 567-2096. Pour tout savoir sur les quakers, leur histoire, leur éthique, leur action.

■ *Travellers' Aid :* ☎ 523-7580. En cas de problème.

■ *Alliance française :* 1420 Walnut Street, Suite 700. ☎ 735-5283. Ouvert de 9 h à 17 h. Fermé les samedi et dimanche.

Représentations diplomatiques

■ *Consulat de France* (plan B2) : Danièle L. Thomas Easton, consul honoraire, représente l'Hexagone avec beaucoup de gentillesse et d'efficacité. Contact au 1650 Market Street (One Liberty Place), Suite 2500. ☎ 851-1474. Fax : 851-1420. • thomaseaston@erols.com • Le consulat peut, en cas de difficultés financières, vous indiquer la meilleure solution pour que des proches puissent vous faire parvenir de l'argent, ou encore vous assister juridiquement en cas de problèmes.
■ *Consulat de Suisse :* 635 Public Ledgen Building. ☎ 922-2215.

Banques, poste

– *Change :* de nombreuses banques changent les chèques de voyage et acceptent le retrait de liquide avec les cartes de paiement. Quelques adresses (la liste n'est pas exhaustive) :

■ *American Express :* 15th Street (et JFK Boulevard). ☎ 587-2342.
■ *Continental Bank :* 1201 Chestnut Street. ☎ 564-7188.
■ *Mellon Bank :* Broad et Chestnut Streets. ☎ 553-2145.
■ *Meridian Bank :* 1700 Arch Street. ☎ 854-3549.
■ *Philadelphia National Bank :* 5th et Market Streets. ☎ 629-4402.
■ *Carte Visa :* ☎ 1-800-227-6811 (numéro d'urgence).
✉ *Post Office :* au coin de 30th et Market Streets. Fait poste restante. Ouvert 24 h/24. Autre poste sur 9th Street (entre Market et Chestnut Streets).

Transports hors de la ville

🚌 *Greyhound Bus Terminal* (plan C2) : à l'angle de Filbert et 10th Streets. ☎ 931-4075 et 931-2222. Nombreux départs dans toutes les directions, de tôt le matin à tard le soir.
🚌 *Peter Pan Trailways :* 55 N 11th Street, entre Filbert et Arch Streets. ☎ 1-800-343-9999. A rejoint le groupe *Greyhound* et assure la liaison Philadelphie-New York et Washington. Tarifs intéressants.

🚆 *Amtrak :* à l'angle de 30th et Market Streets. ☎ 1-800-USA RAIL (800-872-7245) ou 824-1600. Liaisons avec New York, Baltimore, Washington, la Floride, Boston...
■ *Compagnies aériennes :* American Airlines, ☎ 433-7300 ; Continental Airlines, ☎ 525-0280 ; United Airlines, ☎ 568-2800.
■ *Auto drive-away :* 1422 Chestnut Street, Suite 917. ☎ 735-6685.

Transports en ville

■ *Septa (Southeastern Pennsylvania Transportation Authority) :* compagnie de transport qui gère les bus, le métro et le train. Pour toutes informations : ☎ 580-7800. Répond de 6 h à minuit. Quelques bus importants :
– *Bus n° 38 :* du centre-ville vers Benjamin Franklin Parkway.
– *Bus n° 42 :* du centre-ville vers Civic Center et University City.
– *The Ben Frankline (bus n° 76) :* de Society Hill/South Street vers le musée d'Art par Chestnut Street et Benjamin Franklin Parkway.
– *Deux lignes de métro :* Market-Frankford (d'est en ouest) et Broad Street (du nord au sud). Avoir de la monnaie.
■ *Phlash :* minibus de couleur violette sillonnant le centre-ville et le *waterfront*, et qu'on attrape à des arrêts bien matérialisés. Renseignements au : ☎ 4-PHLASH.

PHILADELPHIE / OÙ DORMIR ?

■ **Taxis :** *Yellow Cab.* ☎ 922-8400.
■ **Location de voitures :** dans le centre de Philadelphie, difficulté de parking comparable à Paris. Et puis, Philly se visite avant tout à pied. Pour les environs, voiture indispensable. Les prix des loueurs dégringolent le vendredi soir, pour toute la fin de semaine. Une seule solution : appeler tous les grands loueurs et comparer les prix. Une vraie bagarre de chiffonniers. Les moins chères sont : *Alamo Rent-a-Car,* ☎ 492-3960 et (800) 327-9633 ; *Budget,* ☎ 492-9442 et (800) 527-0700 ; *Dollar,* ☎ 365-2700.

Librairie

■ ***The Book Trader :*** 501 South Street. ☎ 925-0219. Librairie ouverte tous les jours de 10 h à minuit. Surtout pour les livres et les disques d'occasion. Bonne adresse.

Où dormir ?

Ville incroyablement pauvre en hôtels bon marché et même à prix moyens. Se rabattre sur les *B & B,* en prenant soin de réserver longtemps à l'avance.

Camping

⊼ ***Timberlane Campground :*** 117 Timber Lane. ☎ (609) 423-6677. À 15 miles de la ville, camping le plus proche. Pour s'y rendre : traverser le Walt Whitman Bridge vers la 295 S, prendre l'Exit 1A et continuer jusqu'à l'Exit 18A. Bifurquer à gauche tout de suite puis à droite au premier stop sur Cohawkin Road. Faire 800 m et prendre à droite Friendship Road. Un bloc plus loin, sur la droite, on atteint le *Timberlane Campground.* Bien équipé et sanitaires impeccables.

Bon marché

🛏 ***Hostelling International-Bank Street*** *(plan D2, 4) :* 32 S Bank Street. ☎ 922-0222 ou 1-800-392-HOST. Fax : 922-4082. Accès facile de la gare (30th Street Station) ; prendre la ligne bleue du métro (Market-Frankford) et descendre à 2nd Street, ensuite marcher sur Market Street vers 3rd Street. Bank Street est située à un demi-bloc sur la gauche et l'AJ est au bout de la rue sans Chestnut Street. Ouvert de 8 h à 10 h et de 16 h 30 à minuit (jusqu'à 1 h les vendredi et samedi). Autour de 24 US$ la nuit (quelques dollars de plus sans la carte des AJ). Cette auberge de jeunesse est située au cœur du quartier historique, une exception qui mérite d'être signalée. Dortoirs séparés pour filles et garçons (sauf celui du dernier étage, ouvert en été, qui est mixte). Inutile d'apporter son sac de couchage car draps et couvertures sont fournis. Possibilité de prendre ses repas à la cuisine du sous-sol. Air conditionné dans toutes les pièces en été. Au plus fort de l'été, l'entretien a du mal à suivre parfois, mais ça reste l'adresse idéale pour étudiants et petits budgets désireux de loger en plein centre. Réservation hautement recommandée.

🛏 ***Hostelling International-Chamounix Mansion :*** West Fairmount Park, sur Chamounix Drive. ☎ 878-3676. Réservations : ☎ 1-800-379-0017 (gratuit). Fax : 871-4313. En plein cœur du parc. Sans voiture, c'est une vraie petite galère pour y aller. De l'aéroport : prendre l'Airport Train (R1) jusqu'à Suburban Station. Puis bus n° 38 sur JF Kennedy Boulevard. Descendre au coin de Ford et Cranston Roads. Ensuite, à pied sur Ford Road, passer sous l'*overpass*, enfin à gauche sur Chamounix Drive jusqu'au bout. Ouf ! c'est là. Compter 20 mn de marche. Autre possibilité :

toujours avec le bus n° 38, descendre un peu plus loin à l'arrêt River Pack Apartments, sur Conshohocken Avenue, puis emprunter le raccourci à travers la forêt (compter 10 mn de marche, l'auberge est fléchée). De la station *Greyhound* : prendre le bus n° 38 puis mêmes indications. De l'*Amtrak* : rejoindre la Suburban Station puis *idem*. En voiture, bien plus facile : Highway 76, Exit City, Line Avenue. À gauche sur Monument, encore à gauche sur Ford et enfin à gauche sur Chamounix jusqu'à la fin. Autre trajet en voiture : prendre la Schuylkill Expressway (I-76), sortie 33 (City Line Avenue), puis tourner à gauche au premier feu dans Ford Road; ensuite même chemin à pied que « sans voiture ».
Compter 16 US$ la nuit en dortoir (13 US$ avec la carte Hostelling International). L'auberge de jeunesse possède plein de qualités... mais aussi quelques petits défauts. On commence par ces derniers : ouverte de 8 h à 11 h et de 16 h 30 à minuit. Tout le monde au lit après minuit! Moderne, non ? Entre 11 h et 16 h 30, tout le monde dehors sauf si vous payez 2 US$ supplémentaires. Sans compter le sérieux problème d'accès. Pour les non-motorisés, il faut savoir que le dernier bus en ville part à 22 h de Market Street. Côté positif : très jolie maison du début du XIXe siècle, en pleine forêt. Calme et bien tenue. 50 lits organisés en dortoirs de 4 à 16 lits. Garçons et filles séparés. Cuisine équipée, machine à laver, jardin, grand salon, douche chaude, table de ping-pong... le tout sur trois niveaux.

Les adresses religieuses... bon marché aussi

■ **Divine Tracy Hotel** *(hors plan par A2)* **:** 20 S 36th Street. ☎ 382-4310. En plein quartier universitaire, à l'ouest de la ville. En métro (ligne Market-Frankford), descendre à 34th Street Station, puis c'est à 5 mn plus loin à pied. Une adresse vraiment exceptionnelle, mais pas forcément pour les raisons auxquelles on pense. Cet hôtel d'environ 100 chambres propose des tarifs imbattables pour son standing. À deux, même prix que l'auberge de jeunesse pour ceux qui n'ont pas de carte. Spacieux, bons matelas, excellent confort. Chambres avec ou sans salle de bains. Cet hôtel appartient aux disciples de Father and Mother Divine, une association religieuse à but non lucratif qui travaille pour « l'élévation de l'esprit humain ». Pas cher certes, mais voici les quelques règles pas tristes qu'il convient de respecter. Chambres doubles réservées à 2 personnes du même sexe uniquement (ça pousse au vice ça, non?). Même si vous êtes mariés, chambres séparées ! Possibilité de rencontre entre garçons et filles jusqu'à minuit... dans le *lobby*. Non mais ! Interdiction du port du pantalon pour les filles (*idem* pour les mini-jupes), chaussettes obligatoires pour hommes et femmes, pas de short pour les hommes ni d'épaules découvertes. Et le fin du fin, « pas de chemises sorties du pantalon, sauf si la coupe de la chemise a été conçue pour être portée ainsi ». Quelle tolérance ! Interdiction aussi de dire des vulgarités *(sic!)*, des obscénités et des blasphèmes. Dément comme endroit, non ?

■ **Summer Youth Hostel** *(Old Reformed Church; plan D2, 5)* **:** dans le centre, à l'angle de 4th et Race Streets. ☎ 922-9663 et 922-4566. Réception ouverte de 17 h à 22 h et couvre-feu à 23 h. Libération des lieux le matin à 9 h. Bâtiment tout en brique situé dans un coin assez calme du quartier historique. Ancienne église réformée dont une grande salle du rez-de-chaussée est transformée en dortoir l'été. 20 matelas à même le sol. Pas cher, central et pas besoin de carte des AJ. Sanitaires propres. Location de draps et air conditionné en été. On peut y laisser ses affaires. Très routard.

Prix moyens

On vous le rappelle : il n'y a pas d'hôtels à prix moyens dans le centre de la ville. Préférez les *youth hostels*, ou alors les *bed & breakfast*, même s'ils sont plus chers.

Plus chic, les Bed & Breakfast

Vraiment un chouette moyen (mais assez cher) de se loger à Philly. De nombreuses associations peuvent néanmoins vous trouver une maison sympa en quelques heures, à prix doux, et en plein centre.

- *Bed & Breakfast Center City :* ☎ 735-1137. Répond de 9 h à 21 h tous les jours. C'est le propriétaire de *La Réserve* (voir adresse plus bas) qui répond et propose ses chambres.
- *Bed & Breakfast Connections :* ☎ 687-3565. Maisons dans le centre et dans le Lancaster County. Répond de 9 h à 21 h du mardi au samedi. Le dimanche à partir de 13 h.
- *Bed & Breakfast The Manor :* ☎ 717-464-9564.
- *Trade Winds Bed & Breakfast* (plan C3, 6) : 943 Lombard Street. ☎ et fax : 592-8644. • mamrom@aol.com • Quartier sympa. 2 chambres au deuxième étage avec salle de bains commune. L'une autour de 75 US$ avec grand lit en cuivre, claire, assez spacieuse, au décor personnalisé un peu baroque, l'autre autour de 80 US$, avec 2 lits jumeaux (qu'on peut bien sûr réunir) et au décor totalement floral sur fond vert. Petit frigo, ventilo, possibilité de faire son thé ou café. Idéal pour famille avec enfants ou amis voyageant ensemble. Au premier, très grande chambre autour de 140 US$, avec lit à baldaquin en acajou sculpté, beaux meubles peints et des tas de tableaux, objets anciens, etc. À nos yeux, une des chambres les plus romantiques de la ville. Marjorie, la proprio est décoratrice d'intérieur (ceci explique cela) et reçoit avec une gentillesse et une spontanéité réjouissante. Réservation très conseillée.
- *La Réserve-The Grand Dame of Philadelphia's Bed & Breakfast* (plan B3, 8) : 1804 Pine Street. ☎ 735-1137 ou (800) 354-8401. Fax : 735-0582. Dans le centre, à proximité du quartier des affaires, à trois blocs au sud du Rittenhouse Square, en suivant la 18e Rue. Chambres entre 100 et 130 US$. Une maison en brique de la moitié du XIXe siècle, haute de quatre étages, abritant de belles chambres spacieuses (presque luxueuses) décorées avec beaucoup de goût et remplies de meubles anciens. On aime beaucoup la 1 aux murs jaunes, la plus romantique, mais les autres sont bien aussi. Jovial, exubérant, drôle, Bill Buchanan, le propriétaire, est un vétéran de la guerre du Vietnam et surtout un grand amateur de vins de Bourgogne. Francophile (mais pas francophone), il aime bavarder avec ses hôtes et leur montrer les portraits de Louis XVI et de Marie-Antoinette accrochés à un mur du salon (pas par regret de l'Ancien Régime, mais en souvenir de l'engagement de la France dans la guerre d'Indépendance américaine). Vraiment une bonne adresse. À peine plus cher qu'un hôtel moyen hors de la ville, avec le charme inimitable de la vieille Amérique en plus. Cartes de paiement acceptées.
- *Shippen Way Inn Bed & Breakfast* (plan D3, 9) : 416-18 Brainbridge Street, entre les 4e et 5e Rues. ☎ 627-7266 ou 1-800-245-4873. Fax : 627-7781. En plein quartier historique, un havre de calme et de charme, à deux pas de la très animée South Street, où se concentre l'essentiel de la vie nocturne de Philly. Compter 100 à 140 US$ environ pour 2. Il s'agit d'une vieille maison coloniale de 1750, en brique brune, tenue avec soin par Ann Foringer et Raymond Rhule. En aimable *gentleman*, ce dernier vous racontera son débarquement en

Normandie en juin 1944. Ambiance conviviale d'une bonne chaumière de conte pour enfants. Cheminée, planchers en bois, chambres délicieusement décorées façon Laura Ashley, portant chacune un nom différent. La *4 Poster Room* donne sur le jardin intérieur où l'on prend le soleil en été. On a aimé aussi la *Stencil Room* accessible par un escalier tout tordu, la *Quilt Room* au rez-de-chaussée, et surtout la *Dormer Room*, nichée sous les toits du grenier. La *Rose Room*, quant à elle, propose un lit en cuivre et une entrée indépendante sur jardin. Petit déj' copieux, thé ou vin-fromage en fin d'après-midi. Merveilleuse maison où les lecteurs du *GDR* auront droit à 10 % de réduction sur présentation du guide (à partir de 2 nuits). Idéal pour un couple lune-de-miéleur, romantiques routards au budget confortable et pour tous ceux qui sont las des motels insipides... Cartes de paiement acceptées.

- ▲ ***Antique Row Bed & Breakfast*** *(plan C3, 7)* : 341 South 12th Street (entre Pine et Spruce Streets, au sud, entre le quartier des affaires et le quartier historique). ☎ 592-7802. Fax : 592-9692. À partir de 90 US$ (en basse saison) la chambre et jusqu'à 130 US$. Dans une maison vieille de plus de 150 ans (c'est très vieux ici), Barbara Pope loue 8 chambres assez confortables et bien décorées. Petit déj' avec jus de fruits, céréales, œufs. Le secteur des marchands d'antiquités – Antiques Row – sur Pine Street n'est qu'à deux pas de là.

- ▲ ***Greer House*** *(plan C3, 11)* : 322 South 12th Street. ☎ 732-4415. Tout nouveau B & B dans une demeure ancienne offrant une demi-douzaine de chambres correctes autour de 120 US$. Coin pour faire le café et une cuisine simple. Bon accueil.

- ▲ ***A City Garden B & B*** *(plan C3)* : 1103 Waverly Street. ☎ 625-2599. Quartier peinard, à côté du *Trade Winds Bed & Breakfast*. Demeure particulière proposant une grande chambre autour de 120 US$ en rez-de-chaussée, avec entrée indépendante sur petit jardin. Lit en cuivre, coin cuisine. Conviendra à qui cherche le calme et apprécie de prendre le thé tranquille ou dehors, un livre sur les genoux. Au premier, immense chambre de 140 à 160 US$ suivant saison. Coin-salon, bonne literie.

Bien plus chic

- ▲ ***The Thomas Bond House Bed & Breakfast*** *(plan D2, 10)* : 129 South 2nd Street, à côté de Walnut Street. ☎ 923-8523 ou 800-845-BOND. Fax : 923-8504. De 100 à 200 US$ environ. Maison classée en plein cœur du site historique. 12 chambres, toutes meublées dans le style XIXe siècle. Beaucoup de goût. La classe et le charme. La n° 201 (la Thomas Bond Jr), très grande, a cinq fenêtres, une cheminée qui fonctionne, un *whirlpool tub* et un lit à baldaquin venu des plantations du Sud. La n° 304 (la James S. Cox) a des murs rouges, la n° 204 (la Benjamin Eldridge) un mobilier période Chippendale, tandis que la n° 401 (la Benjamin Franklin) et la n° 402 (la Robert Fulton) ont toutes deux vue sur la Delaware River. Les moins chères sont les n°s 305 et 306. Prix d'un 3 ou 4 étoiles en France. Bien pour une escale de charme entre amoureux fortunés. Cartes de paiement acceptées.

- ▲ ***Sheraton Society Hill Hotel*** *(plan D2-3, 3)* : One Dock Street. ☎ 238-6000. Fax : 922-2709. Comme toujours, grande gamme de prix, de 130 US$ en très basse saison (de mi-novembre à fin février), au *romance package* près de 300 US$. Prix week-end : compter en moyenne de 170 à 220 US$. Pour une fois, un hôtel de luxe qui n'écrase pas l'environnement. Au contraire, pour ne pas dénaturer le caractère historique du quartier (de grosses erreurs architecturales ont été commises dans le coin précédemment), avec ses quatre petits étages de brique rouge, il apparaît presque horizontal et se fond dans le style local. Très bel atrium avec les chambres s'ordonnant autour. Spacieuses et très confortables. Parking un peu cher!

Où manger?

Dans le quartier de South Street et de 4th Street

l●l *Jim's Steak* (plan D3, **12**) : à l'angle de 4th et South Streets. Ouvert en continu de 10 h à 1 h (3 h en fin de semaine) et de 12 h à 22 h le dimanche. Une institution et une adresse qu'on adore. Rien que la façade extérieure en carrelage et alu vaut le coup d'œil. On fait la queue sans hésiter depuis 1939 pour déguster ces délicieux sandwichs qu'un habile cuisinier prépare sous vos yeux (la recette n'a jamais changé). Tout un poème, la manière dont il fait valser les ingrédients entre les tranches de pain. Ces sandwichs à la viande émincée sont la spécialité de la ville. Agrémentés d'oignon, de tomate, de salade, ils sont à déguster sur place ou en *take away*. Choix de *pepper steak* aussi, *mushroom steak*, *hoagies* (dont un *special Italian* avec salami, *capocolla*, *provolone cheese*, jambon, etc.). *Jim's* est un passage obligatoire de toute bonne soirée dans le quartier.

l●l **Famous 4th Street Delicatessen** (plan D3, **17**) : 4th Street (et Brainbridge Street). ☎ 922-3274. Ouvert de 7 h à 18 h, le samedi de 7 h à 16 h. Créé en 1923, il n'a guère changé depuis. On a l'impression d'évoluer dans un décor de film des années 1930-1940. Il faut que l'histoire de la famille accrochée aux murs, les vieilles photos sépia, les portraits de clients célèbres, les témoignages divers contribuent à tisser un lien intime avec les lieux. Tout au fond, dans la pièce à côté du téléphone public, noter la collection de vieux combinés, un vrai p'tit musée. Tenu par la troisième génération de la famille Auspitz, avec les mêmes méthodes de travail, le même rythme, bien dans la tradition, sans céder aux pressions et aux sirènes du rentable. Pas de succursales, café fraîchement moulu, *blintzes*, *knishes*, *kugels* maison... *Lox*, gros *pickles* doux à souhait. Délicieux fromages blancs, foies hachés, *reuben*, corned-beef, *Turkey sandwiches*, grande variété d'omelettes, bref le meilleur de la cuisine juive. Service adorable. D'ailleurs, comme vous, beaucoup d'ambassadeurs, l'ex-vice-président Al Gore, Denzel Washington, Ophrey Winter, etc., apprécient les lieux (ils en sont des habitués et y passent commande pour leurs *parties*). Prix fort raisonnables. Souvenirs, souvenirs...

l●l *Dmitri's* (plan D3, **20**) : 3rd Street (et Catherine Street). ☎ 625-0556. Ouvert de 17 h 30 à 23 h (de 17 h à 22 h le dimanche). Ce n'est plus le petit *joint* crassou dans un quartier un peu sombre et dont on se refilait l'adresse dans le creux de l'oreille. À force, le succès aidant, les murs ont été repeints d'un beau jaune lumineux. Pour le reste, toujours aussi bruyant et tumultueux aux *peak hours*. Toujours aussi difficile d'obtenir une table si on ne se pointe pas de bonne heure (vers 19 h) et ils ne prennent guère les réservations (les entendent-ils seulement dans le brouhaha?). S'il y a trop d'attente, s'affaler alors sur le comptoir de marbre bien convivial, au risque d'avoir le visage tanné par les flammes du gril. Au fait, pourquoi tant d'agitation? Ah, oui, c'est que là vous aurez affaire à l'un des meilleurs restos de poisson et de fruits de mer cuisinés de la ville. Une remarquable fraîcheur garantie à des prix encore fort modérés. *BYOB* (apporter son vin – ou sa bière).

l●l *Friday's* (plan D3, **13**) : 2nd Street (et Lombart Street). ☎ 625-8391. Ouvert de 11 h 30 à minuit tous les jours. *Brunch* le dimanche jusqu'à 15 h. Si tous les plats du monde voulaient se donner la main... Étonnante qualité pour une nourriture cosmopolite (tex-mex, chinoise, pasta, steak and ribs, sandwichs divers). Servi dans un décor un peu chargé mais chaleureux et aéré. Atterrissage en douceur pour l'addition. Adresse bien américaine mais, après tout, on est en Amérique. Qualité et service jamais pris en défaut.

I●I *Pizza Uno* (plan D3, 14) : 509-511 South 2nd Street, face au Head House Square. ☎ 592-0400. Ouvert tous les jours midi et soir. Nous, c'est notre chaîne de pizzas favorite aux États-Unis. Une pizza, une chaîne... Rien d'excitant, nous direz-vous ! Goûtez et vous verrez ! Formules légères et peu onéreuses à midi (du lundi au vendredi, de 11 h à 15 h, *lunch special*), dans un cadre chaleureux de taverne avec un grand bar à l'entrée. Sur la brique des murs, débauche de photos, unes de journaux, affiches. Soupes, sandwichs, salades, *burgers*, lasagne, *baby back ribs*, spaghetti...

I●I *Azafran* (plan D3, 22) : 617 South 3rd Street. ☎ 928-4019. Ouvert le soir uniquement de 17 h à 22 h (jusqu'à 23 h le samedi et 21 h 30 le dimanche). À côté de *O'Neals*. Pas très grand. Typique de ces p'tits restos d'allure modeste qui se sont créés dans la foulée de la revitalisation de South Street et capables de délivrer d'intéressantes cuisines à prix abordables. A reçu le prix « The best place to eat instead Dmitri's » ! Ici, c'est assez élaboré avec des réminiscences latines et sud-américaines : *empanadas*, *adobo tuna*, saumon en papillote (et poisson suivant arrivage), pâtes « création du jour », *mahi-mahi chimichuri* fort bien cuit, filet mignon aux *yuca fries*, etc. Pas de licence d'alcool, *BYOB* (apporter sa bouteille de vin).

Plus chic

I●I *Dickens Inn* (plan D3, 15) : 421 2nd Street, face au Head House Square. ☎ 928-9307. On ne vient pas dîner ici en jean, c'est vous dire si c'est chic. En revanche, n'oubliez pas votre porte-monnaie ! Tout à l'anglaise vêtue, cette maison honorable appartient à l'arrière-petit-fils du célèbre auteur anglais. D'ailleurs, les gravures sur les murs rappellent les personnages de ses romans. Cuisine élaborée, essentiellement d'inspiration européenne. On y vient plutôt le soir, pour un moment intime. Fait aussi bar (voir « Où boire un verre ? Où sortir ? »).

Dans le centre historique et sur le Waterfront

I●I *Di Nardo's* (plan D2, 23) : 312 Race Street. ☎ 925-5115. Ouvert tous les jours. Là encore, une institution, le temple du crabe, la Rome des fruits de mer... Trêve de métaphores, vraiment un lieu très populaire. Cadre propre, genre cafet' améliorée, banquettes de moleskine, tables de formica et murs décorés d'hameçons. On vient nombreux ici les lundi et mardi (avant 19 h 30) pour le *eat as you can eat* de crabe autour de 20 US$ (accompagné de *coleslaw* et de frites). Une vraie orgie ! Le mercredi, *Dungeness Crab Feast* (au moins 2 pounds !) autour de 25 US$. Sinon, grand choix à la carte : crabe à la vapeur ou sauté à l'ail, *Pescatore*, crevettes, coquilles Saint-Jacques, *clams* et moules sur un lit de *linguini* ou bien huîtres frites, *Alaskan crab legs* (énormes pattes de crabe), *crab cake platter*, salades aux fruits de mer, etc.

I●I *Hooters* (plan D1, 24) : 415 North Delaware Avenue. ☎ 629-8540. Resto installé sur le *Elizabeth*, un ancien ferry. Grand volume. Près des fenêtres, belle vue sur la Delaware River. Spécialisé dans les *chicken wings*, *buffalo shrimps*, huîtres, *clams*, etc. Salades, *burgers* et copieux sandwichs. Globalement correct. Tout cela à prix fort abordables. À propos, on se demande si les serveuses ne font pas un casting pour travailler ici !

De prix moyens à plus chic

|●| **Paradigm** (plan D2, 25) : 239 Chestnut Street. ☎ 238-6900. Ouvert à midi et soir jusqu'à 22 h (le week-end jusqu'à 23 h). Fermé le dimanche. Très représentatif du nouveau circuit branché influencé par la culture new-yorkaise. Starck n'aurait pas été dépaysé ici. Décor d'une grande sobriété, à la limite du dépouillement, quasi *high tech* (tons neutres, marbres noirs, etc.). Ce qui est intéressant en fait, ce sont les volumes, la distribution de la lumière, le design du mobilier, l'ambiance toute bleutée du comptoir. La table est-elle design également ? Cuisine américaine « déjà vue », pas de quoi hurler à la lune : salade *Caesar*, *crab cakes*, *burgers*, frites... sans grande originalité. *Lunch* à prix cependant abordable. Le soir, clientèle inévitablement branchouillée et plats cependant un peu plus élaborés. Un truc amusant, les toilettes qui jouent la transparence !

Plus chic

|●| **City Tavern** (plan D2, 26) : 138 South 2nd Street. ☎ 413-1443. Ouvert tous les jours midi et soir jusqu'à 22 h. Plats chauds de 13 à 20 US$. Le soir, vraiment trop cher (autour de 50 US$ le repas). Reconstruction il y a 25 ans, d'après des documents, quasiment à l'identique, d'une taverne historique qui se tenait à cet emplacement. Elle abritait, en 1774, les réunions des membres du First Continental Congress et le banquet de la Constitutional Convention s'y tint en 1787. Comme à l'époque, elle comprend différents salons et l'atmosphère est recréée par le mobilier de style colonial et le personnel qui évolue en costume du XVIIIe siècle. La devise de la maison est « A triumph of tradition ». Nous préciserons... et de conservatisme. Cuisine extrêmement classique (bon, normal, le chef a tenté de réintroduire certaines recettes appréciées de John Adams et de Jefferson) et plats sans risques (ou sans imagination). Toutefois assez copieux et les viandes sont tendres. À notre avis, intéressant le midi, essentiellement pour sa terrasse donnant sur un beau jardin et les prix du *lunch*, somme toute modérés. Bon choix de salades et de plats froids.

Au sud de l'Italian Market

Luciole dans la nuit noire, dans un coin perdu, cette série de grands restos populaires qui nourrissent en continu jeunes en goguette, affamés et paumés du petit matin.

|●| **Pat's King of Steaks** (hors plan par C3) : 9th Street (à l'angle avec Wharton Street). ☎ 468-1546. Trois rues après Washington Street. Ouvert 24 h/24. Sandwichs de 6 à 9 US$. Une institution. En activité depuis 1930. Spécialiste du *steak-sandwich* avec de la vraie baguette et à emporter. Une quinzaine de variétés. Les photos des clients célèbres sont collées au plafond. Pour se remplir la panse pour trois fois rien.

|●| **Geno's** : 1219 South 9th Street. ☎ 389-0659. Le grand concurrent de *Pat's*. Violemment éclairé. Tables dehors. Longue litanie de photos de vedettes locales et nationales : catcheurs, tatoués, *bikers*, Donna Summer, Nancy Sinatra, Rocky Marciano, Clinton en campagne, etc. *Steak-sandwich*, *provolone cheese steak*, *Italian hoagie* et même une *pizza steak*, etc.

|●| **Sam's Clam Bar** : South 9th Street, à côté de *Geno's*. Ouvert tous les jours de 16 h à 4 h. Grand

hall un peu glauque, aucun charme, à part la fille en fresque sur le mur. Musique rap, hip-hop, funky. Spécialiste du *fish hoagie*, des *steamed clams*, crevettes grillées, coquilles Saint-Jacques, *crab cakes* (excellents!), etc. Pas d'alcool. Curieuse, la pancarte « Caution », où la direction se croit obligée de rappeler aux consommateurs que les coquillages ont des bords coupants et qu'il ne faut pas se mettre de sauce dans les yeux... Les Ricains sont vraiment de grands enfants!

Dans le Downtown

Bon marché

I●I *Yonny's Restaurant (plan B2, 16)* : 1531 Cherry Street. ☎ 665-0407. Ouvert uniquement du lundi au vendredi de 6 h 30 à 15 h. On croit rêver : une maisonnette, toute petiote, en brique rouge et aux volets verts... en plein cœur du quartier financier! Les yuppies viennent chercher un coin de chaleur et d'authenticité dans ce décor de bois, chargé d'affiches, d'objets familiers et de vieux cadres jaunis. Pour un petit ou un grand déjeuner composé de salades, quiches, soupes, *cookies* maison et gâteaux. Hmm, on se sent bien dans cette maison de poupée. Bons petits déj', vous vous en doutiez!

I●I *Reading Terminal Market (plan C2, 21)* : à l'angle d'Arch et 12th Streets. Ouvert tous les jours sauf le dimanche mais on conseille vraiment d'y aller le mercredi, le jeudi, le vendredi ou le samedi. Ce sont les jours où les amish tiennent leur stand dans ce vaste marché (lire plus loin la rubrique « À voir »). Une excellente occasion de tester la cuisine de ces gens pas comme les autres : bretzels, plats de saucisses et purée maison, pâtisseries. Sinon, les comptoirs où *blue collars*, employé(e)s du coin, yuppies se serrent pour manger *burgers* et salades ne manquent point. Au milieu du *market*, on trouve même quelques tables. Quelques indices qui ne trompent pas, les gens qui font la queue chez *Rick's Steaks* et chez *Delilah's Southern Food*. On débusque les gourmands aux rayons *cookies*, chez *Termini Bros, 4th Street, Chocolate*, etc.

De prix moyens à plus chic

I●I *Caribou Café (plan C2, 31)* : 1126 Walnut Street. ☎ 625-9535. Ouvert tous les jours midi et soir jusqu'à minuit (22 h le dimanche). *Sunday brunch* de 11 h à 15 h. Le midi, sandwichs autour de 9 US$, plats à moins de 15 US$; le soir plats autour de 25 US$. Tenu par un Français qui dit être le premier à avoir introduit *expresso* et *cappuccino* à Philadelphie! Salle au grand volume et élégant décor de brasserie française : bois sombre, affiches anciennes, boxes, comptoir et mezzanine. Bon accueil, service efficace. Excellente musique *swingy*, genre jazz années 1930-1940 et Andrews Sisters. À la carte, salades bon marché et grillades un peu plus chères. Plats et entrées du jour, *grilled fillet mignon, sirloin, crab cakes* et une curieuse *steakwich omelette*. À signaler : un des rares restos de Downtown ouvert le dimanche.

I●I *Hard Rock Café (plan C2, 27)* : 1113 Market Street. ☎ 238-1000. Ouvert tous les jours. Pas difficile à repérer avec l'immense guitare au-dessus de la porte d'entrée. Même concept, même succès que les autres de la chaîne, avec son cadre *clean* et clinquant, son décor de pochettes de disques, de disques d'or, de costumes de scène, le bustier de Madonna, le blouson de Marvin Gaye, les guitares, photos et autres *memorabillies*... À noter, le superbe vitrail avec le King et ses deux dauphins de l'époque, Chuck Berry et Jerry Lee Lewis. Cuisine correcte.

On peut surfer à l'aise sur une carte où salades, *really big sandwiches*, *burgers* et desserts s'offrent à prix vraiment abordables. Le midi, atmosphère paisible et bon enfant, le soir, ça s'anime, bien sûr... sur fond de vos hits préférés, ça va de soi !

Plus chic

|●| Sansom Street Oyster House *(plan B2, 18)* : 1516 Sansom Street. ☎ 567-7683. Ouvert du lundi au samedi de 11 h à 22 h. Fermé le dimanche. Cadre chaleureux d'une vieille institution (1947). Spécialiste des produits de la mer. D'ailleurs, les observateurs auront remarqué les gravures marines ainsi que la collection d'assiettes à huîtres. On a eu un sacré faible pour la *New England clam chowder* (soupe) et le délicieux *shore platter* (poisson et fruits de mer), frais et goûteux. En faisant attention, on peut surfer sur la carte sans se retrouver en cale sèche. Les huîtres viennent de plusieurs endroits (Maine, New Jersey, Virginie...). Éviter les salades, pauvrettes. Quelques spécialités : *oyster po boy* (huîtres frites), *crab cakes* maison, *broiled sea scallops* (coquilles Saint-Jacques), *shrimp orzo* (crevettes et coquilles Saint-Jacques sautées aux champignons sauvages), « bouillabaisse » (poisson frais, moules et calmars dans un bouillon aux tomates safrané). Les souillons demanderont une bavette en plastique. À midi, *lunch special* à divers prix.

|●| Cutters (Grand Café and Bar; *plan A2, 19)* : 2005 Market Street (à l'angle avec 21st Street). ☎ 851-6262. Dans la cour intérieure du Commerce Square. Endroit inhabituel pour des routards. Rien d'étonnant à ce que les gens qui « font » Philadelphie se retrouvent dans ce mélange de vrai luxe et de post-modernité. Si ce n'est pas Starck qui l'a décoré, c'est donc son frère (quand même en plus chaleureux). Immense volume, matériaux nobles (acajou, glaces, éléments Art déco, etc.), décor de toiles s'inspirant du Douanier Rousseau. On y vient vêtu en dimanche (en samedi après-midi à la rigueur) pour une salade américaine toute simple ou un *New York steak*, un plat cajun ou une assiette de pâtes. Quelques beaux desserts maison : *housemade key lime pie*, crème brûlée, *granny smith apple tart*, etc. Pas un rendez-vous culinaire donc, mais un rendez-vous tout court. Jeter un œil à l'immense mur de bouteilles au bar. Le barman doit avoir le bras long. Terrasse l'été.

|●| Founders *(plan B2, 28)* : Broad et Walnut (au 19ᵉ étage du *Park Hyatt*). ☎ 790-2814. Le midi (du lundi au vendredi), menu autour de 28 US$. Dans un élégant et luxueux décor, une des meilleures tables de la ville et vue panoramique en prime. Attention, même si la cuisine se veut créative, c'est le temple de la tradition : clientèle, vous vous en doutez, peu routarde, service assez guindé et atmosphère chicos un tantinet lourde. Cependant, si votre chemise est repassée et que le pantalon ne tire-bouchonne pas trop sur les chaussettes, pourquoi se priver de l'excellent menu du midi ? Le soir, les prix s'envolent, ça va de soi. *Brunch* intéressant le samedi, suivi du *Sunday caviar brunch*. Réservation ultra-conseillée.

Très chic

|●| Le Bec Fin *(plan B2, 29)* : 1523 Walnut Street. ☎ 567-1000. Ouvert midi et soir jusqu'à 22 h. Fermé le dimanche. Autour de 45 US$ le menu le midi, 140 US$ le soir (vin en plus). Tout simplement le meilleur resto de Philly, celui où l'on rêve de manger au moins une fois. Réserver 1 à 2 semaines à l'avance pour le soir. Plus de chances de trouver de la place pour déjeuner. Une combine : se pointer à midi pile, on peut tomber sur un désistement (ça arrive parfois le soir aussi !). Tous louent le somptueux décor, l'impression de manger au Grand Trianon. La première salle avec ses beaux tissus aux tons verts, ses glaces ornementées, sa fresque au plafond, est souvent réservée aux grandes familles ou aux repas d'affaires. Salle principale tendue de velours vieux rose, avec lustres de cristal. Le soir, clientèle très chicos, à midi à peine moins. Mais l'avantage du déjeuner, c'est le menu extra pour quasiment la même qualité que le soir (pour 3 fois moins cher!). Service très stylé, ça va de soi, cependant le patron a su éviter l'écueil des atmosphères insupportablement empesées et pesantes.

Cuisine superbe, mélange harmonieux de tradition et d'innovation. Sauces légères, magnifique chariot de desserts servis généreusement, très belle carte des vins. À part pour un événement exceptionnel, on peut taper plus bas que le pauillac 1947 ou le margaux 1945 à 2000 US$. On trouve des trucs très bien d'ailleurs dans les 60 US$. Enfin, au 1619 Walnut Street, à la **brasserie Perrier** (même proprio), retrouvez la qualité du *Bec Fin* à des prix bien entendu beaucoup plus abordables.

Dans le quartier des universités

|●| **White Dog Café** (hors plan par A2, 30) **:** 3420 Sansom Street. ☎ 386-9224. • www.whitedog.com • Ouvert tous les jours midi et soir jusqu'à 22 h (23 h le week-end). Plusieurs salles et un bar. Cadre chaleureux : bois vernis, dentelles, petits objets familiers, photos, nappes à carreaux. Terrasse agréable aux beaux jours. Clientèle puisée largement dans l'université toute proche. Intime et bruissant tout à la fois. Excellente cuisine créative, élaborée à partir de produits frais, souvent bio et *organic*. On pourrait presque parler de « nouvelle cuisine américaine ». Sensibilité écolo assez développée aussi, puisque la maison vient de s'associer à la campagne de sauvegarde de l'espadon et l'a retiré de la carte. Grand choix : délicieux *guacamole*, salades composées copieuses (souvent originales), *batter-fried oysters, pan browned salmon burger, grilled St Peter fish fillet, North African beef curry*, etc. Ne pas manquer de jeter un œil aux toilettes (qu'on choisit suivant ses choix politiques). On a cru comprendre qu'on n'aimait pas trop Kenneth Clarke dans le coin. Ne pas manquer d'emporter le journal du resto *Tales from the White Dog Café* (avec la liste des *table talks*, les discussions savantes du resto). *Piano Parlor* pour les lecteurs jazzy, etc. Une de nos adresses préférées, vous l'aviez deviné!

Au nord de la ville

Vieux quartier industriel qui ne s'est pas encore remis de la crise des années 1980-1990 et de la fermeture de ses usines. Il plaira cependant aux amateurs (pas paranos) de poésie urbaine, friches, terrains vagues et autres décors destroy... L'occasion de faire un peu d'histoire aussi. La *brasserie Ortlieb*, l'une des plus fameuses de la côte est, fut créée ici par Trupert Ortlieb en 1869. Trupert émigra d'Allemagne une quinzaine d'années auparavant et combattit pendant la guerre de Sécession dans les troupes de l'Union. À la fin du conflit, décoré comme un héros, il vint ouvrir une taverne à Philly. Il y brassa sa propre bière (suivant une recette familiale) qui ne tarda pas à devenir la préférée de nombreux consommateurs locaux pendant des dizaines d'années. Mais tout passe, tout lasse, la brasserie ferma en 1981 et la marque fut vendue. Henry Ortlieb, l'arrière-petit-fils, décida récemment de relancer *Poor Henry's*, une petite production à l'ombre de la grande usine déchue (en reprenant la formule familiale), ainsi qu'un bar-restaurant. À propos, c'est aussi dans le coin que se trouve notre boîte de jazz préférée (voir plus loin). Voilà donc plusieurs bonnes raisons de venir traîner dans le coin!

Où manger ? Où boire une bière ?

I●I 🍷 **Poor Henry's** *(plan D1, 32)* : 829 North American Street (entre Brown et Poplar). Rue parallèle à 3rd Street. ☎ 413-3500. Ouvert tous les jours de 11 h à 2 h. Ancien entrepôt, donc volume immense. Long comptoir en U où l'on peut caser un maximum de clients. Quelques tables aussi. Au mur, un tableau où la production, semaine après semaine, est inscrite à la craie, ainsi que le degré d'alcool, les caractéristiques, le goût des différentes variétés brassées dans l'usine (et celles qui sont épuisées). D'ailleurs, si vous buvez de la bière pendant le repas (conseillé ici !), on vous indiquera laquelle convient le mieux pour tel plat. Vaste choix à la carte : fameux *trupert's taproom chili*, soupe *country onion and ale crock*, pizzas maison, *pasta, burgers, sirloin*, poulet tous styles, excellents desserts. Billard. Visite guidée des installations de 15 h à 17 h.

Où prendre le petit déj' ?

I●I **New Carry Café** *(plan D2, 35)* : 147 N 3rd Street. ☎ 413-1332. Ouvert de 7 h 30 à 23 h, le vendredi de 7 h 30 à 1 h, le samedi de 8 h 30 à 1 h, le dimanche de 8 h 30 à 21 h. Dans ce quartier populaire pas encore normalisé, un lieu chaleureux et sympa pour un café fraîchement moulu, de bons gâteaux *(fresh baked muffins, cookies)* ou pour trouver un partenaire aux échecs, dans une atmosphère de vieux livres. Dans la journée, possibilité de grignoter sandwichs, *bagels*, soupes et salades. Animation le vendredi soir, deux fois par mois.

I●I **Big Jar Books** *(plan D2, 36)* : 55 N 2nd street. ☎ 574-1650. Ouvert de 10 h à 21 h tous les jours. Ça, c'est pour les petits déj' tardifs. On aime bien cette librairie-café dans un quartier en pleine revitalisation. Bons café et choix de gâteaux.

I●I **Mrs K's** *(plan D2, 37)* : 325 Chestnut Street (Constitution Place Building). ☎ 627-7991. Ouvert de 6 h à 16 h. Fermé le dimanche. La grande et *clean* cafet' à l'ancienne qui traverse le temps sans trop prendre de rides. Deux longs comptoirs en U nourrissent depuis toujours les employés du coin et les premiers travailleurs de l'aube. Longue carte de sandwichs, *burgers, hoagies*, salades, plats chauds et froids...

Où boire un verre ? Où sortir ?

Ne pas manquer d'abord de se procurer les deux grands hebdos gratuits de la ville : le *City Paper* et le *Philadelphia Weekly*. Bourrés d'infos sur la vie culturelle et nocturne, les concerts, etc. Disponibles dans quasiment tous les bars et certains restos, parfois dans la rue et quelques lieux publics. Pour le jazz, on vous a créé une rubrique à part.

Dans le quartier de South Street

Voici un petit groupe d'adresses qui possèdent toutes leurs particularités. Indéniablement, le coin le plus animé le soir, le Saint-Michel de Philly, c'est **South Street entre 3rd et 4th Streets**. Les adresses pour boire un verre sont au coude à coude. Et pour une petite faim, pizzas, *falafels*, *Philly-sandwiches* ou hot-dogs. On trouve vraiment tout dans cette Samaritaine de la nuit. Si vous ne passez qu'une seule soirée en ville, c'est là qu'il faut aller.

🍸 **Pontiac** *(plan D3, 40)* : 304 South Street (et 3rd Street). ☎ 925-4053. L'un des bars-concerts dégageant le plus d'énergie. Bruyant, sombre, souvent bondé. Clientèle vaguement marginale et destroy.

🍸 **Théâtre of the Living Arts** : 334 South Street. ☎ 922-1011. Repérer ses concerts. Un des endroits les plus réputés pour son atmosphère électrique.

🍸 **Dickens Inn** *(plan D3, 15)* : 421 S 2nd Street, Head House Square. ☎ 928-9307. Ferme à 2 h. On vous a déjà parlé du resto (voir plus haut), voici le bar : large sélection de whiskies et de bières importées. En fin de semaine, chaleureusement pris d'assaut par la belle jeunesse de Philly, gentille et propre.

🍸 **Fluid** *(plan D3, 41)* : 613 S 4th Street. ☎ 629-0565. Ouvert tous les soirs. Fait boîte à l'étage du jeudi au samedi, parfois le lundi, jusqu'à 2 h. Sympa, pour amateur de musique *néo-funky*, *hip-hop*, *house* et autres. Ne pas venir de trop bonne heure cependant.

Dans Downtown, le centre historique et sur le Waterfront

🍸 **Khiber Pass Pub** *(plan D2, 42)* : 56 S 2nd Street. ☎ 238-5888. Ouvert tous les soirs sauf le lundi. Très fréquenté. Comptoir de bois et beau décor sculpté derrière, tout le long du mur. Bon choix de bières. Petite salle de concert. Musique plutôt *hard*. Shows à 21 h 30 du jeudi au dimanche (22 h les vendredi et samedi). Du lundi au vendredi, *happy hours* de 17 h à 20 h.

– D'autres *bars* animés sur 2nd Street jusqu'à Market.

🍸 **Live Bait** : 52 S 2nd Street. ☎ 829-1111. Ferme à 2 h. Là aussi, bien bondé le week-end. Super atmosphère. Au moins trois rangs de clients le long du comptoir. Possibilité de se restaurer.

🍸 **Mc Gillin's Old Ale House** *(plan C2, 43)* : 1310 Drury Street. ☎ 735-5562. Ouvert jusqu'à 2 h. Fermé le dimanche. Ouvert en 1860, un des plus vieux pubs de la ville. Style rustique, décoré de caricatures, photos. Au-dessus du bar, les vieilles licences obtenues année après année. Animé, bruyant, clientèle jeune. Malgré le grand espace, souvent plein comme un œuf. Une vingtaine de bières *on tap* (Yards Ale, Dog Fish Head, Flying Fish Porter, Victory, etc.). Tous les soirs, un *special*, genre 6 US$ le *pitcher* de Coors et les pizzas à moitié prix ou, par exemple, le *six ounces sirloin steak* autour de 7 US$!

🍸 **Paddy's** *(plan D2, 44)* : Race Street (entre 2nd et 3rd Streets). Oh, rien d'extraordinaire. Juste un petit *local bar*, avec une bonne atmosphère irlandaise. On aime bien aussi la belle fresque figurant le quartier en effet loupe.

🍸 **Trocadero** *(plan C2, 46)* : 1003 Arch Street (près du carrefour de 10th Street, en bordure de Chinatown). ☎ 922-LIVE. Escalier bien décrépi pour y arriver. Public rarement yuppie, plutôt rock, cuir et tatoué. Derrière, s'ouvre un ancien théâtre. Atmosphère *rough* garantie pour de super concerts purs et durs.

Au nord de la ville

Un poil en dehors des sentiers battus, voici quelques adresses qui bougent pas mal et méritent le détour.

🍸 **Painted Bride Art Center** *(plan D2, 47)* : 230 Vine Street. ☎ 925-9914. Ouvert de 10 h à 18 h, le samedi de 12 h à 18 h. Pittoresque galerie d'art offrant de bons concerts de jazz créatif de temps à autre. Noter la ravissante façade sur rue en mosaïque de verre, glace et céramique. Renommé pour la grande qualité de ses présentations. Spectacles de danse également, théâtre, poésie, etc. Petite cafétéria.

▼ **Finnegan's Wake** *(plan D1, 48)* : 3rd Street (et Spring Garden Street). ☎ 574-9240. Pour faire la queue, s'il pleut, ne pas oublier son parapluie et s'il fait *chilly*, sa p'tite laine. Le long cortège des jeunes prétendant y entrer un vendredi ou un samedi soir est impressionnant. Pourtant, cet immense pub irlandais est vraiment venu s'implanter dans un coin assez paumé ! À l'intérieur, c'est presque l'émeute. Bon, en semaine, c'est quand même plus calme. Le décor exalte les exploits de l'Irish Brigade et des généraux d'origine irlandaise pendant la guerre de Sécession. Fresques intéressantes aussi derrière le bar. Parfois des petits groupes s'y produisent. On peut aussi y prendre son *lunch* : sandwichs, *burgers*, *buffalo wings*, etc. Les plats portent des noms d'Irlandais célèbres, Maureen O'Hara, Grace Kelly ou le commodore John Barry... Prix modérés pour les *sirloin steak*, *crab cake platter* et autres *ham and cabbage*. Bon choix de bières : Yuengling, Saint Pauli Girl, O'Douhls et, bien sûr, Harp et Guinness.

▼ **Liberties** *(plan D1, 49)* : 705 N 2nd Street (et Fairmount). ☎ 238-0660. Dans ce quartier, victime d'un vrai « blitz » économique (façades murées, magasins fermés, etc.), ce vieux bar-resto résiste bien. Grâce surtout aux premières avant-gardes yuppies curieuses et aventureuses qui commencent à s'y pointer et à une vieille clientèle de quartier qui s'accroche ferme. Il faut dire que *tin ceiling*, comptoir et décor en bois sculpté derrière le bar se révèlent superbes, témoins d'époques plus prospères. Le week-end, quelques jeunes filles chics en goguette viennent s'y défouler dans de grands éclats de rire. Bar souvent plein, salle de resto se remplissent vite. Cuisine correcte.

▼ ♪ **700** *(plan D1, 49)* : 700 N 2nd Street. ☎ 413-3181. Fermé le dimanche. En face du *Liberties* (et son antithèse), clientèle plus bohème, plus marginale. Musique rock pure et dure. Bar étroit, on fait vite connaissance. Concerts quasi tous les soirs. *Never a cover !*

▼ ♪ **North Star Bar** *(hors plan par A1)* : 27th et Poplar. ☎ 235-7826. Une dizaine de blocs au nord du Philadelphia Museum of Art. Pour amateurs du *out of the beaten tracks* sans concession. Au milieu d'un quartier pas en très bonne santé. Luciole dans la nuit glauque, genre dernière station-service avant le désert. Taxi obligatoire, parking gratuit pour les autres (vous vous en doutiez !). Sympathique *neighbour bar* offrant, pratiquement tous les soirs, d'excellents concerts (rock, musique cajun, zydeco, blues, country, etc.). En principe, pas de *cover charge* du mardi au jeudi. Sinon, jamais très cher (entre 6 et 12 US$ et, pour une pointure importante, environ 15-18 US$). Téléphoner pour les horaires. En général, 20 h le dimanche et du mardi au mercredi, 21 h le jeudi, 22 h 30 le week-end. Possibilité de dîner du mardi au dimanche à partir de 17 h 30. *Happy hour* aux heures habituelles. Billard.

Où écouter du bon jazz ?

♪ **Ortlieb Jazzhaus** *(hors plan par D1)* : 847 N 3rd Street. ☎ 922-1035. Ouvert tous les soirs de la semaine, sauf le lundi, de 20 h 30 à 0 h 30 (souvent jusqu'à 1 h 30 le week-end). Dans un quartier *derelict*, à l'ombre d'une brasserie fermée depuis quelque temps déjà, la meilleure boîte de jazz de la ville. On peut s'y rendre à pied (c'est tout droit), mais on traverse des zones, comme on dit, peu rassurantes (friches industrielles, terrains vagues). Taxi conseillé donc. Mais c'est probablement cet environnement qui donne une telle énergie au jazz local. Passé la porte, on rentre dans une salle tout en longueur. Décor de bois sombre, atmosphère tamisée, long bar à l'entrée. Remarquable programmation et public d'aficionados fidèles. Super *jam sessions* le mardi soir. En profiter pour y dîner, d'ailleurs (pas de *cover charge* pour les concerts). Cuisine cajun honorable et à prix modéré.

♪ *Warmdaddy's (plan D2, 50)* : Front Street (et Market Street). ☎ 627-2500. Fermé le lundi. Grande salle avec ventilos, décorée d'huiles représentant des joueurs de jazz. Excellente programmation pour le blues. *Sets* les mardi, mercredi, jeudi et dimanche à 20 h, 21 h 30 et 23 h, les vendredi et samedi à 21 h, 22 h 30 et minuit. Ne pas rater le *Sunday gospel brunch* de 12 h à 15 h. Leur devise : « Let the spirit move you and the good food fill you up ! » Cuisine *Southern country style* pour une bonne vingtaine de dollars.

♪ *Zanzibar Blue (plan B2, 51)* : Broad Street (et Walnut Street). ☎ 732-5200. Concerts quasiment tous les soirs. Très grande salle au sous-sol de l'hôtel *Bellevue*, bar à côté. L'antithèse du *Ortlieb*. Décor élégant, voire sophistiqué, clientèle chicos pour un jazz d'excellente qualité. Possibilité de se restaurer. *Happy hours* du lundi au mercredi de 17 h à 19 h (avec petit buffet gratuit). À propos, une curiosité : devant, on trouve le *Walk of Fame,* les noms gravés dans le trottoir de tous ceux et celles qui contribuèrent à la gloire musicale de la ville (Bessie Smith, Dizzy Gillespie, Coltrane, Bill Haley, Chubby Checker, Mario Lanza, etc.). Soit qu'ils (elles) y sont né(e)s, soit qu'ils y ont vécu ou effectué une partie de leur carrière.

♪ *Fergie's Pub (plan C2, 52)* : 1214 Sansom Street. ☎ 928-8118. *Jam session* le dimanche vers 22 h au premier étage, dans une atmosphère conviviale, tranquille et intime. Presque tous les autres soirs, concerts de bonne qualité. Au rez-de-chaussée, le pub irlandais traditionnel et chaleureux ouvert jusqu'à 2 h. Possibilité de petite restauration sans prétention (*fish and chips*, sandwichs, *burgers*, salades, *pasta*, etc.).

♪ Suivre aussi la programmation de **South Street Blues**, 21st Street (et South Street). ☎ 546-9009. Ainsi que celle de l'*Eden Rock*, 1437 South Street. ☎ 732-3939.

À voir

Le quartier historique

Toutes les racines de la ville et une partie de l'histoire des États-Unis sont là. La visite de ce quartier composé d'édifices de brique du XVIIIe siècle superbement restaurés se fait à pied, le nez en l'air. C'est là que l'on retrouve tous les grands noms de la jeune nation, au gré des commentaires des guides-*rangers*.

– Première étape de votre visite : le *Visitors' Center* placé sous l'égide du *National Park Service* sur 3rd Street (entre Chestnut et Walnut Streets). Ouvert de 9 h à 17 h tous les jours. Des *rangers* vous donneront une carte détaillée des édifices à voir, fort bien réalisée. Ceux qui comprennent l'anglais verront le film de 28 mn, réalisé par John Huston, retraçant l'histoire de la ville. Ça met dans le bain avant la visite du quartier. Compter en tout une demi-journée et y aller plutôt le matin, afin d'éviter l'affluence estivale. Voici la visite des édifices les plus marquants. Pour suivre, utiliser la carte remise par les *rangers*.

– La plupart des monuments du parc sont ouverts de 9 h à 17 h, et la visite est généralement gratuite.

★ **Carpenter's Hall** *(plan D2)* **:** ouvert de 10 h à 16 h. Fermé le lundi. Jolie maison du milieu du XVIIIe siècle, où se réunissait un groupe de responsables immobiliers. Elle fut proposée aux leaders de la révolution pour leur premier congrès en 1774 et la première réunion officielle anti-Anglais. Les instigateurs se donnèrent pour tâche de faire la liste des mécontentements des colons envers la Grande-Bretagne, et de mettre au point les actions qui feraient entendre leurs voix. Ce fut la question des taxes qui mit le feu aux poudres. À l'intérieur, pas vraiment grand-chose à voir. À côté, un petit musée à la mémoire des marins *(Marine Corps Memorial Museum)*. Pas grand-chose non plus.

★ ***Second Bank of the United States*** **:** ouvert de 10 h à 16 h. Entrée : 2 US$. Exemple typique du style Greek Revival qui primait au début du XIXe siècle. À l'intérieur, galerie de portraits de tous les personnages importants de l'époque qui firent Philadelphie, la Pennsylvanie et les États-Unis. Tous les signataires de la constitution sont là. Une sorte de *Who's Who* sur toiles. On y voit Thomas Jefferson, George Washington, John Dickinson, Benjamin Franklin, John Adams et tous leurs copains. Manque Johnny Hallyday ! À côté de chaque portrait, un bref historique. Remarquez que c'est le seul portrait de Jefferson où il apparaît tel qu'il était : roux (« I have a red hair, so what ? »). Visite à ne pas manquer, d'autant que les peintures sont de bonne qualité. Ne pas rater une pièce à gauche consacrée à la *Cosmopolitan City*. On y voit quelques Français célèbres comme La Fayette (vieux), de retour en Amérique, et Volney. Et d'autres moins connus comme le chevalier de La Luzerne, Conrad Alexandre Gérard (1er ambassadeur de France en Amérique) et Ternant. Ce dernier fut président d'une société charitable destinée à aider financièrement les Français indigents de Philadelphie (des réfugiés en fait). Dans la *Military Gallery*, superbes portraits de La Fayette (jeune) et de Rochambeau.

★ ***Independence Hall*** *(plan D2)* **:** ouvert de 9 h à 17 h. Visite guidée et gratuite toutes les 15 mn. En fin de semaine, prévoir une attente de 15 à 45 mn. Venir tôt. Construit entre 1732 et 1756, cet édifice est fameux car c'est là que fut signée la déclaration d'Indépendance et que fut adoptée la constitution américaine. Le nom même de l'édifice fut donné par La Fayette de passage dans le coin en 1824. Visite assez moutonnière. Un peu trop rénové. La chaise présidentielle, utilisée par le président George Washington, fit l'objet d'un mot d'humour et d'espoir de sa part. Sur le dossier du siège, un bas-relief représentant le soleil est ciselé dans le bois. Le président s'était toujours demandé s'il s'agissait d'un soleil levant ou couchant. À l'issue des travaux de la Convention et de la signature de la nouvelle constitution, il déclara sans équivoque que ce soleil se levait. La chaise prit donc le nom de *Rising Sun Chair*. Au 2e étage, quelques autres salles moins importantes.

★ ***Old City Hall*** **:** édifice qui abrita la mairie de 1791 à 1800. Ouvert de 9 h à 17 h.

★ ***Congress Hall*** *(plan D2)* **:** bâtiment où se réunit le Congrès des États-Unis de 1790 à 1800, pendant que Philadelphie fut capitale. On y établit le *Bill of Rights*. À l'époque, le pays comptait 13 États uniquement. À l'étage, belle salle du Sénat. Dans une pièce, votre œil sagace n'aura pas manqué d'observer les deux grandes toiles de Louis XVI et Marie-Antoinette, données par Giscard d'Estaing en 1976 pour le bicentenaire de la déclaration d'Indépendance. Déjà, à l'époque de la Révolution française, des portraits des souverains français trônaient dans cette pièce. Lors de leur exécution, un drap noir fut placé sur les toiles, en signe de deuil. Cette solidarité envers le roi s'explique par le traité d'amitié qu'avaient signé les deux pays en 1778.

★ ***Declaration House (Graff House)*** **:** reconstitution (assez mauvaise à l'intérieur) de la demeure où Jefferson rédigea la déclaration d'Indépendance. Écrite en juin, elle fut signée le 4 juillet et lue au public le 8. Les noms des signataires furent tenus secrets jusqu'en janvier 1777, après les batailles décisives contre les Anglais, afin que personne ne soit inquiété. Rien à voir dans cette maison.

★ ***Liberty Bell Pavilion*** *(plan D2)* **:** sur la place face à *l'Independence Hall*. La foule se presse pour voir cette grosse cloche, symbole de la liberté. Historiquement, disons qu'elle n'a pas une réelle importance, mais les Américains ayant le chic pour faire d'une petite anecdote un gros événement, de fil en aiguille, elle acquit une importance considérable. Toujours est-il qu'elle fut commandée au milieu du XVIIIe siècle. Mais son timbre était si terrible qu'elle fut changée. La nouvelle se mit à se fêler doucement. On la répara pour une célébration en l'honneur de George Washington mais elle craqua à nouveau. Elle devint donc célèbre pour sa malfaçon. Et aujourd'hui, elle est un prétexte à une visite touristique prisée, commentée et gratuite. Bon, s'il y a la queue, on peut la voir de l'extérieur.

★ *Franklin Court* (plan D2) : Market Street (et 3rd Street). Grande et belle demeure toute de brique vêtue. Cet ensemble faisait autrefois partie de la demeure de Benjamin Franklin. La maison elle-même fut détruite. Sur l'emplacement, on a reconstitué une petite imprimerie (B. Franklin fut imprimeur). Très intéressante visite. Au fond de la cour, en sous-sol, un *musée* modeste avec des reproductions d'objets que Franklin l'inventeur mit au point. Et puis un film de 20 mn sur sa vie et sa famille. Intéressant quand on comprend l'anglais.

★ *La vieille poste :* 316 Market Street. Ouvert tous les jours de 9 h à 17 h. C'est la seule poste « coloniale » des États-Unis et la seule où ne flotte pas le drapeau américain (*because* il n'existait pas encore à l'époque !). L'une des cinq maisons possédées par Benjamin Franklin dans Franklin Court. Cadre comme dans le temps. On peut envoyer des courriers cachetés à la signature du diplomate. Vous noterez d'ailleurs le mot *Free* qui se glisse entre le prénom Benjamin et son nom, rappelant la lutte qu'il mena pour l'indépendance. Tout petit musée postal au 1er étage. Maquettes, planches, photos de vieilles voitures postales, etc. Comment dessiner un timbre. Documents sur le *Pony Express* qui délivrait une quarantaine de lettres en Californie. Ça coûtait en fait très cher, l'expérience ne dura que 18 mois. En 1861, le télégraphe le rendit définitivement obsolète (mais il entra dans la légende).

★ *Bishop White House :* maison du premier évêque de l'État, complètement restaurée. Pour ceux qui ne veulent rien louper. Ticket à retirer au *Visitors' Center*.

★ *Todd House* (plan D3) : 4th et Locust Streets, maison *middle class* que l'on peut visiter. Ticket à retirer au *Visitors' Center*.

★ *The Powell House :* 244 S 3rd Street. ☎ 627-0364. Ouvert de 12 h à 17 h, le dimanche de 13 h à 17 h. Fermé les lundi et mardi. Entrée payante. Élégante demeure où habita Samuel Powell, maire de la ville lors de la déclaration d'Indépendance. Elle reçut nombre de gens célèbres de l'époque et leur souvenir erre encore dans les pièces chargées d'histoire. Agréable jardin.

Autres sites historiques en ville

★ *Elfreth's Alley* (plan D2) : 2nd Street (entre Arch et Race Streets). Allée la plus ancienne des États-Unis. Bordée d'une trentaine de maisons datant toutes du XVIIIe siècle. Absolument adorable et cohérence architecturale parfaite. Ce quartier était à l'époque le centre commercial de la ville. Artisans et riches marchands y demeuraient. Totalement restaurée, chaque maison est privée et encore habitée. Au n° 126, petit *musée* ouvert de 10 h à 16 h, du mardi au samedi, et le dimanche de 12 h à 16 h.

★ Les amateurs de *fresques murales* ne manqueront pas d'aller admirer celles situées à cinq blocs au nord, à l'angle de 2nd et Callow Hill Streets (*plan D1, 60*). C'est l'un des plus beaux et des plus impressionnants ensembles de la ville. *L'Histoire de la découverte de l'Amérique et de l'immigration*, dans un style réaliste à la manière d'Orozco ou de Diego Rivera.

L'environnement de nœuds autoroutiers assez glauque, renforce d'ailleurs le réalisme de la composition.

★ **Head House Square** *(plan D3)* : à l'extrémité de 2nd Street (entre Pine et Lombard Streets). Ancien marché couvert du XVIIIe siècle, bien restauré et bordé de très belles maisons basses, d'époque coloniale. Agréable balade dans le quartier tout autour, surtout le soir à la lueur des lanternes et en profitant de l'animation du quartier.

★ **Maison d'Edgar Allan Poe** *(plan C1)* : 532 N 7th Street. Ouvert tous les jours de 9 h à 17 h. Demeure où vécut l'écrivain de 1843 à 1844. C'est bien simple : dans cette maison, il n'y a rien à voir, mais alors rien du tout. Pièces absolument nues, avec plâtre apparent. Quand on a demandé aux responsables pourquoi il en était ainsi, ils nous ont répondu que comme personne ne savait comment elle était meublée, on décida de la laisser vide. Évidemment ! Visite inutile... sauf pour les inconditionnels du poète qui entendront peut-être quelqu'un gratter à l'intérieur d'un mur...

★ **Betsy Ross House** *(plan D2)* : 239 Arch Street (près du coin de 3rd Street). ☎ 627-5343. Visite de 10 h à 17 h. Fermé le lundi (sauf férié). Maisonnette de 1773 où Betsy Ross, une quaker, cousut le premier drapeau américain. Et pourquoi pas un musée présentant notre première paire de Pataugas ?

★ **Christ Church** *(plan D2)* : 2nd Street (près de Market Street). Ouvert du lundi au samedi de 9 h à 17 h et le dimanche à partir de midi. La plus ancienne église de Philadelphie, datant du XVIIe siècle. Architecture coloniale géorgienne. De nombreux révolutionnaires y prièrent. Intérieur frais. Non loin, à l'intersection de 5th et Arch Streets, le *cimetière de Christ Church* abrite la tombe de Benjamin Franklin.

★ **Free Quaker Meeting House** *(plan D2)* : 4th N Street (à l'angle avec Arch Street). Ouvert de 10 h à 16 h (service religieux le dimanche à 10 h 30 seulement). Maison où se réunissaient les quakers sur un terrain donné par William Penn (bel exemple de continuité). Ces quakers-là, contrairement à d'autres, prirent fait et cause pour la révolution. Ce fut d'abord, de 1693 au début du XIXe siècle, un grand cimetière. Puis, en 1804, on construisit la partie principale de cette *meeting house*. L'intérieur n'a quasiment pas changé. Pas de décor, cadre et atmosphère très austères comme il se doit. On n'aurait aucun mal à y tourner un film d'époque.
Pour les fans d'architecture coloniale, un intéressant groupe de maisons (de 1745 à 1788), à l'angle de 4th North et Cherry Streets. Alternance de brique rouge et noire et fronton triangulaire.

★ **Masonic Temple** *(temple maçonnique)* : 1 North Broad Street (à l'intersection avec Market East Street, juste en face du City Hall ; l'hôtel de ville). ☎ 988-1917. Visites guidées du lundi au vendredi à 10 h, 11 h, 13 h, 14 h et 15 h, le samedi à 10 h et 11 h seulement. Fermé les samedi et dimanche en juillet et août.
Le monument le plus surprenant, le plus dingue de Philadelphie. Par sa taille, il est le plus grand temple maçonnique des États-Unis et du monde. Inauguré en 1873, extérieurement il ressemble à une imposante église sans style particulier, avec une haute tour qui rivalise avec sa voisine de la mairie. L'intérieur surprend par son luxe de palace, la grandeur de ses salles et la richesse de sa décoration.
On visite d'abord le *musée de la Franc-Maçonnerie* (américaine) qui abrite des trésors. La pièce la plus remarquable étant un tablier maçonnique *(masonic apron)* brodé par Mme La Fayette et offert à George Washington par « Brother La Fayette », en 1784, lors de son premier retour en Amérique. Il est situé dans le fond du musée sous un vitrail *Holy Bible* et près d'une statue de bronze de Washington en prière.

Voir aussi les portraits des différents présidents américains qui étaient francs-maçons (l'ineffable Gerald Ford en fait partie). Puis, comme dans un palais, on découvre une à une les immenses salles où se tiennent les assemblées selon le degré d'initiation des membres : le *Ionic Hall*, tout en velours bleu, l'*Egyptian Hall* (la plus insolite), reconstituant l'univers pharaonique de la vallée du Nil, la *Normal Room*, ornée de motifs celtiques et scandinaves, le *Renaissance Hall* et le *Corinthian Hall*... Et partout des symboles sacrés et profanes comme le compas et l'équerre (Dieu et la Géométrie). Ouvrez l'œil : vous verrez au fil des couloirs un tableau de La Fayette (un héros en Amérique) et un buste de Voltaire. Ce qui frappe dans ce temple, c'est la ferveur et la force avec lesquelles les valeurs maçonniques sont affichées, Foi, Raison et Progrès n'étant jamais dissociées.

En sortant du temple, prenez un billet de 1 US$, observez-le bien : d'un côté, la phrase religieuse *In God We Trust*, de l'autre une pyramide surmontée d'un grand œil ouvert (la Raison guidée par la Conscience), symbole maçonnique qui fait désormais partie du quotidien de millions de citoyens américains !

★ **Petits clins d'œil à la France :** au fil de votre balade, ouvrez l'œil sur les quelques monuments, sites ou œuvres qui suivent, car leurs auteurs se sont inspirés de modèles ou de styles existant déjà en France. Petits clins d'œil à Paris dans la plus authentique des vieilles villes américaines.
– *Le City Hall :* construit entre 1871 et 1901. Style néo-Renaissance française. L'architecte s'est aussi inspiré du Louvre...
– *Academy of Music :* l'opéra de Philadelphie (1857) a été conçu par Napoléon Le Brun, architecte français.
– *Benjamin Franklin Parkway :* ce sont les « Champs-Élysées » de la ville. Grande avenue dessinée par le *distinguished Frenchman* Jacques Gréber (1882-1962).
– *The Free Library of Philadelphia, The Municipal Court :* copies américaines de l'hôtel *Crillon* sur la place de la Concorde à Paris.
– *The Rodin Museum :* le sculpteur français le plus connu aux États-Unis. Le musée a été dessiné par l'architecte français Paul Gret (1876-1945).
– *Statue de Jeanne d'Arc :* là, on croit rêver. Jeanne ici ? Au bord de la Benjamin Franklin Parkway ! Mais c'est vrai qu'elle ne supportait pas la tutelle anglaise, comme les soldats de la Liberté...
– *Rittenhouse Square :* les créateurs de cet îlot de verdure, en plein quartier des affaires, auraient pris comme modèle le parc Monceau à Paris.
– Et bien sûr *la Fondation Barnes*...

Les musées

Cher routard, Philadelphie vous a gâté !

★ **Philadelphia Museum of Art** *(plan A1) :* Benjamin Franklin Parkway (au niveau de 26th Street). ☎ 763-8100. ● www.philamuseum.org ● Ouvert du mardi au dimanche de 10 h à 17 h (jusqu'à 20 h 45 les mercredi et jeudi). Entrée : 10 US$, réductions. Gratuit le dimanche de 10 h à 13 h. Un peu le Louvre de Philadelphie. Musée absolument superbe, à ne pas manquer. Un véritable résumé de l'histoire artistique du monde. Le musée est grand mais pas trop, l'architecture est ancienne mais la présentation moderne et surtout le choix des pièces, que ce soit en peinture, sculpture, arts décoratifs ou religieux, est d'une remarquable qualité. Demander un plan du musée à l'entrée. Voici quelques points de repère, histoire de vous mettre l'eau à la bouche.
– *Grands escaliers à l'extérieur :* c'est sur ces marches, face à la ville de Philadelphie, qu'ont été tournées les premières images du film *Rocky*, une

saga ayant connu un succès fou aux États-Unis et qui raconte l'histoire d'un p'tit mec des quartiers pauvres, plein d'ambition. Son rêve de devenir un boxeur célèbre deviendra réalité. Autrement dit, ce sont les marches de la gloire...
– **Rez-de-chaussée** *(ground floor)* : cafétéria, resto, boutique du musée.

Premier niveau

On y trouve les expos temporaires, les collections américaines, européennes (de 1850 à 1900) et l'art du XXe siècle.
Art américain : à gauche de l'East Entrance. Mobilier et très belle argenterie. Toiles de Thomas Easkins, excellent portraitiste américain dont tous les visages expriment une douce mélancolie.
Art européen : Corot d'abord, dont la *Chevrière de Terni* à la lumière si italienne ; *Purple and Rose* de J. A. MacNeill ; Whistler ; Millet ; Boudin. Belle marine de Courbet et le fameux *Combat du Kearsarge et de l'Alabama* au large de Cherbourg que Manet peignit en direct. Après, festival Degas, Gauguin, Cézanne, Pissarro, Sisley, Renoir, Mary Cassatt... Pas moins de treize Monet, dont un des *Pont d'Argenteuil* et le *Sheltered Path* à la luminosité si intense. *Chevaux à l'abreuvoir*, un Delacroix plein de vigueur et aux couleurs somptueuses ; *l'île Lacroix*, un étonnant Pissarro (qu'il encadra lui-même) ; puis un beau Toulouse-Lautrec et le *Portrait de Madame Augustine Roulin* de Van Gogh. Puis encore Whistler et John Singer Sargent. Sur le plan technique, saluons l'atmosphère très bien rendue et la remarquable diffusion de la lumière du *London Wharf with Carriage at Night* de J. A. Grimshaw. Dans la rotonde, *Deux Jeunes Filles* de Renoir et le *Pont japonais à Giverny* de Monet. Petite pièce discrète cachant presque d'intéressants Vuillard et Bonnard. Splendide *Pont Neuf* de Pissarro et deux du Douanier Rousseau majeurs.
Art moderne : Pollock ; Braque ; Picasso (dont certaines œuvres de 1906 encore figuratives) ; le *Man in a Café* de Juan Gris, à la remarquable déconstruction ; puis Chagall, Matisse, Léger... Magnifique *Horse, Pipe and Red Flower* de Miró ; puis Magritte, Dalí et Tanguy, un surréaliste breton qui termina son existence aux États-Unis. Et encore, Max Beckmann, Kandisky, Klee, Willem de Kooning, etc.
Peinture américaine contemporaine : Mark Rothko, Kline, Motherwell, la *Chaise électrique* d'Andy Wharhol, Franck Stella, Rauschenberg, *Painting with 2 Balls* de Jasper Johns, puis Orozco et une « provoc » de Jeff Wall... Tout au fond, de superbes Matisse. Ne pas manquer Cy Twombly (difficile, il a une salle à lui tout seul), vif et lumineux, dans le style de Basquiat. Autre salle où l'on a ingénieusement associé Mondrian et Brancusi.
Marcel Duchamp, de son côté, est magnifiquement représenté. Peintre et sculpteur, fer de lance du mouvement « Ready Made », Duchamp a réalisé un grand classique, exposé ici, et nommé *La Mariée mise à nu par ses célibataires, même*, œuvre connue de tous les élèves en histoire de l'art. Cette pièce singulière, comportant une large partie vitrée, fut brisée lors du transport vers les États-Unis ; on appela Duchamp pour l'en informer. Il fit le déplacement et trouva la fêlure du verre remarquable, faisant admirablement partie de l'œuvre. Ah, sacré Marcel ! De lui encore, l'un de ses célèbres urinoirs, ses boîtes et le portrait du *Docteur Dumouchel*. Quelques collègues : Jacques Villon (son frère), Kupka, etc.

Deuxième niveau

Délirante collection d'armures de tous les genres et de toutes les formes. Remarquez les 3 petites armures pour enfants, très rares. Puis dans une aile, on découvre une incroyable section d'art médiéval et de la toute première Renaissance. Voir le très beau portail roman de l'abbaye de Saint-

Laurent (près de Cosne-sur-Loire) et la reconstitution du cloître de Saint-Michel-de-Cuxa (Pyrénées-Orientales). D'autres reconstitutions (genre très apprécié en Amérique) dans la partie asiatique : le palais d'un mandarin chinois, un temple hindou et une maison de thé japonaise.

Art européen du XIIe au XVIIIe siècle : immenses tapisseries sur des cartons de Rubens, primitifs religieux, meubles gothiques, reliquaires, etc. Superbe meuble à deux corps, chef-d'œuvre de la sculpture bourguignonne (1570) ; beau plat en majolique de Nicola de Urbino, représentant un combat à cheval aux couleurs époustouflantes (1523) ; fascinantes œuvres de Limoges et autres objets d'art ; admirable retable de 1535 avec scènes de la Passion ; etc. École hollandaise : *Prométhée* de Rubens, l'une des grandes « pièces » du musée ; paysages de Ruisdael. École française du XVIIe siècle : Poussin, Simon Vouet. Salles consacrées à Gainsborough, une autre à Romney. Écoles française et italienne du XVIIIe siècle : Canaletto, Tiepolo, Coypel, Natoire, Hubert Robert, etc.

Ne pas louper la *collection Johnson*, une étonnante salle où repose une centaine d'œuvres de toutes les époques et de tous les styles. Le donateur, riche avocat de Philadelphie, insista pour que les pièces soient exposées exactement comme chez lui. Ça donne à la fois un gentil désordre et une atmosphère particulière à la salle. Il a dû gagner pas mal de procès pour s'acheter tout ça !

★ *Musée Rodin (plan A1) :* Benjamin Franklin Parkway (près de 22nd Street). ☎ 763-8100 et 787-5476. Ouvert du mardi au dimanche de 10 h à 17 h. Donation de 3 US$ recommandée. Le plus grand nombre d'œuvres de l'artiste réunies dans un musée hors de France. Collection privée où l'on trouve aussi bien *Saint Jean Baptiste prêchant*, un bel *Adam*, un plâtre du *Nu de Balzac*, les *Portes de l'Enfer*, ainsi que les célèbres *Bourgeois de Calais*.

★ *The Franklin Institute Science Center (plan A-B2) :* à côté du Logan Square, près de 20th Street. ☎ 448-1200 et 1208. Ouvert du lundi au samedi de 9 h 30 à 17 h, le dimanche jusqu'à 18 h (en principe, nocturne les vendredi et samedi jusqu'à 21 h, téléphoner). Entrée : 10 US$, réductions. Un « palais de la Découverte » ultramoderne. Excellente présentation vivante et interactive de tous les domaines scientifiques et technologiques (optique, mécanique, espace, électricité), aussi bien que des domaines naturels et biologiques (le corps humain, la terre, l'énergie, les maladies...). Plein d'expériences à réaliser pour les enfants. Bien sûr, Philly n'a pas le monopole de ce genre de musée, mais ici c'est fait à l'américaine, avec panache et pédagogie. Abrite aussi le *planetarium* (spectacle laser) ; attention, fermé jusqu'en octobre 2002.

★ *The University Museum (hors plan par A2) :* University of Pennsylvania, 33rd Street (et Spruce Street). ☎ 898-4000. Ouvert du mardi au samedi de 10 h à 16 h 30 et le dimanche de 13 h à 17 h. Fermé le lundi. Entrée : 5 US$, réductions. Énorme musée à l'ancienne où sont regroupées d'étonnantes collections ethnologiques concernant une multitude de régions du globe. Gros problème cependant : présentation mortellement ennuyeuse. Sphinx de 12 t, vestiges du palais Merenptah en Égypte, Grèce antique, textes cunéiformes, Asie, bronzes africains, préhistoire américaine, îles du Pacifique...

Les autres musées

★ *Atwater Kent Museum (plan C2) :* 15 S 7th Street. ☎ 922-3031. Ouvert de 10 h à 17 h. Fermé le mardi. Entrée : 3 US$. A. Atwater Kent fonda, au début du XXe siècle, à Philadelphie, une fabrique de postes de radio qui devint, en 1922, la plus importante au monde. En 1927, plus d'un million de foyers américains en possédaient au moins un. L'élégant édifice abritant aujourd'hui le musée, œuvre du célèbre architecte John Havilland (en 1826) fut pourtant menacé de destruction (Henry Ford se proposait de racheter la façade). Notre homme de radio racheta alors l'immeuble en 1938, sous trois conditions : qu'il soit transformé en musée d'histoire de la ville, qu'il porte son nom et qu'il soit gratuit. Il abrite donc des dizaines de milliers d'objets se rapportant à Philadelphie. Vieilles enseignes, objets domestiques, posters, lithos, jouets, etc. Présentation par roulements.

Mais le plus important, c'est la récupération de la *collection Norman Rockwell*, récemment déménagée du journal *Saturday Evening Post*. De 1916 à 1963, Rockwell réalisa 323 couvertures du célèbre hebdomadaire. Il était spécialisé dans la peinture des multiples situations de la vie quotidienne, mais toujours sur le mode de l'humour, teintée d'une certaine tendresse. Témoin de l'Amérique bien pensante, il avait le chic pour capter les situations les plus cocasses. Il avait coutume de dire « J'ai juste montré l'Amérique que j'observais et celle que je connaissais à ceux qui ne l'avaient peut-être pas remarquée ! » Son travail se rapproche plus de la photographie sur le vif que de la peinture traditionnelle. Réaliste et optimiste, il peignait des scènes toujours positives, drôles et jamais grinçantes. Amérique sûre d'elle, Amérique joie de vivre : son travail témoigne de l'application au quotidien du rêve américain. On reste ébloui par la fraîcheur, la décontraction et la qualité de la mise en scène de ces tableaux.

★ ***Balch Institute for Ethnic Studies*** *(plan C2, 61)* : 18 S 7th Street. ☎ 925-8090. Ouvert de 10 h à 16 h. Fermé les dimanche et lundi. Entrée : 3 US$, réductions. À deux pas du Atwater. Institut travaillant sur l'histoire de l'immigration qui forgea les États-Unis et œuvrant pour la popularisation et le respect de la culture et de ses composantes ; expliqué au travers de riches expos temporaires.

★ ***Pennsylvania Academy of the Fine Arts*** *(plan B2)* : à l'angle de Broad et Cherry Streets, en plein centre. ☎ 972-7600. Ouvert du mardi au samedi de 10 h à 17 h et le dimanche de 11 h à 17 h. Entrée : 5 US$, réductions. Musée consacré à l'art américain. Fondée en 1805, sous le mandat du président Jefferson, ce fut la première académie d'art du pays. Ici, c'est son troisième emplacement. Architecture intéressante, dite Victorian gothic, datant de 1876 (le bâtiment a été construit pour le centenaire de la Révolution). Façade particulièrement ornementée. À l'intérieur, décor souvent assez kitsch, comme les grandes colonnes. Le fonds permanent du musée tourne sans arrêt tandis que d'autres salles reçoivent des expositions temporaires d'art moderne. Se renseigner car il y a souvent d'excellentes expos d'avant-garde. Quelques grandes œuvres changeant rarement : *Death of a Pale Horse* (1817) de Benjamin West, l'un des peintres les plus talentueux (bien qu'académique) du XIXe siècle ; *Benjamin Franklin* par C. W Peale ; les somptueux paysages d'Edmund Darch, pleins de brume et de lumière ; puis les naturalistes. *Walt Whitman* par Thomas Easkins, qui sut génialement rendre sa truculente trogne de bon vivant. Et puis, Andrew Wyeth (et les autres talents de la famille) ; l'*Apartment House* d'Edward Hopper ; Reginald Marsh, qui peignait les gens au travail et dans la rue de façon magistrale et particulièrement réaliste. Remarquable *Jefferson Market* de John Sloan. Intéressantes toiles de John F. Peto (la tradition surréaliste avant terme) et tant d'autres...

★ ***Afro-American Museum*** *(plan C2)* : à l'angle de 7th et Arch Streets. ☎ 574-0380 et 81. Ouvert de 10 h à 17 h, le dimanche de 12 h à 17 h. Fermé le lundi. Entrée : 6 US$, réductions. Est-ce une manière de se donner bonne conscience ou une réelle volonté de réhabilitation des Noirs ? En tout cas, bien que modeste, ce musée donne un bon aperçu du calvaire qu'ont connu les gens de couleur depuis leur arrivée forcée d'Afrique jusqu'aux luttes pour la liberté. Témoignages, documents, photos, objets, on suit pas à pas le chemin de tout un peuple. À l'étage supérieur, expo temporaire d'artistes africains.

★ **United American Indians of Delaware Valley Museum** *(plan D2, 62)* : 225 Chestnut Street. ☎ 574-9020. Fermé le lundi. En fait, ce n'est pas un musée à proprement parler, mais plutôt un petit musée-bureau d'information sur l'histoire et la culture indienne. Exposition de quelques anciens outils et objets domestiques, intéressants panneaux explicatifs sur la liquidation brutale des tribus indiennes dans presque tout le pays, vidéos, etc. Particulièrement éducatif ! Boutique et présentation d'œuvres artistiques et artisanales contemporaines. À encourager, car on sent que les subventions (s'il y en a !) ne doivent pas être énormes.

★ **Please Touch Me Museum** *(plan A2, 63)* : 210 N 21st Street (et Race Street). ☎ 963-0424. Ouvert de 9 h à 16 h 30 tous les jours (jusqu'à 18 h en juillet-août). C'est le musée des enfants à l'ancienne. Comparé à celui de la Villette à Paris, son concept date franchement. Mais trêve d'exégèse, les enfants s'y amusent bien quand même. Ils peuvent jouer du piano avec les pieds, créer des sons, conduire un bus grandeur nature, faire de la télé, faire les courses comme papa-maman et jouer avec un éléphant pop art, etc.

★ **Eastern State Penitentiary** *(hors plan par A1)* : 22nd Street (et Fairmount Street). ☎ 236-3300. Ouvert en juin, juillet et août, du mercredi au dimanche de 10 h à 17 h ; en mai, septembre et octobre, les samedi et dimanche. Entrée : 7 US$, réductions. Enfants de moins de 7 ans non admis. Tour guidé sur l'heure. Pour s'y rendre : le *Phlash* et les bus *Septa* n°s 76, 48, 43, 33, 32 et 7. Allure massive de château médiéval. Construit en 1820, ce fut à l'époque le bâtiment public le plus cher des jeunes États-Unis et, longtemps, la prison la plus célèbre du pays. Elle servit de modèle à nombre d'autres pénitenciers, jusqu'en Europe, Asie et Amérique du Sud. Aujourd'hui désaffectée et dans un état d'abandon avancé, elle se visite et attire, bien sûr, tous ceux à la recherche de l'insolite. Certains ont cru voir passer les ombres de fameux locataires, comme Al Capone ou le braqueur de banques Willie Sutton.

★ **Mütter Museum** *(plan A2, 64)* : 19 S 22nd Street. ☎ 563-3737. Ouvert du lundi au samedi de 10 h à 17 h. Entrée : 8 US$, réductions. Situé dans le College of Physicians. Ça n'intéressera pas seulement nos lecteur(trice)s étudiant la médecine, mais aussi les curieux, les pervers, les âmes peu sensibles raffolant des horreurs médicales, des maladies de peau insoutenables, des tumeurs ignobles, des erreurs de la nature... En prime, plus de 20 000 instruments médicaux, planches et illustrations diverses, modèles, et un petit jardin de plantes médicinales.

★ D'autres petits musées en ville comme les *Philadelphia Maritime Museum*, *Port of History Museum*, *National Museum of American Jewish History*, *American Swedish Historical Museum*, *Civil War Library and Museum*, *Academy of Natural Sciences*, *Mummers Museum* (présentation des costumes de la parade du 1er janvier), etc. Listes et adresses à l'office du tourisme pour ceux qui n'en auraient pas assez.

Les marchés

Vous ne rêvez pas ! Philadelphie compte deux marchés. On ne doit manquer ni l'un ni l'autre.

★ **Reading Terminal Market** *(plan C2, 21)* : à l'angle d'Arch et 12th Streets. Ouvert tous les jours sauf le dimanche, mais, en fait, ce sont les jeudi, vendredi et samedi qu'il est préférable d'y aller. Un vrai marché couvert avec toutes sortes d'étals. Mais, ce qui le rend unique, c'est que de nombreux étals et échoppes sont tenus par des amish (voir plus loin dans « Pennsylvania Dutch Country » le commentaire les concernant). Ils viennent ici proposer leurs bons produits de la ferme. On reconnaît facilement les hommes grâce à leur longue barbe sans moustache et leurs cheveux rabattus sur le front. Les femmes portent une robe claire, unie, et leurs cheveux, séparés par le milieu, sont retenus par un chignon serré que maintient un petit bonnet blanc. Beaucoup vivent dans la région de Hatville. Goûtez leurs *bretzels* préparés sous vos yeux (y ajouter de la moutarde). Spécialité aussi de *custard pudding*, *pickles* et confitures. Pour les gâteaux et *pies*, aller chez *Beilers*. Le *Stoltzfus Snack Bar*, juste à côté, prépare des petits plats copieux et pas chers. Aller au marché le matin et y déjeuner. Plein de possibilités culinaires (voir chapitre « Où manger ? »).

★ *Italian Market (plan C3) :* sur 9th Street (entre Federal et Christian Streets). C'est la population italienne du quartier qui a, petit à petit, recréé son art de vivre dans ce coin-là. Marché de rue ouvert tous les jours, mais la pointe de l'animation est évidemment le samedi. Ça fait vraiment chaud au cœur de voir des cageots de légumes, de la viande sanguinolente, du pain tout chaud, et de sentir des odeurs de fromage. D'ailleurs, pour un casse-croûte, aller au n° 930, *The House of Cheese Di Bruno's Bros* (400 sortes de fromages) puis en face, chez le petit boulanger italien. On retrouve là les accents de toutes les minorités italienne, noire et asiatique. Au coin de 9th et Washington Streets, on pourrait tourner un film style années 1930-1940 chez *Giordano*, le marchand de légumes sans modifier quoi que se soit. Quelques scènes du film *Rocky* furent tournées dans les entrepôts des boucheries du quartier.

Downtown et les autres petits quartiers

Downtown moderne aux lignes cohérentes et plein d'harmonie. Au milieu, le vieux *City Hall* a échappé à la pelle mécanique. Construction néo-classique de la fin du XIXe siècle, la plus grande mairie du pays et longtemps l'édifice le plus haut de la ville... C'est Alexander Calder qui réalisa la statue de 27 t de William Penn, au sommet (la plus grande sculpture au monde au sommet d'un édifice). On a poussé la perfection jusqu'à faire réellement figurer un texte sur la charte qu'il tient à la main (à vos jumelles). Jusqu'en 1987, une règle tacite voulait qu'aucun bâtiment ne dépasse l'hôtel de ville. La construction du One Liberty Place y mit fin.

★ Le *City Hall (plan B2)* se visite. *Visitor's Center* au rez-de-chaussée. Heure très précise pour voir le *salon de réception du maire (Conversation Hall)*, ainsi que la *Caucus Room* et la *salle de la Cour Suprême*. C'est à 12 h 30 du lundi au vendredi, rendez-vous devant la salle 202. Possibilité aussi de monter tout en haut et de bénéficier d'une vue vraiment grandiose de la ville (du lundi au vendredi de 10 h à 15 h). C'est gratuit, mais vérifier qu'il n'y a pas trop de monde qui attend. En effet, l'ascenseur ne prend guère plus de 5-6 personnes et, comme il y a une quinzaine de minutes entre chaque voyage, calculez bien.
Tout autour, nombreuses sculptures modernes dignes d'intérêt. La plus controversée est évidemment *La Pince à linge*, qui accroche l'œil (à l'angle de Market et 15th Streets). Une autre sculpture pleine d'espoir à l'angle de Market et 18th Streets. Vous en découvrirez d'autres au gré de votre balade.

★ *Masonic Temple :* juste en face du City Hall, une des visites les plus insolites et curieuses de Philly. Voir plus haut « Autres sites historiques en ville ».

★ *Market Street :* axe principal de la ville, bordé de grands magasins : Sterns, Woolworth, J. C. Penney et on en oublie.

★ Le coin le plus sympathique du centre se situe entre 17th, 18th et 19th Streets et Chestnut, Walnut, Sansom et Locust Streets. Boutiques, petits restos, bars. Une vraie petite vie de quartier, en plein centre.

★ *Chinatown* (plan C2) : petite population chinoise, donc petit Chinatown. *Race Street* en est la colonne vertébrale, tout autour de 8th, 9th, 10th et 11th Streets. Sur 10th et Arch Streets, la monumentale *Chinese Friendship Gate*. Sur 11th et Winter Streets, *fresque* racontant l'histoire de Chinatown.

➤ *DANS LES PROCHES ENVIRONS DE PHILADELPHIE*

★ *Germantown* : à 5 miles au nord de la ville, par Broad Street. Ancienne cité d'immigrants allemands mennonites. Les quakers et les mennonites de Germantown furent les premiers « Américains » à signer une pétition contre l'esclavage des Noirs. Mais jugée trop radicale, celle-ci fut rejetée par l'assemblée annuelle des quakers de Pennsylvanie en 1688. Ce n'est que quelques années plus tard qu'elle fut prise en compte. Aujourd'hui intégré à Philadelphie, le quartier possède son lot de maisons du XVIIIe siècle. Plusieurs d'entre elles se visitent. Pour la liste complète et les heures d'ouverture, s'adresser à l'office du tourisme. Intéressera surtout les spécialistes.

★ *Barnes Foundation* : à **Merion**, dans la Montgomery County, à la périphérie de la ville ; 300 Latche's Lane, Merion. ☎ 667-0290. Fax : 664-4026. Ouvert uniquement les vendredi et samedi de 9 h 30 à 17 h et le dimanche de 12 h 30 à 17 h. Entrée : 5 US$. Attention, compte tenu du faible nombre de visiteurs autorisés par jour, il est impératif de réserver ses billets longtemps à l'avance, bien avant son départ (de 2 à 3 mois suivant la saison). Accès interdit aux moins de 14 ans non accompagnés d'adultes (les femmes sont admises mais pas les chiens, NDLR). Quelques infos quand même sur les raisons de ces jours d'ouverture aussi restrictifs... En fait, la direction du musée souhaiterait l'ouvrir plus et augmenter le nombre de visiteurs... mais ce sont, tenez vous bien, les voisins qui refusent ! Pour eux, le musée, situé dans un quartier résidentiel, est une nuisance. C'est comme si les riverains du musée d'Orsay ou de Beaubourg avaient signé une pétition contre leur création. On mesure bien là le degré d'égoïsme et de bêtise d'une fraction significative de la population américaine. D'ailleurs, un procès est en cours... Une véritable caverne d'Ali Baba. Nous pesons nos mots : une des plus belles collections de toiles impressionnistes françaises et autres du monde. Plus de 1 000 œuvres majeures y sont enfermées. Merci au docteur Albert C. Barnes qui accumula avec discernement mais sans compter toute cette peinture. Inventeur de l'Argyrol, un collyre désinfectant, il dépensa toute sa fortune dans l'achat d'œuvres d'art. Toutes les toiles sont présentées dans le fouillis qui était le sien de son vivant : plusieurs Van Gogh, Degas et Douanier Rousseau, mais surtout plus de 40 Picasso, 65 Matisse, 66 Cézanne, 60 Soutine et... 180 Renoir. Et puis encore, un peu d'art asiatique et sud-américain. Un des plus beaux musées qui soient, mais dont les restrictions de visite dissuadent plus d'un touriste.

PENNSYLVANIA DUTCH COUNTRY IND. TÉL. : 717

Pour comprendre l'histoire des minorités de cette région qui intriguent tant les touristes, il faut remonter au début du XVIe siècle, en Europe. Après la Réforme de Luther en 1517, de nombreux courants sectaires virent le jour au sein de la nouvelle religion dissidente, le protestantisme. Parmi ceux-ci, les anabaptistes dont la particularité était de n'accorder le baptême qu'aux adultes et de mener une vie très simple, conforme aux enseignements des premiers chrétiens (et notamment de l'Évangile des Béatitudes). Menno Simons (1492-1559), ancien prêtre catholique hollandais, fut le leader des anabaptistes, dissidents catholiques aussi bien que protestants. La plupart d'entre eux moururent torturés, pendus, noyés. Bientôt les mennonites restants, appliquant les préceptes de la Bible à la lettre, subirent un schisme dont l'origine était l'interprétation des textes. Cette nouvelle branche, menée par un jeune fermier alsacien et mennonite, Jacob Amman (originaire de Sainte-Marie-aux-Mines, dans l'actuel Haut-Rhin), témoignait d'une application encore plus orthodoxe de la Bible. La scission avec les mennonites se produisit à la fin du XVIIe siècle, et les disciples de cette nouvelle doctrine furent appelés *amish*.

Quand William Penn reçut plein pouvoir sur ce nouveau territoire, qui s'appellera la Pennsylvanie, des mains du roi Charles II d'Angleterre, il souhaita que ces colonies soient le refuge des opprimés et des persécutés, ainsi que le berceau de la tolérance religieuse.

Les premiers réfugiés mennonites débarquèrent rapidement, un an seulement après William Penn, en 1683 et s'établirent d'abord à Germantown, faubourg aujourd'hui de Philadelphie. Mennonites, frères moraves et amish s'installèrent peu à peu dans la région. Ces derniers arrivèrent au début du XVIIIe siècle, provenant de Suisse, d'Alsace et du Palatinat. Tous ces immigrants sont connus sous le nom de *Pennsylvania Dutch* (« Dutch », ici, est une déformation du mot *Deutsch*, qui signifie Allemand) mais ils regroupent un nombre incroyable de sous-minorités religieuses, qui ont toutes en commun l'application stricte de la Bible, une grande simplicité dans le mode de vie, le refus de la modernité, ainsi que l'usage du dialecte germanique (que les Alsaciens parlent encore). Aujourd'hui, les anabaptistes se divisent en trois familles : les *brethren* (9 groupes), les *mennonites* (21 groupes) et les *amish* (8 groupes). La majorité des brethren et la moitié des mennonites sont habillés comme les Américains classiques.

LES AMISH

Devenus en quelque sorte des mennonites purs et durs, les amish, qui comptent environ 16 000 âmes dans le comté de Lancaster, ont été popularisés par le film de Peter Weir, *Witness*, en 1985.

Quand on traverse cette région en voiture, on croise sans arrêt ces petites carrioles noires, que dirigent de drôles de personnages : l'homme est barbu mais se rase la moustache (car celle-ci évoque la triste image des soldats moustachus qui les persécutaient naguère dans la vieille Europe), il porte un chapeau noir et une chemise simple. La femme est vêtue d'une robe toute simple et qui peut être de couleur (en général terne) mais toujours unie (tissus imprimés et bijoux interdits). Certains sous-groupes refusent également les boutons parce qu'ils évoquent les capotes militaires. Les cheveux, jamais lâchés, jamais coupés, sont maintenus en chignon dans un bonnet à l'ancienne. Non, ce ne sont pas des comédiens attardés, mais des personnes vivant selon leur conscience, des non-conformistes, séparés du monde (mais entourés par la culture américaine...), dont la différence spirituelle avec le protestantisme officiel doit être visible au travers du costume ancien, de l'apparence physique, du mode de vie (c'est un des préceptes de Jacob Amman, le fondateur). Ils marquent donc leur différence dans les apparences et sont parmi les derniers dans le monde à le faire encore (à ne pas confondre avec les moines qui vivent derrière les murs). On trouve encore quelques communautés mennonites dans les plaines centrales canadiennes et au Belize.

C'est bien simple, les amish ont refusé tout changement depuis leur arrivée. Ils suivent pas à pas les préceptes de la Bible. Tout est dédié à la communauté et chaque règle de vie est inscrite dans l'*Ordnung*, une sorte de code de bonne conduite amish. Une des règles essentielles est l'importance du passé. C'est pourquoi la possession de voitures est interdite bien qu'il soit accepté qu'un amish monte à bord d'un véhicule appartenant à un « étranger ». L'électricité est proscrite et les tracteurs aussi. Quand il y a néanmoins utilisation de tracteur, pas de pneus en caoutchouc, car c'est un symbole de vitesse et de progrès. Seule l'énergie au diesel, produite sur place, est acceptée (notamment pour réfrigérer le lait). La télévision et le téléphone sont bannis (faudrait proposer ça chez nous, tiens !). La seule concession, c'est un téléphone extérieur pour les urgences (mais pas de conversations privées). La plus fermée des communautés américaines parle en famille un « dialecte allemand » (que l'on parlait dans la région du Palatinat allemand au XVIIe siècle). Mais beaucoup de parents souhaitent que leurs gamins apprennent l'anglais, puisque la survie des amish dépend malgré tout du rapport commercial qu'ils ont avec les non-amish. Dans les écoles amish, l'anglais est ainsi utilisé prioritairement. Enfin, dans les offices religieux, c'est le « haut-allemand » qui domine. On peut donc dire que les amish purs et durs sont trilingues. À signaler que la Cour Suprême des États-Unis les a exemptés de l'école obligatoire au-delà de 8-10 ans et qu'avant, la classe unique est la règle.

Il faut savoir aussi qu'il y a des nuances importantes dans le mode de vie amish. Certaines familles, tout en arborant le costume traditionnel et une façon de vivre simple, voire austère, possèdent quand même l'électricité, une voiture, un certain confort et acceptent machines et outils modernes à divers degrés, etc. Elles appartiennent souvent au groupe des *Beachy Amish* ou amish-mennonites.

Autres règles de vie essentielles : le pacifisme et la non-violence. Les amish, là encore, appliquent à la lettre deux préceptes bibliques connus : « Tu ne tueras point » et « Si ton ennemi te frappe sur la joue gauche, tends-lui ta joue droite ! » Objecteurs de conscience, ils ne peuvent servir dans l'armée, refusent de prêter serment, ou de se défendre en cas d'attaque. Mais si un routard se fait agresser par des malfrats, ils voleront à son secours. Généralement, les amish paient des impôts mais refusent de profiter de la Sécurité sociale et des services publics mis à leur disposition comme dans le reste du pays.

Le système éducatif repose sur l'apprentissage de la vie en communauté et rejette la compétition. Très pieux, les amish se réunissent tous les dimanches pour l'office. Les enfants sont baptisés tard, entre 16 et 20 ans. Les méthodes de travail (artisanat, agriculture) sont les mêmes qu'au XVIIIe siècle, ce qui leur donne une réputation de haut niveau. Est-ce un hasard si, avec des méthodes ancestrales, les fermiers amish parviennent à des rendements supérieurs aux autres producteurs, suréquipés en matériel ? La région de Lancaster arrive, grâce aux amish, au tout premier rang du pays pour la production de lait (leur spécialité), poulets, œufs, bœufs, porcs et moutons.

Toute rose, la vie des amish ? Pas forcément. Des scissions continuent à naître dans les différents groupes, dues à l'interprétation toujours délicate des textes concernant l'intégration de la modernité au mode de vie. Les jeunes gens, confrontés malgré tout à la vie extérieure, ont parfois bien du mal à suivre les préceptes interdisant les rapports sexuels avant le mariage (on les comprend), et des défections sont à noter parmi eux.

La réussite de cette minorité à l'esprit éminemment communautaire et à la discipline de fer reste un véritable pied-de-nez à la société américaine repue et gaspilleuse. Comble des paradoxes, ce sont ces mêmes amish, Bible en main, qui engraissent cette société qu'ils fuient comme la peste.

Enfin, détail non superflu : ils ne font aucun prosélytisme à l'extérieur de leur monde clos.

Avertissement : depuis une dizaine d'années cependant, le comté de Lancaster connaît un développement touristique et commercial sans pareil (important effet *Witness*!). Si on se contente de se balader sur la 30, la 340 et les routes qui leur sont perpendiculaires, on ne rencontrera que d'énormes centres commerciaux *(factory outlets)*, des fermes touristiques, des parcs d'attractions, des cohortes de bus et on risque d'être un peu déçu!... Bref, tout le coin s'est quasiment transformé en « Amishland ». À si peu de distance de Philadelphie, cette région est devenue ainsi l'une des excursions les plus populaires des groupes et des agences. Sans jouer les rabat-joie, force est de constater qu'elle a perdu de ce fait beaucoup de son naturel. Impossible également d'imaginer que la communauté amish ne soit pas touchée par ce phénomène commercial et que cela n'affecte pas son mode de vie. D'ailleurs, des familles amish avisées ont ouvert leur propre business pour profiter de la manne, contribuant un peu eux-mêmes à la dégradation de leur culture et de son environnement. Donc, ne pas manquer de quitter franchement les sentiers battus pour retrouver plus de vérité et de naturel. En particulier, intéressantes routes pour se balader à vélo au nord de Bird-in-Hand, dans le secteur *Lititz, Ephrata, Brownstown, Neffsville*. Routes secondaires tranquilles, ponts couverts, jolis reliefs, villages à peu près intacts.

– Ne pas manquer de récupérer l'*Explorer's Map Guide* édité par le Pennsylvania Dutch Convention and Visitors' Bureau. Très complet.

Comment y aller ?

En train *Amtrak* (compter une bonne heure de trajet depuis Philadelphie), autocar ou avion pour Lancaster, Pa.

En voiture

➢ **De New York :** sortez de Manhattan par le Lincoln Tunnel (38th Street W) ou le Holland Tunnel (au bout de Canal Street) en suivant les indications « New Jersey Turnpike », notées « NJ TPK », jusqu'à Trenton, contournée par l'Interstate 276 puis 76 qui évite Philadelphie, nommée aussi « Philadelphia Turnpike » : péage très modique pour le tunnel et les deux autoroutes. Sorties 22 (80 km à l'ouest de Philadelphie), 21 et 20. Le XIXe siècle s'étend autour de la grande route et plus particulièrement au sud de ces sorties. Lancaster en est le centre théorique. On l'atteint par la route en 2 à 3 h de New York, ce qui peut en faire à la limite une excursion de la journée. Mais l'idéal consiste à dormir une nuit sur place.

➢ **De Philadelphie :** deux routes possibles.
La route *historique* qu'empruntèrent naguère les communautés amish pour se rendre dans le comté de Lancaster, mais nous ne la conseillons pas. Elle part de Market Street. Sortir de la ville par l'ouest, traverser la rivière Schuylkill, en direction du quartier universitaire. Puis prendre Lancaster Avenue à la hauteur de 38th Street, traverser les quartiers pauvres de Philadelphie (totalement déglingués, véritable ghetto noir), en suivant le métro aérien. Continuer toujours tout droit jusqu'à la Highway 30 qui mène, en principe, directement à Lancaster, en passant par Wayne, Paoli (encore des Corses!), Kinzer et Paradise (début du pays des amish). Alors, là on vous le dit, ça c'est la théorie! Abandonnez cette vision romantique de l'approche du pays amish, laissez tomber la 30. Quasiment pas de panneaux « Highway 30 », énormément de feux rouges, importantes fourchettes sans indications (sans compter les travaux). Résultat, on perd rapidement ses repères et à un moment donné, on se perd tout court. Avec un peu de chance, on se retrouve à West Chester comme nous avec un mal fou à rejoindre à nouveau la 30. En outre, du point de vue paysage, intérêt très limité! Bref, préférer les solutions qui suivent.

L'autre route consiste à sortir de Philadelphie par la *Schuylkill Expressway* n° 76, puis la Highway n° 202 qui rejoint la route n° 30 en direction de Lancaster. De là, la 30 commence vraiment à être matérialisée. Approche autoroutière peu poétique certes, mais sûre et rationnelle. En revanche, si l'on va à Lancaster directement, il vaut mieux suivre la 76 jusqu'à la 222 South. Sur la carte, ça paraît plus long, mais c'est nettement plus court en temps !
Entre Philadelphie et Lancaster, il y a 71 miles, compter environ 1 h 30 de route pour y aller. On peut faire l'aller-retour dans la journée sans problème mais on se sent un peu frustré de ne pas passer 1 nuit ou 2 dans cette si belle campagne.

➤ ***De Washington et Baltimore :*** prendre l'I-95 North, puis l'I-83 North pour la 30 East qui mène à Lancaster.
Et de Montréal ? Je t'en pose des questions, moi !

La visite

– Tout d'abord, passer au *Visitors' Bureau* pour se munir d'un plan de la région et prendre la documentation sur les différentes activités.
– Si vous êtes à pied, des tours en bus partent de presque tous les villages, restaurants, magasins... Vous pouvez même vous faire promener une heure en *buggy*, la charrette locale, qui ressemble à une chaise à porteurs.
– En voiture, suivez les tout petits chemins à votre fantaisie. Vous pouvez aussi louer une cassette audio (et même le magnéto, éventuellement) qui vous conduira lentement dans la campagne, en 2 h, avec beaucoup d'explications, en anglais uniquement. On se la procure au *Visitors' Bureau* et en plusieurs points sur la route 30 près de Lancaster *(Dutch Wonderland, Holiday Inn East...).*
– Austères mais très courtois, les amish ne s'offusquent pas trop des regards, mais il ne faut pas les photographier car ils considèrent que toute photographie dans laquelle ils peuvent se reconnaître viole le précepte de la Bible : « Thall shalt not make unto thyself a graven image ». Même si vous leur demandez la permission, ils refuseront poliment. Essayez de les comprendre et de respecter leurs valeurs. Il faut dire que depuis le film *Witness*, ils en voient débarquer du monde ! Et pas forcément la crème. Alors, soyez intelligent, rangez votre appareil photo ou votre caméra, et contentez-vous de regarder.
– Si vous voulez rapportez quelques souvenirs, on vous conseille de passer à la boutique du *Amish Village* (voir adresse plus loin) où ils vendent notamment des bouquins de photos très bien faits sur les amish. Cela dit, même dans ces bouquins-là, on ne voit pratiquement jamais leur visage mais leur dos... C'est l'esprit qui compte, n'est-ce pas ?
– Nombreuses possibilités de *balades organisées* pour ceux qui sont à pied. Se renseigner au *Visitors' Bureau.*

Adresses utiles

🅘 ***Pennsylvania Dutch Visitors' Bureau :*** 501 Greenfield Road, Lancaster. ☎ 299-8901. Fax : 299-0470. Situé à l'est de Lancaster, au bord de la Highway 30. En venant de Philadelphie via Paradise, il faut prendre la première sortie sur la droite après l'intersection de la route n° 30 et de la route n° 340. Venant de l'ouest, sur la 30, sortie Greenfield, puis à droite prendre le pont, vous y êtes. L'office du tourisme est juste à côté de l'hôtel *Holiday Inn*. En été, ouvert de 8 h à 18 h (17 h le dimanche) ; horaires restreints en hiver. Efficace et compétent. Abondante documentation sur les hôtels, les motels, les *Bed & Breakfast*, et les activités culturelles. Demander la carte de la région (bien faite) et les différentes brochures utiles. Présentation d'un diaporama.

■ *The Mennonite Information Center* : 2209 Millstream Road, à Lancaster. ☎ 299-0954. Sur la gauche de la route n° 30 quand on vient de Philadelphie à la hauteur des 2 hôtels *Econolodge* (*South* et *North*). Ouvert du lundi au samedi, de 8 h à 17 h. Une pièce expose une reproduction de l'arche de l'Alliance d'Israël *(Hebrew Tabernacle)*. Explication des mœurs locales et présentation d'un film de 30 mn sur les mennonites et amish. Payant. Informations sur le logement dans la région.

■ *People's Place* : 3513 Old Phila Pike, à Intercourse, à 11 miles de Lancaster. ☎ 768-7171. Ouvert de 9 h à 20 h de juin à août et de 9 h à 17 h de septembre à mai. Prévoir 8 US$ pour l'entrée. Arrêt conseillé pour mieux connaître les amish. Diaporama *Who are the Amish?* de 30 mn. Bien fait.

LANCASTER

IND. TÉL. : 717

La capitale du Lancaster County est la ville intérieure américaine la plus ancienne. Fondée au début du XVIIIe siècle. Son *Central Market* (1730) est d'ailleurs le plus vieux encore aujourd'hui en activité. En 1764, prélude aux grands massacres du XIXe siècle, pour assurer l'expansion coloniale, une bande armée (« vigilantes »), appelée *Paxton Boys*, tua tous les Indiens conestogas de la région. L'espace d'une journée, la ville fut même capitale du pays, lorsque, en 1777, le Congrès s'y réfugia et y tint réunion, fuyant l'occupation de Philadelphie par les troupes anglaises. Puis le lendemain, il partit à York. Lancaster fut aussi capitale de l'État, en 1777-1778 et de 1799 à 1812. Ville agréable se visitant en quelques heures.

Attention, si vous arrivez par l'Est (par la 462, route de Philadelphie), aucune pancarte n'indique le Downtown. La King Street menant à Penn Square étant à sens unique, c'est un peu la confusion. Nécessité de prendre alors Broad Street, puis à gauche Orange Street jusqu'à Prince. Là, tourner à gauche à nouveau, puis prendre King encore à gauche, pour Penn Square et le Central Market.

Adresses utiles

🅘 *Downtown Visitor's Center* (*plan B3*) : Wine Street (et S Queen Street). ☎ 397-3531. À un bloc de Penn Square. Ouvert d'avril à novembre du lundi au vendredi de 8 h 30 à 17 h, le samedi de 9 h 30 à 15 h 30 et le dimanche de 10 h à 14 h. Balades historiques guidées d'avril à août, du lundi au samedi à 13 h (les vendredi et samedi, un tour de plus à 10 h). Renseignements au : ☎ 392-1776.

🚌 *Terminal Greyhound :* 22 W Clay Street. ☎ 800-231-2222. Entre deux et trois liaisons avec Philadelphie. Compter 2 h de route.

🚆 *Gare Amtrak :* 53 MacGovern Avenue. ☎ 824-1600.

Où dormir ? Où manger ?

– Tous les *motels* sont rassemblés quelques kilomètres avant l'entrée de la ville sur la 462. En basse et moyenne saisons, pas de problème pour trouver une chambre.

🛏 *Lincoln House Inn Bed & Breakfast* (*plan Comté de Lancaster, A2, 9*) : 1687 Lincoln Highway, East Lancaster. ☎ 392-9412. En venant de Philadelphie par la route n° 30 puis n° 462, en direction du centre-ville de Lancaster, c'est sur la droite avant la *D and S Brasserie*. Chambres doubles avec douche et w.-c. de 90 à 110 US$ pour 2. Tenu par une famille amish. Intérieur chaleureux. En haut, deux chambres sont communicantes. Superbe *Birthday Suite*. Bon accueil. Loue aussi des studios-appartements pour une durée minimum de 2 ou 3 jours. Non-fumeurs (mais vous l'aviez deviné !) et pas de petit déj' le dimanche (mais un *certificate* pour le prendre dans un resto à côté).

■ **Travel Inn** *(hors plan)* : 2151 Lincoln Highway East. ☎ 299-8971 et 1-800-722-7220. Sur la droite, venant de l'Est. Une adresse pour ceux qui veulent assurer leur nuit en aval. Simple, bien tenu, à distance de la route et prix modérés.

■ **Hotel Brunswick** *(plan B2, 11)* : Chestnut Street (et Queen Street). ☎ 397-4801. L'hôtel de centre-ville classique et fonctionnel. Chambres correctes de 80 à 110 US$.

|●| **The Lancaster Dispensing** *(plan A2, 12)* : 33 North Market Street. Ouvert de 11 h à 2 h (le dimanche de 13 h à 22 h). Cadre sympa de pub victorien et bonne nourriture. Après 22 h, plus de plats, mais les traditionnels *burgers*, sandwichs et salades. Goûter à l'excellent *Old World reuben*. En fin de semaine, *music sessions*.

|●| **Sanford's** *(plan B2, 14)* : 37 E Orange Street. ☎ 290-1833. Lieu animé pour boire un verre essentiellement, cuisine assez médiocre.

À voir

★ **Heritage Center Museum** *(plan A3, 20)* : Penn Square. ☎ 299-6440. Fax : 299-6916. Ouvert d'avril à décembre, du mardi au samedi de 10 h à 17 h. Entrée gratuite. Installé dans l'ancienne mairie, classée bâtiment historique. De style Queen Ann, l'un des rares édifices datant du XVIIIe siècle. Intéressant petit musée ethnographique sur la région. Reconstitution d'une ancienne salle de loge maçonnique (1790), belles collections de pendules et de vieilles portes de ferme, meubles peints ou sculptés, quilts, artisanat amish, objets domestiques, etc. Expos temporaires. Boutique.

★ Sur **Penn Square**, d'autres trucs à voir, comme la *colonne en l'honneur des défenseurs de l'Union* pendant la guerre civile (1874). Noter aussi la belle façade ornementée du grand magasin *Watt et Shan*.

★ **Central Market** *(plan A3, 21)* : ouvert les mardi et vendredi de 6 h à 16 h et le samedi de 6 h à 14 h. La structure actuelle, de style Romanesque Revival date de 1889, mais le marché, qui existe depuis 1730, a toujours fonctionné au même endroit, ce qui en fait le plus ancien des États-Unis. On disait à l'époque qu'il n'y avait pas un légume frais produit dans l'État qui ne passe par le marché de Lancaster. Les choses n'ont guère changé au niveau du comté !

★ **Le Fulton Opera** *(plan A3, 22)* : King Street (et Prince Street). ☎ 397-7425 et 394-7133. Là aussi, l'un des plus anciens théâtres du pays. Construit en 1852, de style victorien. Mark Twain y tint des conférences en 1872. L'année suivante, Buffalo Bill et son compère Wild Bill Hickok y produisirent leur show, « Scouts des Grandes Plaines » et, en 1907, le fameux W. C. Field y fit ses débuts. Possibilité de visite le vendredi de juin à août.

★ **Lancaster Newspaper Museum** *(plan A3, 23)* : 28 S Queen Street. ☎ 291-8600. Un insolite petit musée visible uniquement de la rue : dans de grandes vitrines, toute l'histoire de la fabrication des journaux ; panneaux, photos, vieilles machines. Présentation intéressante et didactique.

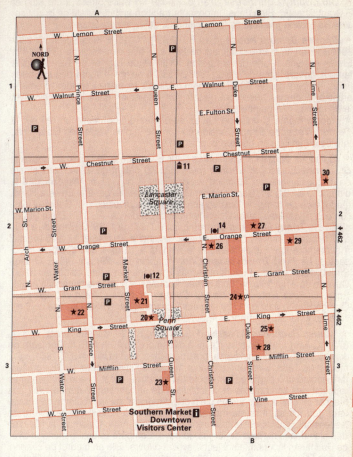

LANCASTER

- **Adresses utiles**
  - Downtown Visitor's Center

- **Où dormir ? Où manger ?**
  - 11 Hotel Brunswick
  - 12 The Lancaster Dispensing
  - 14 Sanford's

- ★ **À voir**
  - 20 Heritage Center Museum
  - 21 Central Market
  - 22 Fulton Opera
  - 23 Lanaster Newspaper Museum
  - 24 Old County Courthouse
  - 25 Charles Demuth House
  - 26 First Reformed Church
  - 27 St James Episcopal Church
  - 28 Trinity Lutheran Church
  - 29 First Presbyterian Church
  - 30 Lancaster Museum of Art

★ **Old County Courthouse** *(plan B2-3, 24)* : N Duke Street (entre King et E Grant Streets). Bien dans l'imposante tradition architecturale de la justice, avec sa façade monumentale à colonnes, de style néo-classique.

★ **Charles Demuth House** *(plan B3, 25)* : 114-120 E King Street. ☎ 299-9940. Ouvert du mardi au samedi de 10 h à 16 h, le dimanche de 13 h à 16 h. Entrée gratuite. Visite de la maison XVIIIe et de l'atelier de l'un des plus fameux aquarellistes du pays (1883-1935). Il peignit d'abord beaucoup les fleurs, inspiré par le très beau jardin de sa maman. L'un des premiers artistes modernes aussi, qui puisait son inspiration dans les machines et leurs formes géométriques.
À propos, même si vous ne fumez pas, jetez quand même un œil sur la **Demuth Tobacco Shop**. Considérée comme la plus vieille des États-Unis ; la même famille s'en occupe depuis 1770.

★ Quelques *églises* intéressantes : sur E Orange et N Duke, on trouve la **St. James Episcopal Church** *(plan B2, 27)* datant de 1744, reconstruite en 1820. Ouverte du lundi au vendredi de 8 h à 17 h. Visite guidée le dimanche à 12 h 30. Dans son cimetière reposent le général Edward Hand, qui fut aide de camp de Washington pendant la révolution, et George Ross, l'un des signataires de la déclaration d'Indépendance. Au 31 S Duke Street, s'élève la **Trinity Lutheran Church** *(plan B3, 28)* de 1766. Ouverte de 8 h 30 à 17 h tous les jours. Visites guidées dimanche à 9 h 45 et 12 h 15 (de mai à septembre tour supplémentaire le samedi à 10 h). L'une des plus imposantes. La **First Presbyterian Church,** *(plan B2, 29)* au 140 E Orange Street, était celle du Président James Buchanan et a été édifiée en 1850. Ouverte de 9 h à 16 h du lundi au vendredi. Visite guidée le dimanche à midi. Enfin, la **First Reformed United Church of Christ,** *(plan B2, 26)* 40 E Orange Street, date de 1729 et a été reconstruite en 1852. Ouverte de 9 h à 13 h du lundi au vendredi et le dimanche.

★ **James Buchanan Wheatland** *(hors plan)* : 1120 Marietta Street. ☎ 392-8721. Ouvert tous les jours d'avril à décembre de 10 h à 16 h. Demeure de James Buchanan, quinzième président des États-Unis (1857-1861). Il y mourut en 1868. C'est une élégante maison de style fédéral (1828), présentant encore une partie de l'ameublement original. C'est ici que Buchanan se reposait des contrariétés et vicissitudes de sa fonction. Il dut en avoir pas mal car on était à l'époque en plein débat national sur le problème de l'esclavage (où, dit-on, il ne se mouilla pas trop !) et à la veille de la guerre de Sécession. Pour la petite histoire, il fut fiancé à Anne Coleman, la fille d'un des plus riches maîtres de forges du pays. Son père refusa le mariage avec ce Buchanan inconnu, alors jeune avocat pauvre. Elle en mourut de chagrin. James Buchanan ne s'en remit pas non plus et devint ainsi le seul célibataire élu président (en tout cas, vraiment, quel manque d'intuition de la part de son ex-futur beau-père).

★ **Historic Rock Ford Plantation** *(hors plan)* : 881 Rock Ford Road, Lancaster County Central Park. Au sud-est de la ville. ☎ 392-7223. Ouvert d'avril à octobre, du mardi au vendredi de 10 h à 16 h, le dimanche de 12 h à 16 h. Demeure géorgienne (1792) joliment restaurée du général Edward Hand, aide de camp de Washington pendant la guerre d'Indépendance. Bel ameublement colonial. À côté, le *Kauffman Museum,* installé dans une grange du XVIIIe siècle, propose une collection ethnographique très variée, allant des vieux meubles aux armes à feu anciennes, en passant par divers objets domestiques, étains, cuivres, etc.

Pour ceux qui ont du temps

★ **Lancaster Museum of Art** *(plan B2, 30)* : 135 N Lime Street. ☎ 394-3497. Ouvert de 10 h à 16 h, le dimanche de 12 h à 16 h. Entrée gratuite.

Installé dans une élégante demeure, dans un bel environnement bucolique. Expositions d'artistes régionaux surtout.

★ **North Museum of Natural History and Science** *(hors plan)* : College Street et Buchanan Avenue. ☎ 291-3941. Ouvert de 9 h à 17 h, le dimanche de 13 h 30 à 17 h. Fermé le lundi. Collections minéralogiques, oiseaux, reptiles, etc. Témoignages variés de la culture indienne. Planétarium.

LE COMTÉ DE LANCASTER

Où dormir ?

Les auberges de jeunesse

Il y en a deux, toutes dans la partie est de la région de Lancaster. Avoir une voiture. Voici la plus proche de Lancaster :

▣ **Hostelling International-Geigertown** *(hors plan)* : Geigertown Road. ☎ 286-9537. Non loin du French Creek Starte Park, qu'on atteint par la route 82. Au nord de Geigertown, prendre la première route à droite après la poste. Fermé après 21 h 30 et de décembre à février.

Les hôtels

▣ **Hershey Farm Motor Inn** *(plan B3, 10)* : 240 Hartman Bridge Road (route 896). ☎ 687-8635. À mi-chemin entre la route n° 30 (à 1,5 mile environ au sud) et la ville de Strasburg. Doubles autour de 75 US$ (100 US$ le week-end). De juillet à début septembre : 110 US$. Non loin de l'Amish Village, au nord d'une petite route assez calme, un gros motel attenant à un bon restaurant, avec de grandes chambres, spacieuses et sans bruit, ouvrant sur la campagne. Prix raisonnables vu le confort offert. Tout cela bien pratique, fonctionnel, mais ce n'est cependant pas là qu'on trouvera l'intimité (point de chute des groupes aussi).

▣ **Harvest Drive Family Motel** *(plan D2, 11)* : 3370 Harvest Drive. ☎ 1-800-233-0176 et 768-7186. Pas facile à trouver. Rejoindre Intercourse, un village situé à 11 miles à l'est de Lancaster sur la route n° 340 en venant de Lancaster. Après la cave du Mount Hope Wine, prendre à droite Leacock Road puis, 1 km plus loin, tourner à gauche sur Harvest Drive. C'est 800 m plus loin. Prix modérés. Autour de 70 US$ pour 2, 80 US$ pour 3 et 90 US$ pour 4 (un peu plus cher le week-end). Un motel contigu à une exploitation agricole, qui a le mérite d'être situé en plein milieu des champs, près d'une petite route de campagne. Une cinquantaine de chambres, hyper calmes avec air conditionné et vue sur la campagne environnante, labourée encore par les chevaux de trait des amish (d'ailleurs, un *deck* en bois en surplomb, avec chaises longues, permet d'admirer leur labeur !). Assez touristique : cars de groupes et *emporium* à traverser pour se rendre au resto. Attention, ce dernier ferme de bonne heure le soir. Plats autour de 12 US$ et quelques dollars de plus pour un *all as you can eat*. Location de vélos.

▣ **Best Western Intercourse Village Inn** *(plan D1-2, 12)* : dans le centre du village, à l'intersection des routes 340 et 772. ☎ 768-3636 ou 1-800-717-6202. Chambres de bon confort de 70 à 130 US$ (plus cher les vendredi et samedi). Genre de motel à un étage. Architecture évoquant un peu le style rural local. Quelques suites pour familles. Bon resto (rappel : après 20 h on ne sert plus !).

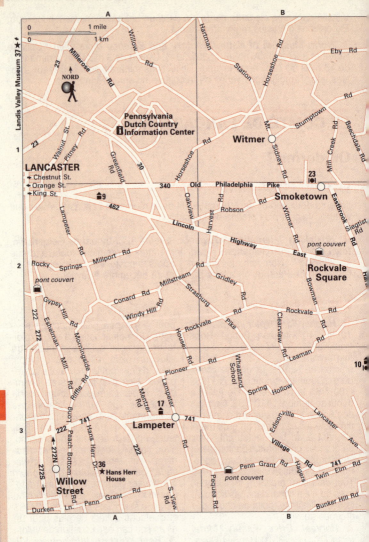

LANCASTER ET ENVIRONS

- ■ **Adresse utile**
  - ℹ Tourist Office

- 🛏 **Où dormir ?**
  - 9 Lincoln House
  - 10 Hershey Farm Motor Inn
  - 11 Harvest Drive Family Motel
  - 12 Best Western Intercourse Village Inn
  - 13 Historic Strasburg Inn
  - 14 Smucker Farm Guesthouse
  - 15 Maple Lane Farm Guesthouse
  - 16 Eby's Pequea Farm
  - 17 Australian Walkabout Inn Bed & Breakfast
  - 18 Intercourse Village B & B Suites

- 🍽 **Où manger ?**
  - 10 Hershey Farm Restaurant

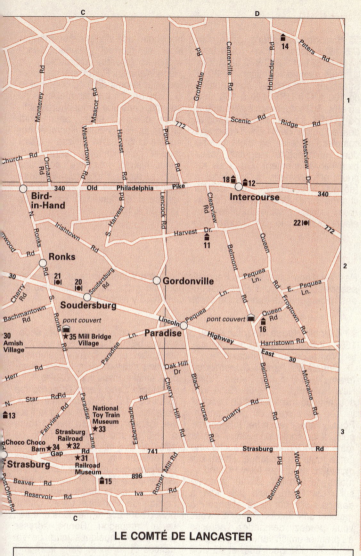

LE COMTÉ DE LANCASTER

- 20 Dienner's Country Restaurant
- 21 Miller's Smorgasbord
- 22 Stoltzfus Farm Restaurant
- 23 Alex Austin Steakhouse
- ★ À voir
- 30 Amish Village
- 31 Railroad Museum of Pennsylvania
- 32 Strasburg Railroad
- 33 National Toy Train Museum
- 34 Choo Choo Barn
- 35 Mill Bridge Village
- 36 Hans Herr House
- 37 Landis Valley Museum

Plus chic

Historic Strasburg Inn *(plan C3, 13)* : Historic Drive, route 896. ☎ 687-7691 et 1-800-872-0201. Sur la route principale reliant la 30 à Strasburg. Chambres confortables de 100 à 120 US$ (140 à 150 US$ en été). Au resto, *lunch buffet* autour de 12 US$; formule soupe, salade et dessert autour de 8 US$. Très grand complexe hôtelier en plein champ dont l'architecture respecte assez bien l'environnement. On a su recréer efficacement, à l'américaine (décor, atmosphère), un certain charme rural XVIIIe siècle. *Fitness room*, jacuzzi, piscine chauffée. Plusieurs restos : le *By George Pub* pour boire une vieille *ale* ou manger léger et informel (salades, sandwichs et *favorites* abordables), la *Henry Keneagy Room* pour déjeuner (ou pour le petit déj') ou déguster le *Sunday brunch* (un des meilleurs du county), dans une atmosphère gentiment country ; enfin, pour dîner chicos, la *Henry Bear Room*. Atmosphère coloniale et ravissant décor (papier peint désuet, portraits anciens, lustres en cuivre) pour une belle et assez chère cuisine. Notre préférence va bien sûr au *lunch buffet*, servi du lundi au samedi de 11 h 30 à 15 h.

Les Bed & Breakfast

Pas mal d'adresses. Voir au Pennsylvania Dutch Visitors' Bureau. Toutes les associations de *Bed & Breakfast* que nous indiquons pour Philadelphie ont des hébergements dans le Lancaster County. S'y reporter.

Lincoln House Inn *(plan A2, 9)* : 1687 Lincoln Highway East Lancaster. Voir notre texte sur « Lancaster ».

Smucker Farm Guesthouse *(plan D1, 14)* : 484 Peters Road, New Holland. ☎ 354-68-79. À une douzaine de miles à l'est de Lancaster, en plein cœur du pays amish. Pour y aller, rejoindre Intercourse puis, à la sortie du village sur la route n° 340, prendre à gauche une petite route (la Hollander Road) qui monte au nord vers New Holland. À moins de 2 miles, tourner à droite sur Yost Road, puis plus loin à gauche sur Tabor Road, et encore à gauche sur Peters Road. Si vous vous perdez, demandez l'adresse au premier amish venu. 60 US$ pour deux, 75 US$ pour trois et 85 US$ pour quatre. C'est la seule adresse de chambres d'hôte qui soit tenue par des fermiers amish qui se feront un plaisir de vous raconter leur mode de vie en vous expliquant leur éthique. Attention : si vous y dormez un dimanche, sachez que pour eux le jour du Seigneur est sacré : ils ne pourront pas accepter d'argent puisqu'ils ne doivent pas travailler. Mais vous pouvez néanmoins déposer vos billets dans un coin avant de les saluer et de partir. Également, pas de *sunday check-in*. Quatre chambres simples, mais impeccables.

Maple Lane Farm Guesthouse *(plan C3, 15)* : 505 Paradise Lane, Paradise. ☎ 687-7479. Pour la trouver, gagner Strasburg par la route n° 896 (à une bonne douzaine de miles au sud-est de Lancaster). De là, prendre la route n° 896 vers Georgetown. La *Maple Lane Farm Guesthouse* est à environ 2 miles plus loin, sur la droite après l'intersection de Paradise Lane. Chambres d'hôte à la ferme dans une très verte campagne. Bonne adresse pour passer quelques jours de vacances et rayonner dans la région. Accueil jovial. 4 chambres sympas avec air conditionné. Vue très étendue sur les environs. Petit déj' avec les produits fermiers et repas amish.

Eby's Pequea Farm *(plan D2, 16)* : 459 A Queen Road, Gordonville. ☎ 768-3615. À un peu plus d'un mile de la 30. Une vraie ferme laitière en pleine campagne. Accueil chaleureux de la famille Eby. Chambres correctes à prix modérés (moins intéressantes si l'on est seul) incluant un copieux petit déj' (aux bons produits de la ferme). L'établissement comprend deux dépendances ; l'une de 4 chambres pour 1 à 4 personnes autour de 65 US$; l'autre de 3 chambres de 1 à 4 personnes à environ 75 US$. Suite pour les familles.

Plus chic

▲ **Australian Walkabout Inn Bed & Breakfast** (plan A3, 17) : 837 Village Road, Lampeter (PO Box 294). ☎ 464-0707. À une dizaine de kilomètres au sud de Lancaster. Du village de Lampeter, prendre la route n° 741 vers Willow Street. C'est sur la droite à environ 400 m. *Queen rooms* de 120 à 160 US$. Suites de 170 à plus de 300 US$. Dans une maison de caractère, en bois, entourée d'un jardin anglais. Le *lobby* ressemble à une boutique d'antiquaire. Chambres meublées à l'ancienne : lit à baldaquin, vieux canapé, malle... Ensemble plein de charme et vraiment irrésistible. Idéal pour couple en voyage de noces ou pour une soirée romantique entre amoureux. Le nom des chambres (toutes non-fumeurs) sonnent comme des débuts de poèmes : *Strawberry Suite*, *Appleblossom Room*, *Victorian Jacuzzi Suite*, *Quilt Room Suite*, etc. Assez cher bien sûr. Mais c'est justifié. Petit déj' délicieux. Un coup de cœur.

▲ **Intercourse Village B & B Suites** (plan D1-2, 18) : Main Street, route 340, Intercourse. ☎ 768-2626 ou 800-664-0949. *Honeymoon Suite* avec jacuzzi, *King bed*, cheminée, téléphone, à plus de 200 US$, suite traditionnelle avec *Queen bed*, frigo, machine à café, micro-ondes autour de 190 US$ environ. Sinon, chambres romantiques avec papier peint à fleurs, tissus chaleureux et d'excellent confort (mais sans téléphone) autour de 170 US$. *B & B* installé dans une superbe demeure victorienne de 1909 avec véranda, rénovée avec beaucoup de goût. Une annexe construite à côté respecte globalement le style architectural local et propose des suites adorablement meublées et décorées. Air conditionné. Copieux petit déj' dans une belle salle à manger. Prix de printemps en dehors des week-ends.

Où manger ?

Il ne faut sous aucun prétexte manquer le tourisme culinaire, tout aussi dépaysant. La cuisine du pays des amish mêle les influences de la Suisse germanique, de la vallée du Rhin, de l'Alsace. Elle est plutôt simple, bonne et très copieuse. Attention, nombre de restos dans les villages ne servent plus après 20 h. Nombreux plats très originaux, en voici quelques-uns :
– *seven sweets and seven sours :* hors-d'œuvre ou dessert. Chou, citrouille, cornichon, miel, fromage, cannelle, pêche, pomme, coing, muscade, rhubarbe, épicés marinés.
– *Fleish und Kas :* entrée, pâté à la viande.
– Plats complets : *Buddboi*, ragoût de pâtes, poulet, oignon, céleri. *Schnitz und Knepp*, boulettes avec pommes séchées et jambon.
– Desserts : *shoo fly pie*, tourte à la mélasse, gingembre, muscade. *Schnitz pie*, dans le même genre avec des fruits secs.
Ne négligez pas non plus les autres spécialités très allemandes :
– *Lebanon* est la capitale de la charcuterie (saucisse célèbre).
– On trouve des usines de *bretzels*, et même un musée du Bretzel. Vous pouvez façonner le vôtre à l'usine de Lititz, sur la route n° 501 !
– Achetez de l'*apple butter*, c'est une compote de pommes aux épices, en pots comme la confiture.
– *Hershey :* le plus célèbre fabricant de chocolat.

Quelques restos

IOI Dienner's Country Restaurant *(plan C2, 20)* : 2855 Lincoln Highway East (la 30). Venant de Lancaster, peu après Ronks Road. ☎ 687-9571. Ouvert de 7 h (8 h en hiver) à 18 h (jusqu'à 20 h le vendredi). Fermé le dimanche. Copieux petit déjeuner-buffet autour de 5 US$, *lunch buffet* autour de 7 US$ et *dinner buffet* à 10 US$ environ (un peu plus les vendredi et samedi soir). Gratuit pour les moins de 2 ans. Après, curieux mode de calcul (mais assez juste) : c'est 60 cts par année jusqu'à 10 ans ! Un vrai resto amish, au sens qu'on y trouve des familles locales en grandes tablées (et que ça prouve que c'est l'un de leurs préférés). Excellente cuisine traditionnelle, mais vous vous en doutiez ! Notez aussi qu'on y mange de bonne heure.

IOI Hershey Farm Restaurant *(plan B3, 10)* : road 896, à 1,5 mile au sud de la route n° 30, en allant vers Strasburg, sur la droite. ☎ 827-8635. Le meilleur rapport qualité-prix à des miles à la ronde. *Eat all as you can* autour de 13 US$ le midi et 16 US$ le soir (un peu plus le week-end). Cuisine excellente et copieuse pour une addition légère : plats typiques du pays amish, *Dutch smorgasbord*, porc et choucroute, légumes en abondance, buffet de hors-d'œuvre... Serveuses aimables et mignonnes. Ambiance très familiale, particulièrement le dimanche midi, où l'on se croirait en Suisse allemande plutôt qu'en Amérique. Gardez une petite place pour les desserts, et préférez ceux contenant de la cannelle (*cinnamon*).

IOI Miller's Smorgasbord *(plan C2, 21)* : à 10 km à l'ouest de Lancaster sur la route n° 30 avant Soudersburg, au carrefour de North Ronks Road. ☎ 687-6621. Ouvert tous les jours. Petit déj' de 7 h à 11 h. Très touristique et le plus cher des *all as you can eat* du coin. Cadre un peu trop moderne à notre goût. Immense salle à manger avec vue sur les champs et les fermes prospères. Grand choix, bien sûr, mais certains plats manquent de goût et de caractère. À l'évidence, il paraît difficile de concilier recettes familiales et restauration de masse. Quelques plats et desserts inhabituels cependant : *sweet and sour ham*, fromage blanc à la gelée de citrouille, *vegetable soufflé*, etc.

IOI Stoltzfus Farm Restaurant *(plan D2, 22)* : route 772 East, Intercourse, au sud-est de la ville. ☎ 768-8156. Ouvert de 11 h 30 à 20 h. Fermé le dimanche et du 1er novembre au 1er mai (ouvert les week-ends d'avril et de novembre). Bonne cuisine traditionnelle amish servie en *all as you can eat* pour une bonne douzaine de dollars. Accueil affable et atmosphère pas trop touristique.

IOI Pa. Dutch Smorgasbord and Menu, Family Time *(hors plan)* : sur la route n° 322, à un peu plus d'1 mile à l'ouest d'Ephrata. Petit déj' de 6 h à 11 h ; puis jusqu'à 21 h, 100 plats. Organise aussi des excursions.

IOI Tout au long des routes n° 30 et n° 340, plusieurs **restos amish** proposant un *all as you can eat* pas cher.

IOI Alex Austin Steakhouse *(plan B1-2, 23)* : 2481 Old Philadelphia Pike (route 340). ☎ 394-2539. Ouvert de 11 h à 22 h. Fermé le dimanche. Le royaume du steak, du *New York steak* au poivre, en passant par le *super sirloin* et le *cowboy steak*... *Prime rib* les vendredi et samedi après 16 h. Sinon, poulet *Chesapeake* ou au parmesan, salades copieuses, sandwichs divers, menu-enfants.

À voir

C'est surtout la campagne qui se visite (à éviter le dimanche, jour du Seigneur ; on ne travaille pas, bien sûr). Les tout petits champs, labourés avec un cheval, suscitent l'envie des fermiers d'ailleurs. Pour les grandes surfaces, quatre ou cinq mules de front tirent l'énorme charrue. Pas de machines, mais une utilisation quasi scientifique de l'assolement et des engrais, et l'énergie humaine sans compter. Les parcelles sont souvent petites, les silos se dressent par dizaines, bien remplis. Fermes et granges sont riches, colorées, loin de l'austérité du costume. On les érige en un seul jour pour chaque nouveau ménage, tous les voisins s'y mettent.

★ **Les ponts couverts :** on en a recensé une trentaine, poétiquement nommés *kissing bridges*. Il y en a un, par exemple, entre Intercourse et Paradise, sur Belmont Road (heureusement pour les esprits anglicistes moralistes, la route continue sur Fertility). Pour mieux les localiser au fil de votre découverte, reportez-vous à la carte (gratuite) du Visitors' Bureau. La plupart des ponts couverts ont été construits au milieu du XIXe siècle, *grosso modo* entre 1844 et 1891.

➤ À L'EST DE LANCASTER

★ **Le village d'Intercourse** *(plan D1-2)* : à une douzaine de miles à l'est de Lancaster. Un des plus touristiques de la région (ce qui n'empêche pas qu'on y mange plus après 20 h). Fondé en 1754. Sur l'originalité du nom, trois ou quatre versions circulent. Trop long pour vous les expliquer ici, ça vous fera une introduction avec les gens du pays. Une grande partie du film *Witness* a été tournée dans le coin. Jeter un œil sur le **People's Place Quilt Museum**, 3510 Old Philadelphia Pike. Ouvert d'avril à octobre, du lundi au samedi de 9 h à 17 h. Belle collection de quilts anciens des communautés amish et mennonite. On comprend mieux la place importante prise par le quilt dans les arts et traditions populaires locaux.

➤ AU SUD ET AU SUD-EST DE LANCASTER

★ **The Amish Village** *(plan C2, 30)* : route n° 896, à 1 mile environ de la route n° 30, en direction de Strasburg (2 miles au nord de cette ville). ☎ 687-8511. Fax : 687-8478. Ouvert tous les jours de 9 h à 18 h (17 h l'été). Entrée : 7 US$. Une bonne introduction à la culture et au mode de vie des amish. Il s'agit d'une ferme de 1840 entourée de plusieurs granges et de bâtiments reconstitués à l'ancienne. Visite guidée obligatoire uniquement dans la maison (pendant 20 mn, puis visite libre) avec un assez bon commentaire. On découvre le rez-de-chaussée de la maison, la cuisine (sans électricité), la pièce commune (peinte en bleue, couleur divine) et la chambre à coucher, au premier étage meublée à la façon amish avec le vieux lit au confort spartiate, recouvert d'un dessus-de-lit typique en patchwork.
Dans les prés aux alentours, on verra aussi l'école amish, les étables, l'entrepôt, la grange, l'éolienne et la pompe à eau. Au magasin de souvenirs, tout plein d'objets réalisés par les amish pour les touristes. Là, on s'aperçoit qu'ils ont un extraordinaire sens pratique, en plus de leur rigueur morale.

★ STRASBURG

Charmant village à l'homogénéité architecturale intéressante. Demeures anciennes en bois ou en brique, avec véranda, tout au long de Main Street. Autour de l'église luthérienne *St Michael*, adorable vieux cimetière aux vénérables tombes sculptées (dont celle d'un patriote de la révolution).

★ **The Railroad Museum of Pennsylvania** *(plan C3, 31)* : 300 Gap Road, à l'est de Strasburg, sur la 741. ☎ 687-8628. Fax : 687-0876. Ouvert du 5 juillet au 1er septembre, du lundi au jeudi de 9 h à 17 h, les vendredi et samedi de 9 h à 18 h et le dimanche de 11 h à 17 h. D'avril à juin et en septembre-octobre, ouvert du lundi au samedi de 9 h à 17 h, le dimanche de 12 h à 17 h. Hors saison, fermé le lundi. Entrée : 6 US$. Un des plus formidables musées du chemin de fer qu'on connaisse. Il retrace une grande partie de l'histoire des trains de l'État de Pennsylvanie de 1825 à nos jours et, surtout, présente plus de 90 locomotives et wagons. On admire les plus impressionnantes, de véritables monstres, comme la *Lima* (de 1915) ou la *7002* qui battit le record mondial de vitesse en 1905 (127,5 km/h) ou encore l'énorme *7006* diesel qui fonctionna jusqu'en 1988. Mais notre coup de cœur, c'est la fascinante *4935* électrique *(GG1)* datant de 1935. Retirée de la circulation seulement en 1983, pionnière du design industriel, sa superbe forme aérodynamique fut créée par le grand Raymond Loewy *himself*! Sinon, c'est l'enchantement de se balader entre vieille gare et locaux de la *Western Union* et du télégraphe. Audiovisuel et expo de centaines d'objets et matériels ferroviaires divers, programmes éducatifs, etc. Se renseigner sur les animations particulières chaque mois (genre visite de nuit à la lanterne). Intéressante boutique où vous trouverez nécessairement le souvenir adapté à vos goûts. Notamment, un rayon de trucs historiques authentiques, comme les certificats d'actions de compagnies de chemin de fer, les timbres liés au train et les enveloppes timbrées anciennes avec premiers jours d'émission, etc.

★ **Strasburg Railroad** *(plan C3, 32)* : route 741 East, à Strasburg, à côté du Railroad Museum of Pennsylvania. ☎ 687-7522. Possibilité de faire une petite balade dans un vieux train tiré par une locomotive à vapeur, à travers les champs des fermes amish. Bien avec des enfants.

★ **National Toy Train Museum** *(plan C3, 33)* : Paradise Lane, en marge de la 741, à l'est de Strasburg. ☎ 687-8976. Ouvert tous les jours de mai à octobre de 10 h à 17 h (en avril et novembre, seulement le week-end). Pour les amoureux des trains miniatures, des centaines de pièces et des réseaux géants. Pas saturé, vous avez encore la **Choo Choo Barn** *(plan C3, 34)* sur la 741 East. ☎ 687-7911. Là aussi, de belles maquettes et de nombreux petits trains en mouvement. Ouvert d'avril à décembre, tous les jours de 10 h à 16 h 30 (plus tard en été).

★ **Mill Bridge Village** *(plan C2, 35)* : Ronks Road, à gauche de la route n° 30 après Paradise et Soudersburg, en venant de Philadelphie. ☎ 800-645-2744. Reconstitution d'un village amish autour de son vieux moulin à eau de 1738. Présentation et explication du mode de vie amish, balades organisées en carriole à cheval *(buggy)* ; on passe même sous un pont couvert. Tout ça est très touristique, et ça peut devenir énervant à la longue de voir cette minorité religieuse, longtemps coupée du reste du monde, s'ouvrir au business et au tourisme. Fait aussi *camping*. ☎ 687-8181. Bon endroit effectivement pour camper au calme.

★ **Hans Herr House** *(plan A3, 36)* : 1849 Hans Herr Drive, Willow Street, à 6 bons miles au sud de Lancaster. ☎ 464-4438. Ouvert tous les jours, sauf le dimanche, d'avril à novembre, de 9 h à 16 h. Ah, la bonne vieille baraque que voilà ! On se croirait partout sauf aux États-Unis : de gros murs épais, en pierre, de petites fenêtres comme dans les chaumières alsaciennes, une campagne très jolie aux alentours. Il s'agit là de la plus ancienne maison mennonite en Amérique, et du plus vieux bâtiment du comté de Lancaster. Construite en 1719 par un réfugié mennonite allemand, elle témoigne de l'architecture coloniale germanique en Pennsylvanie au XVIIIe siècle.

➤ AU NORD ET AU NORD-EST DE LANCASTER

★ **Landis Valley Museum** *(plan A1, 37)* : Landis Valley Road (et Oregon Pike). ☎ 569-0401. Ouvert d'avril à octobre de 9 h à 17 h, le dimanche de 12 h à 17 h. Fermé le lundi. Entrée : 7 US$. À 2,5 miles au nord de Lancaster. Dans un cadre bucolique, une quinzaine de bâtiments des XVIIIe-XIXe siècles et un hôtel victorien ont été remontés ici et offrent une bonne idée de ce que furent la vie rurale et les activités des Pennsylvanian Dutch dans le temps. Agréable balade dans l'histoire. Quasiment tous les jours, artisans divers montrent leur travail aux visiteurs.

★ EPHRATA

★ **Ephrata Cloister** : 632 W Main Street, Ephrata (route 322). À une petite dizaine de miles au nord-est de Lancaster. ☎ 733-6600. Ouvert de 9 h à 17 h, le dimanche de 12 h à 17 h. Ce fut l'une des plus anciennes communautés religieuses du pays. Fondée en 1732 par *Conrad Beissel*, un prédicateur allemand, elle eut à son apogée, dans la seconde moitié du XVIIIe siècle, jusqu'à 300 membres. En plus de l'agriculture, la communauté avait une grosse activité d'imprimerie. Elle publia en 1748, pour les mennonites, *Martyrs Mirror*, le plus gros livre jamais publié pendant la période coloniale (1 200 pages). 500 blessés de la bataille de Brandywine y furent soignés pendant la révolution. Les maisons qui les accueillirent furent brûlées pour éviter les épidémies, mais on peut encore visiter aujourd'hui une dizaine de sites et bâtiments de style allemand, pour beaucoup d'origine (la maison du fondateur, celle des sœurs, la *meeting house*, la boulangerie, l'atelier d'imprimerie et diverses habitations et granges). Vous noterez les portes basses visant à faire baisser la tête des membres de la communauté en signe d'humilité. Après la révolution, la communauté déclina. Vers 1814, ses derniers membres rejoignirent l'église baptiste du Septième Jour qui administra l'ensemble jusqu'en 1934, avant que les autorités de l'État ne le transforment en musée.

★ Deux autres petits musées à Ephrata : le **musée historique** au 249 W Main Street. ☎ 733-1616. Ouvert les lundi, mercredi, jeudi de 9 h 30 à 18 h (le samedi de 8 h 30 à 17 h). Installé dans une belle maison victorienne. Ameublement, photos du passé, objets d'art anciens, etc. Un peu plus loin, l'**Eicher Indian Museum**, Ephrata Community Park, Cocalico Street. ☎ 738-3084. Ouvert tous les jours de 11 h à 16 h. Objets religieux rituels et artisanat indiens, bijoux, vannerie, etc. Hommage tardif à une culture liquidée brutalement au XVIIIe siècle (voir le texte concernant le gang des Paxton dans l'introduction à Lancaster).

★ Ne pas manquer le **Green Dragon Market and Auction** du vendredi (de 10 h à 22 h), 955 N State Street, Ephrata. Un vrai de vrai marché, des montagnes de viandes, légumes frais, pâtisseries, produits artisanaux, etc. Avec toujours une vente de bétail.

★ LITITZ

Pour ceux qui veulent passer un peu plus de temps dans le coin, plusieurs lieux intéressants aussi à Lititz, sur la 501, à environ 8 miles au nord de Lancaster. Ne pas manquer de se procurer le plan-promenade décrivant une quinzaine de sites et intéressantes demeures (dont celle du fameux général Sutter) à découvrir dans le centre-ville.

★ **Heritage Map Museum** : 55 N Water Street, Lititz. ☎ 626-5002. Ouvert du lundi au samedi de 10 h à 17 h. Des centaines de cartes anciennes, du XVe au XIXe siècle, pour nos lecteurs géographes et bourlingueurs. Même les autres aimeront ces émouvantes cartes qui ne bénéficiaient pas à l'époque des photos satellite et qui se révèlent souvent merveilleusement dessinées.

★ *Lititz Museum :* 137 Main Street. ☎ 627-4636. Ouvert de mai à octobre, de 10 h à 16 h sauf le dimanche. Musée présentant l'histoire de la ville. Insolites collections de pièges à souris de toutes sortes, d'éventails, etc. Visite également de l'élégante *Mueller House* de 1792, avec son ameublement d'origine.

★ *Lititz Moravian Church and Museum :* Church Square. ☎ 626-8515. Ouvert de mai à septembre le samedi de 10 h à 16 h. Église construite par des immigrants de Moravie (région à l'est de Prague) en 1787. Communauté qui colonisa la région et fonda Lititz à partir de 1756. Pendant un siècle, dans le village ne vécurent que des Moraviens et leurs descendants. Les premiers non-Moraviens ne furent admis qu'à partir de 1855. Petit musée contant cette tranche d'histoire.

★ Enfin, pour les plus gourmands de nos lecteurs, visite au **musée Wilbur**, 48 N Broad Street. Ouvert du lundi au samedi de 10 h à 17 h. ☎ 626-3249. Succursale (de 1930) de la fameuse fabrique de bonbons et chocolat, dont la maison-mère fut fondée à Philadelphie en 1884. Environ 50 000 t de friandises sont produites ici. On vous y expliquera le processus de fabrication des *candies* et des chocolats. Expos de vieilles pubs, machines anciennes, etc. Dans le même ordre d'idée, pour ceux achevant un mémoire sur les traditions culinaires de la Pennsylvanie, possibilité de visiter, 219 E Main Street, la **Sturgis Pretzel Bakery**, première fabrique de bretzels créée dans le pays. ☎ 626-4354. Tour guidé du lundi au samedi de 9 h à 17 h. C'est dans cette maison que, en 1861, un certain Julius Sturgis lança la première commercialisation des bretzels. Vous aurez même l'occasion pendant la visite de fabriquer les vôtres. Vieux fours en brique. On raconte que Julius Sturgis ayant un jour donné à manger à un vagabond, celui-ci, pour le remercier, lui aurait révélé la vraie recette du bretzel.

➤ À L'OUEST DE LANCASTER

★ *Amos Herr Family Homestead :* Amos Herr Park, Landisville. ☎ 898-8822. À moins de 4 miles au nord-ouest de Lancaster. Ouvert d'avril à octobre, les samedi et dimanche de 13 h à 16 h. Visite d'une ancienne ferme de la fin du XIXe siècle, pour une fois pas amish. Cadre et ameublement qui n'ont quasiment pas changé.

★ COLUMBIA

Une intéressante ancienne petite ville industrielle du XIXe siècle. À l'origine de sa création, une hardie pionnière, *Susanna Wright*, arrivée de son Lancashire natal (Angleterre) en 1714. Tandis que ses parents s'établissaient à Philadelphie, elle fut la première personne à acheter des terres si loin de la civilisation naissante. Il faut dire que, pétrie des idées de William Penn, elle entretint rapidement d'excellents rapports avec les Indiens locaux, tout en développant l'économie de la région.

★ *Wright Ferry Mansion :* 38 S 2nd Street, Columbia. ☎ 684-4325. Ouvert de mai à octobre, les mardi, mercredi, vendredi et samedi de 10 h à 15 h. Visite de la belle demeure de Susanna Wright construite en 1738, en style géorgien. L'occasion rare d'admirer un cadre et un décor datant de la première moitié du XVIIIe siècle. Le plus étonnant quand même, c'est la richesse et le bon goût de tous ces objets d'art quand on songe aux conditions rustiques d'installation à cette époque. La maison demeura au sein de la même famille jusqu'en 1922, ce qui explique son bon degré de conservation.

★ **The National Watch and Clock Museum** : 514 Poplar Street, Columbia. ☎ 684-8261. Un des plus importants musées au monde dans ce domaine. Près de 10 000 montres, pendules, horloges, de toutes les époques, toutes les formes. Vient de rouvrir après rénovation. Beaucoup de pièces rares et particulièrement pittoresques. Ici, on ne prend même plus le temps de visiter ce musée, on s'en empare !

★ **Columbia Museum of History** : 19 N 2nd Street. ☎ 684-2894. Ouvert le dimanche de 13 h 30 à 16 h 30. Petit musée d'intérêt local (et aux horaires peu souples) sur l'histoire de la ville. Installé dans l'ancienne *First English Lutheran Church*.

★ **First National Bank Museum** : 170 Locust Street, Columbia. ☎ 684-8864. • www.bankmuseum.com • Ouvert du mercredi au vendredi de 10 h à 17 h, les samedi et dimanche de 12 h à 17 h. Ancienne maison de ville de 1814 qui, avant d'être une banque, fut aussi taverne, hôtel, etc. Visite guidée à 5 US$, uniquement sur réservation. Intéressante architecture intérieure.

★ MARIETTA

Quelques miles au nord-ouest de Columbia, petite ville bordant la Susquehanna River. Elle posséda jadis une certaine importance industrielle et fut un gros nœud ferroviaire régional. De ce passé prospère, subsistent de nombreuses belles demeures victoriennes, au point que la moitié de la ville est classée.

★ **Le musée d'Histoire de la ville** (*Old Town Hall Museum*) : dans l'ancienne mairie de 1847, Waterford Avenue et Walnut Street. ☎ 426-4736. Ouvert d'avril à décembre, le samedi de 10 h à 15 h et le dimanche de 13 h à 15 h.

★ Voir aussi le **musée des Boîtes à musique** (*Musical Boxes Museum*) : 255 W Market Street. ☎ 426-1154. Ouvert de mars à décembre, les samedi et lundi de 10 h à 16 h et le dimanche de 12 h à 16 h. Abrité dans une jolie maison de style fédéral. Très riche collection, avec des pièces remarquables.

🛏 Pour dormir, la **Railroad House**, au coin de West Front et South Perry. ☎ 426-4141. Une douzaine de chambres coquettes et à prix abordables dans une grande demeure de 1820 qui fut un temps taverne pour les gens travaillant sur le canal, puis gare provisoire pendant la construction de la Marietta Station. Bel ameublement victorien, superbe petit déj' et la patronne parle le français.

➤ À VOIR PLUS À L'OUEST

★ **Harley Davidson Final Assembly Plant** : 1425 Eden Road. ☎ 848-1177. À York, entre Gettysbury et Lancaster, au nord de la 30 (sortie Arsenal Road, 9 E Off Interstate 83). C'est l'usine d'assemblage des fameuses motos. Fermé le week-end et à certaines périodes, téléphoner avant d'y aller. Tours guidés, en anglais uniquement, en principe à 10 h, 12 h 30 et 13 h 30 (le samedi à 10 h, 11 h, 13 h et 14 h). 12 ans minimum pour les enfants. « Old Harleys never die, they go to museums ». On visite donc d'abord le musée, puis l'usine à proprement parler, au milieu des chaînes d'assemblage et des chariots élévateurs. Muni de lunettes de protection et d'une radio portable (pour entendre le guide malgré le bruit des machines), on assiste aux différentes étapes de la carrosserie et à l'assemblage final des motos. Enfin, on peut voir les aires de test où des petits veinards sont payés à rouler en Harley toute la journée !

★ Plus à l'ouest encore, à 195 km de Philadelphie, le champ de bataille historique de **Gettysburg**. Bataille décisive où, le 3 juillet 1863, les confédérés du général Lee furent battus par les troupes de l'Union du général Meade. L'un des sites de la guerre de Sécession les plus visités. Visitor's Center, musées, National Military Park de 65 km^2, cimetière des héros, etc.

Quelques bonnes adresses

❀ **Bird-in-Hand Farmer's Market** *(plan C2)* : dans le village du même nom. Marché les vendredi et samedi de 8 h 30 à 17 h 30 ; en été, quelques autres jours en plus. Boutiques d'artisanat ouvertes toute la semaine en été.

❀ **The Old Country Store** *(plan D1-2)* : Main Street, Intercourse. Tous les jours sauf le dimanche, de 9 h à 17 h. C'est dans cette région qu'on peut encore trouver les plus beaux quilts, aux prix les plus abordables, ce qui reste cher toutefois.

❀ Assez curieux de constater que le pays amish, quand même symbole de simplicité (voire de rusticité), emblématique aussi du détachement des choses matérielles, voit se développer ces immenses *factory outlets*, centres commerciaux proposant des marchandises à prix discount défiant toute concurrence. Ainsi, le **Rockvale Square** *(plan B2)*, à l'intersection de la 30 et de la 896. Plus d'une centaine de magasins, d'immenses parkings. Surtout des grandes surfaces de vêtements où les cartes de paiement chauffent à blanc ! On y trouve notamment un magasin *Nike* vendant les produits à prix de fabrique, ainsi que d'autres grandes marques, *Levi's*, *Gap*, etc.

WASHINGTON

IND. TÉL. : 202

Pas d'usines gigantesques, pas de cheminées polluantes. Washington est en effet une ville très propre car l'administration et la politique en sont incontestablement l'industrie principale. Près de 300 000 employés fédéraux, 80 000 lobbyistes et 40 000 avocats ! Également la plus forte concentration de journalistes au monde ! Le 11 septembre 2001, c'est cet symbole du pouvoir américain que les terroristes kamikazes ont voulu toucher, en faisant s'écraser un avion civil sur le Pentagone (près d'un millier de victimes).
Sinon, les larges avenues, les maisons basses font de Washington un endroit agréable à visiter.
Remarque : toujours préciser *Washington D.C.* Si l'on dit seulement Washington, un Américain croit que l'on parle de l'État et non de la ville.

Arrivée par avion

➤ Du **Ronald Reagan National Airport**, prenez le métro (ligne bleue). Arrêtez-vous à la station Metro Center pour le centre-ville et l'AJ. Autre possibilité : le *Washington Flyer Coach Service* (navette).

➤ De **Dulles International** : bus *Washington Flyer Coach Service* jusqu'à la station de métro-rail West Falls Church. Environ 18 US$ le trajet (28 US$ l'aller-retour). Renseignements : 1-888 WASHFLY. • www.washfly.com • Toutes les demi-heures environ. Le taxi est cher : compter au moins 45 US$ pour rejoindre le centre-ville.

Orientation

Du Capitole partent quatre rues : N, S, E Capitol Streets et le Mall. Elles partagent la ville en quatre secteurs : NW, NE, SW et SE. Les rues nord-sud sont numérotées en commençant au 1. Les rues est-ouest sont désignées par une lettre de l'alphabet. Dans les rues horizontales, les numéros d'immeubles correspondent toujours aux numéros des rues verticales (ex. : le 1250 sera toujours entre 12th et 13th Streets). Facile, non ?

Transports urbains

Évitez de rouler en ville : parkings éloignés des centres touristiques, circulation démente aux heures de pointe et qui change de sens au fil de la journée dans certaines rues. En revanche transports en commun très faciles.

Le métro

À Washington, il vaut le déplacement. Au premier abord, c'est la nudité et l'uniformité des stations qui frappent : murs gris, stations toutes identiques, pas ou peu de publicité. Cela dit, le métro est un moyen très pratique pour se déplacer dans la ville. Ouvert de 5 h 30 à minuit (à partir de 8 h le samedi et 9 h le dimanche). Système de carte magnétique. Le tarif varie selon les trajets et les heures de pointe : de 5 h 30 à 9 h 30 et de 15 h à 20 h. Gardez votre carte car elle est nécessaire pour sortir. Achetez une carte de 10 US$ si vous comptez faire plusieurs trajets. Tant qu'il reste de l'argent sur votre carte, celle-ci vous est restituée à la sortie, et la somme restante est imprimée. Ou mieux, prenez un abonnement illimité à la journée utilisable après 9 h du matin (*Metro Pass*, autour de 5 US$). Le week-end, possibilité de bénéficier du *Family Tourist Pass*. Intéressant au bout de quelques parcours. Distributeurs automatiques et poste de renseignements dans chaque station.
– **Renseignements :** *Metrorail* et *Metrobus*, ☎ 637-7000. • www.wmata.com •

Le bus

Très pratique pour se rendre dans les quartiers non desservis par le métro (Georgetown, par exemple). Se procurer, dans une station de métro, un plan complet des lignes (au choix : *Washington D.C. et Virginia* ou *Washington D.C. et Maryland*). Utile et très bien fait. Ticket de correspondance gratuit à prendre au distributeur dans le métro (avant de prendre la rame).

Le taxi

– ***Capitol Cabs*** (☎ 544-2400) et ***Yellow Cabs*** (☎ 544-1212) *:* pas de compteur, on paie par zone (affichées dans le taxi). Demander le prix au départ, sinon c'est à la tête du client. Et ce n'est pas donné.

Adresses utiles

Informations touristiques et culturelles

▯ *Washington D.C. Convention and Visitors' Association* *(plan III,* | *B1, 1)* : 1212 New York Avenue, Suite 600 (6ᵉ étage). ☎ 789-7000.

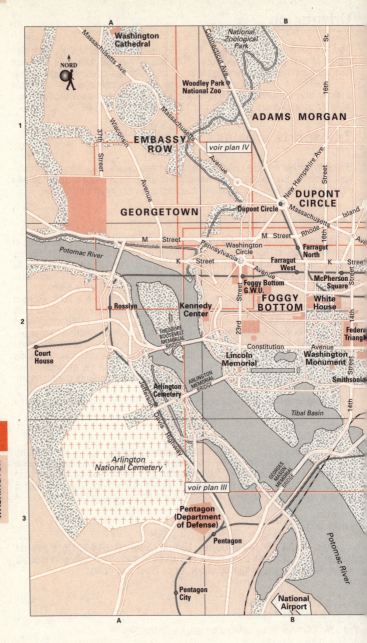

WASHINGTON – PLAN I (LE GRAND WASHINGTON)

M. : Metro Center. Ouvert en semaine seulement de 9 h à 17 h. Documentation variée et excellentes cartes de la ville.
- **White House Visitors' Center** *(plan III, B1, 2)* : 1450 Pennsylvania Avenue. ☎ 523-3847. Ouvert tous les jours. Excellente documentation.
- **Hotel Reservation Network :** central de réservations d'hôtels à prix réduits. ☎ 1-800-964-6835.
- **Alliance française :** 2819 Old Way Street. ☎ 234-7911.
- **Presse française :** 1825 I Street NW. M. : Farragut West. Pas de quotidiens. *The News World* : Farragut Square (près du *Hilton*), 1001 Connecticut Avenue NW. Vous y trouverez *Le Monde* et *Libé*. *The Newsroom* : 1753 Connecticut Avenue, NW. M. : Dupont Circle. Nombreux titres étrangers. Ouvert tous les jours.

Représentations diplomatiques

- **Ambassade de France :** 4101 Reservoir Road NW (en face de Georgetown University Hospital). ☎ 944-6000.
- **Ambassade de Belgique :** 3330 Garfield NW. ☎ 333-6900. M. : Woodley Park Zoo, puis 15 mn à pied.
- **Ambassade de Suisse :** 2900 Cathedral Avenue. ☎ 745-7900. M. : Woodley Park Zoo.
- **Ambassade du Canada :** chancellerie, 501 Pennsylvania Avenue NW. ☎ 682-1740.

Banques et postes

- **American Express :** 1150 Connecticut Avenue NW, 20036 Washington D.C. ☎ 457-1300. M. : Farragut North. *Chèques volés* : ☎ 1-800-221-7282. *Cartes de paiement volées :* ☎ 1-800-528-2121.
- **Transfert d'argent par la BNP et la Riggs National Bank :** 1120 Vermont Avenue NW, Room 313. ☎ 835-6000.
- ✉ **Postes :** North Capitol Street, à côté de Union Station; ouvert en semaine de 7 h à minuit (20 h les samedi et dimanche). Et aussi sur Pennsylvania Avenue NW, entre 12th et 14th Streets; ouvert jusqu'à 16 h en semaine. Également à Georgetown, 1215 31st Street; ouvert du lundi au vendredi de 8 h à 17 h 30 et le samedi de 8 h 30 à 14 h.

Transports

- 🚌 **Greyhound Terminal :** 1st Street NE (et I Street NE). Derrière la gare *Amtrak*. Pour infos sur les trajets et les prix : ☎ 1-800-231-2222 (numéro gratuit) ou 289-5154.
- **Métro Info :** ☎ 637-7000. Pour ceux qui se sont perdus dans la ville.
- **Travellers' Aid :** ☎ 546-3120. 24 h/24. Pour ceux qui sont totalement perdus.
- **Drive-away Co. :** 1022 N Fillmore, Arlington, Virginia. ☎ 703-524-7300. M. : Clarendon (*Orange Line*).
- **Budget Rent-a-Car :** 1111 K Street NW et 1620 L Street NW. ☎ 703-920-3360. Agences à Dulles International et à National Airport. Une des compagnies de location de voitures les moins chères.
- **Taxis :** *Capitol Cabs*, ☎ 544-2400. *Yellow Cabs*, ☎ 544-1212.
- **Cartes routières gratuites :** *Automobile Club*, 21 M Street, au La Fayette Center.
- **Mac's Tire Service :** 423 Florida Avenue. ☎ 543-5835. Fax : 543-7658. Ouvert 24 h/24, tous les jours. Une de ces adresses précieuses en cas de crevaison. Sympa et rapide.

Santé, urgences

- **Pharmacie ouverte 24 h/24 :** SX'Pharmacy. ☎ 628-0720.
- **Renseignements :** ☎ 411.
- **Urgences :** ☎ 911.
- **SOS Dentistes et docteurs :** ☎ 362-8677.

Où dormir ?

Préférer un quartier animé le soir (comme Adams Morgan ou près de Dupont Circle), le Downtown devient désert après la fermeture des musées. Possibilité d'hébergement chez l'habitant : se renseigner auprès de *B & B Accommodation Ltd*, ☎ 328-3835. Ne pas oublier de rajouter au prix des chambres d'hôtel 13 % de taxe, plus 1,50 US$ par personne.

Campings

- *Cherry Hill Park :* 9800 Cherry Hill Road, College Park. ☎ (301) 937-7116 et 1-800-801-6449. Le plus proche de la ville. Dans le Maryland, accès par le métro (prendre le bus ensuite sur 3 miles, c'est indiqué). Emplacements pour tentes et camping-cars. Réserver. Pas très bon marché, mais bien équipé. Piscine chauffée.
- *Greenbelt Park Campground :* 6565 Greenbelt Road. ☎ (301) 344-3948. À 12 miles de Washington. Par la 95 depuis la station Metrorail de New Carrolton. Le camping est à l'intérieur de Greenbelt Park. Tenu par des *rangers*. Cadre agréable et prix doux, mais confort très moyen (pas de douches). De grands parkings permettent de laisser son véhicule et de prendre la ligne directe pour le centre de Washington. Un peu loin pour les non-motorisés.

De bon marché à prix moyens

- *Hostelling International Washington D.C.* (plan III, C1, 10) : 1009 11th Street NW (et K Street). ☎ 737-2333. Pour se rendre à l'AJ en métro : ligne bleue, station : Metro Center. Sortir à 11th et G Streets,

---

Où dormir ?
- 10 The Connecticut Woodley Guesthouse
- 11 Washington International Backpackers
- 12 Davis House
- 13 Windsor Park Hotel
- 14 The Kalorama Guesthouse (Kalorama Park)
- 15 The Kalorama Guesthouse (Woodley Park)
- 16 Adams Inn
- 17 Embassy Inn
- 18 Windsor Inn
- 19 Tabard Inn
- 20 The Carlyle Suites
- 21 Taft Bridge Inn
- 22 Hotel Sofitel

Où manger ?
- 19 Tabard Inn
- 30 Brickskeller Dining Home & Saloon
- 31 Java House
- 32 Kramerbooks & Afterwords
- 33 The Childe Harold
- 34 Sushi Taro
- 35 Georgetown Seafood Grill
- 36 El Tamarindo
- 37 Red Sea
- 38 Jyoti Restaurant
- 39 Café Riche
- 40 Perry's
- 41 Meskerem
- 42 Cities
- 43 Ben's Chili Bowl
- 44 U-Topia
- 45 Florida Avenue Grill

Où boire un verre ? Où sortir ?
- 55 Madam's Organ
- 56 9 : 30
- 57 State of Union
- 58 Velvet Lounge
- 59 Black Cat

Où écouter du jazz ?
- 65 Columbia Station
- 66 La Casa Africana

★ À voir
- 70 Phillips Collection
- 71 Textile Museum
- 72 Anderson House
- 73 Woodrow Wilson House
- 74 Historical Society of Washington
- 75 B'nai B'rith Klutznick Museum

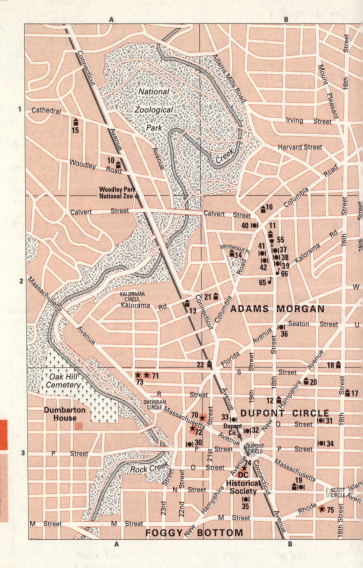

puis remonter trois blocs. Très central. Ouvert 24 h/24. Un peu plus cher pour ceux qui n'ont pas la carte *Hostelling International*. Prix intéressant pour les familles (exemple : environ 60 US$ pour les parents et 2 enfants). C'est un superbe édifice récemment rénové. Draps fournis. Chambres de 4 ou dortoirs de 12 lits. Cuisine très bien équipée et grande salle à manger. Téléphone et accès Internet. Durée maxi du séjour : 7 nuits (prolongation possible s'il y a de la place). Réservation très recommandée en pleine saison (24 h à l'avance).

WASHINGTON – PLAN II (ADAMS MORGAN U STREET ET DUPONT CIRCLE)

WASHINGTON – PLAN II (ADAMS MORGAN U STREET ET DUPONT CIRCLE)

🏠 *The Connecticut Woodley Guesthouse* (plan II, A1, 10) : 2647 Woodley Road NW. ☎ 667-0218. Fax : 667-1080. M. : Woodley Park Zoo. Du métro, remonter Connecticut Avenue sur 200 m, tourner à gauche sur Woodley (point de repère, le *Marriott* à l'angle de la rue). C'est la première maison à droite. Bureau ouvert de 7 h 30 à minuit. Doubles avec salle de bains autour de 75 US$ et 80 US$ pour 3. Doubles avec sanitaires extérieurs autour de 60 US$, 65 US$ pour trois et 70 US$ pour 4 (si, vous avez bien lu !). Prix encore négociables en fonction de la

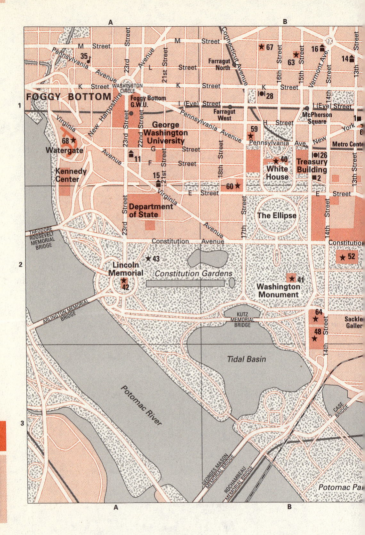

- **Adresses utiles**
  1. Washington D.C. Convention and Visitors' Association
  2. White House Visitors' Center

- **Où dormir?**
  10. Hostelling International Washington D.C.
  11. Allen Lee Hotel
  12. Harrington Hotel
  13. Hereford House
  14. The Swiss Inn
  15. State Plaza Hotel
  16. Wyndham Hotel

- **Où manger?**
  21. Union Station
  23. The Pavilion
  24. The Dubliner et Kelly's Irish Times
  25. The Mark
  26. Old Ebbitt Grill
  27. Market Inn
  28. McCormick & Schmick's
  29. Two Quails

- **Où écouter du jazz?**
  35. One Step Down

- **À voir**
  40. La Maison-Blanche
  41. Washington Monument
  42. Lincoln Memorial

WASHINGTON – PLAN III (DOWNTOWN)

- 43 Vietnam Veterans Memorial
- 44 Le Capitole
- 45 Bibliothèque du Congrès
- 46 Union Station
- 47 Old Post Office
- 48 Bureau of Engraving and Printing
- 49 Smithsonian Institution Building
- 50 Air and Space Museum
- 51 National Gallery of Art
- 52 Museum of American History
- 53 Hirshhorn Museum and Sculpture Garden
- 54 Arts and Industries Building
- 55 Freer Gallery of Arts
- 56 National Museum of Natural History
- 57 National Museum of African Art
- 58 National Portrait Gallery et National Museum of American Art
- 59 Renwick Gallery
- 60 Corcoran Gallery of Art
- 61 National Museum of Women in the Arts
- 62 Federal Bureau of Investigation (FBI)
- 63 Washington Post
- 64 US Holocaust Memorial Museum
- 65 National Building Museum (Pension Building)
- 66 National Postal Museum
- 67 National Geographic Explorer's Hall
- 68 Watergate Building
- 69 National Archives

durée du séjour. Clé pour la nuit. Réservation conseillée (1 nuit d'avance ou donnez le numéro de votre carte de paiement). Grande et vénérable maison particulière, rénovée tout récemment. Heureuse initiative, car lors de notre dernier passage, la plomberie des années 1920 était en train de lâcher et le confort était plutôt rustique, voire spartiate. L'hiver, le chauffage était même aléatoire ! C'était une des *guesthouses* les moins chères de la ville, espérons que le proprio n'aura pas trop augmenté ses prix avec les travaux. Ne pas manquer donc de téléphoner d'abord pour connaître la situation. Bon accueil.

▲ ***Allen Lee Hotel*** *(plan III, A1, 11)* : 2224 F Street NW (entre 22nd et 23rd Streets). ☎ 331-1224. M. : Foggy Bottom. Proche de la Maison-Blanche et de l'université. Doubles autour de 60 US$ (sanitaires extérieurs) et 70 US$ (avec bains). Quartier plaisant la journée, peu animé le soir. C'est l'hôtel le moins cher du centre et le mieux situé. Belle façade bleu et blanc, mais il faut savoir que la qualité des chambres est vraiment, vraiment très inégale. Certaines sont tout à fait acceptables, d'autres beaucoup moins. Plomberie parfois négligée. En bref, le laisser-aller de l'établissement ne conviendra pas, avec raison, à nombre de lecteurs. C'est avant tout l'aubaine pour les petits budgets serrés (et pas difficiles) ou les lecteurs amateurs d'ambiance un peu glauque à la Chandler ; les autres passeront obligatoirement leur chemin. À vous de juger (possibilité de voir plusieurs chambres). *Singles* et *doubles* avec AC et TV, avec ou sans salle de bains.

▲ ***India House Too*** *(hors plan)* : 300 Carroll Street, Takoma Park. ☎ 291-1195. Accessible en métro depuis Union Station *(Red Line)* jusqu'à Takoma. Un peu excentré mais de la station de métro très facile à trouver (on aperçoit la maison de la sortie). Lit autour de 18 US$ et chambres pour deux autour de 45 US$ environ. Probablement le moins cher de Washington. Grande maison un tantinet vieillotte, dont deux étages sont reconvertis en dortoirs et chambres. Cuisine et salon. Sur l'arrière, une véranda comme dans le vieux Sud pour goûter aux douces soirées. Dans l'ensemble, rustique, mais bien tenu. Bon accueil. En résumé, conviendra à ceux et celles pas trop exigeants sur le confort et souhaitant redécouvrir une chaleureuse ambiance *fellow travellers* comme dans le temps.

▲ ***International Guesthouse*** *(hors plan)* : 1441 Kennedy Street. ☎ 726-5808. Situé à moins de 4 miles au nord de la Maison-Blanche, en droite ligne. Pour s'y rendre : bus S2 et S4 Silver Spring. Du *Greyhound*, bus 96 McLean Gardens jusqu'à 16th et U Streets, puis prendre le S2 ou S4 sur 11th et H Streets. Descendre à Kennedy Street (30 mn de trajet). Également, bus n° 50, 52, 54 et 70. En voiture, descendre 14th ou 16th Street (beaucoup plus rapide). Couvre-feu à 23 h (mais la clé vous est remise les soirs de théâtre). Autour de 35 US$ par personne (petit déj' compris). Quartier mixte *middle* et *upper middle classes*, en marge de quartiers plus défavorisés. Grande et belle maison particulière, remarquablement tenue par des mennonites : s'attendre au bénédicité au petit déj' (7 h 30 précises) et à une atmosphère familiale. Les étrangers ont la priorité. On peut y manger. Chambres disponibles pour les couples et 2 à 3 lits. Une adresse assurément éloignée qui ne conviendra qu'à ceux ou celles qui souhaitent un séjour très paisible et non-fumeurs !

▲ ***Washington International Backpackers*** *(plan II, B2, 11)* : 2451 18th Street NW. ☎ 667-7681. M. : Woodley Park Zoo. Petite AJ privée au cœur d'un quartier sympa (Adams Morgan). 32 lits en dortoirs. 18 personnes au premier en 2 chambres (sanitaires insuffisants). 14 au second (mais une seule salle de bains à l'étage pour tous !). Annexe avec 16 lits. Autant le savoir, l'été, c'est parfois une saturation difficile à vivre. On a interviewé des résidents, beaucoup sont tellement heureux de payer seulement 20 US$ qu'ils sont prêts à accepter les pires conditions de logement. Petite cuisine. Petit déj' (léger) compris. Pas de couvre-feu. Steve, le proprio, va chercher gratuitement ses hôtes à la station *Greyhound* ou à la gare *Amtrak*

WASHINGTON / OÙ DORMIR ?

(Union Station). Téléphonez-lui à votre arrivée. Possibilité de réserver. Location de vélos.

▪ *Davis House* (plan II, B3, 12) : 1822 R Street. ☎ 232-31-96. Fax : 232-3917. Près de Dupont Circle. Fermé entre Noël et Jour de l'An. Entre 45 et 55 US$ par personne. Pension quaker accueillant les étrangers (au maximum, 11 personnes). Longue tradition d'hospitalité. Elle fut l'une des premières à se battre contre la ségrégation qui frappait les Noirs (et dut même déménager une fois en 1950 devant l'hostilité du voisinage). Accueil sympa de Keith et Lolly. Chambres coquettes et très propres. Salles de bains communes. Attention, n'accepte ni les enfants ni les fumeurs. Réservation recommandée (prix très modérés). Ne prend pas les cartes de paiement. Pas de restauration, mais *breakfast* (avec réduction) à la *Student House* en face, et le quartier regorge de restos.

De prix moyens à plus chic

▪ *Harrington Hotel* (plan III, C1-2, 12) : 11th et E Streets NW. ☎ 628-8140 ou 1-800-424-8532. Fax : 347-3924. • reservations@hotel-harrington.com • M. : Metro Center. Chambres standard de 110 à 130 US$. *Family Suites* de 135 à 155 US$. Immense hôtel un peu vieillot et à l'atmosphère impersonnelle, mais très bien situé, en plein centre de Downtown. Chambres en principe propres (certains étages ont été rénovés), bien meublées, avec salle de bains et TV (certaines sont non-fumeurs). Cependant, réception peu aimable. Grande salle de restaurant au rez-de-chaussée. Bus pour les aéroports à l'entrée.

▪ *Windsor Park Hotel* (plan II, A2, 13) : 2116 Kalorama Road NW. ☎ 483-7700. Réservations : ☎ 1-800-247-3064. Fax : 332-4547. • windsorparkhotel@erols.com • Un peu éloigné du métro. À mi-chemin de Dupont Circle et Woodley Park (près de Taft Bridge). *Singles* autour de 120 US$, doubles autour de 140 US$ et suites à 160 US$ environ. Quartier résidentiel, verdoyant et agréable. Élégant petit immeuble en brique dans une rue calme. Un avantage aussi, proche du nouveau quartier branché et animé d'Adams Morgan (18th Street N). Chambres très correctes. Café et *donuts* offerts.

▪ *The Kalorama Guesthouse* (*Kalorama Park*; plan II, B2, 14) : 1854 Mintwood Place NW. ☎ 667-6369. Fax : 319-1262. Pas loin d'Adams Morgan et 18th Street. Chambres avec sanitaires extérieurs de 60 à 95 US$ et avec salle de bains de 90 à 130 US$. Suites de 120 à 190 US$. Grande *townhouse* dans une rue résidentielle où flotte une atmosphère victorienne. Vastes chambres meublées à l'ancienne. Moins cher que le précédent et beaucoup plus sympathique. Il est conseillé de réserver. Petit déjeuner continental compris. En face, suites avec 2 chambres et salle de bains à prix intéressant. Vraiment, l'impression de rentrer chez soi le soir ! Endroit réellement charmant pour dormir.

▪ *The Kalorama Guesthouse* (*Woodley Park*; plan II, A1, 15) : 2700 Cathedral Avenue NW. ☎ 328-0860. Même direction que le précédent et quasiment les mêmes prix que l'autre *Kalorama*. 19 chambres au confort douillet, réparties dans deux demeures victoriennes situées dans un quartier résidentiel, tout près de la station de métro Woodley Park Zoo. Chambres avec ou sans salle de bains *(shared bathroom)*. Les chambres du rez-de-chaussée sont les moins chères. Petit déj' inclus. Navette pour l'aéroport de Dulles au *Sheraton*, juste à côté.

▪ *Hereford House* (hors plan III par D3, 13) : 604 South Carolina Avenue SE. ☎ 543-0102. • herefordhs@aol.com • M. : Eastern Market. *Singles* de 65 à 85 US$ (taxes comprises). Doubles de 90 à 100 US$ et triple autour de 120 US$. B & B dans la plus pure tradition britannique. Petite maison de brique située dans une rue calme d'un quartier de charme, à proximité de Capitol Hill. Chambres très agréables dont une grande avec bains et

2 avec sanitaires extérieurs. Loue également des chambres dans une autre maison à 10 mn de là, dans un coin sympa aussi. Conviendra à ceux, celles souhaitant un peu plus d'indépendance. On y trouve un salon plaisant, un coin-cuisine avec micro-ondes et un petit jardin derrière. Il est prudent de réserver.

▲ **The Swiss Inn** *(plan III, B1, 14)* : 1204 Massachusetts Avenue NW. ☎ 371-1816 ou 800-955-7947. M. : Metro Center ou McPherson Square. Doubles autour de 100 US$. Petit immeuble de brique rouge, avec une superbe fresque sur le côté. Chambres agréables avec kitchenette équipée, frigo, micro-ondes, TV et AC. Le gérant parle le français. Possibilité de négocier une réduction.

▲ **Adams Inn** *(plan II, B2, 16)* : 1744 Lanier Place NW. ☎ 745-3600. Numéro gratuit : ☎ 1-800-578-6807. Fax : 319-7958. • adamsinn@adams inn.com • M. : Woodley Park Zoo. Puis environ 15 mn à pied. Il est plus pratique de s'y rendre en bus (bus L2, 42, 46). Doubles autour de 70 et 85 US$. Rue tranquille entre Calvert Street et Ontario Road. Superbe *townhouse* victorienne à deux pas de l'animation d'Adams Morgan. Bureau ouvert du lundi au samedi de 8 h à 21 h, et de 13 h à 21 h le dimanche. *B & B* non-fumeurs. Délicieux ameublement un peu rétro. Atmosphère familiale. Possibilité de lavage et repassage. Chambres vraiment très agréables pour 1, 2, 3 ou 4 personnes. Toutes avec air conditionné. Café et *donuts* offerts.

Plus chic

▲ **Tabard Inn** *(plan II, B3, 19)* : 1739 N' Street NW. ☎ 785-1277. Fax : 785-6173. M. : Dupont Circle. Pas loin de l'intersection avec Connecticut Avenue. Doubles avec salle de bains de 140 à 200 US$ (de 110 à 140 US$ avec sanitaires extérieurs). Formé par plusieurs *townhouses* victoriennes, ça ne ressemble nullement à un hôtel mais plutôt à une très grande pension de famille. Hall et salon de style vieux *british* (feu de cheminée en hiver), avec profonds fauteuils et décor de

La gérante est *cool* et accueillante. La devise de la maison : « Y'a pas le feu », normal, les pompiers sont à deux pas ! Quelques places de parking de nuit pas chères (7 US$), penser à réserver. Cartes de paiement acceptées. Une de nos adresses coup de cœur !

▲ **Taft Bridge Inn** *(plan II, B2, 21)* : 2007 Wyoming Avenue NW. ☎ 387-2007. Fax : 387-5019. Doubles (sanitaires extérieurs) autour de 75 et 85 US$ et avec salle de bains à 110 et 120 US$ environ, petit déj' compris. Là aussi, dans le quartier résidentiel de Kalorama, une très élégante demeure de style géorgien de la fin du XIXe siècle. Jardin et belle entrée à colonnes. Treize chambres de charme personnalisées et meublées avec beaucoup de goût. Salon particulièrement agréable. Accueil affable. Parking privé.

▲ **Embassy Inn** *(plan II, B3, 17)* : 1627 16th Street NW. ☎ 234-7800 et 1-800-423-9111. Fax : 234-3309. Et **Windsor Inn** *(plan II, B2-3, 18)* : 1842 16th Street NW. ☎ 667-0300. Fax : 667-4503. À cinq blocs de Dupont Circle. Doubles de 110 à 150 US$. Élégants immeubles du début du XXe siècle. Même style, même direction et atmosphère très *B & B*, mais véritables hôtels. Refaits à neuf, prix raisonnables (forfaits week-end ou 3 jours), bien situés (à 5 mn l'un de l'autre entre Dupont Circle et Adams Morgan). Petit déj' continental compris, TV avec *HBO*.

vénérables et beaux objets. Impression de confort très club. Chambres toutes personnalisées. Bel ameublement ancien. Beaucoup de charme. En basse saison, sur place, on peut choisir sa chambre sur catalogue de photos. En particulier, pour les romantiques fortunés ou écrivains à succès, l'une d'entre elles nous a tapé dans l'œil : très spacieuse, mansardée, au plancher de bois, au cadre chaleureux, et avec glace vénitienne, frigo, deux grands lits, petit *deck*, etc. Des décors pour tous les

WASHINGTON / OÙ MANGER ?

goûts, certes, mais aussi un bon restaurant (voir rubrique « Où manger ? Plus chic »).

■ **State Plaza Hotel** *(plan III, A1-2, 15)* : 2117 E Street NW. ☎ 861-8200. Réservations : ☎ 1-800-424-2859. Fax : 659-8601. M. : Foggy Bottom. Bien situé, entre la Maison-Blanche et Georgetown. Doubles autour de 200 US$. Grand hôtel récent, agréable et confortable. Beaucoup de chambres possèdent une petite cuisine équipée. Jolis décor et ameublement. Bon *garden café*. Chic et cher.

■ **The Carlyle Suites** *(plan II, B3, 20)* : 1731 New Hampshire Avenue NW. ☎ 234-3200. Fax : 387-0085. M. : Dupont Circle. À trois blocs. Beaucoup de charme. Superbe aménagement Art déco. Chambres avec petite cuisine extrêmement confortables. Réduction le week-end et tous les jours pendant l'été. Possibilité de loger à 4 ou 5 personnes dans les chambres (très grandes).

■ **Hotel Sofitel** *(plan II, B2-3, 22)* : 1914 Connecticut Avenue NW. ☎ 797-2000 et 800-424-2464. Fax : 462-0944. Fort bien situé, au-dessus du quartier de Dupont Circle et à 10 mn « tranquillou » d'Adams Morgan, le quartier le plus sympa de la ville. Doubles aux environs de 250 US$. Occupe un très bel immeuble du début du XXe siècle remarquablement rénové. Charme intact du passé. L'architecte a fait le choix de ne pas briser les structures de l'immeuble ni celles des appartements au moment de la rénovation. Ainsi certaines chambres sont-elles immenses, tandis que la salle de bains peut se révéler assez petite en regard. Qualité de service hors pair, de la réception très pro au service des chambres particulièrement personnalisé. Décor et ameublement raffinés. Grand confort, vous vous en doutez. Cuisine réputée du *Trocadero Café* et bar élégant. Salle de gym à la disposition des hôtes. Une alliance harmonieuse de la *French touch* et du *spirit of America* !

■ **Wyndham Hotel** *(plan III, B1, 16)* : 1400 M Street NW. ☎ 429-1700. Fax : 785-0786. M. : McPherson Square. Bien situé. À trois blocs au nord de la station de métro. Doubles autour de 250 US$. Prix spécial le week-end. Réduction appliquée tous les jours du 1er juillet à début septembre dans la limite des chambres disponibles. Téléphoner. L'un des plus beaux hôtels de Washington. Superbe atrium de 14 étages sur lequel donnent la plupart des chambres. Luxe de bon goût. Décoration très raffinée.

■ **Crowne Plaza** *(plan III, B1)* : 14th Street (et K Street). ☎ 682-0111. Fax : 218-7600. Doubles de 200 à 250 US$. Très central. Grand hôtel de style Beaux-Arts et d'excellent confort. Plus de 300 chambres et une quinzaine de suites. Immense *lobby* à l'élégant décor.

Où manger ?

Washington s'honore également du titre de capitale gastronomique. Toutes les cuisines ethniques, un tour du monde formidable pour faire saliver à tous les prix. L'occasion aussi de visiter les quartiers un peu excentrés mais qui ont beaucoup de choses à vous raconter...

Dans le centre

Bon marché

I●I **Union Station** *(plan III, D1, 21)* : le sous-sol de la gare fourmille de fast-foods en tous genres : nourriture italienne, indienne, chinoise, il y en a pour tous les goûts. Les amateurs d'exotisme pourront essayer le *Calypso Kitchen* (n° 36) et ses plats délicieusement parfumés. L'*Indian Restaurant*, juste à côté, propose des plats végétariens, tandis qu'on retrouve le Mexique avec *Burrito Brothers*. Également de la cuisine grecque, des *delis*, *Johnny Rockets*, *Sweet Factory*, etc. Tables ou comptoirs au choix.

|●| **The Pavilion** *(plan III, C2, 23)* : à l'angle de Pennsylvania Avenue et 12th Street. M : Federal Triangle ou Archives. C'est l'ancienne *post office* dont l'intérieur a été rénové. Grand espace circulaire sous atrium avec des tables pour s'asseoir, manger et discuter, et plein de petites boutiques sur deux étages avec des fast-foods *carry-out*. Concerts gratuits, animation entre midi et entre 17 h et 18 h. Sympa, animé et bon marché. On y trouve encore un petit bureau de poste à l'entrée.

Prix moyens

|●| **The Dubliner** *(plan III, D1, 24)* : 520 North Capitol Street NW. ☎ 737-3773. M. : Union Station. En face de la grande poste. Ouvert de 11 h à 1 h 30 en semaine (les vendredi et samedi jusqu'à 2 h 30, le dimanche jusqu'à 2 h). Resto-bar irlandais assez chic. Élégante décoration intérieure en bois sombre sculpté (notamment le vieux comptoir du premier bar est son décor derrière), avec gravures anciennes et belles estampes historiques (sur Robert Emmet et les Irish Volunteers de 1799, par exemple). Un certain charme. Plein à midi. En fin d'après-midi et le soir, l'un des rendez-vous des yuppies, mais on y trouve aussi des gens comme vous et nous. Excellente Guinness à la pression. Bon *chili* et copieuses salades pas trop chères. À midi, quelques *specials*. De 11 h à 15 h le dimanche, *Irish country brunch*. Tous les jours à 21 h (19 h 30 le dimanche), musique celtique.

|●| **Kelly's Irish Times** *(plan III, D1, 24)* : North Capitol Street NW. À côté de The Dubliner. ☎ 543-5433. Resto irlandais beaucoup plus simple. Chaises en plastique et nappes à carreaux. Plats du jour sur une ardoise, genre *Dublin broil flanksteak*, *yellow fin tuna steak*, *fish and chips*, *hot beef sandwich*, etc. Musique quasiment tous les soirs.

|●| **Brickskeller Dining Home & Saloon** *(plan II, A3, 30)* : 1523 22nd Street. ☎ 293-1885. Ouvert de 11 h 30 à 1 h en semaine (les vendredi et samedi jusqu'à 3 h, le dimanche de 18 h à 2 h). Pub en sous-sol renommé pour ses 500 (et plus) variétés de bières. Géré par la même famille depuis 1957. Le rendez-vous des yuppies (à midi), et des amateurs de bière de tout poil ! Cuisine américaine très correcte (*ribs*, steaks, *clams*, etc.) à des prix très raisonnables. Vrais *burgers* de bison du South Dakota (et excellent choix de *burgers* en général). Beau *cheeseboard*. Chaude ambiance après 18 h. *Game Room* pour les amateurs de *darts*, backgammon, cartes, etc.

Plus chic

|●| **The Mark** *(plan III, C2, 25)* : 401 7th Street NW. ☎ 783-0197. M : Gallery Place. Situé deux blocs en dessous du MCI. Ouvert midi et soir jusqu'à 22 h. Fermé le dimanche. Depuis trois ans, la nouvelle coqueluche des hommes d'affaires et des yuppies du centre-ville. Dans ce quartier en pleine renaissance, il apporte un dynamisme et une fraîcheur réels. Grand espace au décor moderne et élaboré, accueillant une belle cuisine inventive. L'archétype du *new American bistro*, renouvelant subtilement le genre (d'où son succès !). Atmosphère « hot and hip », s'exclama ma délicieuse voisine. La carte révèle bien l'originalité de cette cuisine, ingénieuse fusion d'ingrédients qui se télescopent bizarrement et d'associations de saveurs assez inspirées. Pour dîner, beaucoup plus cher, ça va de soi. Belle liste de vins à un prix encore raisonnable.

|●| **Old Ebbitt Grill** *(plan III, B1, 26)* : 675 15th Street NW. ☎ 347-4801. Ouvert tous les jours de 7 h 30 à 1 h

WASHINGTON / OÙ MANGER ?

(cuisine fermant à minuit). Un des bars-restos les plus anciens de la ville (1856), mais il changea plusieurs fois de lieux, au gré des bouleversements immobiliers. Le premier, une *boarding house*, eut une belle brochette de présidents comme clients. Depuis 1983, installé au même endroit, un ancien théâtre à la belle façade Beaux-Arts. Son cadre, aujourd'hui, est l'un des plus élégants qu'on connaisse : orgie d'acajou, glaces et miroirs gravés, anciennes lampes à gaz, superbes fresques aux murs, on n'en finirait pas de détailler ce décor d'un goût exquis. Les chaises sont des copies de celles du luxueux wagon-restaurant de la New York Central Railroad. Au-dessus du bar, des trophées d'animaux qui auraient été tués par Teddy Roosevelt. Tout cela en fait un des endroits les plus prestigieux pour le petit déjeuner (guère plus cher qu'en maints lieux bien plus ordinaires), le déjeuner ou le dîner. Fort belle carte d'où l'on vous a extrait la truite parmesan, les *fish and chef, fried oysters platter, seafood linguine, marinated lamb steak*, etc. Prix abordables, hamburgers et sandwichs le sont encore plus. Beaux fromages fermiers. Enfin, ne pas oublier le *Cyster Bar* (ouvert de 15 h à 18 h et de 22 h à 1 h).

|●| **Market Inn** *(plan III, C3, 27)* : 200 E Street SW (et 2nd Street). ☎ 554-2100. M. : Federal Center. Descendre 3rd Street, puis tourner à gauche dans E Street. Ouvert jusqu'à minuit (1 h le week-end). Plats autour de 15 ou 17 US$, *early bird special* autour de 24 US$. Un peu excentré, coincé qu'il est entre la voie de chemin de fer et les bouchers en gros. Un bon resto de *seafood* avec, surtout, un superbe cadre et une sympathique ambiance cosy, les meilleures tables étant autour du piano, dans le bar. En vous baladant, vous constaterez d'ailleurs combien les thèmes et illustrations des salles sont différents. Principalement sur le sport, notamment sur le base-ball et le football américain. Vieilles photos intéressantes. C'est évidemment moins cher à midi et plus relax. *Luncheon menu* servi de 11 h à 16 h du lundi au vendredi. On peut surfer sans trop de problèmes sur les prix. *Seafood combinations*, cohorte de sandwichs assez élaborés, salades, quiches, soupes (Ah, la *New England clam chowder*!). Le soir, c'est un restaurant prisé. De 16 h à 18 h 30, *early bird*. Réservation très conseillée. Pour les amateurs de fruits de mer, différentes combinaisons de plateaux, et puis le steak de poisson grillé, le *blackened redfish* (recette cajun), et encore le *mandi's grand slam* (filet mignon et queue de langouste), etc. Les samedi et dimanche, *New Orleans jazz brunch*, de 10 h 30 à 14 h 30. Enfin, de 15 h à 18 h 30 du lundi au vendredi *beverage and food specials* pour environ 3 US$ et autres formules de *happy hours*!

|●| **McCormick & Schmick's** *(plan III, B1, 28)* : 1652 K Street NW. ☎ 861-2233. Ouvert de 11 h à minuit, le samedi de 16 h à minuit et le dimanche de 16 h à 22 h. Chaîne célèbre à travers les États-Unis, mais un seul établissement par grande ville. C'est d'abord un superbe décor victorien (acajou, déco Tiffany, etc.). Réputé pour la fraîcheur de son poisson et de ses huîtres. Sûrement mérité à en juger par la foule qui s'y presse le midi. Entre 12 h et 13 h 30, peu de chances d'obtenir une table. Reste à espérer une ultime place sur le long comptoir de cuivre. Beau banc d'huîtres de toutes provenances, mais dommage qu'ils les rafraîchissent à l'eau claire, elles en perdent pas mal de goût! Sinon, vraiment tous les prix. On peut s'en tirer pour pas trop cher (formules bar, bistrot et salle de restaurant). Copieux *halibut fish and chips, pasta, burgers* et, bien sûr, plats plus sophistiqués.

Très chic

|●| **Two Quails** *(plan III, D2, 29)* : 320 Massachusetts Avenue NE (Capitol Hill). M : Union Station. Ouvert de 11 h 30 à 14 h 30 et de 17 h à 22 h 30. *Lunch* et plats du jour autour de 12 US$. Cadre spé-

cialement chaleureux très *early American*, dans une maison particulière. Cuisine traditionnelle, mais raffinée, avec des accents originaux et inventifs. Pour un dîner romantique. Pas si cher que ça eu égard au cadre. Le soir, pour quelques dollars de plus : *tilapia* fourré au crabe, marlin bleu grillé au poivre, poulet farci au maïs, etc.

Dans le quartier de Dupont Circle

Quartier sympa et branché. On y trouve aussi pas mal de lieux homos, dont la librairie *Lambda Rising* (1625 Connecticut Avenue), très fréquentée. Grand choix de livres, magazines, cartes, posters. On peut s'y procurer le *Washington Blade*, hebdo homo couvrant toute l'actualité gay de la capitale. Grand choix de restos. Descendre au métro Dupont Circle d'où l'on rayonne.

Bon marché

|●| **Java House** *(plan II, B3, 31)* : 1645 Q Street NW (angle 17ᵉ rue). ☎ 387-6622. Ouvert de 7 h à minuit du dimanche au jeudi et de 7 h à 1 h les vendredi et samedi. Torréfacteur qui propose de très bons cafés fraîchement grillés, accompagnés de délicieuses pâtisseries. On peut aussi commander salades, quiches, sandwichs, petits déj'. Terrasse.

Prix moyens

|●| **Kramerbooks & Afterwords** *(plan II, B3, 32)* : 1517 Connecticut Avenue NW (à l'angle de Q Street). ☎ 387-1462. Ouvert tous les jours jusqu'à 1 h (les vendredi et samedi toute la nuit). Avant tout, une grande librairie particulièrement bien fournie. Bar pour grignoter snacks, *burgers* et salades. Bons petits vins californiens et excellent *cappuccino*. Salle avec mezzanine au fond, où l'on peut commander à toute heure moult plats aussi bons et copieux les uns que les autres. Goûter aux *nachos* et *guacamole platter* pour deux, *fettuccine Roberto*, *quesadillas*, *Cajun shrimps*, etc. Attention, beaucoup de monde le dimanche matin et terrasse recherchée aux beaux jours. Bonne atmosphère pour napper le tout. Musique certains soirs à partir de 21 h.

|●| **The Childe Harold** *(plan II, B3, 33)* : 1610 20th Street NW. ☎ 483-6700. À l'intersection avec Connecticut Avenue, à 100 m du métro Dupont Circle. Ouvert tous les jours de 11 h 30 à 14 h et le soir jusqu'à minuit. Pub américain ouvert le week-end jusqu'à 2 h. *Brunch* le dimanche de 10 h à 16 h. Terrasse. Prodigue une cuisine fameuse depuis bientôt 30 ans. Goûter aux moules farcies à la provençale, à la salade d'avocat, au saumon à la hollandaise, aux *chicken parmesan*, pâtes, salades. Quelques spécialités comme le veau madagascar au homard, les calmars, une douzaine de *burgers*, *crab cakes*, etc.

|●| **Sushi Taro** *(plan II, B3, 34)* : 1503 17th Street. ☎ 462-8999. Ouvert midi et soir jusqu'à 22 h. *Sashimi* entre 13 et 17 US$, avec soupe, petite salade et bol de riz. Réservation recommandée le week-end. Au premier étage. Grande salle claire et plaisante. Le choix pour s'installer : tables classiques ou à la japonaise (très basses, on s'assoit sur des coussins) ou bien au comptoir... Accueil suave, atmosphère *easy-going* où *businessmen* et étudiants cohabitent. Et dégustez-y parmi les *sushis* et *sashimis* les plus frais de Washington. Le thon *(maguro)*, en particulier, se révèle d'un goût d'une délicatesse extrême, ainsi que le *halibut*, le saumon, etc. Le soir, plus cher, bien sûr, mais plats encore plus élaborés, comme le *sukiyaki* (servi d'octobre à avril), le *kaiseki* (dîner complet à commander 24 h à l'avance), le *jawer steak* (bœuf mariné à l'ail et gingembre et grillé au charbon de bois), etc. Le tout arrosé de thé ou d'une Kirin. *Kanpaï!*

Plus chic

|●| Tabard Inn (plan II, B3, 19) : 1739 N Street NW. ☎ 833-2668. M. : Dupont Circle. C'est le restaurant de l'un de nos meilleurs hôtels chics. Très populaire aussi pour y manger. Cadre vieillot agréable. Carte pas très longue, mais spécialités du jour et bons petits plats comme le saumon grillé, les poissons en général, les *steamed Manila clams*, la *paella with soujouk and mussels* ou le *grilled lamb tenderloin*. Excellents desserts. À midi, *burgers*, sandwichs et salades à prix très abordables. Fraîcheur garantie : légumes frais longtemps achetés dans les fermes autour de Washington et provenant aujourd'hui de la ferme acquise par l'hôtel. Belle sélection de vins du monde entier. Aux beaux jours, agréable patio avec parasols.

|●| Georgetown Sea Food Grill (plan II, B3, 35) : 1200 19th Street NW. Ouvert midi et soir jusqu'à 22 h. Décor bleu, acajou, alu, d'une élégance un peu froide, mais au fond de la salle, des barques au plafond indiquent qu'on vous emmène ici au royaume des fruits de mer et du poisson. Comptoir en U où l'on peut se serrer quand la salle est pleine. Une batterie de ventilos brasse l'air et il y a de l'espace. Effectivement, bonne réputation pour ses coquillages et ses fruits de mer frais. Le midi, clientèle d'hommes d'affaires, le soir, c'est plus *trendy*. Intéressante *happy hour* (bière, moules et calmars à moitié prix). Huîtres un peu chères.

Très, très chic

|●| The Jockey Club (plan II, B3) : 2100 Massachusetts Avenue NW (et 21st Street). ☎ 659-8000. M. : Dupont Circle. C'est le restaurant 4 étoiles du *Westin Fairfax*. Cadre, bien entendu, hyper élégant et sophistiqué, service hors pair, etc. À midi, prix à peu près raisonnables si l'on choisit, dans les salades, la *cold selection* et les plats les moins chers. Entre autres, le traditionnel *chicken pot pie*, le steak tartare, le saumon norvégien grillé, etc. On trouve même une petite carte *fitness cuisine* (avec le nombre de calories par plat). Le soir, beaucoup plus cher, atmosphère assez empesée et clientèle très chicos (cravate obligatoire).

Dans le quartier d'Adams Morgan

Délimité par Columbia Road et Florida Avenue, avec 18th Street comme axe central. Ancien quartier résidentiel qui tomba naguère et qui connaît aujourd'hui une formidable *revival*. Quartier multi-ethnique et culturel investi par artistes, écrivains, profs, avocats, humanistes et marginaux de tout poil (et, inévitablement déjà, quelques yuppies).
Pour s'y rendre, métro Woodley Park Zoo (direction Shady Grove). Prendre Calvert Street et traverser le Duke Ellington Bridge.
Ça vibre rudement et vous y ferez surtout connaissance avec les cuisines éthiopienne, érythréenne, mexicaine et sud-américaine. Il s'ouvre un resto par semaine. Vaste choix donc. Sans compter les bars et les boutiques originales.

Bon marché

|●| El Tamarindo (plan II, B2, 36) : 1785 Florida Avenue NW (et 18th Street). ☎ 328-3660. À 9 blocs au nord de Dupont Circle. Ouvert tous les jours jusqu'à 3 h (5 h les vendredi, samedi et dimanche). Grande salle bourdonnante pour une très bonne cuisine salvadorienne et mexicaine. Cadre assez banal, mais atmosphère toujours animée et accueil sympa. Goûter aux classiques, bien sûr, *guacamole*, *nachos*, *ceviche*, *quesadilla*, les *beef chimichangas* ou *burritos*, la pizza mexicaine, le *fish Vera Cruz*, la *carne a la parilla*. Bon choix de *tamales* et *enchiladas*, ça va de soi. Plats salvadoriens également comme la *combinacion Guanaca*, spécialité de la maison. Prix très modérés.

l●l **Red Sea** (plan II, B2, 37) : 2463 18th Street (et Columbia Road).

Prix moyens

l●l **Perry's** (plan II, B2, 40) : 1811 Columbia Road NW. ☎ 234-6218. M. : Woodley Park Zoo. Au premier étage. Ouvert de 18 h à 23 h 30 (0 h 30 les vendredi et samedi). *Brunch* le dimanche. Grande salle à la déco assez funky et chaleureuse. Clientèle jeune, artiste, un peu frimeuse pour goûter aux excellents *sushis* de la maison. À table ou au bar. Beaucoup de choix. Le *Perry's sushi platter* possède, comme on dit ici, *a good value*. Intéressant *Perry's party platter* pour 4 également. Sinon, nombreux plats japonais. Au gril, beaucoup sont bon marché. Quelques plats : roulade de saumon truffé aux artichauts, *rare ahi tuna*, filet mignon, etc. Seule la bière Suntory est un peu chère. L'été, terrasse très agréable surplombant la ville.

l●l **Jyoti Restaurant** (plan II, B2, 38) : 2433 18th Street. ☎ 518-5892. Ouvert tous les jours midi et soir jusqu'à 22 h30 (minuit le week-end). Pour une fois un resto indien éclairé où l'on voit ce qu'on a dans son assiette. De l'espace aussi, une mezzanine et les traditionnels murs de brique rouge. Dans l'assiette justement, une fine cuisine indienne (largement au-dessus de celle de son concurrent en face), servie avec attention. De jolies mélopées du pays alternent parfois étrangement avec une musique internationale quelconque. Grand choix à la carte, dont nous vous avons sélectionné le tendre *rogan josh* à la sauce onctueuse et parfumée, les *tandoori* et autres *tikka*, le *chicken vindaloo* (plat du Sud), etc. Goûter à la traditionnelle *mulliga tauny soup*, au *raïta* (yoghourt maison) et au *rasmalai*, un délicieux dessert. Excellent *chutney* maison et le riz basmati se détache parfaitement. Quelques spécialités végétariennes, ça va de soi.

☎ 483-5000. Ouvert tous les jours de 11 h 30 à 23 h 30 du dimanche au jeudi ; de 11 h 30 à 0 h 30 les vendredi et samedi (en fait, plus tôt si clientèle peu nombreuse). Accueil souriant, déco chaleureuse et clientèle jeune, décontractée, pour une bonne cuisine éthiopienne à prix très modérés. Goûter au *boro wat* (poulet au citron, oignons, ail et gingembre), au *yasa wat* (poisson), au *yebeg watou alecha* (agneau aux poivrons rouges ou verts), au *yetsom wat kili-kil* (combinaison de 5 légumes), au *zilzil wat* (bœuf au poivron rouge, ail et gingembre), etc. Une excellente soirée garantie !

l●l **Café Riche** (plan II, B2, 39) : 2455 18th Street. ☎ 328-8118. Ouvert en principe tous les jours. À quelle heure ? En principe, vers 18 h. On n'a jamais pu savoir en revanche l'heure de fermeture, mais aucun client n'a été chassé des lieux pour cause de fermeture ! La cuisine s'arrête vers 23 h, nous a-t-on dit. En principe (encore !) c'est un bar-resto, mais le vieux comptoir de bois et les quelques tabourets, les tables et les chaises bringuebalantes, les tableaux et le coin resto-bibliothèque évoqueraient plutôt un décor à la Beckett, fané. Saupoudrez cet insolite télescopage d'objets un peu poussiéreux et de couleurs *trash*, des rires et exclamations de Beny le maître des lieux, la pièce sera mise en scène. D'ailleurs (acte I), Beny, c'est l'acteur principal. Ça fait 20 ans qu'il joue sa pièce, jamais de la même manière, suivant l'humeur du jour. Acte II : il y a bien une carte griffonnée à la main (avec couscous, cassoulet maison, etc.), mais Beny vous dira ce qu'il y a vraiment à manger. Ce soir-là, on a dégusté probablement la meilleure paella de la ville. Bien sûr, il vous faudra attendre un peu, parce qu'elle n'est jamais préparée d'avance. Et puis, on a compris depuis le début que, ici, on entre pour 3 mn ou pour 3 h. On tombe fatalement sous le charme de la tchache de Beny, on devine derrière les mots une vraie générosité, une riche expérience des rapports humains... Acte III : voilà, on repart souvent avec l'impression d'avoir vécu un moment atypique dans un lieu qui ne l'est pas moins. Mais rappelez-vous, vous avez aussi une part dans la pièce, oui, nécessairement, une contribution à sa réussite. Difficile de rester seulement spectateur. Introvertis, passez donc votre chemin ! Mais au fond, peut-être avons-nous tout simplement fantasmé ces moments. Combien a-t-on payé ? On ne se rappelle plus, le prix d'une pièce de théâtre off-off probablement...

Plus chic

I●I **Meskerem** (plan II, B2, 41) : 2434 18th Street NW. ☎ 462-4100. Ouvert tous les jours de 12 h à minuit. Réservation obligatoire le week-end. Resto éthiopien possédant l'une des meilleures réputations de la ville, mais non-amateurs s'abstenir. Décor élégant et atmosphère un tantinet chicos. Prix cependant très raisonnables. Spécialités : le *kitfo* (bœuf en lamelles servi cru avec *mitmita* et beurre), l'*assa watt* (filet de poisson grillé sauce pimentée), le *zilbo deelini* (agneau sauce douce et sucrée), le *Meskerem tibbs* (agneau sauté aux oignons et chili vert), et, pour commencer, les *sambusas* (fruits de mer farcis aux bœuf, herbes et piments). Nombreux plats végétariens et salades.

I●I **Cities** (plan II, B2, 42) : 2424 18th Street. ☎ 328-2100. Ouvert tous les jours jusqu'à 1 h (3 h 30 le week-end). Découvrez un cadre particulièrement sophistiqué, une belle fusion pénombre-lumière et une atmosphère bien animée. Décor relativement sobre, se réduisant presque aux élégants casiers à vins (il change cependant une fois par an, nous a-t-on dit). Très new-yorkais et *trendy* en diable, tout ça. Pour les joyeuses bandes de yuppies bien lisses ou les copines en goguette, des boxes en alvéoles le long des murs préservent leur autonomie. Pour manger tranquillement, choisir d'être plutôt en fond de salle. D'autant que le service se révèle le point faible de la maison et que dans la lumière tamisée du *front bar*, on pourrait vous oublier parfois. Cuisine américaine correcte et pas trop coup de bambou, vins abordables, eu égard à l'image de l'établissement et sa clientèle très typée.

Dans le quartier de U Street

I●I **Ben's Chili Bowl** (plan II, C2, 43) : 1213 U Street. ☎ 667-0909. Ouvert de 6 h à 2 h (jusqu'à 4 h le week-end) et le dimanche de 12 h à 20 h. Comme le *Florida Avenue Grill*, plus loin, une belle institution. Son slogan : « Our chili will make a hot dog bark ! » Très populaire dans tout le coin. Éclairage meurtrier, tabourets de moleskine, comptoir de formica, *tin ceiling* et vieux ventilo. Un *landmark* côté années 1950 sympa. Décor de photos et articles divers. Quelques clients célèbres : Dizzy Gillespie, Billie Holliday, Bill Cosby... Spécialités de *chili half-smoke*, *beef chili dogs*, *beef chili burgers* et bien sûr de *chili con carne*. Sinon, sandwichs divers, *tuna subs*, etc. Petit déj' servi de 6 h à 11 h (*corned beef hash*, *salmon cake*, etc.). Copieux !

I●I **U-topia** (plan II, C2, 44) : 1418 U Street. ☎ 483-7669. Ouvert midi et soir jusqu'à 23 h 30 (0 h 30 le week-end). Fermé le samedi midi.

Ça y est, ça devait bien arriver, voilà le premier resto branché de U Street. Il s'insère d'ailleurs dans un bel alignement de demeures de style victorien. À l'intérieur, le décor lorgne du côté du style New York. Pour faire bonne mesure ou peut-être évoquer un côté *trash soft*, des morceaux de plâtre sont tombés de-ci de-là du mur de brique. Exposition de peintures. Clientèle exclusivement de branchés et yuppies blancs pour une cuisine américaine classique tendance cajun : *The Chef's chicken pecan, sauteed filet of mahi-mahi, gulf shrimps Jambalaya, crab cakes*, salades, sandwichs, etc. Prix raisonnables. À vérifier : chaque jeudi, musique brésilienne de 21 h 30 à 1 h 30 *(BYOP; Bring your own percussion)*.

Au nord de Downtown

Intéressant de faire un tour dans ce coin de Florida Avenue, quartier noir assez pauvre. L'envers de l'arrogant Downtown « gentrifié » et du *clean* et élégant Georgetown. Ceux qui demeurent à l'AJ n'ont qu'à attraper un bus qui remonte 11th Street, ou alors treize petits blocs à pied. Petite balade sociologique ensuite : redescendre Florida Avenue jusqu'au quartier d'Adams Morgan, à dix blocs environ. À l'arrivée, vous constaterez combien, en deux rues, on change radicalement de quartier. Il est cependant hautement recommandé de ne pas circuler à pied la nuit du côté de Florida Avenue et 11th Street.

Très bon marché

IOI Florida Avenue Grill *(plan II, C2, 45)* : 1100 Florida Avenue NW (à l'angle avec 11th Street). ☎ 265-1586. Ouvert de 6 h à 21 h. Fermé le dimanche. Avant tout, un resto pour le petit déj' et le *lunch*. C'est l'un des derniers vrais *diners* où s'arrêtent, depuis 1944, *trucks* et chauffeurs de taxi. Déco d'origine. Long comptoir en formica usé où se serrent, sur des tabourets plastique et aluminium, bandes de jeunes Noirs du coin, cols bleus et cols blancs. Au nombre de photos accrochées au mur, vous n'êtes pas la première personnalité à mettre les pieds ici. Nourriture *Southern*, probablement la meilleure de la ville dans le genre plats simples (et servis abondamment). Populaire *corned beef hash* pour le petit déj'. Délicieux *corn-bread muffins* (mais comme ils sont tout frais, ils partent vite !). Pas de boissons alcoolisées. Le quartier n'engage pas à s'y aventurer le soir et avec les destructions alentour, le pauvre *Florida* semble de plus en plus isolé !

À Georgetown

Une pépinière incroyable de restos. À la limite, presque inutile de vous en indiquer. Comme à Adams Morgans, animation de rue garantie. Voici tout de même quelques adresses sympas.

De bon marché à prix moyens

IOI Saigon Inn *(plan IV, B2, 10)* : 2928 M Street NW. ☎ 337-5588. Ouvert tous les jours jusqu'à 23 h. L'un des restaurants les moins chers de Washington. Les *lunch specials*, servis entre 11 h et 15 h, sont particulièrement bon marché. Pensez, pour environ 6 US$, choix entre quatre plats (genre poulet au gingembre ou au curry) avec *spring roll* et riz. Le *Routard* est affiché (en grande taille !) à l'entrée, et le patron n'est pas peu fier de montrer la photo du président du Pérou (qui est d'ailleurs japonais, c'est compliqué !) venu festoyer chez lui. Ne pas

WASHINGTON – PLAN IV (GEORGETOWN)

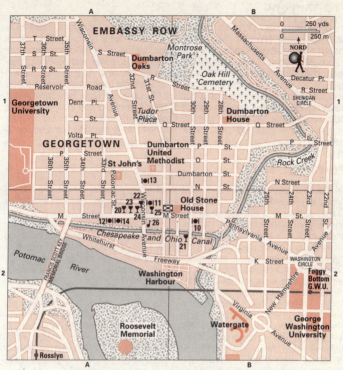

WASHINGTON – PLAN IV (GEORGETOWN)

🍽 **Où manger ?**	🍷 🎵 **Où sortir ? Où écouter du jazz ?**
10 Saigon Inn	20 Sports Fans
11 Papa-Razzi	21 Music City Roadhouse
12 Clyde's	22 Champions
13 Paolo's	23 The Saloun
14 J. Paul's	24 Myth. Com Cybercafé
	25 Mister Smith
	26 Blues Alley

confondre avec le resto vietnamien juste à côté (beaucoup plus cher et moins bien). Sinon, carte fournie avec quelques spécialités, comme le *caramel fish filet*, la *Hanoi beef noodle soup*, les crevettes grillées à la canne à sucre, etc.

🍽 ***Papa-Razzi*** *(plan IV, A2, 11)* : 1066 Wisconsin Avenue. ☎ 298-8000. Ouvert du dimanche au jeudi de 11 h à 23 h (jusqu'à minuit le week-end). Plats de 15 à 20 US$ environ. Cuisine d'Italie du Nord originale. Cadre sympa (ancienne caserne de pompiers). Une plaque rappelle la mort de Bush (pas celui auquel on pense, c'était la mascotte des pompiers en 1869). À l'intérieur, immense volume aux grosses colonnes. Décor élégant : bois verni sombre, moleskine, belles lampes, comptoir de marbre. Photos et posters en noir et blanc aux murs.

Prix moyens

|●| Clyde's *(plan IV, A2, 12)* : 3236 M Street NW. ☎ 333-9180. Ouvert du lundi au vendredi de 7 h 30 à 23 h 30 (jusqu'à 1 h les samedi et dimanche). Bon *brunch* le week-end de 9 h à 16 h. Assez « in », et complètement colonisé par l'*upper middle class* (profs, avocats, etc.). Deux salles élégantes : atrium, plantes grasses, clarté pour les uns, vieux tableaux, nappes à carreaux et douce pénombre pour les autres. Pour manger, le comptoir a du succès tard le soir. Même choix, en revanche, pour les salades, pâtes, viandes, *BBQ ribs*, etc. En semaine, de 16 h à 19 h, *afternoon delight* (petits plats pas chers du tout). Le soir : *New York strip steak, Saint Louis BBQ ribs, chili, crab cakes platter, broiled salmon*. Notez au passage la vieille machine à café italienne en cuivre.

Plus chic

|●| Paolo's *(plan IV, A1, 13)* : 1303 Wisconsin Avenue. ☎ 333-7353. Ouvert jusqu'à 0 h 30 (2 h le week-end). Genre grande brasserie comme chez nous, de style italo-californien (comme on dit ici) avec des cuistots noirs et des serveuses asiatiques. Cadre assez sophistiqué (bois, glaces teintées, fleurs et tables de marbre), clientèle *trendy* bavarde, voire rugissante. Atmosphère décontractée donc. Ici, on prend un petit blanc de la Napa Valley ou une bière avec des snacks. Mais on y mange aussi étonnamment bien. Nourriture pas bâclée du tout et moins chère finalement que le cadre ne le laisse supposer. Réputé pour ses *pasta*, pizzas au feu de bois, viandes (*beef tournedos gerarda, shrimp scampi* à l'ail et citron, *mixed grill*, etc.) et sa très belle sélection de vins. Fameux *brunch* le week-end.

|●| J. Paul's *(plan IV, A2, 14)* : 3218 M Street. ☎ 233-3450. Ouvert de 11 h 30 à 23 h (jusqu'à minuit le week-end). *Tin ceiling*, plancher en bois, remarquable décor derrière le comptoir en acajou sculpté. *Brunch* le dimanche de 10 h 30 à 14 h 30. Serveurs et clientèle jeunes et plutôt bon chic bon genre. Cuisine américaine (pas mal de choix) fraîche et copieuse (poissons, steaks, *ribs*). Bon rapport qualité-prix (on peut y manger de délicieuses salades pour un prix très abordable). Musique rock et blues à grands volumes. Toujours à la mode depuis des années.

Dans le quartier de Southwater Front

– Sur Water Street (M. : L'Enfant Plaza), le long de la rivière, un **marché de poisson et de fruits de mer** très animé. Possibilité de déguster sur le marché (donc à un prix très bas) des crevettes épicées servies avec des frites, ou des fruits de mer, le tout d'une extrême fraîcheur.
– En suivant la promenade qui domine la marina, succession de **restos de poisson** plutôt chics avec terrasses.

Où descendre une vieille Bud ? Où sortir ?

À *Georgetown*

C'est ici avant tout que ça se passe ! Par définition. Avec ses dizaines de milliers d'étudiants, Georgetown se devait d'aligner un nombre incroyable de lieux, aussi divers les uns que les autres, pour boire, écouter du rock et *cruiser*. Tout s'ordonne sur M Street et Wisconsin Avenue.

WASHINGTON / OÙ DESCENDRE UNE VIEILLE BUD ? OÙ SORTIR ?

🍸 **Sports Fans** (plan IV, A2, 20) : 3287 M Street. ☎ 338-7027. Ouvert jusqu'à 1 h (3 h le week-end). Très populaire chez les étudiants. Bien entendu, tout le décor est basé sur le sport ; TV et vidéos retransmettent les matchs. Ici, il faut suivre de près les *specials*, genre les mecs payent environ 10 US$ l'entrée le dimanche soir, mais leurs nanas boivent gratos. Ou bien certains soirs, la *pint* est à un prix ridicule et le *pitcher* à un dollar (mais toujours avec une *cover charge* à l'entrée). En principe, *college night* le jeudi. C'est tout le temps plein (même le dimanche soir). Piste de danse et musique techno-funky. Par moments, atmosphère incroyable. Faut dire que les clients semblent vouloir rentabiliser leur entrée en buvant beaucoup. En tout cas, la formule plaît et *Sports Fans* paraît prendre aujourd'hui la place de *Champions*, longtemps leader catégorie *sport bars*.

🍸 **Music City Roadhouse** (plan IV, B2, 21) : 1050 30th Street (à l'angle avec le canal). ☎ 337-4444. Ouvert de 17 h à 2 h (jusqu'à 3 h le vendredi), le samedi de midi à 3 h et le dimanche de 11 h à minuit. Installé dans l'ancienne fonderie Duvall de 1856, qui fut ensuite « hôpital » pour les mules qui travaillaient sur le canal. Belle restauration de l'édifice. Clientèle jeune et étudiante tendance western and country et rock. D'ailleurs, les portraits des vedettes de Nashville s'étalent sur les murs de brique rouge. Très grand choix de bières, deux pools, concerts en fin de semaine et *brunch* musical.

🍸 **Champions** (plan IV, A2, 22) : 1206 Wisconsin Avenue NW. ☎ 965-4005. Au fond d'une impasse. Ouvert de 17 h jusqu'à 2 h (3 h les vendredi et samedi). Pour nos lecteurs sportifs, un immense pub entièrement axé sur le sport. Bien sûr, décoration et illustrations uniquement sur le sujet. Atmosphère assez macho, vous vous en doutez. Des TV retransmettent les matchs de basket. Décor très original. On y trouve de tout, même une voiture de sport et une antique moto. On peut (évidemment) y grignoter. Comparé au *Sports Fans*, dimanche soir vraiment morne, compensé certes par les longues *happy hours* du vendredi (de 18 h à minuit). *Base-ball night* le mardi.

🍸 **The Saloun** (plan IV, A2, 23) : 3239 M Street NW. ☎ 965-4900. Ouvert jusqu'à 2 h (3 h les vendredi et samedi). On y écoute du jazz de très bonne qualité. L'endroit n'est pas très grand mais l'ambiance est sympa, et la bière ne coûte pas cher (une soixantaine de sortes de la Ostankinskoye russe à la Cuzco péruvienne en passant par la Mamba ivoirienne). Décor assez chaleureux (bois, brique et Tiffany). Possibilité de grignoter sandwichs, *Saloun munchies*, burgers, *Cajun wings*, *chicken quesadilla*, salades, et on peut même jouer au backgammon ! Le samedi après-midi, jazz de 16 h à 20 h.

🍸 **Myth. Com Cybercafé** (plan IV, A2, 24) : 3241 M Street. ☎ 625-6984. Ouvert jusqu'à 1 h (3 h le week-end). Salle tout en longueur. Style starckien intéressant. Bien dans les tonalités contemporaines (gris, noir, avec des nuances bleutées), mais ambiance pas si froide que ça. Accès Internet bien sûr, mais aussi l'occasion de boire un verre et de grignoter filet mignon, crêpes, *penne marinara* ou sandwichs divers.

🍸 **Mister Smith** (plan IV, A2, 25) : 3104 M Street (at NW 31st Street). ☎ 333-3104. Ce lieu vraiment accueillant est ouvert tous les jours de l'année (sauf celui de l'anniversaire du patron) de 14 h à 2 h. Décoration incitant à la tendresse et l'intimité. Comptoir de bois usé. Piano-bar dans un coin distillant des vieux airs jazzy ou be-bop. Beaux vitraux. Jardinet fleuri sous verrière offrant son cadre reposant. Consommations cependant assez chères. Possibilité d'y manger. Au 2e étage, spectacle les vendredi et samedi à 21 h (sans supplément). Menu amusant sous forme de journal.

🍸 Et puis encore, **Martin's Tavern** (1264 Wisconsin Avenue), style irlandais, accueil sympa ; **Third Edition** (1218 Wisconsin Avenue), très populaire chez les étudiants ; etc.

À Adams Morgan

🍸 **Madam's Organ** *(plan II, B2, 55)* : 2461 18th Street NW. ☎ 667-5310. Ouvert jusqu'à 1 h 30. THE temple du blues, bluegrass, R & B, etc. Tout en longueur, murs de brique, vieux comptoir de bois (la meilleure place). Décoré d'instruments de musique, de peaux d'ours, têtes de buffle et lion rugissant... Parfaitement hétéroclite, enfumé et délicieusement bruyant. On aime. D'autant plus qu'ils ont de l'humour (leur slogan : « Where the beautiful people go to get ugly »). Les rouquines payent leur Rolling Rock demi-tarif. Belle programmation de blues et le taux de décibels explose près du *stage*. Au-dessus de l'établissement, des pools, un *hideaway deck* avec bière à moitié prix jusqu'à 22 h (du dimanche au jeudi) et un resto servant de la *soul food*. Sinon, au bar, sandwichs pour les petites faims. Vous l'aviez deviné, une de nos adresses préférées.

🍸 **Common Share** *(plan II, B2)* : 2003 18th Street NW. ☎ 588-7180. Ouvert de 18 h à 1 h 30 (jusqu'à 2 h 30 le week-end). Le premier d'une longue série de bars, en bas d'Adams Morgan, mais pas le dernier à se remplir. Normal, c'est le seul à notre connaissance qui propose toutes les bières au même prix, tout le temps, vraiment pas chères : autour de 4 US$. De plus, bon choix. À la pompe, Pilsner Urquell, Boddington, Caffrey's, Newcastle, Sierra Nevada, etc. En bouteille, Red Strip, Rolling Rock, Guinness, Corona, Amstel... Bref, la grande foule rugissante sur une surface plutôt réduite et l'occasion de lier connaissance. Clientèle étudiante pas trop argentée, tendance bohèmo-margeo, teintée de quelques rastas. Décor minimaliste, quelques toiles... Musique à tue-tête. C'était notre rade le moins cher de Washington, à quelques années lumière de *Cities* (le bar le plus *trendy* du coin).

🍸 **Tryst** *(plan II, B2)* : 2459 18th Street NW. ☎ 232-5508. Ouvert de 7 h à 1 h (jusqu'à 3 h le week-end). La nouvelle coqueluche des jeunes. Faut dire que tous les ingrédients sont réunis pour réussir. Immense salle tamisée, ouverte en saison directement sur la rue. Long comptoir et *tin ceiling*. Atmosphère bourdonnante, avec banquettes et profonds fauteuils. Cheminée et petite bibliothèque peuvent donner l'impression qu'on se relaxe dans l'intimité de sa maison. Les jeunes adorent. Trois ou quatre expos photo sur les murs en même temps. Pour les amateurs de cafés, huit variétés différentes, pour les autres, de bons *muffins*, *scones*, *cookies* et autres *yummies*...

🍸 **Bukom Café** *(plan II, B2)* : 2442 18th Street NW. ☎ 265-4600. Ouvert jusqu'à 2 h (1 h les lundi et mardi et 3 h le week-end). Ambiance super et foule compacte dans ce bar qui propose des concerts de jazz ou de reggae du mardi au jeudi et des groupes d'Afrique de l'Ouest les vendredi et samedi. Clientèle mixte à dominante *African American*. On peut aussi y manger. Cuisine d'Afrique de l'Ouest, bonne et copieuse.

🍸 **Felix** *(plan II, B2)* : 2406 18th Street NW. ☎ 483-3549. Ouvert de 18 h à 1 h (jusqu'à 3 h le week-end). Impossible d'échapper à la musique s'en échappant de façon tonitruante. Petit complexe bar, resto, concerts, piste de danse sur deux étages. *Live music* quasiment toute la semaine. Le week-end, bourré à craquer. Soirées spéciales, type *Sinatra night* le mercredi soir. Sinon, c'est jazz le plus souvent.

🍸 **Tom Tom** *(plan II, B2)* : 2333 18th Street NW. ☎ 588-1300. Là, c'est plutôt style étudiants cheveux courts et propres sur eux. Longues queues pour y accéder le week-end. Faut dire qu'il y a un *DJ* d'enfer du jeudi au samedi et que ça danse presque dans la rue (en tout cas sur le balcon). À l'intérieur, quasiment les ténèbres, mais ça n'empêche pas de s'agiter frénétiquement.

🍸 **Toledo** *(plan II, B2)* : 2435 18th Street. ☎ 986-5416. Décoré de pubs en émail, dont un immense Pégase de station-service. La peinture sur les murs se craquelle noblement et les néons jettent une aura rosée sur les belles *college girls*. Ambiance

WASHINGTON / OÙ DESCENDRE UNE VIEILLE BUD ? OÙ SORTIR ?

rough et joyeuse tout à la fois, mais quel bruit d'enfer.

▼ *Asylum* (plan II, B2) : 2471 18th Street NW (et Columbia). ☎ 319-9353. Bonne atmosphère. Situé au sous-sol. Plus radical, plus marginal, plus tatoué, plus... que les autres, mais *cool* et relax quand même. Toutes les musiques dures : *grunge, heavy metal, industrial,* etc. Billard et banquette pour s'effondrer après les parties (de billard).

▼ Impossible de citer tous les autres, mais voici encore en vrac quelques adresses intéressantes : *Heaven and Hell* (2327 18th Street), l'un des coins les plus populaires pour danser (le jeudi, géniale *80's dance party* !) ; *Dan's Café* (2315 18th Street), café hyper fréquenté (et pourtant à peine visible de la rue) ; *Millie and Als* (2440 18th Street), un des préférés des *college boys* ; et puis encore *Mo Bay Café, Mr. Henry*...

Dans le quartier de U Street

Le quartier qui bouge bien aujourd'hui, avec un éventail à peine croyable de lieux différents, pour tous les goûts, tous les fantasmes... (Voir description du quartier plus loin.)

▼ *9 : 30* (plan II, C2, 56) : 815 V Street. ☎ 432-SEAT ou 265-0930 ou 3-930-930 (pour le programme). M : U Street-Cardozo. Quatre blocs au nord du métro Shaw Howard University. Plutôt conseillé d'y aller en taxi. Dans un environnement bien glauque d'entrepôts, dans ce quartier en voie de recomposition, le fameux *Nine Thirty* a retrouvé ici, depuis son déménagement du Downtown, une nouvelle énergie. Salle haute de plafond et *sound* remarquable, public jeune toujours très rock, un poil « margeo », un zeste destroy, en presque totalité blanc (dans un quartier à dominante noir, y'a des téléscopages sociologiques toujours intéressants aux States !)... Superbe programmation (Joshua Redman Band, Smashing Pumpkins, Underworld, Robbie Williams, etc.). Plusieurs bars du sous-sol au balcon. Concerts quasi tous les soirs.

▼ *State of Union* (plan II, C2, 57) : 1357 U Street (et 13th Street). ☎ 588-8810 ou 588-8926. M : U Street-Cardozo. Ouvert tous les jours jusqu'à 3 h. Un de ces bars comme on n'oserait jamais faire en France, thème et décor évoquant l'ancienne Union soviétique. Portraits de Lénine et de Raspoutine, atmosphère bien sombre, clientèle très mélangée et plus vodka que whisk(e)y, nul n'en sera étonné. *Live music* trois ou quatre fois par semaine. Spécialisé dans le *hip-hop* et le *progressive jazz*. Essayer d'arriver avec un *flyer*, vous aurez demi-tarif. En principe, les dames ne paient pas avant 22 h.

▼ *Republic Gardens* (plan II, C2) : 1355 U Street. ☎ 232-2710 et 323-2730. Juste à côté du *State of Union* (et son antithèse). Ouvert du lundi au jeudi jusqu'à 2 h, le vendredi et samedi jusqu'à 4 h, le dimanche de 12 h à 20 h. Clientèle presque exclusivement *African American*, type *upper middle class* ou branché(e) urbain(e) super sapé(e). Eh oui, évitez le jean, c'est pas le genre de la maison (*proper attire required,* c'est écrit sur les *flyers*). Plusieurs bars en enfilade, décor assez sophistiqué, musique *R & B, hip-hop, funky, reggae,* etc. Petite *cover charge* parfois en semaine. Le samedi, grosse *cover charge* et *bartender's ball* de 8 h 30 à 4 h, avec buffet compris (*crab cakes, N.Y. Strip, jerk chicken,* etc.). *Open bar* de 8 h 30 à 22 h.

▼ *Chicha Lounge* (plan II, C2) : 1624 U Street. ☎ 234-8400. Ouvert à partir de 18 h et jusqu'à tard la nuit. Peu de décor, juste de nombreux et profonds fauteuils pour déguster coolos de la musique latino et l'air du temps dans une atmosphère hyper tamisée. La clientèle ouvre éventuellement un œil et tend une oreille attentive pour le jazz du dimanche soir.

🍴 ♪ **Black Cat** (plan II, C2, **59**) : 1831 14th Street (et T Street). ☎ 667-4490. Rade bien rouge et sombre, concert presque tous les soirs dans une salle à part. Lieu qui dégage pas mal d'énergie. Atmosphère rock tous styles. Dans le fond de la salle, lorsqu'on disparaît dans les fauteuils en skaï défoncés, avec un verre dans la main, personne ne se relève plus pour aller en chercher un autre. Billard.

🍴 ♪ **Velvet Lounge** (plan II, C2, **58**) : 915 U Street (entre Vermont et Florida). ☎ 462-3213. Ouvert de 20 h à 2 h (jusqu'à 3 h le week-end). Dans un quartier encore pas mal craignos la nuit, un petit club-café « margeo », probable avant-garde du développement musical du coin. Aux murs, des peintures criardes sur fond bleu outremer. Fauteuils de moleskine pour méditer sur les futurs changements sociologiques du quartier. Ça fait irrésistiblement penser à ces lieux qui s'ouvraient dans les *Alphabet Avenues* de l'*East Village* à New York, il y a quinze ans. Petites salles vite remplies le week-end, en semaine c'est plus tranquille. Concerts rock où la rage l'emporte encore, trois ou quatre fois par semaine. Au premier, la petite salle de concert et un pool.

🍴 ♪ **Café Nema** (plan II, C2) : 1334 U Street. ☎ 667-3215. Fermé le dimanche. La journée et en début de soirée, c'est un resto-snack, la nuit un bar sympa jusqu'à 2 h. Expos d'artistes locaux aux murs. Jazz les mercredi et vendredi. Premier *set* à 21 h et, en principe, pas de *cover charge*.

Où écouter du jazz ?

♪ **Step Down** (plan III, A1, **35**) : 2517 Pennsylvania Avenue NW. ☎ 955-7140. Fax : 955-7141. M : Foggy Bottom. Tout en longueur et cadre sans chichis. En face du bar, des boxes très années 1950. Ici, dans cette adresse peu médiatique, on retrouve les vrais amoureux du jazz. Atmosphère intime et enfumée. C'est, dit-on, l'un des plus anciens clubs des États-Unis jouant au même endroit. Certains vitraux représentent des musiciens. Programmation de grande qualité. Le lundi, c'est le jour du *band*. En principe, shows à 8 h 30, 22 h et minuit. En dehors des heures de concert, super titres au juke-box (deux airs pour un *quarter*). En semaine, petite *cover charge*. Pour les grands *bands*, entrée autour de 20 US$, on ne les regrette pas !

♪ **Blues Alley** (plan IV, A2, **26**) : 1073 Wisconsin (et Blues Alley), à Georgetown. ☎ 337-4141. Jazz à partir de 18 h, dîner-spectacle à 20 h et 22 h (et à minuit le week-end). Cuisine créole. On peut aussi y boire seulement un verre. Cela dit, ça reste cher (surtout pour les grandes vedettes genre Lou Rawls) et l'atmosphère se révèle quelque peu formelle, voire conformiste.

♪ **Columbia Station** (plan II, B2, **65**) : 2325 18th Street NW (Adams Morgan). ☎ 462-6040. Ouvert de 11 h à 2 h (jusqu'à 3 h le week-end). Décor sophistiqué, clientèle et atmosphère assez élégantes. Voir la sculpture faite de trompettes et trombones soudés. Cuisine américaine traditionnelle. Aux beaux jours, tables dehors. Bien sombre, on ne voit pas le contenu de son assiette, mais quel jazz ! Fort belle programmation.

♪ **La Casa Africana** (plan II, B2, **66**) : 2341 18th Street NW (Adams Morgan). ☎ 986-8777. Ouvert de 11 h à 22 h les dimanche et lundi, jusqu'à 2 h du mardi au jeudi et 3 h le week-end. Petit restaurant africain sans prétention proposant de bons petits groupes le soir.

♪ **Twins** (hors plan) : 5516 Colorado Avenue NW. ☎ 882-2523. Nécessité de remonter 13th Street tout du long. Ça c'est carrément une adresse pour aventureux du jazz. Situé au diable vauvert. Y aller au moins à deux pour couvrir les frais de taxi. Remarquables musiciens.

On y a dégusté le chanteur Rusty Mason et le Buck Hill Quartet dans une atmosphère mémorable. Télé-phoner pour connaître les jours et heures des programmes. En principe, sets de 21 h à 1 h.

Les quartiers principaux

Georgetown

Le quartier historique de Washington *(plan IV)*. Un peu décentré, mais très intéressant. À côté des maisons d'habitation anciennes, restaurées à grands frais, on trouve des magasins de luxe, des boutiques et des restaurants chics. Le croiriez-vous, c'est un ancien quartier noir reconquis par les Blancs. Pour y aller, pas de métro. Prenez les bus pairs de 30 à 38 devant la Maison-Blanche. Ou bien descendez à Foggy Bottom et remontez à pied (10 mn) Pennsylvania Avenue. Le centre de Georgetown est à l'intersection de Wisconsin Avenue et M Street. On y trouve quand même des petites boutiques et des restos pas trop chers. Allez-y aussi le soir pour sa vie nocturne extrêmement animée (et carrément démente le week-end). Pour les poètes urbains, une balade qu'on ne pensait pas possible dans une grande métropole.

Si vous abordez Georgetown par le sud, au niveau de 30th Street, jetez un œil sur le **Washington Harbor**, un tout nouveau complexe commercial édifié le long du Potomac. Architecture intéressante, bassins avec jets d'eau, galeries avec boutiques de luxe, etc.

En remontant 30th Street, vous croiserez le charmant **C & O (Chesapeake and Ohio) Canal** avec voies piétonnes sur berge et quelques écluses antiques. Quartier adorable.

Au 3051 M Street, possibilité de visiter l'**Old Stone House**, l'une des maisons les plus anciennes de Washington (1765). Ouvert du mercredi au dimanche de 9 h 30 à 17 h.

En remontant vers R Street, vous flânerez dans la partie la plus résidentielle de Georgetown et croiserez **Oak Hill Cemetery**. Délicieusement vallonné vers Rock Creek (entrée au bout de 30th Street). L'un des plus vieux et romantiques cimetières de la ville (1844). Ouvert de 9 h à 16 h 30, sauf les week-ends et jours fériés. Nombreux mausolées et tombes anciennes dans un environnement bucolique.

À côté s'étendent les **Dumbarton Oaks Gardens**, au 1703 32nd Street NW (☎ 339-6400), de superbes jardins en terrasses. Maison construite en 1801 et qui abrite une petite collection d'art byzantin et précolombien. Ouvert de 14 h à 16 h 30 d'avril à octobre. Fermé le lundi. Entrée payante. Jardins ouverts tous les jours de 14 h à 18 h (17 h de novembre à mars).

Dupont Circle et Adams Morgan

Autour de Dupont Circle et sur Connecticut Avenue *(plan II)*, un maximum de restos, cafés et boîtes (voir « Où manger ? »). Vers le nord-ouest, Massachusetts Avenue prend le nom d'**Embassy Row**. Plus d'une centaine d'ambassades s'y alignent.

En remontant New Hampshire Avenue, puis 18th Street, on aborde **Adams Morgan**, un quartier multi-ethnique en passe de devenir le quartier le plus animé et le plus intéressant de la ville. Mélange sympa d'artistes, marginaux, bohèmes de tout poil, avec une forte communauté hispanique. Ils ont su insuffler une atmosphère bien particulière à ce quartier qui a pris plein de couleurs. Librairies, boutiques de toutes sortes, restos s'égrènent le long de 18th Street, de Florida Avenue à Columbia Road. C'est un quartier tellement sympathique que les yuppies ont largement commencé à l'investir.

Old Downtown

C'est tout le territoire s'étendant à l'est de 14th Street *(plan III)*, compris dans un triangle formé par Pennsylvania et New York Avenues et qui connaît, à l'heure actuelle, un profond bouleversement architectural. 14th Street fut longtemps une sorte de frontière marquant le quartier des administrations et des grands hôtels. Au-delà s'étendait un quartier pauvre, principalement habité par les Noirs. Les visiteurs, longtemps, s'étonnèrent de la présence d'un *Red Light District* autour de 14th Street, à deux pas de la Maison-Blanche. L'origine remonte à la guerre de Sécession, lorsque des milliers de soldats nordistes campaient dans Washington, aux abords de la Maison-Blanche. Ils attirèrent, bien entendu, des légions d'Irma la Douce. Pour éviter la pagaille, le général Hooker tenta d'organiser le commerce sexuel, en ouvrant et en concentrant ici des bordels. Le coin fut surnommé *Hooker's District*, puis *Hooker's*. Pour finir, *hooker* prit le sens de « prostituée ». Le mot passa à la postérité en enrichissant le *slang* (argot).

À l'angle de 9th et G Streets, vous trouverez la seule œuvre à Washington du grand architecte Mies Van der Rohe : la **Martin Luther King's Library** *(plan III, C1)*.

Autour de Chinatown et jusqu'à 2nd Street

Quartier au chamboulement immobilier largement entamé. Tout est subordonné au développement du Convention Center. Chinatown s'ouvre, au carrefour de H et 8th Streets *(plan III)*, par la classique porte triomphale en forme de pagode (M. : Gallery Place). Le quartier est, pour le moment, loin de posséder le charme et l'homogénéité des autres Chinatown américaines. La nuit, hors de H Street, ce n'est pas trop sûr. Une curiosité : à côté du resto *Big Wong* (610 H Street) s'élève un vieil immeuble où se fomenta le complot en vue d'assassiner Lincoln.

East Capitol et Anacostia

C'est un quartier s'étendant du Capitole au Lincoln Park (et au-delà). Pour les promeneurs impénitents et qui possèdent un peu de temps, balade agréable. Ça ressemble beaucoup à ce que put être Georgetown il y a 30 ou 40 ans. Ancien quartier noir reconquis, comme Georgetown, par les Blancs. Superbes maisons, hôtels particuliers avec de beaux jardins sauvages. Les rues ne possèdent pas encore le côté trop bien léché de Georgetown et accrochent le regard par des détails insolites.

Les grands quartiers noirs pauvres sont désormais **Anacostia** *(plan I, D4)*, au sud-est (de l'autre côté de l'Anacostia River), et tout ce qui s'étend à l'est de 14th, à partir de Q Street, en remontant vers le nord. Anacostia vécut le processus inverse de Georgetown. Majoritairement blanc jusqu'en 1940, il connut jusque dans les années 1970 un afflux de familles noires. Aujourd'hui, Anacostia est à 96 % *African American*. Voir la **belle demeure victorienne de Frederick Douglass**, le grand abolitionniste noir, patron de presse, président de banque, ambassadeur, extraordinaire orateur, etc. 1411 W Street (M. : Anacostia). Ouvert de 9 h à 16 h tous les jours (jusqu'à 17 h de mi-avril à mi-octobre). ☎ 426-5961. Très intéressant musée aussi, l'**Anacostia Museum**, dépendant de la Smithsonian, 1901 Fort Place SE. ☎ 357-2700. Ouvert tous les jours de 10 h à 17 h. Pour s'y rendre : métro jusqu'à Anacostia, puis metrobus W1 ou W2. Musée dédié à la culture noire américaine sous tous ses aspects : ethnographique, artistique, sociologique. Expos par thèmes.

La U Street de Duke Ellington

M. : U Street-Cardozo *(plan II)*. Sur U Street (entre 13th et 16th Streets), s'étend un quartier noir célèbre grâce à Duke Ellington qui y passa son enfance (il vivait au 1212 T Street). Des années 1920 aux années 1960, ce fut le quartier de la bourgeoisie noire de Washington. On y trouvait de fameuses boîtes de jazz où se produisaient les plus grands (*Billie Holliday, Fats Waller*, le *Duke*, etc.). U Street y avait gagné le surnom de *Black Broadway*. Des écrivains noirs de renom y habitèrent, comme *Angeline Grimke, Zora Neale Hurston, Langston Hughes, Alain Locke*... Les années suivant la fin de la ségrégation et les violentes émeutes qui suivirent la mort de Martin Luther King en 1968 virent le quartier s'appauvrir et se dégrader dramatiquement. Cependant, depuis quelques années, un processus de *revival* est entamé. Les autorités locales veulent lui redonner vie et favorisent sa revitalisation. Peut-être retrouvera-t-il son lustre d'antan ? Restos et cafés branchés qui éclosent aujourd'hui comme champignons de rosée en sont les signes avant-coureurs. Au fait, deux ou trois choses que nous savons du Duke : il naquit à Washington le 29 avril 1899 et mourut en 1974. Considéré comme le compositeur de jazz le plus important d'Amérique, il laisse près de 2 000 œuvres derrière lui. Mile Davis (qui savait de quoi il causait) disait de lui : « Tout musicien devrait se prosterner une fois par an et remercier Dieu d'avoir créé Duke Ellington ». Il sut inventer une musique totalement moderne en intégrant subtilement les traditions les plus diverses. Il sut aussi travailler avec des tempéraments aussi différents que le saxo *Johnny Hodge*, le saxo ténor *Ben Webster*, le trompettiste *Cootie William*, en respectant le mieux leur personnalité. Il avait aussi la réputation d'être un chef d'orchestre particulièrement *cool*. Pour lui, il convenait de ne pas altérer le caractère bagarreur de beaucoup de musiciens, pour mieux mettre en valeur leur apport, puis les amener à swinguer ensemble harmonieusement. Bref, nous vous convions à redécouvrir le Duke sur ses terres... Tours guidés avec la *Manna Community Development Corporation*. Informations au : ☎ 232-2915. Également avec le *Duke Ellington D.C. Tour*. Renseignements au : ☎ 636-9203.

Petite balade dans U Street et environs

➢ Pour nos lecteurs impénitents trekkeurs urbains. À faire de jour exclusivement, ça va de soi ! Rendez-vous d'abord à l'angle de U et de 13th Streets *(plan II, C2)*, pour l'immense *mural* honorant Duke Ellington. En face, le **Lincoln Theater**, bâti en 1921, récemment restauré, haut lieu de la vie nocturne dans les années 1920-1940 (☎ 328-6000). *Cab Calloway, Ella Fitzgerald, Count Basie, Jerry Roll Morton* et tant d'autres s'y produisirent. À trois blocs, 10th et U Streets, l'**African American Civil War Memorial** érigé en l'honneur des 180 000 Noirs américains qui combattirent dans l'armée de l'Union pendant la guerre de Sécession. Au 1440 Belmont Street, statues de *Malcom X* et *Marcus Garvey*, célèbres leaders nationalistes noirs. Un parc honore également Malcom X (appelé aussi **Meridian Hill Park**). Situé sur 16th Street (entre Florida et Euclid Streets). Siège de grands rassemblements pendant la lutte pour les droits civiques. Les gens du voisinage font beaucoup d'efforts aujourd'hui pour le débarrasser de sa mauvaise réputation. Le parc est orné de treize jolies cascades en terrasse. Meilleur moment pour la visite : le dimanche, lorsqu'il est annexé par les familles. Vers Howard University, prendre un *muffin* au passage au *Florida Avenue Grill* (1100 Florida Avenue ; voir « Où manger ? »). **Howard University**, Georgia Avenue NW (M. : Shaw-Howard University), fut fondée en 1867 par Oliver Otis Howard, général dans les troupes de l'Union, champion des droits des Noirs et partisan acharné de leur émancipation. De nombreux leaders noirs, hommes politiques, industriels, etc., en sont issus. En plus de ses nombreuses facultés, elle possède la *Founders Library* (expos sur l'histoire des Noirs américains), la *Moorland-Spingarn Research Center*, plus importante bibliothèque de littérature africaine américaine du pays. Tours organisés du lundi au vendredi. Renseignements au : ☎ 806-6100 et 806-2900. Dans le même coin, au 2455 6th Street, la *Howard University Gallery*, présentant des œuvres de la Renaissance italienne, des artistes noirs américains et de l'art africain. ☎ 806-7070.

Comment visiter Washington ?

➢ Assez pratique : le **Tourmobile Ticket** qui permet, en une journée, de visiter tous les sites (y compris le cimetière d'Arlington). Possibilité de monter et descendre à n'importe quel arrêt (le ticket s'achète auprès du conducteur). Plusieurs tours et combinaisons possibles. Les temps d'attente aux arrêts sont parfois longs. Fonctionne de 9 h à 18 h 30 du 15 juin au Labor Day, et de 9 h à 16 h 30 le reste de l'année. Renseignements : ☎ 554-5100. Réservations : ☎ 1-800-551-SEAT.

➢ Un peu plus cher, mais tout aussi pratique pour une visite rapide de la ville et de ses principaux centres d'intérêt : **Old Town Trolley Tours**. De Union Station à la Library of Congress, en passant par la Maison-Blanche, Dupont Circle, National Cathedral, Embassy Row, Kennedy Center, le cimetière d'Arlington, le Mall, un circuit de 2 h commenté avec humour par des conducteurs qui sont aussi des guides passionnés et amoureux de leur ville. Possibilité de descendre en cours de route et de reprendre le *trolley* suivant. Un *trolley* toutes les demi-heures. En été, tour « coucher du soleil » de 18 h à 22 h. ☎ (301) 985-3020.

➢ **D.C. Ducks :** ☎ 966-DUCK. Anciens véhicules amphibies de la dernière guerre qui font le tour des principaux monuments et terminent dans le Potomac (en été seulement, de 9 h à 18 h ; durée : 1 h 30 environ). Départ de Union Station, côté Massachusetts Avenue, à côté des *trolleys*. Une balade rigolote et rafraîchissante sous l'hilarité des passants qui regardent ces véhicules escalader les trottoirs ou descendre dans la rivière.

➢ **Washington Water Buses :** ☎ 1-800-288-7925. Bateaux-navettes toutes les 20 mn entre Jefferson Memorial, Washington Harbor (Georgetown) et Theodore Island.

➢ **Potomac Pedicabs :** taxis-pédalos (avec pédaleurs !) pouvant prendre de 1 à 3 personnes (selon le gabarit). Renseignements : ☎ 332-1732.

À voir

★ **Le Mall** *(plan III)* **:** nom donné aux 3,5 km de verdure et de monuments qui séparent le Capitole du fleuve Potomac ; on y trouve plein de choses comme la Maison-Blanche, le Lincoln Memorial, le Capitole et, surtout, la Smithsonian Institution, ensemble de musées superbes et gratuits. C'est l'architecte parisien Pierre-Charles L'Enfant qui conçut le plan d'urbanisme de Washington. Il vit très grand pour l'époque, mais il affirmait que le projet devait être assez ambitieux pour prévoir les agrandissements et adjonctions qu'impliquerait nécessairement la croissance de l'Amérique. La guerre anglo-américaine de 1812, qui fit des ravages dans la capitale, enterra malheureusement ce projet. L'Enfant mourut dans l'amertume et le plus extrême dénuement et fut enterré au cimetière des pauvres. La guerre de Sécession et la révolution industrielle ayant redonné une importance énorme à la ville, il fallut à nouveau envisager un schéma directeur de construction. Bien sûr, on exhuma le plan de L'Enfant, tellement d'actualité. Du coup, les restes du génial architecte furent ramenés avec les honneurs au cimetière national d'Arlington. Il n'est jamais trop tard pour bien faire !

WASHINGTON / À VOIR

★ **_La Maison-Blanche_** *(plan III, B1, 40)* : 1600 Pennsylvania Avenue NW. ☎ 456-2200. On peut visiter le matin seulement de 10 h à 12 h, du mardi au samedi. Fermé les dimanche et lundi. Ils ont installé un système de tickets à prendre à l'avance et ça évite les heures d'attente : on est convoqué pour la visite à une heure fixée à l'avance. S'adresser à l'*Ellipse Booth,* juste derrière la Maison-Blanche, de 8 h à midi (de fin mai au Labor Day) ou au *White House Visitors' Center,* dès 7 h 30 (1450 Pennsylvania Avenue). En juillet et août, il est conseillé de faire la queue dès 6 h. Attention : depuis les attentats du 11 septembre 2001, et pour des raisons évidentes de sécurité, les visites sont suspendues jusqu'à nouvel ordre. Renseignez-vous au ☎ 456-7041 ou sur Internet • www.whitehouse.gov •

L'architecte qui l'a construite s'est entièrement inspiré du château de Rastignac, en Périgord. Il y en a qui ne se gênent pas ! En partant, n'oubliez pas de serrer la main au locataire, cela lui fera plaisir. Résidence présidentielle depuis 1800, incendiée en 1814, lors de la guerre contre l'Angleterre, la Maison-Blanche doit son surnom au badigeon de peinture blanche que l'on passa alors sur les murs calcinés. On précise quand même que la visite est plutôt décevante. Courte balade dans 15 des 132 pièces de l'édifice. Ne vous attendez pas à trouver des merveilles : on voit un bout de bureau avec un cendrier.

Côté nord de la Maison-Blanche s'étend le *La Fayette Square,* baptisé ainsi après le retour triomphal du marquis en 1824. Au milieu, Andrew Jackson (la première statue équestre réalisée en Amérique). Les étrangers, héros de la révolution américaine, lui tiennent compagnie : La Fayette, bien sûr, Rochambeau, F. W. von Steuben (qui entraîna militairement une partie de l'armée), etc.

★ **_Washington Monument_** *(plan III, B2, 41)* : National Mall (et 15th Street NW). ☎ 426-6841. Ouvert tous les jours d'avril au Labor Day, de 8 h jusqu'à minuit. Les tickets (gratuits) s'obtiennent au *Ticket Master* (15th Street). Heure de visite fixée. Infos : ☎ 1-800-505-5040. Impossible de louper la plus haute structure de maçonnerie pure du monde (près de 170 m de haut), élevée aux alentours de 1885 en l'honneur du premier président des États-Unis. Son achèvement dura en fait plusieurs années, ce qui explique les différences de tons de peinture sur la façade. Du sommet, bien sûr, superbe vue. Concert et feu d'artifice le 4 juillet, jour anniversaire de l'Indépendance. Toujours empaquetée pour sa restauration.

★ **_National Gallery of Arts Sculpture Garden_** *(plan III, AB-2)* : ouvert en 1999 sur le Mall, il permet de découvrir la sculpture moderne contemporaine dans un cadre on ne peut plus prestigieux. Renseignements au : ☎ 737-4215. Ouvert du lundi au samedi de 10 h à 17 h, le dimanche de 11 h à 18 h. Entrée gratuite. Au hasard, des œuvres de Sol Le Witt, Claes Oldenburg, la *Typewriter Eraser* de Coosje van Bruggen ou l'impressionnante *Spider* en bronze de Louise Bourgeois.

★ **_Lincoln Memorial_** *(plan III, A2, 42)* : à l'extrémité ouest du National Mall. ☎ 426-6841. M. : Foggy Bottom. Ouvert tous les jours de 8 h à minuit. Monument qui abrite l'imposante statue de Lincoln, sculptée dans vingt blocs de marbre et haute de 6 m.

★ **_Vietnam Veterans Memorial_** *(plan III, A2, 43)* : Constitution Avenue (entre Henry Bacon Drive et 21st Street). ☎ 426-6841. M. : Foggy Bottom. Toujours ouvert. Ce monument, inauguré en 1982, a la forme d'un immense V de granit noir enfoncé comme un coin dans la terre et sur lequel sont gravés les noms des 58 022 victimes de la guerre du Vietnam. La simplicité, le dépouillement architectural du monument produisent une impression, une émotion profondes. On ne voit plus que ces noms inscrits par ordre chronologique. C'est une jeune architecte de 21 ans, Maya Lin, qui remporta le concours devant plus de 1 400 concurrents. Bien sûr, cette architecture insolite, vraiment peu conventionnelle pour un monument aux morts, suscita l'hostilité des conservateurs de tout poil. Aussi, pour les apaiser, un autre sculpteur réalisa-t-il une autre œuvre, dans le plus pur style John Wayne ou Chuck Norris. Mais ces trois soldats de bronze, par leur conformisme d'exécution, ne font que révéler encore plus la tragique et émouvante pudeur de l'autre monument.

★ *National Archives* (plan III, C2, *69*) : Constitution Avenue NW (entre 7th et 9th Streets NW). ☎ 501-5400. M. : Archives. Abrite les originaux des principaux documents historiques américains : déclaration d'Indépendance, Constitution, Bill of Rights, etc. De plus, d'autres intéressants documents comme ceux des anti-fédéralistes qui craignaient un pouvoir central trop fort (déclarations, journaux, etc.). Pétitions contre le *Sedition Act* qui fut supprimé en 1800 (ah ! toujours la tentation autoritaire). Charte des libertés anglaises de 1297. Plus divers témoignages montrant la progression des idées d'indépendance. En 1792, déjà, une pétition contre l'esclavage. Les documents paraissent en vert en raison des propriétés du verre laminé utilisé et des filtres spéciaux qui les protègent des rayons lumineux. Librairie où nos jeunes lecteurs(trices) trouveront des reproductions fort bien faites des documents, billets de banque de l'époque, etc. Fermé pour rénovation jusqu'à l'été 2003 (au moins).

★ *Le Capitole* (plan III, D2, *44)* est le siège du Congrès (c'est-à-dire du Sénat et de la Chambre des représentants). Incendié par les Anglais lors de la guerre de 1812, il fut sauvé de la destruction par un très violent orage. ☎ 225-6827. M. : Capitol South ou Union Station. Ouvert tous les jours de 9 h à 16 h 30 (jusqu'à 20 h de Pâques au Labor Day). Visites guidées par groupes de 25 personnes, toutes les 30 minutes. Entrée gratuite.

Si c'est possible, essayez de voir une délibération du Congrès (attention, vacances en juillet et août). Une chose amusante : la façade principale est tournée vers l'est parce que l'on supposait que la ville allait se développer dans cette direction. C'est pourquoi le Capitole tourne le dos à la partie principale de la ville. Des bus (n°s 30 à 38) vous y mènent. On les trouve tout au long de Pennsylvania Avenue.

Voir notamment la rotonde et ses fresques, le hall des Statues (deux pour chaque État, obligé d'honorer ses deux citoyens les plus célèbres), le vieux Sénat rénové, la crypte (ancienne chambre de la Cour Suprême). Avant la visite, une personne vous fera un discours en anglais à la fin duquel elle demandera : *Are there any foreign people ?* (« Y a-t-il des étrangers ? »). Levez bien haut le bras et déclinez votre nationalité. Elle recommencera rien que pour vous dans votre langue maternelle !

★ *La bibliothèque du Congrès* (plan III, D2, *45) :* 10 1st Street SE. ☎ 707-5000. M. : Capitol South. La plus grande des États-Unis, créée en 1800, située à l'est du Capitole. Visite du lundi au samedi de 10 h à 17 h 30. Visites guidées gratuites du lundi au vendredi (à 10 h 30, 11 h 30, 13 h 30, 15 h 30). Fermé les dimanche et jours fériés. Décoration intérieure somptueuse, réalisée par près de cinquante artistes. À voir surtout, une bible de Gutenberg de 1455 et le brouillon de la déclaration d'Indépendance écrit par Thomas Jefferson, avec les corrections de Benjamin Franklin. Plus, si vous avez le temps, 80 millions d'autres ouvrages en plus de 450 langues.

★ *Union Station* (plan III, D1, *46)* : Massachusetts Avenue, au nord du Capitole. L'une des plus belles gares du monde. Un chef-d'œuvre type gare centrale d'Helsinki. Conçue par Burnham, le célèbre architecte de Chicago. Elle a été entièrement rénovée, et son architecture a été superbement remise en valeur. On peut à nouveau admirer l'immense hall en marbre d'Italie et sa voûte à caissons dorée. Tout autour, nombreuses boutiques de luxe. Ne pas manquer justement d'aller jeter un œil sur l'*Adirondaks East Hall Shop* pour se délecter de l'odieux et incroyable style nouveau riche de

certaines boutiques et de leurs produits. D'autres, en revanche, présentent une petite originalité comme *Political Americana* (☎ 289-7090) où l'on découvre toute une série de gadgets, badges et journaux satiriques liés à la politique américaine.
Ne manquez pas la monumentale salle des billets avec sa volée d'escaliers, ses boutiques aussi. Nombreux fast-foods et cinémas au sous-sol.

★ Pour ceux qui ont le temps, possibilité de visiter d'autres choses autour du Capitole : la ***Cour Suprême*** (1st Street et Maryland Avenue NE ; ☎ 479-3000). Ouvert du lundi au vendredi de 9 h à 16 h 30 ; session des 9 juges 15 jours par mois, d'octobre à avril (l'accès est autorisé pendant les sessions, mais les places sont limitées. Sinon, projection de films au rez-de-chaussée les jours sans session). La ***Folger Shakespeare Library*** (201 E Capitol Street ; ☎ 544-7077) organise des tours du lundi au vendredi de 11 h à 13 h ; l'une des plus belles collections de manuscrits. Les ***Jardins botaniques*** (1st Street et Maryland Avenue ; ☎ 225-8333) présentent, quant à eux, des collections superbes de plantes exotiques : orchidées, cactées, etc. ; ouverts tous les jours de 9 h à 17 h (de juin à août, jusqu'à 21 h).

★ ***Arlington Cemetery*** *(plan I, A3-4) :* de l'autre côté du Potomac s'étend le plus célèbre cimetière des États-Unis. ☎ 692-0931. M. : Arlington Cemetery. Ouvert de 8 h à 19 h (ferme à 17 h en hiver). Sur plus de 240 ha reposent 175 000 soldats américains. À l'est de la maison Curtis-Lee, une flamme perpétuelle brûle sur la tombe de John Fitzgerald Kennedy, assassiné en 1963, et de sa femme Jackie, morte en 1994.
Un peu avant le cimetière, sur la route n° 50, s'élève l'une des plus grandes statues en bronze jamais coulées, le *Marine Corps Memorial*. Elle commémore tous les Marines morts au combat depuis 1775 et représente les soldats plantant le drapeau américain à Iwo Jiwa en 1945, d'après l'une des plus célèbres photographies du monde.

★ ***Le Pentagone*** *(plan I, A-B4) :* M. : Pentagon. Abritant le quartier général du département de la Défense, c'est le plus grand bâtiment du monde. Sa surface habitable est 3 fois supérieure à celle de l'Empire State Building de New York : 7 748 fenêtres ! C'est une véritable ville dans la ville avec 28 km de couloirs et 23 000 employés, dont les 4/5ᵉ sont en uniforme. Des chiffres réconfortants pour l'Américain moyen, qui se sent sacrément bien défendu. Mais le matin du 11 septembre 2001, une poignée de terroristes a mis le feu à ce symbole de la puissance militaire américaine. Et l'invulnérabilité de l'Amérique en a pris un sacré coup ! Armés de simples cutters, ces kamikazes ont réussi à détourner un avion d'American Airlines et à le précipiter sur le Pentagone, moins d'une heure après les deux premiers crashs sur le World Trade Center de New York. Le bâtiment, conçu en 1942 (en 16 petits mois !) pour résister à toutes les attaques, n'a pas résisté à celle-ci : le choc de l'explosion a provoqué un cratère béant dans l'aile ouest et la mort de près d'un millier de personnes. Les visites guidées sont évidemment suspendues pour le moment, et ce pour une durée indéterminée (renseignez-vous sur leur site Internet • www.defenselink.mil/pubs/pentagon •). Franchement, on n'avait pas été emballés par la visite en elle-même ; seule la partie *shopping center*, avec ses restos, boutiques, coiffeur, etc. mérite le détour.

★ ***Watergate Building*** *(plan III, A1, 68) :* 2650 Virginia Avenue NW. Connu de tous depuis un certain scandale. A, semble-t-il, donné naissance à d'autres expressions : *Irangate, Rainbow Warriorgate, Monicagate*, etc. Assuré d'être réélu, pourquoi Nixon prit-il le risque insensé de faire écouter ses adversaires ? Il était persuadé que le parti démocrate avait entamé des négociations secrètes avec l'ennemi pendant la guerre du Vietnam.

★ ***The Old Post Office*** *(plan III, C2, 47) :* Pennsylvania Avenue et 12th Street. ☎ 606-8691. M. : Federal Triangle. Ouvert de 8 h à 23 h 30 d'avril à septembre, et de 10 h à 18 h le reste de l'année. Construite à la fin du

XIXe siècle, elle est aujourd'hui transformée en centre commercial. Il est possible de monter gratuitement en haut de la tour d'où l'on a une vue superbe sur Washington (sans la queue du Washington Monument).

★ **Bureau of Engraving and Printing** *(plan III, B2, 48)* **:** à l'angle de 14th et C Streets. ☎ 874-3019. M. : Smithsonian. Visite du lundi au vendredi de 9 h à 14 h. Entrée gratuite. Créées en 1862, les presses débitent 7 000 planches à l'heure, soit 125 millions de dollars par jour et des millions de billets chaque année. Ici, on apprend tout sur le billet vert. Trois étapes importantes ont marqué son histoire : 1792, le dollar est créé sous forme de pièce ; en 1861, le papier-monnaie apparaît en pleine guerre civile ; enfin, en 1929, le dollar prend sa forme, sa couleur et son odeur définitives. Rien ne distingue les billets de 1, 5, 10, 20, 50 ou 100 dollars, sauf le portrait qui y figure en médaillon. Des coupures allant jusqu'à 10 000 dollars ont été émises. C'est en 1957 qu'apparut la mention obligatoire *In God we trust*. Le seul au monde à être imprimé en simple bichromie. On montre comment repérer une contrefaçon, que faire si l'on a un faux billet entre les mains, quel genre de talent il faut pour l'imprimer.

Les musées

Ne serait-ce que pour la richesse de ses musées, Washington mérite le détour. Et puis, ils sont impeccablement équipés pour les handicapés ; on pourrait en prendre de la graine. N'oubliez pas de vous procurer la brochure (gratuite) de la Smithsonian Institution, qui donne des explications sur tous les musées, les horaires, comment y aller, etc. Les musées ouvrent à 10 h et ferment à 17 h, et nombre d'entre eux sont gratuits. En été, certains musées ferment à 19 h, voire à 21 h ; se renseigner.

★ **Smithsonian Institution Building** *(plan III, C2, 49)* **:** 1000 Jefferson Drive SW. ☎ 357-2700 et 357-2020. • www.si.edu/ • M : Smithsonian (sortie « Mall »). C'est le complexe de musées le plus important au monde. Appelé familièrement *The Castle*. Il fut achevé en 1855.

★ **Air and Space Museum** *(plan III, C2, 50)* **:** Independence Avenue (entre 5th et 7th Streets). ☎ 357-1400. M. : L'Enfant Plaza. Ouvert de 10 h à 17 h 30. Considéré comme le musée le plus grand, le plus populaire et le plus visité du monde... Près de neuf millions de visiteurs par an. On y montre le développement de l'aviation, ainsi que le premier avion à moteur qui ait véritablement volé, celui des frères Wright de 1903 (il tint l'air 59 s) et le *Spirit of Saint Louis* avec lequel Lindbergh a traversé l'Atlantique en 1927 (drôlement courageux quand on voit l'engin). Symbole des temps modernes, y est exposée la pierre lunaire qu'*Apollo 17* a rapportée sur terre en 1972. Mais le plus intéressant est peut-être le département des vaisseaux spatiaux *(Gemini 4)*, ainsi que des documents et maquettes de la conquête spatiale (minuscule, la première capsule *Apollo*). On voit aussi différentes fusées *(Atlas, Polaris)* à l'aide desquelles des satellites ont été mis sur orbite.
Plusieurs films sur écran gigantesque sont à suivre absolument (notamment *To Fly*) ; attention, parfois une heure de queue. Conseil : s'y précipiter dès l'ouverture du musée, et s'installer au dernier rang pour éviter migraine et torticolis). Les films sont payants (tarif étudiants). Également, un film très intéressant sur la navette spatiale *Columbia*. Autres spectacles au premier étage, dans l'*Albert Einstein Space Airium*. C'est un voyage dans le ciel sur écran circulaire. Des effets spéciaux donnent vraiment l'impression de voyager dans l'espace. Exposition sur le bombardier qui anéantit Hiroshima et Nagasaki lors de la Seconde Guerre mondiale. Enfin, à la boutique, vous trouverez de très jolis cerfs-volants.

★ **National Gallery of Art** *(plan III, C2, 51)* : Constitution Avenue (et 6th Street). ☎ 737-4215. Renseignements pour les tours en français : ☎ 842-6246. Ouvert du lundi au samedi de 10 h à 17 h, et le dimanche de 11 h à 18 h. Dans un immense bâtiment avec une rotonde centrale monumentale, des dizaines de milliers d'œuvres. De la peinture, bien entendu, mais aussi sculpture, galeries d'arts décoratifs et ameublement. Le musée est dans un important processus de rénovation. Les œuvres sont donc déplacées dans d'autres salles, d'autres ailes, parfois de l'étage au rez-de-chaussée. Parfois aussi au gré des grosses expositions temporaires. Voilà donc l'ordre dans lequel nous avons trouvé le musée, nulle garantie qu'il n'ait pas changé dans un an.

West Building : premier étage

– *Primitifs religieux :* impossible de tout citer, voici nos coups de cœur : une *Vierge à l'Enfant* (avec un ténébreux Jésus) de Filippo Lippi et une *Madone et Enfant* en marbre de l'atelier de Agostino de Duccio (Vierge gracieuse et beau mouvement des vêtements). *Ginevra de Benci*, la seule œuvre de Léonard de Vinci en Amérique ; noter le fabuleux travail sur la peau. De Botticelli, des portraits, une belle *Vierge à l'Enfant*, mais surtout, une remarquable *Adoration des Mages* dont on observe le bel équilibre des personnages dans la composition. Superbes œuvres de Luca della Robbia et de ses frères.
– *La Haute Renaissance et Venise :* Portrait d'un Vénitien, co-prod de Giorgione et du Titien, magnifique *Adoration des Bergers* de Giorgione, *Fuite en Égypte* de Carpaccio, festival de portraits de Giovanni Bellini.
– *Peinture florentine :* Crucifixion du Pérugin (paysages en fond exquis), *Alba Madonna* et aussi *Bindo Altoviti* (raffinement du visage et de la chevelure) de Raphaël, vigoureux *Saint Georges et le Dragon* du Sodoma, une étonnante *Sainte Famille* de Beccafumi aux traits déjà modernes (les formes s'estompent)... Nombreux Titien, Tintoret.
– *Goya et l'école espagnole :* célèbre *Marquise de Pontejos*.
– *Le XVIIIe siècle français :* La *Marquise de Péze* d'une très grande portraitiste, Élisabeth Vigée-Lebrun (elle annonce déjà Renoir par sa *touch* et sa fraîcheur), le fameux *Napoléon* de David, puis Prud'hon, le Baron Gros, Fragonard, Chardin et encore Drouais, Van Loo, Nattier, Nicolas de Largillière, Boucher...
– *Peinture américaine :* ne pas rater les fantasmes mystiques et flamboyants de Thomas Cole. Surtout les extraordinaires paysages du *Voyage de la Vie*. Dans *La Vieillesse*, lumière et zones sombres contrastent merveilleusement. Dans *L'Âge adulte*, au lyrisme torride, le torrent symbolise bien sûr l'inconnu et ses dangers. *Watson and the Shark* et un curieux *Eleazer Tyng* (tête disproportionnée) de John Singleton Copley. Puis C. W. Peale, Benjamin West, G. Stuart (dont le pinceau exprimait toujours une grande humanité) et son célèbre *Portrait de Washington*. Un de nos préférés, le *Vieux Violon* de W. M. Harnett dont on admirera la technique picturale (noter le réalisme de l'annonce qui semble se détacher). D'autres paysages fantastiques avec F. E. Church et son *Matin sous les tropiques*. Puis J. S. Sargent et James McNeil Whistler avec le fameux *Wapping on Thames*.
– *École anglaise :* Constable, Hogarth, fascinant Turner et son *Keelmen Heaving in Coals by Moonlight*, la *Dogana et San Giorgio Maggiore*, etc. On y sent déjà l'évolution du style vers une épuration totale des lignes, une dilution des contours tendant lentement vers l'abstraction. Inhabituel paysage de montagne de Gainsborough (et aussi sa délicieuse *Mrs Richard Brinsley Sheridan*) et encore Reynolds, Romney, etc.
– *Peinture américaine du début du XXe siècle :* *Blue Morning* de George Bellows, mais surtout son terrible *Combat de boxe* où les visages des spectateurs oscillent entre Goya et Bacon. Son *New York* est fort bien rendu aussi. Intéressants *The Lone Tenement* et *The City from Greenwich Village* de John Sloan.

– *Peinture flamande du XVIIe siècle :* Rubens, Frans Hals, beaux portraits de Van Dyck.

West Building : premier étage, autre aile

Essentiellement la peinture française, les impressionnistes, les romantiques, etc.
– *Quatre Danseuses* de Degas, *Marcelle Lender dansant le boléro* de Toulouse-Lautrec (quelle force, quel mouvement!). Puis Pissarro, Vuillard, Berthe Morizot, Seurat, Renoir, Manet, etc. Festival de Monet et pas moins de douze Cézanne. Quelques Gauguin exceptionnels : *Petite Bretonne dansant*, *Pont-Aven*, *Autoportrait*, les *Baigneuses*, *Eaux délicieuses*. De Van Gogh, *Autoportrait*, *Roses* et la *Mousmé*. Peinture française de la première moitié du XIXe siècle, Géricault, Delacroix, L. L. Boilly et Corot avec la *Fille italienne* et *L'Atelier de l'artiste*.

West Building, rez-de-chaussée

– Quelques grandes œuvres du Greco : *Laocöon*, le lumineux *Madonna et Enfant, avec sainte Agnès et saint Martin*, des Rubens dont le *Portrait d'un Gentilhomme*. De Van Dyck, élégante et hiératique *Dame d'Aubigny*. Orgie de Rembrandt, mais renseignez-vous car il était question que ces chefs-d'œuvre remontent au premier étage. C'est l'un des ensembles les plus complets au monde. On y trouve le *Philosophe* (qui a l'air vaguement *stone*), *Saskia* (la femme de Rembrandt), *Lucrèce*, etc. Dans l'*Autoportrait* de 1659, noter que l'artiste n'est guère complaisant avec lui-même!
– *Peinture italienne du XVIIIe siècle :* Canaletto qui ne peignait pas que des canaux, Guardi le « géant » dont on admire le *Rialto*, etc. Puis Bellotto, Tiepolo, Ricci... Dans les peintres baroques du Sud, on retrouve Strozzi, Luca Giordano, Ribera, Murillo.
– *Peinture française du XVIIe siècle :* Le Lorrain, Le Nain, Bourdon, Poussin, Simon Vouet et la sublime *Madeleine repentante* de de la Tour. On reste pantois devant cette admirable distribution de la lumière.
– *Peinture flamande et hollandaise :* impressionnant *Bateaux en détresse sur les récifs* de Ludolf Backhuysen, puis Ruisdael, Van Ostade et ses scènes rurales, Frans Hals, Brueghel le Vieux, etc. Et un des chefs-d'œuvre du musée : la *Fille au Chapeau rouge* de Vermeer, ainsi que *Femme tenant la balance*. Et encore, et toujours, des Rubens... De David Teniers, *Scènes de taverne* ou *Paysans célébrant la 12e nuit*, l'occasion de savoureux portraits.
– *Peinture allemande, hollandaise et française du XVIe siècle : Lot et ses filles*, *Portrait d'un homme d'église* de Dürer. Les amoureux de Mathias Grünewald découvriront une de ses petites *Crucifixion*, puis une autre de Lucas Cranach le Vieux, *Mort et Misère* de Jérôme Bosch. Magnifique *Portrait de marchand* de Jan Gossaert, puis *Matched Lovers* de Quentin Matsys. Sublissime *Vierge à l'Enfant avec saint dans un jardin* d'un élève de Robert Campin, relayé dans l'extase par une *Madonne, Enfant et anges* de Hans Memling, achevé par l'*Annonciation* de Jan Van Eyk, un des tops du musée. Non, ne partez pas encore, restent Dirk Bouts, Gerard David, Bernard Van Orley... On a aussi adoré le côté lyrique, très décoratif du *Baptême du Christ* par le maître du Retable de Saint Bartolomé. Préciosité du trait, richesse des couleurs. Bon, on termine par une belle *Crucifixion* d'auteur inconnu (Nuremberg XVe siècle), un *Édouard VI* d'Holbein le Jeune et le *retable de Sainte Anne* de Gerard David. Ouf!

Salles d'arts décoratifs

Si vos jambes n'ont pas encore lâché, il reste de très riches sections d'arts décoratifs et objets d'art. Vitraux, émaux de Limoges, orfèvrerie religieuse. Puis sculpture italienne, petits bronzes, médailles, bas-reliefs, superbe porcelaine majolique (notamment d'Urbino), insolite casque en forme de dauphin du XVIe siècle, bel ameublement XVIIIe, etc. Au passage les *petits députés en bronze* de Daumier, la *Danseuse* de Degas, les sculptures de Rodin et tant d'autres choses...

East Building

Bien sûr, ne pas manquer l'East Building, le nouveau bâtiment de la National Gallery. Édifiée par Pei, la construction marque un aboutissement dans la recherche architecturale. Comme le musée Guggenheim de New York, l'édifice est aussi important que son contenu. Quand on voit ce chef-d'œuvre, on est fier que M. Pei ait accepté de venir travailler au Louvre. Superbe lumière, volumes fascinants. Cet anti-Beaubourg accueille les œuvres contemporaines que le bâtiment principal gardait dans ses caves, faute de place. Relié également au bâtiment principal par le sous-sol, il présente les plus belles œuvres sculpturales. Expos temporaires de célèbres collections. Tirés du fonds permanent, vous y trouverez toujours un ou deux exemplaires fascinants de Robert Rauschenberg, Roy Lichtenstein, Jasper Johns, Andy Warhol, Max Beckmann, Klimt, Max Ernst, Miró, Matisse... L'East Building, notre choc artistique de ces dernières années !

|●| Dans le musée, quatre *cafétérias* proposent des repas bon marché.

★ ***Museum of American History*** *(plan III, B2, 52)* : Constitution Avenue (et 14th Street). ☎ 357-1481. Ouvert tous les jours de 10 h à 17 h 30. Visites guidées à 10 h 30, 12 h et 14 h 30. Une vraie merveille (surtout le rez-de-chaussée) : tout sur l'héritage technologique et scientifique de l'Amérique. Ainsi voit-on des véhicules de toutes sortes, de la diligence de 1848 à la Cadillac de 1903 jusqu'à la gigantesque locomotive « 1401 Charlotte » de la *Southern Railways*. Des meubles, de l'argenterie, des jouets témoignent de la vie quotidienne pendant l'époque coloniale. Des pièces entières sont reconstituées dans leur aménagement originel : une maison de rondins du Delaware, la bibliothèque d'une maison bourgeoise. On trouve aussi des vêtements des *First Ladies* de la Maison-Blanche. Des timbres rares, des monnaies et même un billet de banque de 100 000 dollars... Éviter la cafétéria, pas terrible.

★ ***Hirshhorn Museum and Sculpture Garden*** *(plan III, C2, 53)* : 7th Street (et Independence Avenue). ☎ 357-3235. M. : L'Enfant Plaza. Même si l'on voit ici des peintures de Daumier, il s'agit essentiellement d'art contemporain. Chagall, Cézanne et Rouault voisinent avec Magritte, Bacon et Sutherland. Sculptures de Maillol, Bourdelle, Picasso, Giacometti...

★ ***Arts and Industries Building*** *(plan III, C2, 54)* : à droite de la Smithsonian (et à côté du précédent). ☎ 357-1481. Visites guidées à 12 h et 14 h du lundi au jeudi, à 10 h et 15 h 30 du vendredi au dimanche. On peut y suivre l'évolution des techniques et des machines dans des reconstitutions, parfois naïves, souvent intéressantes. Près de 25 000 objets mis en place dans le style de l'expo de Philadelphie de 1876.

★ ***Freer Gallery of Arts*** *(plan III, BC-2, 55)* : située à gauche du Castle et de son agréable petit jardin victorien. ☎ 357-2104. Ce musée est consacré aux arts orientaux : Chine, Japon... Voir la célèbre *Peacock Room* de Whistler.

★ ***National Museum of Natural History*** *(plan III, C2, 56)* : 10th Street (et Constitution Avenue NW; à la Smithsonian Institution). ☎ 357-2747. Tout sur l'anthropologie, la géologie et l'archéologie. Possède plus de 60 millions de pièces. Ne craignez rien, elles ne sont pas toutes exposées. Jetez un œil à la *galerie des Pierres précieuses* (à droite en entrant, au 2e étage). Certains « cailloux » sont impressionnants.

★ **National Museum of African Art** *(plan III, C2, 57)* : 950 Independence Avenue SW (à la Smithsonian Institution). Ouvert de 10 h à 17 h 30. Fermé à Noël. ☎ 357-2700. Il propose de très intéressantes sections sur la culture et l'art africains. Chaque portrait se révèle quasiment un chef-d'œuvre. Superbe sélection. Notamment l'art du Bénin : fascinantes têtes d'Oba en cuivre. Panneaux avec personnages à sacs en léopard du XVIe siècle, couronnes du Nigeria, statues bagas de Guinée, masques bassas. Magnifique porte de palais yoruba, fétiches okégas, émouvants femme et enfant des M'Bembes (Nigeria). Harpe, masques hembas et fétiches songyes du Zaïre. Reliquaire kota du Gabon. Trône hébé (Tanzanie). Admirable collection de petites statuettes en bois (Congo). Expos temporaires également.

★ **National Portrait Gallery** *(plan III, C1, 58)* : 8th et F Streets. ☎ 357-2700. M. : Gallery Place (sortie 9th et G Streets). Installé dans l'*Old Patent Office Building*, l'un des plus anciens bâtiments publics de Washington, édifié suivant les plans de L'Enfant. Il y voyait déjà une sorte de panthéon des personnages illustres. Construit en 1836, pendant le mandat d'Andrew Jackson, en style Greek Revival. Pendant la guerre civile, il fut transformé en hôpital. Imaginé dès la moitié du XIXe siècle, ce musée des portraits ne fut pourtant créé qu'en 1968. Il partage le loyer avec le National Museum of American Art (entrée sur G Street) dont les collections s'imbriquent parfois avec celles de la *Portrait Gallery*, au hasard des escaliers et des couloirs. En voici les principales sections.
– *Rez-de-chaussée :* expositions temporaires (souvent photographiques) et cafétéria.
– *Premier étage :* portraits des écrivains et banquiers célèbres : Henry James, John Pierpont Morgan, Rockefeller, Andrew Carnegie, Henry Clay Frick, Edison, Cornelius Vanderbilt ; le célèbre *Mary Cassatt* par Degas ; magnifique portrait de *Walt Whitman* par John White Alexander ; *Les Hommes de Progrès* de Christian Schussele. Plus tous ceux qui ont laissé leur nom dans l'histoire : Samuel Colt (le fameux pistolet), Charles Goodyear (le pneu), Samuel Morse (le... morse), etc. Avec Peter Cooper (les locos), ils furent réunis en peinture pour cette étonnante photo de groupe. Beaux portraits de Nathaniel Hawthorne par Emanuel Leutze (ainsi qu'Henry W. Longfellow). Puis portraits d'artistes, les héros de la révolution américaine. *Autoportrait* de John Singleton Copley et *L'Amérique coloniale.*
– *Salle Auguste Edouart* et ses silhouettes d'Américains célèbres.
– *Salle Washington :* portraits par Rembrandt Peale. Beaux pastels de James Sharples. Puis les hommes politiques modernes : *Reagan* par Henry C. Casselli, remarquable *Nixon* par Norman Rockwell (il arriverait presque à le rendre sympathique). En revanche, Carter semble compter pour du beurre (de cacahouète), tout petit portrait ! Clinton, pour le moment, en buste seulement. Original F. D. Roosevelt (intéressant travail sur les mains). Puis *Lincoln* par George P. Alexander Healy. Enfin, *Thomas Jefferson* par Gilbert Stuart, l'un des plus grands peintres américains (qui mourut dans la misère !).
– *Portraits contemporains : Edward Weston* par Peter Krasnov (1925), autoportraits de Thomas Hart Benton (1922) et de Stanton McDonald-Wright (1951) qui renouvelle le genre. Superbe portrait d'Andy Warhol par James B. Wyeth (1975). Un *Man Ray* bien dans le ton par David Hockney. *Dashiel Hammett* par Edward Biberman (1937).

★ **National Museum of American Art** *(plan III, C1, 58)* : 8th et G Streets. M. : Gallery Place. ☎ 357-2700. Ouvert tous les jours de 10 h à 17 h 30.

Remarquables collections de peinture, la quintessence de l'art américain dans ce domaine. Accès par la National Portrait Gallery également (si ce n'est pas déjà l'overdose, vu la richesse des deux musées).
Attention : le musée est fermé pour travaux de rénovation jusqu'en 2003 environ, renseignez-vous sur leur site : • www.si.edu/ •

– *Portraits de l'ère coloniale :* Le Rapt d'Hélène par Pâris de Benjamin West (1776).
– *Premières années de l'indépendance :* Hermia and Helena de Washington Allston, le premier peintre romantique ; *John Adams* du grand portraitiste Gilbert Stuart ; et William Page, l'académique...
Belle collection de délicates miniatures, œuvres de Joshua Johnson, premier peintre américain d'importance (fin du XVIIIe siècle). *Scène de prison* émouvante de John Adams Elder (1854). Noter le comportement détaché du gardien, le seul qui n'ait pas de lumière.
De Walter Launt Palmer, remarquable *Forest Interior* (1878), où il exprime bien l'atmosphère lourde, compassée du vieux Sud.
Les « indigènes » se devaient également de nourrir la recherche d'exotisme des peintres : le crépusculaire *Firedon* de Frederic Remington ; les beaux portraits d'Eldridge Ayer Burbank ; *Young Omahaw* de Charles Bird King ; *Trial of red Jacket* de John Mix Stanley (1869). Composition assez classique, mais quelle palette de couleurs ! Galerie avec Catlin, peintre des Indiens (1796-1872).

– *Les peintres du peuple et les paysagistes :* Winslow Homer, peintre de la campagne et des gens simples, témoin d'une grande partie du XIXe siècle. *We both must fade* de Lily Martin Spencer. On craque devant sa belle robe bleue, superbe travail sur les tissus, les dentelles, les nuances... On a aimé aussi l'intimité de la famille exprimée par Thomas Le Clear. Quelques tableaux orientalistes au passage. Noter l'élégance et la *touch* personnelle à la Renoir de Harry Siddons Mowbray dans *Idle Hours*. Marché à Tanger de Tiffany, le célèbre verrier, peintre aussi à ses heures. Paysages splendides de F. E. Church ; mais le plus étonnant reste Albert Bierstadt et sa nature idéalisée à l'extrême ou l'exaltation de son état originel poussé au maximum. Dans *Among the Sierra Nevada Mountains*, remarquez cette lumière fantastique sur la montagne. Ravissants vitraux de John Lafarge aux couleurs merveilleuses. Portraits hiératiques de John Singer Sargent. Et puis encore, un remarquable *Valparaiso Harbor* de James McNeill Whistler. Au passage, le style curieux d'Albert Pinkham Ryder, puis Frederic Carl Frieseke qui lorgne du côté de Renoir assurément ; et, pour finir, le très beau rendu (à la Monet) de *Round Hill Road* de J. H. Twachtman.

– *Les contemporains :* Ryder's House d'Edward Hopper ; Peter Blume ; Reginald Marsh ; puis section Work and Progress, les peintres de la ville et de la vie industrielle. Œuvres exprimant le social et le travail dans le style Fernand Léger ou proche du réalisme socialiste. Pittoresques personnages de William H. Jonhson, *Godly Susan* de Robert Medearis, *Homecoming* de Norman Rockwell, *The Farmer Kitchen* de Ivan Albright. Puis, section « Models in modernism » : Georgia O'Keeffe *(Cityscape with roses)*, Gertrude Greene, Frank Stella, Motherwell, etc.

★ *Renwick Gallery (plan III, B1, 59) :* Pensylvania Avenue (et 17th Street). ☎ 357-2700. M : Farragut West. Ouvert de 10 h à 17 h 30. Elle dépend du Museum of American Art mais reste ouverte pendant les travaux de rénovation de ce dernier. Construit pendant la guerre civile, ce fut le premier musée d'art de la ville. Belle construction de style Second Empire français qui abrita, de 1874 à 1897, les collections de la Corcoran Gallery, puis jusqu'en 1964, l'*US Court of Claim*. Son *Grand Salon* au 1er étage, avec son ameublement victorien, est considéré comme l'un des plus luxueux de la ville. En revanche, ses murs présentent probablement un des plus beaux festivals du style pompier et de tableaux kitsch qu'on connaisse ! Les autres salles proposent, quant à elles, les dernières créations en matière d'*American craft*, à savoir des œuvres particulièrement originales dans le domaine des arts décoratifs, pour lesquelles tous les matériaux possibles et imaginables sont utilisés. Les plus belles pièces du fond sont présentées en roulement. Cependant, une dizaine d'entre elles sont là de façon quasi permanente, comme le stupéfiant *Game Fish* de Larry Fuente, fait de perles et peignes de couleur, soldats en plastique, dominos, pinceaux, etc. Dans le même genre, la *Ghost Clock* de Wendell Castle, *Four Seasons* de Harvey Littleton, *Gate* d'Albert Paley, *Reflections* de Cynthia Schira, *Feast Bracelet* de Richard Mawdsley et tant d'autres artistes inclassables et au style si personnel !

★ *Corcoran Gallery of Art* (plan III, B 1-2, 60) : 17th Street (et New York Avenue NW). ☎ 638-3211 et 639-1700. Infos par téléphone : ☎ 638-1439. M. : Farragut West. Ouvert du mercredi au lundi de 10 h à 17 h (jusqu'à 21 h le jeudi). Fermé les mardi et jours fériés. La plus importante et la plus ancienne des galeries privées de Washington. Collections léguées par William W. Corcoran, banquier de son état et fondateur de la galerie en 1869. Installé dans un splendide édifice de style Beaux-Arts de la fin du XIXe siècle qu'admirait beaucoup F. L. Wright. Impossible de citer toutes les richesses de ce musée, en voici les plus belles pièces.

– *Rotonde du 1er étage* : expo d'arts graphiques.

– *Salle de l'escalier* : cadre baroque et romantique à souhait pour présenter les *Bouleaux à Vétheuil* de Monet, le remarquable *The Louvre, Morning, Rainy* de Pissarro ; Sisley ; etc. En prime, *At the Print Stall* et des *caricatures en bronze* de Daumier.

– *Au sous-sol* : beau vitrail de la cathédrale de Soissons (XIIIe siècle). Superbe porcelaine d'Urbino (XVIe siècle), *Vierge à l'Enfant* de l'atelier du Pérugin, nombreux peintres flamands et hollandais, Corot, Constable, *42 Kids* de G. W. Bellows ; puis Robert Henri, de remarquables John Sloan, *Ground Swell* d'Edward Hopper, etc. Parmi les plus beaux Gainsborough qu'on connaisse, dont *Lady Dunstanville*. M. L. Élisabeth Vigée-Lebrun avec sa *Madame du Barry* annonce Renoir dans la manière. Au passage, un magnifique *Cabinet italien*, chef-d'œuvre d'ébène incrusté d'ivoire et os gravé. Vient ensuite une de nos idoles, Thomas Cole, le lyrique fou, celui qui nous fait rêver fastueusement. Admirer *The Departure*, un modèle de luminosité, de profondeur, de paysage fantasmé, idéalisé à l'extrême, de même *Le Retour*, aux teintes d'incendie dans le soir... Et encore, J. S. Copley, Gilbert Stuart et, avant la cafet', un Renoir, *Vue sur Monte-Carlo de cap Moulin*.

– *2e étage* : Degas, *La Preuve*, un Derain façon Daumier, *Washington à Yorktown* de Rembrandt Peale. Grande salle pour accueillir F. E. Church qui noie son public dans ses chutes, puis *The Last of the Buffalos* d'Albert Bierstadt, une autre de nos connaissances, le peintre de l'Ouest, disciple de Thomas Cole pour les brumes vaporeuses nimbées de lumière. Et encore, un généreux *Washington* de Stuart, le *Lincoln* de G. P. Alexander Healy. Puis Cecilia Beaux, Winslow Homer, James McNeill Whistler...

– Intéressante *section des réalistes américains*, notamment la *Visite Pastorale* de Richard Noris Brooke, qui nous plonge dans la dure condition des Noirs. Dans la *Pause* de J. G. Brown et le *Combat de coqs* d'Horace Bonham, toute l'âpreté de la vie se lit sur les visages.

– Enfin, le Corcoran s'enorgueillit de posséder le *Salon Doré* provenant de l'hôtel de Clermont (début du XVIIIe siècle) à Paris. Il avait été acheté en 1904 par le sénateur William A. Clark, un industriel francophile, pour sa résidence à New York.

– Superbes *expositions temporaires* annuelles.

Le Corcoran symbolise vraiment la confrontation harmonieuse et complémentaire de l'art moderne avec les XVIIIe et XIXe siècles !

WASHINGTON / LES MUSÉES

★ *National Museum of Women in the Arts (plan III, B1, 61) :* 1250 New York Avenue NW (et 13th Street). M. : Metro Center. À côté du Visitors' Bureau. ☎ 783-5000. Ouvert de 10 h à 17 h ; le dimanche, de 12 h à 17 h. Fermé pour Thanksgiving, à Noël et le Jour de l'An. Entrée : 5 US$ (réductions, gratuit pour les moins de 18 ans). Il nous faut tout d'abord parler du bâtiment. C'est une élégante construction de 1907 de style Renaissance Revival. Ancien siège de la Grande Loge franc-maçonne de Washington, rénové et transformé en musée d'art en 1987.

Essentiellement des œuvres de femmes artistes (originaires d'une trentaine de pays) qui n'auraient pas, vu la misogynie des milieux de la peinture aux États-Unis, trouvé de place dans les musées traditionnels (ou si peu). C'est vrai, par exemple, que l'on ne trouve quasiment pas d'œuvres de Lilla Cabot Perry (une merveilleuse impressionniste, grande amie de Monet) dans les musées importants. Et que tant que le talent des femmes sera minoré, il faudra des National Museum of Women in the Arts pour rétablir un semblant d'équilibre et de justice. Tout ça pour vous dire que vous vous préparez à une fascinante descente dans l'art et le talent. Cadre remarquable, à la hauteur des intentions du musée. Admirer le hall principal tout en marbre avec sa double volée d'escaliers à balustres et mezzanine. Sol à figures géométriques polychromes.

Les œuvres tournent souvent, mais vous retrouverez régulièrement les artistes qui suivent : Blanche Rothschild *(La Robe de mariée)*, Suzanne Valadon *(Fille sur un petit mur)*, Philomène Bennett *(Rivière rouge vers le paradis)*, Connie Fox qui, âgée de 87 ans, peint toujours des toiles vives, colorées, d'une manière résolument moderne et dynamique *(Wind and Wing in the Parapet)*.

– Au premier étage : Sylvia Snowdon *(Lenita)* ; Martha Jackson-Jarvis *(Hands of Yemaya*, extraordinaire composition murale) ; Marcia Gygli King *(Storn series II)* ; Frida Khalo ; Dorothea Tanning (superbe *Jeux d'enfants)* ; Eve Drewe Lowe ; Romaine Goddard Brooks ; Isabel Bishop (remarquables gravures) ; Georgia O'Keeffe (une des plus présentes dans les musées américains, avec Mary Cassatt) ; Lilla Cabot Perry ; Mary Jane Peale *(Portrait of Mrs Rubens Peale)* ; Jean Maclane *(The Visitor)* ; Joan Personette ; Sonia Delaunay ; Elizabeth Sinani. Présentation permanente des planches animalières richement détaillées et colorées (façon Audubon) de Maria Sibylla Merian (1647-1717).

|●| Possibilité de se restaurer au *Palette Café*, sur la mezzanine (☎ 628-1068). Ouvert de 11 h 30 à 15 h 30. Bonne cuisine : *daily specials*, salades, sandwichs, *carrot* ou *chocolate mousse cakes*, etc.

★ *B'nai B'rith Klutznick Museum (plan II, B3, 75) :* 1640 Rhode Island Avenue NW. ☎ 857-6583. M. : Farragut North (sortie L Street) ou Dupont Circle. Ouvert de 10 h à 17 h. Fermé le samedi et les jours fériés juifs et classiques. Le musée d'art juif de la capitale. Objets rituels et de la vie quotidienne depuis les premiers temps. Expos temporaires par thème (peinture, archéologie, etc.). Parmi les plus beaux objets : *ark curtain* d'Italie (1796), torah persane du XIXe siècle, tapisseries brodées de pupitres, orfèvrerie en argent polonaise du XVIIIe, *Esthers scrolls* (parchemins enluminés). Salles organisées par thèmes et cérémonies traditionnelles (shabbat, hanukkah, bar mitzvah, etc.). Superbes contrats de mariage d'Afghanistan, d'Italie et de Perse.

★ Possibilité de visiter aussi le *Lillian and Albert Small Jewish Museum (plan III, C1)*, 3rd et G. Streets. ☎ 881-0100. M. : Judiciary Square. Ouvert le dimanche de 11 h à 15 h. Fermé en août. Exposition sur l'histoire de la communauté juive de Washington dans la première synagogue de la capitale (entre 1895 et 1948).

★ **Federal Bureau of Investigation** (**FBI** ; *plan III, C2, 62*) *:* E Street (entre 9th et 10th Streets NW). ☎ 324-3447. M. : Metro Center ou Gallery Place. Attention, le FBI a décidé, étant donné la conjoncture politique internationale de suspendre pour une période indéfinie la visite de son building. Renseignez-vous par téléphone ou sur leur site web : • www.fbi.gov • La visite guidée de 1 h 30 rappelle les cas judiciaires les plus célèbres (espionnage, hold-up, kidnappings, crimes) avec des photos de célébrités comme Al Capone ou Baby Face Nelson. On vous montrera les instruments les plus sophistiqués pour retrouver les coupables, ou comment on peut différencier deux vrais jumeaux dont l'un a commis un crime. Dans un bureau sont répertoriés tous les faux chèques et faux billets, avec détails, s'il vous plaît, agrandis vingt fois. Collection impressionnante d'armes en tous genres. Pour finir, un tireur d'élite du FBI vous fait une petite démonstration de tir au revolver : il fait mouche à tous les coups. En bref, longues attentes à l'extérieur et à l'intérieur, commentaires déballés relativement vite et la séance de tir a un goût de trop peu. Mais que fait donc la police ?

★ **Washington Post** (*plan III, B1, 63*) *:* 1150 15th Street NW. ☎ 334-7969 ou 334-9000. M. : McPherson Square ou Farragut N. C'est bien là que l'on fabrique le journal le plus célèbre du monde depuis l'affaire du Watergate qui a entraîné la chute de Nixon. Le symbole du journalisme d'investigation et de l'indépendance par rapport à tous les pouvoirs. Visites guidées de 10 h à 15 h le lundi. Téléphonez aux *Public Relations* pour obtenir une réservation (si possible la veille). On visite les presses et les bureaux. Explication des différentes rubriques et de ce qu'est une mise en pages. Vous avez droit à tout l'historique depuis 1877 où le journal faisait quatre pages et coûtait 3 cents. Maintenant, il peut atteindre 200 pages le dimanche.

★ **National Geographic Explorer's Hall** (*plan III, B1, 67*) *:* 17th Street (et M Street). ☎ 857-7588. Ouvert du lundi au samedi de 9 h à 17 h et le dimanche de 10 h à 17 h. M. : Farragut W ou Farragut N. Pour les fanas d'aventures et de découvertes, expos sur les plus fameuses expéditions scientifiques et anthropologiques. Vous y trouverez aussi le plus gros globe terrestre (3,50 m de diamètre).

★ **Phillips Collection** (*plan II, A-B3, 70*) *:* 1600 21st Street (et Q Street). ☎ 387-2151 et 387-0961. M. : Dupont Circle. Ouvert du mardi au samedi de 10 h à 17 h (nocturne jusqu'à 20 h 30 le jeudi) et le dimanche de 12 h à 19 h. Pour les amoureux des maîtres français des XIXᵉ et XXᵉ siècles. C'est le plus ancien musée d'Amérique pour l'art moderne. À l'origine, Duncan Phillips, un riche héritier fou d'art et de peinture, qui commença d'acquérir avec un goût très sûr de nombreuses toiles. D'abord impressionnistes, puis de peintres de son époque. En 1921, il ouvrit au public quelques pièces de sa propre maison, une belle demeure victorienne de 1897. Dans cette première présentation, Duncan Phillips proposait rien moins que des Chardin, Monet, Sisley, mais aussi des Américains contemporains (Twachtman, Whistler, Ryder, etc.) démontrant là un flair étonnant.

Décoration intérieure superbe : plafond à caissons, boiseries et colonnes sculptées. Depuis 2000, nouvelle salle, « De Renoir à Rothko, l'œil de Duncan Phillips ».

– *Rez-de-chaussée (droite) :* William Merritt Chase, James A. McNeil Whistler, Thomas Eakins, Le Greco, Soutine, Braque, le Douanier Rousseau, Bonnard.

– *Rez-de-chaussée (gauche) :* Courbet, Degas, Manet, Corot, Ingres, Daumier, Seurat, Boudin, Berthe Morisot.

– *Premier étage : Maison à Auvers* et un fascinant *Jardin public à Arles* de Van Gogh ; Gauguin, Bonnard, Cézanne ; une superbe *Chambre bleue* parmi d'autres Picasso ; Matisse ; remarquable *Journal* de Vuillard ; Chardin ; Courbet ; Daumier ; Juan Gris ; Braque ; Delacroix, quatre beaux Cézanne (dont un autoportrait), Corot, Degas. Le chef-d'œuvre du musée : *Le Repas de la partie de pêche* de Renoir. Et encore Monet, Sisley.

Superbe salle Bonnard avec *La Terrasse*, *Femme au chien*, *Le Palmier*, *La Leçon*, *La Fenêtre ouverte*, *Enfants et chats*, *La Riviera*, etc. Galerie de lithos et bustes.
– *Deuxième étage :* Havard Mehring, Louis Morris, Gene Davis, etc. Dans celui du Main Building : Georgia O'Keeffe avec *Collines rouges* et *Leaf Motif n° 1* ; Man Ray ; Charles Demuth ; Charles Sheeler ; John Sloan ; *Sunday* et *Approaching a City* d'Edward Hopper ; Jacob Laurence.
Concerts gratuits le dimanche après-midi à 17 h de septembre à mai (sauf le dimanche de Pâques). Arriver de bonne heure pour être bien placé.

★ **US Holocaust Memorial Museum** *(plan III, B2, 64) :* situé sur Raoul Wallenberg Place (à l'angle d'Independence Avenue et de 15th Street SW ; à environ 350 m de Washington Monument). ☎ 488-0400. Entrée gratuite. Ouvert de 10 h à 17 h 30 (jusqu'à 20 h du 1er avril au 2 septembre). Fermé pour Yom Kippour et Noël. Venir tôt pour retirer les billets (pas après 14 h en tout cas). Ce musée retrace le génocide juif, les actes d'héroïsme et les histoires des survivants de la Seconde Guerre mondiale. Compter au minimum 2 h de visite.

D'abord, parlons de l'architecture du lieu. L'architecte, James Ingo Freed, visita au préalable nombre d'anciens ghettos et camps de concentration. Pour lui, il s'agissait de réintroduire dans son projet, de façon métaphorique, subtilement (à la limite du subliminal), ses observations physiques et toutes ses émotions. Le résultat est extraordinaire. Les allusions à l'Holocauste ne sont jamais évidentes ou ouvertement suggérées. D'ailleurs, chaque visiteur peut interpréter à sa façon ces signes. Mais c'est peut-être leur accumulation qui est destinée à le « troubler », voire à le perturber. Ainsi, pour les signes les plus évidents, les arches en brique de nombre de portes évoquent-elles celles des camps. L'addition des barrières, rambardes, passerelles, etc., est, semble-t-il, l'illustration de symboles du cheminement menant à la séparation. Ces symboles, on n'en finirait pas de les relever un par un d'ailleurs. Comment ne pas interpréter le rétrécissement de l'escalier du hall principal vers le sommet comme la voie étroite des rails menant aux camps et, de loin, semblant vouloir converger par un effet de perspective... Déroulement chronologique de la visite :
– *Fourth Floor (dernier étage) :* la période 1933-1939 (la prise de pouvoir des nazis). Les persécutions de la communauté juive, les livres brûlés, centres culturels dévastés, synagogues incendiées... Vidéos incroyables, les discours de Goebbels, etc. La dramatique histoire du *Saint-Louis* qui erra avec ses 936 passagers juifs sur l'Atlantique d'un pays à l'autre et fut même refusé par les États-Unis. Contraints de revenir en Europe, nombre de ces passagers disparurent dans l'Holocauste. Extraordinaires photos de Roman Vishniac et témoignage sur la vie d'un *shtetl* du Yiddishland (village juif d'Europe de l'Est).
– *Third Floor :* 1940-1945 (La Solution finale). Mise en place des instruments de la destruction du peuple juif. Les ghettos et les camps de transit en France, comme Pithiviers, Drancy, Gurs, Beaune-la-Rolande, etc. Témoignages sur les ghettos de Terezin, Lodz, Kovno, etc. Vestiges du mur de Varsovie. Massacres par les *mobile killing squads*. Photos émouvantes des dirigeants de l'insurrection du ghetto de Varsovie dont *Marek Edelman*, aujourd'hui le dernier survivant. Expo d'un wagon de la déportation, témoignages sur la sélection à l'entrée des camps, la vie à l'intérieur, le travail comme esclaves. Photos terribles de l'*escalier de la mort* à Mauthausen. Maquettes de camps, objets et mobilier (lits provenant de Birkenau, table de Majdanek).
– *Second Floor :* The Last Chapter. La résistance des partisans juifs, les actes de courage et de solidarité dans les pays occupés, les révoltes des ghettos et des camps, terribles vidéos de leur libération (notamment Bergen-Belsen). Alors que leur héroïsme sans tapage n'est guère connu des Français, hommage appuyé ici aux habitants de Chambon-sur-Lignon (Haute-

Loire) qui sauvèrent des milliers de juifs pendant la dernière guerre mondiale. Ainsi qu'au *groupe Manouchian* (l'Affiche rouge) et à *Marcel Rayman*, l'un de ses membres. Dessins des enfants de Térézin. *Hall of Remenbrance* dédié à toutes les victimes de l'Holocauste.
– *First Floor (rez-de-chaussée)* : mur du Souvenir *(Children Tile Wall)* érigé à la mémoire des 1,5 million d'enfants victimes de la barbarie nazie. Ce sont des enfants américains qui peignirent les 3 000 carreaux le composant. Expos temporaires.
– Pour les historiens (et les autres), le *Holocaust Research Institute* abrite une riche bibliothèque contenant de nombreuses archives. À déconseiller cependant aux jeunes enfants et aux personnes sensibles (certaines images sont vraiment dures).

★ **Anderson House** *(plan II, A3, 72)* : 2118 Massachusetts Avenue NW. ☎ 785-2040. Ouvert de 13 h à 16 h du mardi au samedi. Fermé le dimanche, lundi et jours fériés. C'est le siège de la *Society of the Cincinnati*, créée en 1783 par les officiers de l'armée américaine pour préserver les acquis et libertés de la révolution et maintenir la solidarité entre frères d'armes (Cincinnatus fut un sénateur romain qui sauva deux fois Rome dans l'Antiquité). Washington en fut le président jusqu'à sa mort et L'Enfant, La Fayette, Rochambeau, de Grasse, etc., en firent partie aussi. Seuls leurs descendants et ceux de leurs alliés français, à raison d'un membre par famille, peuvent en faire partie (aujourd'hui, environ 200 Français, descendants des officiers de La Fayette et de Grasse, en sont membres). Quand l'Ohio fut créé, son gouverneur, membre de la société, donna le nom de Cincinnati à la nouvelle capitale de l'État.
Pour les amoureux de prestigieuses demeures, Anderson House vaut le déplacement. Elle fut léguée à la société par Larz Anderson, ancien ambassadeur des États-Unis au Japon. On peut d'ailleurs embrayer la visite après celle de la Phillips Collection, toute proche. À l'intérieur, décor époustouflant : immenses salles, cheminées monumentales, plafonds à caissons, loggia sur colonnes torsadées, galerie sur jardin. Incroyable *Cadies Room* et riche ameublement colonial. Superbes collections d'objets d'art : miniatures, soldats, reconstitution de batailles célèbres et nombreux souvenirs de la révolution américaine.
– *Premier étage* : lourde décoration de marbres noirs et bois sombres, meubles asiatiques. Silver Cabinet. Pièce unique : un très rare fourreau de sabre géant de samouraï en ivoire sculpté. Art japonais : coffrets et boîtes laquées en or, écritoires, icônes, couronne bouddhique népalaise. Luxueuse salle à manger avec plafond stuqué, sol en marbre, magnifiques tapisseries, *Isabel Anderson* par Cecilia Beaux, paravent japonais en bois sculpté et remarquables émaux, porcelaine de Chine et maints objets d'art.

★ **National Building Museum (Pension Building** ; *plan III, C1, 65)* : 5th Street (et F Street). À deux blocs de la National Portrait Gallery. ☎ 272-2448. M. : Judiciary Square. Ouvert de 10 h à 17 h ; le dimanche et jours fériés ouvre à 11 h. Fermé à Thanksgiving, à Noël et au Nouvel An. Voici une visite intéressante pour les amoureux d'architecture du XIXe siècle. Ce Pension Building se révèle un édifice assez exceptionnel. Construit en 1882, il nécessita près de 16 millions de briques et le minimum de bois pour éviter les incendies. L'une de ses originalités réside dans la frise de terre cuite de 366 m de long qui court tout autour du bâtiment et reproduit pas moins de six régiments de la guerre civile. Il abrita d'ailleurs le service des pensions de l'armée jusqu'en 1926. À l'intérieur, impressionnant hall principal rythmé par de longues galeries à arcades et huit immenses colonnes corinthiennes de 25 m de haut (chacune d'entre elles nécessita 70 000 briques), peintes en faux marbre. Effet de perspective saisissant.
Le National Building Museum abrite aujourd'hui d'intéressantes expos sur l'architecture, l'urbanisme et les techniques de construction par thèmes. En

mai, *Festival of the Building Arts* où l'on peut voir les artisans du bâtiment travailler. Une fois par mois, de septembre à juin, concert classique ou de jazz. Intéressantes publications sur l'architecture au *Museum Shop*. Tours guidés du mardi au vendredi et le dimanche à 12 h 30, le samedi à 12 h 30 et 13 h 30.

★ ***Textile Museum*** *(plan II, A3, 71) :* 2320 S Street NW. ☎ 667-0441. M. : Dupont Circle (sortie Q Street et 15 mn à pied). Ouvert de 10 h à 17 h, le dimanche de 12 h à 17 h. Fermé les lundi et jours fériés. Dans deux élégantes demeures, pour les fans de tissus, textiles divers et tapis orientaux, plusieurs milliers de spécimens venant de tous les pays du monde et joliment présentés.

★ Pour ceux (celles) qui rédigent une thèse concernant ce président, possibilité de visiter la ***Woodrow Wilson House*** *(plan II, A3, 73)*, 2340 S Street NW, tout à côté du Textile Museum. Ouvert de 10 h à 16 h. Fermé les lundi et jours fériés. On pourra y voir ses clubs de golf et ses smokings. Pour amateurs éclairés seulement.

★ ***Historical Society of Washington*** *(plan II, B3, 74) :* 1307 New Hampshire Avenue NW. M. : Dupont Circle. ☎ 785-2068. Ouvert du mercredi au samedi de 12 h à 16 h. Fermé les dimanche, lundi, mardi et jours fériés. Abritée dans la *Heurich Mansion*, une belle demeure victorienne avec 31 pièces, datant de 1894. Expos temporaires sur l'histoire de la ville depuis 1790. *Bookstore* et bibliothèque pour les fanas.

★ ***National Postal Museum*** *(plan III, D1, 66) :* Massachusetts Avenue et North Capitol Street. Dans le bâtiment de la poste, à côté de Union Station. Ouvert de 10 h à 17 h. Création commune de la Smithsonian Institution et des services postaux américains, ce nouveau musée retrace l'histoire de la poste aux États-Unis, de l'époque coloniale à nos jours, en passant par le *Pony Express*. Des curiosités à ne pas manquer : *Owney*, le toutou-mascotte des services postaux ; de bien étranges boîtes aux lettres, résultat d'un concours organisé par le musée ; les restes calcinés du bureau de poste de Craig (Alaska)...

Loisirs et culture

– ***John F. Kennedy Center for the Performing Arts*** *(plan III, A1) :* New Hampshire Avenue (à Rock Creek Parkway). ☎ 254-3600. M. : Foggy Bottom. Immense complexe théâtral, comparable au Lincoln Center de New York. Tours gratuits quotidiens de 10 h à 13 h. On y trouve l'*American National Theater*, le *Washington Opera* et trois autres *théâtres*. Siège également du *National Symphony Orchestra*. Bonne cafétéria et panorama sur la ville de la terrasse.

– Pour des informations complètes sur les concerts, les expositions, les spectacles, les programmes et les horaires des cinémas, se procurer le ***City Paper***, hebdo gratuit largement diffusé dans les commerces de la capitale.

➤ *DANS LES ENVIRONS DE WASHINGTON*

★ ***Mount Vernon :*** à une douzaine de miles vers le sud. *Mansion* de George Washington qui domine la Potomac River. Ouvert de 9 h à 17 h. Entrée : 9 US$. Magnifique demeure de style géorgien, imitée au moins dix mille fois tout au long des États-Unis. Elle fut dessinée et en partie édifiée par lui. Beaucoup de monde. Près de vingt pièces. La visite est intéressante. Surtout la bibliothèque, le « West Parlor », la cuisine, ainsi que le parc et les dépendances. On peut y voir la clef de la Bastille offerte à Washington par La Fayette. Très belle nature tout autour.

Possibilité d'y aller en bateau par le *Spirit of Washington*. Excursion de 4 h. En été, départ à 9 h et 14 h (sauf le lundi) du Pier 4 (6th et Water Streets). Également, métro jusqu'à Huntington, puis bus n° 101 (moins de fréquences les dimanche et jours fériés), juste à la sortie de la station de métro. En hiver, difficile d'accès. Plutôt que de prendre un tour organisé, il est préférable de louer une voiture. Interdiction absolue de fumer sur tout le site, y compris dans les jardins. Restaurant à prix très modérés (et serveurs en costumes d'époque). Permet d'éviter la *junk food* de la cafétéria, prise d'assaut par les collégiens.

★ **Fredericksburg :** plus au sud, par la I-95. C'est là que George Washington passa sa jeunesse. On y visite la maison de sa mère et de sa sœur. Nombreuses maisons anciennes. Dans les environs, champs de batailles historiques de la guerre de Sécession. Visitors' Center en ville avec présentation audiovisuelle.

★ Pour ceux descendant plus au sud, ne pas manquer la jolie ville coloniale de **Williamsburg** en Virginie entre Richmond et Norfolk. Tout le centre-ville a retrouvé son visage du XVIIIe siècle. Il a fallu une soixantaine d'années de patiente restauration. Résultat superbe. Voitures interdites dans le centre. Certes, assez touristique, mais on se laisse gagner par le charme de ces nombreux artisans recréant les métiers d'antan et ces tavernes où l'on peut manger des plats cuisinés comme au bon temps de la colonie.

QUITTER WASHINGTON

En avion

➢ **Pour rejoindre le Washington-Dulles International Airport :** prendre le *Washington Flyer Coach Service* (navette) à partir de la station de métro West Falls Church. Environ 18 US$ le trajet (28 US$ l'aller-retour). Tarif spécial par famille et gratuit pour les enfants de moins de 6 ans. Renseignements : ☎ 1-888-WASHFLY. • www.washfly.com • Toutes les demi-heures environ. Compter 1 h de transport. En taxi, compter au minimum 45 US$.

➢ **Pour le Ronald Reagan National Airport :** *Washington Flyer Coach Service* ou métro. Métro hyper pratique. 15 mn de transport pour seulement un peu plus de 1 US$. Renseignements au : ☎ 637-7000.

➢ **Pour le Baltimore-Washington International Airport :** depuis Union Station, avec le *MARC (Maryland Rail Commuter)* ou l'*Amtrak*. Arrêt à BWI Station d'où un *shuttle* gratuit rallie l'aéroport en 5 mn. Environ 5 US$ le trajet total.

En bus

Greyhound : 1005 1st Street NE (derrière Union Station). ☎ 301-565-2662.

Trailways : ☎ 737-5800.

En train

Gare Amtrak : ☎ 484-7540. Départ de la superbe gare de Union Station. Presque plus rapide que l'avion pour Washington-New York (3 h de trajet). Renseignements et réservations au numéro gratuit : ☎ 1-800-USA-RAIL ou 1-800-872-7245. Dessert Boston, New York, Philadelphie, Baltimore. Nouveau train pour les joueurs d'enfer : l'*Atlantic City Express*. Trains également pour Pittsburg, Cleveland, Chicago, Indianapolis, Cincinnati, etc. Ça reste cependant plus cher que le bus.

ANNAPOLIS

IND. TÉL. : 301

Capitale du Maryland depuis 1695. Siège d'une importante école navale. Capitale des États-Unis pendant neuf mois après la guerre d'Indépendance. Située à une bonne trentaine de miles de Washington, à l'embouchure de la Severn River qui se jette dans la Chesapeake Bay.
Belle ville historique qui possède plusieurs marques importantes du passé. Mérite vraiment le détour au départ de Washington si on a le temps de faire des excursions. De la capitale donc, sortir par New York Avenue (la 50), puis suivre la 301. Pour les non-motorisés, métro jusqu'à New Carrollton (terminus de la ligne orange), puis bus jusqu'à Annapolis (dix départs par jour du lundi au vendredi ; prix modique).

Adresse et info utiles

fi *Office du tourisme (Visitors' Center; plan A2)* : 26 West Street. ☎ (410) 268-8687. • info@visit-annapolis.org • À deux pas de Church Circle. Annexe sur le port (*plan D2*).
■ *Annapolis Tour* : intéressante visite guidée à pied dans la ville. ☎ 263-5401. Fax : 263-1901. Conférenciers ayant en général pas mal d'humour. Inclut en principe un petit tour à l'Académie navale. Départ du Visitors' Center du 1er avril au 31 octobre à 10 h 30 et à 13 h 30 de l'*Information Booth*, City Dock. Du 1er novembre au 31 mars, le samedi seulement à 14 h 30 (depuis *Gibson's Lodging's*, 110 Prince George Street). Prix : 10 US$ environ (grosse réduction étudiant). Téléphoner pour confirmation des horaires et réserver.

Où dormir ?

Camping

⚑ *Capitol KOA Campground* : 768 Cecil Avenue, Millersville, MD 21108. ☎ (410) 923-2771.

■ **Adresse utile**
  fi Office du tourisme (Visitor Center)

≜ **Où dormir ?**
  10 Gibson's Lodgings
  11 The Scotlaur Inn
  12 The Corner Cupboard
  13 Chez Amis B & B
  14 Prince George Guest-Inn
  15 Two-O-One B & B

|●| **Où manger ?**
  20 Chick and Ruth's Delly
  21 Buddy's
  22 The Moon
  23 Maria's
  24 Middleton Tavern
  25 McGarvey's
  26 Davis Pub
  27 Carrol's Creek
  28 Lewnes
  29 Chart House

▼ **Où boire un verre ?**
  51 Ram's Head Tavern
  52 Galway Bay
  53 49 West Coffeehouse

★ **À voir**
  40 Maryland State House
  41 William Paca House
  42 Shiplap House
  43 Hammond-Harwood House
  44 Governor's House
  45 Banneker Douglas Museum
  46 Charles Caroll House
  47 Maynard-Burgess House

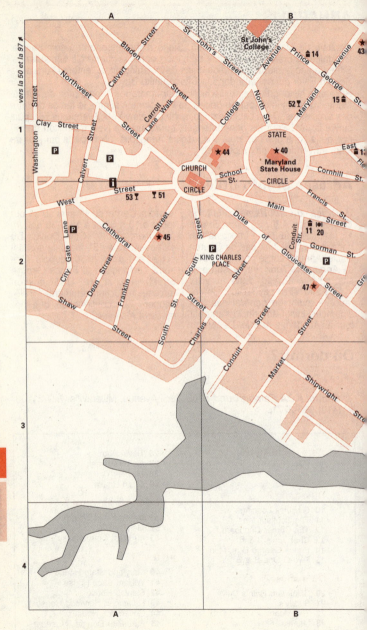

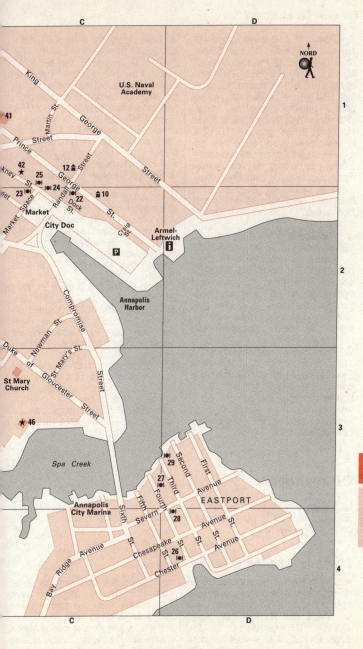

ANNAPOLIS

Bed & Breakfast

▲ *Gibson's Lodgings* (plan C2, **10**) : 110 Prince George Street. ☎ (410) 263-2523. Pour les réservations : ☎ (410) 268-5555. À partir de 80 US$ (dans la *Patterson House*) et 100 US$ (dans la *Berman House*) pour 2, parking et petit déj' inclus. Chambres avec bains dans la *Lauer House* de 135 à plus de 150 US$. Ensemble de trois élégantes demeures situées dans une rue calme à deux pas du port, en plein quartier historique. Belles chambres meublées à l'ancienne, avec ou sans salle de bains *(shared bathroom)*. Bon accueil. Notre meilleur rapport qualité-prix.

▲ *The Scotlaur Inn* (plan B2, **11**) : 165 Main Street. ☎ (410) 268-5665. Au-dessus du restaurant *Chick & Ruth's Delly*. De 90 à 120 US$ et *special daily rates*. 10 chambres avec salle de bains et air conditionné. Plus simple, mais bien tenu et moins cher que l'adresse précédente. Au rez-de-chaussée, notre resto préféré !

▲ *The Corner Cupboard* (plan C1, **12**) : 30 Randall Street. ☎ 263-4970. Fax : 280-6271. Quelques chambres correctes à partir de 110 US$. *B & B* non-fumeur. Pas loin du port. Vénérable demeure en bois d'un étage avec véranda. Ameublement ancien. *Breakfast* compris. Parking.

▲ *Chez Amis B & B* (plan B1, **13**) : 85 East Street, Annapolis, MD 21401. ☎ 263-6631 ou 888-224-6455. Fax : 295-7889. Dans le centre historique. Une vieille maison de charme, offrant des chambres personnalisées autour de 150 US$ *(Capitol Room)* pour 2, petit déj' compris. Accueil sympa. Décoration chaleureuse (lits en cuivre, ameublement à l'ancienne). Attention, *B & B* non-fumeurs.

▲ *Prince George Guest-Inn* (plan B1, **14**) : 232 Prince George Street. ☎ 263-6418. Fax : 626-0009. • pginn @annap.infi.net • Élégante maison victorienne de 1884. Fort bien située, là aussi. 4 chambres avec *shared bathroom* (salle de bains commune). Bel ameublement. Jardin agréable. Un poil plus cher que *Chez Amis B & B*.

▲ *Two-O-One B & B* (plan B1, **15**) : 201 Prince George Street. ☎ 268-8053. Fax : 263-3007. Doubles de 140 à 200 US$. Là aussi, belle demeure géorgienne adorablement meublée style *British* et *early American*. Accueil très courtois. Jardin agréable et parking. En priorité pour nos lecteurs amis des bêtes, car trois beaux chiens, tout à fait civils, font la fierté du proprio.

– D'autres *B & B* dans des maisons de charme. Téléphoner à l'office du tourisme.

Où manger ?

La plupart des restaurants sont situés sur le port, dans *Main Street,* et à *Eastport* (franchir le pont situé au-delà de City Dock et tourner à gauche dans Severn Avenue).

Dans le centre

|●| Dans *Market Space*, possibilité de manger sur le pouce sandwichs et poulet grillé à prix modérés.

|●| *Chick and Ruth's Delly* (plan B2, **20**) : 165 Main Street. ☎ 269-6738. Ouvert 24 h/24 tous les jours (on a oublié de demander pour le Jour de l'An...). Pour amateurs de *deli*, un des plus sympas qu'on connaisse ! Tout en longueur, avec des boxes, dans un cadre jaune pimpant. Une véritable institution. Régale la ville depuis des dizaines d'années. Produits frais, qualité constante, Ted, le patron veille (avec sourire et bienveillance et dès

l'aube) à la bonne marche de l'affaire. Si vous avez des enfants, demandez-lui d'effectuer quelques tours de magie, ils vont adorer. Cuisine familiale, simple, goûteuse. Copieux *breakfast* et les meilleures *pancakes* du Maryland. Goûter aux *home made buffalo wings* et aux *submarines*. Tous nos lecteurs de 8 à 88 ans ne manqueront pas de déguster les bons vieux milk-shakes à l'ancienne et autres sundaes ice creams... Enfin, les plus patriotes d'entre eux seront là pour le serment au drapeau *(pledge of Allegiance)* à 8 h 30 en semaine et 9 h 30 le dimanche. À propos, arriver de bonne heure, c'est vite plein. Une tranche chaleureuse de la vieille Amérique comme on l'aime, longue vie Teddy!

I●I **Buddy's** *(plan B-C2, 21)* : 100 Main Street. ☎ 626-1100. Au premier étage. Ouvert jusqu'à 2 h du mardi au samedi (23 h les dimanche et lundi). Genre grande cafétéria; pas de charme en soi. Spécialités de *crabs and ribs* et *seafood*. Prix raisonnables. Un truc intéressant : du lundi au vendredi, de 16 h à 19 h, buffet de fruits de mer à volonté *(all as you can eat, happy hours, raw-bar)* pour 10 US$ environ : *clams*, huîtres, crevettes, moules et autres fruits de mer. *Saturday seafood buffet* aussi le samedi de 11 h à 15 h, un peu plus cher. *Brunch* le dimanche de 8 h 30 à 13 h. Vins à prix abordables.

I●I **The Moon** *(plan C1, 22)* : 137 Prince George Street. Un bon truc pour échapper à l'atmosphère touristique de Market Space. Ici, c'est plutôt style relax étudiant-baba, avec une excellente musique de jazz en fond. Piano dans un coin et une cuisine simple qui lorgne un peu vers l'Inde et la Méditerranée. *Burgers*, salades, snacks divers, yogourt *Deluxe*, etc. Prix très modérés.

I●I **Maria's** *(plan C1-2, 23)* : 12 Market Space. ☎ 268-2112. Une vraie, belle et plantureuse cuisine italienne. Accueil sympa. Salle à manger surplombant le port et quelques tables dehors. *Lunch* moins cher, bien sûr.

I●I **Middleton Tavern** *(plan C1-2, 24)* : Market Space (et Randall Street). ☎ 263-3323. Dans une ancienne taverne du XVIIIe siècle, qui a conservé tout son charme. Aux murs, nombreux souvenirs et témoignages du passé. George Washington, Benjamin Franklin et Thomas Jefferson furent des clients réguliers pendant la période révolutionnaire. Fine cuisine, excellent poisson. *Oysters bar* avec arrivage quotidien. *Sunday brunch* de 10 h à 13 h. À l'extérieur, tables et bancs rugueux. Au premier étage, piano-bar. Touristique et plus cher, bien sûr, que les adresses précédentes.

I●I **McGarvey's** *(plan C1-2, 25)* : 8 Market Space. ☎ 263-5700. Ouvert jusqu'à 2 h du lundi au samedi. De son origine irlandaise, cet endroit tient sa chaleur communicative et son ambiance super amicale. Excellents fruits de mer aux mêmes prix qu'à la *Middleton Tavern*. Long bar bien agréable. *Brunch* le dimanche de 10 h à 14 h. Bon choix à la carte : *New England style clam chowder*, bluefish fumé, belles salades, sandwichs, *burgers* au charbon de bois, *New York Strip steak*, etc.

À Eastport

C'est la presqu'île au sud du centre historique. Depuis Market Space, suivre la rue qui longe le port à droite jusqu'au pont. De l'autre côté, on trouve les chantiers de réparation de voiliers, de nombreux restos et des *neighbor* et *local bars*. Beaucoup de rues encore habitées par des familles noires montrent la part importante de l'héritage *African American* à Annapolis (brochure intéressante à récupérer à l'office du tourisme). Au XIXe siècle, un tiers de la population de la ville était noire.

I●I **Davis Pub** *(plan D4, 26)* : 400 Chester Avenue, Eastport. ☎ 268-7432. *Local bar* typique dans un quartier populaire. Des *Irish* durent aussi s'installer dans le coin, car la devise du *Davis Pub* est « Ici, il n'y a pas d'étrangers, seulement des amis que nous n'avons pas encore rencontrés », expression irlandaise typique (mais, c'est bien sûr, ce trèfle sur la boîte d'allumettes!). L'atmosphère enfiévrée du lieu l'est aussi. Se préparer à attendre si vous souhaitez manger. Vraiment, foule rugissante le week-end. Spécialité de poisson et *seafood* servis à la bonne franquette. Bonnes viandes aussi. Prix tout à fait modérés.

De prix moyens à plus chic

|●| **Carrol's Creek** (plan C-D3, 27) : 410 Severn Avenue (et 4th Street), Eastport. ☎ 263-8102. Tourner à gauche, juste après le pont. Bien indiqué. Service le soir jusqu'à 21 h (22 h le week-end). Menu du *dinner* autour de 30 US$. En été, une des plus agréables terrasses sur le port des yachts. Élu plus beau coucher de soleil de la ville! À l'intérieur, salle panoramique également, cadre en bois verni, lumières doucement tamisées, clientèle chic sans trop d'ostentation. Service efficace. Cuisine assez fine sachant allier des saveurs intéressantes. Quelques plats vedettes : saumon polenta et parmesan, tendre filet de *black angus*, tartare de thon, fameuse *Maryland cream of crab*, etc. *Sunday brunch* réputé. Addition pas scandaleuse en soi. Réservation ultra-conseillée.

|●| **Lewnes** (plan D3-4, 28) : 4th Street (et Severn Avenue). ☎ 263-1617. Service jusqu'à 22 h (22 h 30 le week-end). Cadre sobre, tons neutres, décor bois et photos noir et blanc, atmosphère conformiste. Ici, vous êtes au petit royaume du steak. C'est en fait une religion. L'« église » est au même endroit depuis 1921. En particulier, ce fut le premier établissement à servir de l'*US prime aged beef* (2 % de la production de bœuf américain) de la région. Voilà pourquoi ses adeptes sont prêts à payer assez cher pour participer à l'office. Fidèles aussi aux ténors de la carte : la *Spiro's famous Greek salad*, le *New York Strip sirloin*, le *filet mignon petite*, etc. Rares aussi sont ceux qui oublient de réserver pour cette grand'messe de la viande.

|●| **Chart House** (plan D3, 29) : 300 2nd Street, Eastport. ☎ 268-7166. Très chic. Le futur officier de l'Académie navale y emmène souvent sa promise. Cadre séduisant. Haut de plafond, charpente de hangar à bateau, beaucoup de bois verni façon yacht, décor de la mer, lumières douces et musique discrète. Élégant et cependant assez relax. Autre salle avec bar et profonds fauteuils pour manger plus simplement sandwichs, snacks, gâteaux et glaces. À la carte, *prime rib*, *whole New England lobster*, *coconut shrimp*. Si vous n'avez ni uniforme, ni fille d'amiral à séduire, choisir le *champagne brunch* du dimanche. Fameux à 10 miles marins à la ronde!

Où manger dans les environs?

|●| **Cantler's Riverside Inn** : 458 Forest Beach Road. ☎ 757-1467. Ouvert tous les jours jusqu'à 23 h (jusqu'à minuit le week-end). Pas facile à trouver, mais voilà la marche à suivre : du centre-ville, prendre King George Street, puis Taylor Avenue à droite. Franchir la Severn River. Au bout, à droite, suivre la 648 North, puis l'Annapolis-Baltimore Boulevard. Au bout, tourner à droite en direction de la 50 et de la 179. Arrivé à une fourche (avec une maison marron au milieu), prendre à droite. C'est Brown Woods Road. En haut, *Cantler's* est indiqué, à droite. Une queue de voitures vous arrêtera (parking trop petit). Enfin, vous êtes arrivé, mais pas au bout de vos peines si vous n'avez pas réservé. Beaucoup de monde, donc risque d'attente. Salle à manger intérieure bourrée à craquer, salle sous véranda tout autant, terrasse prise d'assaut aux beaux jours (en revanche, votre seule chance d'être assis rapidement les mauvais!). Voilà, vous êtes dans l'institution, la Mecque du crabe et du crustacé. On y plonge avec délectation, on y met

les doigts de façon rabelaisienne, les babines se colorent et piquent sous les assauts du piment qui les enrobe (et provoque des commandes inconsidérées de bière pour éteindre le feu !). On déguste les crabes par 6, 12 ou 24 suivant sa faim (12 est la moyenne). Sinon, *baskets* de *Strip clams, calamari, crab cakes*, etc., sandwichs, poissons frais du jour et même du filet mignon...

Où boire un verre ? Où déguster un bon café ?

Ram's Head Tavern *(plan A2, 51)* : 33 West Street. ☎ 268-4545. Ferme à 2 h. Nombreuses salles avec des ambiances qui changent. Clientèle branchée à dominante *trendy*. Bar particulièrement animé. Près de 200 bières proposées, dont des productions maison (micro-brasserie). Bonne cuisine et un agréable patio.

Galway Bay *(plan B1, 52)* : 61 Maryland Avenue. ☎ 263-8333. Ouvert de 12 h à 2 h (la cuisine s'arrête à 22 h 30, à 23 h le week-end). Un vrai pub irlandais, un peu en dehors des flux touristiques. Joli cadre, avec ses hauts murs de brique rouge agrémentés de gravures et peintures. Guinness bien tirée. De l'autre côté, la salle de resto. Cuisine irlandaise correcte : le traditionnel *stew* bien sûr, *Molly Malones cockles and mussels*, saumon, *tullack mor steak* (flambé au whisky) et l'incontournable *rhubarb and strawberry tart*.

49 West Coffeehouse *(plan A2, 53)* : 49 West Street. ☎ 626-9796. Ouvert de 7 h 30 à minuit (jusqu'à 2 h le week-end et 22 h le dimanche). Un côté chaleureux et une bonne odeur de café et pâtisserie. Intimité renforcée par la bibliothèque. Possibilité de grignoter quiches, *muffins, scones*, sandwichs. Belles expos de peintures.

À voir

Superbe balade à pied dans le quartier historique. Annapolis est l'une des villes des États-Unis ayant le plus conservé son aspect du XVIIIe siècle. Le plan de la ville avec ses deux *circles* et rues rayonnantes est le même depuis 1694. Très nombreuses vieilles demeures de charme. Beaucoup de boutiques restent d'ailleurs dans le ton (voir la banque rétro sur Main Street). Parcourir en particulier Main Francis, Cornhill, East Streets et toutes les rues convergeant vers le Capitole. Bien sûr, en été, énormément de monde. Le printemps, en revanche, est particulièrement propice aux promenades tranquilles et romantiques. Tous les sites décrits plus bas sont aisément accessibles à pied de Market Space.

★ **Maryland State House** *(plan B1, 40)* : ouvert tous les jours de 9 h à 17 h. En principe, visites guidées gratuites tous les jours à 11 h et 15 h. Renseignements : ☎ 974-3400. C'est la plus ancienne des États-Unis. Construite de 1772 à 1779. Du 26 novembre 1783 au 13 août 1784, elle abrita le Congrès américain. Superbe édifice colonial. Dôme en bois assemblé uniquement avec des chevilles. Une nouvelle aile fut construite en 1902 (une ligne noire à travers le hall délimite nettement les deux périodes de construction). On y trouve la Chambre des députés et le Sénat de l'État du Maryland. Dans la partie la plus ancienne, on découvre les premières assemblées. Dans le vieux sénat, le général Washington démissionna de ses fonctions de commandant en chef de l'armée continentale ; trois semaines plus tard, on y ratifia le traité de Paris mettant fin à la guerre, et l'acte de naissance des États-Unis. Belle peinture de Charles W. Peale décrivant la bataille de Yorktown. Quelques meubles de l'époque. À côté, galerie des portraits et un service en argent reproduisant les principaux événements historiques du Maryland. L'assemblée de l'État se réunit chaque année pendant 90 jours à partir du deuxième mercredi de janvier (galerie pour le public).

À côté de la State House, le *Old Treasury Building* (1735), l'édifice public le plus ancien de l'État (ouvert sur rendez-vous en téléphonant au : ☎ 267-8149).

★ **William Paca House** *(plan C1, 41)* : 186 Prince George Street. ☎ 263-5553. Ouvert de mars à décembre, du lundi au samedi de 10 h à 16 h, le dimanche de 12 h à 16 h. En fait, venir au moins une demi-heure avant la fin pour le dernier départ de la visite. C'est William Paca, gouverneur du Maryland et l'un des signataires de la déclaration d'Indépendance, qui fit construire cette élégante demeure géorgienne (1765) avec de superbes jardins derrière. On y trouve un parterre d'herbes médicinales, d'anciennes variétés de roses, un jardin « sauvage », un autre avec les fleurs de saison, une petite *Summer House*, etc. Le tout s'étendant sur cinq terrasses. Accès aux jardins par Martin Street (entrée payante).

★ Au n° 18 Pinkney Street (rue donnant sur Market Space), voir la **Shiplap House** *(plan C1, 42)*, l'une des plus vieilles maisons d'Annapolis, ancienne taverne (1713). ☎ 267-7619. Ouvert du lundi au vendredi de 14 h à 16 h. Entrée libre. Au n° 43, **The Barracks**, dans un habitat typique de commerçant de l'époque, reconstitution historique de la vie des soldats de la révolution. ☎ 267-7619. Visite sur rendez-vous.

★ Sur Maryland Avenue, voir des édifices géorgiens typiques : au n° 19, la **Hammond-Harwood House** *(plan B1, 43)*. ☎ 269-1714. Ouvert du mardi au samedi de 10 h à 16 h (mais le dernier tour commence à 15 h) et le dimanche de 12 h à 16 h (dernier tour 1 h avant). Fermé le lundi. Entrée : 5 US$. Une des demeures les plus élégantes de la ville (de 1774), avec de très beaux jardins. Remarquables ameublement et décor intérieur. Nombreux objets d'art, cheminées sculptées, portraits de Peale, tout est ravissement. Noter comment l'architecte sut composer avec l'exiguïté de la cage d'escalier et construire ce dernier avec harmonie. À mi-chemin, une très originale pendule de 1790. Pittoresque cuisine.

Au n° 22, en face, la **Chase-Lloyd House** (de 1769). ☎ 263-2723. Ouvert du lundi au samedi de 14 h à 16 h (tour 1 h avant). Fermé en janvier-février. Téléphoner pour confirmation des jours et horaires. Demeure de Samuel Chase, l'un des quatre signataires de la déclaration d'Indépendance. En 1796, Washington le nomma à la Cour Suprême où il officia jusqu'à sa mort en 1811. Superbe salle à manger. Noter les moulures en forme de corde encadrant les fenêtres. Une très élégante fenêtre palladienne sculptée domine la cage d'escalier. Plusieurs meubles de *John Shaw*, le plus grand ébéniste de l'époque. Dans la salle de réception, noter la fausse porte à gauche de la cheminée.

★ **Governor's House** *(plan B1, 44)* : entre State et Church Circles. ☎ 974-3531. Maison du gouverneur de l'État. Construite pendant la période victorienne. Ouvert d'avril à décembre, les mardi, mercredi et jeudi de 10 h à 14 h (de janvier à mars ouvert les mardi et jeudi). Quelques pièces se visitent sur rendez-vous. Beaux meubles coloniaux.

★ **Banneker Douglas Museum** *(plan A2, 45)* : 84 Franklin Street. ☎ 974-2893. Ouvert de 10 h à 15 h, le samedi de 12 h à 16 h. Fermé les dimanche et lundi. Rue donnant sur Church Circle. Ancienne église du XIXe siècle de style Gothic Revival transformée en musée de la Culture et de l'Histoire afro-américaines.

★ *Charles Carroll House* (plan C3, 46) *:* 107 Duke of Goucester Street, à côté de l'église Saint Mary (Spa Creek et Duke of Gloucester Street). ☎ 269-1737. Visite les vendredi et dimanche de 12 h à 16 h, le samedi de 10 h à 14 h. Entrée gratuite. Demeure du XVIIIe siècle de Charles Carroll of Carrollton, le seul catholique à avoir signé la déclaration d'Indépendance et l'un des hommes les plus riches de la colonie.

★ *Maynard-Burgess House* (plan B2, 47) *:* 163 Duke of Goucester Street. Grande et modeste demeure achetée en 1845 par John Maynard, un Noir du Maryland né libre. Il passa ensuite de nombreuses années à racheter la liberté de sa femme et de sa famille. Une autre famille noire occupa la maison jusqu'en 1990, date à laquelle la ville la récupéra pour la rénover et en faire un musée sur la vie des *African Americans* à Annapolis. Se renseigner sur l'ouverture prochaine de la maison au public.

★ *L'Académie navale* (plan C1) *:* une partie du *Yard* est ouverte au public. Visites guidées : s'adresser au *Armel-Letwich Visitors' Center* de 9 h à 17 h (jusqu'à 16 h en janvier et février). ☎ 263-6933. La première école navale fut fondée à Annapolis en 1845 avec 50 étudiants (plus quatre officiers et trois professeurs civils). Aujourd'hui, ce sont 4 000 étudiants et 580 enseignants et intervenants. Visite du *musée*, de la *chapelle* et de la *crypte de John Paul Jones*, grand héros des batailles navales pendant la révolution. Il avait curieusement disparu en France après la guerre, y était mort et avait été enterré dans un cimetière parisien. En 1905, son corps fut retrouvé par l'ambassadeur des États-Unis et rapatrié au pays. À propos de la chapelle, visite parfois impossible le samedi pour cause de mariages. La sortie des mariés (avec un rituel particulier) et du cortège reste cependant un moment pittoresque de la visite.

★ *Musée maritime :* 77 Main Street (Market Space). Assez touristique. Ouvert tous les jours de 11 h à 16 h en hiver et de 11 h à 17 h en été.

BALTIMORE

IND. TÉL. : 410

> « On désancra pour gagner la rade et le port de Baltimore,
> en approchant, les eaux se rétrécirent ; elles étaient lisses
> et immobiles ; nous avions l'air de remonter un fleuve indolent
> bordé d'avenues. Baltimore s'offrit à nous comme au fond d'un
> lac. En regard de la ville, s'élevait une colline boisée, au pied
> de laquelle on commençait à bâtir... »
>
> Chateaubriand, *Mémoires d'Outre-tombe*

750 000 habitants, quinzième ville et cinquième port de commerce des États-Unis. Une ville peu connue curieusement, en tout cas bien moins que ses prestigieuses voisines, Washington et Philadelphie. Ce déficit d'image ayant été, c'est sûr, largement accentué par une réputation collante (justifiée à une certaine époque) de ville dangereuse et peu attractive. Disons-le tout net, tout cela c'est du passé. Depuis 20 ans, Baltimore connaît une revitalisation monstre, un dynamisme économique et culturel prodigieux qui en fait aujourd'hui l'un des grands centres urbains américains les plus séduisants à découvrir. Le paradoxe aujourd'hui, c'est que c'est même une ville que l'on

qualifierait sans détour de plaisante, d'agréable, dans la mesure où elle possède (c'est une bonne surprise) des quartiers datant des XVIIIe et XIXe siècles parmi les plus homogènes et étendus du pays! En effet, au début des années 1970, lorsque se précisa la menace d'une autoroute urbaine rayant *Fells Point* (le vieux quartier du port) de la carte, une poignée d'amoureux de Baltimore réussit à créer un puissant mouvement d'opinion contre et à faire annuler le projet. Résultat aujourd'hui, l'occasion de découvrir ce quartier plein de charme à pied, le long de rues et ruelles où s'alignent bars, boîtes de rock ou branchées, restos de toutes sortes, dans une animation réjouissante. D'ailleurs, Fell's Point appartient radicalement aux jeunes, surtout le week-end. Rajouter à cela le pittoresque *Inner Harbor*, le grand port de commerce magnifiquement rénové et fier d'abriter l'un des plus beaux aquariums du pays. Une ville qui revient de loin donc, qui sait étonner... Jeune, vivante et avec des quartiers que l'on peut découvrir à pied en flânant sereinement, un curieux *Visionary Art Museum*... Dites, ça mérite d'être infidèle à Washington au moins deux jours, non?

UN PEU D'HISTOIRE

Fondation de la ville en 1729, au fond d'une belle baie protégée. Elle devient vite prospère grâce à son port naturel, aux dizaines de minoteries installées en amont (la farine peut partir aux quatre coins du monde) et aux planteurs de tabac qui cherchaient aussi un débouché maritime. En 1776-1777, le *Continental Congress*, chassé de Philadelphie par les Anglais, s'y réfugie. En 1784, premier vol en montgolfière du pays (vous verrez plus loin, il y eut beaucoup de « premières » à Baltimore). Au début du XIXe siècle, ses chantiers navals produisent les bateaux les plus costauds et les plus rapides. Construction du premier *steamboat* en 1813. Pendant les guerres de 1812-1814 contre les Anglais, les bateaux patriotes, surnommés *Baltimore Clippers* font merveille contre la flotte ennemie. En septembre 1814, les troupes anglaises tentent de s'emparer de la ville qui résiste héroïquement. L'amiral britannique se distingue en déclarant : « Baltimore is a doomed town! ». Elle sera pourtant la seule cité américaine jamais occupée. Un témoin de cette résistance, *Francis Scott Key*, écrivit en son honneur un poème, *The Star-Spangled Banner*, qui deviendra l'hymne national américain et sera imprimé pour la première fois à Baltimore. En 1816, construction de la première usine de production de gaz du pays par le célèbre peintre Rembrandt Peale et, l'année suivante, première rue (Holliday Street) éclairée au gaz (la première du monde même, paraît-il). En 1828, fondation de la *Baltimore & Ohio Railroad*. Le célèbre patron d'industrie et philanthrope *Peter Cooper* implante la première zone industrielle du pays (bon, pour pas alourdir le texte, on va créer plus loin un tableau « spécial premières »).

Deuxième ville des États-Unis!

En 1830, avec 80 625 habitants, Baltimore est la deuxième ville du pays, après New York (ouf, enfin seconde!). En 1833, *Edgar Allan Poe* commence à accéder à la célébrité et obtient son premier prix littéraire, ainsi que 100 dollars pour *MS. Found in a bottle (Manuscrit trouvé dans une bouteille)* publié dans le *Baltimore Saturday Visitor*. En 1838, un des rares esclaves qui ait réussi à apprendre à lire et écrire à Baltimore, futur grand homme d'état et acharné abolitionniste, *Frederick Douglass*, arrive à s'échapper de sa condition par le « chemin de fer souterrain ». La ville est d'ailleurs profondément divisée sur la question de l'esclavage. En 1861, rue Pratt, une manif pro-sudiste attaque les soldats du *6th Massachusetts Infantry* quittant la ville pour défendre Washington. Ce sont les premiers morts de la guerre de Sécession. Certains habitants se battront avec les Nordistes, d'autres avec les Confédérés, vérifiant cette définition de la ville : « The tip of the South and the toe of the North! » Comme beaucoup d'autres villes, Baltimore a souffert de la guerre civile, mais elle retrouve une santé économique rapide grâce au développement de ses conserveries, au commerce du grain en pleine ascension (suivant par là le rythme frénétique de la conquête de l'Ouest) et, surtout, à son immigration. Après Ellis Island, Baltimore devient le deuxième port d'entrée des immigrants.

Baltimore, arrêt primordial du « train souterrain »

La ville fut une importante étape de l'*Underground Railroad*, le réseau d'aide et de soutien à la fuite des esclaves du Sud vers le Nord. L'une des figures les plus marquantes de ce réseau fut *Harriet Tubman*, ancienne esclave elle-même, née près de Baltimore et qui, de concert avec les autres abolitionnistes (quakers, presbytériens, Blancs libéraux, etc.), organisa le passage de plusieurs centaines d'esclaves dans les États non-esclavagistes. Bien sûr, beaucoup d'esclaves en fuite prirent le train (comme *Frederick Douglass*), mais c'est la terminologie des activités qui se révèle surtout à l'origine de l'expression *Underground Railroad*. Ainsi, les routes secrètes utilisées pour fuir étaient appelées *lines*, les refuges *stations*, les passeurs *conducteurs* et les esclaves eux-mêmes... *fret* ou *marchandise*! Harriet Tubman mourut à New York en 1913 et eut des funérailles solennelles.

La période contemporaine

En 1904, violent coup d'arrêt à l'expansion de la ville. Un incendie monstre détruit une grande partie du secteur industriel et du Downtown. 1500 immeubles détruits et 2500 commerces qui disparaissent. Incroyable, quasiment pas de victimes! Baltimore ne sera cependant pas longue à recouvrer la santé et la reconstruction se révélera rapide et même stimulante pour l'économie (à l'image de San Francisco, victime à la même époque d'un séisme ravageur). En 1935, la faculté de droit accepte pour la première fois des étudiants noirs.
Après la dernière guerre mondiale, avec le boom économique et la frénésie de consommation, le Downtown se vide progressivement de sa petite bourgeoisie et de ses classes aisées. C'est la ruée vers la maison individuelle et les banlieues résidentielles, laissant le centre des villes aux pauvres et à l'immigration rurale. Les commerces y périclitent, l'habitat se dégrade, l'insécurité s'installe, c'est le redoutable mouvement que subissent alors toutes les grandes métropoles américaines. Les années 1960 connaissent un Baltimore déprimé, voire dépressif. Les émeutes, incendies et pillages qui suivent la mort de Martin Luther King en 1968 précipitent la chute de la ville. Baltimore touche le fond du gouffre.
Pourtant, dès 1971, *William Donald Schaefer*, maire de la ville, prend le problème du renouveau du Downtown à bras le corps. Un plan de redéveloppement audacieux de l'*Inner Harbor* est lancé. Conserveries et entrepôts abandonnés sont démolis, les quais réaménagés, des programmes de logement et d'immeubles de bureau entamés, le petit commerce aidé et encouragé, des sièges sociaux d'entreprises se réinstallent et de grands hôtels se construisent... En 1981, inauguration de l'Aquarium national qui attire à nouveau les touristes, puis création du musée maritime. Dans le même temps, l'insécurité diminue considérablement. Début des années 1990, pari gagné, la renaissance du centre-ville est quasiment achevée. Il ne reste plus qu'à réhabiliter l'image de marque de la ville (qui souffre toujours un peu de sa mauvaise réputation auprès des visiteurs) et à trouver autant d'argent et de solutions pour résoudre le problème des ghettos noirs qui ceinturent la ville. Quand à nous, nous espérons apporter notre petite pierre à cette « reconnaissance » méritée...

« Premières » de Baltimore aux USA !

- *1771* : mise en place du premier système postal.
- *1800* : fondation de la première banque d'investissement.
- *1815* : première fabrique d'argenterie, la *Samuel Kirk Company* (qui existe toujours).
- *1828* : première fabrique de parapluies du pays (il était temps : 115 jours de pluie ou de neige répertoriés contre 105 de beau temps). Le slogan : « Born in Baltimore, raised everywhere ».
- *1829* : premier ordre religieux noir et production du premier ruban de soie.
- *1830* : premier train ayant pris quelques passagers.
- *1839* : création de la première faculté dentaire au monde.
- *1844* : première ligne télégraphique créée par Samuel Morse *himself* (reliée à Washington) et création de la première *high school* pour filles.
- *1851* : construction de la première fabrique de crème glacée.
- *1859* : création de la première *YMCA*.
- *1867* : le docteur *William T. Howard* est le premier gynécologue diplômé d'une faculté de médecine.
- *1877* : les employés de la *Baltimore & Ohio Railroad* se mettent en grève. Émeutes à Baltimore ; c'est, à l'époque, la plus grande grève de l'histoire américaine.
- *1883* : *Ottmar Mergenthaler* invente la première linotype au monde.
- *1892* : construction de la première manufacture de capsulage de bouteilles (une invention de *William Painter*).
- *1895* : première locomotive électrique mise en service au monde (par la *Baltimore & Ohio Railroad*).
- *1897* : premier sous-marin réellement opérationnel, l'*Argonaut* (inventé par *Simon Lake*).
- *1901* : *Dr. Florence Rena Sabin*, première femme professeur dans une faculté de médecine (la *John Hopkins School of Medecine*).

Quelques Baltimorien(ne)s célèbres

Voici quelques Baltimoriens nés ou ayant vécu assez longtemps dans la ville, en plus de ceux et de celles dont on parle dans l'historique, le chapitre précédent et dans le texte courant. Rappel : *Edgar Allan Poe* (on ne le présente plus, sa tante, dont il épousa la fille, Virginia, vivait à Baltimore et c'est là qu'on retrouva l'écrivain mort dans une rue, en 1849), *Frederick Douglass* (ancien esclave devenu homme d'État), *Francis Scott Key* (auteur des paroles de l'hymne national), *Johns Hopkins* (financier, grand fondateur d'universités privées), *Rembrandt Peale* (un des plus grands peintres américains du XIXe siècle), *H. L. Mencken* (journaliste et écrivain), *Dashiell Hammett* (qui y travailla comme détective de la Pinkerton et écrivit *The Glass Key - La Clé de Verre* -, un polar basé sur la corruption politique à Baltimore), *Wallis Warfield*, plus connue sous le nom *Wallis Simpson*, puis de duchesse de Windsor, épouse de l'ex-roi Édouard VIII (elle était d'une grande famille de la ville). *Gertrude Stein* y vécut longtemps, de même que *Russell Baker*, écrivain (et prix Pulitzer pour *Growing Up*), *Ann Tyler*, écrivain (prix Pulitzer pour *The Accidental Tourist* qui devint un film de L. Kashdan avec William Hurt – en VF, *Le Voyageur malgré lui*) ; *Scott* et *Zelda Fitzgerald* eurent leur dernière maison à Baltimore, etc. *Spiro Agnew*, ancien vice-président de Nixon était d'ici. Le génial *Frank Zappa* y naquit. De fameux cinéastes sont aussi originaires de la ville et y puisèrent largement leur inspiration. À commencer par *Barry Levinson*, réalisateur de *Good Morning Vietnam*, *Rain Man* (ainsi que de *Dinner*, *Avalon* et *Tin Men* tournés à Baltimore). On comprend mieux aussi comment Baltimore, cette ville si riche socialement et culturellement, a pu engendrer un réalisateur aussi talentueux (et déjanté) que *John Waters*. Aujourd'hui, la plupart de ses films sont quasiment des films cultes : *Pink Flamingos*, *Hairspray* (avec le(la) regretté(e) *Divine*), etc. Enfin, de grands musiciens de jazz étaient de la ville aussi et y jouèrent longtemps : *Cole Porter*, *Chick Webb*, *Cab Calloway*, *Eubie Black* et... la grande, la très grande... *Billie Holiday* à qui nous consacrons ce chapitre spécial...

Lady sings the blues

Billie Holiday adorait raconter qu'elle était née à Baltimore, mais sa mère, *Sadie Harris*, dès qu'elle sut qu'elle était enceinte, préféra se réfugier à Philadelphie pour fuir l'opprobre de sa famille. Fille-mère de 18 ans, elle accoucha au General Hospital et revint à Baltimore quelques jours après la naissance de sa fille. Le père était un musicien de jazz du nom de *Clarence Holiday* qui ne reconnut pas l'enfant. La petite fille, prénommée *Eleanora* aura une enfance chaotique au gré des déménagements de sa mère. À neuf ans, elle chante déjà du blues et rêve à ce père absent qui est en train de devenir un joueur de banjo célèbre. À dix ans, c'est le drame, Eleanora est violée, humiliée, envoyée dans une pension catholique très dure. Après neuf mois d'épreuves, elle retrouve sa mère et la suit à Fell's Point (dans Durham

■ Adresses utiles

- **🛈** Baltimore Area Visitor Center
- 🚌 Terminal Greyhound

🛏 Où dormir ?

- 10 Youth Hostel
- 11 Days Inn
- 12 Holiday Inn
- 13 Ann Street Bed and Breakfast
- 14 Celie's Waterfront Bed and Breakfast
- 15 Admiral Fell Inn

🍴 Où manger ?

- 20 Attman's Delicatessen
- 21 Louie's
- 22 Bertha's
- 23 Adrian's Book Café
- 24 Duda's
- 25 Joy America Café
- 26 John Steven
- 27 Victor's Café
- 28 Phillips
- 29 Hamilton's
- 30 Hampton's

🍷 Où boire un verre ? Où sortir ?

- 21 Louie's
- 22 Bertha's
- 70 Wharf Rat Bar
- 71 Cat's Eyes
- 72 Dead End
- 73 Admiral Cup
- 74 Fletcher's
- 75 Bohager's
- 76 Ottobar
- 77 Buddies Jazz Pub
- 78 Mike O'Shea

★ À voir

- 40 National Aquarium
- 41 American Visionary Art Museum
- 42 Musée maritime
- 43 Musée de l'Industrie
- 44 B & O Railroad Museum
- 45 Maryland Science Center
- 46 Star-Spangled Banner Flag House
- 47 Civil War Museum
- 48 Public Works Museum
- 49 Shot Tower
- 50 Jewish Museum of Maryland
- 51 Town Hall
- 52 Peal Museum
- 53 Top of the World
- 54 Port Discovery
- 55 Westminster Graveyard
- 56 National Museum of Dentistry
- 57 Walters Art Gallery
- 58 Conservatoire de musique Peabody
- 59 Maryland Historical Society
- 60 Eubie Black National Museum and Cultural Centre

396 LE CENTRE-EST

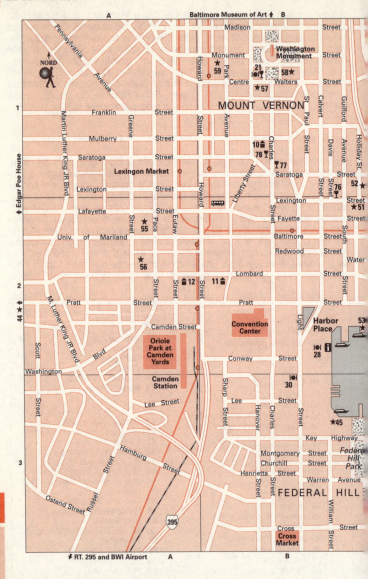

Street), alors le quartier chaud de Baltimore. La petite Eleanora chante de plus en plus le blues. Son idole, c'est *Bessie Smith*. Sa mère partie travailler à New York, la gamine est livrée à elle-même et fréquente le milieu des musiciens de nuit, des durs et des proxénètes. La recherche du père sûrement (d'ailleurs, elle appellera toujours les hommes « daddy » !). La petite Eleanora finit bien sûr par se prostituer et travaille dans quelques maisons closes de Fells Point. Mais, paradoxalement, c'est sa voix qui intéresse les

BALTIMORE

BALTIMORE

clients et on la retrouve plus souvent à côté d'un piano d'une *good time house*, comme au 20 Bond Street (populaire endroit à l'époque pour écouter du jazz, boire et fumer un joint) qu'au bordel. Elle commence à acquérir un petite notoriété locale. Elle sait qu'elle sera chanteuse et envisage déjà son nom de scène : *Billie* (le prénom d'une actrice qu'elle adorait) et, pourquoi pas, *Holiday* le père mythifié. Il est d'ailleurs temps de partir. Une valise faite à la hâte et en avant pour New York. Nous sommes en 1928, elle a 13 ans.

Elle va retrouver sa mère, puis son père dans la nuit interlope new-yorkaise et affiner son blues... mais la suite n'appartient déjà plus à Baltimore !

Adresses utiles

🛈 *Baltimore Area Visitors' Center* (plan B2) : 301 East Pratt Street. Dans Inner Harbor. ☎ 837-4636 ou 800-282-6632. Ouvert tous les jours de 9 h à 17 h 30.
✉ *Poste :* 900 E La Fayette Street.
🚌 *Terminal Greyhound :* 210 W La Fayette Street. ☎ 752-1393.
🚆 *Amtrak :* ☎ 800-USA-RAIL.
🚆 *Penn Station :* N Charles Street. ☎ 291-4259. Trains pour New York, Washington et Philadelphie.
✈ *Baltimore-Washington international Airport :* ☎ 859-7111 ou 800-435-9294. *Shuttle* pour l'aéroport : ☎ 800-258-3826.

Transports urbains

➢ *Water taxi :* une façon agréable et pratique de visiter la ville et pas mal de musées. Il y a 17 arrêts de *Canton* au *fort McHenry*. Renseignements au : ☎ 563-3901 ou 1-800-658-8947. Du 1er mai au 6 septembre, fonctionne de 10 h à 23 h (jusqu'à minuit le week-end et 21 h le dimanche). Horaires différents en basse saison. Billet pour la journée autour de 5 US$ (réductions pour les moins de 10 ans).
➢ *Métro :* une seule ligne, passant au nord de Little Italy, traversant Downtown et remontant au nord vers Bolton Hill. Dessert en fait peu de centres d'intérêt ou alors musarde toujours à quatre-cinq blocs.
➢ *MTA (Mass Transit Administration) :* gère le réseau de bus local, le métro et le *Light Rail*. ☎ 539-5000. *Pass* quotidien à 3 US$ valable pour les trois modes de transport.
➢ *Taxi :* Yellow Cab, ☎ 685-1212 ; et *Royal Cab*, ☎ 327-0330.

Où dormir ?

🛏 *Youth Hostel* (plan B1, 10) : 17 W Mulberry Street. ☎ 576-8880. À quelques blocs du terminal *Greyhound*. Central, bien tenu dans l'ensemble. Une cinquantaine de lits (penser à réserver en été). Cuisine et salle pour laver le linge.
🛏 *Days Inn* (plan B2, 11) : 100 Hopkins Place. ☎ 576-1000. Fax : 659-0257. À quatre blocs de l'Inner Harbor, en face du Convention Center. À partir de 150 US$. Moins cher en basse saison, plus cher quand il y a des congrès, se renseigner avant. *Nothing fancy*, un solide parallélépipède de brique rouge. 250 chambres confortables. Piscine extérieure et centre de fitness. Pour ceux qui ont une voiture, le *Days Inn* de Baltimore East, à 11 miles du centre, offre des chambres à partir de 60 US$. ☎ 882-0900.
🛏 *Holiday Inn* (plan A2, 12) : 301 West Lombard Street. ☎ 685-3500. Fax : 727-6169. Très central aussi. Béton fonctionnel, pas de charme en soi, prix acceptables (en dehors des périodes de congrès). 375 chambres correctes. Grande piscine intérieure et sauna.
🛏 Guetter les réductions de fin de semaine des grands hôtels. Par exemple, à certaines périodes, le *Sheraton Inner Harbor* propose du jeudi au dimanche soir des chambres autour de 140 US$.

Plus chic

🛏 *Ann Street Bed and Breakfast* (plan D3, 13) : 804 Ann Street, Fells Point. ☎ 342-5883. Doubles à 100 et 110 US$ environ. Coin plus tranquille que Broadway, tout en étant proche de l'animation. Là aussi le charme colonial de deux maisons du XVIIIe siècle. Jardin privé. Chambres correctes avec salle de bains et bon petit déj' compris.

■ **Celie's Waterfront Bed & Breakfast** *(plan D3, 14)* **:** 1714 Thames Street, Fells Point. ☎ 522-2323 ou 800-432-0184. Fax : 422-2324. • ce lies@aol.com • Doubles de 140 à 240 US$. Fort bien situé. 7 chambres de charme (non-fumeurs) et de bon confort. TV satellite, téléphone avec répondeur, ventilo, frigo, machine à café, petit déj' continental compris, etc. Certaines chambres (avec *whirlpool*) pour 2 nuits minimum le week-end. 2 à 3 nuits minimum pour toutes les chambres en périodes de vacances et certains week-ends « spéciaux ». *Roof deck* avec belle vue sur le port. Petit jardin. Réservation obligatoire avec arrhes.

■ **Admiral Fell Inn** *(plan D3, 15)* **:** 88 South Broadway, Fell's Point. ☎ 522-7377 ou 800-292-4667. Fax : 522-0707. • info@admiralfell.com • Doubles à partir de 200 US$. Dans ce vieux quartier du port plein de charme, l'adresse chic la plus séduisante. Ancien hôtel de marins de quatre étages en brique. Superbement rénové. Il s'appelait à l'époque l'*Anchorage Hotel*. Songez que pendant des dizaines d'années, des matelots de tous les pays s'y entassèrent. Les chambres à 35 cents la nuit, étaient tellement petites qu'il y avait gagné le surnom de « The Doghouse ». Aujourd'hui, au cœur de l'animation nocturne. En voyage de noces ou prêt à consentir un petit écart financier pour une nuit, c'est là qu'il vous faut descendre. 80 chambres personnalisées et joliment décorées, meubles de style fédéral, agréable *lobby*, beau petit déj' et un resto réputé. *Water taxi* au pied de l'hôtel pour rejoindre l'Inner Harbor.

Où manger ?

De bon marché à prix moyens

I●I **Attman's Delicatessen** *(plan C2, 20)* **:** 1019 Lombard Street. ☎ 563-2666. Leur slogan : « Meilleur deli au sud de New York », c'est pas loin d'être vrai ! Créé en 1915, à cet endroit depuis 1927 et toujours la même famille. Salle à côté de la boutique. Cadre frais et sympathique. S'est à peine modernisé et a su conserver une petite *flavour* du passé. Thon empaillé au mur, bocaux de condiments en rangs serrés, gants de Mohamed Ali, photos de la rue en 1930 et de tous les présidents démocrates qui ont fait l'honneur de leur visite : Kennedy, Johnson, Carter, Clinton et même... Reagan. Dégustez ici le meilleur de la cuisine juive : foie haché, *lox*-fromage blanc, corned-beef et *hot pastrami* préparés quotidiennement, « chien chauds » kasher réputés et d'excellents *combination sandwiches* aux noms rigolos : *Tongue Fu, The Gay Liveration, The Black Russian*, etc. Toujours des produits frais... Leur recette de *halva* daterait de 5 000 ans, ils sont même un peu de Marseille !

I●I **Louie's** *(plan B1, 21)* **:** 518 N Charles Street. Pas loin du Washington Monument. ☎ 962-1224. Très populaire chez les étudiants. On passe d'abord par la librairie au décor un peu kitsch (pilastres, chapiteaux corinthiens, dorures). Puis, grande salle avec très long comptoir, plancher en bois usé, grandes peintures derrière le bar. Cuisine américaine correcte, mais elle se révèle plutôt un prétexte d'être ensemble pour toute cette foule jeune, exubérante et bruyante. Presque tous les soirs, concerts de jazz de 22 h à minuit. Quelques extraits de la carte : *Chestertown chicken* mariné au curry, côte de porc à la jamaïcaine, *chargrilled burger, New York steak*, sandwichs divers, salades. Beau choix de desserts (*cheesecake, carrot cake*, etc.).

I●I **Bertha's** *(plan D3, 22)* **:** Broadway et Lancaster, Fells Point. ☎ 327-5795. Ouvert tous les jours, sauf les jours fériés, midi et soir jusqu'à 23 h (minuit le week-end). Bar ouvert jusqu'à 2 h. Plusieurs salles. Quelques boxes avec bancs en bois. Tableaux et estampes aux murs. Décor vieillot. Spécialiste des moules (une dizaine de variétés), *broiled stuffed shrimps*, *oysters William*, *T-Bone steak*, salades, sandwichs, etc. *Lunch special* de 11 h 30 à 17 h du lundi au vendredi. *Scottish afternoon tea* de 15 h à 17 h (sauf le dimanche). *Jazz in the bar* les mardi, mercredi et jeudi. Belle atmosphère.

|●| **Adrian's Book Café** *(plan D3, 23)* : 714 S Broadway, Fells Point. ☎ 732-1048. Ouvert de 10 h à 23 h (jusqu'à minuit les samedi et dimanche). Sympathique et chaleureuse librairie (neuf et occase). Possibilité de manger au premier une nourriture pas compliquée, sandwichs, salades et de bons gâteaux. Parfois, le soir, *live music*, style chanteur seul avec sa guitare, un message ou ses états d'âme...

|●| **Duda's** *(plan D3, 24)* : Thames Street (et Bond Street), Fells Point. ☎ 276-9719 et 276-7555. Cuisine ouverte de 18 h à 23 h (le bar jusqu'à 2 h). Fermé le dimanche. Une des plus anciennes tavernes de Fells Point (1949) et elle ne semble pas vouloir changer beaucoup. Clientèle jeune, grosse animation. Parmi les meilleurs *burgers* qu'on connaisse, le reste se révèle d'une qualité régulière : *crab cakes*, steaks généreux au charbon de bois, salades copieuses, *seafood* du jour. Une quinzaine de bières à la pression, certaines aux consonances exotiques (la Flying Dog, l'Utenos lituanienne, la Browar Okocim, etc.). Sur une ardoise, la bière du jour.

De prix moyens à plus chic

|●| **Joy America Café** *(plan C3, 25)* : American Visionary Art Museum, 800 Key Highway. Pas loin de l'Inner Harbor. ☎ 244-6500. Ouvert midi et soir. Réservation très conseillée. Plats de 10 à 20 US$ environ. Bien sûr, on ne paie pas l'entrée du musée. Grande salle lumineuse, avec une belle vue sur le port (à préciser à la résa pour une place à côté de la fenêtre). Quelque temps déjà que les hommes d'affaires ont repéré ce lieu d'agapes et de culture pour leur repas du midi. On y découvre une vraie nouvelle cuisine américaine, toute imaginative, jouant sur les jeux de saveurs, les associations originales de produits. Service courtois et souriant.

|●| **John Steven** *(plan D3, 26)* : 1800 Thames Street, Fells Point. ☎ 327-5561. Ouvert tous les jours de 11 h à 23 h (jusqu'à minuit le week-end), le pub ferme à 2 h. Cadre particulièrement plaisant pour une bonne et fraîche cuisine. Spécialité de *shellfish* à la vapeur, sinon *muffaletta* (sandwich *New Orleans*), *Cajun crawfish pie*, *Baltimore bouillabaise* (dans le texte), *broiled Maryland crab cakes*, etc. Excellents *sushis* (servis jusqu'à 1 h 30). Aux beaux jours, on mange dehors dans un agréable patio.

|●| **Victor's Café** *(plan C3, 27)* : 801 Lancaster Street (Landing 7). ☎ 244-1722. Bonne cuisine. Réputé pour son *lunch* autour de 12 US$ à midi. Plus cher le soir bien sûr. Comme on dit, *good value for the money*. D'ailleurs, yuppies et employés du coin qui s'y pressent ne s'y trompent pas !

|●| **Phillips** *(plan B2, 28)* : 301 Light Street, Inner Harbor. ☎ 685-6600. Ouvert tous les jours. Réputé pour son *all as you can eat seafood buffet* du midi à prix abordable. Très touristique, vu l'emplacement. Arriver de bonne heure pour éviter la queue. Si vous réservez, demander une place avec vue sur le port. Piano-bar.

|●| Ne pas oublier les **restos italiens** de *Little Italy* (plan C2). Assez touristique pour la plupart, mais atmosphère assurée. Les plus réputés sont **La Tavola** (248 Albemarle Street ; ☎ 685-1859 ; pâtes et poisson grillé excellents) ; **Boccaccio** (925 Eastern Avenue ; ☎ 234-1322 ; bonnes viandes, cuisine sérieuse, un peu chère peut-être !) ; **Le Sabatino's** (901 Fawn Street ; ☎ 727-9414). Ce dernier passe pour très correct. On n'a pas pu le tester, mais

le chauffeur de notre tour de ville y a marié sa fille et il semblait très satisfait. Quand au **Da Mimmo** (217 South High Street; ☎ 727-6876), il a tellement l'habitude de bien recevoir les stars (Richard Gere, Tom Selleck, etc.), qu'il en oublie parfois d'accorder les mêmes droits aux autres. Cuisine réputée certes, mais pas donnée!

Plus chic

|●| **Hamilton's** (plan D3, **29**) : 888 South Broadway. ☎ 522-2195. Entrées et salades de 8 à 12 US$ environ. Plats de 20 à plus de 35 US$. Un des meilleurs restos de Baltimore. Cadre élégant pour une très belle « nouvelle cuisine américaine ». Carte assez courte d'où nous vous avons extrait la *quail Aurellia* (caille au jambon de parme), le ris de veau grillé aux champignons, le saumon canadien sauce poivron, etc. Vins au verre.

|●| **Hampton's** (plan B3, **30**) : Harbor Court Hotel, 550 Light Street. ☎ 347-9744 et 234-0550. Ouvert du mardi au dimanche pour le dîner. Considéré par certains comme le meilleur restaurant de la ville. Remarquable cadre à l'image du grand hall et de la belle volée de l'escalier. Service impeccable. Cuisine fraîche et inspirée, avec en prime un super panorama sur le port. *Champagne brunch* le dimanche. Ne pas manquer d'aller boire un verre à l'*Explorer Lounge*; là aussi, décor très réussi.

Où boire un verre? Où sortir?

À Fells Point

Fells Point se révèle le grand lieu de rassemblement nocturne de la jeunesse (et des autres). On a compté, plus de 70 bars! Le week-end, atmosphère d'enfer sur Broadway South et au port. Ne pas tenter de s'y rendre en voiture! Parmi les dizaines de lieux qui débordent le soir, quelques pistes...

▼ **Wharf Rat Bar** (plan D3, **70**) : 801 South Ann Street (et Lancaster Street). ☎ 276-9034. Vieux rade, plancher en bois usé, deux comptoirs (dont l'un joliment sculpté), billard, musique *loud*, clientèle 25-35 ans totalement mélangée. Au fond, c'est plus relax, avec une grande cheminée. Sur une ardoise, les snacks du jour. Jusqu'à 19 h, tous les jours, 3 bières *draft* pour 3 US$, imbattable! Intéressante formule *pizza and pitcher* aussi. *College night* le jeudi (1 US$ la *draft* jusqu'à la fermeture!).

▼ **Cat's Eyes** (plan D3, **71**) : 1730 Thames Street (et South Broadway). ☎ 276-9085. Pub irlandais, peintures, photos, drapeaux rappellent le pays. Excellente bande son. En semaine plutôt plus calme. Concerts de temps à autre. Snacks et *burgers* pas chers. À côté, la **Daily Grind Coffee House**, recueille les cinéphiles de l'Orpheum. Bons gâteaux.

▼ **Dead End** (plan D3, **72**) : 935 Fell Street. ☎ 732-3602. C'est ce qu'on appelle un *local bar*. Joyeux, animé, bruyant. 16 bières à la pression. Au fond, deux pools. Possibilité de suivre les matchs de base-ball sur grand écran. Bon *pub grub*.

▼ **Admiral Cup** (plan D3, **73**) : 1647 Thames Street (et South Broadway). ☎ 522-6731. Ferme à 2 h. Vieux rade de marins récupéré par les étudiants. Musique à tue-tête. La foule le week-end.

▼ **The Horse you came in on** (plan D3) : 1626 Thames Street. ☎ 327-8111. Tout en profondeur. Plancher bien *worn out*. Beaucoup de jolies étudiantes et de frais minois. Jusqu'à 21 h 30, deux bières pour le prix d'une. Sinon, traîner à la **Leadbetters Tavern** au 1639 (*live* *music* tous les soirs) ou chez **Kooper's** au 1702 (en activité depuis 1897, bien animé aussi, *live music*).

▼ **Bertha's** *(plan D3, 22)* : 734 South Broadway. ☎ 327-5795. On l'indique comme resto (voir plus haut), mais c'est aussi un excellent lieu pour écouter du jazz et du blues (les mardi, mercredi et jeudi). Bar tout en longueur, décor hétéroclite, au plafond un morceau de barque, espadon empaillé, vieux instruments de musique. Vite plein et chaleureux.

▼ **Fletcher's** *(plan D3, 74)* : 701 S Bond Street. ☎ 880-8124. Ouvert tous les jours. Le dimanche, *happy hours* toute la soirée. Tout en longueur. Bien sombre et bruyant. Atmosphère très rock. Quatre pools. Du mercredi au samedi de sacrés concerts.

▼ **Bohager's** *(plan D2, 75)* : 515 S Eden Street. ☎ 563-7220. Parmi les nuits les plus folles de la ville. Faut dire que les *happy hours* des vendredi (avec *live music*) et samedi de 17 h à 21 h aident à chauffer l'atmosphère (toutes les *drafts* à un dollar et réduction sur les autres boissons avec buffet gratuit). Ancien entrepôt. Grand espace, malgré cela bourré à craquer, musique plutôt disco et funky. Pour éviter les émeutes au bar, des bacs en zinc en plus pour vendre la bière. En été, agréable *deck* sous les étoiles. Concerts en fin de semaine.

▼ Aux n°s 719-721-723 South Broadway, les boîtes se succèdent. Chacune sa personnalité, mais en commun, elles sont prises d'assaut par les jeunes des banlieues en virée. Vers 2 h du mat, ambiance assez électrique « in » et « out » ! Le **Club 723** est plutôt orienté *techno, progressive, house, disco*, etc.

Downtown

▼ **Ottobar** *(plan B1-2, 76)* : 203 Davies (et Lexington). ☎ 752-6886. Une de nos adresses les plus destroy. Clientèle cuir, tatouée, piercée, marginale tous azimuts... « The ugliest and loudest bands », est-il précisé dans les *flyers*. On confirme ! Petite *cover charge* pour les concerts.

▼ **Buddies Jazz Pub** *(plan B1, 77)* : 313 N Charles Street. ☎ 332-4200. Atmosphère pépère, voire conformiste, pour de petits concerts de jazz bien ficelés.

▼ **Mike O'Shea** *(plan B1, 78)* : 328 N Charles Street. ☎ 539-7504. Ouvert jusqu'à minuit (2 h le week-end). Ici, tout rappelle l'Irlande, les murs et l'atmosphère. Bien sombre et enfumé. Groupes deux fois par semaine. Possibilité de grignoter snacks et sandwichs.

▼ Rappel : **Louie's** *(plan B1, 21)* : 518 N Charles Street, propose d'excellents concerts de jazz (voir rubrique « Où manger ? »).

À voir

★ **Baltimore Museum of Art** *(hors plan par B1)* : 10 Art Museum Drive. ☎ 235-0100. Sur répondeur : ☎ 396-7100. • www.artbma.org • Au nord de la ville, à 2,5 miles du port (au niveau de 31st Street). Bus n°s 3 et 11. Ouvert de 11 h à 17 h (jusqu'à 18 h les samedi et dimanche). Fermé les lundi, mardi et principaux jours fériés. Entrée : 7 US$. Enfants et étudiants : 5 US$. Gratuit le premier jeudi de chaque mois, de 17 h à 20 h.
Musée très complet, prévoir deux bonnes heures en courant.
– *Peinture française* : Fragonard, Poussin, Chardin, Greuze, Nattier, Élisabeth Louise Vigée-Lebrun, etc.
– *Peinture anglaise* : Gainsborough, George Romney, Reynolds. Puis, accrochage assez éclectique : statue de Degas *(Petite Danseuse)*; Corot; Pissarro; Van Dyck; Tiepolo; le Titien; Frans Hals; Canaletto; une superbe

Madone adorant l'Enfant avec cinq anges, de Botticelli ; deux Guardi remarquables (comme d'habitude !) ; ravissante *Vierge à l'Enfant* de Bachiacca ; Van Dyck ; Rembrandt, etc.
- *Premier étage (Main Level)* : l'art contemporain. Particulièrement riche en Matisse *(Blue Nude, Intérieur avec chien, La Robe jaune)*, Cézanne, Picasso, Georgia O'Keeffe, George Morris, Willem de Kooning, Franz Kline, Motherwell et, pour ses fans... beaucoup d'Andy Wahrol. Et encore, Jasper Johns, Frank Stella, Roy Lichtenstein, Rauschenberg...
- *Rez-de-chaussée* : les surréalistes. Nombreuses gravures, photographies, Man Ray ; *Tête, étude pour un monument* de Picasso ; ravissants Miró *(Personnages attirés par la forme d'une montagne)* ; Marx Ernst ; Tanguy ; Matta ; Motherwell ; Dalí ; André Masson ; Wilfredo Lam.
- *Dans l'atrium (Main Level)* : on peut admirer de belles mosaïques d'Antioche, notamment un *Lion furieux* très expressif.
- Enfin, les amateurs garderont un peu de souffle pour les intéressantes *sections d'arts décoratifs américains* (réparties dans tous les étages). Bel ameublement colonial et du XIXe siècle, peintures de Gilbert Stuart, adorables maisons de poupées, intérieurs reconstitués, etc.
- Les fans d'*arts asiatiques, africains, mélanésiens, pré-colombiens*, etc., trouveront leur bonheur, quant à eux, au rez-de-chaussée (Lower Level). Pièces très souvent magnifiques comme ce *chameau* en terre cuite polychrome du VIIIe siècle, ce *cheval chinois* (période Han, IIe siècle av. J.-C.), la superbe *coiffure de danse d'mba* (Guinée) et ces *masques* du Liberia et du Sierra Leone. Jardin des sculptures.

|●| *Restaurant Gertrude* : ☎ 889-3399.

★ **National Aquarium** *(plan BC-2, 40)* : Pier 3, 501 East Pratt Street. ☎ 576-3800. Ouvert en juillet-août tous les jours de 9 h à 20 h (fermeture des caisses). De mars à juin et en septembre-octobre, ouvert du samedi au jeudi de 9 h à 17 h (jusqu'à 20 h le vendredi). De novembre à février, du samedi au jeudi de 10 h à 17 h (jusqu'à 20 h le vendredi). Entrée assez chère (15 US$), *but it's worth the money*, comme on dit. Demi-tarif pour les enfants. Impossible de rater cette belle architecture futuriste, aujourd'hui, l'une des images de marque de l'Inner Harbor. On monte d'abord tout en haut pour la pittoresque jungle tropicale reconstituée (niveau 5). Puis, on redescend par une rampe en spirale, comme au milieu d'un merveilleux tunnel d'eau où s'ébattent des milliers d'espèces de poissons. Reconstitution parfaite de l'*Atlantic Coral Reef*. Secteurs des requins (niveaux 1 à 4) et des raies mantas (niveau 1), bien sûr assez impressionnants. Il faut également souligner le souci particulièrement pédagogique de la présentation (dioramas, coupes des différents milieux aquatiques). Le sentiment d'immersion, le bonheur d'un vrai dépaysement sont complets. Au passage, énormes grenouilles, tortues, saisissants serpents de mer (brrrr...). Et puis, plein d'autres attractions : le bassin des phoques, l'*Exploration Station*, la galerie sous l'eau, les shows de dauphins au *Marine Mammal Pavilion* (réserver votre horaire), etc. *Aqua Shop* particulièrement bien approvisionnée.

★ **American Visionary Art Museum** *(plan C3, 41)* : 800 Key Highway. Pas loin de l'Inner Harbor. ☎ 244-1900. Fax : 244-5858. Ouvert de 10 h à 18 h. Fermé le lundi. Un musée qu'on adore. Expos des œuvres des artistes les plus « barges » : névrosés géniaux, poètes, margeos et illuminés divers, ménagères de moins de 50 ans autodidactes, retraités inspirés, SDF, facteurs Cheval de banlieue, etc. Œuvres, produits des amours déjantées et croisées de l'art naïf, du dadaïsme, du pop art et de la *trash culture*. Violent, coloré, jouissif, drôle, subversif, érotique, véritables *cris et gémissements* populaires... bref, venez arpenter ces trois étages aux noms étranges de *Lost, Profane* et *True* ! Les œuvres tournent pas mal bien sûr (elles tournent plutôt bien d'ailleurs), aussi suivent seulement les noms des artistes qui reviennent le plus souvent.

– *3ᵉ étage* : *Survival of the Installement Plan* de Joe Coleman (à mi-chemin de Crumb et de Gotlib) ; Élisabeth « Gran Ma » Layton ; Sylvain Fusco et, surtout, Devorah Kleinbeast et son *Significant Other Husband*.
– *2ᵉ étage* : *Cowboy Love* de Frank Bruno ; *Annonciation, Pronunciation, etc.* de Norbert Kox ; Ody Saban ; Malcolm McKesson ; *Forgivness* de Mary L. Proctor. Collages, quilts, tous les matériaux sont utilisés.
– *1ᵉʳ étage* : Danielle Jacqui et ses grandes tapisseries naïves ; Richard Sahott ; Frank Bruno pour notre plaisir encore ; *Behold the White Horse* et les visions tourmentées d'Alex Grey.

|●| Enfin, le **Joy America Café** (voir « Où manger ? ») se révèle être un sympathique resto, livrant l'une des cuisines les plus imaginatives qui soient (normal, vu l'environnement !).

★ **Le Musée maritime** *(plan BC-2, 42)* : Pier 3, East Pratt Street. ☎ 396-3453. Visite du sous-marin *Torsk* qui coula le dernier navire de guerre japonais, du *Taney*, dernier survivant de l'attaque de Pearl Harbor et du bateau-phare *Chesapeake*. Voir aussi l'*USS Constellation*, superbe voilier, ultime témoignage de la flotte d'avant la guerre civile. De retour, après une grosse rénovation. Quant au *Pride of Baltimore*, c'est une copie des fameux clippers issus des chantiers navals de la ville dans la première moitié du XIXᵉ siècle. Enfin, Pier 1, on peut visiter le *SS John W. Brown*, l'un des derniers *Liberty Ships*, héros à leur manière de la Seconde Guerre mondiale (ouvert les mercredi et samedi de 10 h à 14 h. ☎ 661-1550).

★ **Musée de l'Industrie** *(plan C3, 43)* : 1415 Key Highway. ☎ 727-4808. Ouvert de fin mai à début septembre, tous les jours de 12 h à 17 h (le samedi de 10 h à 17 h et le mercredi de 18 h à 21 h). Fermé le lundi. Hors saison, ouvert le mercredi de 19 h à 21 h et fermé les lundi et mardi. Accessible en *water taxi*. Installé dans une ancienne conserverie d'huîtres de 1870. C'est toute l'histoire industrielle de la ville au travers de reconstitutions d'ateliers et de jeux interactifs pour les mômes. On y trouve la dernière *steam tug* (de 1906) du pays encore en service, une presse d'imprimerie de 1880 qu'on peut faire fonctionner, une petite fabrique d'outils du XIXᵉ siècle, etc. Au *Kid's Cannery*, les enfants ont les moyens d'expérimenter les conditions de travail de l'époque, de mettre en conserve et tant d'autres choses.

★ **B & O Railroad Museum** *(hors plan par A2, 44)* : 901 W Pratt Street. ☎ 752-2490 et 752-2464. Fax : 752-2499. Ouvert de 10 h à 17 h tous les jours. À l'endroit précis où démarra sa grande aventure américaine en 1830, découvrez ce riche musée du chemin de fer. Plusieurs édifices historiques subsistent dont une magnifique rotonde (la *Roundhouse*) de 72 m de diamètre et 37 m de haut (de 1884), abritant de belles locos du XIXᵉ siècle. Elle fut utilisée jusqu'en 1953 pour réparer les wagons de voyageurs. Plus de 120 locos, machines et wagons s'offrent aux visiteurs, dont la fameuse *Allengheny* de 320 t qui développait 7 500 chevaux et les énormes diesels. Matériel ferroviaire, documents, souvenirs divers, modèles réduits, combien d'adultes heureux aussi de retrouver leurs émotions d'enfants. Intéressante *gift-shop*.

★ **Maryland Science Center** *(plan B3, 45)* : 601 Light Street. ☎ 685-5225. Ouvert en été de 10 h à 17 h (jusqu'à 20 h les vendredi et samedi). Le reste de l'année, de 10 h à 18 h toute la semaine. Le palais de la Découverte local, avec trois étages d'expériences à réaliser par les enfants. Également, un planétarium et l'un des cinémas IMAX les plus grands du pays.

Balades au fil des quartiers

Pour avoir une petite idée de la ville et vous créer des repères, il est conseillé de prendre un tour. *Harbor City Tour* propose une balade intéressante et ses guides ont souvent pas mal d'humour. Départs depuis l'*Inner Harbor* (Harbor Place) à 10 h, 12 h, 14 et 16 h. On peut réserver au : ☎ 254-8687.

Fells Point

Le quartier du vieux port qui échappa au grand incendie de 1904 et à l'autoroute urbaine dans les années 1970. L'un des ensembles architecturaux XVIIIe et XIXe siècles les mieux conservés des États-Unis. Chargé d'histoire, bien entendu. Abrita les chantiers navals qui fabriquaient les célèbres *Baltimore Clippers*, puis nombre de conserveries. Les marins adoraient Fells Point qui traînait une réputation de Tanger ou de Macao de la côte est. C'est ici que *Frederick Douglass*, le grand réformateur, apprit à lire et à écrire (dans Durham Street que l'on parcourt avec émotion). Son livre *My Bondage and my Freedom* doit largement à ses années d'existence dans le quartier. *Billie Holiday* y vécut aussi (voir rubrique « Quelques Baltimorien(ne)s célèbres » plus haut). Dans les années 1920-1930, ce fut l'âge d'or du jazz. Quartier très vivant et créatif sur le plan musical. *Duke Ellington* y faisait régulièrement des descentes pour repérer les nouveaux talents. Le nom des rues distille toujours une petite atmosphère coloniale British : *Thames, Shakespeare, Wolfe* (général anglais vainqueur des Français au Canada en 1759), *Fleet, Bond Streets*, etc. Ce qui, dit-on, révèle aussi le profond attachement des Baltimoriens pour leur histoire. Les manufactures ont disparu en grande majorité, mais il subsiste une boulangerie industrielle qui répand ses bonnes effluves de pain frais sur Eastern Avenue et ses environs.

Arpentons quelques rues à la recherche des signes du passé. Sur Broadway, entre Lancaster et Fleet, s'étend le marché datant du XVIIIe siècle. Thames Street aligne nombre d'anciennes demeures, vénérables cafés et pubs. Sur Shakespeare Street, aux 1611 et 1621, vieilles bâtisses fort bien restaurées. Sur Wolfe Street, au 612-614, très rares exemples de maisons urbaines en bois, datant de 1750. Sur Ann Street, d'autres belles demeures anciennes, notamment au 812, celle de *Robert Long*, un négociant quaker et qui date de 1765. Possibilité de visiter le jeudi à 10 h, 13 h et 15 h. ☎ 675-6750. Presque en face, au 717-719, deux maisons en bois. À propos, vous aurez remarqué que pas mal d'édifices de Fells Point et de Canton à côté, présentent une sorte de façade grise assez laide. La faute au *Formstone*, revêtement industriel imitant la pierre et très à la mode après la dernière guerre. Ses promoteurs, pour lancer ce produit, insistaient à l'époque auprès de la clientèle sur l'élévation du standing des maisons (la brique, ça faisait vraiment par trop prolo et ringard !). Aujourd'hui, nombre de proprios tentent de s'en débarrasser et de retrouver l'authenticité et le charme de la brique nue. Pour ceux qui veulent continuer à trekker urbain, le quartier plus résidentiel de **Canton** à côté, s'offre aux amateurs. Il propose le beau *Patterson Park* et nombre de rues tranquilles, petits bistrots sympas et clins d'œil architecturaux. Quelques suggestions de rues : *Montford* et *Luzerne Avenue, O'Donnel Street*, la promenade de bord de baie, etc.

Little Italy et Old Town

Entre Caroline Street et Inner Harbor, s'étend l'ancien *quartier italien* et le *vieux centre* qui conservent encore un certain caractère. Au nord, un quartier habité dans le temps majoritairement par la communauté juive. Il produisit de nombreux écrivains, cinéastes et gens de médias, comme *Leon Uris* (auteur de l'extraordinaire *Trinity*), *Barry Levinson*, *Ken Waissman* (auteur de la comédie musicale *Grease*), *David Jacobs* (créateur du feuilleton *Dallas*) et plusieurs poètes. Synagogues et musée juif du Maryland en témoignent aussi aujourd'hui. Autre vedette d'Old Town... les *Booth,* une famille d'acteurs qui déclama Shakespeare sur toutes les scènes d'Amérique. C'est un des fils, *John Wilkes Booth* qui eut le plus de succès au théâtre en assassinant Abraham Lincoln. Quartier chargé d'histoire également. Affûtez vos crampons, on y va. Le quartier reçut ses premiers immigrants italiens vers 1850, mais beaucoup continuèrent vers l'Ouest. D'autres vagues d'immigration amenèrent ensuite Irlandais, Allemands, juifs russes, etc. Vivait là aussi une forte minorité de Noirs, anciens esclaves libres, mais qui n'avaient pas la vie facile. Nina Simone le chanta : « Oh, Baltimore, ain't it hard just to live ? ». Tous se retrouvaient à suer dans les centaines de *sweat shops* de l'industrie textile.

★ Au 844, Pratt Street, on trouve la **Star-Spangled Banner Flag House** *(plan C2, 46)*. ☎ 837-1793. Ouvert de 10 h à 16 h (dernier tour à 15 h 30). Fermé le lundi. C'est dans cette mignonne maison de brique que *Mary Pickersgill* cousit, en 1812, pendant la guerre contre les Anglais, le drapeau américain qui flotta victorieusement sur le fort McHenry. Grand exploit de ses petites menottes, car le drapeau mesurait 12 m par 9 ! Ça devait être dans les gènes de la dame d'ailleurs, puisque sa propre mère avait déjà exécuté celui de Washington en 1775.

★ Toujours sur Pratt, c'est là que le 19 avril 1861, une foule sudiste attaqua à coup de briques un contingent nordiste en route pour la capitale. 16 personnes furent tuées, dont quatre soldats. Premiers morts de guerre civile. L'ancienne *President Street Station*, d'où débarquèrent les soldats, abrite aujourd'hui le **Civil War Museum** *(plan C3, 47)*. Situé au 601 President Street. ☎ 385-5188. Ouvert tous les jours de 10 h à 17 h.

★ À deux pas, un petit musée insolite, abrité dans une ancienne *pumping station*, le **Public Works Museum** *(plan C2, 48)*, 751 Eastern Avenue. ☎ 396-5565. Ouvert de 10 h à 16 h. Fermé le lundi. À notre connaissance le seul musée des États-Unis consacré aux travaux publics, distribution de l'eau, système d'égouts, entretien des rues, éclairage public, etc. Plus de 2000 objets liés à ces activités sont exposés. Les enfants peuvent même visiter un petit chantier de construction, ce qui n'est pas toujours à leur portée !

★ Pour ceux qui ont du temps, le **Museum Row**, Lombard et Albemarle, qui comprend un petit musée sur les fouilles archéologiques dans la ville, la **1840 House** et la visite de la demeure de Charles Carrol of Carrollton, signataire de la Déclaration d'Indépendance.

– Les fans d'Edgar Poe verront peut-être, quant à eux, passer son fantôme à l'angle de President et d'Eastern (ancienne Milk Street). En 1829, il habitait le coin et passait beaucoup de temps, entre deux pubs, à chercher un éditeur pour ses premiers poèmes. Célèbre désormais, il doit bientôt se remarier après la mort de sa femme et, en chemin pour New York, s'arrête quelques jours à Baltimore. Le 3 octobre 1849, à la sortie d'un pub, dans Lombard Street (Old Town), on le retrouve totalement inconscient, comme drogué et ce ne sont pas ses vêtements habituels. Il meurt à l'hôpital sur Broadway et La Fayette Street. Le mystère de son décès demeurera entier.

★ Sur La Fayette et Front, un acteur du paysage urbain qui ne passe pas inaperçu : la **Shot Tower** *(plan C2, 49)*. Edifié en 1828, avec ses 71 m de haut, ce fut un temps l'édifice le plus haut du pays. Il nécessita un million de briques pour sa construction. Du sommet, on laissait tomber du plomb fondu dans un récipient d'eau pour fabriquer les balles.

★ **Le Jewish Museum of Maryland** (plan C2, 50) : 15 Lloyd Street. ☎ 732-6400. Fax : 732-6451. Ouvert du mardi au jeudi ainsi que le dimanche de 12 h à 16 h. Entrée : 4 US$, réductions. Au cœur de l'ancien quartier juif. Visite du musée retraçant 150 années d'histoire et des deux synagogues. Librairie, boutique, présentation interactive pour les enfants. La **Lloyd Street Synagogue** fut la première construite dans le Maryland (1845) par la communauté d'origine allemande. C'est la 3e plus ancienne des États-Unis. Architecture néo-classique (Greek Revival), avec quatre grosses colonnes ioniques. On y verra les *wooden pews*, le balcon des femmes et les fenêtres peintes. L'autre synagogue, au 27 de la rue, la *B'nai Israel Synagogue*, fut édifiée en 1876 par les juifs d'origine russe. Construction de brique rouge de style néo-gothique (teinté de Moorish Revival).
En sortant, ne pas manquer d'aller déguster, East Lombard Street, un bon *reuben* ou une *bubbie's matzo ball soup* chez *Attman's*! (Voir « Où manger ? »).

Downtown

À l'ouest de President Avenue, ce fut la partie de la ville qui brûla lors du grand incendie de 1904. Au nord du quartier, au 100 North Holliday Street, s'élève le **Town Hall** (plan B2, 51). Ouvert en semaine. Renseignements : ☎ 396-4900. Bel exemple d'architecture « post-guerre civile » grandiloquente. Demander à visiter la *rotonde*. Parfois, expos temporaires sur la ville.
Quartier d'ancienne immigration germanique. Dans l'église en face de la mairie, messe en allemand le dimanche. À deux pas, le **Peale Museum** (plan B1, 52) sur Holliday et Saratoga. Pour les jours et les horaires : ☎ 396-1149 (en principe, ouvert seulement le week-end). Ce fut le plus ancien musée du pays. Créé par *Rembrandt Peale* en 1814 pour dynamiser la vie culturelle locale (avec beaucoup de ses œuvres on suppose !). Ne rapportant guère, il dut à contrecœur le fermer en 1830. Rouvrit un siècle plus tard. On y trouve bien sûr des portraits exécutés par l'une des familles d'artistes les plus douées du monde (leurs parents leur avaient quand même donné des prénoms difficiles à porter : Rembrandt, Rubens, etc.).
Sur *Gay Street* et *East Baltimore*, les vestiges de l'ancien quartier chaud de la ville, le **Block** (plan B-C2). Dans les années 1940-1970, il s'étendait beaucoup plus. En ces temps de dépression, on disait que c'était la seule attraction touristique de la ville. On imagine l'ambiance déglinguée à l'époque. *Porno-shops*, strips minables à bout de souffle, un paysage urbain qui n'en a plus pour longtemps !
À l'angle de Gay, Lombard et Water Streets, s'élève le **mémorial** commémorant les victimes de l'Holocauste.

★ **Top of the World** (plan B2, 53) : 401 East Pratt Street. ☎ 837-VIEW. Ouvert de 10 h à 17 h 30 tous les jours (plus tard en été), le dimanche de 12 h à 17 h 30. Entrée : 3 US$. La caisse ferme une demi-heure avant. Du haut de ce World Trade Center local, panorama évidemment privilégié sur l'Inner Harbor et au-delà. C'est le plus haut édifice pentagonal du monde, œuvre de ce bon M. Pei (auteur de la Pyramide du Louvre). Avec ses grandes baies du sol au plafond, il nous plonge quasiment dans le port.

★ **Port Discovery** (plan C2, 54) : 35 Market Place. ☎ 727-8120. Un truc créé par Disney pour les mômes. Sur trois étages, un tas de jeux interactifs et de « hands-on exibits » où nos chères petites têtes blondes peuvent développer leurs *skills*.

★ **Westminster Graveyard** (plan A2, 55) : situé à l'angle de La Fayette et Greene Streets. En principe, visites guidées les 1er et 3e vendredis (à 18 h 30) et samedis (à 10 h) du mois, d'avril à novembre. Réservation obligatoire. ☎ 706-2072. Les amoureux d'*Edgar Allan Poe* ne manqueront pas bien sûr de lui rendre visite. Sa tombe se trouve à l'entrée (avec un poème de Mallarmé). C'est l'un des plus anciens cimetières de la côte Est (1786). Curieusement, l'église a été bâtie dessus (1852), avec arches enjambant les tombes (en fait, les nouvelles églises n'avaient pas le droit de créer de cimetières, mais pouvaient garder l'ancien). On y trouve des vétérans de la guerre d'Indépendance, de celle de 1812 et des politiciens locaux (le général *Samuel Smith*, le premier maire, *James Calhoun, James A. Buchanan*). Vieilles pierres tombales sculptées, caveaux familiaux en ligne ou dans un joyeux désordre. Contourner l'église jusqu'à un étroit passage, le chemin se prolonge sous l'église et ressort de l'autre côté. Par jour de pluie sombre et venté, frissons garantis.

★ Si les cimetières vous font claquer des dents, c'est le moment de visiter le **National Museum of Dentistry** *(plan A2, 56)*, de création récente, le seul du pays (et au monde paraît-il!). Situé au 31 S Greene Street. ☎ 706-0600. Fax : 706-8313. Ouvert de 10 h à 16 h (le dimanche de 13 h à 16 h). Fermé les lundi, mardi et jours fériés. Où l'on apprend que Jojo (George Washington) *himself* n'avait pas de si bonnes canines et que l'on peut mettre aussi une tune dans un juke-box en forme de dentier... À propos, c'est vrai qu'on est à côté de la faculté dentaire, la première créée dans le pays. Le fameux *Doc Holliday* (qui épaula *Wyatt Earp* lors du mythique règlement de comptes à OK Corral) y étudia. Élégant bâtiment avec colonnade blanche.

★ Ceux qui ont recours souvent à l'Alka Seltzer, les matins blêmes, le béret particulièrement serré, admireront l'impressionnante **tour-horloge** au coin de Lombard et Paca. Un chimiste génial, *Isaac Emerson*, inventa le *Bromo-Seltzer* contre les maux de tête. Ça fit sa fortune. En 1911, au-dessus de son usine, il construisit cette tour inspirée du palazzo Vecchio de Florence, avec quatre énormes cadrans d'horloge, longtemps les plus larges du monde. À la place des chiffres, les lettres de la marque. La tour était surmontée d'une bouteille illuminée du fameux remède, de 16 m de haut. Elle tournait aussi et était visible à 30 km à la ronde. En 1936, la bouteille fut enlevée pour réparation, mais jamais replacée. Une pétition circula : « Bring back the Blue Bottle ! », tant elle faisait partie du paysage. Aujourd'hui, l'usine a disparu, il ne reste plus que cette tour.

★ Pas loin, s'élève le stade de l'équipe de base-ball de la ville, les **Orioles**. Possibilité de visiter le vieux *ballpark (plan A2)* de 48 000 places, 333 West Camdem Street. ☎ 685-9800. Pour ceux qui veulent en savoir plus sur ce sport national, le **Babe Ruth Birthplace** s'offre à vous, 216 Emory Street. ☎ 727-1539. Toute l'histoire de cette équipe mythique et de son célèbre joueur, *George Herman « Babe » Ruth*, longtemps recordman du nombre des *home runs*. Il y joua 2 503 matchs pendant 22 ans, marquant en 1927 60 *home runs* dans l'année, record seulement battu en 1961 (sur une saison plus longue). Au travers de ce culte, on comprend mieux l'identification des Baltimoriens à leur équipe, à ses succès et à leur ville.

★ *La maison d'Edgar Poe* (hors plan par A2) : 203 Amity Street. ☎ 396-4866. À l'ouest de la ville, un peu décentré. Horaires irréguliers, téléphoner avant. Il y vécut avec sa tante et se maria avec sa fille (donc sa cousine, qui n'avait pas 14 ans quand il l'épousa !). C'est là qu'en 1832, il écrivit son premier bouquin.

Le quartier de Federal Hill

Quartier qui se développa au XIXe siècle, autour des conserveries. Y logeaient les ouvrières des canneries, en de longs *rows* de maisons basses et modestes. En gros, délimité par *Lee, Hanover South, William* et *Cross Streets (plan B3)*. Là aussi dans les années 1950-60, les habitants combattirent fermement le projet de raccordement sur leur territoire de la I-95 avec la I-83 et un pont qui aurait traversé l'Inner Harbor jusqu'à Fells Point. Cependant, le quartier était dans un pauvre état. Pour remotiver les gens, 120 maisons furent mises en vente... un dollar ! Charge aux nouveaux proprios de rénover par eux-mêmes. On dut instaurer une loterie pour départager les candidats. Aujourd'hui, les maisons valent entre 200 000 et 300 000 dollars ! Balade délicieuse, en détaillant les différences architecturales entre demeures des XVIIIe et XIXe siècles, en particulier sur *East Montgomery*. Noter certaines façades étroites. Détailler les nos 111, 114, etc. Le n° 125 est une ancienne caserne de pompier et au n° 130 subsiste encore une maison en bois. À l'intersection avec *Charles Street*, quelques intéressantes bâtisses du XVIIIe siècle. Sur Charles, vers les nos 206 et 208, on lorgne vers le style grec, en revanche, du n° 226 au n° 240, la mode se fait italianisante. Dans certaines maisons, noter les petites fenêtres presque au ras du sol, ce sont d'anciennes entrées pour le charbon. Ne pas manquer de rendre visite au **Cross Street Market** (datant de 1842), au n° 1065 S Charles Street qui a conservé toute son authenticité. Belle animation les vendredi et samedi. Possibilité d'y grignoter crevettes et huîtres au *raw bar*. Pour la vue, ne pas oublier de grimper en haut du *Federal Hill Park*. D'autres rues pittoresques : *Henrietta*, *Churchill*, *Sharp Streets*. Dans cette dernière vivait *Joshua Johnson*, un très grand portraitiste noir de la première moitié du XIXe siècle. On peut imaginer les paradoxes de cette époque : dans toutes ces rues vivaient côte à côte Blancs et Noirs, anciens esclaves devenus libres et esclaves encore attachés à un maître...

Le quartier de Mount Vernon

Au nord du Downtown. Élégant quartier résidentiel, dominé par l'imposant **Washington Monument** *(plan B1)*. Monument haut de 54 m, en marbre blanc, la statue faisant elle-même 5 m. Du mercredi au dimanche, de 10 h à 16 h, hardi petit, on peut grimper les 228 marches pour bénéficier d'une belle vue de la ville. ☎ 396-0929. Ce fut le premier monument érigé dans le pays en l'honneur du père de la patrie (tiens, on avait oublié de le mettre dans le chapitre des « premières »). Œuvre de *Robert Mills* qui débuta sa réalisation en 1831 (avant d'entamer cinq ans plus tard le Washington Monument de la capitale). Il imagina de l'insérer au milieu de quatre grands squares. Ultime hommage, cet espace en forme de croix grecque fut baptisé *Mount Vernon Place*, nom de la résidence du premier président de l'histoire du pays.

Tout autour, superbes immeubles. À l'époque, les gens en ayant les moyens voulaient tous habiter en face du monument. On s'en doute, ce fut aussi une belle opération immobilière. Jeter plus qu'un œil sur la luxueuse entrée du *Fidelity Building* de 1893 (Saratoga et N Charles Streets).

★ **Walters Art Gallery** *(plan B1, 57)* : 600 North Charles Street. ☎ 547-9000. Ouvert de 10 h à 16 h, les samedi et dimanche de 11 h à 17 h. Fermé le lundi. Riche collection privée constituée en galerie en 1906. Abrité dans plusieurs édifices dont l'un d'eux évoque un palais italien. Bel ensemble d'œuvres d'art couvrant de nombreux pays et périodes : antiquités égyptiennes et gréco-romaines, magnifiques enluminures médiévales, armures, primitifs religieux, tableaux de la Renaissance italienne et du XIXe siècle français, impressionnistes (Ingres, Delacroix, Corot, Monet, etc.). À l'origine, *William Walters* qui fit fortune dans le chemin de fer et alla faire ensuite son shopping d'œuvres d'art à Paris. Son fils Henry prit fébrilement sa succession. Une grande compétition opposait à l'époque banquiers et riches industriels, c'était à qui rapporterait les plus belles œuvres. Ainsi, Henry battit le célèbre financier J. P. Morgan pour introduire le premier Raphaël au pays. Un des plus beaux musées d'Amérique, c'est dit !

★ **Le conservatoire de musique Peabody** *(plan B1, 58)* : 1 E Mount Vernon Place. ☎ 659-8124. Forme un ensemble appartenant, avec la bibliothèque, à l'*université Johns Hopkins*. Cadeau d'un généreux philanthrope, *George Peabody* qui fit fortune dans la finance à Londres. En 1857, il manifesta le désir de construire un centre culturel ouvert à tous, incluant les arts, les lettres et la musique. Il le voulut grandiose et luxueux. Le chef-d'œuvre se révèle être incontestablement la *bibliothèque*, immense et lumineux atrium de six étages, balcons ouvragés, sol en marbre... Heureux z'étudiants qui bénéficient de 300 000 ouvrages dont l'*Encyclopédie* de Diderot et de la *Danse de la Mort* de Hans Holbein (1548). À ne pas manquer. Sur le plan musical, se renseigner sur les *concerts* (classique, jazz, musiques traditionnelles), les *petits récitals* des étudiants en cours de scolarité et des nouveaux diplômés.

★ **Maryland Historical Society** *(plan B1, 59)* : 201 West Monument Street. ☎ 685-3750. Ouvert de 10 h à 17 h (à partir de 9 h le samedi), le dimanche de 11 h à 17 h. Fermé le lundi. Entrée : 4 US$. C'est le musée de l'histoire du Maryland, aux riches collections. Vous y découvrirez le manuscrit original du *Star-Spangled Banner* et une importante section consacrée à la guerre de Sécession : uniformes, armes, souvenirs divers racontent l'histoire de cet État esclavagiste qui fut l'un des plus déchirés sur la question. Section consacrée à son histoire maritime également (modèles réduits des fameux *Baltimore Clippers*, outils des chantiers navals, etc.). Sinon, on y trouve la plus grosse collection d'argenterie américaine au monde, dit-on, de beaux meubles coloniaux et du XIXe siècle, des centaines de peintures, jouets, maisons de poupée, etc.

À voir, si on a encore du temps

★ **Fort McHenry** *(hors plan par C3)* : East Fort Avenue. De l'autre côté de la baie, face à Fells Point et Canton. ☎ 962-4290. Ouvert tous les jours en saison. Il résista héroïquement aux assauts anglais en 1814. C'est là que flotta le fameux drapeau cousu par *Mary Pickersgill* et qui inspira *Francis Scott Key*, l'auteur de *The Star Spangled Banner*. Ce dernier, prisonnier sur un bateau anglais et témoin de la bataille, comprit la force symbolique de cet immense drapeau narguant l'ennemi et fédérant les énergies des assiégés. Le fort servit aussi de prison pour les soldats confédérés et de centre d'accueil pour les nouveau immigrants.

★ **Homewood House Museum** *(hors plan par B1)* : 3400 North Charles Street. ☎ 516-5589. Situé sur le campus de la Johns Hopkins University. Ouvert de 11 h à 16 h, le dimanche de 12 h à 16 h. Fermé le lundi. À combiner avec la visite du Baltimore Museum of Art. Tour guidé. Superbe demeure de style fédéral (1801) qui appartenait à Charles Carroll Jr. À voir pour les amateurs de beaux décors intérieurs d'origine, d'ameublement colonial et du XIXe siècle, etc.

★ **Evergreen House** *(hors plan par B1)* : 4545 North Charles Street. ☎ 516-0341. Ouvert tous les jours de 10 h à 16 h, le dimanche de 13 h à 16 h. Dernier tour à 15 h. Réservation recommandée. C'était la suite de notre jeu : « Dans la famille des demeures de prestige, je veux la plus belle ». Édifiée dans les années 1850, genre de villa palladienne, de style italianisant, au milieu de grands jardins. Magnifique façade monumentale, colonnes corinthiennes cannelées soutenant un fronton ouvragé. À l'intérieur, pas moins de 48 pièces bourrées d'objets d'art, de livres vénérables, d'œuvres Tiffany, avec un petit théâtre.

★ **Mount Clare Mansion** *(hors plan)* : 1500 Washington Boulevard, Carroll Park. ☎ 837-3262. Tours guidés à 11 h, 12 h, 13 h, 14 h et 15 h, les samedi et dimanche à 13 h, 14 h et 15 h. Fermé le lundi. Pour ceux qui veulent se faire toutes les grandes demeures, celle-ci se distingue comme étant la seule pré-révolutionnaire (1760). Belle architecture géorgienne et ameublement et décor intérieurs exceptionnels. Le proprio, *Charles Carroll* possédait incontestablement un goût très sûr!

★ **Le Baltimore Street Car Museum :** 1901 Falls Road. ☎ 547-0264. Téléphoner pour horaires et rendez-vous. Pour les amoureux des vieux trams des années 1859 à 1963, embarquement obligé!

★ **Eubie Black National Museum and Cultural Centre** *(plan C2, 60) :* 34 Market Place. ☎ 625-3113. Pour les fans de jazz, visite quasi obligatoire. Eubie est quasiment un *landmark* de la ville. Très grand joueur de ragtime, il aimait rappeler qu'à 15 ans, il jouait déjà dans les troquets louches d'Old Town et Fells Point. Mais sa plus grande fierté était d'avoir pu se produire au fameux *Godfield Hotel* appartenant au champion de boxe Joe Gans. Ce dernier avait été le premier Noir à posséder une voiture à Baltimore. Il côtoya tous les grands de l'époque et croisa la prometteuse Billie Holiday. Dans son show *Shuffle Along*, il fit débuter une petite jeunette de 15 ans pleine de talent... Joséphine Baker. À plus de 90 ans, il jouait toujours aussi passionnément. L'un de ses derniers concerts fut pour le président Carter, dans les jardins de la Maison-Blanche. Ses doigts divorcèrent du clavier à 101 ans. Panorama donc de près d'un siècle de jazz à Baltimore. Visite pleine d'émotion.

➤ DANS LES ENVIRONS DE BALTIMORE

★ **Fire Museum of Maryland** *(hors plan) :* 1301 York Road, à **Lutherville**. ☎ 321-7500. À 9 miles au nord de la ville. Sortie 26 B de la Baltimore Beltway (I-695). Bus *MTA* n° 8. Ouvert tous les jours en juin, juillet et août (sauf le 4 juillet) et les week-ends de mai à octobre, de 11 h à 16 h (le dimanche de 13 h à 17 h). Une des plus belles expos de voitures de pompier de la côte Est. Une cinquantaine de véhicules rutilants de 1822 aux années 1950. Collection d'uniformes et vieux central télégraphique d'alerte.

NASHVILLE

IND. TÉL. : 615

Amateurs de *country music*, découvrez-vous! Vous êtes dans un endroit sacré d'où sont issus les grands noms de la musique américaine que sont Elvis Presley, Jerry Lee Lewis, Hank Williams et Johnny Cash. Nashville n'en est plus à l'âge d'or, mais on y trouve encore de très bons musiciens, et bon nombre de nos chanteurs français y enregistrent leurs disques, c'est tout dire. D'ailleurs Monsieur Eddy ne chante-t-il pas « Où sont mes racines, Nashville ou Belleville ? ».

Nashville est l'une des destinations favorites des Américains car c'est le siège du *Grand Ole Opry*, temple de la country. On lui préfère quand même ses bars où les chanteurs opèrent dès le matin! Tradition oblige, ils coiffent le *Stetson* (chapeau de cow-boy) sans complexe... et vous en croiserez bon nombre dans la rue. Nashville est à la country ce que Memphis est au blues et La Nouvelle-Orléans au jazz. Mais depuis quelques années, la municipalité veut en faire *The City of Musique*, et a investi des sommes colossales pour futuriser la ville, en commençant par se donner un point culminant, le *Batman Building,* original immeuble qui domine la cité de ses deux oreilles.

Ensuite, un tout nouveau *Convention Center* chargé d'organiser des manifestations musicales (dans tous les styles de musique en passant par le jazz, le gospel, le rock et même le rap...) pour faire découvrir de nouveaux talents à des acheteurs du monde entier. Enfin, faisant fi de son histoire, elle déplace aujourd'hui son Country Music Hall of Fame Museum où l'on pouvait découvrir dans la visite le célébrissime *RCA Studio B* où Elvis a enregistré 20 de ses 40 plus grands succès. C'est une ville où il fait bon passer *a couple of days* dans un circuit sur la côte Est.

LA COUNTRY

On vient d'abord à Nashville parce qu'on aime la country ou parce qu'on veut la connaître. Ceux qui ne sont pas touchés par ce genre musical risquent de s'y faire royalement ...ier! Pour les autres, quel pied!
La country est une musique du terroir, elle est ancrée dans les racines américaines, elle chante la terre, la famille, les éternelles histoires d'amour, les voitures rutilantes, les *highways* qui n'en finissent pas, la mauvaise récolte, le *truck* qui est tombé en panne... Longtemps considérée comme une musique de ploucs et de culs terreux (*hillbilly music*), elle trouve ses racines dans le chant des premiers colons irlandais et écossais qui investirent les Appalaches sauvages peuplées alors d'Indiens. Ensuite, elle n'a fait que s'approprier les autres genres musicaux en passant du blues (eh oui!) au swing, du jazz à la musique cajun... On distingue ainsi *l'Old Time* des Appalaches, le *western swing*, la *cowboy music*, le *Honky Tonk* (venu du fond des rades miteux), le *bluegrass*, le *Nashville sound*, le *Cajun country*, les *songwriters* (très nombreux dans la ville), le *country boogie* qui annonçait le célèbre *rockabilly*... (on ne compte plus les rockers qui ont enregistré à Nashville!)... Mais la country est avant tout, une musique appréciée par le plus grand nombre, véritable contraire d'une révolte. Nashville est donc une bonne occasion d'ouvrir devant vous le large éventail de l'Amérique profonde.

Topographie des lieux

L'axe routier principal est Broadway. Il rallie Downtown qui s'organise sur plusieurs blocs entre 1st et 6th Avenues, Union et Demonbreun Streets. Un peu plus à l'ouest, Elliston Place. *Grand Ole Opry*, la grande scène country de la ville, est à l'extérieur de la ville, au nord-est.

Arrivée à l'aéroport

➤ **Aéroport :** à 8 miles de Downtown.
Plusieurs solutions pour rejoindre le centre-ville.
➤ **MTA bus :** liaisons de 8 h 15 à 22 h 45, toute la semaine, à raison d'1 bus par heure; samedi et dimanche de 6 h 40 mais jusqu'à 16 h 30. Va jusqu'à Downtown. Tarif unique autour de 2 US$. Arrêt principal : sur Deaderick, près de l'angle avec 5th Avenue. ☎ 862-5950.
➤ **Grayline Airport Express :** départ toutes les 15 mn de l'aéroport de 6 h à 23 h. ☎ 275-1180 ou 1-800-669-9463. Dessert la plupart des grands hôtels de Downtown. Minibus plus pratique que le bus mais plus cher évidemment (compter 10 US$).
➤ **Taxis :** même prix que le *shuttle* à partir de 3 personnes.

NASHVILLE / ADRESSES ET INFOS UTILES

Adresses et infos utiles

Informations touristiques et culturelles

– Pour s'informer des événements en cours, se procurer le *Nashville Music Guide* (mensuel), le *On Nashville* et le *Nashville Scene* (hebdos gratuits qui sortent respectivement mercredi et jeudi) et le *Key* (mensuel qu'on trouve dans toutes les grandes villes). L'office du tourisme les possède en général.

■ *Nashville Visitor Center (plan D2) :* 501 Broadway (dans le hall de l'*Arena*). ☎ 259-4747. • www.nashvillecvb.com • Ouvert tous les jours de 8 h 30 à 17 h 30 ; de 8 h à 19 h en juin, juillet et août. Documentation et brochures, plan de Nashville. Délivre des billets pour le Grand Ole Opry avec une petite réduction. Accueil sympa.

■ *Grayline Tours :* 2416 Music Valley Drive (suite 102). ☎ 883-5555 ou 1-800-251-1864. Connaissez-vous Eddy Arnold, Minnie Pearl, Webb Pierce... ? Nous non plus ! *Grayline* organise un tour des demeures des Verchuren locaux, vedettes de l'Amérique profonde. Pas vraiment d'intérêt et les autres circuits peuvent être faits en solo (alors ! À quoi on sert ?).

Banques et change, postes

La plupart des banques sont situées dans Downtown sur Union Street ou Church Street, entre 4th et 6th Avenues.

■ *Nations Bank :* dans Downtown, sur Union Street, entre 4th et 5th Avenues North. Ouvert du lundi au vendredi de 8 h 30 à 14 h 30 (pour le change). Distributeur situé dans le passage piéton sur la droite de la banque, au rez-de-chaussée de l'immeuble appelé *Nations Bank*. Accessible 24 h/24.

■ *AM South Bank :* à l'angle de

■ **Adresses utiles**
- ■ Nashville Visitor Center
- 🚌 Greyhound
- ✉ Post Office

🛏 **Où dormir ?**
- 10 Ramada Limited Central
- 11 Days Inn
- 12 Quality Inn Hall of Fame
- 13 Days Inn
- 14 Hampton Inn
- 15 Shoney's Inn
- 16 Guesthouse Inn and Suites

🍽 **Où manger ?**
- 15 Shoney's Inn
- 20 Satsuma
- 21 Jack's Bar-B-Que
- 22 The Old Spaghetti Factory
- 23 Fiesta Mexicana
- 24 Broadway Bistro
- 25 The Merchants
- 26 T.G.I. Friday's
- 27 Elliston Place Soda Shop
- 28 Rotier's
- 32 Mere Bulles

🍷 ♪ **Où boire un verre ? Où écouter de la musique ?**
- 21 Robert's Western World
- 26 Exit-In
- 30 Tootsie's Orchid Lounge
- 33 The Station Inn
- 34 Wild Horse Saloon
- 36 Bourbon Street Blues and Boogie Bar

★ **À voir**
- 40 Ryman Auditorium
- 41 Country Music Hall of Fame and Museum
- 44 Tennessee State Museum
- 45 Van Vechten Gallery
- 46 The Parthenon at Centennial Park

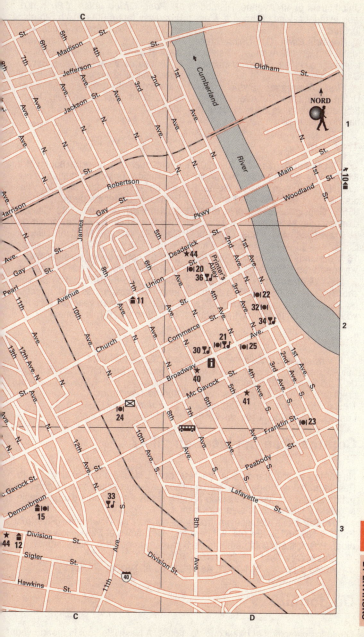

NASHVILLE

Union street et 4th Avenue. Distributeur extérieur *Visa, Eurocard MasterCard.*
- **Regions Bank :** 315 Union Street (entre 3rd et 4th Avenue). Distributeur extérieur *Visa, Eurocard MasterCard* et *Cirrus.*
- **First Tennessee Bank :** 511 Union Street (avec 6th Avenue). Distributeur accessible 24 h/24 dans le hall de l'immeuble.

✉ **Post Office** *(plan C2)* : 901 Broadway (entre 9th et 10th Streets ; à côté de l'*Union Station Hotel*). Ouvert de 6 h à 18 h du lundi au vendredi et de 6 h à 14 h le samedi.
✉ Autre **poste** très centrale : 16th Arcade, une allée piétonne et couverte entre 3rd et 4th Avenues. Entrée par le n° 239 4th Avenue, en plein Downtown.

Transports

- 🚌 **Greyhound** *(plan D2-3)* : 200 8th Avenue South, près de l'angle avec Demonbreun Street. Numéro gratuit : ☎ 1-800-231-2222 ou 255-3556. Consigne. 6 liaisons quotidiennes pour Memphis.
- **Travellers' Aid :** 639 Lafayette Street. ☎ 780-9471. Ouvert de 8 h à 16 h du lundi au vendredi. Aide les voyageurs en détresse.
- **MTA (Metropolitan Transit Authority) :** ☎ 862-5950. De l'endroit où vous vous trouvez, appelez (si vous trouvez un téléphone !), ils vous diront quel bus prendre pour votre destination. Bus peu pratiques pour qui ne connaît pas bien la ville. Beaucoup de temps perdu.
- **Auto drive-away :** 333 Gallatin Pike South. Un peu à l'extérieur de Nashville, dans le Madison District. Suite n° 13. ☎ 244-8000. Voitures pour de nombreuses destinations.
- **Rent-a-Wreck :** 201 Donelson Pike. ☎ 885-8310. Location de voitures d'occasion très bon marché. Ouvert du lundi au vendredi de 8 h à 18 h, jusqu'à 16 h le samedi.

Santé, urgences

- **Pharmacies :** *Wallgreens,* 226 5th Avenue N. ☎ 256-4609. Ouvert de 7 h 30 à 17 h 30 du lundi au vendredi, de 9 h à 17 h le samedi. *Revco Pharmacy,* 303 Thompson Lane. ☎ 361-3636. Près de l'aéroport. Ouvert 24 h/24.
- **Public Hospital :** 72 Hermitage Avenue. ☎ 862-4000. Un peu au sud de Downtown.
- **Police :** ☎ 911.

Comment se déplacer en ville ?

Nashville est une grande ville, très étendue. L'idéal est d'avoir une voiture. Pas de problème de parking, bien qu'il soit payant et assez cher (la combine est de laisser son véhicule sur le parking réservé aux clients d'un magasin, en allant y jeter un œil, bien sûr).

➤ **Trolley :** bus déguisé en *trolley* et qui part de Downtown (Riverfront Park). ☎ 862-5950. En été, 2 itinéraires : Downtown et Music Row (les studios). Possibilité d'abonnements de 3 jours à un prix très intéressant.
➤ **Music City Taxi :** ☎ 262-0451. 24 h/24.
➤ **Allied Taxi :** ☎ 244-7433, 883-2323 ou 889-8300.

Où dormir ?

Quelques campings et beaucoup de motels. À Nashville, tout le monde veut être tout près d'Opry Mills (ex-Opryland). Résultat, des dizaines de motels tristement identiques dans ce coin-là. Ici, le routard n'est vraiment pas gâté.

NASHVILLE / OÙ DORMIR ?

Aucune chouette adresse. Deux campings situés près d'Opry Mills, à 20 mn du centre. On s'endort avec le doux ronron des voitures et le brouhaha des camions. Pour y aller depuis le centre, prendre la 40 E, sortir à « Briely Parkway Opryland North », poursuivre et emprunter l'Exit 12 B « MacGavock ». Au 2e feu, prendre à droite « Music Valley Drive ». Dans ce coin, quelques motels également. Les campings sont sur le côté gauche... vu qu'à droite c'est l'autoroute.

Campings

⅄ **Travel Park :** 2572 Music Valley Drive. ☎ 889-4225. Numéro gratuit : ☎ 1-800-547-4480. Bien que le camping soit un peu en bord de route, les emplacements sont en retrait et ombragés. Autour de 20 US$ pour une tente et 35 US$ si vous venez en mobile home. On peut louer aussi de petites huttes pour 2 ou 4 personnes, respectivement pour 40 US$ et 50 US$. Sanitaires communs avec le camping. Piscine et petite épicerie.

⅄ **Opryland KOA Campground :** 2626 Music Valley Drive. ☎ 889-0282. Numéro gratuit : ☎ 1-800-562-7789. Accueil de 8 h à 19 h (jusqu'à 20 h le samedi). On peut venir avec sa tente (25 US$ pour 2), son mobile home (35 US$), mais la formule la plus sympa, ce sont des petits chalets rudimentaires en bois avec 1 ou 2 chambres pour 2 à 6 personnes. Sanitaires communs avec le camping. Ils sont loués autour de 45 US$ pour 2 et 70 US$ pour 6. Éloignés de la route, ils sont entourés d'arbres et ont chacun leur barbecue. Piscine, mini-golf et music show tous les soirs (country, cela va sans dire). Sans oublier le sourire de Jennie !

Bed & Breakfast

Cette association vous trouvera un logement si vous vous y prenez à l'avance.

■ **Bed & Breakfast About Tennessee :** 361 Binkley Drive. ☎ 331-5244. Gère environ 100 chambres dans des maisons privées. Peu d'adresses proches du centre et elles sont souvent prises d'assaut. Un peu plus cher que les hôtels mais à ne pas négliger vu son côté vraiment sympa.

LES HÔTELS

Pas d'AJ, pas de petits hôtels sympas. La plupart de nos anciennes adresses de Downtown ont été détruites. Reste l'ancien quartier des studios d'enregistrement (Music Row) assez proche du centre et le coin des motels, un peu excentré (10 mn en voiture) mais près d'Opry Mills (ex-Opryland). Pour s'y rendre : prendre l'I-24-I-65 (c'est la même sur cette portion), direction nord. Prendre Exit 87 B et bifurquer sur Trinity Lane W. Nos adresses sont sur cette dernière et sur Brick Church Pike. Voici les meilleurs rapports qualité-prix du secteur. Ouvrez l'œil ! Les prix fluctuent sans arrêt et ne sont jamais fixes. Essayez de glaner des coupons de réductions au Visitors' Bureau. Puis téléphonez aux adresses qui vous intéressent pour connaître les possibilités. Les week-ends sont toujours plus chers (10 à 20 %) et il vaut mieux ne pas compter dessus en période de conventions ou de festivités ! En période creuse, en plus des coupons, les motels se battent à coup de rabais qu'ils affichent parfois sur d'énormes panneaux électroniques visibles de la route.

Près d'Opry Mills (ex-Opryland)

De bon marché à prix modérés

🏠 **Motel 6 :** 311 W Trinity Lane. ☎ 227-9696. Impeccable et pratique. Rien à dire. Autre adresse dans un autre quartier : 95 Wallace Road. ☎ 333-9933. De l'I-24 ou de l'I-65 prendre l'Exit 87 Trinity Lane que vous prenez sur l'ouest. Entre 50 et 60 US$ pour une chambre double, selon la saison. 125 chambres simples, propres et sans surprise.

Prix moyens

🏠 **Red Roof Inns :** 2460 Music Valley Drive. ☎ 889-0090. Fax : 834-1120. Numéro gratuit : ☎ 1-800-843-9999. • redroofmv@aol.com • 86 chambres qui viennent de refaire peau neuve entre 65 et 85 US$ pour une double selon la saison. Petit déj' continental très simple compris. Petite piscine extérieure, ouverte au vent et qui donne sur l'autoroute (bonjour l'intimité !... mais ça rafraîchit).

🏠 **Fiddlers Inn :** 2410 Music Valley Drive. ☎ 885-1440. Fax : 883-6477. Chambre double entre 60 et 80 US$ selon la saison. Pas moins de 200 chambres dans ce motel de 2 étages. Chambres assez vastes et proprettes.

🏠 **Holiday Inn Express :** 2516 Music Valley Drive. ☎ 889-0086. Chambre double de 80 à 100 US$ selon la saison. Bien que l'hôtel soit à proximité de l'autoroute, les chambres sont calmes car bien isolées et bien tenues. Piscine au milieu du parking (ça vous permettra de surveiller la Cadillac !)

Près du centre

De prix modérés à prix moyens

🏠 **Quality Inn Hall of Fame** *(plan C3, 12)* **:** 1407 Division Street. ☎ 242-1631. Fax : 244-9519. En plein quartier des anciens studios et proche du centre. Chambre double entre 65 et 95 US$ selon la saison. Petit déj' continental compris (café, céréales et *donuts*). Les chambres sont vastes mais mériteraient un petit rafraîchissement, surtout les moquettes. Au rez-de-chaussée le bar *The Colonel's* accueille des groupes de country tous les soirs (idéal pour ceux qui n'aiment pas traîner la nuit tombée). Accueil décontracté.

🏠 **Guesthouse Inn and Suites** *(plan B3, 16)* **:** 1909 Hayes Street (à côté de West End Avenue). ☎ et fax : 329-1000. • www.guesthouse.net • Compter 80 US$ pour une chambre double. 108 chambres pour cet hôtel qui vient de refaire peau neuve. Toutes ont cafetière, frigo et micro-ondes (idéal si vous séjournez). Petit déj' continental inclus, ainsi que les appels locaux. Relativement calme. Le meilleur rapport qualité-prix dans cette catégorie.

🏠 **Ramada Limited Central** *(hors plan par D1, 10)* **:** 303 Interstate Drive (de l'autre côté du Cumberland River, quand on vient de Downtown). ☎ 244-6690. Numéro gratuit : ☎ 1-800-251-1856. Fax : 742-0932. Chambre double de 70 à 100 US$ selon la saison. Bien que proche de l'autoroute, les chambres sont au calme car bien isolées. Elles sont vastes et bien tenues. De plus, veinards que vous êtes, cet hôtel possède une grande piscine couverte en forme de guitare ! Proche du centre, mais l'environnement est assez désert.

🏠 **Shoney's Inn** *(plan C3, 15)* **:** 1501 Demonbreun Street. ☎ 255-

9977 ou 1-800-222-222. Fax : 242-6127. Compter 80 US$ pour une chambre double. 147 chambres dans ce petit motel agréable sur 2 étages. Piscine sur la rue. Café et muffins compris. Éviter les chambres qui donnent sur la I 40. Accueil sympa.

Plus chic

▲ *Days Inn* (plan B3, 13) : 1800 West End Avenue, à l'angle de 18th Street. ☎ 327-0922 ou 1-800-325-2525. Fax : 327-0102. Autour de 90 US$ pour une chambre double. Elles sont grandes et bien tenues et surtout bien isolées du bruit. Petite piscine abritée des regards indiscrets et minuscule salle de remise en forme. L'accueil pourrait être plus chaleureux.

▲ *Days Inn* (plan C2, 11) : 711 Union Street (angle avec 7th Avenue). En plein centre. ☎ 242-4311 ou 1-800-627-3297 (gratuit). Fax : 242-1654. Chambre double autour de 95 US$. Idéalement situé, les chambres sont bien tenues et assez calmes.

▲ *Hampton Inn* (plan B3, 14) : 1919 West End Avenue. ☎ 329-1144. Fax : 320-7112. Chambre double autour de 110 US$. Belles chambres confortables. Petit déjeuner continental inclus avec viennoiseries et un bon choix de céréales. Accueil souriant.

Où boire un bon café ? Où prendre un breakfast ?

♥ *Just Java* : 112 2nd Avenue N (dans le Market Street Emporium). Ouvert de 8 h 30 à 22 h ; de 10 h à minuit samedi et dimanche. Minuscule coffee shop installé dans une petite galerie où 3 bars se succèdent. On commande un délicieux expresso et on s'installe où on veut. Ambiance baba qui contraste avec l'ambiance locale. Accueil sympa.

|●| *Shoney's* : deux adresses. L'une au 1521 Demonbreun Street (plan C3, 15), à côté de Division Street, en plein centre. ☎ 244-2243. L'autre dans le coin des hôtels pas chers : 305 W Trinity Lane. Ouvert tous les jours jusqu'à 23 h (jusqu'à minuit les vendredi et samedi). Un peu le héros culinaire du Tennessee. Bien qu'on puisse y manger, on conseille surtout son buffet-*breakfast, all you can eat* autour de 6 US$ (7 US$ le week-end) : œufs, bacon, steak haché, salade de fruits, gâteaux, *pancakes*... Mais attention, ça s'arrête à 11 h en semaine et à 14 h les samedi et dimanche. Et puis toute la journée *fishburger*, sandwichs et salades. Les vendredi et samedi soir, un *seafood all as you can eat* de 17 h à 21 h.

Où manger ?

Dans le centre

Bon marché

|●| *Satsuma* (plan D2, 20) : 417 Union Street. ☎ 256-5211. Ouvert du lundi au vendredi de 10 h 45 à 14 h. Depuis 1919, on sert ici une *Southern food*. De la cuisine comme à la maison, concoctée par le patron lui-même, avec cœur. Minuscule resto où tous les midis se retrouvent les employés des bureaux alentour, des secrétaires de banque, des retraités, tous des habitués. *New Orleans Creole gombo, roast beef and gravy, ham balls and raisin sauce*... De l'authentique pour une

poignée de dollars. Un conseil, le *luncheon suggestions*, toujours très bien. Une adresse coup de cœur.
- *Jack's Bar-B-Que* (plan D2, 21) : 416 Broadway Avenue. ☎ 254-5715. Ouvert tous les jours de 10 h 30 à 22 h (jusqu'à 20 h le dimanche). Compter environ 8 à 9 US$ pour une assiette avec deux légumes au choix. Un self-service pour manger comme son nom l'indique des viandes grillées. Au programme : *pork ribs, texas beef brisket, smoked turkey...* Déco vieillotte et hétéroclite, composée de trophées de chasse, de photos jaunies et d'uniformes sudistes... Endroit très apprécié des gens du coin.
- *The Old Spaghetti Factory* (plan D2, 22) : 160 2nd Avenue North. ☎ 254-9010. Ouvert du lundi au vendredi de 11 h 30 à 14 h et de 17 h à 22 h ; les samedi et dimanche sans interruption et jusqu'à 23 h. Compter 7 à 10 US$. Dans la seule partie du centre qui ait conservé ses façades début XXe siècle. Nourriture égale à celle de tous les restos de cette chaîne : des pâtes délicieuses à toutes les sauces. Mais là où ils se sont surpassés, c'est pour la déco. Vraiment, ils ont mis le paquet : vaste entrée en bois de rose avec canapé et cheminée. Fauteuils, vitraux, superbes glaces, admirable *trolley* au milieu de la plus grande salle. Le bar est une vraie pièce de collection. Ensemble étonnant et atmosphère assez classieuse.
- *Broadway Bistro* (plan C2, 24) : 1001 Broadway. Ouvert de 11 h à 14 h 30 et de 17 h à 22 h (jusqu'à 23 h vendredi et samedi). Autour de 12 US$. Dans le hall de l'hôtel *Union Station*. Cuisine américaine à prix abordables. (Ne pas aller au restaurant gastronomique *Arthur*, prix astronomiques !) Des soupes, de grosses salades, des pâtes et des *burgers*. Pour le même prix, quelques spécialités comme le *chicken pot pie* ou le *chicken Valencia*. Pour la visite de cette ancienne gare de chemin de fer transformée en hôtel, avec ses pendules d'origine et ses horaires affichés à la réception.
- *Fiesta Mexicana* (plan D2, 23) : 416 4th Avenue South. ☎ 259-0110. Ouvert tous les jours de 11 h 30 à 22 h. Compter 8 à 10 US$. Le cadre est tout simple, mais on y déguste une délicieuse cuisine mexicaine à des prix très raisonnables. À vous les *enchiladas, fajitas texanas, quesadillas, burrito...* et autres spécialités. Service souriant et musique sud-américaine... Ça change et ça fait du bien !

Plus chic

- *The Merchants* (plan D2, 25) : 401 Broadway, à l'angle de 4th Avenue. ☎ 254-1892. Ouvert du lundi au vendredi de 11 h à 14 h et de 17 h à 22 h ; le samedi jusqu'à 23 h ; le dimanche à partir de 10 h 30 et jusqu'à 21 h. Compter 6 à 9 US$ pour un sandwich. Deux restos : *casual*, au rez-de-chaussée avec son vaste bar en fer à cheval, très large. Ambiance brasserie, avec de grands ventilos qui ne cessent de ronronner, où les cols blancs déjeunent à midi de salades et de sandwichs. Le soir, ils montent à l'étage, pour une soirée entre gens comme il faut. Plats européens élaborés. Clientèle propre sur elle et addition relevée. C'est évidemment le fin du fin, quoique l'ambiance ne soit pas particulièrement délirante. Service irréprochable.
- *Mere Bulles* (plan D2, 32) : 152 2nd Avenue North. ☎ 256-1946. Ouvert de 11 h à 14 h et de 17 h à 22 h (vendredi et samedi jusqu'à 23 h). *Sunday brunch* de 10 h 30 à 14 h. Comptez entre 30 et 50 US$ pour un menu complet sans les boissons. Une immense salle toute en longueur à l'atmosphère élégante. Une carte attrayante pour une cuisine européenne assez raffinée. Le soir l'ambiance est donnée par un pianiste de jazz. Évidemment, tout cela a un prix (voir plus haut)...

Dans le coin d'Elliston Place

Le coin animé par la jeunesse le soir. Restos, boutiques, bars et clubs de rock.

Bon marché

l●l **Rotier's** *(plan A3, 28)* : 2413 Elliston Place. ☎ 327-9892. Ouvert de 10 h 30 à 21 h 30 du lundi au jeudi, jusqu'à 22 h 30 le vendredi. *Breakfast* le samedi de 9 h à 12 h. Fermé le dimanche. Plats à moins de 7 US$. Ouvert depuis 1945. Évelyne la propriétaire octogénaire est toujours là au service du midi. L'intérieur est chaleureux et les murs en bois sont couverts d'articles élogieux et de prix décernés pour la qualité des *burgers* et de l'accueil de la maison. Tous les jours, les plats changent. Parmi les spécialités, citons encore le *pork BBQ*, le *roast beef*, le *chicken Teriyaki*, ou encore le *fried chicken breast*. Propose aussi des *seafood dinners*. Pas cher, copieux et réussi. Notre adresse préférée dans ce quartier.

l●l **Elliston Place Soda Shop** *(plan B3, 27)* : 2111 Elliston Place. ☎ 327-1090. Ouvert de 6 h à 19 h 30 (breakfast servi de 6 h à 11 h). Fermé le dimanche. Compter environ 6 US$ pour un plat de viande avec deux légumes au choix. On dirait que la déco n'a pas bougé d'un poil depuis l'ouverture en 1939. Resto favori des gens qui travaillent dans le quartier. Pas de la grande cuisine mais le service est rapide et les prix doux. De plus les plats changent tous les jours... *Burgers* et salades complètent le tout. Que demander de plus? Authentique Wurlitzer au fond de la salle pour les connaisseurs.

Plus chic

l●l **T.G.I. Friday's** *(plan A3, 26)* : 2214 Elliston Place. ☎ 329-9575. Ouvert tous les jours en continu de 11 h jusqu'à 1 h (2 h en fin de semaine). Sandwichs autour de 6 US$, plats de 12 à 16 US$. Pour ceux qui aiment, *Sunday brunch* de 11 h à 14 h. Encore une déco sympa, comme on sait bien les faire ici, avec plaques anciennes, lustres, panneaux de bois. Dans l'assiette, cuisine tex-mex, pizzas et viandes grillées. Les moins fortunés se rabattront sur les soupes et sandwiches divers.

Où manger dans les environs?

l●l **Loveless Motel and Café** : 8400 Highway 100 (à environ 22 miles de Downtown). ☎ 646-9700. Ouvert du mardi au samedi de 8 h à 14 h et de 17 h à 21 h, le dimanche en continu. Prendre Broadway qui devient West End puis continuer à gauche la Highway 100 et poursuivre sur une petite dizaine de miles. Le *Loveless Motel and Café* est sur la droite. Compter entre 8 et 10 US$ pour un p'tit déj' et de 12 à plus de 20 US$ pour le déjeuner. Une adresse coup de cœur. Dans un joli coin de campagne, maisonnette *country style*, ouverte depuis plus de 40 ans. Le Tout-Nashville s'y donne rendez-vous pour les petits déj' et les déjeuners de fin de semaine. Une cuisine simple, une carte restreinte, mais tout est réalisé avec amour. On vient ici pour les biscuits, le délicieux *southern fried chicken* et le superbe *country ham*. Purée onctueuse avec son *gravy* goûteux. Accompagné d'une succulente compote de pêches et d'une délicieuse *blackberry jam*, on ne regrette pas la longue route. Le *Sunday brunch* (de 11 h à 14 h 30) est carrément génial!

l●l **Cascades** : dans l'*Opryland Hotel*. ☎ 889-1000. Pour le buffet de salades et fruits frais à un prix ridicule (autour de 8 US$) dans le cadre incroyable d'une jungle artificielle (se reporter à la rubrique « Dans les environs de Nashville ») et surtout pour le somptueux *Sunday brunch* (autour de 17 US$, réservation recommandée).

Où boire un verre ? Où écouter du bluegrass, du jazz, de la country ?

Ami lecteur, puisque musiques riment avec alcooliques, sachez que Nashville, en plus de distiller sa propre musique, brasse sa propre bière, la *Market Street*.

Tootsie's Orchid Lounge *(plan D2, 30)* : 422 Broadway. Il a toujours tenu le coup, ce vieux troquet. Y jouaient tous ceux qui ne passaient pas au *Grand Ole Opry* voisin. Murs noircis par la désillusion des artistes et les photos passées. De 10 h à 2 h du matin. Dès les premières heures d'ouverture, les musiciens de country se succèdent. Le matin en solo et à partir de 18 h les *bands* prennent la place. Point de repère obligé pour ceux qui aiment la country. Entrée gratuite, mais ne pas oublier de remplir la cagnotte du musicien après avoir vidé votre bière.

Legends Corner *(plan D2)* : Broadway Avenue (angle avec 5th Avenue). Ouvert tous les jours de 11 h à 2 h du matin. Encore un sympathique rade dédié à la country. Les murs sont recouverts de pochettes de disques de toutes les stars du rock et de la country. Dès 11 h, les solistes commencent à gratter et entonner leurs ballades, les groupes prennent le relais à partir de 18 h. Pas de *cover charge*. On peut y grignoter sandwiches et pizzas. Encore un lieu qu'on aime bien.

Robert's Western World *(plan D2, 21)* : 416 Broadway. Ouvert de 10 h à 2 h 30 (à partir de midi le dimanche). Un café où sont alignées des dizaines de paires de bottes western à vendre. Dès l'ouverture les musiciens de country se succèdent. Le matin, c'est plutôt des solos, car il n'y a pas foule, puis, à partir de 18 h, les groupes se suivent jusqu'à la fermeture. Pas de *cover charge*. Une bonne adresse pour écouter de la country. On peut aussi y grignoter hamburgers et frites pour 5 US$.

Bourbon Street Blues and Boogie Bar *(plan D2, 36)* : 220 Printer's Alley (petite allée entre 3rd et 4th Avenue, au niveau de Church Street). ☎ 24-BLUES. Ouvert tous les soirs de 20 h à 2 h. *Cover charge* : 6 US$ (8 US$ les vendredi et samedi). Le meilleur endroit pour venir écouter du *blues* et croyez-nous, il y a de l'ambiance... Les formations sont importantes (4 à 8 musiciens) et la bière coule à flots. Un des habitués de l'endroit est Long John Hunter... Peu connu en France, c'est une vraie star à Nashville et s'il joue lors de votre passage, ne le manquez pas... Encore une super adresse.

Douglas Corner Café : 2106 8th Avenue South. ☎ 298-1688. Ouvert tous les soirs, sauf le dimanche, de 22 h à 1 h ou 2 h. Attention la devanture est sombre et peu éclairée. Formations éclectiques mais restant dans le giron rock (*cover charge* en fonction de la réputation du groupe). Salle tout en longueur avec des briques aux murs, où une clientèle mûre, elle aussi, vient quasi religieusement communier sur l'autel de la musique. Un classique du circuit nocturne. *Attention*, quartier éloigné et pas vraiment sûr (taxi ou voiture indispensable).

Blue Bird Café : 4104 Hillsboro Road (suite de Broadway, à l'angle avec Wedgewood). ☎ 383-1461. Entrée payante et conso minimum imposée (c'est normal, l'endroit est petit). Serré comme dans la poche arrière d'un jean, chaud comme dans un four, le *Blue Bird* est

NASHVILLE / OÙ BOIRE UN VERRE ? OÙ ÉCOUTER DU BLUEGRASS...

devenu en quelques années le creuset du renouveau musical nashvillien. Il draine les *songwriters* de tous les États-Unis, que la clientèle assez chicos et plutôt âgée écoute religieusement. Ici, pas de débordement, ni de beuveries... Avec une simple guitare ou en toute petite formation, les auteurs viennent jouer des compositions originales. Le lundi, c'est *open mike*, entendez « micro ouvert », où il suffit de s'inscrire à l'avance pour se produire en public. Pour certains, c'est la débâcle. Pour d'autres, le début d'une carrière. Car dans la salle, les producteurs veillent. Téléphonez pour avoir le programme avant d'y aller car c'est au moins à 10 miles de Downtown !

▮ ♪ ***The Station Inn*** *(plan C3, 33)* : 402 12th Avenue South. ☎ 255-3307. Ici, on ne joue que du *bluegrass* pur et dur, tous les soirs à partir de 19 h et jusqu'à minuit (jusqu'à 1 h ou 2 h en fin de semaine). Prix de l'entrée en fonction de la popularité du groupe. Pas de *cover charge* le dimanche, car la scène est ouverte aux *new bands*. Autour des tables et face à la scène se retrouvent les aficionados qui viennent de tout le pays pour applaudir des formations qui se distinguent des autres, car il n'y a que des instruments à cordes (spécificité du bluegrass : guitare, violon, banjo, contrebasse...). L'atmosphère est chaude et enjouée. Bref, une adresse à ne pas manquer

▮ ♪ ***Wild Horse Saloon*** *(plan D2, 34)* : 120 2nd Avenue North (à l'angle avec Broadway, dans Downtown). ☎ 251-1000. Ouvert tous les jours de 11 h à 2 h du matin. Gigantesque salle de danse dédiée à la country. Des dizaines de couples jeunes ou vieux (parfois habillés de la même façon) viennent y danser en particulier les mardi et mercredi à partir de 19 h 30. Si vous venez à 18 h, l'animateur de la maison donne des cours de danse western. Un bon moyen pour vous initier à la culture locale... De plus, vous pourrez frimer en rentrant à la maison ! Évidemment, on peut aussi y manger.

▮ ♪ ***Exit-In*** *(plan A3, 26)* : 2208 Elliston Place. ☎ 321-4400. Ouvert de 21 h à 1 h quand il y a des groupes. Grande salle, genre ancien dépôt avec une immense scène. Les murs sont noirs et l'atmosphère chaude et enfumée. La programmation est très éclectique et hors la country, on pourra aussi bien y écouter de la musique irlandaise que du *rock alternatif*. On trouve le programme dans le *Scene Nashville* et le *On Nashville*. *Cover charge* qui dépend de la notoriété du groupe.

▮ ***Hard Rock Café*** *(plan D2)* : 100 Broadway Avenue. ☎ 742-9900. Ouvert de 11 h à 22 h (jusqu'à minuit le week-end). Que dire de plus sur cette chaîne que l'on retrouve partout ? Le décor est à l'identique avec sa collection de guitares, de disques d'or, de costumes de scène, et sa boutique de souvenirs... Curieusement, c'est un des seuls bars où il n'y a pas de *live music*. Remarquez, ça tombe bien, car ce n'est pas notre tasse de thé ! On l'indique seulement, pour le cas où vous croiriez qu'on l'a loupé...

▮ ***Planet Hollywood*** *(plan D2)* : 322 Broadway Avenue. ☎ 313-STAR. Ouvert tous les jours de 11 h à 1 h. Difficile de le manquer, mais comme on vous a présenté le précédent... Un de plus dans la chaîne de Bruce Willis et Demi Moore... Rien à dire sinon qu'on essaie d'attirer ici la clientèle la plus jeune en programmant notamment des groupes de *rap* et des soirées *techno* (à partir de 21 h). Pour ceux qui aiment...

▮ ***Nascar Cafe*** *(plan D2)* : 305 Broadway Avenue. ☎ 313-RACE. Ouvert tous les jours de 11 h à 22 h (samedi jusqu'à 23 h). Dans la suite du *Hard Rock* ou du *Planet*, voici le bar à l'ambiance Nascar, les célèbres courses qui se déroulent à Nashville tout au long de l'année. Ici, on peut manger ou boire un verre dans une voiture de course, admirer casques et tenues des champions. Ce n'est pas notre tasse de thé mais à choisir entre les trois derniers, celui-ci est un peu plus authentique (enfin...).

Les grands lieux de la country

Quand on vient à Nashville, c'est un crime que de ne pas aller écouter Johnny Cash, Willie Nelson, Dolly Parton ou Brenda Lee. Tous ces grands et bien d'autres se produisent régulièrement dans la Mecque de la *country music*, le Grand Ole Opry.

♪ ***Grand Ole Opry :*** situé dans l'enceinte du parc d'attractions, Opry Mills (ex-Opryland). Une des plus grandes scènes de music-hall des États-Unis. Salle couverte et moderne de 4400 places. ☎ 889-3060. Ce numéro de téléphone donne toutes les infos sur les artistes qui passent et les places disponibles. Achat des tickets sur place ou à l'avance au Ryman Auditorium. Vous pouvez aussi les réserver au Visitors' Center avec une petite réduction. Un concert le vendredi de 19 h 30 à 22 h et 2 le samedi de 18 h 30 à 21 h et de 21 h 30 à minuit. Prix des places autour de 20 US$. Pour y aller : prendre la I 60 North jusqu'à la sortie Opryland. Une vingtaine d'artistes se succèdent pour une ou deux chansons. Les concerts passant sur une des radios locales, un animateur vient régulièrement lire des spots pubs, tandis que le produit vanté apparaît en grand écran derrière les artistes... Ce qui enlève beaucoup de la magie du spectacle... On vous aura prévenu.

♪ ***Nashville Palace :*** 2400 Music Valley Drive. ☎ 885-1540. Même route que l'Opry Mills mais prendre la sortie suivante (Music Valley Drive). Une sorte d'Olympia de Nashville. Un groupe chaque soir de 20 h à 1 h. environ 6 US$ de *cover charge*. On peut y manger de 17 h à 23 h, salades, sandwichs et *burgers* (autour de 8 US$) ; quelques spécialités maisons comme le *southern style catfish platter* ou le *bar b que combo platter* (de 12 à 22 US$). Le bar séparé, fonctionne de 15 h à 3 h. Les murs sont recouverts de photos de musiciens de country et de tee-shirts de l'équipe de base-ball de Los Angeles. Bonne programmation.

♪ ***Ernest Tubb Midnight Jamboree :*** 2414 Music Valley Drive. ☎ 889-2474. Si vous êtes un samedi soir à Nashville sur les coups de minuit, c'est là qu'il faut aller. Tous les samedis soir, les musiciens country jouent en direct pour une émission de radio qui passe sur *WSM-ASM 650* de minuit à 1 h. Ne loupez pas cette *midnight jam session* bien sympathique. Entrée gratuite (ouverture des portes à 23 h 30).

À voir

★ ***Ryman Auditorium*** (plan D2, 40) : 116 5th Avenue, juste à côté de Broadway. ☎ 254-1445. Réservations : ☎ 889-3060. Ouvert tous les jours de 8 h 30 à 16 h. Cette vieille salle peut se visiter, comme un musée, à ces horaires-là. Pour être sincère, payer 7 US$ pour voir une salle... mieux vaut venir pour un spectacle, car certains soirs on peut y écouter *bluegrass*, *country* et *music hall* (à 20 h)... Construit en 1891, ce superbe édifice à la façade triangulaire abrita de 1925 à 1974 le *Grand Ole Opry* où défilèrent toutes les grandes vedettes de l'époque, comme Hank Williams, Roy Acuff et même Caruso et Charlie Chaplin. Belle salle aux bancs de bois. Au temps où les artistes se produisaient dans des stades de 50 000 personnes, on se met à regretter ces music-halls intimes où le micro était accessoire.

★ ***Country Music Hall of Fame and Museum*** (plan D2, 41) : 4 Music Square East. ☎ 255-1639. À côté de Division Street. Dans l'ancien quartier appelé Music Row. En mai 2001 ce musée mythique a été transféré dans Downtown, dans la 5th Avenue of the Arts (et Demonbreun Street). Ouvert tous les jours de 9 h à 18 h. Entrée : 15 US$ et 8 US$ pour les enfants de moins de 17 ans.

Le musée est consacré à toutes les grandes stars de la country. Vraiment bien fait : ludique, coloré, interactif et musical. Photos, documents, affiches, instruments, costumes et chansons écrites sur des nappes de resto en papier. On y trouve même une Cadillac d'Elvis (1960) avec intérieur en or, tourne-disques, TV, boîte à peigne et cire-chaussures ! De même vous pourrez y admirer son piano recouvert d'or de 24 carats ! Certains grands noms ne connaissaient pas le solfège, c'est pourquoi les partitions étaient écrites en chiffres. Un très chouette film de 18 mn sur le King est également projeté. En alternance, toutes les demi-heures, un autre film tout aussi excellent sur la naissance de la country où l'on découvre Hank Williams, Patsy Clyne et les autres. Une salle sur les célèbres guitares Gibson dont deux incroyables harpe-guitares de 1900 et 1903 ! Un musée à ne pas manquer.

★ *Tennessee State Museum* (plan D2, 44) : 505 Deaderick Street (à l'angle avec 5th Avenue North). ☎ 741-2692. Ouvert de 10 h à 16 h du mardi au samedi et de 13 h à 16 h le dimanche. Fermé le lundi. Entrée gratuite. Vous saurez tout sur l'histoire du Tennessee depuis le paléolithique, l'arrivée des premiers Indiens, la découverte du Mississippi par De Soto en 1541, l'arrivée des premiers colons jusqu'à Davy Crockett qui vécut dans le Tennessee de 1817 à 1821 et la guerre de Sécession. La visite est intéressante, même si elle paraît parfois un peu confuse. On a particulièrement aimé les intérieurs, les costumes et les très belles armes des XVIIe et XVIIIe siècles. Au 3e niveau, expos temporaires de peintures.

★ *Nashville Nascar Speedway* : ☎ 726-1818 ou 834-5000. Pour s'y rendre, prendre la I-65 sortie 81 et suivre le fléchage *fairgrounds* Quelquefois en semaine (et pratiquement tous les samedis soir à 19 h, ouverture des portes à 16 h 30), on peut assister à ces célèbres courses automobiles (Nascar) particulièrement impressionnantes. Entre 10 et 20 US$ selon l'importance de la course (gratuit lors des qualifications).

★ *Batman Building* : 333 Commerce Street (avec 4th Avenue). On ne peut pas le manquer, il domine la ville. C'est l'immeuble de Bellsouth l'équivalent de France Télécom aux States. Ne se visite pas.

Et si vous avez beaucoup de temps à perdre

★ *Van Vechten Gallery* (plan A1, 45) : Fisk University, 1018 17th Avenue North. ☎ 329-8543. Ouvert du mardi au vendredi de 10 h à 17 h et les samedi et dimanche à partir de 13 h. Collection privée présentant surtout des artistes américains du XXe siècle. Pour les cultureux.

★ *The Parthenon at Centennial Park* (plan A3, 46) : entrée sur West End près de 25th Avenue South (au sud-ouest de Downtown, pas très loin d'Elliston Place). Ouvert du mardi au samedi de 9 h à 16 h 30 (d'avril à septembre, ouvert aussi le dimanche à partir de 12 h 30). Entrée : 3,50 US$. Grand parc dans lequel on a édifié en 1897 une copie conforme du Parthénon d'Athènes. Mais celui-ci est en ciment et pas en marbre ! À l'intérieur, comble de l'horreur, on a élevé une *Athéna* (réplique présumée de la vraie)... en fibre de verre. Rappelons simplement que l'original était recouvert d'ivoire et d'or. Le complexe historique des Américains atteint son paroxysme. Y'a du Freud là-dedans. Toute petite collection permanente de peinture américaine du XIXe siècle. Rien de bien convaincant, sauf deux choses intéressantes :

la taille de la statue d'Athéna (13 m), et comment tenait le toit des temples grecs. Expos temporaires aussi.

Quelques événements musicaux...

... ou folkloriques à Nashville et dans tout le Tennessee.
Les dates et les lieux sont toujours susceptibles d'évoluer. À vérifier bien sûr.
– *International Country Music Fan Fair :* 2ᵉ semaine de juin (se faire préciser les dates). Pour infos : ☎ 889-7503. 40 h de show, concours de violon et *square dance* avec toutes les grandes vedettes. Ça rappelle *Nashville* d'Altman. Attention : à cette période, impossible de trouver une chambre à moins de 100 km !
– *Longhorn Classic Rodeo :* à Nashville, vers le début novembre. ☎ 876-1016 ou 1-800-357-6336. Des centaines de cow-boys et cow-girls parmi les meilleurs, dans une sorte de championnat du monde.
– *Le jour de la Mule Day :* à Columbia, début avril. Pour infos : ☎ 381-9557. Foire très colorée où tout tourne autour de la mule. Courses, ventes aux enchères, concours de banjo, *square dance*...
– *Rodéo de Franklin :* à Franklin. ☎ 794-1504. C'est la fête du cheval sur fond de musique country et western. La 3ᵉ semaine de mai.
– *Down to the Earth :* à Alexandria, Tennessee. La 2ᵉ quinzaine de juillet, un des derniers vrais concerts en plein air de gospel. Des milliers de participants.

Shopping

❀ *Ernest Tubb :* 2 magasins. 417 et 2414 Music Valley Drive. Ouvert tous les jours de 9 h à 21 h (les vendredi et samedi jusqu'à minuit). Tout ce que vous avez toujours voulu écouter sur la country. Vendeurs sympas et de bons conseils.
❀ *Great Escape :* 1925 Broadway. ☎ 327-0646. Ouvert du lundi au samedi de 10 h à 21 h et le dimanche de 13 h à 18 h. Une des meilleures adresses à notre avis, qui ne vend que de l'occasion. Les CD sont classés par genre et les prix imbattables. Tous les styles sont représentés : country, blues, rock, pop, jazz... Beaucoup de vinyles également, une collection de *comics* ainsi que des partitions et des bouquins de photos sur les artistes. Les fans, en fouillant bien, pourront y trouver quelques raretés.
❀ *Lawrence Bros Records Souvenirs :* 409 Broadway (entre 4th et 5th Avenues). Ouvert de 10 h à 18 h. Fermé les dimanche et lundi. Plein de vieux vinyles 45 et 33 tours. Pour les acharnés.
❀ *Tower Records :* à l'angle de West End et de 24th Avenue South. La plus grande chaîne de magasins de disques des États-Unis. Pas spécialement bon marché mais grand choix.
❀ *Hatchschow Print :* 316 Broadway. Ouvert de 9 h 30 à 17 h 30, le samedi à partir de 10 h 30. Fermé le dimanche. Reproductions d'anciennes affiches de concerts d'Elvis, Johnny Cash...
❀ *Elder's Bookstore :* 2115 Elliston Place. ☎ 327-1867. Ouvert du lundi au vendredi de 9 h à 17 h et le samedi de 9 h à 14 h. Une incroyable librairie où règnent les livres anciens, superbes, reliés et originaux. Plein de raretés sur tous les sujets et encore des gravures et tout un tas de curiosités (on y trouve aussi un grand choix de cigares).
❀ *Western Outlet :* 323 Broadway. ☎ 259-2370. Ouvert de 10 h à 16 h. Fermé le dimanche. Pour les bottes western et les chemises de cow-boy. Dans une petite boutique qui ne paie pas de mine, mais à des prix « d'usine » (bien moins cher que dans les magasins à touristes du coin).

DANS LES ENVIRONS DE NASHVILLE 427

➤ *DANS LES ENVIRONS DE NASHVILLE*

★ Le gigantesque parc d'attractions **Opry Mills** (ex-Opryland) a rouvert ses portes en 2000 après plusieurs années de travaux de rénovation avec de nouvelles attractions bien sûr, des restos à thème, des boutiques, etc. C'est dans l'enceinte de l'Opry Mills que se trouve le fameux *Grand Ole Opry*, salle de spectacle de 4 400 places (ouverte pendant les travaux). Un peu comme si on avait mis le Zénith au milieu de la foire du Trône. Aujourd'hui, tous les grands de la country se produisent ici. Les nostalgiques préféreront aller assister à un concert au vieux Ryman Auditorium, l'original Grand Ole Opry aujourd'hui rouvert. Pour l'achat des places au Grand Ole Opry, voir la rubrique « Les grands lieux de la country ». Toujours dans l'enceinte de l'Opry Mills, non loin du Grand Ole Opry, on peut aller jeter un œil au délirant *Opryland Hotel*. On n'y vient pas exprès, mais si vous êtes sur place, cela vaut le coup. Construction extravagante issue d'un imbroglio amoureux entre le béton, le verre... et la jungle tropicale. Il y a même une rivière qu'on peut descendre en barque. L'hôtel forme un vaste triangle dont certaines chambres donnent sur une forêt intérieure sauvage et domestiquée à la fois où l'on découvre un petit lac, une cascade, des ponts, des bouquets de bambous, des bananiers... Une gageure architecturale et un sacré casse-tête pour les jardiniers. L'ensemble est abrité par une immense verrière climatisée ! Osé, magnifique, inquiétant (voir la rubrique « Où manger dans les environs ? »).

★ **Nashville Toy Museum :** 216 McGavock Pike (en face de l'*Opryland Hotel*). ☎ 883-8870. Ouvert tous les jours de 9 h à 21 h (jusqu'à 17 h en hiver). Entrée : 6 US$. Réduction enfants jusqu'à 12 ans. Petit mais superbe musée du jouet. Gigantesque circuit de train miniature en état de marche, collection rarissime d'ours en peluche, poupées, bateaux et petites voitures. Il y a aussi des soldats de plomb (grognards de Napoléon Ier, ou, plus rare, des soldats portant l'uniforme nazi). À vrai dire, plus intéressant pour les adultes. Juste à côté, aux mêmes horaires d'ouverture, au même prix d'entrée et appartenant au même propriétaire on trouve le **Willie Nelson Museum** (pour tout connaître de ce chanteur de country qui a fait de nombreuses apparitions au cinéma) ; le **Music Valley Car Museum** (quelques modèles intéressants parmi une soixantaine présentés : Chevy de 1957 dont 1 d'Elvis, Corvette de 1959 et Cadillac de 1972) ; et enfin le **Wax Museum**, musée de cire à l'effigie des grands de la country (pas vraiment d'intérêt et vraiment peu ressemblant pour le peu qu'on en connaissait !).

★ **Belle Meade Plantation :** 5025 Harding Road and Leake Avenue. ☎ 356-0501. À environ 7 miles du centre-ville, au sud-ouest. Entrée : 11 US$. Prendre Broadway, poursuivre sur West End qui devient Highway 70 et emprunter sur la gauche la petite Leake Avenue. C'est à 200 m sur la gauche. Ouvert du dimanche au mercredi de 9 h à 17 h et du jeudi au samedi de 9 h à 21 h. Fermé pour Thanksgiving, Noël et le Jour de l'An. À voir seulement si on a beaucoup de temps. Vaste plantation avec des écuries du XIXe siècle où furent élevés les plus beaux chevaux de la région. Si vous allez en Louisiane, visite guère indispensable. Riche demeure joliment meublée, tout est d'époque. Belle collection de *carriages* (calèches, ignorants !). On visite aussi le *Log Cabin,* une des plus vieilles maisons du Tennessee (1790).

★ **The Hermitage :** 4580 Rachel's Lane. ☎ 889-2941. À 13 miles du centre vers le nord-est. Prendre la Highway 40 vers l'est (direction Knoxville), sortie 221 A puis la Highway 45 (Old Hickory Boulevard). C'est indiqué sur la droite. Ouvert tous les jours de 9 h à 17 h. Entrée : 10 US$. Bâtisse du milieu du XIXe siècle où vécut pendant huit ans Andrew Jackson, président des États-Unis, au milieu d'un vaste parc très country. On suit la visite à l'aide d'un audio-guide qui nous conduit pièce par pièce à travers l'histoire.

Jackson vécut là ses dernières années. D'origine irlandaise, il fit beaucoup pendant la révolution américaine. Cette maison fut reconstruite au milieu du XIXe siècle après avoir brûlé, dans un style Greek Revival assez ennuyeux. Quelques beaux meubles dans les chambres. Pas vraiment grand-chose à voir, c'est plutôt une ambiance. Dans le jardin, sa tombe et celle de sa femme. Complétant la visite, à un mile à l'autre bout du parc, la maison de son neveu, *Tulip Grove*.

★ ***Cheekwood Museum of Art and Botanical Garden :*** 1100 Forest Park Drive. Par la Highway 100. ☎ 356-8000. Même itinéraire que pour aller au *Loveless Motel and Café* (voir « Où manger dans les environs ? »), prendre à gauche la petite Cheekwood Road, puis c'est fléché. Ouvert du lundi au samedi de 9 h à 17 h et le dimanche à partir de 13 h. Entrée : 9 US$. Sur trois niveaux d'une grosse bâtisse géorgienne, des collections de peintures américaines (ennuyeux), de vaisselle (soporifique) et de photos. La visite vaut surtout pour le jardin, magnifique au printemps.

★ ***Jack Daniel's Distillery :*** à Lynchburg, à 75 miles de Nashville. ☎ 320-5477. Pour vous y rendre, prendre la I-65 vers Birmingham puis la I-64 vers Chattanooga et enfin la I-50 jusqu'à Lynchburg (bon fléchage). Ouvert tous les jours de 9 h à 17 h. Visite gratuite (pour l'instant). Si vous aimez le whisky, voilà une visite à ne pas manquer. C'est dans le petit village de Lynchburg qui regroupe 361 âmes, que siège depuis 1866 la distillerie du célèbre Jack Daniel's. La méthode de fabrication est restée la même et 5 jours par semaine, pas moins de 1 200 barils de 53 gallons, se remplissent de ce whisky à la couleur ambrée et au goût inimitable. D'une famille de 10 enfants, le petit Jack perdit sa mère très jeune et fut confié à un pasteur. Celui-ci fabriquait du whisky... Comme ce n'était pas bon pour son image de marque et voyant que Jack s'intéressait à la chose, il lui vendit tout son matériel de distillation et celui-ci ouvrit son petit commerce à l'âge de 12 ans ! (selon la légende). Concernant sa mort, l'histoire n'est pas moins originale... On dit qu'un jour, voulant ouvrir son coffre-fort, il oublia la combinaison. De rage, il lui donna tellement de coups de pied, qu'il se broya les orteils et négligeant de se faire soigner, mourut de la gangrène quelques mois plus tard, à l'âge de 61 ans. Ses 4 fils vendirent l'affaire dans les années 1960, obligeant l'acheteur à garder la recette de fabrication et à rester à Lynchburg.
Passons maintenant à la fabrication du JD. Il faut d'abord du moût, mélange de 3 céréales (maïs, seigle et orge) baignant dans l'eau de Cave Spring, source naturelle qui jaillit toute l'année du cœur des collines de Lynchburg. Sans teneur minérale, elle coule à une température constante de 13 °C. Elle explique l'installation de la distillerie sur ce site. Après cuisson, ce moût fermente puis est distillé dans d'immenses alambics de cuivre de 30 m de haut. Le whisky alors fait 70° ! Il est ensuite filtré sur du charbon de bois (érable à sucre, très présent dans le coin et réputé comme un bois très dur) fabriqué sur place. Il termine sa maturation en tonneau pendant plusieurs années, le bois lui donnant sa couleur ambrée et est enfin mis en bouteilles. Ce sont toutes ces étapes que vous découvrirez durant la visite, ainsi que le bureau de Jack Daniel's où il fit ses débuts. Rappelons qu'il a reçu la médaille du meilleur whisky du monde à l'Exposition Universelle de Saint Louis en 1904 ! Mais le plus drôle, c'est que la vente d'alcool était interdite à Lynchburg jusqu'en 1995... À la vôtre !

MEMPHIS

IND. TÉL. : 901

On fantasme dur sur Memphis depuis qu'on est tout petit. *Memphis Tennessee* de Chuck Berry, bien sûr, mais aussi W. C. Handy qui composa le fameux *Saint Louis Blues* et, pour finir, Elvis Presley, rendirent célèbre le nom de Memphis. Elvis est ici ce que Bernadette Soubirous est à Lourdes. À une différence près, c'est qu'à Memphis un vin qui s'appelait *Always Elvis* a remplacé l'eau bénite (mais il n'existe plus).

Memphis est une étape indispensable pour ceux qui partent à la recherche des racines du blues. Et là, il y a de quoi faire. Sinon, on découvre une grosse ville de province (environ 700 000 habitants), relativement étendue. L'animation s'y fait dans différents quartiers... Downtown, Overton Park et Square, Graceland, Beale Street... La municipalité a détruit ses vieux quartiers pour créer un *Downtown* agréable et qu'il fait bon découvrir à pied ou en trolley. Il tourne autour du Peabody Hotel (qui ne cesse d'investir les blocs alentours pour ouvrir galerie marchande, musée...). Juste à côté, le nouveau stade de base-ball, l'Autozone Stadium et la Pyramide qui accueille concerts, manifestations culturelles et sportives. Cependant, à certains moments de la journée, la ville semble morte. Elle paraît vivre au rythme du Mississippi, qui coule doucement, très doucement. Mais ne vous fiez pas à cette première impression, car ce sont les soirs de week-end que tout se passe. Alors que tout semble désert, l'animation se concentre sur une rue, une seule : *Beale Street*. L'âme du blues se réveille alors, tel un vieux fantôme, et hante la rue jusqu'à épuisement, jusqu'au petit jour. C'est dans cette rue légendaire qu'a été plantée et que s'est développée cette petite graine qui s'appelle le blues. Tous les clubs sont là. Elle a été presque entièrement reconstruite et est en grande partie piétonne le soir et en fin de semaine. Dans la semaine, les habitants vont jouer dans les casinos de *Tunica*, et les cow-boys dans d'immenses lupanars dont on ne délivrera pas les adresses, déjà qu'elles inondent des panneaux de pub géants.

Memphis est une ville qui distille sa puissance, son énergie à petite dose. Sa beauté n'est pas visible à l'œil nu. Ici, pas de vue époustouflante comme à San Francisco, pas de quartier historique comme à Boston. On ferme les yeux, mais on ouvre ses oreilles. On se laisse porter par la musique et le cœur bat plus fort. Memphis émeut. Elle possède un « je-ne-sais-quoi » de décadent et de fragile qui ne laisse pas indifférent. Ce n'est pas un hasard si Elvis, le premier Blanc à avoir chanté la musique des Noirs, vivait à Memphis et si Martin Luther King y fut assassiné. Musées dédiés à la musique, aux Droits de l'homme, maison d'Elvis... Il y a plein de choses à voir ici.

LA GRANDE HISTOIRE DU BLUES À MEMPHIS

Les souvenirs des temps prospères restent profondément ancrés dans certains entrepôts désaffectés, certaines vieilles enseignes qui s'estompent. Les bords du Mississippi sont tristes, mais semblent encore résonner des sirènes des *steamers*, des râles des malheureux porteurs de balles de coton et de ce chant magnifique qui montait le soir des quais assoupis : le blues... Encore le blues... Il est intimement lié aux rapports entre Noirs et Blancs, cette révolte qui vient du fond de la gorge et qui marque encore aujourd'hui de manière indélébile les murs de la ville.

Grand port du coton, brassant beaucoup d'argent, Memphis devint vite un carrefour important et était facilement atteint par bateau de n'importe quel point du fleuve. Dans les années 1920, le quartier compris entre Beale Street (les Champs-Élysées de Memphis) et 4th Street est consacré exclusivement aux jeux, à la prostitution, aux bars et, bien entendu... à la musique. La ville est le lieu de plaisir de tous les fermiers, commerçants et habitants des rives du Mississippi. Des orchestres noirs sillonnent sans cesse les rues, jouant surtout, au contraire de La Nouvelle-Orléans, avec des instruments à cordes et une sorte de trompette rudimentaire, le *jug*, qui n'est autre qu'une bouteille vide dont on tire des sons bizarres en soufflant dedans. *Sonny Boy Williamson* deviendra un maître du *jug*. Les cabarets de Beale Street vont ainsi résonner pendant des années des accents déchirants du blues, au milieu de la fureur des bagarres, des soûleries et du

jeu. La boîte la plus célèbre de Beale Street, *Pee Wee's*, affichait à l'entrée : « Nous ne fermons pas avant le premier meurtre ».
Memphis vit naître ou séjourner nombre de « grands » : Furry Lewis, qui, entre deux blues, vendait des médicaments de sa fabrication ; Frank Stokes ; le guitariste Jim Jackson qui créa *Kansas City Blues* ; le Memphis Jug Band ; Gus Cannon ; Memphis Minnie, la grande vedette féminine de Beale Street qui créa le big classique *Bumble Bee* ; Memphis Slim qui ne quitta la ville pour Chicago qu'en 1939 ; et puis encore Ma Rainey qui apprit à chanter à Bessie Smith. Avec l'attraction d'autres villes, l'introduction du blues électrifié, le déclin commercial de Memphis, Beale Street meurt peu à peu. Et puis le blues noir ne perce pas dans le grand public. Un petit homme d'affaires, Sam Philipps, sait que c'est le racisme de ses contemporains qui empêche une percée décisive du blues. Avec une intuition géniale, il se met à la recherche de Blancs qui chanteraient dans le style frénétique des Noirs et découvre un certain... Elvis Presley. Mais ceci est une autre histoire ! Un grand merci à Gérard Herzhaft qui, grâce à son *Encyclopédie du blues* (éditions Fédérop), a permis l'élaboration de ce chapitre.

ELVIS STORY...

Quand on s'appelle le King, on mérite bien son paragraphe !
Le 8 janvier 1935, à Tupelo (Mississippi), Gladys Presley met au monde des jumeaux, malheureusement, l'un d'eux meurt à la naissance... Elle appellera l'autre Elvis. Rapidement la famille part habiter Memphis. Durant l'été 1953, Elvis enregistre pour 4 US$ une chanson pour sa môman.
En 1954, c'est l'ère Eisenhower, du puritanisme, de la guerre froide, de la haine de la différence, et surtout des Noirs. Ces Noirs qui n'avaient pas beaucoup de droits, si ce n'est celui de se taire. Ou bien de chanter. Et encore, pas fort, et puis entre eux. C'est dans cette ambiance bien pensante du Sud qu'Elvis passe la porte du Sun Studio, où l'on enregistre pour 30 US$ ce qu'on veut sur vinyle. Entre deux prises, Elvis prend sa guitare et entonne de vieilles chansons rhythm and blues. À cette époque, la musique noire est dans une impasse. Elle est cantonnée aux radios « ghetto ». Pour vendre de la musique noire aux Blancs, il faut qu'un Blanc la chante. En écoutant Elvis, Sam Philipps, le proprio du studio, a le déclic. C'est l'homme qu'il cherchait : un Blanc avec une voix, une sonorité, une sensualité exceptionnelles, proches de celles des chanteurs noirs. La jeunesse, inquiète et rebelle, finit de pleurer sa dernière idole : James Dean. La place est libre. Très tôt, il est qualifié de rebelle, en fait, il est plutôt rebelle malgré lui. Il enregistre ainsi tout dans tous les styles : country, gospel, R & B, rock, pop, bel canto, cantiques de Noël à la Bing Crosby, mélopées sucrées pour grosses dames permanentées de Las Vegas... La chance d'Elvis est d'arriver au bon moment. Avec sa voix extraordinaire, son sourire d'adolescent, sa douce timidité et son déhanchement provocateur, il embrase le public. Il enregistre 5 titres chez *Sun Studio* (dont *Mystery Train*). Le « colonel » Parker, pas plus colonel que vous et moi, rachète son contrat et devient son manager dès 1955. Il réglera les grandes lignes aussi bien que les détails de la vie du chanteur. Il en fera un objet marketing complet, cohérent, avec des « plus produit ». Opportun, quand on considère les multiples facettes du King. Tantôt ado gauche, zazou, rebelle provocateur et sensuel, *movie star* au bronzage nickel, milliardaire excentrique, ceinture noire de Thaï Kendo, ou homme solitaire aux cols de chemise « pelle à tarte »...
De 1956 à 1958, ascension fulgurante. Ses premières apparitions télévisées font scandale. Mouvement de hanches, mèche rebelle, jambes écartées, micro au garde-à-vous, moue de bébé... grande inspiration... Un cri surgit : « You ain't nothing but a hound dog... ». Des filles s'écroulent, certaines se griffent le visage, d'autres pleurent, sautent, sursautent, électriques, hystériques... Pour les familles, il a mauvais genre et ce qui les inquiète, c'est que

ça plaît à leurs enfants, surtout à leurs filles. Un grand quotidien commente : « À voir Monsieur Presley, on se rend compte que sa spécialité n'est pas le chant mais tout autre chose. C'est un virtuose du déhanchement ». On interdit de le filmer en dessous de la ceinture.

De 1958 à 1960, au faîte de sa célébrité, comme ses petits camarades, il part à l'armée. Mais en chemin (en Allemagne) il rencontre Priscilla Beaulieu qu'il épousera en 1967. À son retour, le « Malin-Colonel » fera naître dans le public un sentiment de frustration intense. Elvis sera célèbre par son absence. Ce sera l'idole invisible. Les seuls shows télé où il passe sont les plus grands, les plus prisés. Un peu comme les spéculateurs aiment à créer une pénurie de sucre dans les supermarchés. Il distribue son image au compte-gouttes. Succès énorme. Elvis enregistre beaucoup mais est invisible sur scène pendant près de 10 ans. Tournage de 31 films dont beaucoup de navets, taillés sur mesure, par le gros légume-Parker. On retiendra surtout *King Créole* et *Jailhouse Rock*. Janvier 1968 : naissance de Lisa-Marie. Le King reviendra en piste en 1969, à Las Vegas. Le public est là, qui l'a attendu pendant près d'une décennie, intact. Elvis vit alors à Bel-Air, et passe son temps à prendre du poids, comme d'autres à en perdre.

1972, c'est la séparation avec Priscilla et commence la boulimie de concerts, de gâteaux... et de médicaments (quelque 30 000 pilules parmi lesquelles narcotiques, sédatifs, amphétamines). « Dis Elvis, y'a un truc qui cloche dans ta vie ? ». 1973 : première alerte et divorce. 1974-1975 : plus de 150 concerts. Plusieurs alertes. Le 26 juin 1977, il donne son dernier concert dans l'arène de *Marketsquare* à Indianapolis... 2 mois plus tard, le 16 août, 111 albums, 500 millions de disques vendus, Elvis Aaron Presley meurt d'une crise cardiaque à l'âge de 42 ans. Il pèse alors 110 kg (ou 158 kg d'après un documentaire de la *BBC)*. Trop de sandwichs au beurre de cacahuète, trop de médicaments ? On ne saura jamais vraiment. Comme dit *Libé :* « Le rock vient de perdre le gros de sa troupe ». Le roi est mort, la légende continue. Comme la soupe Campbell ou la bouteille de Coca, Elvis est devenu le symbole de l'Amérique. Mais reprenons au début... !

Ne soyons pas trop chagrin, Elvis est le premier à avoir mixé blues, gospel et country avec autant de génie. Il fit éclater le racisme musical et influença profondément la musique des années 1950. Il reste une bête de scène incomparable, féroce et tendre à la fois. Adulé par les foules, de temps à autre les journaux clament son retour ou croient en sa réincarnation et/ou son exil dans un des coins du Sud profond. Graceland, la maison qu'il avait offerte à sa môman, est devenue un lieu de pèlerinage de tous les fans du chanteur aux costards blancs incrustés de pierres précieuses. Elvis n'a jamais chanté à l'étranger (sauf en Allemagne et au Canada), mais il a toujours chanté en anglais. C'est ce qui permit à de nombreux artistes d'adapter son style et ses chansons : Johnny, Dick et Eddy en sont les meilleurs exemples.

TOPOGRAPHIE ET HISTOIRE

Memphis tire son nom de l'ancienne cité égyptienne, située comme elle près d'un grand fleuve, le Nil. C'est le général Jackson qui la baptisa ainsi au début du XIXe siècle, certainement par manque d'imagination. Port du coton et du bois, elle utilisa une forte main-d'œuvre noire tout au long de son histoire. Memphis est étendue mais l'animation se concentre essentiellement sur Beale Street, le soir.

Downtown est assez ennuyeux et, malgré la tentative de redonner vie à Main Street qui prend le nom d'American Mall dans sa partie piétonne, l'animation ne saute pas aux yeux. Les vendredi et samedi soir, Overton Square, la partie de Madison Avenue autour de Cooper Street, s'anime. C'est le deuxième point de rendez-vous nocturne.

Arrivée à l'aéroport (et retour)

✈ L'*aéroport* est à 12 miles au sud de la ville. Pas de kiosque d'information dans le hall, mais téléphone direct et gratuit en liaison avec l'office du tourisme. Pratique.
Plusieurs solutions pour rallier le centre.
➢ *En bus :* cherchez l'indication « MATA » à l'extérieur de l'aéroport. C'est le bus n° 32. Attention, peu de bus dans la journée et horaires très fluctuants. Si c'est la solution la moins chère (et de loin), ce n'est vraiment pas la plus pratique, sauf si vous avez la chance d'avoir un bus tout de suite. Descendez à l'arrêt « Liberty Land ». Puis prenez le bus n° 2. Demandez au chauffeur de vous arrêter à l'angle de Third Street et Monroe. C'est le point le plus proche de Beale Street et de l'office du tourisme.
➢ *En van :* cherchez la pancarte « Hotel Transportation Service ». ☎ 922-8338. Fonctionne théoriquement de 8 h 30 à 23 h (horaires flexibles). Il vous dépose à l'hôtel de votre choix et même à l'AJ si vous le désirez. Bien plus cher que le bus (environ 9 US$), mais départ toutes les heures environ et gain de temps énorme. Pour retourner à l'aéroport, appelez-les, ils passeront vous prendre.
➢ *En taxi :* rentable à partir de 2 personnes puisque c'est le double du *van*. Prix fixe (autour de 15 US$).

Adresses utiles

Informations touristiques

– Pour s'informer des événements en cours, se procurer le *Memphis Flyer* (hebdo gratuit qui sort le jeudi), le *Dateline Memphis entertainment news* (tous les 15 jours) et le *Key* (mensuel gratuit).

🅸 *Tennessee State Welcome Center (plan I, B2, 2)* : 119 N Riverside Drive. ☎ 543-5333. Fax : 901-543-5335. • www.memphistravel.com • Ouvert tous les jours de 8 h à 18 h (de novembre à mars), jusqu'à 17 h d'avril à octobre. Pour toutes les infos sur Memphis et l'État du Tennessee. Fournit une carte touristique avec tous les points d'intérêt indiqués et des coupons de réductions pour les hôtels. Prendre également l'excellent *Memphis Official Visitors' Guide* (qu'il faut demander car distribué au compte-gouttes).

🅸 *Police Museum Visitors' Information (plan I, B3, 1)* : 159 Beale Street. ☎ 543-5333. Depuis la fermeture du Visitors' Center dans cette rue, c'est ici qu'on peut trouver l'info touristique (curieux !). Les prospectus sont dans des présentoirs et des bénévoles répondent à vos questions du vendredi au dimanche de 11 h à 18 h (d'avril à octobre).

Banques et change, postes

La plupart des grandes banques changent les chèques de voyage. Possibilité de retirer de l'argent avec une carte de paiement. Trois grandes banques centrales qui possèdent un distributeur :

◼ *First Tennessee Bank :* 165 Madison Avenue (à l'angle avec 3rd Street). Bureau de change au 9ᵉ étage ouvert du lundi au vendredi de 8 h 30 à 16 h. Distributeur *(Eurocard, MasterCard, Visa)* au rez-de-chaussée du building accessible 24 h/24.

◼ *Bank of America :* 200 Madison Avenue. Distributeur *(Visa, Eurocard MasterCard, Cirrus)* à l'intérieur du building accessible 24 h/24.
◼ *NBC Bank :* 1 Commerce Square (à l'angle de Main Street et Monroe Avenue).

MEMPHIS / ADRESSES UTILES

✉ **Poste principale** *(plan I, B4)* : 555 3rd Street (à l'angle avec Calhoun Street). Ouverte de 8 h 30 à 17 h 30 et le samedi de 10 h à 14 h. Fait poste restante. Autre adresse : sur *Front Street*, à l'angle de Madison Street. Ouvert du lundi au vendredi de 8 h à 17 h 30 et le samedi de 10 h à 14 h.

Transports hors de la ville

🚌 **Terminal de bus Greyhound** *(plan I, B-C3)* : 204 Union Avenue (et 4th Street). Dans Downtown. ☎ 523-9253 et 1-800-231-2222. Consigne. Dessert toutes les grandes villes, plusieurs fois par jour. Pour La Nouvelle-Orléans, on conseille le bus de nuit. Bon à savoir : le *Greyhound* dessert Clarksdale, petit village de naissance du blues.

🚆 **Gare ferroviaire Amtrak** *(hors plan I par B4)* : à l'angle de Main et Carolina Streets (assez excentré au sud du Downtown). ☎ 526-0052. Numéro gratuit : ☎ 1-800-872-7245.

On prend les billets dans un bâtiment préfabriqué (tout au bout du quai). Il faut dire qu'il n'y a pas foule ! Juste deux destinations : Nouvelle-Orléans et Chicago. Un train par jour pour chacune respectivement à 6 h 55 et 10 h 51.

■ **Auto drive-away :** 6401 Poplar Avenue. ☎ 685-3360. Ouvert de 9 h 15 à 16 h 45 du lundi au samedi. Nombreuses destinations.

■ **Rent a Wreck :** 3508 Democrat Road. ☎ 375-3007 ou 1-800-535-1391 (gratuit). Pour louer de vieilles autos pas chères.

Santé, urgences

■ **Pharmacies :** *Wallgreens,* 2 N Main Street (angle avec Madison). Ouvert de 7 h 30 à 17 h 30 du lundi au vendredi, de 9 h à 17 h le samedi (fermé le dimanche).

■ **Shea Ear Clinic :** 6133 Poplar Pike. ☎ 761-9720 ou 1-800-477-SHEA. Pour toutes les urgences médicales.

■ **Police :** ☎ 911.

■ **Adresses utiles**
- 🛈 1 Police Museum Visitors' Information
- 🛈 2 Tennessee State Welcome Center
- ✉ Poste principale
- 🚌 Terminal de bus Greyhound
- 🚆 Gare ferroviaire Amtrak

🛏 **Où dormir ?**
- 10 King's Court Motel
- 11 Benchmark Hotel
- 12 Holiday Inn
- 13 Comfort Inn
- 14 Sleep Inn

🍽 **Où prendre le petit déj' ? Où manger ?**
- 20 Mike's Bar B.Q. Pit
- 21 Yellow Rose Café
- 23 Elvis Presley's Memphis
- 24 Little Tea Shop
- 25 Huey's
- 26 Rendez-vous
- 27 The North End
- 28 The Spaghetti Warehouse
- 29 The Arcade Restaurant
- 30 The Pier
- 31 Landry's Seafood House

🍷 ♪ **Où boire un verre ? Où écouter du blues ?**
- 40 Rum Boogie Café
- 41 B. B. King Blues Club
- 42 Willie Mitchell's R. and B. Club
- 43 New Daisy Theater

★ **À voir**
- 51 Schwab et Police Museum
- 52 Lorraine Motel (National Civil Rights Museum)
- 53 The Orpheum Theater
- 54 Peabody Hotel
- 55 Memphis Music Hall of Fame Museum
- 56 Monorail pour Mud Island
- 57 The Magevney House
- 58 Sun Studio
- 59 Fire Museum of Memphis
- 60 Peabody Place Museum & Gallery

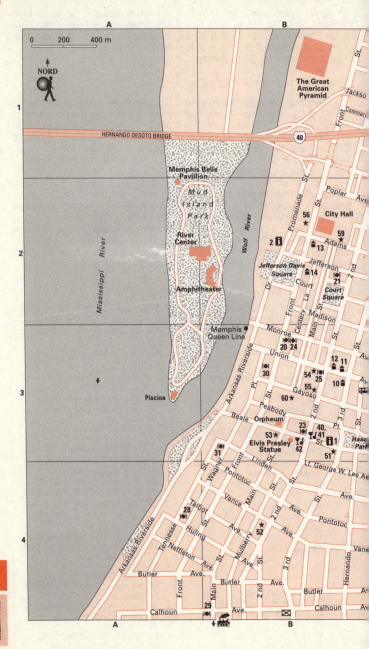

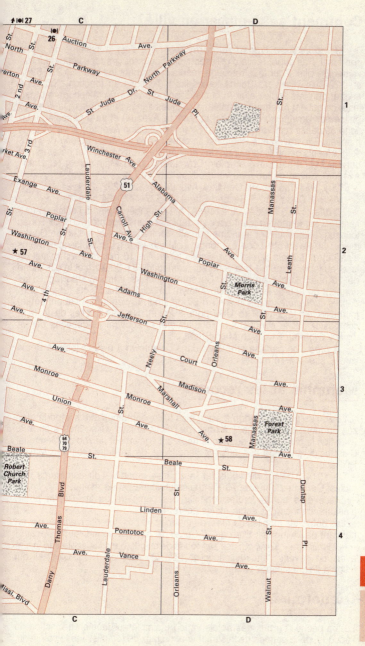

MEMPHIS – PLAN I

Comment se déplacer en ville ?

➢ *Memphis Area Transit Authority (MATA) :* c'est le système de transport local. Pas super facile d'utilisation, sauf pour les grandes lignes qui traversent la ville. Pour tous renseignements concernant les bus : ☎ 274-6282 ou 722-7100. On vous donne toutes les indications en fonction d'où vous êtes et où vous voulez aller (à la condition de trouver un téléphone à proximité, ce qui est rarement possible). Quelques lignes principales : la *ligne 13* passe par Downtown (3rd Street et Monroe Avenue) et va à Graceland. La *ligne 50* passe par Downtown (3rd Street et Madison Avenue) et va vers les musées. Elle traverse la ville d'est en ouest. Si vous voulez obtenir des renseignements complémentaires, des dépliants avec itinéraires et horaires, un bureau *MATA* se trouve en plein Downtown, au 61 Main Street (et Union Avenue), ouvert du lundi au vendredi de 8 h à 17 h.
➢ *City Wid Cab :* 2240 Deadrick Avenue. ☎ 324-4202. 24 h/24.
➢ *Yellow Cab :* 581 S Second Street. ☎ 577-7777. 24 h/24.
➢ *Trolley :* ☎ 577-2640 ou 274-MATA. Demander le plan à l'office de tourisme. C'est le moyen idéal pour se déplacer dans Downtown. Deux lignes touristiques qui suivent le même parcours entre le nord et le sud de Downtown : la *Riverfront Loop* qui longe le Mississippi (plus rapide car moins d'arrêts) et la *Main Street Line*. Passe toutes les 10 mn de 6 h à minuit du lundi au jeudi, jusqu'à 1 h le vendredi ; samedi de 9 h 30 à 1 h et le dimanche de 10 h à 18 h. Très sympa. Ce sont d'anciens tramways portugais qui donnent un peu de chaleur à Downtown. Le ticket est à 50 cts (25 cts pendant le *lunchtime*, de 11 h à 13 h 30 du lundi au vendredi) ; l'abonnement journalier est à 2 US$ (5 US$ pour 3 jours). Ne pas oublier de le faire composter par le conducteur. Pour acheter le souvenir, n'oublions pas la *Trolley Store* au 61 South Main Street.
➢ *À pied :* on peut se promener dans Downtown à pied et jusqu'à Beale Street, située à 10 mn du centre.

Memphis et les records

– Le zoo du parc d'Overton a élevé plus d'hippopotames que n'importe quel zoo au monde. De même, il a possédé l'hippo le plus vieux, mort à 56 ans.
– Le lion le plus célèbre du monde appartient également au zoo de Memphis. C'est celui qui figure sur tous les génériques de la Metro Goldwyn Mayer. RRRaooouu !
– De 1914 à 1950, Memphis fut la capitale mondiale du commerce des mules. Certaines années, 75 000 mules changeaient de mains.
– Grâce à la qualité professionnelle des pompiers de la ville, la prime d'assurance incendie est la moins chère du pays.
– Les publicités mobiles de rues, de métro et de bus, furent inventées par un habitant de Memphis : *Barron Gift Collier*. Et non par Jean-Claude Decaux !
– « Mitraillette » *Kelly*, qui usa ses fonds de culotte dans les écoles de la cité avant de devenir l'ennemi public n° 1, y fut arrêté en 1933. C'est lui qui inventa l'expression « G-Men ».

Où dormir ?

Là, ça pèche ! Le prix des hôtels varie du simple au double en fonction de l'époque, de la période de la semaine et du taux de remplissage le soir venu. Il est donc préférable de téléphoner avant de se déplacer. Beaucoup de motels près de Graceland. On dort tout près du King, mais loin du centre. Si vous êtes à Memphis à la mi-août (date anniversaire de sa mort), réservez bien à l'avance. Un bon moyen d'obtenir les meilleurs prix est d'aller à l'office du tourisme pour demander des coupons de réductions d'hôtels. Ils appelleront pour vous les hôtels et essaieront de tirer les meilleurs prix possibles. Ils sont très efficaces. Mais n'y comptez pas aux périodes difficiles (*Memphis in May*, célébration de l'anniversaire ou de la mort d'Elvis ou les nombreuses conventions).

■ Pour trouver des chambres chez l'habitant, appelez **Bed & Breakfast Memphis** : ☎ 726-5920 ou 1-800-336-2087. Attention, c'est souvent plus cher qu'à l'hôtel (sauf si votre dortoir est le Peabody), mais c'est évidemment plus sympa. Seulement deux adresses dans Memphis (prises d'assaut) : *The King's Cottage* au 89 Clark Place (722-8686) et la *Lowenstein-Long House* au 217 N. Waldron (527-9811). Les autres adresses sont en proche banlieue.

Dans le centre

Prix modérés

▲ *King's Court Motel* (plan I, B3, **10**) : 265 Union Avenue. ☎ 527-4305. Compter 45 à 60 US$ pour une chambre double. Motel très modeste et triste qui a l'avantage d'être central (proche du *Greyhound* et à moins de 10 mn du centre à pied). Tout simplement le moins cher du centre-ville. Pas grand-chose à en dire. Accueil souriant.

De prix moyens à plus chic

Ces établissements ont une fourchette de prix assez similaires mais appelez-les car, à tour de rôle, ils peuvent offrir des rabais intéressants (coupons) en fonction du taux de remplissage.

▲ *Benchmark Hotel* (plan I, B3, **11**) : 164 Union Avenue (à l'angle avec 3rd Street). ☎ 527-4100. Hôtel de la chaîne *Best Western*. Chic et central. Chambre double entre 90 et 150 US$, selon la saison (plus avantageux pour 4). Grandes chambres confortables, salle de bains, AC, etc. Gratuit pour les moins de 18 ans qui séjournent avec leurs parents.
▲ *Holiday Inn* (plan I, B3, **12**) : 160 Union Avenue (juste à côté du *Benchmark Hotel* et face au *Peabody Hotel*). ☎ 525-5491. 192 chambres de 110 à 170 US$ pour une double selon la saison. En plein Downtown là encore. Très similaire au *Days Inn* et mêmes prestations. Échelle de prix plus étendue que le premier mais parfois meilleur marché pour 4. Allez aux deux et comparez leurs propositions.
▲ *Sleep Inn* (plan I, B2, **14**) : 40 N Front (à l'angle avec Jefferson Avenue). ☎ 522-9700 ou 1-800-62-SLEEP (gratuit). Fax : 522-9710. Chambres doubles entre 85 et 100 US$ selon la saison. Hôtel très central. Chambres luxueuses et bien tenues. Calme assuré. Petite salle de fitness. Petit déj' continental inclus. Service souriant.
▲ *Comfort Inn* (plan I, B2, **13**) : 100 N Front (à l'angle avec Adams Street). ☎ 526-0583. Mêmes prix que le précédent pour un confort équivalent. Grand hôtel agréable face au Mississippi. Attention, la salle de petit déj' est minuscule et lorsqu'il y a des groupes, vous prendrez votre café debout. L'accueil pourrait être plus souriant.

Dans le coin de Graceland

Ce quartier possède de nombreux motels à cause de la maison d'Elvis. N'y dorment que ceux qui sont motorisés car c'est à plusieurs miles du centre. Ils se concentrent sur la portion d'Elvis Presley Boulevard située entre Graceland et un peu plus au nord. Une bonne vingtaine de motels affichent des prix assez voisins. Souvent de moyenne qualité, toujours relativement bon marché. On indique les moins sordides et qui sont quand même situés à proximité de Graceland. Et que ceux qui les trouvent médiocres aillent voir ailleurs ! Ils ne seront pas déçus. Le coin n'a guère de charme. Les rues font rarement moins de six voies et le trafic est important.

Campings

T.O. Fuller State Park (hors plan I par A3) : pour ceux qui sont motorisés, un vrai chouette endroit pour dormir, à 11 miles du centre. ☎ 543-7581. Compter 14 US$ pour 2, électricité comprise (même prix pour les mobile homes). Pour y aller : du centre, prendre 3rd Street vers le sud sur 5 ou 6 miles puis à droite sur Mitchell Road. Poursuivre jusqu'au Fuller State Park. Dès l'entrée, suivre les flèches pour le camping. Pas d'heure d'ouverture ni de fermeture, mais si vous arrivez le soir, ouvrez l'œil, car les 45 emplacements sont peu visibles. On dort sous les arbres d'une belle forêt (prévoir une bonne crème anti-moustiques). Calme et sûr. Sanitaires propres. Sur place avec supplément, piscine et golf 18 trous, c'est pas beau la vie ?

Memphis Graceland KOA : 3691 Elvis Presley Boulevard (non loin de l'angle avec Winchester ; attention aux balles perdues !). ☎ 396-7125. À 2 mn à pied de la résidence éternelle du King, ce qui constitue la principale qualité de ce lieu. Huttes (environ 38 US$ pour 2), tente (22 US$ pour 2) et camping-car (30 US$ pour l'emplacement avec eau et électricité). Douche chaude. Piscine de mai à octobre. Laverie et petite boutique. Cuisine d'été pour les campeurs. Réservation possible par téléphone avec une carte de paiement.

Tom Sawyer's Mississippi : R. V. Park, côté Arkansas. Pas formidable.

De bon marché à prix moyens

Ces motels proposent tous la même chose, à savoir pas grand-chose, à part un lit et un bout de piscine. Très avantageux à quatre.

Motel 6 : 1117 E Brooks Road. ☎ 346-0992. À 10 mn à pied de chez Mr Presley. Toujours des adresses sûres, les *Motel 6*. Le moins cher de tout le secteur, mais comptez quand même 50 US$ pour une double (prix stable pratiquement toute l'année). Choisissez une chambre sur l'arrière à cause du bruit. Petite piscine devant la route. Accueil sympa.

Travelodge : 1360 Spring Brooks Road. ☎ 396-3620. De 50 à 70 US$ pour une chambre double (pas de petit déj'). Même genre que le *Motel 6* et encore plus coincé entre les *highways*. Piscine minuscule. À un petit kilomètre de chez Elvis. Accueil très moyen.

Plus chic

Days Inn Graceland (rebaptisé *Memory Plaza*) : 3839 Elvis Presley Boulevard. ☎ 346-5500 ou 1-800-DAYS-INN (gratuit). Selon la saison, de 70 à 90 US$ pour une chambre double. Un peu plus confortable que les autres. On peut trouver des chambres pour 4 personnes. Toutes ont frigo et micro-ondes. Réception décorée à la gloire d'Elvis dont une statue de cire qui le ferait se retourner dans sa tombe... Piscine en forme de guitare et films du King diffusés 24 h/24 sur une chaîne interne. Pour les fans.

▲ *Days Inn Airport* : 1533 East Brooks Road. ☎ 345-2470. À moins de 1 mile de Graceland. Même confort et prix équivalant à l'autre *Days Inn*. Resto sur place. Navette gratuite pour Graceland et l'aéroport. Accueil convivial et décontracté.

Où prendre le petit déj' ?

I●I *Mike's Bar B.Q. Pit (plan I, B3, 20)* : 73 Monroe Avenue. ☎ 527-4773. Ouvert du lundi au vendredi de 6 h à 11 h pour le petit déj' (samedi de 6 h 30 à 13 h 30) et jusqu'à 15 h pour le déjeuner. Mais c'est surtout pour le *breakfast* qu'on vient ici se remplir la panse au bar ou sur les banquettes en compartiments. Adresse typique, sans surprise, symptomatique d'une certaine Amérique, malade d'elle-même. La nourriture est trop grasse, la télé est trop forte (tout comme les serveuses), et tout le monde bouffe trop. Ici on fait d'une pierre deux coups : on se nourrit et on prend un cours de sociologie *in situ*.

I●I *Yellow Rose Café (plan I, B2, 21)* : 56 North Main Street (à l'angle de Court Square, au cœur de Downtown). ☎ 537-6269. Ouvert du lundi au vendredi de 6 h 30 à 10 h 30 (puis de 11 h à 14 h 30). Des mamies en tablier vert, une grande salle quelconque et du *country ham* comme élément principal d'un copieux petit déj' comprenant deux œufs, des *hash-browns* et biscuits. Ici, essayez à tout prix le *black eye gravy*, une redoutable sauce qui accompagne le *country ham*, composée de café, mélangée à la graisse de porc fondue et un bout de gras qui flotte ! Belle Amérique, inventive dans tous les domaines et qui ose sans complexe.

Où manger ?

Dieu qu'elle est bonne la cuisine du Sud ! Les *spare-ribs*, ça vous met de la sauce jusqu'aux oreilles et c'est bon ! Spécialité de Memphis, elles se dégustent accompagnées de *red beans*. Un régal. On vous a dégoté quelques adresses de derrière les fagots, rien que pour vous.
Nous n'avons pas classé nos adresses par secteur géographique car, à part deux ou trois, elles sont toutes situées loin les unes des autres. Et puis la notion de centre à Memphis n'a pas grande réalité. Une adresse proche du centre peut tout de même être à 30 mn de marche ! Pour chaque adresse, nous donnons le secteur précis. Ça aide !

Bon marché

I●I *P and H Café* : 1532 Madison Avenue. Excentré (voiture nécessaire, c'est à 15 blocs de Downtown). ☎ 726-0906. Ouvert de 11 h à 3 h, le samedi, à partir de 17 h. Plats entre 5 et 7 US$. *P and H*, ça veut dire *Poor and Hungry*, pauvre et affamé. C'est un de nos coups de cœur... On y vient avant tout pour l'ambiance et la chaleur de l'accueil. Décor composé de fresques peintes aux murs et au plafond et quantité de photos, affiches où vous pourrez découvrir le personnage insensé des lieux : Wanda ! À elle seule, elle vaut le déplacement et croyez-nous elle ne passe pas inaperçue ! Il faut dire qu'elle a une passion pour les perruques longues frisées et rousses, ainsi que pour les chapeaux... On vous laisse découvrir la suite. À ses côtés siègent Mister Clean et

Jo au sourire enjôleur. Dans l'assiette, *burgers*, sandwichs, frites, spaghettis, chilis et *tamales* accompagnés de bonnes bières qu'on peut prendre au pitch (idéal si l'on est plusieurs). Clientèle essentiellement composée d'habitués, mais qui changent tous les soirs. Le mercredi soir, les joggers s'y retrouvent à partir de 19 h, le jeudi c'est le rendez-vous des théâtreux qui terminent leurs répétitions ici. Billards et *darts* attirent aussi beaucoup de jeunes du coin. Bref, un endroit comme on les aime !

|●| ***Little Tea Shop*** *(plan I, B3, 24)* : 69 Monroe Avenue. En plein Downtown. ☎ 525-6000. Ouvert du lundi au vendredi de 11 h à 14 h 15. Fermé le soir. Autour de 7 US$ le plat. Un des restos les plus populaires du quartier, ouvert depuis 1918 ! C'est la cantine des gens qui travaillent dans le coin... Il faut dire que les spécialités changent tous les jours et les prix sont alléchants. Le menu est sur la table, un crayon fraîchement taillé à côté. Il suffit de cocher les cases pour passer la commande. La salle est sans âge, vaste, dépouillée. Une véritable cuisine du Sud, *deep soul cuisine*, où l'on trouve des *turn-up greens*, sorte d'épinards locaux au goût fort, une onctueuse purée maison, ainsi que les célèbres *black eyed peas*. Spécialités : *fried catfish filet, southern fried chicken, salt pork cornsticks* (sur son lit de pain de maïs), ou le *lacy special* (poulet pris en sandwich dans des *cornsticks*).

|●| ***Huey's*** *(plan I, B3, 25)* : 77 South Second Street. ☎ 527-2700. Ouvert tous les jours de 11 h à 2 h, dimanche à partir de midi. Plats entre 5 et 7 US$. Une petite chaîne de *burgers* sympa à l'ambiance jeune et décontractée. Les murs recouverts des tags et signatures des clients, lui donnent une atmosphère toute particulière. Soupes et chilis, *burgers* et sandwichs, sans oublier le *homemade fudge brownie*.

|●| ***Yosemite Sam's*** : 2126 Madison Avenue (angle avec Cooper Street). ☎ 726-6138. Sur Overton Square à 15 blocs de Downtown. Ouvert du lundi au samedi de 10 h 30 à 22 h. Fermé le dimanche. *Daily special* autour de 6 US$ le midi. Un décor chaleureux avec un mobilier hétéroclite et d'énormes ballons de baudruche à l'effigie des marques de bières. Le midi, *daily special* composé d'un plat de viande accompagné de deux légumes au choix, servi avec des petits pains maison tout chauds ! Parmi les spécialités : *meatloaf, fried chicken, salmon patty, BBQ chicken roast beef*... Pas de la grande cuisine mais l'ambiance est sympa et les prix doux.

Prix moyens

|●| ***Rendez-vous*** *(plan I, C1, 26)* : on pourrait croire que l'entrée est au 52 2nd Street (adresse administrative), en fait elle se situe dans une ruelle assez minable entre Union et Monroe (en face de l'entrée du *Peabody Hotel*). ☎ 523-2746. Ouvert du mardi au jeudi de 16 h 30 à 23 h et les vendredi et samedi de 12 h à 23 h 30. Fermé les dimanche et lundi. Plats entre 8 et 15 US$. En plein centre. Plusieurs salles installées au sous-sol. Déco surchargée de vieilles gravures, bibelots anciens, vitrines de fusils... Bref, ambiance brocante, chaude et attrayante. Ici, les *ribs* sont la spécialité maison ainsi que la viande grillée, mais on peut aussi prendre des sandwichs (plus économique) et des assiettes de charcuteries. Adresse très prisée, pensez à réserver ou préparez-vous à attendre...

|●| ***On Teur 61*** : 2015 Madison Avenue (juste avant Overton Square). ☎ 725-6059. Ouvert du lundi au jeudi de 11 h 30 à 22 h ; les vendredi et samedi jusqu'à 23 h ; les dimanche de 12 h à 22 h. Plats autour de 10 US$. Toute petite salle avec quelques tables et une immense terrasse dont une partie sous tente. Une cuisine goûteuse qui mélange les spécialités cajun, thaï, sans oublier les traditionnels *ribs* et sandwichs. On a apprécié particulièrement le *jambalaya* et le *chicken bangkok*. Clientèle plutôt jeune et

branchée, ambiance décontractée.

|●| **The North End** *(hors plan I par C1, 27)* : 346 N Main Street (au terminus nord du *trolley*). ☎ 526-0319. Ouvert tous les jours de 10 h 30 à 3 h. Fi des classes sociales ! Ce bar-resto est un peu l'image de l'Amérique décontractée : costards-cravates côtoient le genre artiste pour lamper une bonne bière choisie parmi la vaste sélection d'imports, ou pour déguster un des nombreux sandwichs. C'est bondé à midi, mais vous trouverez toujours de la place sur la petite terrasse en été. Spécialité maison : *marinated chicken* sur *bagel*. Grand choix de plats américains, louisianais, mexicains qui permettent de se repaître sans trop bourse délier. Bonne note à leur steak aussi. Mais il faut garder une place pour le *hot fudge pie*, un exceptionnel dessert au chocolat ; on ne vous en dit pas plus. Musique *live* à partir de 22 h 30 les mercredi, vendredi, samedi et dimanche, allant du *folk singer* solitaire aux groupes de rock ou formations de jazz.

|●| **The Spaghetti Warehouse** *(plan I, A4, 28)* : 40 W Huling Avenue. ☎ 521-0907. Ouvert tous les jours de 11 h à 22 h, les samedi et dimanche à partir de midi. Plats de pâtes entre 8 et 12 US$. Un classique du genre dans un grand entrepôt de brique. Le décor est superbe, composé de vieilles affiches de cinéma, de voitures et du cirque Barnum. Un vieux trolley trône au milieu de la salle pour accueillir les amoureux, tandis que les autres prendront place dans des lits en laiton, transformés en banquettes confortables. Jeux vidéos et photomaton complètent le tout. Dans l'assiette, des pâtes, des pâtes et encore des pâtes accommodées à toutes les sauces... toujours servies avec une salade (sauce au choix) et de délicieux petits pains chauds. Service souriant.

|●| **The Arcade Restaurant** *(plan I, B4, 29)* : 540 South Main Street (terminus sud du *trolley*). ☎ 526-2727. Ouvert du lundi au jeudi de 8 h à 15 h et de 17 h 30 à 22 h (les vendredi et samedi jusqu'à 23 h), le dimanche de 8 h à 15 h. Tenu par une bande de jeunes très babas, on y mange pizzas, *pies* et *burgers*. On l'indique surtout parce que c'est le plus vieux café de Memphis (1919), fréquenté par le King et les stars de cette époque, car aujourd'hui, il est plutôt miteux...

|●| **Elvis Presley's Memphis** *(plan I, B3, 23)* : 126 Beale Street. ☎ 527-6900. Ouvert tous les jours de 11 h à minuit. C'est l'ancienne boutique de fringues des Frères Lansky (fournisseurs officiels du King), c'est le restaurant où se retrouvent ses fans. A mi-chemin entre le kitsch et le chic, il ambitionne de devenir une chaîne planétaire. C'est donc ici que vous pourrez goûter la recette originale des sandwichs frits à la banane et au beurre de cacahuète pour lesquels Elvis se relevait la nuit. Groupes de Rockabilly du mercredi au samedi à partir de 20 h 30. Ne pas manquer le *Sunday gospel brunch* à partir de 11 h. Ambiance et service agréables.

Plus chic

|●| **The Pier** *(plan I, B3, 30)* : 100 Wagner Place. ☎ 526-7381. Ouvert uniquement le soir de 17 h à 21 h 30 du lundi au vendredi (jusqu'à 22 h en fin de semaine). Immense, au bord du Mississippi. Installé dans une ancienne usine alimentaire (elle-même installée dans un ancien campement de la guerre de Sécession !), avec briques et poutres métalliques. Espaces agréablement aménagés avec poulies, cordages, rames, harpons, chaînes... Large baie vitrée sur le fleuve, endroit idéal pour déguster une des meilleures *clam chowders* qu'on ait eu l'occasion de goûter. D'ailleurs, ils considèrent en toute modestie qu'elle est *the best in the World*! Spécialités de poisson *(crab, snapper, catfish)*. Pas donné, mais tous les plats tiennent leurs promesses.

|●| **Landry's Seafood House** *(plan I, B3, 31)* : 263 Wagner Place. ☎ 526-

1966. Ouvert tous les jours de 11 h à 22 h en continu (jusqu'à 23 h au moins les vendredi et samedi). *Gombos* et salades entre 7 et 10 US$, viandes grillées et pâtes autour de 14 US$ et *seafood* de 13 à 17 US$. Immense salle à l'américaine avec belle terrasse ombragée qui ouvre sur le Mississippi, mais en profitant du passage des trolleys... Prenez un grand cinéma désaffecté, une situation idéale, quelques vieilles plaques émaillées, un fond musical local, spécialisez-vous dans le poisson très frais, accommodez d'un choix de sauces américaines ou exotiques après l'avoir grillé, frit ou mariné. Voilà le secret de ce resto de chaîne qui allie recettes simples, fraîcheur et service de qualité. Service souriant et efficace.

Où boire un verre ? Où écouter du blues ?

Bien sûr, plein de petites adresses sur Beale Street essentiellement. Faites comme tout le monde, du *bar-hopping*. On passe d'un bar à l'autre, au gré de la musique.
Tous les clubs de la ville ont le droit de rester ouverts jusqu'à 5 h et vendent de l'alcool jusqu'à cette heure, ce qui est rare aux *States*. Donc, l'heure de fermeture dépend essentiellement de l'affluence. Certains soirs minuit, d'autres 4 h. *Idem* pour le prix d'entrée. Il est variable, proportionnel à la popularité du groupe, mais ce n'est jamais très cher. Souvent on y danse. *Attention*, il faut avoir 21 ans pour entrer, mis à part au New Daisy Theater (18 ans).

♪ Dans le **W. C. Handy Park,** juste au bas de Beale Street, tous les soirs d'été, groupe de blues en plein air. Gratuit et sympathique.

▼ ♪ *Rum Boogie Café (plan I, B3, 40)* : 182 Beale Street. ☎ 528-0150. Ouvert de 23 h à 1 h. Entrée payante uniquement le week-end (autour de 7 US$). Le *Rum Boogie* possède deux salles. La première, où se produit un groupe local tous les soirs, et celle du fond (derrière le premier bar), où des formations plus intimes sont invitées, généralement uniquement du *blues* ou du *rhythm'n'blues*. Niveau toujours excellent. N'hésitez pas à pousser la porte qui sépare les deux salles. Pour un droit d'entrée unique, on écoute deux *bands*. Super ambiance, bruyante dans la première salle, plus intime, plus sombre dans la seconde. On peut y grignoter des *ribs* dans un décor fou fou fou.

▼ ♪ **B. B. King Blues Club** *(plan I, B3, 41)* : 143 Beale Street. ☎ 524-5464. Ouvert de 11 h à minuit-1 h (le samedi jusqu'à 2 h 30). Tous les soirs, du blues, du blues, du blues... à partir de 20 h 30 ; à partir de 18 h 30 le week-end. Normal, l'endroit appartient vraiment à B. B. King. On peut y manger des plats du vieux Sud : *ribs, catfish, red beans*... Large salle avec mezzanine, moins cosy que les autres mais la musique compense.

▼ ♪ **Willie Mitchell's R. and B. Club** *(plan I, B3, 42)* : 326 Beale Street. ☎ 523-8400. La fille de Willie Mitchell *himself* a ouvert ce bel endroit où l'on mange, où l'on écoute de la bonne musique quatre ou cinq soirs par semaine. On peut aussi y danser même si la salle est un peu chicos, un peu coincée.

▼ ♪ **King Palace Café** : 162 Beale Street. ☎ 521-1851. Un resto plus qu'un club de jazz qui accueille chaque soir un musicien genre *folk singer*. On peut y manger salades, sandwichs, viandes grillées, pâtes et quelques spécialités cajuns... Tout ça reste assez cher (entre 12 et 20 US$ pour un plat), aussi de nombreux clients se contentent d'y boire un verre.

♪ **New Daisy Theater** *(plan I, C3, 43)* : 330 Beale Street. ☎ 525-8979. Beau cinéma rococo transformé en salle de concert. Un des meilleurs lieux de musique de la ville. Un espace assez grand pour accueillir les très grandes pointures mais pas trop grand, afin de conserver un contact direct avec l'artiste. Ouvert uniquement les soirs où un musicien se produit. Ouvert aux jeunes à partir de 18 ans. *Blues, jazz, R & B*, mais aussi *rock progressif*. Beaucoup de jeunes. On y danse également. Un dernier truc, tous les premiers mardis du mois, soirée boxe ! Marrant, non ? Téléphoner pour connaître les programmes.

🍸 ***People's on Beale Street*** : 323 Beale Street (pas loin du *New Daisy Theater*). Ouvert de 13 h à 3 h (les dimanche et lundi à partir de 15 h). Du monde surtout après 17 h. Pas un bar à musique, mais un bar à billards. Très belles tables et queues pas vrillées. Une halte sympa entre deux clubs de musique.

Où écouter une messe gospel ?

– ***Mississippi Boulevard Christian Church*** : 70 North Bellevue Street (entre Madison Avenue et Union Avenue). Occupe tout le quadrilatère des avenues Bellevue, Madison, Montgomery et Jefferson. Difficile de la louper. Un service à 11 h tous les dimanches matin. Orgues, piano, batterie, guitare électrique... et un chœur de 100 voix. Être à Memphis et rater ça, c'est comme sauter d'un avion sans parachute, on ne s'en remet pas. Tenue *clean* de rigueur.

À voir

★ ***Civil Rights Museum*** (plan I, B4, 52) : 450 Mulberry Street (angle avec Calhoun Street). ☎ 521-9699. • www.civilrightsmuseum.org • Ouvert du lundi au samedi de 9 h à 17 h, le dimanche de 13 h à 17 h. De juin à août, le musée est ouvert jusqu'à 18 h. Entrée : 8,50 US$. Réduction étudiants. Le 4 avril 1968, Martin Luther King était assassiné au balcon de sa chambre d'hôtel. Quelques décennies plus tard, le *Lorraine Motel* est transformé en un exceptionnel musée des droits civiques.

De manière émouvante, parfois poignante et toujours pédagogique, on passe chronologiquement en revue l'histoire du combat des Noirs pour leurs droits. Film intéressant, toutes les 20 mn. Puis, par le biais d'innombrables documents, photos, enregistrements, films, on retrace l'histoire de la lutte pour la liberté. Le musée va chercher ses sources dans les premiers temps de l'esclavage pour mieux témoigner de la ségrégation, de la discrimination qui régnaient encore il y a peu aux États-Unis. Pancartes pour Noirs, pancartes pour Blancs. Autour d'un bar reconstitué, on s'assoit pour regarder un documentaire sur, justement, le passage à tabac d'un Noir dans un débit de boissons. On se sent alors gêné d'être assis là.

De même, un vrai bus nous fait sentir la discrimination. Assis sur certains sièges de devant, vous sentirez la férule et entendrez la voix d'un policier vous intimant l'ordre de filer à l'arrière. Manifs, *sit-in*, boycotts furent la panoplie non violente du combat pour l'égalité. Il est ici patiemment et abondamment raconté. On y trouve aussi la célèbre cafétéria *Woolworth* de Greensboro où quatre étudiants décidèrent de s'installer, puisque les employés avaient interdiction de les servir. On peut entendre plusieurs discours du leader noir Martin Luther King, dont le plus célèbre, celui concluant la marche sur Washington en août 1963, « I have a dream ». Son action était très proche de la non-violence prônée par Gandhi. On termine, vidé et ému, par la visite de la chambre (reconstituée) de Martin Luther King. Une couronne est accrochée au balcon. À ne manquer sous aucun prétexte pour nous rafraîchir la mémoire et pour être toujours vigilant.

En face du motel, vous pourrez remarquer une jeune femme noire qui demande aux gens de boycotter le musée. Il s'agit de Jacqueline Smith qui habitait le motel avant l'ouverture du musée, aménagé pour quelques 8 millions de dollars... Auparavant, il accueillait nombre de sans-abri que la municipalité a chassés avec pertes et fracas pour créer ce musée qui malgré son côté pédagogique, n'en reste pas moins une entreprise commerciale... Depuis, Jacqueline, refusant d'abdiquer, a élu domicile de l'autre côté de la rue... Que faut-il en penser ? On vous laisse seul juge. Il est quand même sûr que Martin Luther King n'aurait sûrement pas accepté un tel état de fait, non ?

Balade sur Beale Street et autour

★ **Beale Street :** on en a déjà parlé dans l'introduction. Tout en bas, *W. C. Handy Park*, avec la statue du plus célèbre musicien de la ville avant Presley. Il donna au blues ses lettres de noblesse avec son immortel *Saint Louis Blues*, mais aussi avec *Memphis Blues* et *Yellow Dog Blues*. Beale Street a été en grande partie reconstruite dans le style du début du XXe siècle. Les vendredi et samedi soir, les clubs tournent à plein régime. Dans la journée, et le soir en semaine c'est très désert. Voir ci-dessus « Où boire un verre ? Où écouter du blues ? »

★ **Schwab** *(plan I, B3, 51)* **:** 163 Beale Street. Ouvert de 9 h à 17 h, jusqu'à 19 h les vendredi et samedi. Fermé le dimanche. Découvrez ce magasin extraordinaire. C'est la même famille qui le gère depuis 1876. M. Schwab est d'origine alsacienne et malgré son âge avancé, il salue encore ses clients. Chez Schwab, on trouve de tout dans un désordre indescriptible et tout est loin d'être de première qualité. Pourtant il faut y jeter un œil : du taille-crayon-souvenir à la confiture de grand-mère, en passant par les sous-vêtements, les articles de ski et le livre de recettes d'Elvis (si vous voulez grossir)... Une sorte de Tati du début du XXe siècle, en nettement plus vieillot. Ne manquez pas le rayon jeans et chemises (hommes et dames) pour les personnes, disons, « enveloppées », ça va jusqu'à la taille 6X... Impressionnant !

★ **Police Museum** *(plan I, B3, 51)* **:** 159 Beale Street. Ouvert 24 h/24 tous les jours, toute l'année. Gratuit. Il s'agit d'un sympathique poste de police (aïe, aïe, aïe, on va s'faire engueuler par nos lecteurs d'ultra-gauche !). Vitrines d'armes à feu, collection de matraques, pipes à eau... de couvre-chefs de flics étrangers (mais pas de français !) et de fiches signalétiques jaunies de truands notoires dont celles de *Machine Gun Kelly* et de sa femme qui était connue sous une dizaine d'identités différentes !

★ **The Orpheum Theater** *(plan I, B3, 53)* **:** Main Street (à l'angle avec Beale Street). ☎ 743-ARTS ou 525-3000. Vieux théâtre qui accueille désormais toutes sortes de spectacles : cinéma, comédies musicales, théâtre. Superbe décoration baroque et lustre dément. Vient d'être rénové.

Downtown et les bords du Mississippi

★ **Peabody Hotel** *(plan I, B3, 54)* **:** 149 Union Avenue, dans Downtown. Le plus bel hôtel de Memphis, qui date du début du XXe siècle. On peut y boire un verre si on est en fonds. Dans la fontaine centrale du *lobby*, quelques canards. À 11 h, ils descendent, ils se dandinent sur l'air de la *King Cotton March*, et à 17 h ils remontent dans leurs appartements, sur la terrasse (les « shows » ont lieu à ces heures-là). On leur déroule alors le tapis rouge et ils prennent l'ascenseur. Ça attire les touristes. La tradition des canards trouve son origine en 1930 quand deux chasseurs rentrèrent bredouilles... et bourrés d'une partie de chasse. Ils placèrent comme des collégiens les leurres vivants (lesdits canards) dans le bassin. La direction adopta l'idée et en fit une tradition. Il existe une autre version des faits : un riche du coin (coin) aurait versé toute sa fortune aux canards et à l'hôtel. Depuis, on leur déroule le tapis rouge... Allez jeter un coup d'œil sur la terrasse. On vous laisse monter sans problème. Vue étonnante. On y a tourné des scènes du *Fugitif*, avec Harrison Ford.

★ ***Memphis Music Hall of Fame Museum*** *(plan I, B3, 55)* **:** 97 South 2nd Street. ☎ 525-4007. Ouvert tous les jours de 10 h à 17 h (jusqu'à 20 h de mai à septembre). Entrée : 8 US$ (grosse réduction pour les enfants). Créé par John Montague, un passionné, avocat de son état, ce petit musée retrace l'histoire de la musique de Memphis de 1940 jusqu'à la fin des années 1970. Elle commença par le blues inventé par les Noirs (en provenance de La Nouvelle-Orléans), pour continuer avec le rock grâce à Elvis qui chantait comme les Noirs. Pour vous mettre dans l'ambiance, la première vitrine présente des affiches originales annonçant les ventes d'esclaves (1858), ainsi que les fers que portaient les esclaves. On suit ensuite de manière chronologique toute l'évolution de la musique au cours des dernières décennies par l'intermédiaire de vitrines dédiées aux innombrables « grands » qui ont fait la musique d'aujourd'hui (affiches originales, costumes de scène, instruments,...). Des téléphones-écouteurs permettent d'entendre leurs plus grands succès. On commence par W.C. Handy (le père du blues), puis suivent en vrac B. B. King qui fut un des premiers *DJ* de radio, Jerry Lee Lewis, Johnny Cash le country-rocker, Charlie Rich, Presley évidemment, et puis encore Robert Johnson (qu'on redécouvre aujourd'hui), Willie Dixon, Barbara Pittman (tiens, une femme !), la seule artiste à avoir battu Elvis dans le top ten 1957, Jackie Brenston et son premier disque considéré comme l'ancêtre du rock avec *Rocket 88*. Et puis en vrac toujours : la première guitare de Carl Perkins (l'auteur de *Blue Suede Shoes*), un clip (le premier) de Johnny Burnette...
Belles vitrines sur l'univers du Sun Studio avec notamment la première presse à disques, véritable matrice qui enfanta les premiers bébés du rock, les plus purs. Viennent ensuite les années 1960 avec Willie Mitchell mais aussi Isaac Hayes *(Shaft)* dont on voit les costumes délirants et le rasoir original. On termine enfin par Ike et Tina Turner. Une vraie mine d'or donc pour qui sait bien regarder.

★ ***Section piétonne de Main Street* :** la rue fut entièrement reconstruite pour tenter de réinsuffler la vie dans Downtown. On y a même fait passer un vieux *trolley* portugais. Pourtant, la sauce a du mal à prendre, et même dans la journée ce n'est pas la grande foule (la rue est animée uniquement aux heures d'ouverture des bureaux, après 17 h c'est désert). Bref, un coin assez triste. À noter, le bel immeuble *Kress* au n° 9 Main Street, avec sa façade décorée de mosaïque. Ne manquez pas la boutique *Downtown Wigs* (88 South Main Street) : incroyable collection de chapeaux que les femmes noires portent pour aller à l'église. Un vieux *trolley* passe toutes les 20 mn sur Main Street et dessert Beale Street et le National Civil Rights Museum.

★ ***The Great Pyramid*** *(plan I, B1)* **:** 1 Auction Avenue. Accès direct avec le trolley (ligne Riverfront Loop). Pour le programme : ☎ 521-9675, ou à l'office du tourisme. Belle réalisation dont l'idée est à mettre en parallèle avec le nom de la ville. Puisqu'elle possède le patronyme d'un des berceaux de l'humanité, il lui fallait une pyramide. Pas mal fichue d'ailleurs. C'est la plus large du monde ! (on avoue qu'on n'a pas mesuré...). En fait, l'équivalent de notre Bercy, une salle multiculturelle et sportive modulable. S'y déroulent des concerts (le groupe Kiss y a démarré sa tournée internationale en 2000), et des matchs de basket (à ne pas louper !). On peut aussi la visiter du lundi au samedi. 3 tours sont prévus à midi, 13 h et 14 h. Entrée : 5 US$; réduction enfants. Vidéo de 20 mn sur sa construction et comment elle est devenue un des symboles de la ville, puis tour accompagné de 30 à 40 mn de la scène, coulisses, vestiaires-loges, la galerie des stars...

★ **Autozone Stadium** *(plan I, B3)* : en plein centre (angle Union et 3rd Streets). Pour le programme : ☎ 721-6050, ou à l'office du tourisme. C'est l'occasion de découvrir le base-ball (hein !) et d'encourager l'équipe de la ville, les *Redbirds*, d'autant que le prix des places n'est pas élevé : 5 à 15 US$ environ.

★ **Les bords du Mississippi** : une partie des rives du fleuve ont été nettoyées et organisées en promenade, entre Beale Street au sud et jusqu'aux alentours de Jefferson Avenue au nord. La *Memphis Queen Line* (au pied de Monroe Avenue, en face du *Pier Restaurant*; ☎ 527-5694, numéro gratuit : ☎ 1-800-221-6197) organise toutes sortes de tours de 1 h 30 environ sur le fleuve. Balade agréable, sans plus. Il faut beaucoup fantasmer pour retrouver l'atmosphère d'antan. Réduction pour les enfants jusqu'à 11 ans.

⛴ Une seule compagnie, la *Delta Queen Steam Boat Company*, propose une remontée du Mississippi au départ de La Nouvelle-Orléans. ☎ 1-800-543-19-49. Durée : une semaine.

★ **The Magevney House** *(plan I, C2, 57)* : 198 Adams Avenue (non loin de l'angle avec 3rd Street). Ouvert du mardi au vendredi de 10 h à 14 h (le samedi jusqu'à 16 h). Gratuit. Au cœur de Downtown, petite maison de bois oubliée par les promoteurs, ayant appartenu à un petit politicien local. On a conservé le mobilier du XIXe siècle. Pas de quoi grimper aux rideaux mais si on passe dans le coin, on peut y jeter un œil. (Dieu que ce commentaire ne donne pas envie !)

Mud Island

Mud Island est une petite île située sur le Mississippi juste en face de Memphis où il fait bon passer une journée par beau temps. On y trouve le très intéressant *Mississippi River Museum* pour tout savoir de la vie (et de la mort...) qu'a apporté ce fleuve mythique ; le *River Walk*, sorte de maquette géante (elle traverse l'île !) qui retrace le cours du fleuve ; sous une tente, le *Memphis Belle* (zinc qui se distingua durant la dernière guerre et qui a fait l'objet d'un film) ; l'*Amphithéâtre* avec ses gradins extérieurs qui peuvent accueillir 5 000 personnes ; et enfin la piscine de plein air... n'oubliez pas vos maillots !

Comment y aller?

Si vous y allez à pied, la station de monorail se situe au 125 North Front Street *(plan I, B2, 56)*. ☎ 1-800-507-6507 (gratuit) ou 576-7241. On peut aussi emprunter la passerelle. Si vous y allez en voiture, l'accès se fait par la I 40 (nord du centre). Ouvert de 10 h à 20 h de fin mai à début septembre, jusqu'à 17 h le reste de l'année. Entrée : 9 US$ (7 US$ pour les moins de 17 et plus de 60 ans). Elle vous donne libre accès à tout ce qu'il y a sur l'île (sauf les spectacles dans l'Amphi).

★ **Mississippi River Museum** : prévoir au moins 2 h de visite. C'est encore le célèbre Hernando De Soto à qui l'on attribue la découverte du Mississippi. Les premiers colons français n'arrivèrent qu'un siècle plus tard. Après cette brève page d'histoire, le musée retrace l'histoire des bateaux, qui descendirent le cours du Mississippi faisant halte dans les différents forts (espagnols, anglais et français) installés sur ses rives. D'abord les *lografts*, constitués de plusieurs radeaux attachés, ensuite les *flatboats* qui pouvaient transporter des familles, puis après de multiples étapes, les premiers *steamboats* (à partir de 1825), dont les célèbres *showboats*. C'est alors le moment d'embarquer sur le *Belle of the Bluffs*, où vous découvrirez la cabine du commandant avec musique d'ambiance appropriée. La visite se poursuit sur l'évolution des bateaux et sur un film documentaire qui commente les crues mortelles du fleuve, ses accidents de bateaux, les inondations et les épidé-

MEMPHIS – PLAN II

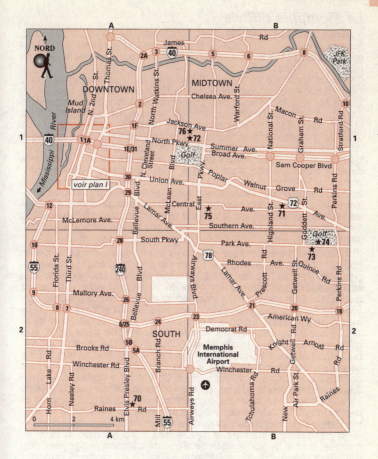

MEMPHIS – PLAN II

★ **À voir**

- 70 Graceland
- 71 Memphis Pink Palace Museum & Planétarium
- 72 Memphis Brooks Museum of Art
- 73 Dixon Gallery and Gardens
- 74 Memphis Botanical Garden
- 75 The Children Museum
- 76 The Memphis Zoo

mies qu'il a propagées. Ensuite retour à la gaieté et au strass avec des scènes reconstituées, dans l'univers des *showboats*. Après vient la guerre de Sécession vue depuis le Mississippi où les *steamboats* se transforment en *gunboats*. Puis on passe à la naissance du blues avec W.C. Handy et on termine par une grande salle où sont réunies les plus grandes stars du blues et du rock dont Chuck Berry, Johnny Cash, Fats Domino, Carl Perkins,... et bien sûr le King dont on présente le célèbre costume blanc à franges.

Le Memphis d'Elvis

★ *Graceland (plan II, A2, 70)* : 3765 Elvis Presley Boulevard. ☎ 332-3322. Numéro gratuit : ☎ 1-800-238-2000. Ouvert tous les jours de 9 h à 17 h (dimanche de 10 h à 16 h). Attention le *Mansion Tour* est fermé le mardi de novembre à février.

Graceland, c'est une sorte de « Presley World » que n'aurait pas renié Onc' Picsou. 4 visites au programme : le *Graceland Mansion Tour*, l'*Automobile Museum*, le *Sincerely Elvis Museum* et l'*Elvis Airplane*. Chaque visite est payante et si vous n'êtes pas en fonds, ne faites que la première qui est la visite de sa maison. Autrement choisir le pass *Platinium Tour* à 22 US$ (pour les prix individuels, voir sur le détail de chacune). À la sortie de chaque musée, on passe obligatoirement par une boutique où rien n'a été oublié : blousons genre teddy, couvre-lits géants à l'effigie de qui vous savez, sets de table, cartes postales, tasses, verres, porte-clés, stylos, petites voitures, posters (abordables)... et bien sûr tous les disques et vidéos. Si vous n'achetez rien, c'est que vous êtes vraiment solide ! Enfin, évitez d'y venir les 8 janvier et 16 août, jours anniversaires de la naissance et de la mort d'Elvis, et les jours qui précèdent, car Graceland subit une hausse d'affluence. Les fans viennent de partout... Graceland est le lieu le plus visité après la Maison-Blanche !

★ *Graceland Mansion Tour* : fermé le mardi de novembre à février. Entrée : 16 US$. Départ toutes les 5 mn par navette. Demander un audiophone en français (ça fait plaisir... d'autant que les commentaires sont agréables et les extraits vous feront tortiller). Après cette visite, vous saurez tout d'Elvis. Bien-sûr, c'est une vision édulcorée et l'on vous présentera un Elvis, insouciant certes, mais surtout donateur généreux et fils aimant. On ne mentionnera ni alcool, ni drogue et on oubliera les kilos qu'il prit à la fin de sa vie, conséquence d'excès dans tous les domaines. De toute façon, quoi qu'on puisse en penser, il restera l'un des plus grands chanteurs du XXe siècle... Mais passons à la visite. Graceland, c'est le nom de la maison qu'Elvis acheta à une certaine Mme Grace, à l'âge de 22 ans. Ce n'est pas « le pays de la Grâce » comme le croient certains. On franchit le portail de fer forgé décoré évidemment de guitares, pour arriver au bout d'une grande allée où trône la maison... Honnêtement, on connaissait le mauvais goût d'Elvis et on pensait trouver un intérieur plus kitsch et délirant. Il est vrai que l'on ne visite pas l'étage de la maison où était sa chambre, on se contente de la chambre de la grand-mère... Viennent ensuite la salle à manger avec le salon de musique, la salle de jeu, le salon de télé jaune clinquant et bleu avec trois téléviseurs côte à côte qui permettaient à Elvis de voir plusieurs émissions en même temps. C'était son passe-temps préféré... Pas moins de 14 postes dans toute la maison ! Enfin, notre pièce préférée, la *Jungle Room*, mais on vous laisse la découvrir.

Le plus intéressant est la visite du *Trophy Museum* : disques d'or et de platine par dizaines, affiches de film, objets appartenant au King, costumes avec ou sans strass, avec ou sans clous, absolument déments, que seuls Elvis et Luis Mariano pouvaient porter sérieusement. Les pantalons « pattes de mammouth » des années 1970 sont vraiment délirants. Documents, photos relatant les actions de charité... collection redoutable de portraits du King. Très intéressant, même si l'on répète que c'est une vision idyllique du chanteur, le véritable Elvis étant plus complexe.

À la sortie de la maison, le *Meditation Garden* où repose la famille Presley. Avez-vous vu sur la droite la toute petite tombe ? C'est celle de son frère jumeau, décédé à la naissance. À noter que la grand-mère a enterré toute la famille.

★ *Automobile Museum* : entrée 7 US$. À ne pas manquer si vous aimez les belles caisses. Une bonne dizaine de voitures, certaines ayant été conçues spécialement pour lui. La célèbre Cadillac Fleetwood rose bonbon,

La Cadillac Eldorado de 1956, la Dino Ferrari et même une Rolls Royce de 1966. Enfin, la série de véhicules de jardin montrent comment ce grand gaillard aimait ses joujoux. Dans un faux *drive-in*, on vous passe des extraits de films où Elvis conduit un véhicule (assez hilarant).

★ *Elvis Airplanes* : entrée 6 US$. Après avoir eu son petit jet privé qui n'offre d'original que la couleur de son intérieur en jaune et vert, il s'achète le Lisa Marie en 1975 pour 1 million de dollars, un véritable petit palace volant. La salle de réunion avec sièges en cuir et ceintures de sécurité avec boucles en or, la salle de jeux de cartes, la chambre avec lavabos en or (faut c'qui faut). Un petit film au début de la visite montre Elvis traversant la ville, chevauchant son avion. Il avait dû faire couper les ailes pour qu'il puisse passer dans Elvis Avenue !

★ *Sincerely Elvis Museum* : entrée 5 US$. Ils sont malins à Graceland ! Ils n'ont pas tout mis dans le musée de la maison. Ils ont gardé toute la partie plus privée de sa vie avec les pyjamas, les liquettes, le lit et les pantoufles, et surtout toute une partie sur sa fille Lisa Marie née en 1968 avec le décor de sa chambre, photos de famille et jouets... ainsi que toutes les couvs de magazine dont le King faisait la une (y'a même *Salut les Copains* !).

– *Walk a mile in my shoes* : film de 20 mn sur le King, intitulé « Marchez 1,6 km dans mes chaussures ». Tu chausses du combien, dis Elvis ? Inclus dans le ticket du *Mansion Tour*, début de la séance toutes les demi-heures. À voir donc.

Voilà, la visite est terminée... Maintenant, si vous n'êtes pas capable de chanter tout le répertoire d'Elvis en verlan, c'est que vous ne l'aimez pas assez !

★ *Sun Studio* (plan I, D3, 58) : 706 Union Avenue (au niveau de Marshall). ☎ 521-0664. Cette visite ne fait pas partie de Graceland. Ouvert tous les jours de 10 h à 18 h. Entrée 9 US$. Achat des tickets au *Sun Café*, juste à côté, décoré de photos du King. Visite du studio où Elvis a enregistré ses premiers hits en 1954. Il resta un an chez Sun avant de signer chez RCA. En deux ans, c'était une idole. Grâce à sa musique qui mixait blues, gospel et country, il enflamma les foules américaines. Il faut être un vrai fan pour apprécier la visite. On reste 30 mn dans la petite salle d'enregistrement à écouter un guide nous racontant les premiers pas du rock par le biais d'extraits de bandes enregistrées. Émouvant pour certains, ennuyeux pour d'autres... nous, on aime. La console originale ne se trouve pas là, mais au Music Hall of Fame Museum. Les amateurs achèteront l'incroyable CD, *Class of 55*, un véritable monument historique (même si le son n'est pas extraordinaire) qui permet d'écouter en même temps Jerry Lee Lewis, Johnny Cash, Roy Orbison et Carl Perkins. Si vous ne maîtrisez pas l'anglais, la visite est difficile à apprécier. Pour les fans, c'est un pèlerinage quasi obligatoire : mettre les pieds là où tout a commencé. Sachez enfin que la maison est toujours un studio d'enregistrement, mais ce n'est plus un label.

Les musées

★ *Memphis Pink Palace Museum & Planetarium* (plan II, B1, 71) : 3050 Central Avenue. ☎ 320-6320. Ouvert du lundi au jeudi de 9 h à 16 h, le vendredi et samedi jusqu'à 21 h, et le dimanche de 12 h à 18 h (ouf !). Entrée : 7 US$. IMAX : 7 US$. Planétarium : 4 US$. Package total : 12 US$. Un genre de Palais de la découverte sur l'histoire, la culture et la géologie de Memphis et du Sud. Intéressante collection de minéraux, que l'on découvre le long d'un parcours géologique. Un des musées les plus intéressants de la ville.

Au rez-de-chaussée *(first floor)*, oiseaux empaillés, mammifères et dinosaures (dont un est animé). À l'étage *(second floor)*, tous les métiers et les costumes du début du XXe siècle. Reconstitution d'intérieurs bourgeois, de boutiques (la première épicerie en libre-service), de cabinets de médecins et de dentistes, et une section sur les Indiens et les Noirs du Mississippi. À ne pas manquer, une très belle maquette géante de cirque. Visite du planétarium pour les amateurs et films sur écran géant IMAX (téléphoner pour les horaires). Sympa si vous avez un après-midi à tuer.

★ *Memphis Brooks Museum of Art (plan II, A-B1, 72)* : dans Overton Park. Entrée du parc sur Poplar et Kenil Worth. Ouvert de 10 h à 16 h, jusqu'à 17 h le samedi, le dimanche de 11 h 30 à 17 h. Fermé le lundi. Entrée : 6 US$ (gratuit le mercredi). Moitié prix pour les étudiants. Musée généraliste sis dans un grand bâtiment blanc. Un vaste atrium entouré d'agréables salles. Peintures de l'École italienne des XIVe, XVe et XVIe siècles, sculptures et arts décoratifs de toutes les époques depuis l'Antiquité. L'art contemporain américain, lui, est en exposition tournante. En mezzanine, quelques impressionnistes dont Corot, Sisley, Pissaro et Renoir *(l'Ingénue)*. Si aucune pièce maîtresse n'est présente, l'ensemble du musée, fort bien agencé, ne manque pas d'intérêt.

|●| *Resto* un peu chic, mais abordable. Ouvert pour le déjeuner, donnant sur une belle terrasse dominant la verdure du parc.

★ *Dixon Gallery and Gardens (plan II, B2, 73)* : 4339 Park Avenue. ☎ 761-5250. Ouvert du mardi au samedi de 10 h à 17 h, le dimanche de 13 h à 17 h. Le lundi, seuls les jardins sont accessibles, de 10 h à 17 h. Entrée : 6 US$. Réduction étudiants. Les Dixon, gros marchands de coton des années où ça allait bien, ont consacré une partie de leur fortune à acheter des tableaux et à faire pousser des fleurs. La maison, dans laquelle on trouve quelques toiles de maîtres impressionnistes (Chagall, Braque, Cézanne, Renoir, Sisley...), et l'agréable parc attenant sont maintenant ouverts au public. Dans les galeries, on peut voir de la porcelaine européenne du XVIIIe siècle et surtout de belles expos temporaires. L'ensemble n'a rien d'exceptionnel mais reste agréable.

★ *Memphis Botanical Garden (plan II, B2, 74)* : 750 Cherry Road. ☎ 685-1566. Ouvert du lundi au samedi de 9 h à 18 h (jusqu'à 16 h 30 en hiver), le dimanche de 11 h à 18 h. Gratuit le mardi à partir de 12 h 30. Entrée : 5 US$. Réduction étudiants. Une serre tropicale, quelques essences rares, un jardin japonais, 4 canards, une aire de pique-nique et le tour y est. Pas passionnant... mais si vous êtes à la Dixon Gallery, c'est en face.

★ *Peabody Place Museum & Gallery (plan I, B3, 60)* : 119 Main Street. ☎ 523-ARTS. Ouvert du mardi au vendredi de 10 h à 17 h 30, les samedi et dimanche de midi à 17 h. Fermé le lundi. Entrée : 6 US$. Installé au niveau bas de la galerie marchande du Peabody, ce musée présente une superbe collection de pièces chinoises de la dynastie Qing (1644-1911). Constituée par la famille Belz au cours de nombreux voyages, elle est présentée aujourd'hui au public. Dragons en jade, en cloisonné, statues en ivoire incrustées de pierres précieuses, chevaux, tigres... Bref, tout à fait remarquable ! (si vous aimez les chinoiseries...).

Pour les enfants

★ *The Children Museum (plan II, B1, 75)* : 2525 Central Avenue (à l'angle avec Hollywood). ☎ 458-2678. Ouvert de 9 h à 17 h, le dimanche de 12 h à 17 h. Fermé le lundi. Entrée : 6 US$ pour les adultes, réduction enfants. Si vous avez des bambins, il faut les y amener. Si vous n'en avez pas, faites-en ! Le genre d'endroit que seuls les Américains peuvent inventer. Ce petit musée-jeu met les enfants en contact avec le monde des adultes par le biais d'objets qui leur sont habituellement étrangers : on peut toucher à tout. On y trouve une vraie voiture que les enfants tripotent à merci ; ils peuvent retirer de l'argent dans une fausse banque et faire des courses au supermarché, comme maman ; ils explorent un vrai véhicule de pompier ; ils peuvent se déguiser... sans oublier la modernité (les ordinateurs). Pour ce genre de choses, les Américains ont une bonne longueur d'avance.

★ *Fire Museum of Memphis (plan I, B2, 59)* : 118 Adams Avenue. ☎ 320-5650. Ouvert de 9 h à 17 h, le dimanche de 13 h à 17 h. Fermé le lundi. Entrée : 6 US$, petite réduction pour les enfants. Curieux de classer un musée sur les pompiers dans cette rubrique, mais sachez que tous les élèves de la ville le connaissent... Il se veut avant tout éducatif. Ouvert en 1998, le bâtiment principal est installé dans l'ancienne caserne de pompiers construite en 1910. Dans la partie plus récente, expo de deux superbes camions de pompiers dont le célèbre *water tower truck*, avec sa tour qui permettait de dominer l'incendie. Petite expo d'équipements de pompiers et de jouets anciens. Dans l'autre partie, une des premières voitures de pompiers, tirée par des chevaux et équipée d'une machine à vapeur pour activer la pression. À l'étage, des ordis pour apprendre aux enfants (voire aux grands) les précautions pour prévenir les incendies. Si la leçon n'a pas été assez convaincante, la *Fire Room,* finira de les persuader... Créée comme une attraction de parc à l'américaine, vous êtes enfermés dans une salle dans laquelle va se dérouler un incendie vraiment convainquant. Écran géant, son stéréo, fumée dont vous serez protégés par une vitre, sans oublier la chaleur qui monte !... Brrr ! Les enfants pourront enfin « conduire » et découvrir l'intérieur d'un camion actuel et d'une ambulance avec tout son équipement hospitalier.

★ *Memphis Zoo (plan II, A-B1, 76)* : 2000 Galloway (Overton Park). ☎ 725-3449. Ouvert de 9 h à 17 h. Entrée : 9 US$, 6 US$ pour les enfants. Ouvert en 1906, ce zoo regroupe aujourd'hui 2 800 animaux pour 400 espèces différentes... Parmi les plus remarquables, notons les varans de Komodo, les tigres blancs, et le célèbre aigle américain. Pas grand-chose à dire de plus... C'est un zoo quoi (agencé dans le style du zoo de Vincennes, pour ceux qui connaissent) !

N'oublions pas les films IMAX présentés au ***Memphis Pink Palace Museum*** (voir plus haut). Vos enfants vont adorer.

Manifestations et festivals

Demandez le magazine *Key* à l'office du tourisme ainsi que le *Downtowner*. Plein d'infos. Le *Memphis Flyer* est un hebdo gratuit. On le trouve partout.

– ***Du 7 au 9 janvier :*** commémoration de la naissance du King. Retransmission de concerts d'Elvis et un bout de gâteau d'anniversaire est même distribué aux visiteurs de Graceland !

– ***Memphis in May :*** c'est le *Beale Street Music Festival*, la plus importante manifestation musicale de Memphis (à ne pas manquer). Festivités pendant tout le mois, mais la première semaine est la plus animée et notamment le premier week-end.
Les grandes pointures du blues et du jazz descendent dans la ville. Le 3e week-end a lieu le plus grand concours de barbecue du monde. Au bord du Mississippi, 2 miles de barbecue où grillent les *ribs*. Le ciel de la ville se transforme en véritable nuage atomique.

– ***Du 2 au 6 juin : Carnaval de Memphis.***

– ***Festivals de musique :*** nombreux l'été. Tout se passe sur Beale Street et dans les rues environnantes. Pour quelques dollars, on vous fournit un bracelet qui donne le droit d'entrée dans tous les clubs la nuit du festival. Demandez les dates précises à l'office du tourisme car elles varient.

– ***4 juillet :*** pour *l'Independence Day*, grand festival de rue.

- **Midsouth Music and Heritage Festival :** en juillet, durant un week-end. A lieu sur Main Street.
- **Elvis Tribute Week :** la semaine qui précède l'anniversaire de la mort d'Elvis (16 août 1977), Graceland devient folle. Veillée nocturne sur la tombe du King avec bougies et larmes. Soirée ciné sur le parking de Graceland avec projection de ses films, etc.

Magasins de disques

☸ **Poplar Tunes :** 308 Poplar Avenue. ☎ 525-6348. Ouvert du lundi au samedi de 8 h 30 à 21 h. Grand magasin de disques près du centre. Nombreux CD et un rack de 33 tours anciens... Assez cher, mais la passion du collectionneur n'a pas de prix.

☸ **Shangri-La :** 1916 Madison Avenue (à l'angle avec Tucker). ☎ 274-1916. Ouvert du lundi au samedi de 11 h à 19 h et le dimanche de 12 h à 18 h. Petite boutique bordélique jouxtant un magasin de guitare. Toutes sortes de musique, du *old blues* au new age en vinyles, CD neufs et d'occase. Le proprio est assez fier de son côté *underground* qui lui permet de vendre quelques fanzines oubliables.

☸ **Boutiques du Memphis Music Hall of Fame Museum** et du **Sun Studio :** se reporter aux adresses dans la rubrique «À voir». Plein de classiques du rock, du blues et de la country.

➤ *DANS LES ENVIRONS DE MEMPHIS*

★ **Tunica :** située à 25 miles au sud de Memphis, c'est ici que se retrouvent tous les habitants de la ville, du plus jeune au plus vieux, du plus riche au plus déshérité... Chacun avec le secret espoir de faire fortune... Il faut le voir pour le croire ! Sachez que les jeux d'argent sont interdits dans l'état du Tennessee. Forts de cette loi, quelques gros bonnets ont décidé d'ouvrir une dizaine de casinos dans l'État du Mississippi tout proche, où ils sont autorisés. Voilà pourquoi, Memphis semble déserté le soir ! Tunica est une petite bourgade typique du sud, à forte majorité noire. Tout autour, c'était le désert... Aujourd'hui, la campagne s'illumine des néons multicolores de gigantesques casinos qui se donnent des airs de Las Vegas (c'est sans comparaison). Ils sont regroupés par 3 ou 4 et s'égrènent le long de Tunica Avenue... Vous pourrez ainsi choisir entre le *Fitzgeralds*, le *Harrah's*, le *Hollywood*, le *Sam's Town*, l'*Isle of Capri*... Notre préférence (s'il doit y en avoir une...) va au *Casino Center* qui regroupe le *Gold Strike*, le *Sheraton* et le *Horseshoe*, devant lequel siège une magnifique Cadillac Fleetwood de 8 portes... Bien sûr, on peut y dormir et se restaurer dans d'immenses cafétérias avec buffet à volonté.

🛈 Pour plus de renseignements, adressez-vous au *Visitors' Center Tunica* : 61 South Avenue Tunica. ☎ 662-363-3800 ou 1-888-4TUNICA (gratuit). Ouvert du lundi au vendredi de 8 h 30 à 17 h, le samedi à partir de 10 h et le dimanche à partir de 13 h.

★ **La maison de William Faulkner :** Rowan Oak, à **Oxford**, Mississippi. ☎ 662-234-3284. La demeure du génie le plus fécond de la littérature américaine du XXᵉ siècle peut se visiter. Elle se trouve à Oxford, petite ville universitaire située à 75 miles au sud-est de Memphis. De Memphis, prendre la route n° 55 en direction de Jackson, sortir à la hauteur de Batesville, puis suivre la route n° 6. À Oxford, en venant de la Highway 6, suivre S Lamar Boulevard vers le centre. Après les stations Shell et BP, prendre la première rue à gauche, Old Tailor Road. C'est à 300 m plus loin sur la droite, dans un tournant. Visite du mardi au vendredi, de 10 h à 12 h et de 14 h à 16 h, le samedi de 10 h à 16 h, et le dimanche à partir de midi. Entrée : 6 US$.

Dans un beau parc boisé, cette grande maison blanche de 1848 (antérieure à la guerre de Sécession), tout en bois, fut achetée en 1930 par Faulkner qui venait de toucher plusieurs millions de dollars de droits d'auteur. Il la baptisa *Rowan Oak* (Chêne-Sorbier), un arbre légendaire, qui n'existe pas dans la réalité. Après l'avoir restaurée, il y vécut jusqu'à sa mort en 1962. Au rez-de-chaussée, on voit encore sa bibliothèque et son bureau. Rien n'a changé. La vieille machine à écrire *Underwood*, sur laquelle il écrivit la plupart de ses chefs-d'œuvre, est posée sur une table face à la fenêtre. Sur les murs, il a noté à la main le plan du roman *Une Fable* qui lui valut le prix Pulitzer en 1955 : curieux hiéroglyphes d'un génie paradoxal déchiré entre le conservatisme de son milieu social et le non-conformisme tourmenté de son œuvre.

Même riche et mondialement connu, Faulkner attendait toujours la reconnaissance des habitants d'Oxford (*Yoknapatawpha* dans ses livres) qui, choqués par la violence de son univers romanesque, persistaient à voir en lui un artiste sulfureux et complexe, ou, au pire, un clochard marginal et alcoolique. Il obtint en 1949 le prix Nobel de littérature, devint le plus gros propriétaire terrien d'Oxford, mais continua malgré cela à attendre en vain cette reconnaissance villageoise à laquelle il aspirait. Ironie du destin !

★ ***La tombe de Faulkner*** **:** au cimetière d'Oxford. Sortir à l'est, à la hauteur de l'hôtel *Holiday Inn*, tourner à droite, suivre Jefferson Avenue. Un demi-mile plus loin, tourner à gauche dans North 16th Street. Un cimetière très champêtre. Pas une seule croix sur les tombes. Celle de Faulkner, facile à trouver (c'est indiqué), est d'une modestie déconcertante.

★ ***Tupelo*** **:** à une cinquantaine de miles à l'est d'Oxford. À Tupelo, une minuscule maison en bois attire chaque année des contingents de jeunes et de vieux venus du monde entier ! C'est ici même qu'un 8 janvier 1935, Gladys et Vernon Presley, jeune couple fauché, donnent naissance à des jumeaux, Jesse Garon et Elvis Aaron. Le premier meurt pendant l'accouchement, le second poussera très vite la chansonnette, jusqu'à révolutionner le monde musical... Évidemment, la visite de la petite maison n'a d'intérêt que symbolique (le King n'y passa que 3 ans), et le mobilier est très simple. Ouvert du lundi au samedi de 9 h à 17 h (le dimanche à partir de 13 h). Pour environ 6 US$, on a droit à la visite d'un tout petit musée où sont présentés quelques photos, souvenirs et objets personnels du King. Pour *real fans only... Visitor's Bureau :* ☎ 662-841-6521 ou 1-800-533-0611.

ATLANTA

IND. TÉL. : 404

Pour beaucoup d'entre nous, Atlanta évoque le vieux Sud traditionnel, celui décrit par Margaret Mitchell dans *Autant en emporte le vent*. Un Sud romantique, insouciant, vivant au rythme des récoltes de coton, plein de maisons coloniales d'où résonnaient les rires de beaux jeunes gens et de jeunes filles en crinoline : tout ce beau monde plus enclin à faire la fête qu'à s'occuper de la misère des Noirs.

Le visiteur arrivant à Atlanta devra balayer toutes ces belles images. Il découvrira une grande ville moderne et impersonnelle, entièrement vouée au mythe Coca-Cola, offrant une vaste gamme de gratte-ciel du plus réussi au plus moche. Atlanta a toujours été un nœud de communication important aux États-Unis. Elle possède depuis peu le 1er aéroport du monde par la taille. Après une longue période d'expansion, la municipalité a freiné sa boulimie immobilière pour ne pas présenter une ville-chantier au monde lors des

Jeux Olympiques de 1996. Mais l'impression générale est plutôt froide. On a l'image d'une ville avant tout dédiée au business et il y a peu de quartiers chaleureux. À dire vrai, rares sont les touristes qui viennent ici de leur propre chef. On les comprend. Quand on a un temps limité, on ne retient pas forcément Atlanta dans le circuit.

Et pourtant, elle est l'une des plus visitées par les Américains. Tout simplement parce que c'est la première ville de congrès du pays : colloques, conventions, assemblées, séminaires, réunions, groupes de réflexion... Ils se donnent tous rendez-vous à Atlanta, qu'ils soient coiffeurs, médecins, gays, gros, grands, scaphandriers, ébénistes ou autres... Cela explique le nombre de grands hôtels et les prix pratiqués. On comprend alors pourquoi la plupart des gens dans les rues de Downtown ne sont pas des Atlantais mais de simples colloqueurs ou séminaristes dûment badgés. C'est aussi pour cela qu'il s'en dégage un certain anonymat. Il y a une bonne douzaine d'années, le centre avait à ce point perdu son identité qu'on construisit un immense complexe touristico-commercial... en sous-sol, l'*Underground Atlanta*.

UN PEU D'HISTOIRE

« Haut lieu de l'histoire », diront certains. « Terrible camouflet », penseront d'autres. Pour tous les Américains, le nom d'Atlanta résonne comme Austerlitz... ou Waterloo. Tout a commencé en 1860 avec l'élection de Lincoln, un abolitionniste. Les États du Sud prennent peur et la Caroline du Sud fait sécession. De 1861 à 1865, la guerre fera rage avec une cruauté méconnue. Vingt-trois États du Nord (les États de l'Union) se battent contre onze États du Sud (États de la Confédération). Le Sud combat pour sa survie. Toutes les plantations vivent grâce au labeur des esclaves. L'abolition est pour eux synonyme de ruine. Alors ils préfèrent mourir que céder. Sherman avait bien compris l'importance de la ville lorsqu'il s'empressa de la rayer de la carte en la brûlant, après l'avoir affamée et assiégée au printemps 1864. Sur les 4 000 maisons que comptait Atlanta, 400 échappèrent au désastre. La ville avait à peine 20 ans et déjà 20 000 habitants. Une blague circulait à l'époque : « Savez-vous pourquoi Sherman n'incendia pas Savannah ? Parce qu'il ne retrouvait pas ses allumettes ! » Beaucoup de maisons anciennes datent donc plutôt de la fin du XIXe siècle. Le feu semble d'ailleurs être la bête noire d'Atlanta depuis 1864 : en 1917, ce sont quelque 2 000 immeubles qui s'envolent en fumée dans un nouvel incendie et en mai 1996, c'est sur la maison de Margaret Mitchell, celle précisément où elle écrivit *Autant en emporte le vent*, que s'abat la terrible malédiction. Ironie du sort, la maison était justement en cours de rénovation avant d'être ouverte au public. Refermons la parenthèse.

La guerre prit fin en 1865, en laissant de profondes cicatrices dans l'esprit des gens du Sud. Finie la vie facile des grandes familles. À Atlanta, on utilise encore parfois le mot « yankee » pour qualifier les gens du Nord. Reste que l'abolition ne régla pas le problème des Noirs qui avaient la liberté mais rien d'autre. À l'esclavage se substituèrent rapidement des lois ségrégationnistes, encore en vigueur il n'y a pas si longtemps. L'« esprit » du Sud se ressent encore quelquefois à Atlanta, bien que la ville ait fait beaucoup pour l'intégration raciale. Le maire d'Atlanta est noir. *Sign of the time...*

Début 2001, le sénat de Géorgie a approuvé l'abandon du drapeau confédéré (une croix bleue étoilée sur fond rouge) sur les monuments officiels d'Atlanta. Considéré par les organisations noires comme un symbole trop lourd de l'esclavagisme et de la ségrégation sudiste, il est aujourd'hui remplacé par un nouveau drapeau sur lequel figure toujours le symbole confédéré (mais en beaucoup plus petit) ainsi que d'autres événements qui ont marqué l'histoire de l'État.

Martin Luther King story

« Je rêve qu'un jour, sur les rouges collines de Géorgie,
les enfants d'esclaves et les enfants des propriétaires d'esclaves
s'assiéront ensemble à la table de la fraternité... »

M. L. King.

Après la guerre de Sécession et l'abolitionnisme, une autre forme de racisme, plus sournoise, se mit en place aux États-Unis : la ségrégation. Des lois sévères furent édictées, restreignant le droit des gens de couleur et faisant de l'humiliation leur pain quotidien. L'un des plus fervents combattants contre la ségrégation fut le pasteur Martin Luther King. Il reste aujourd'hui l'homme qui fit le plus pour la cause des Noirs, avec Nelson Mandela.
Né à Atlanta en 1929, fils d'une famille de pasteurs baptistes, docteur en philosophie et pasteur lui-même, il entame très jeune son combat contre les lois blanches, notamment en appelant les Noirs à boycotter les autobus municipaux en 1956, qui contraignaient les Noirs à s'asseoir dans le fond. Première victoire. Boycotts, *sit-in* et marches composent la panoplie non violente de son action. En 1957, il fonde la conférence des Leaders chrétiens du Sud. La jeunesse américaine non violente est solidaire de sa cause. De 1960 à 1963, il combattra toutes les lois qu'il considère « immorales ». Emprisonné à plusieurs reprises sous différents prétextes, il poursuit son action avec détermination, ce qui provoque des réponses souvent violentes de la part de groupes blancs extrémistes (bombes, menaces, meurtres...).
L'été 1963 le conduit à l'apogée de sa popularité avec la désormais célèbre « Marche de la liberté » qui rassemble 250 000 personnes dans les rues de Washington. Son discours « I have a dream... », qu'il lance à cette occasion, reste aujourd'hui le texte phare de son action. Il est reçu par J. F. Kennedy qui, rappelons-le, avait fait du combat antiségrégation l'une de ses priorités à la Maison-Blanche. En 1964, il reçoit le prix Nobel de la paix. Il est l'homme le plus jeune à avoir reçu cette distinction. Mais, bientôt, la non-violence ne fait plus recette. Le mouvement s'émousse, les Noirs s'impatientent. Il se voit débordé par d'autres groupes à la ligne plus dure comme le Black Power et les Black Muslims de Malcolm X. En 1967, discours d'opposition à la guerre du Vietnam.
Le 4 avril 1968, c'est lors d'une visite de soutien à des grévistes de Memphis qu'il est assassiné au balcon du *Lorraine Motel*. Le leader du « Mouvement pour les droits civiques et l'égalité raciale » avait 39 ans.
À l'annonce de sa mort, des émeutes sanglantes firent 46 morts et des milliers de blessés à Washington, Chicago, Baltimore et Kansas City.
Avec Washington, il est le seul Américain à avoir donné droit à un jour de congé pour célébrer sa mémoire et son action.
Depuis les années 1960, la situation des Noirs s'est radicalement transformée. Mais s'il existe désormais une bourgeoisie noire, une tranche non négligeable de la population de couleur est au chômage, vit dans la pauvreté et souvent la misère. Les années Reagan n'ont pas fait avancer les choses, et les acquis sociaux restent particulièrement fragiles.

Coca-Cola story

En 1886, Atlanta découvre son or noir. Mais de l'invention du breuvage dans l'arrière-boutique d'un petit drugstore à une distribution planétaire (le Coca-Cola est sans doute le produit le plus connu au monde), la compagnie a

prouvé toute l'étendue de sa puissance marketing, certains médias allant jusqu'à rebaptiser les Jeux de 1996 « cocalympiques ».
Mais revenons à notre petit pharmacien, John Stythe Pemberton, professeur Tournesol à ses heures, qui cherche une boisson « originale, désaltérante et commerciale ». Il multiplie les essais et finalement retrouve dans ses archives une vieille recette sénégalaise, uniquement connue en France : le *French Wine Cola*. À base de noix de cola, aux vertus médicinales, de feuilles de coca décocaïnisées, de sucre et de plusieurs extraits végétaux, sa composition finale est pourtant le fruit du hasard.
En effet, le veilleur, de garde ce soir-là, ne sachant comment servir ce tout nouveau breuvage, adjoint de l'eau gazeuse à la boisson originellement prévue plate. Quelle ne fut pas la surprise du client, le lendemain, découvrant un Coke... sans bulles, que lui tend le pharmacien. La sentence est sans appel : imbuvable ! Le Coca-Cola sera à jamais gazeux. La machine Coca est en marche et s'associe à tous les grands événements. Partenaire des Jeux Olympiques, jamais démenti depuis 1928, il sera déjà au rendez-vous, plébiscité par Eisenhower lorsque les *G.I's* débarquent au Japon. À la demande du général, six usines sont démontées et attendent au large le retour des petits gars. On fête la victoire au Coca, comme d'autres sabrent le champagne. À consommer sans modération !
Aujourd'hui, le nectar est servi 600 millions de fois par jour, dans 195 pays. Or, seules 10 personnes ont accès au coffre-fort, situé au dernier étage de la banque *Trust Company of Georgia*, qui abrite la fameuse recette, mieux gardée qu'un secret d'État. Voilà un or noir qui n'est pas prêt de se tarir.

Les différents quartiers

Atlanta peut se diviser en plusieurs quartiers très distincts.
– L'axe principal, la colonne vertébrale de la ville, est *Peachtree Street* qui s'oriente nord-sud. Le **Downtown** est le quartier financier, facilement repérable grâce à ses gratte-ciel. Il se prolonge vers le sud par le quartier de Five Points, carrefour entre les deux lignes de métro et site de l'*Underground Atlanta*.
– Plus au nord, **Midtown**, sorte d'extension de Downtown avec un petit bouquet de buildings épars.
– Plus au nord encore, le quartier de **Buckhead**, sans véritable centre et qui s'étend sur plusieurs kilomètres carrés. L'axe central est toujours et encore Peachtree Road. Ce coin acquiert une âme petit à petit. En tout cas, c'est là que se réfugient tous les jeunes Atlantais. Nombreux cafés et restos avec terrasse.
– À l'est de Downtown, l'**Auburn District** où vécut Martin Luther King, et encore un peu plus à l'est, le coin de **Little Five Points**, marginal et sympa, qu'on gagne par le métro sans problème.
Malgré le ravage permanent qu'ont subi les vieux quartiers d'Atlanta au cours du XXe siècle, il subsiste quelques secteurs qui rappellent le passé : autour d'Auburn Avenue, quartier noir aujourd'hui classé, on trouve de belles et modestes constructions. Et puis, au nord, le quartier autour de W Paces Ferry recèle des demeures immenses, cachées dans la forêt, derniers témoignages du Sud insouciant et riche.

Petit avertissement topographique

À Atlanta, une rue sur deux (ou presque) répond au nom de *Peachtree*. Qu'elles soient Street, Avenue, Road, Way, Court ou Circle, vous avez des chances de vous embrouiller le guidon. Autre piège, il y a Peachtree Street mais il y a aussi West Peachtree Street. En revanche, une adresse comme

ATLANTA

■ Adresses utiles
- **ℹ** Kiosques d'informations touristiques
- ✉ Postes
- 🚌 Station de bus de Greyhound

🏠 Où dormir ?
- **20** YMCA
- **21** Super 8 Hotel
- **22** Quality Inn
- **23** Travel Lodge Downtown
- **24** Hampton Inn

🍴 Où manger ?
- **40** 5000 Deli
- **42** Hong Kong Dragon
- **43** Sylvia's

🍷 Où boire un verre ?
- **50** Hard Rock Café

★ À voir
- **60** Coca Cola Pavilion
- **61** Underground Atlanta
- **62** Marché municipal
- **63** Hyatt Regency Hotel
- **64** Apex Museum
- **65** Capitole d'État
- **66** Marriott Marquis
- **67** Westin Peachtree Plaza

suit : « 324 Peachtree Street NE » indique que l'on se trouve sur Peachtree Street dans sa partie nord-est. Quant à West Peachtree Street, c'est carrément une autre rue. Et quand on est sur West Peachtree SE, on est où, hein ? Savez pas ! Nous non plus ! Ce sont des fadas du pêcher, ici. Ils auraient tout de même pu varier un peu : pommier, poirier, abricotier, bananier, youkoulélé... C'est tout de même pas compliqué ! Même en faisant très attention, vous ne pourrez pas éviter de vous gourer un bon paquet de fois. Alors, ouvrez l'œil et le bon ! Toujours avoir une bonne carte avec soi.

Arrivée à l'aéroport

➤ **Aéroport :** à une dizaine de miles du centre. L'aéroport d'Atlanta est assez dément. Il est tellement vaste qu'un métro futuriste sans chauffeur relie les cinq terminaux entre eux. Une voix synthétique vous donne des ordres. « Reculez », « Ne bloquez pas les portes », « Attention, on démarre ». C'est *Big Brother* et *2001 L'Odyssée de l'espace* réunis. Résultat : il faut bien compter 1 h, parfois un peu plus, entre l'atterrissage de votre avion et votre sortie de l'aéroport ! Bon, on peut comprendre, cet aéroport étant comme par hasard le plus fréquenté du monde (77 939 536 passagers en 1999 !) devant Chicago et Los Angeles.

ℹ Kiosque touristique, Visitors' Information : ☎ 305-8426. Ouvert tous les jours de 9 h à 21 h.

Plusieurs façons de rejoindre le centre-ville :

➤ **Métro Marta :** on le prend directement dans l'aérogare. C'est le plus pratique, le plus rapide et vraiment le moins cher. Prendre la ligne South-North du *Baggage Claim*. Descendre à « Peachtree Center » si vous voulez être dans Downtown ou à « Five Points », un peu plus au sud. Transfert gratuit avec le bus. Fonctionne de 5 h à 1 h 30 (jusqu'à minuit et demi en fin de semaine).

➤ **Shuttle bus :** à prendre à l'extérieur. Il fait le tour des grands hôtels. Bien plus dispendieux et bien plus long que le *Marta*.

Adresses et infos utiles

Informations touristiques et culturelles

ℹ Kiosques d'informations touristiques : il y en a plusieurs disséminés en différents points névralgiques. Téléphone général : ☎ 521-6694. Demander la carte de la ville, les brochures *Atlanta Now* et *Key Atlanta, This Week*. Pour ceux qui sont en transport en commun, il existe aussi un fascicule intitulé *Multi Lingual Guide to Marta* avec une partie en français ; plusieurs autres brochures. Pour ceux qui visitent toute la Géorgie, demander le *Guide to Georgia*.

ℹ Atlanta Convention and Visitors' Bureau (plan B1) **:** 233 NE Peachtree Street, dans la Harris Tower (Suite 2000). ☎ 521-6694. Ouvert de 9 h à 17 h du lundi au vendredi.

– Dans l'*Underground Atlanta*, 65 Upper Alabama Street. ☎ 521-6688. Ouvert de 10 h à 21 h 30 du lundi au samedi et de 12 h à 18 h le dimanche.

■ **Alliance française :** 1 Midtown Plaza, 1360 Peachtree Street NE (Suite 2000). ☎ 875-1211. Ouvert du lundi au jeudi de 10 h 30 à 19 h et le vendredi de 10 h 30 à 18 h 30. Fermé les samedi et dimanche.

■ **Journaux d'informations :** *Creative Loafing*, journal d'informations gratuit et hebdomadaire (tous les mardis). Tout sur la musique et les arts. Se procurer aussi le *Key Magazine* ou le *Atlanta Now*. Et puis ceux qui restent longtemps se familiariseront rapidement avec la section week-end de l'*Atlanta Journal*.

Représentations diplomatiques

- **Consulat de France** (plan B1) : 285 Peachtree Center Avenue NE. ☎ 522-4226. Le consulat peut, en cas de difficultés financières, vous indiquer la meilleure solution pour que des proches puissent vous faire parvenir de l'argent, ou encore vous assister juridiquement en cas de problèmes.
- **Consulat de Belgique** (plan B1) : 229 Peachtree Street NE. ☎ 659-2150.
- **Consulat de Suisse :** 1275 Peachtree Street NE, Suite 425. ☎ 870-2000.
- **Consulat du Canada** (plan A2) : 1 CNN Center. ☎ 532-2000.

Banques et change, postes

La plupart des banques changent les chèques de voyage et permettent de retirer de l'argent avec une carte de paiement. Nombre d'entre elles possèdent un distributeur accessible 24 h/24.

- **Bank South :** 55 Marietta Street NW.
- **Nations Bank** (plan B1) : dans l'enceinte du Peachtree Center, au 233 Peachtree Street.
- **American Express :** Colony Square, 1175 Peachtree Street NE. ☎ 892-8175.
- **Thomas Cook Foreign Exchange** (plan B1) : 245 Peachtree Center Avenue, Marquis One Tower, Gallery Level. ☎ 681-9700 ou 1-800-287-7362.
- **Poste** (plan A2) : 183 Forsythe Street (à l'angle de Marietta Avenue). Fait poste restante.
- Autre **poste** (plan B1) dans le Peachtree Center, au 233 Peachtree Center, au sous-sol.

Transports hors de la ville

- **Greyhound-Bus dépôt** (plan A3) : 232 Forsyth Street. À côté de la station *Marta Garnett*. ☎ 584-1731 et 1-800-231-2222. Nombreuses liaisons avec toutes les grandes villes. Consigne.
- **Amtrak** (hors plan par B1) : 1688 Peachtree Street NW. Au nord de la ville. ☎ 1-800-872-7245. Le nom de la gare est Brook Wood Station.

Compagnies aériennes

- **Continental :** ☎ 1-800-525-0280.
- **Delta :** ☎ 765-5000.
- **Northwest :** ☎ 1-800-225-2525.
- **US Airways :** ☎ 428-4322.

Urgences, soins

- **Urgences :** ☎ 911.
- **Police :** ☎ 658-6600.
- **Pharmacie ouverte 24 h/24 :** Big B Pharmacy, 1061 NE Ponce de Leon Avenue (à l'angle avec Highland Street). ☎ 876-0381.

Comment se déplacer en ville ?

➢ **Le bus et le métro :** le système de transport en commun fonctionne bien. Bus et métro s'appellent *Marta*. Pour toutes infos : ☎ 848-5000. Le bus possède un réseau complet mais pas évident à saisir du premier coup. Le métro est le plus simple : deux lignes, East-West et South-North. Point de rencontre à la station « Five Points », au cœur du Downtown, là où se trouve *Underground Atlanta*. Pratique pour rallier les autres quartiers intéressants de la ville : Little Five Points, Midtown... Pour vous faciliter la vie et dans la mesure du possible, on conseille de prendre le métro pour rallier les différents quartiers, puis de faire le reste à pied. Prévoyez de la monnaie (billets de 1 US$), car vous ne pourrez pas vous en procurer une fois dans le métro. Pour ceux qui restent plusieurs jours, pass pour 2, 3 ou 5 jours. S'achète dans les stations *Marta* Five Points, Lenox, Lindbergh Center ainsi que dans les supermarchés et à l'aéroport. Dans quasiment toutes les stations vous trouverez un mensuel gratuit, le *Atlanta on the go,* offrant de très bonnes cartes des différents quartiers de la ville.

➤ *La voiture :* une véritable galère pour se garer. Dans le centre-ville, le prix des parkings est dément. Mais vous n'avez pas le choix. Ici, pas question de rester 2 mn en double file. On vous l'enlève immédiatement. Très peu de parcmètres. Il n'y a pratiquement que des parkings privés. Ailleurs, c'est plutôt pratique, la ville étant étendue. Pour ceux qui ont un véhicule, il s'agit de jouer habilement entre transports en commun pour le centre-ville, et véhicule privé pour les autres quartiers.

Où dormir ?

Encore peu de routards par ici, donc peu de logements à la portée de leur bourse. Cela dit, Atlanta étant une ville avant tout de congressistes, les prix des hôtels varient du simple au triple en fonction des conventions importantes qui se tiennent en ville. Il est primordial de se renseigner auprès de l'office du tourisme avant de venir. Évidemment, tous les hôtels proposent des prix plancher et des prix plafond aux mêmes moments. D'où l'importance de choisir sa période. Autant vous pouvez obtenir une chambre pour 4 dans un établissement de semi-luxe pour l'équivalent par personne du prix d'une AJ, autant vous allez vous faire assommer le porte-monnaie dans les règles de l'art.

Ceci est moins valable pour les périodes estivales mais tout de même, voici la marche à suivre : téléphoner à l'office du tourisme pour connaître les périodes à éviter. Appeler différents hôtels pour connaître leurs tarifs et les comparer. Ne prenez pas notre classement par rubrique comme une référence absolue, surtout dans les catégories « Prix moyens » et « Un peu plus chic ».

À ne pas négliger non plus : certaines chaînes d'hôtels font des petits encarts de pub sur les cartes touristiques et les journaux gratuits de la ville. Ces « coupons » indiquent des prix d'appel assez alléchants. Ils ne sont pas pratiqués toute la semaine. Appelez, dites que vous avez vu la pub et demandez si le tarif est applicable pour vos dates. Les *Days Inn* sont coutumiers de cette formule de discount. Enfin, 2 sites qui proposent des réductions parfois très intéressantes : ● www.navigantvacations.com ● www.travelocity.com ●

Les campings (à l'extérieur de la ville)

☒ **Stone Mountain Campground :** à l'intérieur du parc du même nom et à 16 miles à l'est de la ville. Il faut donc payer le droit d'entrée une fois (valable 7 jours). ☎ 770-498-5710. Emplacement autour de 30 US$ en été et 25 US$ en hiver. Pour réserver : 1-800-385-9807. Pour y aller : prendre Ponce de Leon vers l'est et poursuivre vers East-78 jusqu'au panneau « Stone Mountain Park ». Dans un environnement extraordinaire. Sous les bois de Géorgie et dominant un beau lac. Douche, barbecue, table, espace... et calme absolu. Mais pourquoi on n'a pas ça en France ?

⚑ **Arrowhead Campground :** à l'ouest de la ville. Prendre l'I 20 West puis l'Exit 47 et tourner à droite. ☎ 770-732-1130. Emplacement autour de 30 US$. Ouvert toute l'année. Quasiment au même prix que le *Stone Mountain* mais moins bien situé. Ne conviendra qu'à ceux qui veulent s'avancer vers l'ouest. À 5 mn du parc d'attractions de Six Flags. Salle de jeux et piscine.

Dans le centre et Midtown

Bon marché

⌂ **YMCA** *(plan B2, 20)* : 22 NE Butler Street. ☎ 659-8085. À une quinzaine de minutes à pied de la station de métro Georgia State. Ouvert 24 h/24. Pour hommes uniquement, et on ne rigole pas avec le règlement ! Cher pour ce que c'est, environ 17 US$, mais reste le meilleur hébergement de la ville lorsqu'on est seul. 50 lits environ. Chambres simples seulement. Douche et toilettes à l'extérieur. Correct et vraiment central. Si vous êtes deux, allez plutôt au *Super 8 Hotel*, car il n'y a rien de plus déprimant que de se retrouver seul dans sa mini-chambre, baigné dans cet univers masculin un peu carcéral.

⌂ **Hostelling International-Atlanta** *(hors plan par B1)* : 223 Ponce de Leon Avenue (à l'angle de Myrtle Street). ☎ 875-9449. • www.hostel-atlanta.com • M. North Avenue. Entre Downtown et Midtown. Avec la carte ISIC, compter 15 US$ en dortoir et 20 US$ par personne en chambre double. Il vous sera demandé 3 US$ de plus si vous n'avez pas la carte internationale étudiant. Sur le devant, une superbe maison victorienne proposant des chambres admirables en *B & B* (voir la catégorie « Très chic ») et sur l'arrière, dans un petit immeuble de brique retapé, une auberge de jeunesse de 40 lits, divisée en dortoirs de 4 en moyenne. Réception ouverte de 8 h à 12 h et de 17 h à minuit, mais l'auberge reste accessible aux résidents toute la journée. Chambres petites. Cuisine à disposition, une salle de bains par étage, billard, salle TV... Patronne accueillante. Sac de couchage pas accepté mais location de draps. Couvertures fournies. Les portes ferment à minuit mais on peut avoir une clé si l'on souhaite rentrer plus tard. Café et beignets offerts au petit déj'.

⌂ **Super 8 Hotel** *(plan A2, 21)* : 111 Cone Street (à l'angle de Luckie Street NW). ☎ 524-7000. Fax : 659-7715. M. : Peachtree Center. En plein Downtown. Compter de 75 à 120 US$. Un vrai hôtel de plus de 200 chambres mais il reste très modeste. La clientèle va du vieux couple désargenté au *homeless*. L'hôtel est fréquenté par une faune disons... bigarrée. Les séances du petit déj' vous réserveront probablement quelques scènes romanesques, un régal pour les routards amateurs d'images fortes ! Un peu cher pour 2, mais intéressant pour 3. À 4 personnes, ça revient moins cher que la *YMCA*. Chambres honnêtes avec salle de bains réduite au strict minimum, TV et AC.

De prix moyens à plus chic

⌂ **Clermont Motor Hotel** *(hors plan par B1)* : 789 Ponce de Leon Avenue NE (à l'angle de Bonaventure Avenue). ☎ 874-8611. Bus n° 1 de North Avenue Station. Compter 70 US$ la double. À 10 mn du centre en voiture. Grande bâtisse de brique dans un quartier peu animé mais devant une rue passante. Ouvert 24 h/24. Un des moins chers dans sa catégorie. Le réceptionniste vous attend abrité derrière une vitre sale... pas trop engageant tout ça ! Ceci étant dit, les chambres sont spacieuses, vieillottes mais propres, équipées de douche, TV et AC.

Chambres à la nuit, appartements à la semaine, avec ou sans cuisine. Pas mal pour le prix mais assez tristounet quand même.

🏠 *Quality Inn* (plan A2, 22) : 89 Luckie Street. ☎ 524-7991. Fax : 524-0672. M. : Peachtree Center. En fonction des périodes, compter entre 85 et 110 US$. Le type même d'hôtel insipide et sans fantaisie mais agréablement confortable. Les chambres ont toutes machine à café, table à repasser, TV, sèche-cheveux et moquette épaisse.

🏠 *Travel Lodge Downtown* (plan B1, 23) : 311 Courtland Street NE. ☎ 659-4545. Réservations au 1-800-578-7878. Fax : 659-5934. • www.travelodge.com • Métro à 10 mn à pied de Peachtree Center. En lisière de Downtown, presque à l'angle de Baker Street. Chambres doubles de 85 à 150 US$. Propre, confortable, parking gratuit. Pour ceux qui ne peuvent s'offrir les grands hôtels mais qui ont quand même de quoi se payer un bon établissement central. Bon, c'est loin d'être le meilleur rapport qualité-prix mais les tarifs sont acceptables hors des périodes de congrès.

Encore plus chic

🏠 *Hampton Inn* (plan A1, 24) : 161 Spring Street. ☎ 589-1111. Fax : 589-8999. • jburkett@cooperhotels.com • M. : Peachtree Center. Prix particulièrement mobiles en fonction des périodes, allant de 100 à 200 US$. Un hôtel très élégant, idéalement situé, avec un grand lobby rutilant de partout. Les chambres sont parfaites, belles et grandes, avec planche à repasser, cafetière électrique, sèche-cheveux, TV, moquette de 10 cm d'épaisseur... bref, le grand confort ! Prix vraiment raisonnables quand il n'y a pas d'événements particuliers en ville. Accueil tout sourire, super *friendly* à l'américaine !

🏠 *Midtown Manor* (hors plan par A1) : 811 Piedmont Avenue N.E. (à l'angle de 5th Avenue). ☎ 872-5846. Pour réserver : 1-800-724-4381. Fax : 875-3018. À 10 mn à pied de la station North Avenue. Compter 110 US$ pour une chambre double. Superbe maison coloniale en bois, décorée avec goût, confortable et cosy, à 2 pas du centre. Beaucoup plus agréable qu'un grand hôtel, au même prix.

Très chic

🏠 *Bed & Breakfast* (hors plan par B1) : 223 Ponce de Leon Avenue (à l'angle de Myrtle Street). ☎ 875-9449. • rsvp@mindspring.com • M. : North Avenue. Entre Downtown et Midtown. Chambres doubles de 120 à 140 US$ selon la taille. Cette maison victorienne du début du XXe siècle, ancien bordel déguisé en *massage parlor*, se révèle une superbe adresse de *B & B*. Cosy, chaleureuse, joliment décorée, superbement meublée dans des styles différents, mais tous du début du XXe siècle. Le salon du bas, agréable et chaleureux, est un avant-goût des belles chambres, possédant toutes un caractère marqué. 6 chambres pour 2 personnes et 2 suites pouvant accueillir 4 personnes. D'ailleurs à 4, même si le prix global est élevé, ça devient accessible. Voici la parfaite antithèse de l'hôtel de chaîne classique.

🏠 *Beverley Hills Inn* (B & B; hors plan par B1) : 65 Sheridan Drive. ☎ 233-8520. • www.beverlyhillsinn.com • Dans le quartier de Buckhead, au nord de Midtown. Sheridan Drive est une petite rue perpendiculaire à Peachtree Street, sur la droite quand on va vers le nord. En fonction des périodes, compter de 110 à 170 US$. Pour séjourner par ici, il est préférable d'avoir un véhicule. Coin résidentiel et calme, au milieu des arbres et de belles résidences. Petit immeuble début XXe siècle s'apparentant plus à un mini-hôtel qu'à un vrai *B & B*. Vastes chambres agréablement décorées, avec coin-salon, coin-cuisine, à l'atmosphère plutôt anglaise. De la musique classique flotte en permanence dans la salle de petit déj' (qui est compris), où l'on est entouré de fresques rappelant l'Europe. L'ensemble est très cher et ne s'adresse qu'à nos lecteurs très riches qui ne souhaitent pas séjourner dans de grands hôtels. Bon, dans le genre, on préfère de loin l'adresse ci-dessus (plus proche du centre, plus charmante, plus intime et moins chère).

Où prendre un petit déj' pas cher ?

I●I **5000 Deli** *(plan B1-2, 40)* : 10 Ellis Street NE, une rue perpendiculaire à Peachtree Street, dans Downtown. ☎ 525-5201. Petit déj' autour de 5 US$. Ouvert de 7 h 30 à 15 h du lundi au vendredi. Vraisemblablement, l'un des derniers *coffee-shops* rescapés de la boulimie immobilière du secteur. Depuis près de vingt ans, on sert ici des petits déj' aux pauvres, aux ouvriers et aux yuppies en quête d'authenticité. Simple, bon marché. Ici, c'est presque de l'ethnologie. Excellent accueil.

Où manger ?

Pas mal de chouettes adresses, toutes différentes.

De bon marché à prix moyens

I●I **Varsity** *(hors plan par A1)* : 61 North Avenue NW. Dans Midtown et près de l'I. 85. M. : North Avenue. Ouvert tous les jours de 8 h à 0 h 30, jusqu'à 2 h les samedi et dimanche. Un endroit incroyable, à ne manquer sous aucun prétexte. Vous voici dans une mangeoire publique, une véritable usine à bouffe où sont débités des quintaux de hamburgers à la chaîne toute la journée. Mis bout à bout, plus de 4 miles (6 km) de hot-dogs sont servis par jour, ainsi qu'une tonne de pommes de terre et une tonne d'oignons. Dans un couloir, photos dédicacées des personnalités qui sont venues se commettre dans cet endroit. Ça fait rire, mais ça peut aussi faire pleurer. On tranche ici dans le lard de l'Amérique. Le plus grand *drive-in* et le plus vaste fast-food des *States*. Ici, faut qu'ça roule ! « Have your money in hand and your order in mind », ordonne une pancarte. Le pire, c'est que c'est plutôt bon : *onion rings*, hot-dogs et sandwichs. On prend son plateau et on file dans l'une des nombreuses salles où trône un poste de TV. Chaque pièce est dédiée à une chaîne (*CNN*, *Channel 2*, *5* ou *11*). Vissés à une chaise-table, le regard rivé sur l'écran, les dents plantées dans votre chien-chaud, bon appétit les amis !

I●I **Mary Mac's Tea Room** *(hors plan par B1)* : 224 Ponce de Leon NE. ☎ 876-1800. Dans Midtown. Ouvert du lundi au samedi de 11 h à 20 h 30. Le dimanche, ouvert de 11 h à 15 h. Fermé le samedi. Compter autour de 15 US$. Beau *dining* cinquantenaire, qui n'a pas changé d'un pouce. Ici, on a le respect des traditions. Cuisine simple et sympathique : légumes frais, *catfish*, *chopped steak*, *trout* et aussi un *special country dinner*. Le menu comprend toujours un plat accompagné d'un ou deux légumes, ainsi qu'une soupe. Amusant, le menu indique que les *junior plates* sont réservées aux moins de 12 ans et... aux plus de 100 ans ! Un morceau d'anthologie sociale servi dans un décor de temps qui passe.

I●I **Le marché municipal** ou **Curb Market** *(plan B2, 62)* : 209 Edgewood Avenue (à l'angle avec Butler Street). Dans le centre-ville. Ouvert du lundi au jeudi de 8 h à 17 h 30 (18 h 30 les vendredi et samedi). Parking gratuit seulement pour ceux qui vont au marché (commentaire dans « À voir »). Petits étals qui proposent des plats préparés copieux et pas chers : saucisses, jambon, *country ham*, plats chinois et cuisine des Caraïbes. Très sympa, plutôt bon et une animation géniale.

I●I ***Beautiful Restaurant*** *(hors plan par B2)* : 397 Auburn Avenue (à l'angle avec Jackson Street). Entre les deux églises importantes de ce quartier. Ouvert tous les jours de 7 h à 20 h 30. Compter 10 US$ pour un repas copieux. On fréquente cette adresse après la messe à l'*Ebenezer Church*, histoire de rester dans l'ambiance. C'est une sorte de cafétéria, de self bon marché où de grosses *mammas* blacks proposent une cuisine du Sud, roborative et populaire : *ribs*, *beef stew* (ragoût de bœuf), poulet grillé... accompagné de *sweet potatoes* et différents légumes. Intéressants gâteau à la carotte et pudding à la banane. Haut en couleurs, on ne peut plus cinématographique, galerie de portraits extraordinaire... sous les ventilos ! Une de nos adresses préférées.

I●I ***Hong Kong Dragon*** *(plan A1-2, 42)* : 131 Cone Street, dans Downtown. ☎ 584-8676. Ouvert du lundi au vendredi de 11 h à 16 h. N'ouvre qu'à midi le samedi. Fermé le dimanche. Pour environ 8 US$ (boisson comprise !), le resto attenant au *Super 8 Hotel* propose une formule unique de buffet à volonté. Fait aussi des *lunch boxes* à emporter. Évidemment, il s'agit de se nourrir, pas de faire un repas de gourmet.

I●I ***Underground Atlanta*** *(plan A2, 61)* : dans le cœur de Downtown (lire la rubrique « À voir »). Si vous êtes dans le coin avec un petit creux à remplir, vous pouvez aller à l'*Old Alabama Eatery*, une section de l'Underground où l'on trouve toutes sortes d'échoppes et de plats préparés, venant de tous les coins du monde. Pas cher, mais pas très gai non plus.

Prix moyens

I●I ***Jocks and Jills*** *(hors plan par B1)* : 112 10th Street NE (à l'angle avec Peachtree Street). ☎ 873-5405. Ouvert du lundi au samedi de 11 h à minuit ; le dimanche jusqu'à 22 h. Situé près de la maison de Margaret Mitchell. Compter environ 13 US$ pour un repas. L'adresse où se retrouvent les fans de basket, baseball et football. Normal, cette chaîne de restos appartient à quatre joueurs des Hawks (équipe de basket). Écran géant et TV qu'on regarde en dégustant un *juicy burger* accompagné d'une copieuse salade (comprise). Ambiance parfaitement américaine. Plats reconstituants pour honorer les grands gaillards et braillards qui viennent y suivre un match. Coca à volonté (quel gâchis !). Venir plutôt un soir de match si possible. Fait aussi bar.

I●I ***Vickery's*** *(hors plan par B1)* : 1106 Crescent Avenue. ☎ 881-1106. Dans Midtown, à 10 mn de Midtown Station. En voiture, monter Peachtree vers le nord, tourner à gauche au niveau de 11th Street, puis à droite. Ouvert tous les jours midi et soir. Sert jusqu'à minuit et fait bar jusqu'à 2 h. On vient plutôt le soir dans cette jolie maison qui tient fièrement le coup au milieu des buildings. Rendez-vous des branchés et de ceux qui voudraient l'être. Ambiance à l'américaine, bon enfant et décontractée. Cuisine éclectique. Agréable petite terrasse sous les arbres. Et puisqu'il ferme tard, pourquoi ne pas y aller pour un *night-cap* (littéralement bonnet de nuit : le dernier verre) ?

I●I ***Fontaine's*** *(hors plan par B1)* : 1026 B North Highland Avenue. ☎ 872-0869. Dans le très agréable quartier de Virginia Highland, avec ses airs de ville à la campagne, truffé de restos et de bars très sympas (voir « Où boire un verre ? »). Difficile sans voiture, hélas. Compter autour de 18 US$ pour un repas. Les Atlantais viennent au *Fontaine's* déguster des huîtres, dans une ambiance joyeuse et conviviale. Mais attention, pas uniquement la banale petite huître crue avec son filet de jus de citron ! Non, ici on cuisine le mollusque lamellibranche sous toutes les formes possibles et imaginables : à la vapeur, en beignets, frites, en sauce, etc. Pour les réfractaires, quelques plats de poissons et fruits de mer bien préparés. Bonnes bières à la pression.

I●I *Sylvia's* (plan A3, **43**) : 241 Central Avenue. ☎ 529-9692. Ouvert tous les jours de 10 h à 22 h (jusqu'à 20 h le dimanche). Compter entre 12 et 16 US$ pour un repas très copieux. À une dizaine de minutes à pied de Underground, voici le resto le plus sympa du quartier, lieu idéal pour découvrir la cuisine du Sud. Jolie déco moderne et agréable, grandes baies vitrées, tables et chaises en bois, bar élégant et jazz en fond sonore. Parmi les plats typiques, vous pouvez essayer l'excellent poisson-chat pané, le poulet fumé aux épices, le *collard greens* (de la famille des choux, légèrement amer mais délicieux), les beignets de patate douce et les salades gargantuesques... de quoi nourrir quatre petits Français sans problème (d'ailleurs, tout le monde repart avec son *doggy bag*) ! Et si, par un miracle anatomique étonnant, vous avez encore un p'tit creux, vous pouvez oser le *red velvet cake*, un gâteau d'un rouge presque inquiétant.

Plus chic

I●I *Murphy's* (hors plan par B1) : 997 Virginia Avenue, NE. Dans le quartier de Virginia Highland. ☎ 872-5611. Ouvert du lundi au jeudi de 11 h à 22 h. Le vendredi, fermeture à minuit. Ouvert le week-end de 8 h à 22 h. Prévoir un bon 25 US$. Pas de doute, les Américains ont le don de faire des restos à la fois chaleureux, élégants et décontractés. Belle illustration ici, dans cette maison en brique et bois datant des années 1920, joliment restaurée. On s'installe dans une grande salle largement vitrée, œuvres d'artistes locaux accrochées aux murs, dans une ambiance cosy et joyeuse. Excellente cuisine inventive et vraiment raffinée... On est bien loin du *fried chicken* de base. Difficile de choisir parmi les nombreuses propositions plus originales les unes que les autres. On a particulièrement apprécié les salades (d'une fraîcheur remarquable) et la délicieuse saucisse de canard, servie sur un gigantesque champignon. Service aussi soigné que les plats et longue carte de vins. D'accord, ce n'est pas l'adresse la moins chère du quartier mais franchement, offrir cette qualité à ce prix, chapeau !

I●I *Indigo* (hors plan par B1) : 1397 N Highland Avenue. Dans le quartier de Virginia Highland. ☎ 876-0676. Repas autour de 30 US$. Un des meilleurs restos de poisson d'Atlanta, dans un décor coloré et chaleureux plutôt réussi. Plusieurs salles, différentes tonalités, mais vous aurez peu de chance de choisir votre coin tant le lieu est prisé (attente probable pour être placé). Préparations originales de poisson comme le *cat fish* au sésame, les *tempuras*, ou encore les huîtres chaudes panées. Bonne sélection de vins... cher, très cher ! Ambiance à la fois chic et cool, typiquement américaine. On oubliait : sur les élégantes tables recouvertes de nappes blanches, la salière bleue, modèle familial, de la *Baleine des Salins du midi*... le fin du fin, la *french touch* tellement chic !

I●I *The Pleasant Peasant* (hors plan par B1) : 555 Peachtree Street. ☎ 874-3223. À 5 mn à pied de la station de métro North Avenue. Ouvert à midi du lundi au vendredi et tous les soirs de 17 h 30 à minuit. Un repas vous coûtera environ 40 US$. Nous, on préfère y aller le soir pour son côté romantique et les bougies sur les tables. Musique douce, classique ou jazz, serviettes de coton blanc, murs de brique et serveurs expliquant avec pédagogie tous les plats : de l'authentique et du distingué. Large éventail de plats américano-européens (ou l'inverse), élaborés et goûteux. La liste des *appetizers* permet de faire un repas sans heurter le budget. Prix justes et serveurs en tenue. Une adresse idéale pour les amoureux. Arriver tôt ou tard car l'adresse est très prisée et on ne prend pas de réservations.

Bien plus chic

The Abbey (hors plan par B1) : 163 Ponce de Leon (à l'angle avec Piedmont). ☎ 876-8831. Ouvert tous les soirs de 18 h à 22 h. Il faut prévoir au moins 80 US$ par personne... Réservé aux routards en fonds qui auraient encore un peu d'argent en fin de parcours ! De toute façon, si vous passez devant un samedi soir, c'est à voir, rien que pour le décor. Resto installé dans une abbaye gigantesque datant de 1915, avec vitraux et meubles somptueux, serveurs déguisés en moines. Mélange de cuisines européennes finement préparées. C'est vraiment l'Amérique dans toute son extravagance...

Où boire un verre ? Où écouter de la musique ? Où danser ?

Vers Midtown, Buckhead et autour

Masquerade (hors plan par B1) : 695 North Avenue NE. ☎ 577-8178. Un peu à l'est du Midtown. Être motorisé. Ouvert généralement du mercredi au vendredi de 21 h à 4 h, le samedi jusqu'à 3 h et le dimanche jusqu'à minuit. *This is « THE » place* à Atlanta. Dans ce grand entrepôt noir, en bois et en pierre, trois niveaux : *Heaven*, *Purgatory* et *Hell*. Mode d'emploi de la *Masquerade* : une pièce d'identité pour avoir un bracelet attestant que vous avez l'âge, une poignée de dollars (de 3 à 8) et un tampon invisible pour l'entrée et... en voiture Simone ! Au rez-de-chaussée, le « Purgatoire » : un bar, un baby-foot américain (13 joueurs), quelques billards et une atmosphère crade comme un parking d'autoroute. Au 1er étage, le « Paradis » : vaste salle où échoue tout le rock, du plus classique au plus progressif. Trois formations en moyenne tous les soirs. En sous-sol, normal, c'est l'« Enfer » : house-music, techno-pop, lumières stroboscopiques, foule bigarrée et faces minées d'une jeunesse tristement désabusée. Pas étonnant qu'ils soient tous en Enfer. Au total, un univers qui n'a de catholique que les noms. Pour une plongée dans la réalité juvénile de la ville, l'adresse qu'il vous faut.

Cotton Club (hors plan par B1) : 1021 Peachtree Street. ☎ 874-9524. Ouvert seulement les vendredi et samedi soir (et parfois en semaine), à partir de 22 h. Ferme à 3 h ou 4 h. Le club n° 1 à Atlanta pour toutes les formes de rock moderne, heavy, alternatif, progressif... Entre 3 et 5 formations dans la soirée. Fréquenté par des grappes de jeunes surexcités. Ancien cinéma, ancien bar gay, c'est aujourd'hui une étape classique du circuit nocturne. Certains soirs, ça « pogotte » un max sous l'œil vigilant des cerbères de service. Bref, pas exactement l'ambiance coton. Détail curieux : pas un seul Noir dans la salle.

Dans Downtown

Hard Rock Café (plan B1, 50) : à l'angle de Peachtree et International Blvd. Au cœur de Downtown. ☎ 688-7625. Ce n'est pas une salle de concert, ni une boîte, mais un simple bar-resto. Ouvert tous les jours jusqu'à 2 h. On indique ce *HRC* pour ne pas avoir l'air de l'oublier, mais franchement c'est d'un conventionnel affligeant tant pour la déco que pour la clientèle. Et dire qu'il y a parfois 50 m de queue pour entrer là-dedans !

À Little Five Points

Plusieurs bars sur *Euclid Avenue*, près de Moreland Avenue. Une ambiance décalée qu'on aime.

🍸 ♪ ***The Star*** *(hors plan par B1)* : 437 Moreland Avenue. ☎ 681-9018. Musique *live* du lundi au samedi de 15 h à 2 ou 3 h. Style country bar où l'on écoute toutes sortes de musiques de qualité.

Dans le quartier de North Highland

🍸 ♪ ***Blind Willie's*** *(hors plan par B1)* : 828 North Highland Avenue. ☎ 873-2583. Compter de 7 à 9 US$ en semaine et 10-12 US$ le week-end (prix selon les formations). Une des meilleures adresses de la ville pour écouter du blues. *Bands* tous les soirs à partir de 21 h ou 22 h, jusqu'à 2 h ou 3 h. Bar chaleureux et authentique. Voir aussi les petites adresses de bars dans le quartier voisin de Little Five Points et de Virginia Highland.

Dans le quartier de Virginia Highland

🍸 ***Fontaine's*** *(hors plan par B1)* : 1026 B North Highland Avenue. ☎ 872-0869. Ouvert de 11 h 30 à 4 h tous les jours (le mardi à partir de 16 h). Un des bars préférés des Atlantais, et on partage leur enthousiasme. Si vous ne voulez pas y dîner (voir « Où manger ? »), vous pouvez néanmoins vous abandonner dans un des gros canapés en cuir ou vous installer au bar, face à une guirlande de serveurs *very friendly* et super *busy*. Animé, plutôt bruyant, chaleureux et vraiment très sympa.

À voir

– L'association **Atlanta Preservation Center** propose des tours guidés en anglais, quartier par quartier. Il y a plusieurs points de départs en ville. La plupart des tours ont lieu deux fois par semaine. Renseignements : ☎ 876-2040. Parfait pour les férus d'histoire.

Dans le quartier d'Auburn

Ce vieux quartier dont une large partie est classée et où l'on trouve une série de jolies et modestes maisons de bois présente un intérêt architectural et historique indéniable. Aujourd'hui, tout ce coin a été réhabilité et les anciennes maisons sont relouées à des particuliers pour y réinsuffler de la vie. Commencez la visite par le *Visitors' Center* où un plan extrêmement bien fait vous sera offert, vous permettant de vous balader facilement dans le quartier. C'est aussi là qu'il faut prendre le billet pour la visite de la maison de Martin Luther King. De plus, tous les édifices préservés sont indiqués par des panneaux explicatifs en anglais très intéressants. Visite quasi obligatoire puisque Martin Luther King naquit ici. Une sorte de pèlerinage vers une des hautes figures du combat pour l'égalité entre les races. Plusieurs haltes dans ce coin où règne une atmosphère particulière. Le meilleur jour est le dimanche, à cause de la messe.

★ **Martin Luther King Center** ou **Visitors' Center** *(hors plan par B2)* : à l'angle de Jackson Street et Auburn Street. ☎ 331-5190. • www.nps.gov/malu • De la station de métro Five Points, prendre le bus n° 3 et s'arrêter à M.L.K. Le centre est situé à côté de la nouvelle église et en face de Ebenezer Baptist Church. Ouvert de 9 h à 17 h tous les jours. Entrée libre. À deux pas de sa maison natale, c'est d'ailleurs là qu'on se procure les billets gratuits mais indispensables car le nombre de visiteurs est limité. Mieux vaut vous inscrire dès votre arrivée dans le quartier. Immense édifice tout moderne entièrement dédié au combat du révérend noir. Brochures, photos superbes (dont une prise juste la veille de son assassinat, le 4 avril 1968, au *Lorraine Motel* à Memphis), documents, films émouvants, objets, panneaux instructifs sur sa vie et ses luttes. Passionnant et essentiel pour mieux comprendre cette page de l'histoire américaine... dont les Américains ne parlent pas volontiers !

De l'autre côté de la rue, le tombeau de Martin Luther King entouré d'un bassin, où 3 millions de personnes viennent se recueillir chaque année. Bien sûr, la boutique de souvenirs se trouve à deux pas.

★ *Martin Luther King House* : 501 Auburn Avenue. Accessible en bus *Marta 3* de la station Five Points. Visite guidée en anglais de 10 h à 17 h en continu. Réserver à l'avance au Martin Luther King Center. Départ toutes les 30 mn ou toutes les heures en fonction des saisons. Gratuit. Jolie maison de style victorien où naquit le pasteur King et où il vécut jusqu'à 12 ans. La famille faisait partie de la haute classe moyenne *(upper middle class)*. Décorée simplement. L'important, plus que le mobilier, c'est la symbolique de la visite. On y voit bien le mode de vie des années 1930-1940. Même si on comprend mal l'anglais, visite intéressante. Beaucoup de Noirs y viennent, le visage un peu grave. Pour nombre d'entre eux, la lutte continue.

★ *Wheat Street Baptist Church* et *Ebenezer Baptist Church* : face au 364 Auburn Avenue pour la première et un peu plus bas pour la seconde. Messes à 10 h 30 pour la *Wheat Street Baptist Church* tous les dimanches. Extraordinaire chant gospel. Peu de Blancs viennent assister à cette messe véritablement spectaculaire. Ambiance unique. À ne pas louper.

À deux pas, *Ebenezer Baptist Church* se visite mais depuis la construction de la nouvelle église (située juste en face), on n'y célèbre quasiment plus de messes. C'est ici que le pasteur King officia de 1960 à 1968 et que sa mère fut assassinée en 1974, alors qu'elle jouait de l'orgue...

★ *La nouvelle église* : gigantesque, moderne, sobre et lumineuse, située en face de *Ebenezer Baptist Church*. Messe à 10 h 45. Devant certains excès, on se permet de vous rappeler qu'il s'agit d'offices religieux. Il convient, entre autres, d'être correctement habillé... et même en mettant vos plus beaux atours, il vous sera difficile de rivaliser avec l'extrême élégance des femmes chapeautées, des gamines parées de dentelles et des hommes en costumes sombres. La messe dure 2 h-2 h 30 en tout. Évidement, mieux vaut être à l'heure mais si c'est trop long pour vous, un truc : arriver 30 ou 45 mn après le début. Ce n'est pas irrespectueux ; c'est comme ça que font les locaux. La première demi-heure, l'église se remplit petit à petit et la montée en régime se fait en douceur. La deuxième heure est superbe de joie, de foi, d'animation... et de prières. Là aussi, superbes gospels et voix sublimes à la Louis Armstrong et Mahalia Jackson. Le pasteur déclame son sermon avec emphase, animé par un sens du spectacle indéniable. À ne manquer sous aucun prétexte.

★ *Musée des Pompiers (Fire Museum)* : sur Auburn Avenue, entre le Martin Luther King Center et la maison du pasteur. Une des plus vieilles casernes de la ville construite en 1894, retapée et transformée en musée. On y voit une superbe voiture de pompiers datant de 1927, une *American La France* !

★ *Apex Museum* (plan B2, 64) : 135 Auburn Avenue. ☎ 404-523. • www.apexmuseum.org • Ouvert du mardi au samedi de 10 h à 17 h (jusqu'à 18 h le mercredi), le dimanche, en février et de juin à août, de 13 h à 17 h. Fermé le lundi. Centre d'étude sur la population franco-américaine, expo, photos, documents sur l'histoire de cette communauté.

Les musées

★ ***High Museum of Art*** *(hors plan par B1) :* 1280 Peachtree Street (assez loin du centre). ☎ 892-3600. ● www.high.org ● M. : Arts Center. Ouvert du mardi au samedi de 10 h à 17 h, à partir de midi le dimanche. Fermé le lundi. Entrée : 7 US$. Réduction de 2 US$ pour les étudiants. Le meilleur musée d'Atlanta en matière d'art. Une réussite architecturale d'abord, signée Richard Meier, qui réalisa il y a quelques années l'immeuble de Canal + à Paris. L'endroit est beau, moderne et lumineux, composé de plusieurs niveaux, bassins, baies vitrées, atriums, et les collections présentées sont de qualité. La structure intérieure rappelle fortement le Guggenheim Museum de New York. On conseille de monter au 4e étage puis de redescendre doucement par la rampe. Peinture et sculpture européennes et américaines du XXe siècle au 4e étage, ainsi que des expos temporaires.
Le 3e étage possède une section classique de peinture religieuse du XVe siècle, ainsi qu'une bonne sélection d'œuvres des XIXe et XXe siècles. Il y a là un peu de tout. Styles, époques et provenances se mélangent allègrement. Le 2e étage est consacré aux arts décoratifs, d'une grande richesse. Remarquable mobilier américain du début du XXe siècle. Très belles pièces originales. Un peu d'art africain également. Visite à ne pas manquer.

★ Les ***Folk Arts and Photography Galleries*** sont une dépendance du musée des Arts et se situent au 30 John Wesley Dobbs Avenue NE (à l'angle avec Peachtree), dans un bel édifice moderne. ☎ 577-6940. Ouvert du lundi au samedi de 10 h à 17 h. Gratuit. Enceinte essentiellement consacrée aux grands photographes du monde entier et à l'art populaire américain sous toutes ses formes.

★ ***Margaret Mitchell House*** *(hors plan par A1) :* 990 Peachtree Street. ☎ 249-7012. M. : Midtown Station. Ouvert tous les jours de 9 h 30 à 17 h. Entrée : 12 US$. Réduction de 3 US$ pour les étudiants et les seniors. Complètement noyée dans un ensemble de gratte-ciel, cette maison-musée n'intéressera que les passionnés d'*Autant en emporte le vent* (tout de même record des ventes aux États-Unis, après la Bible). C'est ici que Margaret Mitchell accoucha de son œuvre, dans un des appartements de cette demeure construite en 1899. Elle n'y passa, en fait, que 8 ans de sa vie, entre 1925 et 1932. Portraits, objets, costumes, films... et une jolie boutique, business oblige.

★ ***Coca-Cola Pavilion*** *(plan A2, 60) :* 55 Martin Luther King Junior Drive. ☎ 676-5151. M. : Five Points. Ouvert tous les jours de 10 h à 21 h 30 et le dimanche de 12 h à 18 h. Entrée : 7 US$ pour tous, même les étudiants. Le temple de Coca-Cola, tout moderne, attire tout de même son million de visiteurs par an. La visite passe en revue l'histoire de la firme. Tout est présenté sur le mode ludique et n'a aucun but informatif. Coca se contente de se faire mousser, en trois dimensions... et il faut bien reconnaître que tout ça est vraiment bien foutu.
Affiches délicieuses du début du XXe siècle, premières bouteilles, étonnantes photos d'époque, mini-chaîne d'embouteillage. Explication de la manière dont le Coca était mélangé au gaz carbonique avant les années 1930. Et puis un film publicitaire de 13 mn où le patron de Coca vous souhaite la bienvenue dans le monde de Coca. Le film est un éclatant témoignage de l'Amérique suffisante, sûre d'être dotée d'une mission divine. Énervant comme tout ! Suit une série de pubs sur la firme, provenant du monde entier et mises bout à bout.
On vous dispense des autres trucs mais, avant de partir, arrêtez-vous à la dégustation, dans un espace hyper moderne, doté d'un ingénieux système de jet d'eau absolument étonnant, qui défie toutes les lois de la gravité. Après, tout gaze. Avant de sortir, passage obligatoire à la boutique. On tire notre chapeau à ceux qui parviennent à la traverser sans rien acheter !

★ **Cyclorama** *(hors plan par B3)* : dans Grant Park. ☎ 624-1071. Entrée par Cherokee Street, juste en face de Georgia Avenue. À côté du zoo. Ouvert de 9 h 30 à 17 h 30 tous les jours d'été (jusqu'à 16 h 30 le reste de l'année). Entrée payante : autour de 6 US$. Cassettes en français.
Visite en deux temps : un petit film de 14 mn sur la bataille d'Atlanta qui mit aux prises Sudistes et Nordistes en 1864. Après le film, présentation d'une sorte de diorama composé d'une gigantesque peinture circulaire servant de toile de fond à une scène tournante, racontant la prise d'Atlanta heure par heure. Intéressant surtout par la qualité de la mise en scène et du décor. Commentaire nécessitant de bien maîtriser la langue. Cette toile incroyable fut peinte en 1885 et les personnages en relief qui semblent en sortir ont été ajoutés dans les années 1930. Le résultat est étonnant, il faut le reconnaître. Amusant, tous les personnages ont la même tête. Curieux, il n'y a qu'une seule femme et qu'un seul Noir. Assez dément ce qu'ils font ces Américains pour attirer le touriste. Petit *musée historique* également sur la guerre de Sécession. Costumes, armes, documents. Belle loco du XIXe siècle à l'entrée. Bon, tout le monde ne sera pas séduit.

★ À côté, le *zoo* d'Atlanta. Ouvert de 9 h 30 à 16 h (jusqu'à 17 h 30 les fins de semaine au printemps et en été). ☎ 624-5600. Cher : autour de 13 US$, mais considéré comme l'un des plus beaux des États-Unis. Nous, vieux écolos, ça nous rend toujours tristes les zoos, mais il faut bien constater que celui-ci est très beau. Admirable section serpents, vastes espaces pour les mammifères (beaux gorilles). Une joie pour les petits.

★ **Carter Presidential Center** *(hors plan par B1)* : au nord-est du Downtown. Entrée sur North Highland, entre Cleburne et Zion Avenues. ☎ 331-3942. Ouvert du lundi au samedi de 9 h 30 à 16 h 30 et le dimanche à partir de midi. Entrée payante : 6 US$. Centre vraiment grandiloquent pour un petit président. Bonjour la démesure de l'édifice ! D'autant plus frappant qu'à l'intérieur, les raretés se battent en duel : cadeaux de voyages officiels, photos et écrans vidéo distillant des discours oubliables. Film de 30 mn sur l'histoire des États-Unis avec le commentaire de Mr Cacahuète. Le plus intéressant est cette section historique sur les participations des Américains aux différents conflits mondiaux. Une reconstitution du bureau ovale, quelques documents sur les deux grands dossiers de la présidence Carter : la prise d'otages à l'ambassade américaine de Téhéran (un échec) et la paix israélo-égyptienne à Camp-David (un succès). Pour les spécialistes.

★ **CNN Studio Tour** *(plan A1)* : dans l'immeuble situé à l'angle de Marietta et Techwood Streets. Bien indiqué par l'énorme logo sur le bâtiment. ☎ 827-2300. Ouvert tous les jours de 9 h à 18 h. Tour guidé en anglais toutes les 15 mn. Durée : 40 mn. Entrée : environ 9 US$. Réduction pour les plus de 65 ans et les enfants (interdits de visite en dessous de 6 ans). Possibilité de réserver par téléphone, ce qui permet de ne pas prendre le risque d'attendre. *CNN* est la Mecque de l'actualité américaine, la grande chaîne d'information connue dans le monde entier depuis la guerre du Golfe. Et puis Ted Turner, le big boss, est marié à Jane Fonda. Pourtant, après 20 ans de règne, il semble que le succès de CNN s'essouffle, concurrence des autres chaînes d'info oblige. Franchement, le tour n'est pas palpitant. On ne voit pas grand-chose et il faut très bien parler l'anglais. Mis à part la vision de la salle de rédaction (bof !) et une flopée de chiffres qu'on vous assène, la visite ne retiendra que les mordus ou les étudiants en journalisme.

★ **Atlanta History Center** *(hors plan par B1)* : 130 W Paces Ferry Road. ☎ 814-4000. Ouvert du lundi au samedi de 10 h à 17 h 30 et le dimanche de 12 h à 17 h 30. Payant et très cher : environ 12 US$. En plein cœur de la partie résidentielle du quartier de Buckhead. Ce grand centre historique sis dans une belle forêt comprend un édifice moderne qui est à la fois un centre d'accueil et un musée abritant des expos permanentes et temporaires sur

l'histoire des États-Unis. Partie consacrée à la guerre de Sécession évidemment, mais aussi à l'établissement des pionniers et d'autres thèmes assez intéressants. Si vous êtes dans le coin, vous pouvez y jeter un coup d'œil, mais on trouve le prix d'entrée particulièrement dissuasif.
Ensuite, pour un petit supplément (1 US$ par maison), on a la possibilité de visiter deux maisons du XIXe siècle : la *Swan House* et la *Tulie Smith House*. Tour guidé en anglais. Départ toutes les 30 mn. La *Swan* est une vaste demeure bourgeoise cossue de 1828, plutôt belle, mais assez triste. Bien sûr, quelques pièces splendides, quelques éléments de mobilier rares ou originaux (superbes consoles anglaises, boiseries ouvragées sur la bibliothèque, salle de bains de marbre...), mais la visite est globalement chi... enfin, ennuyeuse ! La *Tulie Smith* est une fermette du XIXe siècle replacée ici. Son véritable intérêt est d'avoir été une des seules à échapper au grand incendie de la ville provoqué par Sherman. On voit la chambre du pasteur et une autre petite pièce réservée aux prédicateurs ambulants et autres voyageurs. Bref, aux routards de l'époque. Bon, à notre avis, visite pas indispensable.

Les monuments et les sites

★ *Downtown* : gratte-ciel pas très beaux et hôtels de luxe. Le centre d'Atlanta, esthétiquement, n'arrive pas à la cheville de ceux de New York, Chicago ou Philadelphie. Et surtout, il ne dégage aucune chaleur. Pas d'émotions, pas de vibrations. Au milieu des arrogants totems de béton, quelques édifices du début du XXe siècle ont échappé au lifting par décapitation du centre-ville, comme le *Flat-iron Building*, édifice triangulaire (à l'angle d'Auburn et Park Place). Un des plus beaux immeubles récents, des plus épurés, est le *Pacific Building* sur John Wesley Dobbs Avenue, gratte-ciel de granit rose dont un des flancs est en escalier. On rappelle que l'*Atlanta Preservation Center* est une association qui propose des visites guidées hebdomadaires, notamment de l'Historic Downtown et du quartier d'Auburn Avenue (☎ 876-2040).

★ *Underground Atlanta* (plan A2, 61) : dans le cœur de Downtown. M. : Five Points. Non, il ne s'agit pas d'un métro, mais des sous-sols du centre-ville, transformés en une sorte de ville souterraine. Sur quelques blocs, les rues portent le même nom que celles en surface. On y trouve restos, bars, boutiques et beaucoup d'animation. Mais ce n'est pas la ville, ce sont ses entrailles. L'histoire de ce lieu est intéressante : la ville d'Atlanta ne savait pas trop quoi faire de ces sous-sols désaffectés. On opta pour une sorte de gigantesque réseau commercial souterrain avec béton à nu, tuyauteries apparentes. La première tentative fut un échec retentissant. L'endroit devint un repaire de malfrats et de rats des villes. Drogue, rackett, agressions... Un coupe-gorge doublé d'un gouffre financier. L'endroit fut repensé. Dix ans pour faire peau neuve ! L'Underground Atlanta nouveau semblait avoir pris. On ajouta un peu de lumière par ici, un rien de peinture par là et surtout beaucoup de policiers partout. Ce fut un tel succès que les rues extérieures étaient, à son redémarrage, moins fréquentées que le sous-sol. Incroyable Amérique ! Assez unique dans le genre.
Après quelques années d'un vrai succès, il semble qu'à nouveau la sauce retombe. Tous les clubs de jazz et de musique qui y étaient revenus ont une fois encore déménagé. L'endroit, animé certes, semble de nouveau subir une certaine « ghettoïsation ». Les Blancs n'y viennent plus le soir. Les restos et bars ont pour la plupart émigré du côté de Buckhead, au nord de la ville. Après une nouvelle vie, sera-ce une nouvelle mort pour l'Underground ? Encore trop tôt pour le dire mais l'endroit semble décliner doucement.

★ *Le marché municipal* (plan B2, 62) : 209 Edgewood Avenue (à l'angle avec Butler Street). Ouvert du lundi au jeudi de 8 h à 17 h 30 (jusqu'à

18 h 30 les vendredi et samedi). Parking sur Butler Street, gratuit et réservé aux clients. En v'là d'l'authentique, en v'la! Un vrai marché, avec des étals de légumes, en veux-tu en voilà, et de la viande véritable, même pas sous cellophane. Un des plus vieux marchés des États-Unis puisqu'il est là depuis 1923. Bien sûr, les marchandes américaines ne hurlent pas comme les vieilles crémières de chez nous, et pour cause : la moitié des étals sont tenus par des Chinois, l'autre moitié par des Blacks. Possibilité de manger sur le pouce pas cher.

★ *Le Capitole d'État* (plan B3, 65) : construit en 1889. ☎ 6562844. Ouvert de 7 h 30 à 17 h. Fermé les samedi et dimanche. M. : Georgia State Station. Le musée se trouve au 4e étage. Gratuit. Son dôme est recouvert de feuilles d'or mais vous vous en fichez. Vous avez raison, l'endroit est ennuyeux au possible et finalement pas très beau.

★ *Le Fox Theater* (plan B1) : 660 Peachtree Street NE. Sauvé de la démolition, ce théâtre est un témoignage de la décoration folle des années 1930. Style égypto-mauresque, avec un zeste d'Art déco. A été transformé en salle de spectacles : cinéma, théâtre, opérettes, conférences... Pour infos : ☎ 881-2100.

Les parcs

★ *Grant Park* : Georgia et Cherokee Avenues. Le plus vieux parc d'Atlanta.

★ *Piedmont Park* : Piedmont Avenue et 14th Street. Grand et beau parc où viennent se balader les étudiants. Piscine en plein air. Parfois, le dimanche, orchestre de musique classique. Vraiment unique.

★ *Oakland Cemetery* : pas très beau, mais les fans iront se recueillir sur la tombe de Margaret Mitchell.

Les hôtels étonnants

Ce n'est pas pour leur architecture extérieure qu'on visite ces hôtels mais pour leur aménagement intérieur. Atlanta, ville de congrès, possède parmi les plus beaux hôtels des États-Unis. Une galerie marchande souterraine relie tous les hôtels de Downtown entre eux. Incroyable. Les amoureux d'architecture audacieuse en reviendront ravis. L'étonnant, ici, c'est l'absence totale de complexe des architectes, seulement conduits par leur délire.

★ *Marriott Marquis* (plan B1, 66) : 265 Peachtree Center Avenue. Construit en 1985 par Portmann, natif d'Atlanta. Incroyable architecture où tous les appartements convergent sur un immense atrium dont les balcons sont fleuris. Sa forme en dévers est d'une élégance superbe. Des ascenseurs, telles des cigales lumineuses, montent en quelques dizaines de secondes au dernier étage, le 47e. Irréel. Montez-y, c'est impressionnant.

★ *The Westin Peachtree Plaza* (plan B1, 67) : 210 Peachtree Street (et International Boulevard). Traverser la galerie pour trouver les ascenseurs et demander celui conduisant au sommet. L'hôtel le plus haut des États-Unis (73 étages), n° 2 mondial (le premier étant à Singapour, un *Westin* également), avec ascenseur extérieur et restaurant-bar tournant au sommet. En réajustant votre cravate, vous devriez arriver à monter tout en haut. Le 72e étage n'est ouvert qu'à partir de 10 h.

★ *Hyatt Regency Hotel* (plan B1, 63) : 265 Peachtree Street, NE. Plus ancien que le *Marriott Marquis* mais réalisé exactement sur le même principe.

Et encore quelques coins sympas

★ **Little Five Points :** au croisement de Moreland et d'Euclid Avenues. Par le métro, s'arrêter à M. S. Candler Park sur l'Eastbound et continuer pendant 10 mn en direction de Moreland Avenue. Dans ce petit quartier, on rencontre tous les marginaux d'Atlanta. Punks en short côtoyant des rastas et des babs. Le tout dans une atmosphère sympa, cool, super cool ! Boutiques de fringues, de disques, petits restos et bars.

🍸 Quelques **bars** agréables comme l'*Euclid Avenue Yacht Club* au 1136 Euclid, où se retrouvent la gentille canaille et les jeunes chevelus du quartier. Bière fraîche et ambiance chaude. Ouvert jusqu'à 3 h.

🍸 Et puis aussi quelques **bars à musique** que nous indiquons plus haut (voir : « Où boire un verre ? Où écouter de la musique ? Où danser ? »). Sympa.

☻ On y trouve aussi un des meilleurs disquaires d'occasion : *Wax'n'Facts*, 432 Moreland Avenue NE, presque à l'angle d'Euclid. ☎ 525-2275. CD d'occasion et plein d'import.

★ **Buckhead :** nouveau quartier au nord du Midtown. Une sorte de district financier avec moult restos, centres commerciaux, boîtes et petits bars. L'axe principal de Buckhead est Peachtree Road (comme d'habitude), mais le quartier s'étale sur plusieurs kilomètres de part et d'autre de Peachtree. Buckhead commence environ au n° 1800 de Peachtree et ne possède pas de cœur véritable. C'est par ici que la vie nocturne s'est développée depuis quelque temps et les lieux pour boire un verre, avec leurs petites terrasses, foisonnent. Même s'il n'est pas très chaleureux, le coin reste le plus animé. On y trouve quelques boîtes.
On n'indique pas d'adresses particulières pour boire un verre. Il suffit de suivre sa propre intuition en remontant Peachtree. Beaucoup de monde par là les samedi et dimanche. C'est le coin des Blancs, comme Underground Atlanta est devenu celui des Noirs. Restos italiens, mexicains... américains.

★ **Quartier résidentiel au nord de Buckhead :** en poursuivant un peu vers le nord, si vous avez une voiture, balade obligatoire par les petites rues qui s'engouffrent dans une vraie forêt et où sont disséminées des demeures dignes d'Hollywood. Des bâtisses de starlettes à la Scarlett, d'un luxe fantastique, au milieu de parcs incroyables. Grilles électriques, chiens mordants, flics qui patrouillent, l'Amérique du fric est bien gardée. Prendre Peachtree Road vers le nord puis à gauche W Paces Ferry. De là, toutes les rues qui partent à droite ou à gauche sont bonnes pour tourner la tête et faire rêver. Luxe, volupté, silence, enfants qui jouent sur les pelouses... Ah ! la belle Amérique.

★ **Virginia Highland :** si vous avez la chance d'être motorisé, ce quartier situé à l'est de Midtown mérite bien une visite. On peut y aller en bus mais c'est vraiment long et compliqué. Du centre d'Atlanta, un taxi demandera environ 8 US$ pour vous y conduire. Superbes maisons noyées dans une végétation luxuriante, quelques jolies galeries et boutiques, et une guirlande de restaurants et de bars à la fois branchés, sympas et élégants (voir « Où manger ? »). Les jeunes Atlantais aiment y venir dîner, loin de la pollution et des gratte-ciel du centre-ville.

➤ DANS LES ENVIRONS D'ATLANTA

★ **Stone Mountain Park :** à 16 miles à l'est de la ville. Prendre Ponce de Leon puis suivre East 78 jusqu'au panneau d'entrée du parc. ☎ 770-498-5690. Ouvert de 6 h à minuit. Les attractions commencent vers 10 h et s'arrêtent vers 18 h. À vérifier car les horaires sont variables selon la saison. Entrée : environ 18 US$ par adulte et 15 US$ par enfant. Très bien pour une journée de repos si vous restez longtemps à Atlanta. Merveilleux parc naturel où l'on retrouve toutes les essences de Georgie. Beaux campings, superbes lacs, aires de pique-nique, plagettes, tennis, locations de canoës. La Stone Mountain est le plus gros bloc de granit à ciel ouvert du monde. Il possède une étonnante forme de dôme parfait et semble surgir de la forêt. Malheureusement, on s'est senti obligé de sculpter un bas-relief dédié aux confédérationnistes, de 60 x 10 m, où apparaissent les frimousses de Jefferson Davis (président des États confédérés du Sud durant la guerre de Sécession), Robert E. Lee (chef des armées sudistes) et Stonewall Jackson. Prétentieusement, on surnomme le coin le « Mount Rushmore du Sud ». Encore un coup pour attirer les touristes. Vous pouvez grimper en haut du dôme (3,5 km) par un chemin balisé ou préférer le téléphérique qui vous y emmène pour quelques dollars. Les soirs de beau temps, spectacle laser sur la montagne à 21 h 30 (20 h 30 au printemps). Bonjour la foule !

★ *Six Flags over Georgia* : 7561 Six Flags Road. ☎ 770-948-9290. À environ 15 miles au sud-ouest. Prendre l'I 20 West et sortir à Six Flags Road. Ouvert tous les jours les mois d'été, de 10 h à 22 h (à vérifier, horaires assez complexes) ; le week-end seulement de mars à mi-mai et de mi-septembre à octobre. Gigantesque parc d'attractions qui possède la montagne russe la plus impressionnante du monde, la *Mind Bender*, et une autre tout aussi terrible, la *Great American Scream Machine* (« la grande machine américaine qui fait hurler »). Et puis aussi un truc pour ceux qui aiment les sensations fortes, d'où l'on vous fait tomber de 10 étages. Pour les « Batmaniaques », un spectacle met en scène les célèbres combats entre Batman et l'ignoble Joker. Cascades, effets spéciaux... on s'y croirait presque.

SAVANNAH

IND. TÉL. : 912

C'est certainement l'une des plus jolies villes d'Amérique du Nord, très prisée par les cinéastes américains. Particulièrement riche en espaces verts, elle laisse voir, au gré des promenades, de superbes maisons plus belles les unes que les autres dans le plus pur style colonial, avec balcons en fer forgé, couleurs pastel, escaliers en bois et colonnades majestueuses. Tout semble calme, incroyablement bourgeois et assoupi... la nuit tombée, il est néanmoins gentiment déconseillé aux femmes de se balader seules. La petite histoire veut qu'une passagère du nom de Hannah se trouvait sur le premier bateau qui approcha des côtes ; elle tomba par-dessus bord, et tout le monde s'écria alors « Save Hannah », d'où son nom. Vrai ou faux, telle est la légende. Cette ville, par opposition à bien d'autres, possède un passé, à tel point qu'elle est l'un des rares endroits où sont proposées des visites de maisons hantées... Pour se mettre dans l'ambiance si particulière de cette ville, on peut lire le roman de John Berendt, *Minuit dans le jardin du bien et du mal*, inspiré par une histoire vraie et resté sur la liste des best-sellers du *New York Times* pendant plus de trois ans. On peut aussi voir directement le film que Clint Eastwood en a tiré, en 1997. Ce dernier a d'ailleurs déclaré que Savannah était un « personnage de l'histoire à part entière »...

UN PEU D'HISTOIRE

En 1733, le général Oglethorpe et une centaine de compatriotes quittèrent l'Angleterre et décidèrent de s'établir ici, position commerciale stratégique entre la Floride espagnole et les colonies anglaises du nord. Au XIXe siècle, la culture du coton fit la richesse de la ville. D'ailleurs, durant un siècle, le cours mondial du coton fut fixé à Savannah. Pendant la guerre de Sécession, le général Sherman prit possession de la ville en décembre 1864... et l'offrit comme petit cadeau de Noël au Président Lincoln !

Adresses utiles

Visitors' Center : 301 Martin Luther King Jr. Blvd. ☎ 944-0455. Ouvert en semaine de 8 h 30 à 17 h et le week-end de 9 h à 17 h. Bureau d'accueil et de tourisme.

Savannah CVB : 101 East Bay Street. ☎ 1-877-SAVANNAH ou 644-6400. Fax : 644-6499. • www.savannahvisit.com • Un autre office du tourisme pour toute information sur la ville et ses environs.

Amtrak : la gare ferroviaire située à 3 miles du centre. ☎ 234-2611 et 1-800-872-7245.

Greyhound Bus Lines : 610 W. Oglethorpe Avenue. ☎ 232-2135 et 1-800-231-2222.

Où dormir ?

Attention amis routards, ici se loger coûte cher, très cher !

Bon marché

Savannah International Youth Hostel : 304 E Hall Street (à l'angle de Lincoln Street). ☎ 236-7744. À 15 mn à pied de la station de bus de Greyhound et à 5 mn de City Market. Avec la carte internationale d'étudiant, environ 17 US$ par personne. Une superbe maison coloniale dans un quartier résidentiel, agréable et paisible. Dortoirs de 6 lits et 2 chambres doubles, cuisine à disposition (mais il est interdit d'y faire cuire du poisson) et une petite terrasse pour les fumeurs. Pas le grand luxe mais très sympa. On doit quitter les lieux entre 10 h et 17 h... pas question de rester à flemmarder dans la maison !

Prix moyens

Réservations groupées : ☎ 1-877-728-2662 (numéro gratuit). Fax : 232-7787. Beaucoup de pensions de Savannah sont représentées. On essaiera de vous trouver une jolie petite pension si les adresses suivantes affichent complet.

Bed & Breakfast Inn : 117 W Gordon Street (et Chatham Square). ☎ 238-0518. Chambres entre 100 et 180 US$. Dans une vieille maison très bien située, proposant tout le confort possible. Toutes les chambres sont personnalisées. Charlotte, qui prépare le petit déj', parle un peu le français. Petite terrasse noyée dans la verdure derrière la maison. L'adresse que nous préférons à Savannah... et comme nous partageons cet avis avec d'autres, il est préférable de réserver.

Quality Inn : 300 West Bay Street. ☎ 236-6321. Compter 135 US$ pour une double. Chaîne de motels bien connue et sans surprise. Les chambres sont plus confortables qu'on peut l'imaginer en voyant ce bâtiment d'une banalité affligeante. Sèche-cheveux, fer à repasser et cafetière électrique dans toutes les chambres. Celles situées sur le côté sont moins bruyantes. Rien de bien romantique dans tout ça mais bon rapport qualité-prix.

Days Inn Historic District : 201 West Bay Street. ☎ 236-1024. Fax : 232-2725. Dans le quartier de City Market. Compter environ 160 US$ la chambre double. Également des chambres pour plus de 2 personnes, à un prix très intéressant. Hôtel classique comme on en voit des centaines, mais très confortable. Les chambres donnant sur l'arrière sont beaucoup plus calmes. Piscine. Les week-ends, les prix augmentent sensiblement, comme toujours dans ce type d'hôtels.

Plus chic

🛏 ***17 Hundred 90*** : 307 E. President Street. ☎ 236-7122. • www.17hundred90.com • En fonction des chambres et des saisons, compter entre 130 et 200 US$. Dans le superbe quartier ancien de Savannah, une demeure coloniale d'une délicieuse élégance, confortable à souhait, décorée avec goût, cheminées magnifiques, mobilier ancien, dentelles... bref, luxueux, cossu et finalement pas beaucoup plus cher qu'un hôtel d'une chaîne quelconque.

🛏 ***River Street Inn*** : 115 East River Street. ☎ 234-6400. Fax : 234-1478. Pour réserver : ☎ 1-800-253-4229. Compter 220 US$ en semaine et plus de 250 US$ le week-end. Très bel hôtel situé dans les anciens entrepôts du marché au coton. Meubles splendides, cheminées, boiseries d'époque, salles de bains somptueuses et vue sur la rivière. Adresse de charme, vraiment exceptionnelle.

Où manger ?

De bon marché à prix moyens

|●| ***The Express Cafe*** : 39 Barnard Street. À côté de City Market. ☎ 233-4683. Ouvert de 8 h à 16 h du mercredi au samedi et jusqu'à 15 h le dimanche. Fermé les lundi et mardi. Compter autour de 12 US$. Cafétéria accueillante proposant des plats simples, sandwichs, bagels, tartes salées, *scones*, *waffles*, toutes sortes de pains et salades. Parfait pour un repas sain et rapide, ou pour un petit déj' délicieux avec un vrai café. Excellent rapport qualité-prix.

|●| ***Nita's Place*** : 140 Abercorn. Près de Ogelthorpe Square. ☎ 238-8233. Ouvert de 11 h 30 à 15 h et de 17 h à 20 h. Fermé le dimanche. Environ 15 US$. Le minuscule resto de Nita, une mama black rigolarde, rassemble toutes les saveurs de la cuisine du Sud comme le poulet frit, les patates douces ou le *collard* (légume vert un peu amer mais délicieux). Un bon moment en perspective, après avoir soigneusement laissé les bonnes intentions de régime à la porte !

|●| ***Mrs Wilkies' Dining-room*** : 107 West Jones Street. ☎ 232-5997. Ouvert du lundi au vendredi, de 8 h à 9 h pour le petit déj' gargantuesque et de 11 h 30 à 15 h pour le déjeuner. Compter 12 US$ pour un repas et 7 US$ pour un petit déj'. Étape absolument obligatoire. Quatre générations de cuisinières vous préparent une cuisine familiale qui change des classiques salades ou hamburgers. Les clients viennent remplir les grandes tables où s'accumulent les excellentes spécialités, en particulier de légumes. Souvent complet. On se remplit l'estomac pour pas cher.

|●| ***Pirates' House*** : à l'angle de East Broad et Bay Street. ☎ 233-5757. Le midi, buffet de salades pour 7 US$ et de plats chauds pour 12 US$. Le dimanche, un énorme *Sunday brunch* pour environ 17 US$. Compter au moins 20 US$ à la carte. Voici la fameuse maison décrite dans *l'Île au trésor* de Stevenson. Le capitaine Flint serait mort dans une des salles et son fantôme se manifesterait encore les nuits de pleine lune... choisissez bien votre jour ! La légende veut aussi qu'un tunnel relie les caves à rhum à la rivière. Bon, 15 salles en tout dans cette maison mythique assez fascinante. Minuscules pièces en bois, basses de plafond, cheminées, quelques objets de pirates... ça sent la flibuste. On en oublie presque le contenu de notre assiette. C'est pas plus mal car les plats manquent un peu de subtilité, mais on vient surtout ici pour le décor. À propos, n'acceptez pas d'être placé dans la

partie moderne, aucun intérêt. Dans la même maison, piano-bar célèbre à Savannah, le *Hard Hearted Hannah's* (voir « Où boire un verre ? Où écouter de la musique ? »).

Plus chic

IOI *The Olde Pink House :* 23 Abercorn Street. Sur Reynolds Square. ☎ 232-4286. Ouvert tous les jours. Compter entre 25 et 30 US$. Dans une maison du XVIIIe siècle, un resto chic, presque précieux, avec des salles feutrées et des limousines qui attendent devant la porte. Classique et élégant, avec une clientèle raccord avec le lieu, classique et élégante aussi mais un peu coincée. Compte tenu du service grande classe, du décor exceptionnel et de la qualité de la cuisine, les prix semblent assez raisonnables. Combien coûterait un dîner dans ce type d'endroit en France ? Au sous-sol, le célèbre *Planters Tavern* (voir « Où boire un verre ? Où écouter de la musique ? »).

IOI *Soho South Cafe :* 12 Liberty Street. À l'angle de Whitaker Street. Ouvert du lundi au samedi de 11 h 30 à 14 h 30 et les vendredi et samedi de 18 h à 21 h. Compter 20-25 US$. Vaste, joyeux, agréable, un gigantesque entrepôt converti en galerie d'Art, magasin d'antiquités et restaurant, avec des énormes plantes vertes partout. Non seulement on s'y sent bien, mais on y mange bien... une aubaine. Les plats sont simples et d'une grande fraîcheur, les sandwichs délicieux et plutôt sophistiqués. Ce n'est malheureusement pas le resto le moins cher de la ville mais un des plus sympas, sans aucun doute.

Où boire un verre ? Où écouter de la musique ?

🍷 🎵 *Hard Hearted Hannah's :* 20 East Broad, à l'angle de Bay Street. Ouvert du mardi au samedi de 17 h à 1 h. Fermé les lundi et dimanche. Entrée libre, consommation entre 4 et 8 US$. Une des nombreuses boîtes de jazz où il fait bon siroter un cocktail en écoutant l'orchestre. L'idéal est d'y aller de 19 h à 21 h pour écouter l'excellente Miss Emma Kelly (un des personnages de *Minuit dans le jardin du bien et du mal*).

🍷 🎵 *Planters Tavern :* 23 Abercorn Street. Reynolds Square. Piano-bar du très chic restaurant *The Olde Pink House*. Ambiance ultra tamisée pour écouter du jazz et du blues, dans la grande tradition américaine.

À voir

➤ *Trolley Tours :* les dépôts de toutes les compagnies de trolleys se trouvent en face du *Visitors' Center*, sur Martin Luther King Blvd. Le billet coûte environ 20 US$. Ce n'est pas donné mais ce système permet de visiter Savannah de façon très agréable en découvrant les différentes maisons, sites, squares et musées importants. Le système est vraiment bien foutu : on vous colle un badge sur la poitrine, valable toute la journée, ce qui vous permet de descendre et remonter dans le trolley à votre rythme, en choisissant les visites qui vous séduisent le plus. La brochure, donnée au départ, indique les points de passage (toutes les 30 mn environ, à partir de 9 h) et permet de bien visualiser tout ce qui mérite d'être vu. Une autre formule propose un tour guidé de 90 mn, bien pratique quand on manque de temps ou pour faire un repérage de la ville.

★ *First African Baptist Church* : 23 Montgomery Street. ☎ 233-6597. Proche de City Market. Ouvert de 10 h à 14 h. Messe le dimanche à 8 h 30 et 11 h 30. Cette église fondée en 1773 ne présente aucun intérêt esthétique ou architectural, on peut même dire qu'elle est assez laide. Mais son histoire est précieuse pour la communauté afro-américaine. En effet, pendant la guerre civile, de nombreux esclaves s'y sont cachés et A. Marshall y fut pasteur en 1824... après 50 ans d'esclavage ! C'est le témoignage de sa vie qui a permis de mieux connaître l'histoire des afro-américains à Savannah. On le voit représenté sur les vitraux.

★ *Owens Thomas House* : 124 Abercorn Street. Ouvert le lundi de 12 h à 17 h. Du mardi au samedi de 10 h à 17 h et le dimanche de 14 h à 17 h. Visite guidée (8 US$ ou 10 US$ incluant l'entrée au musée Telfair). Cette maison est le plus bel exemple d'architecture Régence du pays. Les fondations sont en *Tabby*, mélange de chaux, sable et coquilles d'huîtres. Beaux stucs anglais et trompe-l'œil intéressants. La pièce où l'on achète les billets était la partie réservée aux esclaves. Le plafond peint en bleu est d'origine, la couleur devant protéger des mauvais esprits. Dans cette même pièce, quelques timides explications sur ce sujet dont on n'aime toujours pas parler dans la région. Cela dit, même sans explication, on a vite fait de comprendre l'affligeante réalité de cette époque. N'oublions pas, par exemple, que les esclaves ont souvent construit ces somptueuses demeures et qu'ils faisaient tout naturellement partie de l'inventaire lors d'une estimation. Après ce rappel écœurant, descendons au sous-sol pour voir un système complexe de plomberie datant de 1819. La grande citerne servait à conserver la glace amenée du nord du pays.

★ *Telfair Museum of Art* : à côté de *Owens Thomas House*. Collection permanente de peintures du XIXe et XXe siècles. On vous en parle car c'est le plus vieux musée d'Art du Sud des États-Unis mais il ne vous laissera probablement pas de grandes émotions artistiques. À noter tout de même la célèbre statue *The Bird Girl* du fameux best seller *Midnight in the Garden of Good and Evil* (voir la rubrique « Livres de route » dans les « Généralités » au début du guide), ainsi que la salle à manger. Les murs y ont été entièrement peints par Dufour en 1814, aidé de 350 ouvriers. Interprétation fantaisiste de Paris, les monuments dans un joyeux désordre, avec des montagnes imaginaires en toile de fond.

★ *Juliette Gordon Low* : 10 East Oglethorpe. ☎ 233-4501. Ouvert les lundi, mardi, jeudi et samedi de 10 h à 16 h. Le dimanche, de 12 h 30 à 16 h 30. Fermé le mercredi. Visite guidée et payante (6 US$). Construite entre 1818 et 1821, cette demeure de style Régence, particulièrement luxueuse et richement meublée, appartenait à la fondatrice des *girl scouts* aux États-Unis. Probablement une des plus belles maisons anciennes à visiter dans Savannah, donnant une bonne idée du style de vie au XIXe siècle.

TYBEE ISLAND

IND. TEL. : 912

À travers un paysage marécageux plus surprenant que beau, un ruban d'asphalte d'une trentaine de kilomètres relie Savannah à Tybee Island. Cette station balnéaire peut être un but agréable de balade, même si la ville est dépourvue de charme, hôtels et restaurants en tout genre se succédant platement. On y vient surtout pour la plage qui s'étire à perte de vue, rappelant un peu certains paysages des côtes du sud-ouest de la France. Quelques beaux oiseaux, pélicans ou encore surfeurs à observer, quand les vagues le permettent.

Adresse utile

🅘 *Visitors' Information Center :* à l'angle de Campbell Avenue et Highway 80. ☎ 786-5444 et 1-800-868-2322. Ouvert tous les jours de 10 h à 16 h.

Où dormir ?

🛏 *17th Street Inn :* 12 17th Street. ☎ 786-0607. Prendre la rue principale bordant la côte jusqu'à l'enseigne *Arby's*. Laisser ce fast food sur la droite et prendre la première à gauche. Ce sera la maison aux fauteuils jaunes. Chambres de 150 à 160 US$. Adorable maison, coquette comme tout, tenue par une dame accueillante et charmante. Cuisine équipée dans toutes les chambres, petites terrasses et patio derrière la maison pour prendre le petit déj'. Une bien douce adresse, dans un quartier calme, à deux pas de l'océan.

Où manger ?

🍴 *North Beach Grill :* 41 A Meddin Drive. ☎ 786-9003. À gauche du *Tybee Island Museum,* au pied du phare. Compter entre 6 et 25 US$. Une gargote sur la plage, style cabane en bambou à l'américaine. Dommage qu'un parking la sépare des dunes. Bien sympa quand même pour manger un sandwich, une salade ou différentes viandes cuites au barbecue. Aussi, quelques plats très raffinés comme le crabe aux asperges ou le steak de thon à la salade d'épinard, inattendus dans ce type d'endroit.

NOTES PERSONNELLES

NOTES PERSONNELLES

Les conseils *nature* du Routard

avec la collaboration du WWF

Vous avez choisi le Guide du Routard pour partir à la découverte et à la rencontre de pays, de régions et de populations parfois éloignés. Vous allez fréquenter des milieux peut être fragiles, des sites et des paysages uniques, où vivent des espèces animales et végétales menacées.

Nous avons souhaité vous suggérer quelques comportements simples permettant de ne pas remettre en cause l'intégrité du patrimoine naturel et culturel du pays que vous visiterez et d'assurer la pérennité d'une nature que nous souhaitons tous transmettre aux générations futures.

Pour mieux découvrir et respecter les milieux naturels et humains que vous visitez, apprenez à mieux les connaître.

Munissez vous de bons guides sur la faune, la flore et les pays traversés.

❶ **Respectez la faune, la flore et les milieux.**
Ne faites pas de feu dans les endroits sensibles - Rapportez vos déchets et utilisez les poubelles - Appréciez plantes et fleurs sans les cueillir - Ne cherchez pas à les collectionner… Laissez minéraux, fossiles, vestiges archéologiques, coquillages, insectes et reptiles dans la nature.

❷ **Ne perturbez d'aucune façon la vie animale.**
Vous risquez de mettre en péril leur reproduction, de les éloigner de leurs petits ou de leur territoire - Si vous faites des photos ou des films d'animaux, ne vous en approchez pas de trop près. Ne les effrayez pas, ne faîtes pas de bruit - Ne les nourrissez pas, vous les rendrez dépendants.

❸ **Appliquez la réglementation relative à la protection de la nature,** en particulier lorsque vous êtes dans les parcs ou réserves naturelles. Renseignez-vous avant votre départ.

❹ **Consommez l'eau avec modération,**
spécialement dans les pays où elle représente une denrée rare et précieuse.
Dans le sud tunisien, un bédouin consomme en un an l'équivalent de la consommation mensuelle d'un touriste européen !

Les conseils *nature* du Routard (suite)

❺ Pensez à éteindre les lumières, à fermer le chauffage et la climatisation quand vous quittez votre chambre.

❻ Évitez les spécialités culinaires locales à base d'espèces menacées. Refusez soupe de tortue, ailerons de requins, nids d'hirondelles…

❼ Des souvenirs, oui, mais pas aux dépens de la faune et de la flore sauvages. N'achetez pas d'animaux menacés vivants ou de produits issus d'espèces protégées (ivoire, bois tropicaux, coquillages, coraux, carapaces de tortues, écailles, plumes…), pour ne pas contribuer à leur surexploitation et à leur disparition. Sans compter le risque de vous trouver en situation illégale, car l'exportation et/ou l'importation de nombreuses espèces sont réglementées et parfois prohibées.

❽ Entre deux moyens de transport équivalents, choisissez celui qui consomme le moins d'énergie ! Prenez le train, le bateau et les transports en commun plutôt que la voiture.

❾ Ne participez pas aux activités dommageables pour l'environnement. Évitez le VTT hors sentier, le 4x4 sur voies non autorisées, l'escalade sauvage dans les zones fragiles, le ski hors piste, les sports nautiques bruyants et dangereux, la chasse sous marine.

❿ Informez vous sur les us et coutumes des pays visités, et sur le mode de vie de leurs habitants.

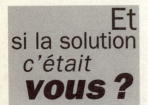

Avant votre départ ou à votre retour de vacances, poursuivez votre action en faveur de la protection de la nature en adhérant au WWF.

Le WWF est la plus grande association privée de protection de la nature dans le monde. C'est aussi la plus puissante :

- **5 millions de membres ;**
- **27 organisations nationales ;**
- **un réseau de plus de 3 000 permanents ;**
- **11 000 programmes de conservation menés à ce jour ;**
- **une présence effective dans 100 pays.**

Devenir membre du WWF, c'est être sûr d'agir, d'être entendu et reconnu. En France et dans le monde entier.

Ensemble, avec le **WWF**

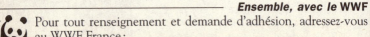

Pour tout renseignement et demande d'adhésion, adressez-vous au WWF France :
188, rue de la Roquette 75011 Paris ou sur www.panda.org.

© Copyright 1986 WWF International - ® Marque déposée par le WWF - Espace offert par le support.

Plus de 550 adresses nouvelles
DES COUPS DE CŒUR,
PAS DES COUPS DE BAMBOU !

Adorables auberges de campagne, Chefs redonnant
un coup de jeune à nos recettes de grand-mère...
Avec en plus, le sens de l'hospitalité.

et des centaines de réductions !

Hachette Tourisme

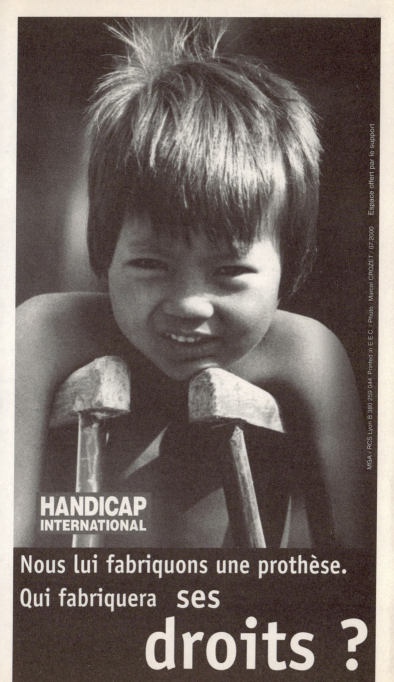

Plus de 1 600 adresses
QUI SENTENT BON
LE TERROIR !

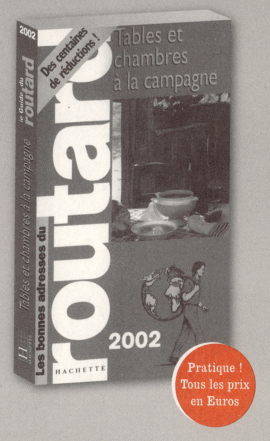

Redécouvrir la France des traditions : ses séjours à la ferme, ses gîtes ruraux, ses recettes de grand-mère... Rencontrer des habitants qui ont ouvert leur maison, le temps d'un repas ou d'un séjour.

et des centaines de réductions !

Hachette Tourisme

Les peuples indigènes peuvent résister aux militaires ou aux colons. Face aux touristes, ils sont désarmés.

Pollution, corruption, déculturation : pour les peuples indigènes, le tourisme peut être d'autant plus dévastateur qu'il paraît inoffensif. Aussi, lorsque vous partez à la découverte d'autres territoires, assurez-vous que vous y pénétrez avec le consentement libre et informé de leurs habitants. Ne photographiez pas sans autorisation, soyez vigilants et respectueux. Survival, mouvement mondial de soutien aux peuples indigènes s'attache à promouvoir un tourisme responsable et appelle les organisateurs de voyages et les touristes à bannir toute forme d'exploitation, de paternalisme et d'humiliation à leur encontre.

Survival
pour les peuples indigènes

Espace offert par le Guide du Routard

❑ envoyez-moi une documentation sur vos activités   ❑ j'effectue un don

NOM   PRÉNOM   ADRESSE

CODE POSTAL   VILLE

Merci d'adresser vos dons à Survival France. 45, rue du Faubourg du Temple, 75010 Paris.
Tél. 01 42 41 47 62. CCP 158-50J Paris. e-mail : info@survivalfrance.org

NOTES PERSONNELLES

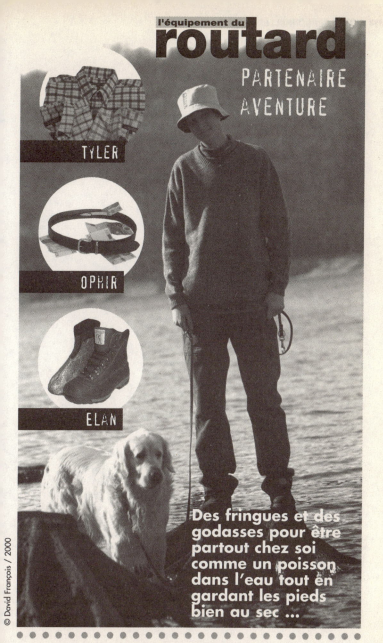

NOTES PERSONNELLES

ROUTARD ASSISTANCE

L'ASSURANCE VOYAGE INTEGRALE A L'ETRANGER

VOTRE ASSISTANCE "MONDE ENTIER" LA PLUS ETENDUE

RAPATRIEMENT MEDICAL	983.935 FF	**150.000 €**
(au besoin par avion sanitaire)		
VOS DEPENSES : MEDECINE, CHIRURGIE,	1.967.871 FF	**300.000 €**
HOPITAL, GARANTIES A 100% SANS FRANCHISE		
HOSPITALISÉ! RIEN A PAYER...(ou entièrement remboursé)		
BILLET GRATUIT DE RETOUR DANS VOTRE PAYS :		**BILLET GRATUIT**
En cas de décès (ou état de santé alarmant) d'un proche parent,		**(de retour)**
père, mère, conjoint, enfants		
*BILLET DE VISITE POUR UNE PERSONNE DE VOTRE CHOIX		**BILLET GRATUIT**
si vous êtes hospitalisé plus de 5 jours		**(aller retour)**
Rapatriement du corps - Frais réels		**Sans limitation**

avec CHUBB INSURANCE COMPANY OF EUROPE S.A.

RESPONSABILITE CIVILE "VIE PRIVEE" A L'ETRANGER

Dommages CORPORELS (garantie à 100 %)......	29.518.065 FF	**4.500.000 €**
Dommages MATERIELS (garantie à 100 %)........	4.919.677 FF	**750.000 €**
(dommages causés aux tiers)	(AUCUNE FRANCHISE)	

EXCLUSION RESPONSABILITÉ CIVILE AUTO : ne sont pas assurés les dommages causés ou subis par votre véhicule à moteur : ils doivent être convertis par un contrat spécial : ASSURANCE AUTO OU MOTO.

ASSISTANCE JURIDIQUE (Accident)...............	2.951806 FF	**450.000 €**
CAUTION PENALE...	49.197 FF	**7.500 €**
AVANCE DE FONDS en cas de perte ou vol d'argent......	4.920 FF	**750 €**

VOTRE ASSURANCE PERSONNELLE "ACCIDENTS" A L'ETRANGER

Infirmité totale et définitive	491.968 FF	**75.000 €**
infirmité partielle - (SANS FRANCHISE)	1391 FF	**200 €**
	491.967 FF	**75.000 €**
Préjudice moral : dommage esthétique	98.394 FF	**15.000 €**
Capital DECES	19.679 FF	**3.000 €**

VOS BAGAGES ET BIENS PERSONNELS A L'ETRANGER

Vêtements, objets personnels pendant toute la durée de votre voyage à l'étranger : vols, perte, accidents, incendie,	6.560 FF	**1.000 €**
dont APPAREILS PHOTO et objets de valeurs	1.968 FF	**300 €**

COMBIEN ÇA COÛTE ? **20 €** (131,20 FF) par semaine
Payable par chèque ou carte bancaire.
Voir bulletin d'inscription au dos.

Information : www.routard.com

ROUTARD ASSISTANCE

L'ASSURANCE VOYAGE INTEGRALE A L'ETRANGER
BULLETIN D'INSCRIPTION

NOM : M. Mme Melle

PRENOM   AGE

ADRESSE PERSONNELLE

CODE POSTAL   TEL.

VILLE

VOYAGE DU   AU   =   SEMAINES

DESTINATION PRINCIPALE..
PAYS D'EUROPE OU USA OU MONDE ENTIER (à entourer)
Calculez exactement votre tarif en SEMAINES selon la durée de votre voyage :
7 JOURS DU CALENDRIER = 1 SEMAINE

COTISATION FORFAITAIRE 2002

Pour un Long Voyage (3 mois ...), demandez le *PLAN MARCO POLO*

Prix spécial "JEUNES" : **20 €** x   =   €
ou
De 36 à 60 ans (et - de 3 ans) : **30 €** x   =   €

Faites de préférence, un seul règlement pour tous les assurés : **GdR**

Chèque à l'ordre de : ROUTARD ASSISTANCE - **A.V.I. International**
28, rue de Mogador - 75009 PARIS - Tél. 01 44 63 51 00
Métro : Trinité - Chaussée-d'Antin / RER : Auber - Fax : 01 42 80 41 57

ou Carte bancaire : Visa ☐ Mastercard ☐ Amex ☐
N° de carte :
Date d'expiration :   Signature

Je déclare être en bonne santé, et savoir que les maladies ou accidents antérieurs à mon inscription ne sont pas assurés.

Signature :

Faites des copies de cette page pour assurer vos compagnons de voyage.

Information : www.routard.com

INDEX GÉNÉRAL

Attention, New York, la Floride et la Louisiane font l'objet d'un autre guide.

– A –

AMISH VILLAGE (The) 331
AMOS HERR FAMILY
   HOMESTEAD 334
ANNAPOLIS 383
ATLANTA 453

– B –

BALTIMORE 391
BARNES FOUNDATION 316
BELLE MEADE PLANTATION 427
BOSTON 140

– C-D –

CAMBRIDGE 176
CAPE ANN (presqu'île de) 191
CAPE COD 193
CAPE COD NATIONAL
   SEASHORE 201
CENTRE-EST (le) 285
CHATHAM 201
CHEEKWOOD MUSEUM OF ART
   AND BOTANICAL GARDENS ... 428
CHICAGO 238
CISCO BEACH 218
COLUMBIA 334
DIONIS BEACH 218

– E-F –

EDGARTOWN 212
EPHRATA 333
FALMOUTH 198
FAULKNER
   (maison de William) 452
FAULKNER
   (tombe de William) 453
FIRE MUSEUM OF MARY-
   LAND 411
FREDERICKSBURG 382

– G-H –

GERMANTOWN 316
GETTYSBURG 336
GLOUCESTER 192
GURNEE 283
HANS HERR HOUSE 332
HARLEY DAVIDSON FINAL
   ASSEMBLY PLANT 335
HERMITAGE (The) 427
HYANNIS 199

– I-J –

INDIANA DUNES NATIONAL LAKESHORE 283
INTERCOURSE (village d') ... 331
JACK DANIEL'S DISTILLERY . 428
JETTIES BEACH 218

– L –

LANCASTER 321
LANCASTER (comté de) 325
LANDIS VALLEY MUSEUM ... 333
LITITZ 333
LOWELL 191
LUTHERVILLE 411

– M –

MADAKET BEACH 218
MARBLEHEAD 191
MARIETTA 335
MARTHA'S VINEYARD 208
MEMPHIS 428
MENEMSHA 213
MERION 316
MILL BRIDGE VILLAGE 332
MOUNT VERNON 381
MYSTIC SEAPORT MUSEUM 224

– N –

NANTUCKET 214
NANTUCKET TOWN 215
NASHVILLE 411
NASHVILLE TOY MUSEUM .. 427
NATIONAL TOY TRAIN MUSEUM . 332
NEWPORT 219
NIAGARA (chutes du) 226
NORD-EST (le) 140

– O-P –

OAK BLUFFS 211
OPRY MILLS 427
OXFORD 452
PENNSYLVANIA DUTCH COUNTRY . 316
PHILADELPHIE 285
PROVINCETOWN 204

– R-S –

ROCKPORT 192
SALEM 188
SANDWICH 197
SAVANNAH 474
SIASCONSET 218
SIX FLAGS GREAT AMERICA . 283
SIX FLAGS OVER GEORGIA . 474
STONE MOUNTAIN PARK ... 473
STRASBURG 331
SURFSIDE BEACH 218

– T-U –

TUNICA 452
TUPELO 453
TYBEE ISLAND 478

– V-W –

VINEYARD HEAVEN......... 209	WAUWINET................. 218
WASHINGTON.............. 336	WILLIAMSBURG 382

OÙ TROUVER LES CARTES ET LES PLANS ?

- Annapolis 384-385
- Atlanta 457
- Baltimore.............. 396-397
- Boston – plan I 142-143
- Boston – plan II (le Freedom Trail)........... 163
- Boston – plan III (Cambridge) 178-179
- Cape Cod 194-195
- Chicago – plan I (Lake View et Lincoln Park) 242-243
- Chicago – plan II (le Loop et Near North) 244-245
- Chicago – plan III (le Loop) . 269
- Chutes du Niagara (les) 229
- États-Unis (les)............. 5-6
- Fuseaux horaires 58
- Lancaster.................. 323
- Lancaster (comté de).. 326-327
- Memphis-plan I 434-435
- Memphis-plan II 447
- Nashville............. 414-415
- Philadelphie 288-289
- Washington – plan I (le grand Washington) . 338-339
- Washington – plan II (Adams Morgan U Street et Dupont Circle) 342-343
- Washington – plan III (Downtown) 344-345
- Washington – plan IV (Georgetown) 357

les **Routards** *parlent aux* **Routards**

Faites-nous part de vos expériences, de vos découvertes, de vos tuyaux pour que d'autres routards ne tombent pas dans les mêmes erreurs. Indiquez-nous les renseignements périmés. Aidez-nous à remettre l'ouvrage à jour. Faites profiter les autres de vos adresses nouvelles, combines géniales... On adresse un exemplaire gratuit de la prochaine édition à ceux qui nous envoient les lettres les meilleures, pour la qualité et la pertinence des informations. Quelques conseils cependant :
– Envoyez-nous votre courrier le plus tôt possible afin que l'on puisse insérer vos tuyaux sur la prochaine édition.
– N'oubliez pas de préciser sur votre lettre l'ouvrage que vous désirez recevoir.
– Vérifiez que vos remarques concernent l'édition en cours et notez les pages du guide concernées par vos observations.
– Quand vous indiquez des hôtels ou des restaurants, pensez à signaler leur adresse précise et, pour les grandes villes, les moyens de transport pour y aller. Si vous le pouvez, joignez la carte de visite de l'hôtel ou du resto décrit.
– À la demande de nos lecteurs, nous indiquons désormais les prix. Merci de les rajouter.
– N'écrivez si possible que d'un côté de la lettre (et non recto verso).
– Bien sûr, on s'arrache moins les yeux sur les lettres dactylographiées ou correctement écrites !

Le Guide du routard : 5, rue de l'Arrivée, 92190 Meudon

E-mail : guide@routard.com
Internet : www.routard.com

Routard Assistance *2002*

Vous, les voyageurs indépendants, vous êtes déjà des milliers entièrement satisfaits de Routard Assistance, l'Assurance Voyage Intégrale sans franchise que nous avons négociée avec les meilleures compagnies. Assistance complète avec rapatriement médical illimité. Dépenses de santé, frais d'hôpital, pris en charge directement sans franchise jusqu'à 300 000 € (2 000 000 F) + caution + défense pénale + responsabilité civile + tous risques bagages et photos. Assurance personnelle accidents : 75 000 € (500 000 F). Très complet ! Le tarif à la semaine vous donne une grande souplesse. Chacun des *Guides du routard* pour l'étranger comprend, dans les dernières pages, un tableau des garanties et un bulletin d'inscription. Si votre départ est très proche, vous pouvez vous assurer par fax : 01-42-80-41-57, mais vous devez, dans ce cas, indiquer le numéro de votre carte bancaire. Pour en savoir plus : ☎ 01-44-63-51-00 ; ou, encore mieux, • www.routard.com •

Imprimé en France par Aubin n° L 63272
Dépôt légal n° 20633-4/2002
Collection n° 13 - Édition n° 01
24/3565-9
I.S.B.N. 2.01.243565-3